Militärische Aufbaugenerationen der Bundeswehr
1955 bis 1970

Sicherheitspolitik und Streitkräfte der Bundesrepublik Deutschland

Herausgegeben vom
Militärgeschichtlichen Forschungsamt

Band 10

R. Oldenbourg Verlag München 2011

Militärische Aufbaugenerationen der Bundeswehr 1955 bis 1970

Ausgewählte Biografien

Im Auftrag des
Militärgeschichtlichen Forschungsamtes
herausgegeben von

Helmut R. Hammerich und
Rudolf J. Schlaffer

R. Oldenbourg Verlag München 2011

Umschlagabbildungen:
Wehrpflichtige vor dem Appell, Foto: Privatbesitz
Ausschnitt der Deckblätter der Personalakte (Reichswehr/Wehrmacht) und des
Wehrpasses (Bundeswehr) von Generalleutnant Hans Röttiger, Bundesarchiv-
Militärarchiv, Freiburg i.Br.

Die Deutsche Bibliothek – CIP-Einheitsaufnahme

Ein Titeldatensatz für diese Publikation ist bei der
Deutschen Bibliothek erhältlich

© 2011 Oldenbourg Wissenschaftsverlag GmbH, München
Rosenheimer Str. 145, D-81671 München
Internet: www.oldenbourg.de

Redaktion und Projektkoordination:
Militärgeschichtliches Forschungsamt, Potsdam, Schriftleitung
    Koordination: Aleksandar-S. Vuletić
    Lektorat: Marina Sandig und Aleksandar-S. Vuletić
    Satz: Antje Lorenz
    Umschlag: Maurice Woynoski
Druck: grafik + druck GmbH, München
Bindung: Thomas Buchbinderei, Augsburg

ISBN 978-3-486-70436-5

Inhalt

Vorwort.. VII

Helmut R. Hammerich und Rudolf J. Schlaffer
Einleitung.. 1

Mannschaftsdienstgrade/Grundwehrdienstleistende
(Untergebenen- und Basisebene) 23

Aleksandar-Saša Vuletić
Vom Sanitätssoldaten zum Gebirgspionier:
Ein »ungedienter Freiwilliger« in der Bundeswehr.................................... 25
Barbara Stambolis
Überzeugte Soldaten?
Wehrpflichtige und Zeitsoldaten des Jahrgangs 1943................................ 43
Malte Thießen
»Einfache Soldaten« als Aufbaugeneration?
Erfahrungswelten von Gefreiten auf dem Zerstörer »Bayern«..................... 67

Unteroffiziere und Truppenoffiziere
(Untergebenen- und Führungsebene II) 91

Martin Rink
Die kurze Karriere des Stabsunteroffiziers Heinz-Dieter Braun.
Lebenswege in der Luftwaffe 1957 bis 1967.. 93
Dieter H. Kollmer
Gescheitert! Hauptfeldwebel (Heer) Wilhelm Kupfer............................... 119
Rudolf J. Schlaffer
Ein Kriegskind: Hauptmann (Heer) Wolfgang Grünwald 145

Stabsoffiziere (Untergebenen- und Führungsebene I) 163

André Deinhardt
Ein »junger Kriegsoffizier« in der Bundeswehr:
Kapitänleutnant Gerhard Hübner... 165

Loretana de Libero
   Trentzsch, die Bundeswehr und das Attentat auf Hitler..................................181
Falko Heinz
   Stabsoffiziere der Bundesluftwaffe: Oberst i.G. Heinz-Joachim Jahnel
   und Major Hans-Markwart Christiansen 211
Helmut R. Hammerich
   Ostfronterfahrungen und Landesverteidigung im Kalten Krieg:
   Oberst Gerd Ruge und Oberst Josef Rettemeier 237

Eliten (obere militärische Führungsebene, Spitzenmilitärs) 265

Klaus Naumann
   Ein konservativer Offizier der reichswehrgeprägten
   Führungsgeneration: Generalleutnant Anton Detlef von Plato....................267
Kai Uwe Bormann
   Erster Inspekteur des Sanitäts- und Gesundheitswesens
   der Bundeswehr: Generalstabsarzt Dr. Theodor Joedicke 289
Burkhard Köster
   Aus Liebe zur Seefahrt! Vizeadmiral Karl-Adolf Zenker..............................319
Wolfgang Schmidt
   »Seines Wertes bewusst«! General Josef Kammhuber 351
Kerstin von Lingen
   Von der Freiheit der Gewissensentscheidung:
   Inspekteur des Heeres, Generalleutnant Hans Röttiger 383
John Zimmermann
   Der Prototyp: General Ulrich de Maizière..409

Versuch einer psychohistorischen Problematisierung................................437

Elke Horn
   Die militärischen Aufbaugenerationen der Bundeswehr.............................439

Die Autoren 469

Vorwort

Die Bundeswehr besteht seit 1955 und damit länger als jede deutsche Armee seit 1871. Das Jahr 1945 gilt gemeinhin als Zäsur in der deutschen Geschichte und im Besonderen in der Militärgeschichte. Mit der bedingungslosen Kapitulation der Wehrmacht endete ein Kapitel deutscher Geschichte, in der nach Weltherrschaft gestrebt worden war. Nach 1945 gab es keine deutschen Streitkräfte mehr und so sollte es nach dem Willen der Siegermächte erst einmal für längere Zeit bleiben. Der sich weiter zuspitzende Ost-West-Konflikt, der sich zu einem Kalten Krieg zwischen den Supermächten USA und Sowjetunion mit ihren jeweiligen Bündnissen entwickelte, spaltete die Einigkeit der Siegermächte, Deutschland in der Zukunft einen erneuten Waffengang zu verwehren. Das gemeinsame Ziel der Demilitarisierung Deutschlands wich einer Einbeziehung des militärischen Potenzials in den jeweiligen Besatzungszonen. Während in der SBZ/DDR verdeckt aufgerüstet wurde, geschah dies in den westlichen Besatzungszonen bzw. der Bundesrepublik Deutschland in einem öffentlichen und politischen Diskurs. Eine Grundvoraussetzung galt für beide Staaten: Weder in der DDR noch in der Bundesrepublik konnten die neuen Streitkräfte ohne Personal aus der Wehrmacht aufgebaut werden. Nicht nur für die Bundeswehr stellen sich nach über 55 Jahren Existenz folgende Fragen: Wer baute diese Streitkräfte auf? Wer waren die ersten Soldaten? Welcher Weg führte sie in die Bundeswehr und welche Spuren hinterließen sie dort?

Streitkräfte bestehen in der Mehrzahl weniger aus Generalen, Offizieren und Unteroffizieren. In erster Linie dienen in ihnen Mannschaftssoldaten, sei es als freiwillig Längerdienende oder als Grundwehrdienstpflichtige. In der Bundeswehr leisten sie ihren Wehrdienst in einer Armee in der Demokratie. Diese Staatsverfassung hatte selbstverständlich auch Auswirkungen auf das innere Gefüge dieser Streitkräfte, für die mit der »Inneren Führung« eine an die gesellschaftlichen, politischen und staatsrechtlichen Verhältnisse angepasste Organisations- und Führungsphilosophie entwickelt und in die Realität werden sollte. Alle diese Soldaten, egal an welcher Stelle, ob als Befehlshaber oder als Wachposten, bauten die Bundeswehr auf, verteidigten die Bundesrepublik Deutschland und sicherten damit den Frieden in der Welt.

Mit diesem Band wird den Leistungen der militärischen Aufbaugenerationen Rechnung getragen, die nach der verheerenden Niederlage des Zweiten Weltkrieges unter schwierigen Rahmenbedingungen in einem sich etablierenden Staatswesen wieder oder zum ersten Mal ihrer Wehrpflicht nachkamen und die »neuen Streitkräfte« aufbauten. Die Aufbaugeschichte zu kennen und zu respektieren, ist die Aufgabe aller folgenden Soldatengenerationen. Der einzel- und kollektivbiografische sowie generationelle Ansatz ermöglicht der historischen Forschung, neue Kenntnisse zu gewinnen und zugleich einem Gemeinschaftserlebnis Gesichter zu geben, die stellvertretend für viele andere stehen können, jedoch in ihrem Lebensweg individuell bleiben.

An erster Stelle danke ich den Herausgebern des Bandes, Oberstleutnant Dr. Helmut R. Hammerich und Oberstleutnant Dr. Rudolf J. Schlaffer. Sie erarbeiteten das Konzept, versammelten 15 weitere Autoren und begleiteten das Werk bis zu seiner Fertigstellung. Den Autoren danke ich für die interessanten und lesenswerten Beiträge sowie die zeitgerechte Abgabe der Manuskripte. Der Schriftleitung des MGFA ist es zu verdanken, dass aus den Manuskripten in sehr kurzer Zeit ein ansehnliches Buch geworden ist. Koordination und Lektorat übernahmen Dr. Aleksandar-S. Vuletić und Dipl.-Phil. Marina Sandig. Antje Lorenz hat die Texte korrigiert und gestaltet.

Mein Dank gilt auch den Mitarbeitern der Abteilung Militärarchiv des Bundesarchivs in Freiburg i.Br., die es ermöglichten, den eigentlich unter Verschluss stehenden Bestand von Personalakten unter besonderen Auflagen für die historische Forschung zugänglich zu machen. Hier gilt mein besonderer Dank dem Mitarbeiter im Zwischenarchiv Roger Hermstein. Seine Eigeninitiative, diese Akten zu verzeichnen und elektronisch zu erfassen, hat der Forschung einen wertvollen Dienst erwiesen.

Potsdam, im Oktober 2010

Oberst Dr. Hans-Hubertus Mack
Amtschef des Militärgeschichtlichen Forschungsamtes

Helmut R. Hammerich und Rudolf J. Schlaffer

Einleitung

Wie ein Phoenix aus der Asche entstand die Bundeswehr nicht[1]. Bereits in den zehn Jahren von 1945 bis 1955 existierten paramilitärische Formationen wie der Bundesgrenzschutz (BGS) oder die alliierten Dienstgruppen, Institutionen wie das »Amt Blank« oder verschiedene offiziöse Zirkel wie die Soldatenverbände, die allesamt Konzeptionen für zukünftige westdeutsche Streitkräfte entwickelten[2]. Die organisatorische, strukturelle und personelle Aufrüstung ist inzwischen vor allem für die Aufbauphase der Bundeswehr (1955-1970) erforscht worden[3]. Über manche Protagonisten aus dieser Zeit gibt es bereits Porträts, Memoiren oder biografische Arbeiten[4]. In diesem Band stehen die Erforschung der Aufbausituation in den militärischen Truppenverbänden und Kommandobehörden auf Streitkräfte- und Teilstreitkräfteebene, die Einführung der »Inneren Führung« sowie die personelle und materielle Rüstung des Militärs im Vordergrund. Es geht um die Soldaten und das Militär im engeren Sinne. Allerdings soll damit nicht die »zivile Gründung« der Bundeswehr angezweifelt werden – zivil deshalb, weil in der Spitzengliederung der Bundeswehr, anders als bei den deutschen Vorgängerarmeen, ein gewichtiger Anteil der Funktionen nicht von Soldaten wahrgenommen wird und die Wehrverwaltung als explizit zivile Einrichtung geschaffen wurde.

---

[1] Vgl. Andrew James Birtle, Rearming the Phoenix. U.S. Military Assistance to the Federal Republic of Germany, 1950-1960, New York, London 1991.

[2] Dieter Krüger, Das Amt Blank. Die schwierige Gründung des Bundesministeriums für Verteidigung, Freiburg i.Br. 1993 (= Einzelschriften zur Militärgeschichte, 38); Anfänge westdeutscher Sicherheitspolitik 1945 bis 1956. Hrsg. vom MGFA, Bde 1-4, München 1982-1997.

[3] Vgl. die Reihe Sicherheitspolitik und Streitkräfte der Bundesrepublik Deutschland des Militärgeschichtlichen Forschungsamtes, in der mit dem vorliegenden bisher zehn Bände erschienen sind.

[4] Ulrich de Maizière, In der Pflicht. Lebensbericht eines deutschen Soldaten im 20. Jahrhundert, Herford, Bonn 1989; Gerd Schmückle, Ohne Pauken und Trompeten. Erinnerungen an Krieg und Frieden, Stuttgart 1982; Karl Feldmeyer und Georg Meyer, Johann Adolf Graf von Kielmansegg 1906-2006. Deutscher Patriot – Europäer – Atlantiker. Mit einer Bild- und Dokumentenauswahl von Helmut R. Hammerich. Hrsg. vom MGFA, Hamburg 2007; Wolf Graf von Baudissin 1907 bis 1993. Modernisierer zwischen totalitärer Herrschaft und freiheitlicher Ordnung. Im Auftrag des MGFA hrsg. von Rudolf J. Schlaffer und Wolfgang Schmidt, München 2007; Georg Meyer, Adolf Heusinger. Dienst eines deutschen Soldaten 1915 bis 1964, Hamburg [u.a.] 2001.

Die Soldaten und das Militärsystem in den Gründungs- und Liberalisierungsjahren der Bundesrepublik Deutschland mit den Wegmarken Wiederaufbau, Westorientierung, kultureller und sozialer Wandel blieben in den bisherigen historischen Forschungen meist ausgeblendet[5]. Schafften es Bundeswehrsoldaten doch einmal, das »Objekt« historischer Forschung zu werden, dann waren es zumeist Spitzenmilitärs. Als »Gründerväter« der Bundeswehr werden in der Bundeswehr und in der Forschung gemeinhin Minister und Generale bezeichnet. Diese traditionelle Sichtweise von oben zeichnet aber ein schiefes Bild der Vergangenheit und blendet die »Militärgeschichte des kleinen Mannes« aus[6]. Die neuen westdeutschen Streitkräfte wurden zwar »von oben« geplant, aber vor allem »von unten« aufgebaut. Daher bietet es sich an, alle Dienstgradgruppen, die an diesem Aufbau mitgewirkt haben, analytisch mit ihrem Lebenslauf und Aufbaubeitrag zu berücksichtigen. Diese Männer erlebten den Nationalsozialismus und den Zweiten Weltkrieg, entweder als Kinder, Jugendliche oder als junge oder ältere Erwachsene. Sie schleppten somit einen »mentalen Rucksack« mit sich herum und in die Bundeswehr hinein[7].

Ein »mentaler Rucksack« ist biografisch bedingt. Der einzel- oder kollektivbiografische Ansatz in Verbindung mit organisatorischen, strukturellen und ideologischen Kategorien gibt dem Individuum in der spezifischen Aufbausituation ein Gesicht. Die Biografik als Methode ist unumstritten[8]. Die Analyse der geschichtlichen Wirkungszusammenhänge zwischen Individuum und Gesellschaft, die Untersuchung der unterschiedlichen Möglichkeiten von »Lebensführung« nach Max Weber, die kritische Rekonstruktion auch der Brüche sowie Unebenheiten eines Lebens und nicht zuletzt die genauen Eingrenzungen sowie Bestimmungen jeweiliger Handlungsspielräume zu bestimmten Zeiten an bestimmten Orten sind inzwischen Gemeingut und leisten einen »wichtigen Schritt auf dem Weg zu einer Versöhnung von Persönlichkeit, Gesellschaft und Struktur«[9].

---

[5] Vgl. u.a. Edgar Wolfrum, Die geglückte Demokratie. Geschichte der Bundesrepublik Deutschland von ihren Anfängen bis zur Gegenwart, Stuttgart 2006; Eckardt Conze, Die Suche nach Sicherheit. Eine Geschichte der Bundesrepublik Deutschland von 1949 bis in die Gegenwart, München 2009; Manfred Görtemaker, Geschichte der Bundesrepublik Deutschland. Von der Gründung bis zur Gegenwart, München 1999.

[6] Vgl. Militärgeschichte des kleinen Mannes. Eine Militärgeschichte von unten. Hrsg. von Wolfram Wette, München, Zürich 1992, 2. Aufl. 1995 (= Serie Piper, 1920).

[7] Jürgen Reulecke, Jahrgang 1943 – männlich. In: Dimensionen der Moderne. Festschrift für Christof Dipper. Hrsg. von Ute Schneider und Lutz Raphael, Frankfurt a.M. 2008, S. 13-27, hier S. 14.

[8] Hans Erich Bödeker, Biographie, Annäherungen an den gegenwärtigen Forschungs- und Diskussionsstand. In: Biographie schreiben. Hrsg. von Hans Erich Bödeker, Göttingen 2003 (= Göttinger Gespräche zur Geschichtswissenschaft, 18).

[9] Alexander Gallus, Biographik und Zeitgeschichte. In: APuZ, 1-2/2005, S. 40-46, hier S. 41; Hans-Christof Kraus, Geschichte als Lebensgeschichte – Gegenwart und Zukunft der politischen Biographie. In: Geschichte der Politik. Alte und neue Wege. Hrsg. von Hans Christof Kraus und Thomas Nicklas, München 2007 (= Historische Zeitschrift, Beihefte, 44), S. 311-332, hier S. 331.

Die Militärbiografik betrachtet weiterhin vor allem die »oberen« Heerführer, die als militärische Entscheidungsträger Einfluss auf Kriegsverläufe, aber auch auf politische Entwicklungen genommen haben[10]. Für den Ersten Weltkrieg gilt dies zum Beispiel für die Studien zu Erich von Falkenhayn, Kronprinz Rupprecht von Bayern und Paul von Hindenburg[11]. 60 Jahre nach Kriegsende interessieren immer noch die Angehörigen der Wehrmacht[12]. Titel wie »Mythos Rommel«[13] oder »Generaloberst Ludwig Beck«[14] oder »Paulus. Das Trauma von Stalingrad«[15], aber auch Publikationen Spitzenmilitärs aus der zweiten Reihe bestätigen diesen Trend zur Person[16]. Ergänzt um Studien, die den Übergang von der Diktatur in die Demokratie im Spannungsfeld von Kriegserinnerungen, Kriegsverbrecherprozessen und Aufarbeitung der eigenen Geschichte als Kollektivbiografien thematisieren, ist das Individuum wieder in die historische Forschung zurückgekehrt[17].

Etwas anders stellt sich die Lage für die Epoche des Kalten Krieges dar. Das Interesse an Lebensbeschreibungen von Soldaten der NATO oder des Warschauer Paktes ist in der deutschen Forschung bisher eher gering[18]. Dies mag aber auch an dem schwierigen Aktenzugang liegen, sind doch zahlreiche Dokumente noch militärisch eingestuft und können aufgrund knapper Ressourcen der Archive nicht automatisch nach Ablauf der 30-Jahre-Frist herabge-

---

[10] Beispielhaft Karl Christ, Pompeius. Der Feldherr Roms. Eine Biographie, München 2004; Golo Mann, Wallenstein. Sein Leben, Frankfurt a.M. 1986; Wolfgang Oppenheimer, Prinz Eugen von Savoyen. Feldherr und Baumeister Europas, Wien 2004; Bernhard Mundt, Prinz Heinrich von Preußen (1726-1802). Die Entwicklung zur politischen und militärischen Führungspersönlichkeit, Hamburg 2002 (= Schriftenreihe Studien zur Geschichtsforschung der Neuzeit, 27). Zuletzt Kriegsherren der Weltgeschichte. 22 historische Portraits. Hrsg. von Stig Förster, Dierk Walter und Markus Pöhlmann, München 2006.

[11] Holger Afflerbach, Falkenhayn. Politische Denken und Handeln im Kaiserreich, München 1994 (= Beiträge zur Militärgeschichte, 42); Dieter J. Weiß, Kronprinz Rupprecht von Bayern (1869-1955). Eine politische Biographie, Regensburg 2007; Wolfram Pyta, Hindenburg. Herrschaft zwischen Hohenzollern und Hitler, München 2007.

[12] Die Militärelite des Dritten Reiches. 27 biographische Skizzen. Hrsg. von Ronald Smelser und Enrico Syring, Berlin, Frankfurt a.M. 1995.

[13] Maurice Philip Remy, Mythos Rommel, München 2004.

[14] Klaus-Jürgen Müller, Generaloberst Ludwig Beck: Eine Biographie, Paderborn 2007.

[15] Torsten Diedrich, Paulus. Das Trauma von Stalingrad. Eine Biographie, Paderborn [u.a.] 2008.

[16] Bernhard R. Kroener, Der starke Mann im Heimatkriegsgebiet. Generaloberst Friedrich Fromm. Eine Biographie, Paderborn [u.a.] 2005; siehe auch Christian Hartmann, Halder. Generalstabschef Hitlers 1938-1943, Paderborn [u.a.] 1991.

[17] Kerstin von Lingen, Kesselrings letzte Schlacht. Kriegsverbrecherprozesse, Vergangenheitspolitik und Wiederbewaffnung: Der Fall Kesselring, Paderborn [u.a.] 2004 (= Krieg in der Geschichte, 20); Johannes Hürter, Hitlers Heerführer. Die deutschen Oberbefehlshaber im Krieg gegen die Sowjetunion 1941/42, München 2006; Von Feldherrn und Gefreiten. Zur biographischen Dimension des Zweiten Weltkrieges. Hrsg. von Christian Hartmann, München 2008. Ein weiteres interessantes Gruppenporträt – wenn auch auf einen Einzelaspekt bezogen – liefert Alaric Searle, Wehrmacht Generals, West German Society, and the Debate on Rearmament, 1949-1959, Westport, Conn., London 2003.

[18] Anders in der angelsächsischen Forschung Robert S. Jordan, Norstad. Cold War NATO Supreme Commander. Airman, Strategist, Diplomat, New York 2000; L. James Binder, Lemnitzer. A Soldier for His Time, Washington D.C., London 1997.

stuft und verzeichnet werden. Immerhin finden sich einige Werke zu den Eliten der beiden deutschen Streitkräfte[19], vereinzelt auch Biografien zu Spitzenmilitärs der Bundeswehr oder der Nationalen Volksarmee der DDR[20].

Aufbaugenerationen der Bundeswehr

Wie die Biografie- erlebt auch die Generationenforschung in den letzten Jahren einen regen Zuspruch[21]. Generationen werden häufig in den Medien konstruiert und ermöglichen so eine individuelle und zugleich kollektive Abgrenzung von der Masse. Aufbaugenerationen sind eine Kollektivkonstruktion und unterscheiden sich in Erlebnissen, Handlungen und Erzählungen oder sie haben diese gemeinsam. Der Begriff umfasst ein Gruppengefühl, aber auch eine subjektive Erfahrung. Solche Erfahrungsräume und Erfahrungshorizonte werden von der Wissenschaft generationell erfasst, um sie zeitlich einordnen zu können[22]. Die Generationalität scheint »demnach das Ergebnis eines historischen Aushandlungsprozesses zu sein, in dem Generationen weder vorausgesetzt werden können, noch zu sich selbst kommen müssen, wie es bei Karl Mannheim den Anschein hat [...] Generationalität markiert somit den fließenden Übergang zwischen Herkunft und Gedächtnis. Sie ist die eigentliche ›Zeitheimat‹ (Winfried G. Sebald) des Menschen in der sich beschleunigenden Zeiterfahrung der Moderne[23].« Griffiger ausgedrückt, ist sie »die subjektive historische Selbstverortung im Kreise ihrer Altersgenossen und in Absetzung von anderen Altersgruppen«[24]. Neben diesem Verhältnis zwischen Generationalität und Generationalisierung, das im Ergebnis weit über eine bloße zeitliche Abgrenzung zu einer Generation und die Abfolge mehrerer Generationen hinaus geht, spielt auch die Transgenerationalität, die den Versuch einer Weitergabe von Erfahrungen zwischen den Generationen beschreibt, eine nicht uner-

[19] Die Generale und Admirale der Bundeswehr 1955–1997. Hrsg. von Dermot Bradley [u.a.], Bd 1–3, Osnabrück 1998–2005; Clemens Range, Die Generale und Admirale der Bundeswehr, Herford [u.a.] 1990; Dieter E. Kilian, Elite im Halbschatten. Generale und Admirale der Bundeswehr, Bielefeld, Bonn 2005; Genosse General! Die Militärelite der DDR in biographischen Skizzen. Im Auftrag des MGFA hrsg. von Hans Ehlert und Armin Wagner, Berlin 2003 (= Militärgeschichte der DDR, 7); Klaus Froh und Rüdiger Wenzke, Die Generale und Admirale der NVA. Ein biographisches Handbuch, 4. Aufl., Berlin 2000.
[20] Meyer, Adolf Heusinger (wie Anm. 4); Peter Joachim Lapp, General bei Hitler und Ulbricht: Vincenz Müller – eine deutsche Karriere, Berlin 2003.
[21] Ulrike Jureit, Generationenforschung, Göttingen 2006; Bernd Weisbrod, Generation und Generationalität in der Neueren Geschichte. In: APuZ, 8/2005, S. 3–9, hier S. 3.
[22] Kriegskinder zwischen Hitlerjugend und Nachkriegsalltag. Hrsg. von Barbara Stambolis und Volker Jakob. Fotografien von Walter Nies, Münster 2006; Generation als Erzählung. Neue Perspektiven auf ein kulturelles Deutungsmuster. Hrsg. von Björn Bohnenkamp, Till Manning und Eva-Maria Silies, Göttingen 2009.
[23] Weisbrod, Generation und Generationalität (wie Anm. 21), S. 8 f.
[24] Reulecke, Jahrgang 1943 – männlich (wie Anm. 7), S. 14.

hebliche Rolle[25]. Generativität wiederum beschreibt den fließenden Übergang von der Vergangenheit in die Zukunft zwischen den jeweiligen Generationen, ihr Kommen und Gehen mit Überlappungen und Ausschließungen[26]. Die Konstruktion von Generationen verortet in der historischen Forschung nachträglich Individuen in einem Gemeinschaftserlebnis.

Der Begriff der Generation wird geschichtswissenschaftlich immer noch, wenn auch inzwischen weitaus kritischer hinterfragt, mit Karl Mannheim verbunden. Demnach definieren sich Generationen zum einen aus einer »parallelen Teilnahme an einem umgrenzten Abschnitt des Geschichtsprozesses« (verwandten Lagerung, K. Mannheim), zum anderen aus »Erinnerungsspuren aus früheren Zeiten, die sich mit Eindrücken und Gedanken aus späterer Zeit verbünden« (Erlebnisschichtung, K. Mannheim) und schließlich »auf das Erlebnis einer überwältigenden Kontingenz« wie zum Beispiel das »Davongekommen sein von etwas Schrecklichem« (Winfried G. Sebald)[27]. Abgesehen von einer solchen abstrakten Definitionsmöglichkeit, existieren Generationen auch allein schon aus dem Grund, weil sich Personen zu einer bestimmten Generation zugehörig fühlen, sich bezeichnen, sich damit identifizieren oder qualifizieren, aber auch abgrenzen[28].

In der Militärgeschichte dient das Generationenkonzept dazu, um vor allem das Offizierkorps im Wandel der Zeit betrachten zu können[29]. Dem institutionellen Rahmen Militär wird dabei eine besondere Bedeutung beigemessen[30]. Die militärischen Aufbaugenerationen waren allesamt männlich und repräsentieren eine spezifische Berufsgruppe. Neben der Generationalität als Zeitheimat sowie auch der Generativität als Abhängigkeitsverhältnis zu den Kontexten vergangener Geschlechter findet sich bei den Militärs auch eine Milieuheimat als soziale Klammer. Die Ausprägung eines Identitätsmusters im Hinblick auf die regionale Heimat ist als Generationsinhalt eher unwahrscheinlich, weil Streitkräfte in Teilen zwar durchaus örtlich verbunden sind (z.B. die Gebirgsjägertruppe), solch ein Identitätsmuster aber nicht kollektiv die unterschiedlichen Generationen verbindet. Die Aufstellung der westdeutschen Streitkräfte war zudem kein Neuanfang. In erster Linie wegen der kriegsgedienten Soldaten

---

[25] Malte Thießen, Erinnerungskultur und Transgenerationalität. Zum Verhältnis von öffentlichen und individuellen Deutungen des Feuersturms. In: Transgenerationale Weitergabe kriegsbelasteter Kindheiten. Interdisziplinäre Studien zur Nachhaltigkeit historischer Erfahrungen über vier Generationen. Hrsg. von Hartmut Radebold, Werner Bohleber und Jürgen Zinnecker, Weinheim 2008, S. 234-240.

[26] Reulecke, Jahrgang 1943 – männlich (wie Anm. 7), S. 14.

[27] Heinz Bude, »Generation« im Kontext. In: Generationen. Zur Relevanz eines wissenschaftlichen Grundbegriffs. Hrsg. von Ulrike Jureit und Michael Wildt, Hamburg 2005, S. 28-44, hier S. 29 f.

[28] Vgl. ebd., S. 31.

[29] Bernhard R. Kroener, Generationserfahrungen und Elitenwandel. Strukturveränderungen im deutschen Offizierkorps 1933-1945. In: Eliten in Deutschland und Frankreich im 19. und 20. Jahrhundert, Bd 1. Hrsg. von Rainer Hudemann und Georges-Henri Soutou, München 1994, S. 219-233.

[30] Klaus Naumann, Generale in der Demokratie. Generationengeschichtliche Studien zur Bundeswehrelite, Hamburg 2007. Zu Generation und Institution ebd., S. 26-29.

aller Dienstgradgruppen, welche die Bundeswehr aufgebaut haben, kann auch von einem »Gründungskompromiss«[31] gesprochen werden.

Wer waren also die »Aufbauer der Bundeswehr«? Wer prägte die Aufbauphase von 1955 bis 1970? Wer setzte die Vorgaben aus dem Verteidigungsministerium zur Aufstellung neuer Streitkräfte in der Demokratie um? Gut erforscht sind mittlerweile die (Gründer- und) Aufbaugenerationen der Offiziere, besonders der Eliten[32]. Wie bereits angedeutet, waren es nicht nur die militärischen Eliten oder das Offizierkorps, welche die Streitkräfte aufbauten. Vielmehr prägten die Soldaten aller Dienstgradgruppen in ihren jeweiligen Funktionen die Aufbaujahre bis 1970. Angesichts der im Jahre 1965 bereits rund 440 000 Soldaten[33] zählenden Bundeswehr ist es schwierig, Vertreter der verschiedenen Aufbaugenerationen zu identifizieren. In einem ersten Schritt ist es daher sinnvoll, sich den einzelnen Generationen durch eine charakteristisch-exemplarische Auswahl zu nähern[34]. Für diesen Ansatz ist ein Aktenbestand im Zwischenarchiv des Bundesarchivs, auf den später noch einmal eingegangen wird, mehr als ein Glücksfall.

Kalter Krieg: Ost-West-Konfrontation, NATO, Atombombe, Kriegsbild

Der Zweite Weltkrieg war formal mit der Kapitulation der deutschen Wehrmacht am 8. und 9. Mai 1945 zu Ende. Aber auf Seiten der Alliierten standen sich nunmehr zwei konkurrierende und ideologisch gegensätzliche Politik- und Gesellschaftssysteme gegenüber. Die USA, Großbritannien sowie Frankreich im Westen und die UdSSR im Osten. Bereits während des Krieges hatten die vier

---

[31]   Detlef Bald, Alte Kameraden. Offizierkader der Bundeswehr. In: Willensmenschen. Über deutsche Offiziere. Hrsg. von Ursula Breymayer [u.a.], Frankfurt a.M. 1999, S. 50–64, hier S. 59; Bald, Die Bundeswehr. Eine kritische Geschichte 1955–2005, München 2005.

[32]   Frank Pauli, Das kriegsgediente Offizierkorps der Bundeswehr und die Innere Führung, Diss. Univ. Potsdam, Microform, Potsdam 2004; Frank Nägler, Der gewollte Soldat und sein Wandel. Personelle Rüstung und Innere Führung in den Aufbaujahren der Bundeswehr 1956 bis 1964/65, München 2010 (= Sicherheitspolitik und Streitkräfte der Bundesrepublik Deutschland, 9).

[33]   Zum Stichtag 7.12.1965 waren 440 807 Soldaten Angehörige der Bundeswehr. Dem Heer gehörten 273 457, der Luftwaffe 97 419, der Marine 31 733 und der Territorialen Verteidigung und Basisorganisation 38 198 Soldaten an. Zustandsbericht 1965, 29.3.1966, Anl. 1 Organisatorische Jahresübersicht, S. 2, Bundesarchiv-Militärarchiv (BA-MA), Freiburg i.Br., BW 2/3133.

[34]   Diese Auswahl kann natürlich nicht repräsentativ sein. Doch wie ertragreich die biografische Annäherung selbst zufällig ausgewählter Personen sein kann, zeigte Carlo Ginzburg bereits in den 1970er-Jahren mit seiner Studie über einen Müller des 16. Jahrhunderts: Il formaggio e i vermi: Il cosmo di un mugnaio del' 500, Torino 1976. Siehe auch Alain Corbin, Le monde retrouvé de Louis-Francois Pinagot: sur les traces d'un inconnu 1798–1876, Paris 1996.

Mächte gemeinsam Konzepte entwickelt, die eine mögliche Nachkriegsordnung in Deutschland und in Europa beschrieben. Der deutsche Kriegsgegner sollte demnach nachhaltig an einem erneuten Waffengang gehindert werden. Obwohl sich ihr Verhältnis zur UdSSR seit 1945 stetig verschlechterte und das westdeutsche Militärpotenzial in ihren Sicherheitsüberlegungen allmählich wieder Konturen gewann, hielten die Westmächte an ihrer Strategie der doppelten Eindämmung (dual containment) zunächst weiter fest. Unter allen Umständen sollte verhindert werden, dass sowohl die UdSSR als auch Deutschland eine Hegemonialstellung in Europa erhielten[35].

Der Angriff der unter sowjetischen Einfluss stehenden Nordkoreaner im Jahr 1950 auf das den westlichen Demokratien zugewandte Südkorea ließ die (west-)deutsche Demilitarisierung wieder in den Hintergrund treten. Für den mitteleuropäischen Schauplatz wurde ein ähnliches Szenario befürchtet. Die verdeckte Aufrüstung in der DDR durch die Kasernierte Volkspolizei (KVP) beförderte solche Vermutungen noch mehr[36]. Die Westalliierten betonten zwar, dass sich der Schutz der 1949 gegründeten NATO während der Besatzungszeit automatisch auch auf die deutschen Zonen der westlichen Besatzungsmächte erstrecken würde, jedoch enthielten diese Erklärungen keinerlei Gewähr für eine nachhaltige Verteidigung des Territoriums der Bundesrepublik Deutschland. Dem ersten Bundeskanzler der Bundesrepublik, Konrad Adenauer, reichten die Erklärungen der Westmächte nicht aus, um auf die verdeckte Aufrüstung in der SBZ/DDR zu reagieren. Vielmehr forderte er ein westdeutsches Gegenstück in Form einer Bundespolizei oder zumindest eine deutliche Verstärkung des Zollgrenzschutzes und der Bahnpolizei. Nach Ausbruch des Krieges in Korea sah er die Gelegenheit gekommen, sich an die Hohen Kommissare mit der Forderung nach erhöhten Sicherheitsgarantien für die Bundesrepublik zu wenden. Eine befriedigende Antwort der Westmächte erhielt er nicht[37]. Der Koreakrieg offenbarte recht deutlich, in welchem Zwiespalt sich die Westalliierten befanden: Zum einen galten die völkerrechtlichen Erklärungen, die zusammen mit den Sowjets abgegeben worden waren, sowie die Furcht vor einem militärisch starkem Deutschland, zum anderen zeigte der Krieg in Asien die bedrohliche Ausrichtung der kommunistischen Mächte, denen sich entschieden entgegengestellt werden musste. Adenauer dagegen glaubte, dass Stalin eine Politik der schleichenden Expansion in Mitteleuropa verfolgen würde. Erst sollte die Bundesrepublik Deutschland unversehrt in seine Hand gelangen, um danach auch auf die politisch nicht gefestigten Länder Italien und Frankreich

---

[35] Steven L. Rearden, Das Dilemma der zweifachen Eindämmung: Deutschland als Sicherheitsproblem 1945-1950. In: Die USA und Deutschland im Zeitalter des Kalten Krieges. Ein Handbuch, 2 Bde. Hrsg. von Detlef Junker in Verb. mit Philipp Gassert, Wilfried Mausbach und David B. Morris, München, Stuttgart 2001, hier Bd 1, S. 317-324, bes. S. 320.
[36] Vgl. Torsten Diedrich und Rüdiger Wenzke, Die getarnte Armee. Geschichte der Kasernierten Volkspolizei der DDR 1952 bis 1956. Hrsg. vom MGFA, 2. Aufl., Berlin 2003 (= Militärgeschichte der DDR, 1).
[37] Konrad Adenauer, Erinnerungen 1945-1953, Stuttgart 1965, S. 347.

einen bestimmenden Einfluss ausüben zu können. Wenn ihm das gelänge, würde dies den Sieg des Kommunismus in der Welt bedeuten, weil sich die UdSSR zur stärksten politischen, wirtschaftlichen und militärischen Macht entwickeln würde[38]. Der Krieg im Fernen Osten war neben dem Schuman-Plan der zweite Katalysator bei der Wiedererlangung von Souveränität und Gleichberechtigung. Adenauer ordnete mit seinem weitgehenden Alleingang in der Frage der Wiederbewaffnung alles andere dem Ziel der Aufhebung des Besatzungsstatuts und der größtmöglichen Wiedererlangung der staatlichen Souveränität unter[39]. Der Koreakrieg war demnach einer der Hauptgründe für die Aufstellung westdeutscher Truppen. Der Zug zum Ziel einer möglichst weitgehenden staatlichen Souveränität der Bundesrepublik nahm mit ihm enorm an Fahrt auf.

Die Aufstellung der Bundeswehr wurde seit 1955/56 vom ersten Verteidigungsminister Theodor Blank und vor allem seinem jungen aufstrebenden Nachfolger Franz Josef Strauß schnell und zielstrebig verfolgt. Die Aufstellung erfolgte unter zwei Prämissen: der Einfügung der neuen Streitkräfte in die freiheitlich-demokratische Rechtsordnung und der Fähigkeit, militärische Verteidigung wirkungsvoll zu projizieren[40]. Jedoch wurde die Bundeswehr als konventionelle, in die NATO-Struktur integrierte Armee schneller als erwartet von den sicherheitspolitischen Rahmenbedingungen überholt. Die UdSSR und ihre Verbündeten im Warschauer Pakt verfügten nicht nur über ein konventionelles Übergewicht, sondern holten auch im Potenzial der atomaren Bewaffnung die NATO-Staaten bald ein. Die NATO und mit ihr die Bundesrepublik Deutschland verfolgten die Strategie der »indirekten Verteidigung«, in der die NATO-Streitkräfte eine solche Gefahr für den potenziellen Angreifer darstellten, dass er von einer Offensive abgehalten werden sollte. Um diesen Risikofaktor für die Warschauer-Pakt-Staaten noch zu erhöhen, war eine Ausstattung der Bundeswehr mit Mehrzweckwaffen für konventionelle und nukleare Munition vorgesehen. Freilich blieben die Atomsprengköpfe unter US-amerikanischem Vorbehalt. Der erste Generalinspekteur der Bundeswehr, Adolf Heusinger, erkannte klar das völlig veränderte Kriegsbild und Bedrohungspotenzial durch die Nuklearwaffen für den einzelnen Soldaten. Solch ein Krieg wäre nicht mehr mit den Kategorien der bisherigen Kriege zu messen, vielmehr käme er einer Katastrophe gleich, in der ganze Landstriche und Bevölkerungsteile vernichtet würden. Vom militärischen Führer wurde gefordert, mit den Antipoden Friedenswillen auf der einen und absolute Verteidigungsbereitschaft auf der anderen Seite fertig zu werden. Dieses drohende Kriegsszenario ergab neue Maßstäbe für die Aufgaben und die Ausbildung der Offiziere sowie für die Truppenführung. Diese galt es nun zu entwickeln, um die Einsatzfähigkeit aufrechterhalten und erhöhen zu können. In der westdeutschen Öffentlichkeit

[38] Ebd., S. 348 f.
[39] Görtemaker, Geschichte der Bundesrepublik Deutschland (wie Anm. 5), S. 294–300.
[40] Archiv für Christlich-Demokratische Politik (ACDP), NL Heye, I-589-001/9, Vortrag vor der Arbeitsgemeinschaft Demokratischer Kreise im Bremen am 13.1.1962 zum Thema »Der Soldat in unserer demokratischen Gesellschaft«, S. 11.

dagegen wurde die Ausrüstung der Bundeswehr mit den Mehrzweckwaffen ziemlich kontrovers diskutiert. Der Soldat der Bundeswehr hatte, so Heusinger, die Aufgabe, einer Spaltung des Volkes in der Frage der militärischen Reaktion auf einen möglichen Angriff entgegenzuwirken. Uneinigkeit, so der Generalinspekteur, wirke sich negativ auf die Schlagkraft der Bundeswehr aus[41].

Bei aller konzeptionellen Neuartigkeit der Bundeswehr gegenüber den vorherigen deutschen Armeen war eines aber klar: Der Aufbau konnte nicht ohne Personal aus der Wehrmacht und ein organisatorischer Neuanfang konnte nur mit personellen Kontinuitäten erfolgen. Dies stand für die politischen Entscheidungsträger auch niemals in Abrede. Klar war aber zugleich, dass man sich das zukünftige Personal, vor allem in der oberen Führungsebene, genau auswählen musste. Die Armee durfte kein »Staat im Staate« mehr werden.

»Der deutsche Soldat hat tapfer, treu und gehorsam seine Pflicht getan. Er durfte dabei glauben, sie für das Vaterland zu erfüllen. Er wurde missbraucht durch eine verbrecherische Staatsführung. Darin liegt seine Tragik. In der Lösung der Kriegsverurteiltenfrage sind erhebliche Fortschritte gemacht worden[42].« Der Wehrmachtsoldat war demnach ein tragischer Held und diese Regierungserklärung stellte eine Ehrenerklärung für den deutschen Soldaten dar, wie man sie bereits General Dwight D. Eisenhower abgetrotzt hatte[43]. Denn eines wusste Adenauer genau: Ein Neuaufbau ohne die Soldaten der Wehrmacht war unmöglich und ohne eine westdeutsche Armee war der Weg zu einer gleichberechtigten Position im westlichen Bündnis sowie einer staatlichen Souveränität versperrt. Unter diesen Prämissen sollte auch Adenauers Haltung in der Kriegsverurteiltenfrage verstanden werden. Im Ergebnis wurde aber mit dem mehrheitlich ehrenhaft kämpfenden Soldaten auch die beträchtliche Anzahl an Verbrechern exkulpiert[44].

---

[41] BA-MA, BW 2/5195, Der Generalinspekteur der Bundeswehr Heusinger in einem Schreiben vom 2.4.1958 an alle Kommandeure betreffend »Folgerungen aus einer etwaigen atomaren Bewaffnung der Bundwehr für die Führung der Truppe«. Die von Heusinger vorhergesehene Spaltung des deutschen Volkes lag zum einen in der völligen Unterwerfung unter alle Folgen einer nur konventionellen Bewaffnung des Friedenwillens und zum anderen in der Sicherung des Friedens durch die abschreckende Wirkung von unmissverständlichen Verteidigungsmaßnahmen gegen den potenziellen Angreifer.

[42] ACDP, NL Kliesing, I-555-028/2, Regierungserklärung über die Grundzüge der Wehrpolitik und Wehrverfassung (als vertraulich eingestuft, vermutlich aus dem Jahr 1955, d. Verf.), S. 4.

[43] Anfänge westdeutscher Sicherheitspolitik (wie Anm. 2), Bd 1 (Beitrag Rautenberg), S. 700 f.

[44] Rudolf J. Schlaffer, GeRechte Sühne? Das Konzentrationslager Flossenbürg. Möglichkeiten und Grenzen der nationalen und internationalen Strafverfolgung von NS-Verbrechen, Hamburg 2001 (= Studien zur Zeitgeschichte, 21), S. 159-161; Schlaffer, Preußisch-deutsch geprägtes Personal für eine in die NATO integrierte Armee: Der personelle Aufbau der Bundeswehr. In: Entangling Alliance. 60 Jahre NATO: Geschichte – Gegenwart – Zukunft. Hrsg. von Werner Kremp [u.a.], Trier 2010, S. 111-126.

Bundesrepublik Deutschland: Wiederaufbau, Demokratie, Vergangenheitsbewältigung

Das Jahr 1945 bildete für die deutsche Geschichte des 20. Jahrhunderts in mehrfacher Hinsicht eine Zäsur. Der Nationalsozialismus ließ eine Gesellschaft zurück, in der das Trauma eines verlorenen Krieges und des Verlusts der staatlichen Souveränität bestimmend waren. Die Kriegsmüdigkeit, der tägliche Überlebenskampf und die Aufklärungsarbeit der Alliierten über die im deutschen Namen und im Schutz der Wehrmacht begangenen Verbrechen ließen militärische Überlegungen erst einmal in den Hintergrund treten. Nach der Gründung der Bundesrepublik Deutschland im Jahre 1949 und mit dem sich zuspitzenden Kalten Krieg forderten die Westalliierten einen militärischen Beitrag der Bundesrepublik ein. Darüber bestand aber innenpolitisch kein parteipolitischer Konsens, sondern hier offenbarten sich unterschiedliche deutschlandpolitische Visionen zwischen den Regierungsparteien und der Opposition. Vor allem in der SPD wurde die Diskussion um den westdeutschen Verteidigungsbeitrag kontrovers geführt. Eine Möglichkeit hieß »Option für den Westen«[45], Neutralität wäre aus Sicht der SPD sogar eine »Option für die Wiedervereinigung« gewesen. Es stellt sich aber die Frage, ob auch aufgrund der politisch-gesellschaftlichen Verhältnisse solch eine Wahlmöglichkeit überhaupt bestand? Der Aufstand des 17. Juni 1953 in der DDR bildete eine weitere Zäsur in der deutschen und europäischen Nachkriegsgeschichte, da es sich um die erste Volkserhebung im Ostblock handelte. Die SED-Führung strebte eine radikale Veränderung der gesellschaftlichen Struktur in der DDR an, um dadurch vor allem eine Annäherung an die Bundesrepublik und eine mögliche Wiedervereinigung von vornherein, gegen den Willen der deutschen Bevölkerung in der DDR, auszuschließen[46].

Obwohl also der Zweite Weltkrieg gerade erst einmal vor fünf Jahren beendet worden war, wurden von der westdeutschen Regierung Planungen zu einer Aufrüstung in Auftrag gegeben. Der Aufbau einer neuen Streitmacht war anders als in der SBZ/DDR keine Geheimsache, sondern vollzog sich öffentlich in einem parlamentarischen Diskussionsprozess. Die Angst vor den »Russen war in der Öffentlichkeit allgegenwärtig«, ein Resultat aus der Erfahrung und der Propaganda während des Zweiten Weltkrieges[47]. Ein Schicksal wie Südkorea

---

[45] Vgl. Axel Schildt, Moderne Zeiten, Freizeit, Massenmedien und »Zeitgeist« in der Bundesrepublik der 50er-Jahre, Hamburg 1995 (= Hamburger Beiträge zur Sozial- und Zeitgeschichte, 31), S. 26, vgl. weiterhin ebd., S. 30; Ludolf Herbst, Option für den Westen. Vom Marshallplan bis zum deutsch-französischen Vertrag, München 1989 (= dtv, 4527).

[46] Vgl. Torsten Diedrich, Waffen gegen das Volk. Der 17. Juni 1953 in der DDR. Hrsg. vom MGFA, München 2003; Ilko-Sascha Kowalczuk, 17.6.1953 – Volksaufstand in der DDR. Ursachen – Abläufe – Folgen, Bremen 2003; Volker Koop, 17. Juni 1953. Legende und Wirklichkeit, Berlin 2003; Hubertus Knabe, 17. Juni 1953. Ein deutscher Aufstand, München 2003.

[47] Vgl. Jahrbuch der öffentlichen Meinung 1947–1955. Hrsg. von Elisabeth Noelle und Erich Peter Neumann, Bd 1, 2., durchges. Aufl., Allensbach 1956, S. 348, Krieg und Frieden: Im

sollte der jungen Bundesrepublik auf jeden Fall erspart bleiben. Zwar war auch der Aufbau einer westdeutschen Armee in gewissen Kreisen der Öffentlichkeit nicht erwünscht, die subjektiv empfundene Angst vor der Sowjetarmee war aber weit größer als die objektiv vorhandene Bedrohung[48]. Die Westalliierten befanden sich in einem Dilemma: Einerseits glaubten sie, deutsche Soldaten unbedingt gegen den sowjetischen Gegner zu benötigen, andererseits wollten sie auch die Entnazifizierung, von der auch viele der umworbenen Soldaten betroffen waren[49]. In dieser Frage standen sich rationale militärische Erfordernisse und moralisch-erzieherische Überlegungen gegenüber, die bis zur Entlassung der letzten »Kriegsverbrecher«[50] im Paroleverfahren aus den alliierten Gefängnissen eine zentrale Rolle bei der westdeutschen Aufrüstung spielen sollten.

Die neuen Streitkräfte der Bundesrepublik Deutschland mussten auch der demokratischen Staatsverfassung entsprechen. Eine Konstellation, wie sie während der Weimarer Republik entstanden war, sollte unbedingt ausgeschlossen werden. Der Distanz zwischen Reichswehrführung und Reichsregierung war die Kooperation zwischen Wehrmacht und NS-Regime gefolgt, die Wehrmacht zum zuverlässigen Instrument in der Hand der Nationalsozialisten geworden. Die Teilidentität der Erfahrungen und Ziele der Wehrmachtführung mit der NS-Führung hatte die Zusammenarbeit gefördert[51]. Zwar waren die gesellschaftlichen, ökonomischen, politischen und internationalen Gegebenheiten nach dem Ende des Zweiten Weltkrieges im Vergleich zur Weimarer Republik und dem nationalsozialistischen Deutschland grundverschieden, doch sollte einer möglichen Parallelentwicklung bereits im Ansatz durch diverse Sicherungsmechanismen entgegengewirkt werden. Vorhandenes gesellschaftliches Misstrauen musste einer Zustimmung und Akzeptanz weichen. Die neueingerichtete Institution des Wehrbeauftragten des Deutschen Bundestages als Teil der parlamentarischen Kontrolle der Streitkräfte hatte im Gegensatz zu den anderen verfassungsmäßigen Einrichtungen, wie die zivil-militärische Führung mit der Regelung des Oberbefehls oder die funktionale Trennung der Streitkräfte von der Verwaltung, die Aufgabe, das für den Soldaten sichtbare Instrument der wehrhaften Demokratie zu sein. Der Schutzbereich des Wehrbeauftragten erstreckte sich nicht so sehr auf die Organisation Militär, sondern in

---

März 1951 und 1952 glaubte jeweils die Hälfte der Befragten, dass Russland für einen neuen Weltkrieg verantwortlich sein würde.

[48] Ebd., S. 352: Im Juli 1952 und im Oktober 1954 fühlten sich über 60 Prozent der Befragten von Russland bedroht.

[49] Bernd Stöver, Die Bundesrepublik Deutschland, Darmstadt 2002, S. 6.

[50] Der Begriff »Kriegsverbrecher« ist unscharf, da hier auch sogenannte NS-Verbrecher subsummiert wurden. Vgl. hierzu Schlaffer, GeRechte Sühne? (wie Anm. 44), S. 7–13, 159–161.

[51] Vgl. Kroener, Generationserfahrungen und Elitenwandel (wie Anm. 29); Manfred Messerschmidt, Die Wehrmacht im NS-Staat. Zeit der Indoktrination, Hamburg 1969; Ernst Nittner, Menschenführung im Heer der Wehrmacht und im Zweiten Weltkrieg. In: Menschenführung im Heer, Herford, Bonn 1982 (= Vorträge zur Militärgeschichte, 3), S. 139–182.

der Hauptsache auf das Individuum, das seinen Militärdienst leistete. Dem
»Objekt« des militärischen Handelns wurde neben dem dienstrechtlichen Be-
schwerdeweg zusätzlich die Möglichkeit einer Eingabe an den Wehrbeauftragten als Rechtsschutzmittel zugebilligt[52].

Eine Bevölkerung, die wie die deutsche einen verlustreichen sechsjährigen
Krieg mit einer weitflächigen Zerstörung der eigenen Heimat erlebt hatte, war
kriegsmüde und wies wenig Wehrwillen auf. Der Koreakrieg schürte einerseits
die Angst vor dem gleichen Schicksal, andererseits offenbarte er das Gefühl der
totalen Machtlosigkeit und Auslieferung. Die Deutschen waren weniger Han-
delnde als vielmehr der Spielball zwischen den Blöcken. Von einem spürbaren
Widerstandswillen waren sie weit entfernt und das Vertrauen in die Willens-
und Abwehrbereitschaft der Besatzungstruppen war wenig ausgeprägt[53]. Zudem hatte die nationalsozialistische Herrschaft auch zu einer Militarisierung
der Politik geführt. Militärische Denk- und Handlungsweisen waren auch in
die politischen Bereiche eingedrungen und hatten sie dominiert, trotzdem hatte
der Primat des Politischen das nationalsozialistische System gekennzeichnet.

Nach dem verlorenen Zweiten Weltkrieg wurden das politische und militärische Versagen gleichgestellt; den Soldaten schrieb man das militärische Denken als preußisch-deutschen Militarismus in der Politik zu. Soldatentugenden
wurden nun hinterfragt und als verbrecherisch bezeichnet. Daher erstaunte es
kaum, dass die missbrauchten Generationen den Gedanken der Aufrüstung
erst einmal ablehnend gegenüberstanden[54]. Der Protest gerade der jungen Generationen in den 1950er-Jahren war zum einen von dem oppositionellen Slo-
gan »Ohne mich«[55] in der Frage der Wiederbewaffnung geprägt, zum anderen
von der Angst vor der nuklearen Vernichtung (»Kampf dem Atomtod«) dominiert. Gerade die von Franz Josef Strauß forcierte Ausrüstung der Bundeswehr
mit atomaren Trägerwaffen traf auf eine ablehnende Haltung in weiten Teilen
der Gesellschaft. Die prominentesten Repräsentanten der »Ohne-mich«-
Bewegung waren der evangelische Kirchenpräsident Martin Niemöller und
Bundesinnenminister Gustav Heinemann. Aufgrund der fehlenden organisatorischen Basis und der politischen Wirkungsstrukturen war sie nur eine kurz-
zeitige Erscheinung mit ausschließlich moralischer Bedeutung. Vergleichbar
erging es auch der Anti-Atom-Initiative. Eine Wirkungsmacht entfaltete sie erst,
als sich die SPD und die Gewerkschaften dem Protest anschlossen. Er verebbte
aber rasch mit der programmatischen Änderung der SPD nach dem »Stuttgar-

[52] Rudolf J. Schlaffer, Der Wehrbeauftragte. Aus Sorge um den Soldaten, München 2006
(= Sicherheitspolitik und Streitkräfte der Bundesrepublik Deutschland, 5); zudem Schlaffer, Die Spitzengliederung der deutschen Streitkräfte von 1871 bis zur Gegenwart (in
Vorb.).
[53] Vgl. Adenauer, Erinnerungen 1945–1953 (wie Anm. 37), S. 349.
[54] ACDP, NL Heye, I-589-001/9, Vortrag vor der Arbeitsgemeinschaft Demokratischer Kreise
im Bremen am 13.1.1962 zum Thema »Der Soldat in unserer demokratischen Gesellschaft«, S. 9.
[55] Anfänge westdeutscher Sicherheitspolitik (wie Anm. 2), Bd 2 (Beitrag Volkmann),
S. 493–495.

ter Parteitag von 1958«[56]. Die Gewerkschaften, traditionell eher den Sozialdemokraten als den bürgerlichen Parteien zugeneigt, standen daher der Wehrfrage eher distanziert bis grundsätzlich ablehnend gegenüber[57]. Die großen Amtskirchen, auch durch einen unterschiedlichen Grad der Verstrickung während des »Dritten Reiches« begründet, verhielten sich abwartend auf katholischer Seite bis demonstrativ ablehnend auf evangelisch-lutherischer Seite[58]. Der Bund der Deutschen Katholischen Jugend entzog sich, trotz der Vorbehalte, seiner Verantwortung nicht und beschloss auf seiner Hauptversammlung am 11. November 1953 in Altenburg in seiner »Stellungnahme zu Fragen des Inneren Gefüges der Deutschen Streitkräfte in der Europäischen Verteidigungsgemeinschaft«, dass der Soldat im Vollbesitz seiner staatsbürgerlichen Rechte bleiben sollte und Einschränkungen nur durch Gesetz in einem festen Rahmen erfolgen dürften[59]. Während der Früh- und Aufbauphase der Bundeswehr konnten sich aber die beiden Amtskirchen ihrer Verantwortung für den Soldaten nicht mehr entziehen und bekannten sich zur Bundeswehr, indem sie militärseelsorgerisch tätig wurden[60].

Der Zusammenbruch 1945 vollzog sich nicht nur materiell, sondern auch staatlich, moralisch und organisatorisch. Die moralisch diskreditierte und autoritär geführte Wehrmacht existierte nicht mehr und Staat und Gesellschaft befanden sich mitten in der Transformation. Die Bundeswehr als »verspätete staatliche Organisation« musste sich nun verzögert in diesen Prozess einfügen und sich nicht nur intern transformieren, sondern sich auch in die Gesellschaft integrieren. Die einsetzende »Vergangenheitsbewältigung«, die vor allem auch in der justiziellen Aufarbeitung der NS-Verbrechen erkennbar wurde, die begleitenden gesellschaftlichen Verdrängungsmechanismen und die außenpolitischen Konditionen gaben den Rahmen für den Aufbau der Bundeswehr in den 1950er-Jahren. Viele Auswirkungen dieses Aufbaus zeigten sich erst in den beiden folgenden Jahrzehnten[61]. Diese Rahmenbedingungen wirkten auf die ehemaligen und neuen Soldaten, die sich wiederum in einem individuellen Entwicklungsprozess zwischen den politisch-gesellschaftlichen Forderungen an den Soldaten und der inneren eigenen Überzeugung befanden. Hierbei ent-

[56] Görtemaker, Geschichte der Bundesrepublik Deutschland (wie Anm. 5), S. 189–193.
[57] Anfänge westdeutscher Sicherheitspolitik (wie Anm. 2), Bd 2 (Beitrag Volkmann), S. 556–569.
[58] Ebd., S. 524–556.
[59] Archiv der sozialen Demokratie (AdsD), SPD-Bundestagsfraktion, 2. Wahlperiode, Mappe 222, S. 4.
[60] Horst Scheffler, Die Militärseelsorge. In: Handbuch Militär und Sozialwissenschaften. Hrsg. von Sven Bernhard Gareis und Paul Klein, Wiesbaden 2004, S. 168–178.
[61] Vgl. zu »Vergangenheitsbewältigung« oder den von Norbert Frei eingeführten Begriff »Vergangenheitspolitik« die Ausführungen bei Schlaffer, GeRechte Sühne? (wie Anm. 44), S. 3–7. Weiterhin Manfred Kittel, Nach Nürnberg und Tokio. »Vergangenheitsbewältigung« in Japan und Westdeutschland 1945 bis 1968, München 2004 (= Schriftenreihe der Vierteljahreshefte für Zeitgeschichte, 89).

standen Reibungen, deren Auswirkungen dann vor allem bei den Eingaben an den Wehrbeauftragten zu erkennen waren[62].

Quellenlage

Aufgrund des Engagements eines Mitarbeiters des Bundesarchivs-Militärarchiv, Roger Hermstein, hat sich ein für die militärgeschichtliche Forschung sehr interessanter Aktenbestand erhalten, der in jahrelanger »Arbeit nebenbei« geordnet und elektronisch erfasst wurde. Der Bestand Pers 1 im Zwischenarchiv in Freiburg umfasst rund 300 000 Personalakten der Bundeswehr und bildet damit einen repräsentativen Anteil der Soldaten aller Dienstgradgruppen der Aufbauphase bis 1970 ab. Dieser Bestand ermöglicht einen Zugang sowohl zu Personengruppen als auch zu Einzelpersonen. Standardisierte Informationen liegen dabei ebenso vor wie freie Beschreibungen der Charaktere durch militärische Vorgesetzte. Die ausgewählten Soldaten werden damit als Bestandteile ihrer historischen Lebenswelten und als Akteure innerhalb ihrer Sozialgruppen analysiert. Vor allem Memoiren, Nachlässe und Zeitzeugenbefragungen ergänzen diese Grundlage.

Fragestellung an die ausgewählten Biografien und methodischer Ansatz

Die ausgewählten Biografien folgen drei Leitfragen:
1. Wer waren die ausgewählten Soldaten, welche die Bundeswehr als moderne Wehrpflichtarmee in der Demokratie aufbauten?
2. Wie wirkten sich solche persönlichen Prägungen auf den Tätigkeitsbereich in der Bundeswehr aus?
3. Inwieweit charakterisieren die ausgewählten Persönlichkeiten die unterschiedlichen Aufbaugenerationen?
Das Handlungssystem ist die Bundeswehr und der Deutungs- und Erfahrungsraum ist die Generation. Für eine kollektive Biografie von Soldaten, die am Aufstellungsprozess der Bundeswehr beteiligt waren, müssen mehrere Generationen berücksichtigt werden. Alle beteiligten Personen weisen eine parallele Teilnahme an diesem Aufbauverlauf auf, verfügen aber über unterschiedliche Erinnerungsspuren aus der Vergangenheit und das ungleiche Erlebnis einer überwältigenden Kontingenz. Allein schon durch die Zugehörigkeit zu ver-

---

[62]   Schlaffer, Der Wehrbeauftragte (wie Anm. 52).

schiedenen Alterskohorten sind diese Elemente bei jedem Einzelnen unterschiedlich ausgeprägt. Das Personalreservoir, aus dem beim Aufbau der Bundeswehr geschöpft werden konnte, bildete innerhalb der Gesamtgesellschaft bereits eine gewisse Auslese. Zum einen konnte und wollte nur ein eng begrenzter Teil der Bevölkerung in die Bundeswehr eintreten oder musste als Grundwehrdienstleistender der Wehrpflicht nachkommen. In ihrer moralischen Urteilsfähigkeit fühlte sich wohl die Masse der Soldaten eher an Konventionen sowie Sanktionen gebunden und weniger an einer möglichst weiten Entfaltung ihrer Persönlichkeit[63]. Abgesehen davon unterschieden sich die Generationen, die nun in den neuen Streitkräften aufeinandertrafen, erheblich im Alter, in ihrer familiären und beruflichen Sozialisation und im dazugehörigen Milieu, in ihrem Lebenslauf und individuellen Verarbeitungsprozess der Vergangenheit.

Bei der Erforschung eines militärischen Milieus im Sinne einer Heimat im sozialen Kontext bietet sich eine Anlehnung an die im Militär etablierten Hierarchieebenen für die Gliederung des Bandes geradezu an. Zum einen wird mit solch einer Adaption das Macht- und Herrschaftssystem innerhalb des militärischen Apparates transparent und zum anderen ermöglicht es eine Verortung des Individuums im Berufs- und Erwerbssystem. Die Aufbaugenerationen der Bundeswehr lassen sich daher in vier Gruppen unterscheiden, die aber in der Zugehörigkeit zu ihrer jeweiligen Alterskohorte übergreifend sind[64]:

Mannschaftsdienstgrade/Grundwehrdienstleistende
(Untergebenen- und Basisebene)

Bis auf wenige Zeitsoldaten waren die Mannschaftsdienstgrade Grundwehrdienstleistende, die durch das Grundgesetz und das Allgemeine Wehrpflichtgesetz zum Dienst in der Bundeswehr verpflichtet wurden. Geboren und aufgewachsen im Nationalsozialismus lernten sie sowohl die Diktatur als auch den Krieg als Kinder kennen. Sie dienten zwar regelmäßig nicht in der Wehrmacht, lernten aber den Nationalsozialismus und die Brutalität des Zweiten Weltkrieges auf deutschem Boden als Angehörige der NS-Kinder- und Jugendorganisationen kennen. Vaterlosigkeit, Bombenhagel, Flucht und Vertreibung begleiteten sie in der Kindheit, totale Niederlage und Überlebenskampf im Nachkrieg in ihrer Jugend. Gerade in der Aufbau- und Frühphase der Bundeswehr stellten

---

[63] Dazu Schlaffer, Der Wehrbeauftragte (wie Anm. 52), S. 320 f.
[64] Die folgende generationsspezifische Einteilung fußt vor allem auf Naumann, Generale in der Demokratie (wie Anm. 30), S. 30–34. Vgl. zu einer innerorganisatorischen Alters- und Ranggruppengliederung bei Schlaffer, Schleifer a.D.? Zur Menschenführung im Heer der Aufbauphase. In: Helmut R. Hammerich [u.a.], Das Heer 1950 bis 1970. Konzeption, Organisation, Aufstellung, München 2006 (= Sicherheitspolitik und Streitkräfte der Bundesrepublik Deutschland, 3), S. 615–698, hier S. 635–642.

die Mannschaftsdienstgrade das Rückgrat im Ausbildungsdienst der Bundeswehr dar. Als »einfache Soldaten« wurden sie zum einen von den Offizieren und Unteroffizieren geführt und kamen unmittelbar mit deren Mentalitäten und Verhaltensmuster in Berührung. Zum anderen kam auch auf diese untersten Dienstränge eine nicht unbedeutende Aufbauleistung in den jeweiligen Funktionen zu. Aus dieser Generation rekrutierten sich auch die ersten kriegsungedienten und in der Bundeswehr ausgebildeten Jahrgänge an Zeit- und Berufssoldaten. Diese Gruppe umfasst eine Generation (Generation der wehrpflichtigen Jahrgänge 1936–1950: Kriegskindergeneration des Zweiten Weltkrieges 1936–1946). Diese statistisch gesehen umfangreichste Gruppe wird durch einen einzelbiografischen und zwei gruppenbiografische Beiträge skizziert.

Aleksandar-Saša Vuletić zeichnet die »ungerade« Laufbahn eines Zeitsoldaten nach, der als »weißer Jahrgang« eigentlich Sanitäts-Unteroffizier werden wollte, die Bundeswehr jedoch nach sechs Jahren als Obergefreiter (UA) der Gebirgspioniere verlassen musste. Er profitierte von der großen Personalnot der neuen Streitkräfte, als er trotz einer fristlosen Kündigung eine zweite Chance im Heer bekam. Auch diese konnte er allerdings nicht nutzen.

Barbara Stambolis wiederum nähert sich der 43er-Generation anhand fünfzehn junger Männer, die Anfang der 1960er-Jahre als Wehrpflichtige eingezogen wurden. Generationelle Gemeinsamkeiten ermöglichen es der Autorin, mittels einer fiktiven Biografie einen idealtypischen Rekruten des Jahrgangs 1943 zu konstruieren. Darüber hinaus skizziert sie eine »Brückengeneration« der um 1940 Geborenen, der eine bedeutende Rolle bei der Integration der neuen Streitkräfte in die Nachkriegsgesellschaft zukam.

Schließlich gewährt Malte Thießen Einblicke in den Alltag einer Mannschafts-Besatzung des Zerstörers »Bayern« und umreißt damit eine Bundeswehrgeschichte von unten. In der Retrospektive fühlen sich die Angehörigen der Jahrgänge 1937 bis 1946 als »Mariner der ersten Stunde«, die einen wesentlichen Anteil am Aufbau der Bundesmarine hatten. Im Gegensatz zu vielen ihrer Kameraden des Heeres und der Luftwaffe fühlten sie sich als Angehörige einer exklusiven Teilstreitkraft.

Truppenoffiziere und Unteroffiziere (Untergebenen- und Führungsebene II)

Die Truppenoffiziere im Dienstgrad vom Leutnant bis zum Hauptmann bilden das Führerpersonal der Einheiten und Stäbe in der Truppe. Zusammen mit den Unteroffizieren mit und ohne Portepee sind sie für die Ausbildung, Erziehung und Führung der Mannschaftssoldaten unmittelbar verantwortlich. Von ihrem Vorbild, ihrer Leistungsfähigkeit und Führungsverantwortung hängt wesentlich die Schlagkraft der Truppeneinheiten und -verbände ab. Für diese Gruppe gelten ähnliche Prämissen wie für die zwei Folgenden. In der Betrachtung der Alterskohorte umfasst diese Gruppe ebenfalls mehrere Generationen, denn sowohl die Truppenoffiziere als auch die Unteroffiziere weisen in ihrer Altersstruktur erhebliche Unterschiede auf.

Diese Gruppe wird anhand der Laufbahnen zweier Unteroffiziere, darunter ein Feldwebeldienstgrad, und eines Hauptmanns der Panzertruppe charakterisiert.

Martin Rink zeigt am Beispiel eines Stabsunteroffiziers der Luftwaffe den Verlauf einer durchschnittlichen Unteroffizierskarriere. Der im Jahr 1937 geborene Soldat bewährte sich in seiner Fachlaufbahn, ohne jedoch im Besonderen aufzufallen. Zur absehbaren Beförderung zum Feldwebel und zu einem geordneten Familienleben am Standort sollte es nicht kommen. Als Unbeteiligter wollte er bei einer schweren Schlägerei unter Soldaten schlichten und fiel dadurch besonders auf. Wenige Tage später verstarb der 30-Jährige an den Folgen der Tätlichkeiten. Für seine Vorgesetzten war das beherzte Eingreifen die erste und einzige vorbildliche Tat seiner gesamten Dienstzeit.

Der von Dieter H. Kollmer beschriebene Hauptfeldwebel der Nachschubtruppe beendete seine zweite Militärlaufbahn nach Überschreiten der besonderen Altersgrenze seines Dienstgrades. Dieses vordergründig normale Soldatenleben zeigt jedoch bei näherer Betrachtung Risse. In der Wehrmacht sozialisiert und fast zum Truppenoffizier aufgestiegen, wurde der im Jahre 1912 Geborene in der Bundeswehr nie heimisch. Die Rahmenbedingungen der »neuen Wehrmacht« führten zu Enttäuschungen und Verdrossenheit, die sich schließlich in einer langen Krankheit niederschlugen.

Rudolf J. Schlaffer beschreibt die elfjährige Dienstzeit eines vaterlosen Kriegskindes, Jahrgang 1936. Eine auf den ersten Blick durchaus vorbildlich zu nennende Offizierslaufbahn endete 1967 nach einem Selbstmordversuch abrupt. Berufliche Überforderung und private Probleme könnten den jungen Panzeroffizier in diese für ihn ausweglos erscheinende Lage gebracht haben.

Stabsoffiziere (Untergebenen- und Führungsebene I)

Die Gruppe der Stabsoffiziere umfasst die Generalstabsoffiziere und die Truppenstabsoffiziere vom Major über den Oberstleutnant bis Oberst. Beide Untergruppen fungieren sowohl in Führungsverwendungen als auch Stabs-, Ausbildungs- oder Lehrverwendungen. Sie setzen die Befehle und Weisungen aus der politischen Leitungs- und militärischen Führungsebene um. Daher werden sie auch als Leitungs- und Führergehilfen bezeichnet. Aufgrund ihrer Verbindungs- und Umsetzungsfunktion zwischen der Führungsebene und der Truppe kommt den Stabsoffizieren eine bedeutende Stellung zu. Von ihren Fähigkeiten hängt oftmals die Akzeptanz der Befehle der Eliten in der Truppe ab[65].

Die Angehörigen dieser Gruppe wuchsen im Kaiserreich auf und wurden vor allem vom Ersten Weltkrieg geprägt. Zwar nicht im Krieg unmittelbar als Soldaten, lernten sie ihn aber als Heranwachsende mittelbar durch die Entbehrungen an der Heimatfront kennen. Die Folgen der Niederlage des Ersten Weltkrieges und die Weimarer Republik erlebten sie als junge Erwachsene. In dieser Zeit traten sie dann in die Reichswehr ein. Im Nationalsozialismus erlebten sie die Militarisierung des Zivilen und die anfänglichen militärischen Erfolge, danach die Niederlage der Wehrmacht. Von 1945 bis 1955 verdienten sie sich ihren Lebensunterhalt entweder als Angehörige der bewaffneten Freiwilligenorganisationen (Dienstgruppen) der Besatzungsmächte oder als Mitarbeiter im Amt Blank, absolvierten eine zivile Ausbildung, studierten oder gingen einer zivilen Beschäftigung nach. Diese zehn Jahre ohne deutsches Militär stellten, trotz des Überlebenskampfes im Nachkriegsdeutschland, meist auch eine Zeit der Selbstreflexion und der Auseinandersetzung mit der deutschen und der eigenen Vergangenheit dar[66]. Diese Gruppe umfasst vier bzw. fünf Generationen:

- Kriegsjugendgeneration des Ersten Weltkrieges der Jahrgänge 1900-1913,
- Kriegskindergeneration der Jahrgänge 1913-1921 (Typus I des Frontoffiziers des Zweiten Weltkrieges),
- Generation der jungen Kriegsoffiziere der Jahrgänge 1922-1927 (Typus II des Frontoffiziers des Zweiten Weltkrieges),
- Flakhelfer der Jahrgänge 1927-1930
- und die »weißen Jahrgänge« 1929-1937.

Ein Luftwaffen-Oberst und ein Major des Heeres im Generalstabsdienst, zwei Oberste des Truppendienstes im Heer und schließlich ein Korvettenkapitän geben dieser Gruppe ein Gesicht. Vier der fünf Generationen werden mit diesen Angehörigen der Geburtsjahrgänge 1913 bis 1921 abgebildet. Interessant sind die scheinbar parallel verlaufenden Bundeswehr-Karrieren dieser Offiziere, die aber unter dem Gesichtspunkt des »Erfolges« völlig unterschiedlich endeten. Das selbstempfundene Scheitern, trotz der gegebenen Perspektive keinen goldenen Stern auf den Schultern tragen zu dürfen, das tragische Scheitern aufgrund langjährigen Alkoholmissbrauchs oder eines schweren Verkehrsunfalls zeigen die Bandbreite beruflicher aber auch privater Lebenswege von »Frontoffizieren des Zweiten Weltkrieges« auf.

Am Beispiel eines Kapitänleutnants macht André Deinhardt deutlich, dass oft unerkannt gebliebene Kriegstraumata Auswirkungen im Dienstalltag haben konnten. Gerade die Angehörigen der »Generation der jungen Kriegsoffiziere« (Klaus Naumann) waren davon überdurchschnittlich betroffen. Experten auf

---

[65] Frank Pauli untersucht dagegen die kriegsgedienten Offiziere der Bundeswehr und skizziert vier Gruppen, die reichswehrgeprägten Offiziere, die Vorkriegsoffiziere, die Kriegsoffiziere und schließlich die Volks- und Tapferkeitsoffiziere. Pauli, Das kriegsgediente Offizierkorps der Bundeswehr und die Innere Führung (wie Anm. 32).

[66] Beispielhaft Lingen, Kesselrings letzte Schlacht (wie Anm. 17).

ihrem jeweiligen Fachgebiet ließen sie in ihrer Bundeswehrzeit oft menschliche Wärme gegenüber ihren Untergebenen vermissen. Erst Jahre später besserte sich das Verhältnis deutlich und ermöglichte eine Karriere in der Bundesmarine. Loretana de Libero weist in ihrem Beitrag über einen promovierten Major des Heeres nach, welche Bedeutung dem 20. Juli 1944 für die Innere Führung der Bundeswehr zukam. Anfänglich in den neuen Streitkräften durchaus umstritten, wurde die Haltung der Wehrmachtoffiziere im Widerstand nicht zuletzt durch einen Vortrag des jungen Stabsoffiziers traditionswürdig. Angesichts des langen Schweigens der militärischen Führung war dies ein durchaus beachtlicher Erfolg des Frontoffiziers Jahrgang 1919 bei der Umsetzung der neuen Organisations- und Führungsphilosophie der Bundeswehr.

Falko Heinz untersucht die Laufbahn eines Generalstabsoffiziers der Luftwaffe und stellt damit einen weiteren »Kontinuitätsträger« zwischen Wehrmacht und Bundeswehr vor. Als Experte im Sachsystem »Führung und Ausbildung« und im Bereich des militärischen Nachrichtenwesens konnte der spätere Oberst auf langjährige Erfahrungen der Vorkriegs- und Kriegszeiten zurückgreifen und diese in den Aufbau der Bundeswehr einbringen. Seine pragmatische Grundhaltung erleichterte ihm zudem den Schritt zum »Staatsbürger in Uniform«.

Schließlich geht Helmut R. Hammerich in seinem Beitrag über zwei Stabsoffiziere der Panzer- bzw. Panzerjägertruppe der Frage nach, inwieweit die Kriegserfahrungen der Frontoffiziere des Zweiten Weltkrieges in den Aufbau der gepanzerten Truppen der Bundeswehr wirkten. Die Leistungsbereitschaft und -fähigkeit dieser durchaus unterschiedlich sozialisierten und im Kriege hoch dekorierten Soldaten, die in der frühen Bundeswehr Bataillone und Brigaden führten, waren sowohl für die Aufbau- als auch für die Konsolidierungsphase der Bundeswehr prägend und in vielerlei Hinsicht auch stilbildend.

Eliten (obere militärische Führungsebene, Spitzenmilitärs)

Mit der Elite wird regelmäßig die Generalität verbunden. In ihrer Gesamtheit stellt diese Führungsebene eine Positions- und Funktionselite dar. Diese Gruppe war jedoch weit weniger kohärent, als es auf den ersten Blick scheinen mag. Unterschiede gab es nicht nur im Hinblick auf die vier Generalsränge, sondern auch hinsichtlich der Zugehörigkeit der Generale zu einem engeren oder weiteren Führungszirkel. Gerade der engere Führungszirkel definierte sich über bestimmte Führungsverwendungen. Die Inhaber dieser Verwendungen gehörten der Macht- und Herrschaftselite an.

Die Generalität der Bundeswehr in der Früh- und Aufbauphase der Bundeswehr rekrutierte sich ausschließlich aus ehemaligen Wehrmachtgeneralen oder Generalstabsoffizieren, also den Angehörigen der militärischen Führungselite oder der Führergehilfen der nationalsozialistischen Wehrmacht. Geboren und aufgewachsen im Kaiserreich, nahmen sie am Ersten Weltkrieg als junge Truppenoffiziere teil, leisteten anschließend Friedens- und Garnisonsdienst in der Reichswehr und fanden über die Wehrmacht mit ihren ausgezeichneten Karrieremöglichkeiten den Weg in die Bundeswehr. Ihre Auswahl fand durch einen Personalgutachterausschuss statt, sodass die Verwendung von im Nationalsozialismus stark belastetem und intensiv verstricktem Personal im militärischen System der Bundesrepublik Deutschland weitestgehend ausgeschlossen werden konnte.

Diese Gruppe umfasst bis auf wenige Ausnahmen in der Regel zwei Generationen: ehemalige Frontoffiziere des Ersten Weltkrieges der Jahrgänge 1889–1900 sowie die Kriegsjugendgeneration des Ersten Weltkrieges der Jahrgänge 1900–1913.

Als Vertreter dieser Gruppe wurden vier Generale, ein Admiral und ein Generalarzt ausgewählt. Drei von ihnen wurden vor 1900 (Hans Röttiger, Josef Kammhuber und Dr. Theodor Joedicke) geboren, die anderen (Karl-Adolf Zenker, Anton-Detlef von Plato und Ulrich de Maizière) zwischen 1907 und 1912. Als Generalinspekteur bzw. als Inspekteure einer Teilstreitkraft gehörten de Maizière, Röttiger, Kammhuber und Zenker zum engeren Führungszirkel, während von Plato und Joedicke als Inspekteure der Territorialen Verteidigung bzw. des Sanitäts- und Gesundheitswesens zum erweiterten Führungszirkel gezählt werden können.

Klaus Naumann untersucht mit Anton-Detlef von Plato einen Vertreter der von ihm benannten »Mittelgeneration«, die noch vor den jüngeren Kriegsoffizieren des Zweiten Weltkrieges als die entscheidenden Kontinuitätsträger zwischen Wehrmacht und Bundeswehr und nach der »militärischen Altelite« (Wolfgang Schmidt) in die Spitzenpositionen der neuen Streitkräfte gelangten und bis weit in die 1970er-Jahre hinein tonangebend blieben. General von Plato steht zudem beispielhaft für »alternative« Karrieren innerhalb der NATO.

In seinem Beitrag über Dr. Theodor Joedicke beschreibt Kai-Uwe Bormann, wie dieser Sanitätsoffizier während seines aktiven Dienstes um die Gleichberechtigung des Inspekteurs des Sanitäts- und Gesundheitswesens gegenüber den Inspekteuren des Heeres, der Luftwaffe und der Marine und für eine Aufwertung der gerade in einem zukünftigen Atomkrieg wichtigen Teilstreitkraft kämpfte. Wie bereits in der Wehrmacht führte der Sanitätsdienst auch in der Bundeswehr eher ein Schattendasein. Der Schwerpunkt des Streitkräfteaufbaus lag eindeutig bei der kämpfenden Truppe.

Burkhard Köster zeigt am Beispiel des zweiten Inspekteurs der Bundesmarine, Karl-Adolf Zenker, wie wichtig die Erfahrungen des Seekrieges für die ersten Generationen der Marineoffiziere der Bundeswehr waren. Im Vordergrund stand die »Liebe zur Seefahrt«, doch für den Admiralstabsoffizier sollte die Tätigkeit in der Operationsabteilung des Oberkommandos der Marine prägend sein. Denn die dort geknüpften Netzwerke waren – neben fachlichem Können und marineinterner Loyalität – auch und vor allem nach dem Zweiten Weltkrieg entscheidend für eine Karriere in der Bundesmarine.

Am Beispiel des ersten Luftwaffeninspekteurs, General Josef Kammhuber, weist Wolfgang Schmidt nach, dass Teile der Militärelite der Luftwaffe den Wandel der Streitkräfte in doppelter Hinsicht vollziehen konnten. Zum einen wurden wie bereits in der Reichswehr und der Wehrmacht technische Neuerungen genutzt, um das Gewicht der eigenen Teilstreitkraft im Aufbau der Gesamtstreitkräfte zu stärken. Im Kalten Krieg stellte die Atombewaffnung das dazu geeignete Vehikel dar. Zum anderen war es die Anpassungsfähigkeit – gepaart mit dem nötigen Ehrgeiz – des versierten Generalstabsoffiziers, in den neuen Streitkräften unter veränderten Rahmenbedingungen gestalterisch tätig zu sein.

Kerstin von Lingen geht der Frage nach, inwieweit der Wehrmachtgeneral Hans Röttiger aufgrund seiner Erfahrungen während des Zweiten Weltkrieges sowie zum Kriegsende den Wandel hin zu einem General in der Demokratie vollzog und ob er damit charakteristisch für die ehemaligen Frontoffiziere des Ersten Weltkrieges, die in den 1950er- und 1960er-Jahren in Spitzenpositionen der Bundeswehr gelangten, gelten kann. Bis zu seinem frühen Tod zeichnete Röttiger als erster Heeresinspekteur für den Aufbau der größten Teilstreitkraft verantwortlich.

Schließlich beschäftigt sich John Zimmermann mit dem vierten Generalinspekteur der Bundeswehr, General Ulrich de Maizière. Dieser war aufgrund seines Engagements für die Innere Führung und aufgrund der fehlenden Truppenkommandos im Offizierkorps der frühen Bundeswehr nicht unumstritten. Als Generalstabsoffizier »alter Schule« setzte er die Vorgaben der neuen politischen und militärischen Führung um und verstand es dabei, sich mit diplomatischem Geschick und Durchsetzungsfähigkeit für Spitzenfunktionen zu qualifizieren.

Für den kollektivbiografisch-exemplarischen Ansatz wird die Untergliederung nach Rangeinheiten auch deshalb gewählt, weil die Altersschichtung, Sozialisationserfahrungen, Kompetenzen und Wahrnehmungen in den jeweiligen Ebenen sehr unterschiedlich waren. Der Blick auf die Generation erfolgt dann innerhalb der biografischen Skizze. Neben dem Dienstgrad und der Zugehörigkeit zu einer Generation erfolgt die Auswahl der biografischen Skizzen nach Organisationsbereichen und Teilstreitkräften sowie einem Sachsystem. Die Biografie des Soldaten wird dann als charakteristisches *pars pro toto* genommen, d.h. an seinem Beispiel werden dann die jeweiligen Kategorien behandelt. Die Organisationsbereiche und Teilstreitkräfte umfassen die Gesamtstreitkräfte, Territorialverteidigung, Inspektion Sanitätsdienst, Heer, Luftwaffe und Marine, das Sachsystem dagegen Felder wie Innere Führung und Tradition, Rüstung und Konzeption, Personalauswahl und Personalführung. Zwar wirkten etliche Soldaten während ihres Lebenslaufes in der Organisation in mehreren Sachsystemen, jedoch wird in der Skizze ein Feld besonders und die übrigen allgemein betrachtet. So wird beispielsweise ein Stabsoffizier als Angehöriger des Heeres und einer bestimmten Generation im Allgemeinen und in seiner Bedeutung zum Beispiel für die Mechanisierung der gepanzerten Kampftruppen (Rüstung und Konzeption) im Besonderen analysiert. Diese

Zuordnung legitimiert dann auch die Auswahl der Person als Angehörigen einer Aufbaugeneration. Die Skizze ist damit kollektiv- und einzelbiografisch zugleich. Aus Gründen des Persönlichkeitsschutzes wurden bis auf Persönlichkeiten der Zeitgeschichte alle Soldaten anonymisiert oder es liegen die Genehmigungen zur Veröffentlichung der Namen vor.

Versuch einer psychohistorischen Problematisierung

Abgeschlossen wird der Band nicht mit einem Resümee, sondern mit dem Beitrag einer Psychoanalytikerin. Elke Horn liest und interpretiert die ausgewählten Biografien vor dem Hintergrund psychoanalytischer Theorien sowie Methoden. Sie bietet dem Leser eine mögliche Interpretation der Ergebnisse der Historiker an. So wie die Beiträge zur Organisations-, Generationen- oder Biografieforschung weitgehend Konstruktionen sind, analysiert, konstruiert und generalisiert auch Elke Horn. Ihr Beitrag ist das Ergebnis eines interdisziplinären Ansatzes und Experiments, der nicht für sich alleine stehen kann. Sie verortet individuelle Erlebnisse in einer Gemeinschaftserfahrung und deutet diese. Manche Bewertungen erscheinen dann aus historiographischer Perspektive schonungslos, ergeben sich aber aus der psychoanalytischen Theorie und Methodik. Inwieweit diese Ergebnisse belastbar sind, mag die künftige Forschung auf diesem Feld zeigen.

Mannschaftsdienstgrade/Grundwehrdienstleistende
(Untergebenen- und Basisebene)

Aleksandar-Saša Vuletić

Vom Sanitätssoldaten zum Gebirgspionier:
Ein »ungedienter Freiwilliger« in der Bundeswehr

Bei der Betrachtung der Geschichte der Bundeswehr bis in die 1990er-Jahre hinein fällt auf, dass die Zahl der Veröffentlichungen über und Selbstzeugnisse von Soldaten desto mehr zunimmt, je höher ihr Rang in den Streitkräften ist. Daher – und das gilt auch für andere Bereiche der Gesellschaft – finden sich für diejenigen, die in Führungspositionen stehen (in diesem Fall für Generale und Admirale) die meisten Untersuchungen und Publikationen, während für die Angehörigen der Untergegebenen- und Basisebene[1], hier der Unteroffizier-, Mannschaftsdienstgrade und Wehrpflichtigen, sich die Lage anders darstellt.

Was die genannten Ebenen betrifft, kann aber zumindest für die Unteroffiziere der Bundeswehr festgestellt werden, dass sie relativ gut erforscht sind[2]. Hierin spiegelt sich zunächst die Tatsache, dass dem Unteroffizier eine tragende Rolle für das Funktionieren der Streitkräfte zukommt. Gerade in den Aufbaujahren der Bundeswehr gab es aber auch erhebliche Probleme bei der Rekrutierung von freiwilligen Bewerbern für das Unteroffizierkorps[3] und dieser Mangel wirkte sich bis in die 1960er-Jahre insgesamt negativ auf die Aufstellung der neuen Streitkräfte und teilweise besonders gravierend auf die Ausbildung der Rekruten aus[4]. In den Jahren 1959/60 konnten die Forderungen des Heeres hinsichtlich des Unteroffizierbedarfs nur zu 35 Prozent erfüllt werden[5].

---

[1]   Vgl. Helmut R. Hammerich und Rudolf J. Schlaffer, Einleitung zum vorliegenden Band.
[2]   Z.B. Heidelore Dillkofer und Paul Klein, Der Unteroffizier der Bundeswehr. I. Tätigkeitsfeld und Ausbildung, München 1979 (= Sozialwissenschaftliches Institut der Bundeswehr, Berichte, 18); Heidelore Dillkofer und Paul Klein, Der Unteroffizier der Bundeswehr. II. Rekrutierung, Berufszufriedenheit, Selbst- und Fremdbild, München 1981 (= Sozialwissenschaftliches Institut der Bundeswehr, Berichte, 21); Detlef Bald, Der Unteroffizier der Bundeswehr – soziale Herkunft und schulische Bildung, München 1989 (= SOWI-Arbeitspapier, 21); Paul Klein, Das Berufsbild des Unteroffiziers in der Anpassung an die zivile Gesellschaft, München [1989] (= SOWI-Arbeitspapier, 20).
[3]   Vgl. dazu Frank Nägler, Der gewollte Soldat und sein Wandel. Personelle Rüstung und Innere Führung in den Aufbaujahren der Bundeswehr 1956 bis 1964/65, München 2009 (= Sicherheitspolitik und Streitkräfte der Bundesrepublik Deutschland, 9), S. 346–348.
[4]   Vgl. Rudolf J. Schlaffer, Aus Sorge um den Soldaten, Der Wehrbeauftragte 1951 bis 1985, München 2006 (Sicherheitspolitik und Streitkräfte der Bundesrepublik Deutschland, 5), S. 123–180.
[5]   Nägler, Der gewollte Soldat (wie Anm. 3), S. 346.

Es ist daher nicht überraschend, dass sich wiederholt sozialwissenschaftliche Studien diesem Problem widmeten.

Dagegen finden sich vergleichsweise wenige Untersuchungen wie auch Selbstzeugnisse, die sich speziell oder primär mit den Mannschaftsdienstgraden, insbesondere den Zeitsoldaten außerhalb des Unteroffizierkorps befassen. Im Jahre 2000 erschien eine Untersuchung von Constanze Hartan über Freiwillige und Zeitsoldaten der Bundeswehr in der Aufbauphase bis 1961, der Interviews mit 14 Betroffenen zugrunde lagen[6]. Die meisten Befragten wurden in der zweiten Hälfte der 1930er-/Anfang 1940er-Jahre geboren, als Wehrpflichtige eingezogen und verpflichteten sich sodann als Zeitsoldaten bei der Bundeswehr. Der mit Abstand Älteste der Befragten wurde 1930 geboren, wurde daher nicht zum Wehrdienst eingezogen und verpflichtete sich freiwillig nach seinem Dienst beim Bundesgrenzschutz als Zeitsoldat bei der Bundeswehr. Meist seien die Befragten über »Mundpropaganda« aus dem Verwandten- und Bekanntenkreis zu den neuen Streitkräften gelangt. Widerspruch von Seiten ihrer Eltern habe es nicht gegeben, aber auch keine Begeisterung[7]. Die meisten hätten keine Vorstellungen über ihre Zukunft in der Bundeswehr gehabt: »Die Armee bot eine Vielzahl von verschiedenen Möglichkeiten, in den Tag hinein zu leben[8].«

Auch der von Wolfram Wette herausgegebene Sammelband »Der Krieg des kleinen Mannes« mit dem programmatischen Untertitel »Eine Militärgeschichte von unten« (1992, 2. Aufl. 1995) enthält mehrere Beiträge zu den Mannschaftsdienstgraden, die sich kritisch mit der Situation vor allem der Wehrpflichtigen in den 1970er- und 1980er-Jahren befassen[9]. Die Autoren des Bandes thematisierten die Konflikte zwischen Unteroffizieren und Wehrpflichtigen, die zunehmende Distanzierung der eingezogenen Soldaten vom Wehrdienst, Alkoholprobleme[10], das Phänomen des »Gammeldienstes« und die zunehmende Ablehnung einer Verteidigung mit atomaren Waffen in den 1980er-Jahren[11].

Des Weiteren sei auf zwei Beiträge zur Bundeswehr hingewiesen, die 1982 im »Kursbuch« Nr. 67 (»Militär«) veröffentlicht wurden: Die Schriftstellerin Eva Demski versuchte ihre Eindrücke mittels Befragung von Rekruten während der sechswöchigen Grundausbildung zu beschreiben und damit einen Einblick

---

[6] Constanze Hartan, Erfahrungsgeschichte von Freiwilligen und Zeitsoldaten in der Aufbauphase der Bundeswehr. In: Constanze Hartan und Susanne Leinemann, Erfahrungsgeschichten von Freiwilligen, Zeit-, und Berufssoldaten in der Aufbauzeit der Bundeswehr und NVA, Osnabrück 2000 (= Militärgeschichte und Wehrwissenschaften, 5), S. 1–122.

[7] Ebd., S. 106 f.

[8] Ebd., S. 108.

[9] Hubert Treiber, Wie man Soldaten macht. In: Der Krieg des kleinen Mannes. Eine Militärgeschichte von unten, 2. Aufl., München 1995, S. 379–400; Helmut W. Ganser, Die Wehrpflichtigen: Statisten in Uniform. In: ebd., S. 401–415; Raimund Grafe und Matthias Zimmer, Der Rekrut, der aus der Kälte kam. In: ebd., S. 416–423; Ekkehard Lippert, »Gammeldienst«: Zum Kasernenalltag in der Bundeswehr. In: ebd., S. 424–439; Paul Klein, Wehrpflichtige der Bundeswehr und Atomkrieg. Eine Umfrage. In: ebd., S. 440–454.

[10] Vgl. Ganser, Die Wehrpflichtigen (wie Anm. 9).

[11] Lippert, »Gammeldienst« (wie Anm. 9); Klein, Wehrpflichtige der Bundeswehr und Atomkrieg (wie Anm. 9).

zu geben in eine »völlig fremde Welt«, in die jedes Jahr »Tausende junger Männer von ihren Müttern und Freundinnen« entlassen werden; eine Welt, die »wie
ein Mythos ›Der Bund‹ genannt wird und über deren Beschaffenheit die merkwürdigsten Vorstellungen in den Köpfen wohnen. Über das Innere dieser Welt
dringt wenig nach draußen. Schlagworte und Phrasen umgeben sie wie ein
Zaun: Bürger in Uniform, Innere Führung, Verteidigungsarmee, Bündnispartner – Wörter mit beruhigendem Klang. Aber die Nachrichten, die Informationen über den Verteidigungsbetrieb mit einer halben Million Mitarbeiter sind
merkwürdig fahl. Sie haben entweder den Ton aufgeregter und gleichzeitig
unterwürfiger Kumpelhaftigkeit [...] oder sind in ebenso aufgeregtem Hasston
geschrieben, düstere Visionen des Schleifers von Nagold, zerbrochene junge
Männer, die der Wehrdienst zu geistigen und körperlichen Krüppeln gedrillt
hat, unfähig jeder politischen Einsicht[12].«

Demskis Kasernenbesuch fand auf dem Höhepunkt der innen- und außenpolitischen Auseinandersetzungen um den NATO-Doppelbeschluss zur Nachrüstung des Bündnisses mit nuklearen Mittelstreckenraketen statt. Die Autorin
gehörte der westdeutschen Friedensbewegung an. Daher betrachtete sie durchaus sehr kritisch-ironisch, wenngleich keineswegs polemisch den Kasernenalltag der jungen Rekruten, wobei sie dem politischen Unterricht ihre besondere
Aufmerksamkeit widmete. Trotz ihres Unbehagens angesichts der Tatsache,
dass keiner (der Soldaten) den Krieg wolle, während er aber »immer sichtbarer
und immer perfekter, in der Nähe gehalten« werde und dass hierfür die Technik die Tarnkappe sei, stellte sie am Ende ihres Beitrags fest: »Ich verlasse die
fremde Welt nicht angstvoller, als ich gekommen bin[13].« Es liegt in der Natur
der Sache, dass Demski nur einen zeitlich kurzen Einblick in diese für Außenstehende besondere Welt nehmen konnte, der sich zudem auf die ersten Wochen der Wehrpflicht beschränkte.

Aus der Sicht eines Wehrpflichtigen beschrieb Nico Hansen im selben Kursbuch seine Erlebnisse auf dem K(üsten-)M(otor)-Boot »Paderborn« Anfang der
1970er-Jahre[14], wobei er Anpassung und Widerstand an die herrschenden Konventionen vor allem anhand des damals aktuellen und in- und außerhalb der
Bundeswehr heftig diskutierten Haarerlasses thematisierte. Zum Verhältnis
zwischen Wehrpflichtigen und Zeitsoldaten stellte er fest: »Nach und nach erst
begriff ich, wie recht der Hauptgefreite hatte – zwischen Z-Sau und W 18er gab
es nur wenig Gemeinsamkeiten, auch wenn wir alle vom selben Spieß (Kompaniefeldwebel) schikaniert wurden: ›Eh ich auf den Feind ballere‹, tönte mein
Stubenkamerad [...] einmal während der Grundausbildung beim Mittagessen,
›knall ich erst mal die von den eigenen Leuten ab, die sich feige verpissen wollen‹. Er muss mindestens Z 4 gewesen sein[15].« Und nicht weniger kritisch –
allerdings die damalige besondere Lage der Zeitsoldaten zwischen Vorgesetz-

---

[12] Eva Demski, Wie macht man das – Grundausbildung 82. In: Kursbuch, 67 (1982),
      S. 29 – 48, Zitat auf S. 29 f.
[13] Ebd., S. 46.
[14] Nico Hansen, Seemann, laß das Träumen. In: Kursbuch, 67 (1982), S. 49 – 57.
[15] Ebd., S. 51.

ten einerseits und Wehrpflichtigen andererseits betonend – schrieb Jürgen Pomorin, der 1973 seinen Wehrdienst angetreten hatte, jedoch wegen seiner politischen Aktivitäten innerhalb der Bundeswehr vorzeitig entlassen worden war: »Die Zeitsoldaten hatten einen schweren Stand – sie waren nicht nur den Schikanen der Vorgesetzten ausgesetzt, sondern mussten sich auch derbe Späße und beleidigende Bezeichnungen wie ›Z-Sau‹ von ihren wehrpflichtigen Kameraden gefallen lassen[16].«

Die Zeitsoldaten in der Dienstgradgruppe der Mannschaften hatten aber auch deshalb einen schweren Stand, weil sie Anfang der 1970er-Jahre gegenüber den Unteroffizieren einerseits und den Wehrpflichtigen andererseits eine kleine Minderheit bildeten. Das galt insbesondere für die Längerdienenden unter ihnen. So gehörten im Jahre 1970 von den insgesamt 458 500 Soldaten 133 500 dem Unteroffizierkorps an, während 206 200 zu den Wehrpflichtigen zählten. Demgegenüber standen 89 500 Zeitsoldaten, von denen wiederum nur 33 800 den längerdienenden Mannschaften (ab Z 3) zugerechnet wurden[17]. Es ist naheliegend, dass es Unterschiede zwischen Wehrpflichtigen und Zeitsoldaten gab, sofern erstere nur gezwungenermaßen ihren Wehrdienst ableisteten, während letztere freiwillig sich den Streitkräften anschlossen. Allerdings dürften dann die Grenzen fließend geworden sein, wenn sich Wehrpflichtige aufgrund ihrer Erfahrungen zum weiteren Dienst als Zeitsoldaten verpflichteten.

Im Mittelpunkt der folgenden Ausführungen steht ein solcher Zeitsoldat. Allerdings begann er seinen Dienst in der Bundeswehr nicht Anfang der 1970er-Jahre, sondern 15 Jahre vorher, und er kam nicht aus den Reihen der Wehrpflichtigen, sondern bewarb sich als »ungedienter Freiwilliger« bei der Bundeswehr. Daher lässt sich die folgende Soldatenbiografie[18] der Kategorie »Mannschaftsdienstgrade/Grundwehrdienstleistende« zuordnen, welche die Untergegebenen- und Basisebene bildeten[19]. Er gehörte zur ersten Generation von Soldaten der neuen Streitkräfte.

Was veranlasste Gerhard Ragel, wie er in diesem Beitrag genannt werden soll, Soldat zu werden in einer Zeit, als die Bundeswehr gerade gegründet wurde und politisch wie auch gesellschaftlich besonders umstritten war? Welcher Teilstreitkraft bzw. welchen Verbänden gehörte er an? Inwiefern spielten sich die Besonderheiten des Wiederaufbaus der Streitkräfte in seiner Biografie

---

[16] Jürgen Pomorin, Rührt Euch Kameraden! Tagebuch eines Wehrpflichtigen, Dortmund 1975, S. 31. Pomorin, seit Anfang der 1970er-Jahre Gewerkschaftsaktivist und SDAJ- und DKP-Mitglied, versuchte nach seiner Einberufung wiederholt in der Bundeswehr den Kampf um demokratische Rechte, für Frieden und Abrüstung zu führen, was zu Konflikten mit Vorgesetzten und schließlich nach seiner Unterzeichnung der kritischen Studie »Soldaten für den Frieden – Soldat 74. Mehr Rechte für Soldaten« zu seiner vorzeitigen Entlassung aus der Bundeswehr führte. Vgl. ebd., S. 169–190.

[17] Angaben aufgrund bzw. abgerundet nach Verteidigung im Bündnis. Planung, Aufbau und Bewährung der Bundeswehr 1950–1972. Hrsg. vom MGFA, 2. Aufl., München [1975], S. 465: Tabelle 8 a: Personalentwicklung der Streitkräfte 1956–1970.

[18] Aus Gründen des Persönlichkeitsschutzes wurde die Soldatenbiografie für den vorliegenden Beitrag anonymisiert.

[19] Vgl. Helmut H. Hammerich und Rudolf J. Schlaffer, Einleitung zum vorliegenden Band.

wider? Lässt er sich einem Soldatentypus zuordnen? Was schien normal, was
außergewöhnlich hinsichtlich seiner Dienstzeit bei der Bundeswehr? Inwieweit
wirkten sich seine persönlichen, nicht zuletzt sozialen und generationellen Prägungen und Kriegserfahrungen auf seine Entscheidung, Soldat zu werden, und
für seinen Tätigkeitsbereich in der Bundeswehr aus? Will man auf diese Fragen
Antworten finden oder sich zumindest diesen annähern, müssen auch die gesellschaftlichen und politischen Rahmenbedingungen seines Lebensweges wie
auch die seines Dienstes in der Bundeswehr berücksichtigt werden. Daher wird
zunächst wie auch im weiteren Verlauf dieses Beitrages auf die politischen und
militärischen Rahmenbedingungen einzugehen sein.

Die von Konrad Adenauer geführte Bundesregierung hatte angesichts des
Kalten Krieges zwischen Ost und West und im Zuge ihres Beitritts zur NATO
ihren Bündnispartnern die Aufstellung von zwölf Divisionen mit über 500 000
Soldaten bis Ende des Jahrzehnts zugesagt. Nach den Vorstellungen der Planer
der Dienststelle Blank aus dem Jahre 1955 sollten den künftigen Streitkräften
28 000 Offiziere, 110 000 Unteroffiziere und 90 000 längerdienende Mannschaften angehören[20]. Die Aufstellung einer derart großen Armee in wenigen Jahren
musste zu Reibungsverlusten, improvisierten Lösungen, Defiziten bei der Aus-
rustung, aber auch bei der Menschenführung führen[21]. Denn nicht nur angesichts des Wirtschaftswachstums und des dadurch verursachten Mangels an
infrage kommenden Freiwilligen in den 1950er- und 1960er-Jahren schien es
zunehmend unrealistisch, in wenigen Jahren ausreichend qualifiziertes Personal für eine neue, zudem noch technisch geprägte Armee zu finden, aber auch
eine entsprechende Ausrüstung und Infrastruktur für sie bereitzustellen.

Es ist daher nicht überraschend, dass diese äußerst ambitionierte Zielvorgabe bereits mit dem Amtsantritt von Franz Josef Strauß als Nachfolger von Theodor Blank als Verteidigungsminister im Oktober 1956 aufgegeben wurde[22].
Nunmehr sollte bis März 1961 nur noch eine Armee mit 343 000 Soldaten, darunter 195 000 Heeressoldaten, aufgestellt werden. Die daraufhin aufgestellte
Aufstellungsweisung sah die Stärke von 135 900 Soldaten bis zum 31. Dezember 1957 und 165 000 Soldaten bis März 1958 vor.

Aber auch diese Ziele mussten nochmals reduziert werden. Es waren vor
allem fehlende Unterbringungsmöglichkeiten für die neuen Streitkräfte, die zu
einer Verringerung der Aufstellungszahlen führten. Zahlreiche Wehrmacht-
kasernen waren von den Besatzungsmächten besetzt, andere von DDR-

---

[20] Vom künftigen Deutschen Soldaten. Gedanken und Planungen der Dienststelle Blank,
     Bonn: Verlag Westunion/Offene Worte (1955), S. 73.
[21] Vgl. ausführlich zur organisatorischen Entwicklung, den Problemen der Menschenfüh-
     rung wie auch der Infrastruktur vor allem des Heeres Helmut R. Hammerich [u.a.], Das
     Heer 1950 bis 1970. Konzeption, Organisation, Aufstellung, München 2006 (= Sicherheits-
     politik und Streitkräfte der Bundesrepublik Deutschland, 3); Schlaffer, Aus Sorge um den
     Soldaten (wie Anm. 4), S. 123–180; Wolfgang Schmidt, Integration und Wandel. Die Inf-
     rastruktur der Streitkräfte als Faktor sozioökonomischer Modernisierung in der Bundes-
     republik 1955 bis 1975, München 2006 (= Sicherheitspolitik und Streitkräfte der Bundesre-
     publik Deutschland, 6); Nägler, Der gewollte Soldat (wie Anm. 3).
[22] Nägler, Der gewollte Soldat (wie Anm. 3), S. 292 f.

Flüchtlingen belegt, deren Zustrom in die Bundesrepublik in der zweiten Hälfte der 1950er-Jahre deutlich anstieg[23]. Die Räumung der Kasernen ging nur schleppend voran. Hinzu kamen unzureichende Einstellungskapazitäten, aber auch vorübergehende finanzielle Engpässe bei der Bundeswehr[24]. Ende 1959 waren im Heer, der größten Teilstreitkraft, elf Divisionen mit 27 Brigaden aufgestellt[25]. Bis 1962 war das Heer auf 250 000 Mann angewachsen.

Gerhard Ragel bewarb sich im Juni 1956 als Zeitsoldat bei der Bundeswehr und leistete anschließend seinen Dienst von Oktober 1956 bis September 1962 in zwei verschiedenen Einheiten des Heeres, zunächst im Chirurgischen Lazarett 4 in Amberg in der Oberpfalz, sodann nach einer Unterbrechung von wenigen Monaten ab August 1958 beim Gebirgspionierbataillon 8 im südbayerischen Degerndorf-Brannenburg. Er kam als »ungedienter Freiwilliger« zur Bundeswehr. Bei seiner Bewerbung konnte er nicht auf eigene Erfahrungen hinsichtlich des Militärdienstes als Wehrpflichtiger zurückgreifen. Denn aufgrund seines Geburtsjahres 1930 gehörte er zu den »weißen Jahrgängen« (1929–1937), also zu den Männern, die wegen ihres jugendlichen Alters nicht mehr zur Wehrmacht eingezogen worden waren und nun wegen ihres fortgeschrittenen Alters keinen Wehrdienst bei der Bundeswehr leisten mussten[26].

Gerhard Ragel hatte seine Kindheit und Jugend zunächst in Bayern, dann aufgrund der Versetzung seines Vaters ab 1934 in Österreich erlebt. Aufgrund der fehlenden Überlieferung kann nur vermutet werden, dass Ragel zumindest ab seinem achten Lebensjahr, nach dem »Anschluss« Österreichs, eine ähnliche politische Sozialisation wie der im selben Jahr geborene und in Norddeutschland aufgewachsene Dieter Rehberg[27] durchlief. Dieser hatte ab 1940 dem Deutschen Jungvolk, ab 1944 der Hitlerjugend angehört, mithin auch an Veranstaltungen zur ideologischen Schulung und der paramilitärischen Ausbildung der Staatsjugend teilnehmen müssen. Er war zu jung für den Einsatz als »Flakhelfer« der Luftwaffe bzw. der Kriegsmarine gewesen, da hierzu die Jahrgänge 1926–1928 eingezogen worden waren. Mithin hatte er seine Kindheit und Jugend in einer militarisierten, NS-indoktrinierten »Volksgemeinschaft« verbracht und sodann die Kriegsjahre erlebt, ohne jedoch als Soldat aktiv daran teilzunehmen. Mitten in seiner Jugend hatte Rehberg, wie auch Ragel, das Kriegsende erlebt.

---

[23] Vgl. Schmidt, Integration und Wandel (wie Anm. 21), S. 32–68. Allein bis zum Februar 1953 stellte die Bundesregierung ungefähr zwei Drittel des für die künftigen westdeutschen Streitkräfte vorgesehenen Unterbringungsraumes zur Verfügung. Die weiter ansteigenden Flüchtlingszahlen ab 1953 machten jedoch die nur bis Ende 1953 vorgesehene Unterbringung der Flüchtlinge illusorisch. (ebd., S. 46). Zur Situation in Bayern vgl. ebd., S. 54–63.

[24] Vgl. dazu Nägler, Der gewollte Soldat (wie Anm. 3), S. 295–301.

[25] Grundkurs deutsche Militärgeschichte, Bd 3: Die Zeit nach 1945. Armeen im Wandel. Im Auftrag des MGFA hrsg. von Karl-Volker Neugebauer, München 2008, S. 114.

[26] Die ersten Wehrpflichtigen wurden am 1. April 1957 zur Bundeswehr eingezogen. Es handelte sich um Angehörige des Jahrganges 1937.

[27] Vgl. Dieter Rehberg, Auf den Spuren einer Kindheit. Jahrgang 1930, Niebüll, bes. S. 63–79.

Daher bewarb sich Ragel mit einem ausgefüllten Bewerbungsbogen für »ungediente Freiwillige« für den Dienst bei der Bundeswehr. Er gehörte damit zu den 34 100 Männern, die als Zeitsoldaten ihren Dienst bei den neuen Streitkräften begannen[28] – und es ist durchaus anzunehmen, dass er letztlich eine Unteroffizierlaufbahn anstrebte und insofern mit den Interessen der Bundeswehr »übereinstimmte«. Denn gerade aus den Freiwilligenbewerbungen sollte sich nach den Vorstellungen der Dienststelle Blank – des Vorläufers des Bundesministeriums für (seit 1961 der) Verteidigung – künftig das Unteroffizierkorps rekrutieren: »Hat sich der Soldat in der dreimonatigen Rekrutenausbildung derart bewährt, dass er von seinem Kompaniechef für die Unteroffizierlaufbahn vorgesehen wird, so wird er nach der Rekrutenbesichtigung zum Unteroffizieranwärter ernannt. Sodann erhält er im nächsten, ebenfalls drei Monate dauernden Ausbildungsabschnitt eine Spezial-Grundausbildung. Ebenso wie die Spezial-Grundausbildung der nicht für die Unteroffizierslaufbahn vorgesehenen Soldaten dient auch die des Unteroffizieranwärters der Vertiefung und Erweiterung des in der Rekrutenzeit behandelten Stoffes, vor allem aber der Ausbildung in einer einzelnen Tätigkeit der eigenen Truppengattung zum voll verwendungsfähigen Kämpfer, zum Ladeschützen eines Panzers oder zum Schützen einer MG-Bedienung. Daneben erhält der Unteroffizieranwärter aber bereits eine gewisse Sonderausbildung[29].«

Die Rahmenbedingungen für Ragel, Unteroffizier in den Streitkräften zu werden, schienen günstig und verbesserten sich in den folgenden Jahren sogar noch – allerdings aufgrund einer für die Bundeswehr besorgniserregenden Entwicklung. Denn angesichts des wirtschaftlichen Aufschwungs in Westdeutschland Ende der 1950er-/Anfang der 1960er-Jahre brachen bei der Bundeswehr die Bewerberzahlen und die Einstellungen ungedienter Bewerber nach 1957 derart dramatisch ein, um 1961 mit 18 100 Einstellungen einen Tiefstand zu erreichen. Nur durch die Einführung weiterer finanzieller Anreize in den folgenden Jahren konnte ein Wiederanstieg bei den Einstellungszahlen erreicht werden[30]. Daher ist anzunehmen, dass angesichts des sich verschärfenden Personalmangels für die bereits eingestellten Zeitsoldaten sich die Aufstiegsmöglichkeiten geradezu verbesserten, wovon auch Ragel profitiert hätte. Zeitsoldaten in Mannschaftsdienstgraden, zumal die nichtgedienten unter ihnen, bildeten in den ersten Jahren der Bundeswehr eine zahlenmäßig und im Verhältnis vor allem zu den Wehrpflichtigen und Unteroffizieren wichtigere

---

28 Verteidigung im Bündnis (wie Anm. 17), S. 465: Tabelle 8a.
29 [Oberstleutnant] Dr. Hans Ulrich Schroeder, Vom künftigen deutschen Unteroffizier, Verlag WEU/Offene Worte, Bonn [1957], S. 20 f. Im Geleitwort des Verlages hieß es zu dieser Schrift: »Mit der Herausgabe [...] ist zusammen mit ›Vom künftigen Deutschen Soldaten‹ und ›Vom künftigen Deutschen Offizier‹ eine Trilogie entstanden, die wertvolle Grundlagen für das neue Deutsche Soldatentum enthält.« Zu den Inhalten sowie den politischen Hintergründen und den Verfassern dieser Schriften vgl. Nägler, Der gewollte Soldat (wie Anm. 3), S. 31–57.
30 Nägler, Der gewollte Soldat (wie Anm. 3), S. 346 f. Nägler führt dies vor allem auf die neue Möglichkeit eines zweijährigen freiwilligen Dienstes bei sofortiger Zahlung eines Gehaltes anstelle des Wehrsoldes zurück.

Gruppe als Ende der 1960er-/Anfang 1970er-Jahre. 1956 gab es aufstellungsbe-
dingt überhaupt noch keine Wehrpflichtigen bei der Bundeswehr, während
von den 66 100 Soldaten insgesamt 34 100, also über 50 Prozent den längerdienenden Mannschaften angehörten[31]. Erst 1959 überschritt die Zahl der Wehrpflichtigen die der längerdienenden Zeitsoldaten, und es sollte noch bis 1962
dauern, dass auch deren Zahl nun auch von derjenigen der Unteroffiziere über-
troffen wurde.

Gerhard Ragel, in einer Kleinstadt in Ostbayern geboren, stammte aus einer
Beamtenfamilie. Sein Vater war Zoll-Obersekretär gewesen, hatte also dem
mittleren Dienst der Beamtenlaufbahn angehört, war 1934 von Bayern nach
Österreich versetzt worden und wenige Monate nach Kriegsende gestorben.
Daher hatte dort Ragel nicht nur die Volksschule und Mittelschule, sondern
auch anschließend die Berufsschule besucht und 1950 die Gesellenprüfung zum
Dreher abgelegt. Er arbeitete zunächst weiter in seinem Ausbildungsbetrieb,
wurde jedoch 1953 wegen Auftragsmangels entlassen und kehrte daraufhin im
selben Jahr in sein Geburtsland Bayern zurück. Auch hier arbeitete er in seinem
Beruf, wobei es ihm anscheinend nicht gelang, sofort dauerhaft eine Stelle zu
finden. Jedenfalls belegen die bei der Bewerbung zur Bundeswehr vorgelegten
Arbeitszeugnisse sowie das von der Wehrverwaltung erstellte Besoldungsblatt
Tätigkeiten in vier Betrieben von Mai 1953 bis September 1956, wobei Ragel im
September 1954 in München offenbar eine dauerhafte Beschäftigung fand, die
er jedoch unmittelbar nach seiner Bewerbung zur Bundeswehr im August 1956
aufgab, um bis zu seinem Eintritt in die Bundeswehr einen Monat lang bei einer
weiteren Firma zu arbeiten.

Was die soziale Herkunft seiner Familie, aber auch seine Berufszugehörig-
keit betraf, gehörte Gerhard Ragel durchaus der sozialen Schicht an, aus dem
sich die Mannschaften und das Unteroffizierkorps der Bundeswehr wesentlich
rekrutierten: der unteren Mittelschicht. Detlef Bald stellte für das Jahr 1959 fest,
dass 23 Prozent der Unteroffiziere aus Familien stammten, deren Väter Beamte
bzw. Mitarbeiter des öffentlichen Dienstes waren, während 35 Prozent aus Ar-
beiterhaushalten kamen; diese beiden Gruppen stellten somit 58 Prozent des
Unteroffizierkorps[32]. Etwas andere Angaben finden sich in der von Eric Waldman 1963 veröffentlichten ersten Groß-Studie aufgrund standardisierter Befragungen von 4660 Bundeswehr-Soldaten in 14 verschiedenen Einheiten[33]. Demnach stammten 45 Prozent der Unteroffiziere aus Facharbeiter-/Handwerker-
Haushalten, 5 Prozent aus Haushalten ungelernter Arbeiter und weitere 8 Prozent aus Beamten- oder Behördenangestellten-Haushalten. Insgesamt stellten
diese drei Gruppen 58 Prozent. Ähnlich sah die Lage bei den Freiwilligen in
den Mannschaften aus: 43 Prozent kamen aus Facharbeiter- oder Handwerker-

---

[31] Folgende Angaben nach Verteidigung im Bündnis (wie Anm. 17), S. 465, Tabelle 8a.
[32] Detlef Bald, Vom Kaiserheer zur Bundeswehr. Sozialstruktur des Militärs: Politik der
      Rekrutierung von Offizieren und Unteroffizieren, Frankfurt a.M., Bern 1981 (= Euro-
      päische Hochschulschriften, Reihe XXXI: Politikwissenschaft, 28), S. 62.
[33] Erich Waldman, Soldat im Staat. Der Staatsbürger in Uniform. Vorstellung und Wirklich-
      keit, Boppard a.Rh. [1963], zur methodischen Vorgehensweise bes. S. 225–229.

Haushalten, 4 Prozent aus Haushalten ungelernter Arbeiter und 9 Prozent aus Beamten- oder Behördenangestellten-Haushalten, insgesamt also 56 Prozent[34]. Insofern passte Ragel hinsichtlich seiner Herkunft sowohl in die Gruppe der freiwilligen Mannschaften als auch in die der Unteroffiziere.

Auch was seine katholische Konfessionszugehörigkeit betraf, gehörte Gerhard Ragel der großen Mehrheit an. Denn in Bayern waren in den späten 1950er-Jahren wie auch in den folgenden Jahrzehnten ca. 80 Prozent der Bevölkerung Katholiken – und dies galt auch für die beiden Standorte (zunächst Amberg, später Degerndorf-Brannenburg), an denen Ragel seinen Dienst leistete[35]. Allerdings finden sich in den Unterlagen keine besonderen Hinweise auf seine religiöse Prägung. Ob seine bei der Bewerbung geäußerte »innere Berufung« und der Wunsch, Sanitätssoldat zu werden, religiös motiviert waren, muss daher offen bleiben.

Am 1. Oktober 1956 trat Gerhard Ragel, wie bereits erwähnt, als Rekrut beim Chirurgischen Lazarett 4 in Amberg ein, einen Monat später wurde er zum Soldaten auf Zeit ernannt, seinen Diensteid legte er nach Ableistung der dreimonatigen Grundausbildung im Februar des folgenden Jahres ab. Ragel verpflichtete sich zunächst auf drei, später auf vier und schließlich auf sechs Jahre (bis 1962); Im August 1957 wurde er rückwirkend zum 1. Juli zum Gefreiten und zwei Jahre später zum Obergefreiten befördert und beendete schließlich seine Dienstzeit 1962 als Obergefreiter (UA = Unteroffizieranwärter)[36]. Mithin konnte er während seiner Dienstzeit nicht die Ausbildung zum Unteroffizier abschließen und auch keine entsprechende Beförderung erreichen. Seine Dienstzeit war außerdem von einer nicht unwichtigen Unterbrechung und einem Wechsel gekennzeichnet, auf die weiter unten noch einzugehen sein wird.

Was die Voraussetzungen und Anforderungen für die Bewerber als Soldat auf Zeit betraf, hieß es in der von Mitarbeitern der Dienststelle Blank verfassten und 1955 veröffentlichten Schrift »Vom künftigen Deutschen Soldaten« unter anderem: »Sie müssen die Gewähr dafür bieten, dass sie jederzeit für die freiheitlich-demokratische Grundordnung eintreten. Damit ist kein billiges Lippenbekenntnis verlangt, noch ist ein Gesinnungstest geplant. Den demokratischen Grundwerten, der Achtung vor der Würde des Menschen, der Rechtsstaatlichkeit und der Gerechtigkeit, der Freiheit der Person und des Gewissens gegenüber kann es jedoch keine Vorbehalte geben. Für wen die in diesen Werten zum Ausdruck kommende abendländische Gesinnung nicht verbindlich ist, ist kaum geeignet, sie zu verteidigen und zu wahren. Menschliches Format, charakterliche Festigkeit, eine ausreichende Bildung und eine saubere persönliche Lebensführung sind ebenso unerlässliche Voraussetzungen wie

---

[34] Ebd., S. 230, Tabelle 1.
[35] Vgl. z.B. Volkszählung 1987, Teil 1: Volks- und Berufszählung. Strukturdaten der römisch-katholischen Bevölkerung in Bayern nach Diözesen, Regionen und Dekanaten, Stand 25.5.1987. In: Statistische Berichte des Bayerischen Landesamtes für Statistik und Datenverarbeitung, A/Volkszählung, 87–89, April 1989, S. 8, und 87–89, Oktober 1989, S. 4, 6.
[36] Siehe Bundesarchiv-Militärarchiv (BA-MA), Freiburg i.Br., Pers. 1/7124.

soldatische Bewährung in Frieden und Krieg. Auch die Bewährung im Zivilleben nach dem Krieg soll gewertet werden, wobei nicht so sehr die erreichte Position, als die Zielstrebigkeit und Stetigkeit des Bemühens den Ausschlag geben[37].« Letzteres traf ohne Zweifel auf Ragel zu. Er hatte erfolgreich eine Berufsausbildung absolviert und war berufstätig, hatte sich also im Zivilleben »bewährt«, bevor er sich bei der Bundeswehr bewarb.

Als Ragel in Amberg seinen Dienst antrat, war er einer der ersten Soldaten dieser neuen Einheit und erlebte deren Aufbau aus dem »Nichts« unmittelbar mit. Die oberpfälzische Kreisstadt Amberg war zwar ein alter bayerischer bzw. deutscher Militärstandort gewesen, jedoch hatte die zehnjährige Unterbrechung nach 1945, dazu geführt, dass vor Ort die betroffenen Soldaten und Offiziere »bei Null« anfangen mussten, zumal nun mit dem Lazarett eine neue Einrichtung geschaffen wurde, die es dort nicht gegeben hatte. Denn die Aufstellung des Lazaretts 4 – als eines von insgesamt acht (später 14) Bundeswehrkrankenhäusern zur stationären und ambulanten fachärztlichen Behandlung und Begutachtung von Soldaten eingerichtet – war erst kurz zuvor zum 1. Oktober angeordnet worden. Offiziell wurde das Lazarett im Dezember 1958 eröffnet. Das Sanitätswesen war in besonderer Weise von Personalmangel gekennzeichnet. Bis weit in die 1970er-Jahre herrschte ein »gefährlicher Mangel« an Militärärzten und qualifiziertem Sanitätspersonal[38].

Was die Gründe für den Eintritt von Ragel in die Bundeswehr betrifft, findet sich in der Zusatzakte zum Wehrstammbuch folgender interessanter Hinweis: Ragel komme »aus innerer Berufung und will *nur* zur Sanitäts-Truppe«[39]. Diese Aussage könnte zumindest darauf hindeuten, dass sich Ragel keinesfalls als Soldat im klassischen Sinne berufen fühlte, zumindest aber nicht zur kämpfenden Truppe wollte. Möglicherweise mag für seinen Wunsch entscheidend gewesen sein, dass er bereits erste Sanitätserfahrungen gesammelt hatte, denn in den Akten findet sich der Hinweis auf eine Mitgliedschaft beim Bayerischen Roten Kreuz seit 1954. Ob Ragel aufgrund der Bundeswehr-Werbung[40], zum Beispiel beim Arbeitsamt, oder etwa durch Freunde bzw. Bekannte, auf den Dienst in der Bundeswehr aufmerksam gemacht wurde, muss ebenso offen bleiben wie die Frage, ob zumindest die Aussicht auf einen sicheren »Arbeitsplatz« seine Entscheidung maßgeblich beeinflusste. Letzteres erscheint zumindest nicht abwegig. Denn obwohl Ragel seit 1954 bei einem Unternehmen in München beschäftigt war, war er bereits zweimal aufgrund Auftragsmangels von seinen Arbeitgebern entlassen worden und hatte eine dreimonatige Arbeitslosigkeit erlebt.

---

[37] Vom künftigen Deutschen Soldaten (wie Anm. 20), S. 74 f.
[38] Vgl. Clemens Range, Die geduldete Armee. 50 Jahre Bundeswehr, [o.O.] 2005, S. 90–93, Zitat S. 90.
[39] BA-MA, Pers. 1/7124. Hervorhebung im Original unterstrichen.
[40] Vgl. zur Bundeswehr-Werbung die grundlegende Studie von Thorsten Loch, Das Bild der Bundeswehr. Kommunikationsstrategien in der Freiwilligenwerbung der Bundeswehr 1956 bis 1989, München 2008 (= Sicherheitspolitik und Streitkräfte der Bundesrepublik Deutschland, 8).

Wie bereits geschildert, begann Gerhard Ragel seinen Dienst unter provisorischen Bedingungen. Dies betraf nicht zuletzt die Unterbringung der Soldaten in der Kaserne. Denn während die Soldaten in den Kasernengebäuden einquartiert wurden, waren dort noch Flüchtlinge aus Ungarn untergebracht, die nach dem gescheiterten Aufstand 1956 ihr Land verlassen hatten, sodass bis mindestens 1958 die Gebäude eine doppelte Funktion ausübten: als Kaserne und als Flüchtlingslager[41]. Nach seinem Dienstantritt als Rekrut durchlief Ragel zunächst die damals dreimonatige allgemeine Grundausbildung, sodann dürfte er eine Ausbildung zum Sanitätssoldaten durchlaufen haben. Im Juli/August 1957 besuchte er die Fahrschule beim Grenadierbataillon 14 in Amberg und erhielt nach absolvierter Fahrprüfung den »Militärführerschein« Klasse C, der ihm das Führen von mehrspurigen Radfahrzeugen der Bundeswehr ab 3,5 Tonnen erlaubte[42]. Der Erwerb und der Besitz einer Bundeswehr-Fahrerlaubnis waren für die Soldaten nicht nur deshalb erforderlich, weil die im Ausbau befindliche Bundeswehr im höchsten Maße Fahrer und technisches Wartungspersonal benötigte, da sie von vornherein als eine moderne, mechanisierte Armee konzipiert war, die – von wenigen Ausnahmen abgesehen – auf motorisierte Fahrzeuge als Transportmittel angewiesen war. Vielmehr absolvierte das sich im Aufbau befindliche Lazarett 4 aufgrund seiner provisorischen Einrichtung gerade in den ersten Jahren wiederholt auswärtige Großübungen[43], wofür es entsprechende Transportmittel und Fahrer benötigte.

Es ist durchaus wahrscheinlich, dass Ragel nach dem Erhalt seiner Fahrerlaubnis und aufgrund seiner Vorkenntnisse als Dreher vor allem zunächst zur Instandhaltung der Fahrzeuge des Lazaretts eingesetzt wurde. Als er zum 1. Juli 1957 zum Gefreiten befördert und in eine Planstelle der Besoldungsgruppe A2 eingewiesen wurde, beurteilte ihn der Kommandeur als »Willensmensch[en]«, der »ausgeglichen, lebendig, manchmal etwas zu feinfühlig« und »frisch zielstrebig« sei[44]. Auch seine dienstliche Tätigkeit wurde positiv beurteilt. Ragel sei überdurchschnittlich begabt, verfüge über gute Kenntnisse im Kfz-Handwerk und besitze eine »schnelle Auffassungsgabe infolge richtigen Denkens«. Seine geistige Leistungsfähigkeit wurde als »wendig«, seine sportlichen Fähigkeiten als gut beschrieben und als Stärken seine »stets große Einsatzbereitschaft« hervorgehoben. Allerdings wurde Ragel nicht für die Laufbahn zum Unteroffizieranwärter vorgeschlagen. Das wäre bereits nach einem halben Jahr Dienstzeit möglich gewesen.

[41] Mitteilung von Karl-Heinz Stenzel, Eberen, an den Verfasser, den ich für diesen Hinweis danke. Stenzel begann ein Jahr später seinen Dienst in Amberg. Siehe zur Veranschaulichung der doppelten Belegung Hammerich [u.a.], Das Heer (wie Anm. 21), S. 253, oberes Bild.
[42] BA-MA, Pers 1/7124, Chirurg. Lazarett 4, Antrag auf Kraftfahrausbildung und -prüfung vom 8.7.1957.
[43] Mitteilung von Karl-Heinz Stenzel.
[44] BA-MA, Pers. 1/7124, Entwurf: Chirurg. Lazarett 4, Amberg/Opf. (Standortlazarett), Vorschlag für Beförderung, 4.7.1957.

Im Januar 1958 absolvierte Ragel einen dreitägigen »Fahrzeug-Geräteverwaltungs-Lehrgang an Fz-Gerät« als Gefreiter. Kurz zuvor hatten sich jedoch bereits mehrere Vorfälle ereignet, die den weiteren Dienst von Ragel beim Chirurgischen Lazarett in Amberg und auch in der Bundeswehr fraglich erscheinen ließen. Ausgangspunkt des ersten Vorfalls bildete eine Weihnachtsfeier in der Kaserne im Dezember 1957, an der auch Ragel teilnahm. Obwohl er reichlich alkoholische Getränke – »mehrere Tassen Punch, eine Flasche Wein und 3 Flaschen zu je 1/8 Liter Steinhäger sowie 2 halbe Liter einfaches Bier« – zu sich genommen hatte, entschied sich Ragel nach dem Verlassen der Feier seine Freundin mit dem Privat-Pkw des Kommandeurs – Ragel war der Zweitschlüssel zur Pflege des Fahrzeuges anvertraut worden – nach Hause, außerhalb des Kasernengeländes zu bringen[45]. Auf der Fahrt fuhr Ragel ausgerechnet einen Kameraden auf der Landstraße an, der sich von derselben Weihnachtsfeier zu Fuß nach Hause begeben hatte. Ohne anzuhalten und dem Verletzten zu helfen, brachte Ragel seine Freundin nach Hause und kehrte anschließend in die Kaserne zurück, wobei er aufgrund seines alkoholisierten Zustandes beim Einparken nicht nur das Fahrzeug seines Kommandeurs, sondern auch noch weitere Fahrzeuge beschädigte, bevor er den Wagen verließ und sich in seiner Stube schlafen legte.

Es folgte das bei solchen Vorkommnissen Übliche: Vernehmungen durch den Vorgesetzten und die Feldjäger – und ein Strafverfahren. Bereits im Februar 1958 verurteilte das Amtsgericht Amberg Ragel wegen fahrlässiger Straßenverkehrsgefährdung, fahrlässiger Körperverletzung, Vergehens der Volltrunkenheit zu vier Monaten Gefängnis und setzte die Vollstreckung der Strafe zur Bewährung aus. Darüber hinaus wurde ihm die Fahrerlaubnis für ein Jahr entzogen. Dies war jedoch nicht der einzige Grund für die fristlose Entlassung Ragels aus der Bundeswehr wenige Monate später, im Juni. Denn in der anlässlich seiner fristlosen Entlassung erstellten Beurteilung wurde nicht nur die Verurteilung wegen Fahrerflucht, sondern auch ein Diebstahl innerhalb der Kaserne angeführt. Ragel hatte kurz zuvor eingeräumt, sich durch eine Manipulation eines Automaten drei Packungen Zigaretten angeeignet zu haben, wobei er als Begründung zu Protokoll gab, dass ihn der Reiz, die Technik zu überlisten, und nicht der materielle Vorteil an sich, zu der Tat animiert habe. Möglicherweise war Ragel aufgrund seiner Fahrerflucht und der absehbaren, nicht zuletzt finanziellen Folgen so psychisch angeschlagen, dass er sich zum Diebstahl einfach hinreißen ließ.

Im Juni 1958 wurde Ragel nach § 56 (2) und § 55 (5) Soldatengesetz aus der Bundeswehr fristlos unter Verlust seines Dienstgrades entlassen. Als Gründe wurden seine Verurteilung durch das Amtsgericht sowie die Entwendung von Zigaretten aus dem Zigarettenautomaten angeführt. »Diese beiden Vergehen offenbaren erhebliche Charakterfehler und verbieten Ihre weitere Verwendung in der Bundeswehr«, hieß es im Entlassungsschreiben. Gegen diese Entlas-

---

[45] Zum Folgenden ebd., Urteil des Amtsgerichts vom 12.2.1958 sowie Vernehmungsniederschrift des Feldjäger-Wachkommandos vom 19.12.1957.

sungsverfügung könne Ragel innerhalb von zwei Wochen nach Zustellung Beschwerde einlegen, die jedoch keine aufschiebende Wirkung habe[46]. In der Beurteilung anlässlich der Entlassung wurden nun seine militärischen Leistungen als gut bezeichnet. Auch habe Ragel gut und selbstständig gearbeitet, sei aber, was seinen Charakter betraf, sehr »leichtsinnig« und »unkontrolliert«. Aufgrund der bisherigen Tätigkeit bei der KfZ-Gruppe schien Ragel seinem Vorgesetzten noch zur besonderen Verwendung als Kfz-Mechaniker geeignet, nicht jedoch für eine Beförderung zum Obergefreiten, auch nicht als Vorgesetzter[47] – und damit implizit auch nicht als Unteroffizieranwärter bzw. künftiger Unteroffizier. Sind nun der Unfall mit Fahrerflucht und die wenig später erfolgten Entwendungen von Zigaretten Indizien für die Aufbauschwierigkeiten der Bundeswehr, die sich im Binnengefüge der Truppe, insbesondere bei der Ausbildung niederschlugen? In der Tat war die Situation bei den »Besonderen Vorkommnissen« im ersten Aufstellungsjahr der Streitkräfte durchaus besorgniserregend, 1957 sogar eine deutliche Verschlechterung zu beobachten. So kamen in den ersten sechs Monaten des Jahres 95 bis 177 Besondere Vorkommnisse auf 67 971 bis 97 004 Soldaten[48].

Am 14. August 1958 hob jedoch dieselbe personalführende Stelle, die Ragel zwei Monate zuvor entlassen hatte, der Korps-Personaloffizier des Kommandierenden Generals des II. Korps, ihren Bescheid wieder auf und forderte Ragel auf, sich sechs Tage später bei der Schwimmbrückenkompanie 736 in Degerndorf/Obb. zu melden. Somit trat nun Ragel seinen Dienst bei einem völlig anderen Truppenteil der Bundeswehr als Gefreiter wieder an: bei den Gebirgspionieren. Die Aufhebung der Entlassung war außergewöhnlich. Dabei müssen die Gründe für Ragels Wiedereinstellung offen bleiben, da sich in den Unterlagen keine Hinweise dazu finden. Möglicherweise bestand die Absicht, ihm – auch angesichts des allgemeinen Personalmangels – eine zweite Chance zu geben, vielleicht schuldete man aber auch Ragel noch einen persönlichen Gefallen, war doch die Verursachung des Unfalls nur möglich gewesen, weil er über einen Zweitschlüssel des Privat-Kfz des Kommandeurs verfügt hatte, damit er sich um das Fahrzeug während des Dienstes kümmern konnte. Allerdings war der Preis für die Wiedereinstellung, dass Ragel seine bisherige Truppengattung, die Sanitätstruppe, aufgeben und bei einem völlig anders gelagerten Truppenteil seinen Dienst erneut antreten musste. Vermutlich sprachen die technischen Kenntnisse aufgrund seiner Ausbildung als Dreher und

---

[46] BA-MA, Pers. 1/7124, Der Kommandierende General des II. Korps/Korps-Personaloffizier, Tgb.Nr. 2081/58, 7.7.1958. Vgl. Martin Rittau, Soldatengesetz. Kommentar, München, Berlin 1957, S. 234 und 236: § 55 (5): »Ein Soldat auf Zeit kann während der ersten vier Dienstjahre fristlos entlassen werden, wenn er seine Dienstpflichten verletzt hat und sein Verbleiben in seinem Dienstverhältnis die militärische Ordnung oder das Ansehen der Bundeswehr ernstlich gefährden würde«, § 56 (2): »Mit der Entlassung [...] sowie mit dem Verlust seiner Rechtsstellung als Soldat auf Zeit verliert der Soldat seinen Dienstgrad.«

[47] Ebd., Beurteilung vom 10.6.1957.

[48] Zu den Besonderen Vorkommnissen zählten unerlaubte Entfernung von der Truppe, Zusammenstöße mit Zivilpersonen, Unfälle, Sabotage, Kameradendiebstahl, Straftaten von Soldaten. Nägler, Der gewollte Soldat (wie Anm. 3), S. 316 f.

anschließenden Tätigkeit bei der Kfz-Gruppe des Lazaretts in Amberg durchaus auch für eine weitere Verwendung gerade bei den Gebirgspionieren. Was die Rahmenbedingungen seines Dienstes betraf, dürften diese bei den Gebirgspionieren anders, jedoch nicht besser gewesen sein. Denn auch hier sah man sich seit der Neuaufstellung mit mannigfachen Schwierigkeiten konfrontiert.

Bei der Neuaufstellung der Bundeswehr waren ursprünglich neben den zwölf Panzer- und Panzergrenadier-Divisionen noch zwei Gebirgsbrigaden vorgesehen – eine im Bayerischen Wald und eine im Alpenvorland. Die Aufstellung der ersten Gebirgsbrigade (104) begann am 19. Juli 1956 in Mittenwald. Dieser Ort war einst der Standort des Wehrmacht-Gebirgsbataillons 54 gewesen und wurde nunmehr zur »Wiege der Gebirgstruppe der Bundeswehr«[49]. Neben zwei Gebirgsjägerbataillonen und einer Gebirgspanzeraufklärungskompanie sollte die Brigade auch ein komplettes Gebirgspionierbataillon umfassen, für das die gleiche Nummer (104) wie die der Gebirgsbrigade vorgesehen war. Diese Planung wurde jedoch nicht realisiert, denn bereits im November 1956 ordnete kurz nach seiner Amtsübernahme Verteidigungsminister Franz Josef Strauß an, die 1. Gebirgsdivision als 8. Division des Heeres neu aufzustellen[50]. Das Gebirgspionierbataillon erhielt nun die Nummer 8. Dessen Aufstellung erfolgte in Degerndorf, später wurde im Rahmen einer weiteren Neugliederung der Standort im benachbarten Brannenburg geschaffen. Zur Aufstellung der 1. Kompanie des Gebirgspionierbataillons sollte das Pionierbataillon 4 Kaderpersonal abgeben. Vorgesehen waren ein Offizier, zwölf Unteroffiziere und 38 Mannschaftsangehörige, zuversetzt wurden schließlich nur zwölf Unteroffiziere und 18 Mannschaftsangehörige, während die Besetzung der Offizierstelle durch die Personalabteilung erfolgte. Die Auffüllung der Kaderstärke des Gebirgspionierbataillons war zum 1. Juni 1957 vorgesehen. Zu diesem Zeitpunkt bestand das Bataillon aus dem Stab, dem Stabszug, drei Gebirgspionierkompanien sowie der 4. Kompanie als Versorgungskompanie. Außerdem waren dem Bataillon die Schwimmbrückenkompanie 736 zugeordnet. Faktisch orientierte sich diese Struktur noch stark an die Standardgliederung eines Gebirgsbataillons der Wehrmacht.

Im Mai 1959 erfolgte die erste größere Umorganisation des Bataillons. Stab, Stabszug und Versorgungskompanie wurden in der 1. Kompanie als Stabs- und Versorgungskompanie zusammengefasst, die bisherige 1. Kompanie zur 2. und die Schwimmbrückenkompanie 736 zur 3. Kompanie des Bataillons umgegliedert. Die bisherige 2. und 3. Kompanie wurden hingegen ausgegliedert und zur Aufstellung der drei Brigadepionierkompanien herangezogen. Aufgrund dieser Umgliederung verfügte das Bataillon nur noch über eine Stabs- und Versorgungskompanie, eine Einsatz- sowie eine Pionier-Maschinen- und Brückenkompanie – und hatte so einen »strukturellen Tiefstand« erreicht, der fast drei

---

[49] Zum Folgenden Manfred Benkel, Gebirgspioniere. Die Geschichte einer Spezialtruppe 1915–1990, Osnabrück 1991, bes. S. 320–330; siehe auch Benkel, Degerndorf-Brannenburg. Die Geschichte eines Standortes und seiner Soldaten 1915–2004, o.O. [2004], bes. S. 139–221.

[50] Die 1. Gebirgsdivision wurde Ende September 2001 aufgelöst.

Jahre so bleiben sollte. Unter diesen Gegebenheiten war jedoch eine adäquate Ausbildung der Soldaten keineswegs gegeben. Daher wurde im November 1960 die Pionierausbildungskompanie 4 im Rahmen des Gebirgspionierbataillons aufgestellt, die zwei Jahre später nach Brannenburg verlegt werden konnte, da die dortigen Kasernenunterkünfte durch die Verlegung des Gebirgssanitätsbataillons 8 frei geworden waren[51].

In dieser Zeit des Aufbaus, Umbruches und des Tiefstandes begann Ragel im August 1958 seinen Dienst bei der Schwimmbrückenkompanie 736 des Gebirgspionierbataillons 8 in Degerndorf-Brannenburg. »Das Pionierwesen« sollte in einem künftigen »Kriege [...] Anlagen der militärischen Sonderinfrastruktur [...] bauen bzw. nach Zerstörung wieder her[...]stellen. Im Zeitalter eines möglichen Atomkrieges mit vielleicht unvorstellbaren Zerstörungen« werde »deren rasche Beseitigung eine entscheidende Rolle für die gesamte Kriegführung spielen«[52]. Außerdem galt es für die Pioniere, die Bewegung der eigenen Truppen zu fördern. Hierzu gehörte (und gehört) der Einsatz von Kriegsbrückengerät, um Flussläufe und andere Hindernisse zu überwinden. Die Überwindung von Bergen und von Flussläufen bildete den Schwerpunkt der Ausbildung in Degerndorf. Ende 1957 erwarb die Bundeswehr von der Gemeinde ein Gelände zur Errichtung eines Wasserübungsplatzes. Bis Anfang der 1960er-Jahre wurde außerdem weiterhin ein großer Baggersee für die Übungen angemietet. Die Intensivierung der Wasserausbildung erfolgte, als 1960 neues Schlauchbootbrückengerät zum Einsatz kam, »dessen Aufrüstung durch das Baukastenprinzip reine Handarbeit war und keinerlei Maschinen [...] erforderte. In der rückblickenden Bewertung eines Zeitzeugen erschien es, dass die Arbeit eine ›elende Schinderei‹ war, die Schweiß kostete[53].« Erst 1980 wurde dieses »recht umständliche« System durch das Faltschwimmbrückengerät (FSB) ersetzt[54].

Nicht nur war Ragel nun zu einem anderen Truppenteil gelangt, sondern auch in eine andere Gegend, weit vom bisherigen Standort entfernt. Der neue Standort Degerndorf-Brannenburg befand sich zwar wie Amberg in Bayern, jedoch nicht im Norden, sondern im tiefen Süden des Landes, nicht weit von der Grenze zu Österreich entfernt. Es folgten die Teilnahme an einem »Fahrzeug-Geräteverwaltungs-Lehrgang an Fz-Gerät«, eine mehrmonatige Pionierausbildung und Spezialausbildung für die Schw[imm-]Br[ücken-]Kl[asse] 50, eine Pioniermaschinenausbildung »Gruppe II Schwenkschaufler« sowie schließlich die Ausbildung zum Schwenkschaufelführer D, sodass Ragel Tätigkeiten als Kraftfahrer CE, Kranführer und Aubo(= Autobau)-Mechaniker ausübte[55].

---

[51] Zu den späteren Umbenennungen und Umorganisationen des Gebirgspionierbataillons 8 bis 1990 vgl. Benkel, Gebirgspioniere (wie Anm. 49), S. 328–330. Ergänzend dazu sei darauf hingewiesen, dass das Bataillon heute (November 2009) der Gebirgsjägerbrigade 23 »Bayern« unterstellt ist und Ende 2009 von Degerndorf-Brannenburg nach Ingolstadt verlegt wurde und die »Karfeitskaserne« als Bundeswehr-Standort aufgegeben werden sollte. Vgl. www.brannenburg.de/standumbau0/html (20.10.2009).

[52] BA-MA, BW 7/303, Das Pionierwesen der Streitkräfte, o.D.

[53] Benkel, Degerndorf-Brannenburg (wie Anm. 49), S. 150 f.

[54] Ebd., S. 171.

[55] Vgl. BA-MA, Pers. 1/7124.

Ragel hatte jedoch aus Sicht seiner Vorgesetzten zunächst Schwierigkeiten, sich einzufügen, was zumindest ein Indiz dafür sein könnte, dass die Gebirgspioniere ein für ihn fremdes, raues, schwieriges Umfeld darstellten. Die Schwierigkeiten konnten jedoch nach einem halben Jahr offenbar überwunden oder zumindest soweit reduziert werden, dass Ragel im April 1959 zum Obergefreiten befördert wurde. Und nun schien er auch endlich den Zugang zur Unteroffizierlaufbahn zu finden. In der Beurteilung vom 1. August 1960 zur Beförderung »zum Unteroffizier für Obergefreite (UA), Dienststellung: Kraftfahrer CE und Kranführer« wurde Ragels Charakter als »offen, ehrlich, ruhig, gewissenhaft und zuverlässig« beschrieben[56]. Seine geistigen Merkmale seien »gut durchschnittlich« und er sei an technischen Neuerungen sehr interessiert. Als Aubo-Mechaniker sei er »sehr zuverlässig«, er habe sich bereits ein »sehr umfangreiches Wissen« angeeignet und arbeite sehr selbstständig. Als zusammenfassende Beurteilung wurde ein »voll befriedigend« angeführt. Zeitgleich absolvierte Ragel einen zweieinhalbmonatigen »Unterführerlehrgang Form II«. Ausreichende Leistungen und gute »Einsatzfreudigkeit im praktischen Dienst« stellte der Lehrgangsleiter in seiner Beurteilung fest. Allerdings bedürfe Ragel »auf allen Ausbildungsgebieten noch weiterer Schulung«[57]. Dies war ein klarer Hinweis auf weiter bestehende Wissensdefizite. Erschwerend dürfte hinzugekommen sein, dass Ragel eine im September des Jahres bei der Pionier-Schule in München begonnene Ausbildung zum Militär-Kraftfahrlehrer nicht erfolgreich abschließen konnte, da ihm in allen vermittelten Stoffgebieten nicht ausreichende Leistungen bescheinigt wurden[58].

Schließlich diente Ragel als Schwenkschaufelführer D in der 3. Kompanie des Gebirgspionierbataillons bis zu seiner regulären Entlassung im September 1962. Nachdem er nach langer Zeit zum Unteroffizieranwärter ernannt worden war, schien er nun den Weg gefunden zu haben, diese Laufbahn zu erreichen[59]. Im September 1961 stellte er jedoch – vergeblich – ein Versetzungsgesuch[60]. Auch wenn die Gründe hierfür nicht überliefert sind, dürfte dies ein deutliches Indiz dafür sein, dass sich für Ragel die eigene Lage inzwischen so verschlechtert hatte, dass er seine Zukunft im Gebirgspionierbataillon für aussichtslos hielt. Vermutlich wurde nun seine Dienstfähigkeit durch gesundheitliche Einschränkungen so stark eingeschränkt, dass ihm bei seiner Entlassung im September 1962 keine ausreichenden militärischen Leistungen bescheinigt wurden. Insgesamt war diese erneute, letzte Beurteilung niederschmetternd. Für den aktiven Truppendienst nicht verwendbar, lautete das Resümee. Der Charakter von Gerhard Ragel sei »wenig geprägt« und »undurchsichtig«, seine Führung

---

[56] Ebd.
[57] Ebd., Gebirgspionierbataillon 8, Lehrgangsurteil (Abschrift) zum Unterführerlehrgang Form II.
[58] Ebd., Meldung zur Ausbildung als Militär-Kraftfahrlehrer vom 23.9. mit anliegender Prüfbescheinigung vom 19.10.1960. Die Stoffgebiete waren Kfz- und Elektrotechnik, Straßenverkehrsrecht sowie Fahrfertigkeit.
[59] Ebd., Beurteilung vom 28.9.1962.
[60] Ebd., 3./Geb.-Pi.-Btl. 8, Aktenvermerk vom 23.9.1961.

(nur) »ausreichend«, Gleiches wurde ihm auch für seine körperliche Leistungsfähigkeit bescheinigt. Aus Sicht der Vorgesetzten hatte sich der psychische und physische Zustand Ragels in nur zwei Jahren nicht nur drastisch verschlechtert, sondern einen neuen Tiefpunkt erreicht. Weder sei Ragel für eine Beförderung noch für einen höheren Dienstgrad geeignet. Mithin war faktisch ausgeschlossen, dass er erneut seinen Dienst verlängerte oder wenigstens als Reservist die Unteroffizierlaufbahn erreichen konnte.

Im selben Monat wurde Ragel schließlich nach Ablauf seiner sechsjährigen Dienstzeit als Obergefreiter (UA) entlassen. Hinsichtlich seines weiteren Werdeganges finden sich in den Unterlagen nur wenige Informationen. Es ist anzunehmen, dass er ein Übergangsgeld von mehreren Tausend DM erhielt[61]. Ob er in seinen alten Beruf zurückkehrte oder einen neuen, zum Beispiel als Baggerführer, ergriff, ist nicht überliefert. Überliefert ist hingegen sein Versuch, eine Anerkennung seiner Erwerbsunfähigkeit infolge von Wehrdienstbeschädigung zu erhalten, was jedoch nur rückwirkend und befristet im Hinblick auf die »Lockerung des Bandapparates im Bereich des linken Kniegelenks« für seine Dienstzeit in Amberg 1957/58 gelang. Die während seiner Wehrdienstzeit festgestellten degenerativen Veränderungen im Bereich des linken Kniegelenks und das während seiner Wehrdienstzeit festgestellte Magenleiden stünden hingegen mit dem Dienst in der Bundeswehr »nicht im ursächlichen Zusammenhang«, teilte das zuständige Wehrgebührnisamt im November 1963 mit. Nur fünf Jahre nach seiner Entlassung starb der inzwischen verheiratete Gerhard Ragel, möglicherweise an derselben Krankheit, an der er bereits während seiner Bundeswehrzeit gelitten hatte. Er hinterließ eine Frau und ein Kind.

Fasst man die Ausführungen zusammen, ergibt sich folgendes Bild. Ragel war 1930 in Bayern geboren worden und hatte ab 1934 seine Jugend in Österreich verbracht, die Volksschule besucht, als 15-Jähriger das Kriegsende erlebt, eine Lehre als Dreher absolviert und sodann in diesem Beruf gearbeitet, zunächst in Österreich und dann in Bayern. Er war ab 1938 im »Dritten Reich« sozialisiert worden, hatte aber aufgrund seines Geburtsjahrganges weder in der Wehrmacht noch nach seiner Rückkehr nach Bayern in der Bundeswehr als Wehrpflichtiger militärische Erfahrungen gewonnen, bevor er sich als Zeitsoldat 1956 freiwillig verpflichtete.

Was seine soziale Herkunft betrifft, war Ragel ein durchaus typischer Vertreter der Zeitsoldaten wie auch der Unteroffiziere in den Aufbaujahren der Bundeswehr. Im Hinblick auf seine berufliche Qualifikation als Dreher beim Eintritt in die Streitkräfte dürfte er dem Personenkreis entsprochen haben, den die Bundeswehr zum Aufbau motorisierter Streitkräfte besonders benötigte. Und in der Tat passten seine spätere Qualifikation und Tätigkeit als Mechaniker und schließlich als Kraftfahrzeugführer bei den Gebirgspionieren in dieses Bild.

---

[61] So erhielt ein Wehrpflichtiger, der 1961 eingezogen wurde und sich und während der Grundwehrdienstzeit für zwei Jahre als Zeitsoldat verpflichtete, 1963 bei seiner Entlassung 3000 DM, das Zwölffache seines vorherigen Monatsgehalts »Abfindung und Übergangsgeld«. Vgl. Hartan, Erfahrungsgeschichte (wie Anm. 6), S. 97.

Außergewöhnlich und nicht vorhersehbar war hingegen Ragels Dienst in zwei so gegensätzlichen Einheiten wie beim Sanitätsdienst und bei den Gebirgspionieren – dies umso mehr, als Ragel bei seiner Bewerbung ausdrücklich den Wunsch geäußert hatte, der Sanitätstruppe anzugehören. Man kann dies durchaus dahingehend deuten, dass er sich bei seiner Bewerbung keineswegs primär als künftiger Soldat, sah, sondern vor allem eine gesicherte berufliche Perspektive anstrebte. Denn auch wenn ab Mitte der 1950er-Jahre die Arbeitslosigkeit aufgrund des Wirtschaftswachstums in der Bundesrepublik stark zurückging, bedeutet dies nicht, dass für Ragel ungewisse berufliche Perspektiven, Arbeitslosigkeit und die damit verbundenen finanziellen Einbußen etwas Unbekanntes waren. Auch wird erkennbar, dass seine Tätigkeit als Mechaniker und Kraftfahrzeugführer bei der Bundeswehr in gewissem Sinne eine Fortsetzung bzw. Erweiterung seiner zivilen beruflichen Tätigkeit zuvor bedeutete und seine Dienstzeit vom insgesamt fehlenden Ehrgeiz, von starken Schwankungen hinsichtlich seiner persönlichen Einstellung und Leistungen, aber auch Verletzungen bzw. Krankheiten geprägt war. Die Verurteilung wegen fahrlässiger Körperverletzung infolge übermäßigen Alkoholkonsums wie auch die wenig später erfolgte Entwendung von Zigaretten aus einem Automaten zum vermutlich eigenen Konsum nach knapp anderthalb Dienstjahren, die zu seiner fristlosen, letztlich nur vorübergehenden Entlassung führten, bildeten einen vorläufigen Tiefpunkt seiner Berufslaufbahn, deuten aber auch darauf hin, dass Ragel – wie viele andere Soldaten auch – einen keineswegs gesunden Lebensstil pflegte. Diese Kombination von Defiziten verhinderte einen möglichen frühzeitigen Aufstieg Ragels in die Unteroffizierlaufbahn, andererseits waren es wohl gerade seine Kenntnisse und erfolgreiche Arbeit als Mechaniker, die es vermutlich den Verantwortlichen bei der Bundeswehr nahelegten, ihn nur wenige Monate nach seiner fristlosen Entlassung wieder einzustellen und somit eine neue Chance bei den Gebirgspionieren zu geben. Aber auch bei den Gebirgspionieren hatte Ragel letztlich keinen Erfolg.

Ragel leistete sechs Jahre seinen Dienst in zwei sehr unterschiedlichen Einheiten der Bundeswehr in Bayern, die sich beide in einer sehr schwierigen Aufbauphase, geprägt durch Mangel an qualifiziertem Personal, organisatorischen Umbrüchen, unzureichender Ausrüstung und Infrastruktur, befanden. Insofern boten sich für ihn keineswegs ideale Arbeitsbedingungen. Nimmt man als Kriterium für den Erfolg seiner Karriere das Erreichen des Möglichen, in diesem Fall die Laufbahn des Unteroffiziers zum Maßstab, so blieb Ragel erfolglos. Mehr noch: Er war gesundheitlich angeschlagen, als er mit 32 Jahren die Bundeswehr verließ. Möglicherweise blieb ihm die Bundeswehr immer eine fremde Welt, die er doch innerlich ablehnte. Aber das muss letztlich Spekulation bleiben. Fest steht aber, dass Lebensläufe und Laufbahnen – wie die Ragels – zur Geschichte der Bundeswehr in der Aufbauphase ebenso gehören wie die beruflichen und persönlichen Erfolge anderer Soldaten.

Barbara Stambolis

Überzeugte Soldaten?
Wehrpflichtige und Zeitsoldaten des Jahrgangs 1943

Rekruten Jahrgang 43

Am 1. Oktober 1963 trat ein junger Mann namens Heinz Haberland[1] in der Ausbildungskompanie 9/6 in Boostedt in Schleswig-Holstein als Panzerjäger seinen Wehrdienst an. Er hatte acht Jahre lang die Volksschule besucht und dann als Schlepper im Bergbau und als Transportarbeiter gearbeitet. Er verpflichtete sich für zwei Jahre. Am 30. September 1965 endete seine Zeit bei der Bundeswehr. Auf dem Passfoto in seinem Truppenausweis blickt er an dem Betrachter vorbei, auf dem Bild in seinem Führerschein, den er während der Bundeswehrzeit machte, blickt er ihn an: Wer war dieser junge Mann? Was hatte er für Pläne? Warum hatte er sich für zwei Jahre verpflichtet? Was hatte er während dieser Zeit erfahren? Hatte er Freunde und Familienangehörige, mit denen er sich über seinen Alltag austauschte? Was hat er erzählt? Gab es Konflikte? Wie haben Vorgesetzte ihn beurteilt? Hat sich das Bild, das er bei Antritt seines Wehrdienstes von den Streitkräften hatte, im Laufe der Zeit verändert und wenn ja, wie und warum? Wie hat er rückblickend über seine Zeit bei der Bundeswehr gedacht?

Für den Installateur Jürgen Jeschke[2], der, ebenfalls 1963, als Kanonier seine Wehrdienstzeit begann und der sich auch für zwei Jahre verpflichtete, lassen sich diese Fragen anhand der Personalunterlagen im Bundesarchiv-Militärarchiv in Freiburg i.Br. ebenso wenig beantworten wie für Heinz Haberland. Gleichwohl gibt es Anhaltspunkte, die darauf schließen lassen, dass beide Erfahrungen teilten, die typisch für ihren Geburtsjahrgang und eine ganze Altersgruppe sind und die sich auch auf ihre Wahrnehmungen der Bundeswehr ausgewirkt haben dürften. Der erst Genannte wurde am 19. März 1943 in Stettin geboren; sein Vater, ein Bahnbeamter, war aus dem Zweiten Weltkrieg oder der Gefangenschaft nicht zurückgekehrt; »vermisst« lautet der Eintrag in seiner

---

[1]   Alle Namen aus den Personalunterlagen aus dem Bundesarchiv-Militärarchiv in Freiburg i.Br. wurden für diesen Beitrag anonymisiert, hier zunächst Bundesarchiv-Militärarchiv (BA-MA), Freiburg i.Br., Pers 1/28904, Stammkarte.
[2]   BA-MA, Pers 1/28779, Stammkarte.

Personalakte. Heinz Haberland wuchs also wie rund ein Drittel aller deutschen Kinder nach dem Zweiten Weltkrieg ohne Vater auf. Das gilt auch für Jürgen Jeschke, am 28. April 1943 in Bielitz in Oberschlesien geboren. Zu seinem Vater heißt es in den Personalunterlagen: »1944 gefallen«[3]. Jürgen Jeschke hatte, wie ebenfalls nachzulesen ist, bis 1955 mit seiner Mutter in Stalinograd in der UdSSR gelebt und war dann mit ihr nach Bad Oldesloe in Stormarn gezogen.

Gesetzt den Fall, es ließe sich ein »exemplarischer 43er« konstruieren, in dem sich signifikante jahrgangsgruppentypische Merkmale des Aufwachsens gleichsam verdichten, so sind in den soeben genannten Beispielen des Heinz Haberland und Jürgen Jeschke bereits einige angesprochen: Beide hatten traumatische Kindheitserfahrungen, die für Kriegskinderbiografien des Zweiten Weltkriegs typisch sind[4]. In der Regel waren diese kumulativ, d.h. sie betrafen mehrere Erfahrungsbereiche, z.B. väterliche Abwesenheit, Flucht und das Erleben von Bombenangriffen. Weiter erstreckten sich die Ereignisse oft über einen längeren Zeitraum[5]. Insbesondere das vaterlose Aufwachsen ist für unseren Zusammenhang von Bedeutung, stellte es doch den Verlust eines männlichen Vorbilds und väterlicher Autorität dar, die nur teilweise in den Jahren des Aufwachsens durch andere männliche Bezugspersonen, Großväter oder Lehrer etwa, ausgeglichen werden konnten. Die deutsche Nachkriegsgesellschaft wurde bekanntlich von Kindern, Frauen und alten Männern dominiert, in die die Väter, wenn sie heimkehrten, oft nur physisch und psychisch versehrt zurückkehrten. Sie blieben häufig abgekapselt, wenig zugänglich und erschienen ihren Kindern als »ferne« Väter[6]. Sie entsprachen so gar nicht den Vorstellungen einer idealtypischen, von Härte, Disziplin und »Haltung« geprägten Männlichkeit, die die deutsche Gesellschaft des 20. Jahrhunderts gleichsam wie eine Geheimspur durchzieht und die, über Drill- und Gehorsamserziehung vermittelt, mehrere Generationen – vom Kaiserreich bis zum Ende des Zweiten Weltkriegs – geprägt hatte[7].

---

[3] Befreiung vom Wehrdienst war möglich für solche Wehrpflichtige, »in deren Familien durch Tod infolge Kriegseinwirkung besonders schwere Verluste zu beklagen« waren: »Vom Wehrdienst sind auf Antrag zu befreien Wehrpflichtige, deren sämtliche Brüder oder, falls keine Brüder vorhanden waren, deren sämtliche Schwestern an den Folgen einer Schädigung im Sinne des § 1 des Bundesversorgungsgesetzes oder des § 1 des Bundesentschädigungsgesetzes verstorben sind.« Wehrpflichtgesetz. Textausgabe mit Erläuterungen. Bearb. von H.W. Napp, Lübeck, Hamburg 1956, S. 19.

[4] Vgl. Hermann Schulz, Hartmut Radebold und Jürgen Reulecke, Söhne ohne Väter. Erfahrungen der Kriegsgeneration, Berlin 2004, darin bes. Hartmut Radebold, Entwicklungspsychologische Aspekte, S. 120–143.

[5] Vgl. Erinnerungen an Kriegskindheiten. Erfahrungen, Erinnerungskultur und Geschichtspolitik unter sozial- und kulturwissenschaftlicher Perspektive. Hrsg. von Hans-Ingo Ewers, Jana Mikota, Jürgen Reulecke und Jürgen Zinnecker, Weinheim, München 2006.

[6] Vgl. Kriegskinder zwischen Hitlerjugend und Nachkriegsalltag. Bilder des westfälischen Fotografen Walter Nies. Hrsg. von Barbara Stambolis und Volker Jakob, Münster 2006.

[7] Vgl. Jürgen Reulecke und Barbara Stambolis, Kindheiten und Jugendzeit im Zweiten Weltkrieg: Erfahrungen, Normen der Elterngeneration und ihre Weitergabe. In: Transgenerationale Weitergabe kriegsbelasteter Kindheiten. Hrsg. von Hartmut Radebold, Werner Bohleber und Jürgen Zinnecker, Essen 2007, S. 13–32; dazu auch René Schilling,

Einerseits fehlte heranwachsenden Kindern und Jugendlichen nach 1945 männliche Autorität, andererseits wurde Gehorsam nach wie vor eingefordert; einerseits gab es Freiräume und »Kontroll-Lücken«[8], andererseits galten im Elternhaus und in der Schule Strenge und Disziplin als oberste Erziehungsnormen. Und Erziehungsvorstellungen, die auf Härte und »Haltung« aufbauten, kontrastierten mit neuen Männlichkeitsbildern: Diese wurden bereits von Besatzungssoldaten verkörpert, die »auf Gummisohlen« daherkamen[9], später wurden sie von Elvis Presley versinnbildlicht; mit Stichworten wie »entblößte Brust und schwingende Hüfte« sind sie treffend umrissen[10]. Wie junge Männer – Jahrgang 1943 bzw. wenige Jahre jünger oder älter – die mit diesen zeit- und lebensgeschichtlich bedeutsamen geschichtlichen Erfahrungen aufgewachsen waren, ihren Wehrdienst erlebt und wahrgenommen haben, ist zweifellos mit Blick auf ihren Anteil an den »Aufbauleistungen« der Bundeswehr wichtig.

Wehrdienstleistende des Jahrgangs 1943, in der Regel zwischen 1962 und 1963 eingezogen, gehörten einer Altersgruppe junger Männer an, die mehr als die der Flakhelfer und konfliktreicher als etwa sieben bis zehn Jahre Jüngere zwischen Tradition und Aufbegehren erwachsen wurden und dies »sowohl als auch« oder »noch nicht« bzw. »nicht mehr« als Zwiespalt erlebten. Sie waren in Autoritätsstrukturen aufgewachsen, deren Wirkungen sowie generationenübergreifende Prägungen offenbar weitgehend verdrängt worden waren. Um diese Fragen ging es dann auch nicht zuletzt in Diskussionen zu »Disziplin« und »Gehorsam« in den »Richtlinien für die Erziehung des Offizierskorps« (1957), ebenso wie dann wieder – mit deutlichen Unterschieden, aber immer noch mit Betonung auf »Gehorsam und Selbstüberwindung, also Disziplin« – 1965 in der Broschüre der »Schriftenreihe Innere Führung« mit dem Titel »Stil und Formen. Hinweise für Erziehung und Selbsterziehung«[11]. Angehörige der um 1940 geborenen Alterskohorten trafen während ihres Grundwehrdienstes in den Streitkräften zwar nicht mehr auf einstige Frontoffiziere des Ersten Weltkrieges, aber auf ein doch sehr komplexes Generationengefüge, u.a. auf

---

»Kriegshelden«. Deutungsmuster heroischer Männlichkeit in Deutschland 1813-1945, Paderborn 2002, sowie Sabiene Autsch, Haltung und Generation – Überlegungen zu einem intermedialen Konzept. In: BIOS. Zeitschrift für Biographieforschung, oral history und Lebensverlaufsanalysen, 2 (2000), S. 163-180.

8 Marina Fischer-Kowalski, Halbstarke 1958, Studenten 1968: Eine Generation und zwei Rebellionen. In: Kriegskinder, Konsumkinder, Krisenkinder. Zur Sozialisationsgeschichte seit dem Zweiten Weltkrieg. Hrsg. von Ulf Preuss-Lausitz [u.a.], 3. Aufl., Weinheim, Basel 1991, S. 29-52, hier S. 61.

9 Uwe Timm, Am Beispiel meines Bruders, 3. Aufl., Köln 2003, S. 67 f.

10 Kaspar Maase, »Entblößte Brust und schwingende Hüfte«. Momentaufnahmen von der Jugend der fünfziger Jahre. In: Männergeschichte – Geschlechtergeschichte. Männlichkeit im Wandel der Moderne. Hrsg. von Thomas Kühne, Frankfurt a.M., New York 1996, S. 193-217, hier S. 195.

11 Klaus Naumann, Schlachtfeld und Geselligkeit. Die ständische Bürgerlichkeit des Bundeswehroffiziers. In: Bürgertum nach 1945. Hrsg. von Manfred Hettling und Bernd Ulrich, Hamburg 2005, S. 310-346, hier S. 321: Disziplin, Gehorsam, Verantwortungsbewusstsein, Wahrhaftigkeit, Ritterlichkeit, Bescheidenheit, Demut, Passion, Fröhlichkeit, Stolz, und S. 326 f.

Kriegsteilnehmer des Zweiten Weltkriegs, darunter jüngere Offiziere und Unterführer, die erst im Krieg eingezogen worden waren, »bei denen die Kriegserfahrung an die Stelle einer gründlichen Ausbildung getreten war«[12], aber auch ehemalige Luftwaffenhelfer, die als Fünfzehn- bis Siebzehnjährige in den Jahren 1943 bis 1945 in den Flakbatterien Dienst geleistet hatten[13].

Eine Stichprobe: Fünfzehn junge Männer des Jahrgangs 43

Leistungs- und aufstiegsorientierte männliche, in den Kriegsjahren geborene Jugendliche hatten um 1960 durchaus gute Chancen auf dem Ausbildungs- und Arbeitsmarkt. Der Soldatenberuf schien im Feld der Möglichkeiten insgesamt wenig attraktiv: Es winkten keine guten Verdienstmöglichkeiten, und ob die charakterlichen Eigenschaften, mit denen auf Plakaten für Nachwuchs für »überzeugte Soldaten« geworben wurde, junge Männer überzeugten, ist, wie Thorsten Loch gezeigt hat, eher unwahrscheinlich[14]. Immerhin dürften die meisten jungen Männer, um 1940 geboren, die die Volksschule besucht und eine Lehre absolviert hatten, die Freiwilligenwerbung der Endfünfziger Jahre gekannt haben, die ohne soldatische und heroische oder technische Attribute auskam und »zivile« Züge betonte, also beispielsweise auch keine »gepanzerten Körper« oder Männer mit »Haltung« abbildete[15]. Fühlten sie sich davon angesprochen? Und wenn ja, wie erlebten sie dann den Alltag als Wehrdienstleistende? Entsprach die Umgangsweise den Werbebildern? Spielten – bei durchgehend pragmatischen Haltungen, d.h. der Auffassung, Wehrdienst als notwendige Pflicht zu betrachten – Traditionsorientierungen und Werthaltungen in der Wehrzeitwahrnehmung durchschnittlicher Rekruten eine Rolle? Einer Studie aus den 1980er-Jahren zufolge, die auf Umfragen fußt, gab es einen erheblichen Unterschied in der Akzeptanz von Werthaltungen wie Härte, Disziplin, Entschlossenheit und Tapferkeit zwischen Bundeswehrangehörigen

---

[12] Klaus Naumann, Militärische Aufbaugenerationen der Bundeswehr 1950–1970, Potsdamer Vorträge zur Militärgeschichte, 25. Juni 2008, S. 1; als Manuskript freundlicherweise zur Verfügung gestellt.

[13] Rolf Schörken, »Schülersoldaten« – Prägung einer Generation. In: Die Wehrmacht. Mythos und Realität. Im Auftrag des MGFA hrsg. von Rolf-Dieter Müller und Hans-Erich Volkmann, München 1999, S. 456–465. Schörken spricht ausdrücklich von »maskulinen Attitüden« und »Männlichkeitswahn« (S. 471) und einer »Sturheit«, die er als »ausgesprochene ›Obergefreiten‹-Attitüde« bezeichnet (S. 464). Allerdings sei es schwer, dieser Altersgruppe für die Zeit nach 1945 ein klares Profil zu verleihen, am ehesten wohl das der »gebrannten Kinder«, die sich stark für die westdeutsche Demokratie einsetzten (S. 473).

[14] Vgl. Thorsten Loch, Das Gesicht der Bundeswehr. Kommunikationsstrukturen in der Freiwilligenwerbung der Bundeswehr 1956 bis 1989, München 2008 (= Sicherheitspolitik und Streitkräfte der Bundesrepublik Deutschland, 8).

[15] Ulf Preuss-Lausitz, Vom gepanzerten zum sinnstiftenden Körper. In: Kriegskinder, Konsumkinder, Krisenkinder (wie Anm. 8), S. 89–106.

mit und ohne Abitur. Differenziert wurde noch einmal nach Kampf- und Ein-
zelverbänden der Teilstreitkräfte und bei den Mannschaftsgraden[16]. Dass die
Luftwaffe die »traditionsfreudigste« Teilstreitkraft war, gefolgt von der Marine,
dürfte ebenso auch für die 1950er-und die erste Hälfte der 1960er-Jahre gegolten haben wie der Befund, dass unabhängig von der Zugehörigkeit zu einer
Teilstreitkraft die Orientierung der Mannschaftsgrade im Gegensatz zu Unteroffizieren und Offizieren an »Traditionen und Werten« eher gering eingeschätzt wurde, wobei die Autoren auf drei Variablen aufmerksam machen:
Alter, Bildungsniveau und Dienstgrad.

Zu welchen generationell bedeutsamen Aspekten wie Kriegskindschaft und
ihren Folgen, dem Aufwachsen in Umbruchzeiten sowie Fragen der »Haltung«
finden sich Anhaltspunkte in den Personalakten? Kriegskindschaft wird beispielsweise sichtbar in Flucht- und Vertreibungsgeschichten, die durchaus auch
mit verbreiteten Auffassungen in Hochzeiten des Kalten Krieges in Zusammenhang gebracht werden können, zumal dann, wenn sich in den Familien
keine Integrations- und somit Erfolgsgeschichten einstellten[17]. Allerdings bleiben Vermutungen, dass Flüchtlingskinder sich vorrangig aufgrund ihrer Ver-
lusterfahrungen und unter dem Eindruck des Kalten Krieges freiwillig meldeten, spekulativ[18]. Sie widersprechen sogar dem allgemein konstatierten
Pragmatismus ihrer Altersgruppe, der nicht zuletzt in umfangreichen empirischen Studien von Elisabeth Pfeil zum Jahrgang 41 bestätigt wird[19]. Die Sozial-
wissenschaftlerin bescheinigte den um 1940 Geborenen eine »unauffällige Integration in die Gesellschaft«[20], und d.h. auch in das Erwachsenenleben und
besonders »in die Berufswelt unter dem Zeichen wirtschaftlicher Expansion
(mit Vollbeschäftigung, ja Arbeitskräftemangel)[21].« Der Jahrgang 41 – es könnte
auch der Jahrgang 43 sein! – habe ein ausgesprochen »profiliertes Generations-
schicksal« mit vielfachen belastenden kriegs- und nachkriegsbedingten Faktoren in Kindheits- und frühen Jugendjahren, dann aber mit durchaus positiven
Perspektiven gehabt. Viele wurden infolge des Aufwachsens in unvollständigen
Familien oder Familien mit fernen Vätern früh selbstständig, wofür auch die
Überforderungen der Eltern mit verantwortlich waren. »Die Schwäche insbesondere der Väter war auch durch autoritäres Gebaren nicht rückgängig zu

---

16 Lucian Kern und Paul Klein, Tradition. Eine Untersuchung zu Auffassungen über Tradi-
    tion und militärische Tradition in der Bevölkerung und der Bundeswehr, München 1986,
    bes. S. 142–144.
17 Vgl. Barbara Stambolis, Flüchtlingskindheit. Erfahrungen und Rückblicke auf ein ›erfolg-
    reiches Leben‹. In: Erinnerungen an Kriegskindheiten (wie Anm. 5), S. 263–280, sowie
    allg. Volker Ackermann, Der ›echte‹ Flüchtling. Deutsche Vertriebene und Flüchtlinge aus
    der DDR 1945–1961, Osnabrück 1995.
18 Dass Vatervorbilder oder -idealisierungen eine Rolle gespielt haben könnten, ist aus den
    Akten natürlich nicht zu entnehmen.
19 Elisabeth Pfeil, Die 23Jährigen. Eine Generationenuntersuchung am Geburtenjahrgang
    1941, Tübingen 1968.
20 Jürgen Friedrichs, Theoretische Konsequenzen: Generationsproblem und Subkultur-
    These. In: Die 23Jährigen (wie Anm. 19), S. 367–375, hier S. 367.
21 Pfeil, Die 23Jährigen (wie Anm. 19), S. 8.

machen und förderte bei den Kindern den Prozess der Abnabelung vom Elternhaus[22].«

Die Durchsicht der Personalunterlagen eines Zufallsamples von fünfzehn 1943 geborenen jungen Männern, die zwischen 1961 und 1967 bei den Streitkräften dienten, lässt erneut die Frage stellen: Gibt es *den* Wehrpflichtigen und Zeitsoldaten, Jahrgang 43? Immerhin vier sind vaterlos, darunter befindet sich einer, der bei seiner Großmutter aufwuchs, ein anderer mit einem Stiefvater. Die meisten stammten aus Flüchtlingsfamilien, als Geburtsorte wurden Orte in Pommern und Ostpreußen angegeben. In einem Lebenslauf heißt es wörtlich: »Ich wurde [...] am 21.1.1943 als Sohn des M.A. Feldwebel [...] und dessen Ehefrau [...] zu Königsberg (Pr) geboren. Am 24.1.1945 musste ich mit meiner Mutter vor den Russen Königsberg verlassen. Es ging über Pillau, Gotenhafen nach Flensburg. Von Flensburg aus wurden wir nach Ranmark bei Ringsberg Kr. Flensburg untergebracht. Von meinem 6. Lebensjahr besuchte ich die evangelische Volksschule zu Munkbarup Kr. Flensburg. Infolge der Umsiedlung Oktober 1951 kam ich mit meinen Eltern nach Gelsenkirchen Heßler. Hier besuchte ich die evangelische Volksschule zu Heßler. Am 24.3.1957 wurde ich in der evangelischen Kirche zu Heßler konfirmiert. Nach meiner Schulentlassung habe ich anderthalb Jahre in der Chemischen Industrie gearbeitet, anschließend ging ich zum Bergbau, wo ich hoch heute tätig bin[23].« Der Freiwillige, der diesen Lebenslauf verfasste, war bei seiner Einberufung noch nicht volljährig, sodass seine Eltern den Bescheid mit unterschreiben mussten. Die Bergbauberufsschule stellte ihm im März 1960 ein befriedigendes bis gutes Zeugnis aus. Die Freiwilligenannahmestelle hielt ihn für grundsätzlich geeignet für eine Mannschaftslaufbahn; im Prüfbericht vom Dezember 1960 heißt es wörtlich: »Ein unkomplizierter und einsichtiger Jugendlicher, der sich in der Bundeswehr bewähren möchte [...] Offen und freimütig äußert er seine Meinung. Bringt genügend Frische mit [...] Leider hat er seine Lehre ohne ernsthaften Grund abgebrochen, seine mangelnde Schulbildung aber z.T. aufgeholt. Da er noch in der Entwicklung steht, sollte man ihm eine Chance geben.«

Zwei der fünfzehn jungen Soldaten, deren Personalunterlagen mir vorlagen, leisteten den Grundwehrdienst und schieden als Gefreite aus den Streitkräften aus. Dreizehn verpflichteten sich auf zwei oder mehr Jahre. Einer hatte die Sonderschule besucht, die meisten die Volksschule nach acht oder neun Jahren erfolgreich beendet, einer die Realschule abgeschlossen, ein weiterer hatte Abitur gemacht. Die meisten hatten eine Lehre vorzuweisen. Eine Chance erhoffte sich offenbar auch der vormalige Sonderschüler, der es trotz schwieriger Umstände geschafft hatte, eine Bäckerlehre erfolgreich zu absolvieren, und der während seiner Grundausbildung als Funker beschloss, sich für weitere drei Jahre zu verpflichten; er selbst schrieb: »Da ich auf meiner jetzigen Dienststelle in der Küche eine gute Ausbildungsmöglichkeit sehe, habe ich den Wunsch,

[22] Matthius Micus, Die »Enkel« Willy Brandts. Aufstieg und Politikstil einer SPD-Generation, Frankfurt a.M., New York 2005, S. 31.
[23] BA-MA, Pers 1/27785, Lebenslauf, der Verpflichtungserklärung beigefügt.

meine Dienstzeit auf 3 Jahre zu verlängern. Im Februar 1964 habe ich vor zu heiraten[24].« Unter den Zeitsoldaten dieses Samples gab es kaum einen, der nicht während seiner Bundeswehrzeit heiratete, für den also nicht während dieser Zeit die Grundlagen gelegt waren, sich ein zwar bescheidenes, aber immerhin eigenständiges Leben mit Familie zuzutrauen. Ein ausgeprägtes Selbstvertrauen hatten, so zeigen die Zeugnisse und Beurteilungen, die wenigsten, deren Lebensgeschichten aus den Unterlagen schemenhaft sichtbar werden.

Ein Schriftsetzer, ein kaufmännischer Angestellter, ein Bäcker, ein Konditor, ein Schlepper im Bergbau, ein Autoschlosser, ein Heizungsbauer und ein Schiffbauer, ein Ingenieurfachschulabsolvent und ein Abiturient erhielten im Laufe ihrer Ausbildung – fast alle im Heer und hier wiederum bei den Panzergrenadieren – Beurteilungen und Zeugnisse ihrer Vorgesetzten, aus denen ersichtlich ist, worauf Wert gelegt und was gefordert wurde, in der Regel unterteilt in die Rubriken »Führung« und »allgemeine dienstliche Leistung«.

Auch Entwicklungen der jungen Männer während ihrer Dienstzeit werden sichtbar, die an einem Beispiel deutlicher gezeigt werden können. Dem als zunächst »jungenhaft« eingeschätzten jüngsten Rekruten der Zufallsgruppe, der im Januar 1961, rund zwei Wochen nach seinem zwanzigsten Geburtstag, seinen Dienst antritt, wird bereits Ende März 1961 »eine gute Haltung« attestiert. Im September 1961 wird er zum Gefreiten befördert. Im April 1963 werden ihm »Zuverlässigkeit« und »Korrektheit« bescheinigt, er müsse aber noch mehr Initiative zeigen. Im Oktober desselben Jahres heißt es dann, er müsse als Soldat noch mehr »Pflichtbewusstsein« und »Einsatzfreude« entwickeln; sein Auftreten sei ungezwungen und »im allgemeinen diszipliniert«. Mit anderen Worten: Er erfüllte das Anforderungsprofil befriedigend, aber keineswegs mustergültig. Über seinen weiteren Lebensweg nach Ende seiner zweijährigen Dienstzeit geht aus den Unterlagen nichts hervor[25].

In der Befürwortung seiner Beförderung zum Gefreiten finden sich bei einem anderen Zeitsoldaten folgende Bemerkungen: »J. ist ein ruhiger, williger Soldat. Er zeigt im Dienst eine rege Beteiligung. Die Kompanie ist an der Weiterverpflichtung interessiert[26].« Die Messlatte der Beurteilung enthält die gesamte Bandbreite vorbildlicher Eigenschaften des Soldaten, die wie bereits angesprochen, in den Jahren zwischen 1957 und 1965 in den Streitkräften diskutiert wurden. Einige allgemeine Kriterien finden sich auch in den schulischen Beurteilungen, soweit diese den Akten zu entnehmen sind: Während es beispielsweise im Zeugnis einer Höheren Handelsschule heißt, der Schüler sei »ruhig und bescheiden« gewesen, »stets bemüht, Leistungen zu erbringen«, schreiben die militärischen Vorgesetzten in der Rubrik »Führung«: »ruhig, besonnen, bescheiden, freundlich, hilfsbereit«, und unter »dienstlichen Leistun-

---

24 BA-MA, Pers 1/28803, Lebenslauf, dem Bewerbungsbogen für den freiwilligen Dienst beigefügt.
25 BA-MA, Pers 1/27785, Prüfbericht der Freiwilligenannahmestelle vom 7./8.12.1960 und Beurteilung von 19.4.1962.
26 BA-MA, Pers 1/28779, Schreiben der Dienststelle vom 10.12.1963.

gen«: »zuverlässig und pflichtbewusst, sorgfältig«[27]. Gute Beurteilungen erhielt
der Schriftsetzer-Geselle, der als Obergefreiter die Streitkräfte verließ: »straffes
soldatisches Auftreten« wurde ihm bescheinigt, er sei ein »frischer Soldat« und
»tadelsfrei«; zu dieser Beurteilung gehörten ebenso gute Allgemeinbildung,
Sprachgewandtheit und »Eifrigkeit im Gefechtsdienst« sowie Gewissenhaftigkeit[28]. Der einzige Abiturient unter den Fünfzehn, auf dem Passfoto des Bewer-
bungsbogens als Einziger mit angedeuteter Elvis-Frisur, erhielt – neben dem
Autoschlosser, der wegen Trunkenheit am Steuer und unerlaubten Verlassens
der Kaserne in Zivil vor Ende seiner Bereitschaft – die schlechtesten Noten:
»Adrett«, »ordentlich, etwas weich«, heißt es im Prüfbericht. Und weiter wird
ihm vorausgesagt, »er werde *bestrebt* sein, die Anforderungen des soldatischen
Lebens zu erfüllen.« Dieser junge Mann verließ die Bundeswehr im Februar
1965 als *Obergefreiter*, studierte dann in Gießen Erziehungswissenschaften und
äußerte sich als Reservist zunehmend distanziert gegenüber Prüfungen der
»Verfügbarkeit« von Seiten des Kreiswehrersatzamtes oder Nachuntersuchungen zum Zweck der Überprüfung der Tauglichkeit; ein Attest aus dem Jahre
1973 bescheinigte ihm, er sei »nicht wehrdienstfähig«[29]. Als *Hauptgefreite* beendeten der Real- und der Sonderschüler ihre Zeit bei den Streitkräften, in Jahren
mit ausgesprochener Personalnot der Bundeswehr[30].

Erfahrungshorizonte und Wahrnehmungen
von Abiturienten des Jahrgangs 43

Ein solcher Blick in die Personalakten macht deutlich, wie schwer es ist, anhand
dieser Quellen Antworten auf die eingangs formulierten Fragen zu finden,
nicht zuletzt, weil zwar Auffassungen von »Haltung« im Urteil ihrer Vorgesetzten, nicht aber diesbezügliche Einstellungen und Wahrnehmungen der
Rekruten ins Blickfeld rücken. Diese könnten sich aus Interviews mit einer Per-
sonengruppe Wehrpflichtiger der um 1940 Geborenen, also beispielsweise des
Jahrgangs 1943 ergeben. Vor allem könnten in Gesprächen Autoritätserziehung,
Autoritätsverlust und Autoritätskritik thematisiert werden – Themen, zu denen
die Personalakten als Quellen nicht hinreichend »sprechen«. Im Folgenden
wird deshalb auf Material zurückgegriffen, das aus einem umfangreichen In-
terviewprojekt mit 44 Männern stammt, die alle 1943 geboren wurden[31]. Fünf-

---

[27] BA-MA, Pers 1/28839, Beurteilung vom 20.6.1963.
[28] BA-MA, Pers 1/29026, Beurteilung vom 26.6.1964.
[29] BA-MA, Pers 1/16251, Attest des Kreiswehrersatzamtes vom 14.12.1973.
[30] Martin Kutz, Deutsche Soldaten. Eine Kultur- und Mentalitätsgeschichte, Darmstadt 2006,
    S. 209.
[31] Barbara Stambolis, Leben mit und in der Geschichte. Deutsche Historiker, Jahrgang 1943,
    Essen 2010. Dem Buch liegt eine CD bei, auf der die hier in den Text eingefügten Zitate

zehn von ihnen haben Wehrdienst geleistet[32] und sich auch zu ihrer Bundeswehrzeit geäußert. Sie sind allerdings keine »idealtypischen« 43er.
Zwar stam-
men die meisten aus nichtakademischen Elternhäusern, aber alle haben das
Gymnasium absolviert und studiert sowie Karriere als Historiker gemacht –
das war das Auswahlkriterium für das Sample. Sie haben in lebensgeschichtlichen Interviews ausführlich zu den Erfahrungshorizonten der 1950er- und
1960er-Jahre Stellung genommen. Deren rückblickende Wahrnehmungen seien
zunächst auszugsweise wiedergeben und kommentiert. Dabei wird der
Schwerpunkt auf der Frage nach Autorität und Erziehung in einer Gesellschaft
im Umbruch liegen. Anschließend können diese zweifellos milieuhaften und
keineswegs für die bundesrepublikanische Gesellschaft um 1960 insgesamt
repräsentativen Befunde mit zeitgeschichtlich wichtigen, allgemeineren jugendkulturellen Tendenzen in Zusammenhang gebracht werden. Abschließend
sei dann noch einmal nach generationellen Gemeinsamkeiten und den Möglichkeiten einer fiktiven Biografie eines gleichsam idealtypischen Rekruten des
Jahrgangs 43, eines Volker Adam, gefragt[33].

Die von mir befragten Historiker Jahrgang 43 waren Abiturienten, als sie
1962/63 eingezogen wurden oder sich freiwillig meldeten; viele hatten zumindest ein Studium im Blick. Sie sind also schon aufgrund ihrer sozialen Schicht
zugehörigkeit nicht repräsentativ für eine gesamte Jahrgangsgruppe. Sie gehören auch nicht zur ersten Offiziergeneration der wehrpflichtigen Jahrgänge, die
seit den späten 1980er-Jahren das Führungspersonal der Übergangsphase zur
»neuen« Bundeswehr stellten und die Klaus Naumann untersucht hat[34]. Die
Bundeswehr war für die meisten meiner Untersuchungsgruppe nur kurze Zeit
von Bedeutung, dies allerdings aus der Sicht von Wehrpflichtigen, die genau
beobachteten und heute ausgesprochen reflektiert zurückblicken, als Zeitzeugen und als »Profis« der Geschichtswissenschaft, d.h. im Wissen um die
Ausschnitthaftigkeit und Selektivität von Erinnerung, um die Verschränkungen

---

[32] der Interviewten, die ihren autorisierten Texten entnommen sind, namentlich identifizier-
bar nachzulesen sind.
[32] Wenn sie mit neunzehn Jahren »rechtzeitig« Abitur machten und gleich mit dem Studium
begannen, wurden sie damals zumeist nicht »gezogen«. Wenn man die Gruppe der Vaterlosen in dem Sample berücksichtigt, die über dem Durchschnitt der Gesamtbevölke-
rung liegt, erscheint die Zahl der Wehrdienstleistenden insgesamt recht hoch.
[33] Clemens Heitmann, Familie Franzkes Wehrbeitrag. Zur Einbindung der DDR-
Bevölkerung in das System der sozialistischen Landesverteidigung – eine fiktive Biographie. In: Militär, Staat und Gesellschaft in der DDR. Forschungsfelder, Ergebnisse, Perspektiven. Im Auftrag des MGFA hrsg. von Hans Ehlert und Matthias Rogg, Berlin 2004
(= Militärgeschichte der DDR, 8), S. 377–418.
[34] Klaus Naumann, Generale in der Demokratie. Generationsgeschichtliche Studien zur
Bundeswehrelite, Hamburg 2007, S. 34. Im Mittelpunkt stehen hier ebenfalls – fünf – lebensgeschichtliche Interviews mit Bundeswehrgeneralen, 1914, 1924, 1928, 1933 und 1939
geboren. Insbesondere Klaus Dieter Naumann, Jahrgang 1939, seine Distanz gegenüber
der schuldbelasteten Elterngeneration und sein nüchterner Pragmatismus, ist hier interessant – ob allerdings exemplarisch für eine Jahrgangsgruppe, bleibt dahingestellt. Auf jeden Fall ist der Ansatz, d.h. der Versuch, Wandel über biografische Generationenporträts
darzustellen, zu begrüßen.

von Erfahrung und Erinnerung, und somit nicht zuletzt auch in Kenntnis des Konstruktionscharakters generationeller Selbstverortungen[35].

Ihnen allen wurde die Frage gestellt: »Woran denken Sie, wenn Sie auf das Ende Ihrer Schulzeit [...] zurückblicken?« Gründe für eine positive Einstellung gegenüber dem Wehrdienst gab es offenbar viele: Genannt wurden der Wunsch nach räumlicher Distanz zur Familie, das Gefühl, auf eigenen Füßen zu stehen; manche brachten finanzielle Argumente für eine freiwillige Verpflichtung als Zeitsoldat ins Spiel, die nur wenig länger dauerte als der Wehrdienst, »für Abiturienten als Offiziersanwärter privilegiert zu überstehen« und überdies mit einem finanziellen Anreiz verbunden war[36]. Ein Interviewpartner begründete seine Entscheidung ausdrücklich mit finanziellen Gründen; sein Vater war früh verstorben, seine Mutter konnte finanziell nicht viel beisteuern. Er spekulierte darauf, am Ende seiner zweijährigen Dienstzeit als Offizier auszuscheiden und die Abfindung, die ihm durchaus attraktiv erschien, als finanzielle Grundlage für ein Studium zu verwenden.

In den Interviews wurden die Äußerungen zu Bundeswehrerfahrungen nur selten mit Anmerkungen zur familiären Situation wie zum Verlust des Vaters oder eines väterlichen Vorbilds bzw. auch familiärer Traditionszusammenhänge verknüpft. Unter denjenigen mit Offizierstraditionen in der Familie wollte eigentlich keiner zur Bundeswehr, aber als Soldaten stellten die Befragten zu der Zeit ihre Väter auch nicht in Frage; so heißt es etwa in einem Gespräch: »Mein Vater war Soldat. Damals hat man die deutsche Wehrmacht nicht in der Weise, auch in der Wissenschaft noch nicht, so untersucht gehabt wie heute. So dass er für mich ein normaler Soldat gewesen ist, und ich von daher jetzt nicht persönlichen Anstoß hatte, mich gegen einen Nazi-Vater zu wehren.« Dies war zweifellos eine verbreitete Haltung, die sich etwa noch in den Memoiren Ulrich de Maizières findet, die, 1989 erschienen, bezeichnenderweise den Titel »In der Pflicht« tragen[37]. Ein anderer Gesprächspartner überlegte: »Mein Vater war ja bei der Luftwaffe, bei der Flak, gewesen [...] Und aus seinen Erzählungen hatte dieser Krieg natürlich eine brutale Komponente, nämlich wenn man von Partisanen verfolgt wurde, was gegen Ende des Krieges wahrscheinlich der Fall war. Aber ansonsten war er irgendwo Ortskommandant, und ich hatte immer das Gefühl, der Krieg in seiner brutalen und schlimmen Seite hat meinen Vater Gott sei Dank gar nicht erreicht.« Das ist eine Beobachtung, die für die private Vater-Sohn-Thematik wichtig war, aber in den 1960er-Jahren auch eine zunehmend gesellschaftlich bedeutsame und politisch brisante Frage wurde. Nach

---

[35] Zu Generationenfragen, auch methodischen: Generationalität und Lebensgeschichte im 20. Jahrhundert. Hrsg. von Jürgen Reulecke, München 2003; Generationen. Zur Relevanz eines wissenschaftlichen Grundbegriffs. Hrsg. von Ulrike Jureit und Michael Wildt, Hamburg 2005.

[36] Detlef Siegfried, Time Is on My Side. Konsum und Politik in der westdeutschen Jugendkultur der 60er Jahre, Göttingen 2006, S. 257.

[37] Ulrich de Maizière, In der Pflicht. Lebensbericht eines deutschen Soldaten im 20. Jahrhundert, Herford, Bonn 1989; vgl. Kutz, Deutsche Soldaten (wie Anm. 30), S. 201. Kutz weist in diesem Zusammenhang auf das unsichere Urteil gegenüber dem militärischen Widerstand von Seiten hochrangiger Bundeswehr-Gründungs-»Väter« hin.

der »Unehrenhaftigkeit« der Väter während des Krieges hatten sie nicht gefragt und militärische Traditionen wollten die wenigen Einzelnen, die solche hatten, nicht fortsetzen.

Meistens überwogen pragmatische Gründe bei der Entscheidung für die freiwillige Meldung und Verpflichtung als Zeitsoldat. Doch auch im weiteren Sinne gesellschaftspolitische Motive wurden genannt. Diejenigen des 43er-Samples, die sich freiwillig meldeten, wollten Verantwortung übernehmen und bekannten sich zu westlich-demokratischen Werten. Westorientierung war für sie selbstverständlich; sie waren ja buchstäblich »im Westen« aufgewachsen[38]: Gute Kindheitserinnerungen an den »freundlichen GI« als Verkörperung positiver Besatzungserfahrung hatten sie alle und wenn sie gefragt würden, ob sie sich auf dem bekannten Bild mit den Jungen des Jahres 1948 wiederfänden, die »Tempelhof«, also die Ereignisse um die Berliner Luftbrücke nachspielten, würden sie das sicher bejahen, zumal der 1922 geborene, bekannte amerikanische Bomberpilot Lt. Gail S. Halverson, auch »Candyman« genannt – der 1943 übrigens seine militärischen Laufbahn begann –, ihr Vater hätte sein können – allerdings ein ausgesprochen »unmilitärischer«, der vielleicht gerade deshalb den »Westen« verkörperte[39].

Politische Entwicklungen und Ereignisse mögen die Entscheidung der befragten 43er, sich freiwillig zu melden, mit beeinflusst haben. Die Zeitwahrnehmung fasst ein Gesprächspartner so zusammen: »An Korea, Suez und Ungarn kann ich mich noch erinnern, vor allem an den Ungarnaufstand. Später im Fernsehzeitalter waren es die Krisen um Berlin und Kuba. Die Angst: ›Morgen kann ein neuer Weltkrieg ausbrechen‹, war immer vorhanden. Ich erinnere mich noch sehr genau, dass Lehrer meines Gymnasiums – ich war auf einem Internat – sagten: ›Wenn ihr morgen wach werdet, dann kann der Dritte Weltkrieg ausgebrochen sein.‹« Rückblickend stärker deutend und pointierter heißt es in einem anderen Interview: »Ich bin natürlich im Kalten Krieg aufgewachsen und ich war, wir waren alle Kalte Krieger, und ich denke übrigens, ein erhebliches Stück sehr mit Recht. Weil die Bundesrepublik sich nicht nur bedroht fühlte, sondern ein Stück weit bedroht war. Für mich war klar, dass, nachdem ich dreizehn Jahre Schule hatte [...], ich ein Stück weit sozusagen der Gesellschaft zurückgebe, was ich bis dahin an Privilegien bekommen habe. Es hat mich allerdings auch nicht ins Studium gedrängt, ich wusste gar nicht, was ich studieren wollte. Aber es war für mich primär eine politische Entscheidung, zur Bundeswehr zu gehen. 1962 war bekanntlich der Kalte Krieg auf dem Höhepunkt: die Berlinkrise, Kubakrise habe ich ja als ›Soldat‹ (in Anführungszeichen) mitgemacht und da noch einmal eine Bestätigung bekommen für die Richtigkeit meiner Wahl. Also, das geschah sehr bewusst. Bei einigen Freunden, die ich in der Bundeswehr kennengelernt habe, war das ganz genauso; um

---

[38] Vgl. Axel Schildt, Ankunft im Westen. Ein Essay zur Erfolgsgeschichte der Bundesrepublik, Frankfurt a.M. 1999.

[39] John Provan, Big Lift. Die Berliner Luftbrücke 26. Juni 1948–30. September 1949, Bremen 1998; Christian Mayer, Ein Sommer voller Rosinen. In: Süddeutsche Zeitung, Nr. 146 vom 25.6.2008, S. 9.

es deutlich zu sagen: bei den Abiturienten, die ich dort kennenlernte.« Diese Auffassung entsprach wohl noch um die Mitte der 1960er-Jahre der Überzeugung der Mehrheit der Bevölkerung und auch der Gymnasiasten[40]. Möglicherweise nicht zu unrecht vermutete der eben zitierte Gesprächspartner: »Insofern waren die meisten der wenigen Abiturienten, die es in unseren Einheiten gab, mehr oder weniger in derselben Weise motiviert.«

Das heißt allerdings nicht, es habe in dieser überhaupt keine Auseinandersetzungen mit den Vätern gegeben. Ein Interviewpartner, der bei der Bundeswehr war, sprach davon, er habe sogar zwischen seinem fünfzehnten und zwanzigsten Lebensjahr mit seinem Vater im »Dauerklinsch« wegen der Rolle der Wehrmacht im Dritten Reich gelegen. Sein Vater habe die »Ehre« der Soldaten verteidigt und geglaubt, sie werde in der Bundesrepublik in den »Schmutz gezogen«. Ein anderer 43er, vaterlos und nicht wehrpflichtig, erinnerte sich an Schulfeiern zum Gedenken an die gefallenen Absolventen und Lehrer seines Gymnasiums in Niedersachsen; da habe man bis 1962 immer »Ich hatt' einen Kameraden gesungen«; er sei mit anderen Schülern in der SMV, der Schülermitverwaltung, dagegen angegangen, aber ohne Erfolg. An dem 1951 erstmals seit 1945 (jeweils am 19. Februar) begangenen Volkstrauertag schieden sich zweifellos bis in die 1960er-Jahre hinein die Geister. Diejenigen, die sich für eine Fortsetzung der »Heldengedenktagstradition« einsetzten, standen Kritikern gegenüber, die auch eine »Rehabilitierung« der Kriegsteilnehmer im weiteren Sinne ablehnten. Hier ging es, wie Bert-Oliver Manig gezeigt hat, nicht zuletzt um die Frage, ob das »Opfer« vor allem jüngerer Kriegsteilnehmer denn umsonst gewesen sei, ob letztere also als »verlorene Generation« – in Anlehnung an das Generationenlabel für die jungen Kriegsteilnehmer des Ersten Weltkriegs – zu bezeichnen seien oder gleichsam als Vorkämpfer für westliche Werte gesehen werden könnten, also mühelos in die westlich orientierte bundesdeutsche Demokratie passten[41].

Der kritische generationelle Blick auf die Geschichte und auf autoritäre Traditionen

Einige Interviewpartner zogen *auch nach* ihrer Bundeswehrerfahrung eine nachdenklich positive Bilanz: Sie seien erwachsen geworden, vor allem aber auch kritischer; die meisten hatten ihre politische Haltung verändert. Ein Ge-

---

[40] Vgl. Viggo Graf Blücher, Die Generation der Unbefangenen. Zur Soziologie der jungen Menschen heute, Düsseldorf, Köln 1966, S. 362 f., sowie 2. Bericht über die Lage der Jugend und die Bestrebungen auf dem Gebiet der Jugendhilfe, Bonn 1968 (= Deutscher Bundestag, 6. Wahlperiode, Drucksache 6/3170), S. 186.

[41] Bert-Oliver Manig, Die Politik der Ehre. Die Rehabilitation der Berufssoldaten in der frühen Bundesrepublik, Hamburg 2004 (= Veröffentlichungen des zeitgeschichtlichen Arbeitskreises Niedersachsen, 22), S. 263–271, 303–320.

sprächsteilnehmer meinte, er sei buchstäblich »aufgewacht«, und das hatte vor allem etwas mit dem Umgang zwischen Auszubildenden und Ausbildern, Untergebenen und Vorgesetzten zu tun. Auch dafür ein ausführlich zitiertes Beispiel: »Ja, in der Zeit, man muss immer ein bisschen vorsichtig sein, aber ich würde so sagen, für mich persönlich sind das zwei Jahre gewesen, in denen ich glaube, erwachsen geworden zu sein – aus vielerlei Gründen. Im Übrigen habe ich da auch meine politische Haltung dann verändert. Und sozusagen jetzt allein in die Welt gestellt zu werden, wo man nicht freundlich angesprochen wird, sondern angebrüllt wird, wo man dann zu zehnt in einem Zimmer schläft, wo man sich unterordnen muss, auch unsinnige Sachen, ja, von Menschen Befehle entgegennehmen musste, von denen man dachte: ›Eigentlich sind die dazu nicht besonders gut geeignet.‹ Das fand ich sehr wichtig und auch, dass ich dann eben relativ früh auch eigene Verantwortung übernehmen musste, und wo ich an mir gesehen habe, dass ich aufpassen muss, dass ich das, was ich eigentlich als Untergebener ganz schlecht gefunden habe, dass ich das jetzt nicht einfach so perpetuiere. Das war sehr, sehr schwierig und ich habe mich oft ertappt, dass ich das mache, und in der Zeit bin ich eigentlich ans Nachdenken so mal ein bisschen gekommen.«

In nicht wenigen Antworten wurde deutlich, *dass Erwartungen* an die Bundeswehrzeit bestanden, die sich dann nicht erfüllten; Kritisches klang bereits in der soeben zitierten Gesprächspassage an. Abiturienten des Jahrgangs 43 verfügten über zeitgeschichtliches Wissen und sie nahmen auch politische Ereignisse wie die Spiegel-Affäre 1962 und die Schwabinger Krawalle 1962/63 zur Kenntnis, die den Auftakt für Aktionen einer zunehmend kritischen akademischen Jugend bildeten[42]. Die Jahre, in denen sie Wehrdienst leisteten, spielten auch für Autoritätsdiskussionen eine nicht unerhebliche Rolle. Die Nagold-Affäre des Jahres 1964 bildete hier einen ersten Höhepunkt: benannt nach der Stadt in Baden-Württemberg, wo 1963 in der Fallschirmjäger-Ausbildungskompanie 6/9 ein Rekrut während eines Hitzemarsches zusammengebrochen war, woraufhin öffentlich über ›Schleifer‹ bzw. ›Menschenführung‹ bei den Streitkräften heftigst debattiert worden war[43]. Zur *deutlich* distanzierten Sicht gegenüber der Bundeswehr sei eine weitere Interviewpassage wiedergegeben: »Ich hatte mir zusammen mit einem Klassenkameraden überlegt, dass wir uns vielleicht freiwillig melden für die Wehrpflicht, die achtzehn Monate dauerte. Das hatte den Vorteil, dass man sich aussuchen konnte, wo man hinkam. Das haben wir auch gemacht und dort habe ich dann sozusagen das Weiterleben der Wehrmacht aus der Zeit des Zweiten Weltkrieges erlebt. Das war die Bundeswehr vor der sogenannten Nagold-Affäre, bei der Schindereien und vor-

---

[42] Vgl. Dynamische Zeiten. Die 1960er Jahre in den beiden deutschen Gesellschaften. Hrsg. von Axel Schildt, Detlef Siegfried und Karl Christian Lammers, 2. Aufl., Hamburg 2003; Wandlungsprozesse in Westdeutschland. Belastung, Integration, Liberalisierung 1945–1980. Hrsg. von Ulrich Herbert, Göttingen 2002.

[43] Vgl. Rudolf J. Schlaffer, Der Wehrbeauftragte 1951 bis 1985. Aus Sorge um den Soldaten, München 2006 (= Sicherheitspolitik und Streitkräfte der Bundesrepublik Deutschland, 5), S. 253.

schriftswidrige Behandlung von Rekruten und Soldaten aufgeflogen sind und plötzlich allenthalben in der Presse angeprangert wurden. Ich selbst habe in der Grundausbildung genau dieselben Schikanen erlebt«. Und noch eine weitere Äußerung, die in eine ähnliche Richtung geht: »Und ich bin halt da nicht durch die Musterung gefallen wie viele von uns. Und nachdem das klar war, habe ich mir gedacht: Also, wenn schon, dann machst du jetzt Nägel mit Köpfen und meldest dich zwei Jahre; und natürlich für irgendwas, was mit Fliegerei zu tun hat. Dann habe ich mich bei den Fallschirmjägern gemeldet, und [...] hatte da eben diese zwei Jahre Bundeswehr gemacht. Da gab es allerdings dann also sehr heftige Erlebnisse. Wir haben also bei den Fallschirmjägern – das war eine Traditionstruppe, das war nicht die Luftlandedivision, sondern so ein Bataillon im Heer, die aber Fallschirmjäger waren –, wir haben also kräftig ›Auf Kreta bei Sturm und im Regen, da steht ein Fallschirmjäger auf der Wacht‹, also diese ganzen Lieder gesungen, ›Legion Condor‹. Das war so für uns Alltag. Schleiferei. Wie damals diese Nagold-Affäre – das hat es bei uns dauernd gegeben. Das ist bloß nicht an die Öffentlichkeit gekommen, weil sich es niemand zu sagen getraut hat; um eben irgendwelche Sanktionen zu vermeiden. Und da hab ich dann so die Ungerechtigkeit der Welt voll kennengelernt. Bei der Bundeswehr.« Nach der Wahrnehmung der Rolle des Wehrbeauftragten aus Sicht der Wehrpflichtigen wäre in diesen Zusammenhängen sicher gesondert zu fragen[44].

Die Interviewpartner brachten – wie hier bereits deutlich wurde – teilweise generationelle Aspekte in einer sehr differenzierten Weise mit ins Spiel. Ihre Schilderungen lenken den Blick auf Ausbilder und unmittelbare Vorgesetzte sowie das Fortwirken von Habituellem und von Einstellungen, die mit den Leitbildern der westdeutschen Streitkräfte nicht vereinbar waren. Das zeigte sich auch, wie die Liedbeispiele deutlich machen, scheinbar unspektakulär im Alltäglichen[45]. Die differenzierte Betrachtung gilt auch für die folgenden Sätze aus einem der Interviews: »Und bin dann zu einer Stabskompanie einer Division gekommen, wo der Dienst nun, anders als in der Grundausbildung, vernünftig war [...] Ich habe also auch die andere Seite der Bundeswehr kennengelernt, aber es war mir bewusst während dieser Zeit, dass das nicht die übliche Situation in den Kampfeinheiten war, sondern dass es da weiter ging mit den Schleifereien, die die Unteroffiziere und Offiziere aus der Zeit des Dritten Reiches kannten.« Und weiter: »Ich hatte mir das in der Tat nicht so vorgestellt, aufgrund der Überlegung zur so genannten inneren Führung der Bundeswehr und zum Bürger in Uniform, da fielen Wirklichkeit und Theorie weit auseinander. Ich hatte manchmal das Gefühl, dass bei vielen Offizieren, die haben alle irgendwie den Zweiten Weltkrieg noch mitgemacht, bei vielen Offizieren trotz-

---

[44] Vgl. ebd.
[45] Vgl. Barbara Stambolis, Im lebenslangen mentalen Gepäck. Zur Analyse ge- und ersungener Erfahrungsgeschichte. In: Die »Generation der Kriegskinder«. Historische Hintergründe und Deutungen. Hrsg. von Lu Seegers und Jürgen Reulecke, Gießen 2009, S. 109–124.

dem eine gewisse Verwunderung darüber war, wenn sie damit konfrontiert wurden, dass es diese Dienstverfehlungen durch Vorgesetzte gab.«

Wolf Graf von Baudissin, wie Ulrich de Maizière einer der geistigen Väter der »Inneren Führung«, war sich dieses Auseinanderklaffens bewusst und verkörperte den Zwiespalt auch persönlich: 1903 geboren und somit Zeuge des katastrophenreichen 20. Jahrhunderts, befürwortete Baudissin einerseits eine preußische, an »Pflicht«, »Dienst« und »Opferbereitschaft« orientierte »Haltung« und war sich doch auch über das Versagen von Haltung im Sinne von äußerlich bleibender »Formen« angesichts der historischen Erfahrung im Klaren. Formale Disziplin reiche in der Erziehung, nicht nur der Offiziere, sondern auch der Mannschaften, keineswegs aus. Baudissin plädierte für einen neuen Disziplinbegriff, der an aufklärerischer Pädagogik orientiert sein sollte und sich deutlich von einer militärischen Erziehung abgrenzte, die gerne – wie Martin Kutz treffend schreibt – »die Metapher vom Spalierobst« verwendete: »Sie kennt [...] nur das Hinbiegen und Formen nach vorgegebenen, vorgestanztem Bild[46].«

Baudissin habe, so Kutz, in den 1960er-Jahren keine Chance gehabt, man habe ihn aber gewähren lassen; ob es ihm gelang, junge kritische Wehrpflichtige zu »beruhigen«, bleibt dahingestellt[47]. Den befragten 43ern jedenfalls war klar, als Wehrpflichtige in einer Institution zu »dienen«, die sich mit belastenden Traditionen auseinandersetzen musste und die sich in der Demokratie erst noch zu positionieren hatte. Abiturienten des Jahrgangs 1939 oder auch 1944 hätten sich rückblickend auf ihre Bundeswehrzeit als Wehrdienstpflichtige oder Zeitsoldaten so oder ähnlich äußern können. Ihre eigenen generationellen Erfahrungen als Kriegskinder und Nachkriegskinder prägten ihren Blick auf die »militärischen Generationen« und Soldatisches in einer zunehmend zivilen Gesellschaft, zu der die »Gestaltung einer zivilen Lebensform« auf der Grundlage von Respekt und Achtung sowie die Orientierung an »unheldischen« Vorbildern gehörten[48].

Zudem löste eine Reihe von Ereignissen um die Wende zwischen den 1950er- und 1960er-Jahren offenbar Ketten von Fragen an die deutsche Vergangenheit, an die Verankerung der westlichen Demokratie in der noch jungen Republik und an den eigenen Standort mit Blick auf die Zukunft aus. 1962 wurde Adolf Eichmann zum Tode verurteilt, 1963 der erste Auschwitz-Prozess in Frankfurt eröffnet. Es erschienen in kurzer Folge öffentlich wahrgenommene Bücher wie Joachim Fests »Das Gesicht des Dritten Reiches« (1963) oder Hannah Arendts »Eichmann in Jerusalem« (1964). Manche hatten bereits zuvor in Schule oder Elternhaus begonnen, Fragen an die Jahre des Nationalsozialismus

---

46 Kutz, Deutsche Soldaten (wie Anm. 30), S. 161.
47 Ebd., S. 201.
48 Richard Löwenthal, Bonn und Weimar: Zwei deutsche Demokratien. In: Politische Weichenstellungen im Nachkriegsdeutschland 1945–1953, Göttingen 1979 (= Geschichte und Gesellschaft, Sonderheft 5), S. 9–25, hier S. 9. Vgl. Barbara Stambolis, Christoph Tölle (1898–1977). Politik aus christlicher Verantwortung für Demokratie und Frieden, Paderborn 1997, S. 39–41.

zu stellen; sie hatten beispielsweise Eugen Kogons »SS-Staat« gelesen[49]. Aufklä-
rend hatten vor allem Walther Hofers Dokumentensammlung zur Geschichte
des Nationalsozialismus und seine Studie zum Zweiten Weltkrieg gewirkt und
Ähnliches gilt für Buchheims »Totalitäre Herrschaft«[50] – Bücher, die dem wach-
senden Bedürfnis nach zeitgeschichtlichem Wissen über die NS-Zeit entgegen
kamen. Buchheim übrigens wurde von der Bundeswehr eingeladen, in zeitgeschichtlichen Fortbildungsseminaren vor Abiturienten zu sprechen; er machte
offenbar damit auf diese durchaus Eindruck[51]. – In diese Zusammenhänge gehören ferner die von Alexander Mitscherlich herausgegebenen und kommen-
tierten Dokumente zum 1946 eröffneten ersten Prozess gegen die Hauptkriegs-
verbrecher; das Buch erschien 1949 unter dem Titel »Wissenschaft ohne
Menschlichkeit« und 1962 unter dem Titel »Medizin ohne Menschlichkeit«[52].

Das Ende der Gymnasialzeit der 43er-Abiturienten fällt mit einer insgesamt
stärkeren NS-Wahrnehmung in der Öffentlichkeit und ihrer Präsenz in der
Gegenwart zusammen: Es gab die sogenannte Schmierwelle im Winter 1959/60,
d.h. mehr als 830 antisemitische Äußerungen zumeist jüngerer, unter 30 Jahre
alter »Rowdies«, wie es damals hieß. Der Eichmann-Prozess in Jerusalem und
die Frankfurter Auschwitz-Prozesse fügten sich in breitere Diskussionen um
die NS-Vergangenheit bundesrepublikanischer Persönlichkeiten ein. Genannt
seien beispielsweise Staatssekretär Hans Globke, Kommentator der »Nürnberger Gesetze«, und Bundesvertriebenenminister Theodor Oberländer, langjähri-
ges NSDAP-Mitglied und zweifellos ein während des »Dritten Reiches« im
Sinne des Regimes tätiger Beamter, der aus der Rückschau als »Mittäter« einzustufen wäre. 1959 hatte Theodor W. Adorno seinen viel beachteten Vortrag über
die »Aufarbeitung der Vergangenheit« gehalten; 1962 hielt er ihn ein zweites
Mal[53].

Wie stark die Bundeswehr unter Abiturienten der um 1940 geborenen Altersgruppe im Focus war, geht etwa aus folgendem Interviewauszug eines
43ers hervor, der meinte, dass die Bewussteren seiner Klassenkameraden zunehmend stärker über die Bundeswehr gesprochen und darüber diskutiert
hätten, dass man sich melden solle, um sie zu verändern. Es dürfe nicht zugelassen werden, dass die Bundeswehr so werde wie die alte Wehrmacht. Andere
hingegen hätten für Verweigerung des Wehrdienstes plädiert. Oder ein anderer
Interviewpartner überlegte: »Aber das war zum Beispiel eine Diskussion, ob

---

[49] Eugen Kogon, Der SS-Staat. Das System der deutschen Konzentrationslager, München
1946.
[50] Der Nationalsozialismus 1933–1945. Dokumente. Hrsg. von Walther Hofer, Frankfurt
a.M. 1957; Walther Hofer, Die Entfesselung des 2. Weltkrieges, Frankfurt a.M. 1960; Hans
Buchheim, Totalitäre Herrschaft, München 1962.
[51] Darauf machte mich Christof Dipper aufmerksam, dem ich für anregende und weiterführende Kommentare zu diesem Beitrag herzlich danke.
[52] Alexander Mischerlich, Medizin ohne Menschlichkeit, Frankfurt a.M. 1962.
[53] Vgl. Shida Kiani, Zum politischen Umgang mit Antisemitismus in der Bundesrepublik.
In: Erfolgsgeschichte Bundesrepublik. Die Nachkriegsgesellschaft im langen Schatten des
Nationalsozialismus. Hrsg. von Stephan Alexander Glienke, Volker Paulmann und Joachim Perels, Göttingen 2008, S. 115–145.

Kriegsdienst Recht ist, das war weit vor '68 schon. Und ich weiß noch die salomonische Antwort von Weizsäcker, der gesagt hat: ›Wer den Wehrdienst leistet, tut etwas für unsere gegenwärtige Sicherheit; wer ihn verweigert, tut etwas für die künftige Welt.‹ Das fand ich sehr eindrucksvoll, also da kamen dann solche Diskussionen.« Carl Friedrich von Weizsäcker hatte bekanntlich bereits 1957 den freiwilligen Verzicht der Bundesrepublik auf den Besitz von Kernwaffen gefordert und sich damit öffentlich in die Debatte um die atomare Bewaffnung der Bundeswehr eingemischt; nicht zuletzt mit seinem Buch »Mit der Bombe leben« aus dem Jahr 1958[54] und seitdem mit einer Reihe anderer öffentlich stark wahrgenommener Beiträge hinterließ er bei kritischen Zeitgenossen der jüngeren Generation einen tiefen Eindruck.

Wie stark bewusst junge Männer, Rekruten, die sich möglicherweise seit ihren Kindertagen »für das Fliegen« begeistert, Modellflugzeuge gebaut und sich zur Luftwaffe gemeldet hatten, die »krisenhafte Entwicklung« derselben, nicht zuletzt auch vor dem Hintergrund der Starfighter-Abstürze der Jahre 1960 bis 1965 erlebten und heute rückblickend daran erinnern, lässt sich anhand der Aussagen in dem 43er-Sample nur vermuten. Wie Ausbilder, die bereits im Zweiten Weltkrieg »geflogen« waren, deren »militärischer Sozialisationszeitpunkt« ein ganz anderer war als der ihrer Rekruten, im Ausbildungsalltag mit den eben angesprochenen Herausforderungen umgingen, ist hier allenfalls als Frage zu formulieren[55].

Als Schule der Männlichkeit hat keiner der interviewten 43er einstigen Abiturienten die Bundeswehr beschrieben. Autoritäres hatten manche im Elternhaus, viele in der Schule erlebt, es wurde oft als selbstverständlich betrachtet; auch dafür gibt es in den Interviews eindrückliche Beispiele: »Ja ja! Natürlich, also, vom Erziehungsstil vor allem in der Schule das Schlagen. Man wurde für Kleinigkeiten, würde ich heute sagen, [...] geschlagen, zum Teil auch gedemütigt vor den anderen. Und Dinge, die ich mir heute überhaupt nicht mehr vorstellen kann, auch eine sehr harte Erziehung, also, körperlich sehr harte Erziehung [...] Als Beispiel: wie ich im Winter in Badehose barfuß bei minus zehn Grad durch den Schnee laufen musste und kalt duschen, dass einem der Kopf fast platzte usw.« Oder: »Es gab [...] keinen Tag, zumindest keine Woche, in dem nicht mehrere Klassenkameraden mit dem Rohrstock schwerstens verdroschen wurden [...], es wurde geschlagen für Dummheit und für Faulheit und für Frechheit und ich habe immer empfunden, dass die anderen, insbesondere die zarten Seelen, die nicht schadenfrohen andern [...] mit verprügelt wurden.« Und weiter: »Es war in der Schule das Schlagen noch üblich und kam verein-

---

54 Carl Friedrich von Weizsäcker, Mit der Bombe leben. Die gegenwärtigen Aussichten einer Begrenzung der Gefahr eines Atomkrieges, Hamburg 1958; Carl Friedrich von Weizsäcker, Wege in der Gefahr. Eine Studie über Wirtschaft, Gesellschaft und Kriegsverhütung, München 1976 (1977 bereits in 6. Auflage).

55 Wolfgang Schmidt, Briefing statt Befehlsausgabe. Die Amerikanisierung der Luftwaffe 1955 bis 1975. In: Bernd Lemke [u.a.], Die Luftwaffe 1950 bis 1970. Konzeption, Aufbau, Integration, München 2006 (= Sicherheitspolitik und Streitkräfte der Bundesrepublik Deutschland, 2), S. 649-691, hier S. 680.

zelt bis ins Gymnasium vor, aber da war es nicht wirklich ein großes Problem und es war in vielen Elternhäusern in mehr oder weniger strengen Formen der Fall. In meiner Familie hat das keine entscheidende Rolle gespielt, auch wenn keine absolute Tabuisierung vorlag. Aber ich habe zum Beispiel längere Zeit neben einem Klassenkameraden im Gymnasium gesessen, der brachte nicht selten ein Kissen mit, weil er von seinem Vater so schwer verprügelt worden war, dass er so auf dem Kissen saß, dass alle anderen sehen konnten: der ist zuhause wieder so stark verprügelt worden, dass er schwere Blutergüsse hatte.« Diese Äußerungen sind deshalb so ausführlich wiedergegeben, weil hier eine Erziehungspraxis angesprochen ist, die bis in die 1960er-Jahre breite Zustimmung fand oder doch zumindest als selbstverständlich und »normal« betrachtet wurde; die Mehrheit der westdeutschen Bevölkerung hielt um die Mitte der 1950er-Jahre körperliche Strafen für richtig und erforderlich[56].

Der gesellschaftliche Umbruch in der Wahrnehmung einer »Brückengeneration«

Ergebnisse der Untersuchungen Ulrich Herberts zeigen[57], dass ein Aufwachsen der um 1940 Geborenen ohne Autoritarismus kaum denkbar war, dass allerdings Ende der 1950er-Jahre Bewegung in der Gesellschaft sichtbar wurde und dass diese Veränderungen auch wahrgenommen wurden, wie einer der Projektbeteiligten ausdrücklich betonte: »Ich kann bzw. möchte nur für mich selbst sprechen: Ein Großwerden (Jugend, Schule usw., d.h. auch Vereine) ohne Autoritarismus kann ich mir für unseren Jahrgang kaum vorstellen. Aber es war vielleicht ein geläuterter (oder gebremster, gebändigter) Autoritarismus, der uns da entgegengetreten ist; auch natürlich eine Frage des Jahrgangs: Die jüngeren unter den Lehrern und militärischen Vorgesetzten traten anders auf, autoritätsvoll, aber nicht autoritär [...] Ganz aus heiterem Himmel kamen die Dinge natürlich nicht, was den Wehrdienst betrifft[58].«

Zurecht schreibt Detlef Siegfried, die Jahre 1959 bis 1973 seien eine Zeit »beschleunigter Zivilisierung« gewesen, durchzogen von einer »Tendenz zur Ablehnung des Militärischen[59],« wobei die 43er noch nicht zur Kriegsdienstverweigerung neigten, eindeutig weniger jedenfalls als die um wenige Jahre Jüngeren, die schon unter dem Eindruck der Notstandsgesetze, des Vietnam-

---

56   Vgl. Yvonne Schütze und Dieter Geulen, Die »Nachkriegskinder« und die »Konsumkinder«: Kindheitsverläufe zweier Generationen. In: Kriegskinder, Konsumkinder, Krisenkinder (wie Anm. 8), S. 29–52.
57   Ulrich Herbert, Liberalisierung als Lernprozess. Die Bundesrepublik in der deutschen Geschichte – eine Skizze. In: Wandlungsprozesse in Westdeutschland (wie Anm. 42), S. 7–49.
58   Christof Dipper in einer Mail an die Verfasserin vom 12.5.2008.
59   Siegfried, Time is On My Side (wie Anm. 36), S. 258.

krieges und der 1967 beginnenden 68er-Ereignisse dachten und handelten. In der Bundeswehr selbst fand bekanntlich erst um 1970 ein generationeller Umbruch statt, als »eine ganze Generation von ehemaligen Wehrmachtoffizieren die Altersgrenze erreichte und binnen kurzem 61 Generale und Admirale aus dem Dienst schieden[60].« Erst 1978, um ein Beispiel für einen *weiteren* Umbruch gegen Ende der 1970er-Jahre zu geben, wurde mit Hans Apel, Jahrgang 1932 ein Angehöriger der »weißen Jahrgänge« (der zwischen 1930 und 1937 Geborenen) Verteidigungsminister. Und – um im Generationen-Karussell fortzufahren: Erst in den 1990er-Jahren wurde mit Klaus Dieter Naumann einer vom Jahrgang 1939, also ein Angehöriger der um 1940 geborenen Altersgruppe, Generalinspekteur der Bundeswehr.

Die Überlegung Jürgen Reuleckes überzeugt in diesem Zusammenhang, die um 1940 Geborenen gehörten möglicherweise einer Brückengeneration an, die »ungenau in der Zeit« stehe, bereit, sich anzupassen und »anzupacken« und zugleich kritisch, ohne radikal zu sein, wie es auch Horst Köhler, ebenfalls Jahrgang 1943, für sich formulierte. In seiner Autobiografie, in der er seine »Offenheit« betont, findet sich u.a. ein Foto des Studenten Köhler in Tübingen, das den »unauffälligen« Wandel der 1960er-Jahre auch im äußeren Erscheinungsbild sichtbar werden lässt. Es zeigt ihn im Anzug in lässiger Haltung mit salopp gebundener Krawatte[61]. Reulecke schreibt:»Die um 1940 Geborenen stehen irgendwie ›ungenau‹ zwischen der profilierteren ›skeptischen Generation‹ und der noch profilierteren ›68er Generation‹; sie vereinigen vermutlich von beiden Generationsprofilen etwas in sich, und deshalb mögen sie vielleicht so etwas wie eine Brückengeneration sein, deren Lebensthema weder das unkritische Erhalten und Bewahren noch das radikale Ändern- und Verbessernwollen ist, sondern das nachdrückliche Reformieren mit Augenmaß[62].« Er schränkt das gleich als vielleicht sehr subjektiv ein und betont gleichwohl: »Wir glauben, zugleich kritisch wie begeisterbar, skeptisch wie experimentierfreudig zu sein.« Dieses Zugleich ist sicher kennzeichnend für die 1960er-Jahre, für Widerspruch *und* Anpassung, wenngleich kein anderes Jahrzehnt so sehr von Protest und Veränderung gekennzeichnet ist wie dieses[63].

Klaus Naumann wiederum hat, ebenfalls überzeugend, versucht, diese Überlegungen auf seine generationengeschichtlichen Deutungen der Bundeswehrelite zu beziehen und spricht im Zusammenhang mit seinem Interview mit General Klaus Dieter Naumann, Jahrgang 39, in den Jahren 1991 bis 1996 Generalinspekteur der Bundeswehr, vom kritischen Pragmatismus der um 1940 geborenen jungen Soldaten, die nicht mehr zu den »Allerersten gehörten«, und

---

[60] Detlef Bald, Die Bundeswehr. Eine kritische Geschichte 1955–2005, München 2005, S. 88.
[61] Horst Köhler, »Offen will ich sein – und notfalls unbequem«, Hamburg 2004.
[62] Jürgen Reulecke, Waren wir so? Zwanzigjährige um 1960: ein Beitrag zur »Ich-Archäologie«. In: »Ich möchte einer werden so wie die …«. Männerbünde im 20. Jahrhundert. Hrsg. von Jürgen Reulecke, Frankfurt a.M., New York 2001, S. 249–266, hier S. 265.
[63] Knut Hickethier, Protestkultur und alternative Lebensformen. In: Die Kultur der 60er Jahre. Hrsg. von Werner Faulstich, München 2003, S. 11–30, hier S. 11.

verweist auf »historisch-moralische Brüche« wie auch »jugendkulturelle
Wandlungen«, die ihre Kindheit und Jugend sowie damit auch ihre Lebens-
haltung mitbestimmten: »Ihr Aufstieg in Offiziersränge stand noch unter den
widersprüchlichen Vorzeichen der Aufbauphase mit ihrer Mischung aus Härte-
Idealen, Überforderungen und weltpolitischen Spannungslagen, an denen sich
die Erwartungen an einen ›neuen Geist‹ der Truppe immer wieder rieben[64].«
Nach seiner generationellen Selbstverortung gefragt, umreißt dann Klaus Dieter Naumann im Gespräch rückblickend generationelle Befindlichkeiten, die
genau das »ungenaue in der Zeit Stehen« deutlich werden lassen: noch Entbehrungen erfahren, aber den Krieg nicht mehr erlebt zu haben, noch nicht die
»Leichtigkeit« nachfolgender Jahrgangsgruppen zu haben[65].

Um die Wende von den 1950er- zu den 1960er-Jahren begannen Angehörige
der um 1940 geborenen Alterskohorten, sich allmählich von Grundein-
stellungen zu verabschieden, die für ihre eigenen Eltern und Großeltern
prägend gewesen waren, die also tief in der Geschichte des 20. Jahrhunderts –
und zwar über alle politischen und gesellschaftlichen Zeitenbrüche hinweg –
verankert sind[66]. Sie waren mit erzieherischen Leitsätzen wie »Was mich nicht
umbringt, macht mich nur stärker«, »Husten ist Charaktersache« oder
»Disziplin und Ordnung müssen sein« aufgewachsen und führten diese »im
mentalen Gepäck« mit sich[67], begannen aber nun im jungen Erwachsenenalter
zunehmend, sich mit diesem Erbe auseinanderzusetzen.

Die Ereignisdichte um 1960 mag die 43er geradezu zu einer kritischen
Sichtweise prädestiniert haben. Der Jahrgang 43 und vielleicht nur dieser kann
sagen: »Ich bin beim Bund gewesen, also, ich war bei der Bundeswehr und
zwar, was man jahrelang eigentlich kaum laut sagen durfte, und ich selber mir
auch nur mühsam eingestand, ich hatte mich freiwillig gemeldet, das hatte zu
tun mit der Kubakrise 1962, ich bin ʼ63 im Frühjahr fertig geworden.« Oder
besonders wichtig und jahrgangsspezifisch ist vielleicht auch Folgendes: »Ich
hatte zwei Motive, zur Bundeswehr freiwillig zu gehen (aber als normaler
Wehrpflichtiger, nicht als Zeitsoldat): der Kalte Krieg (ich erlebte die Kuba-
Krise in der Bundeswehr) und nicht zu wissen, was ich studieren sollte. Ich war
dann trotzdem froh, dass es nach achtzehn Monaten vorbei war (der SPIEGEL-
Artikel ›Bedingt abwehrbereit‹ vom Sommer ʼ62, ich hatte gerade die Grundausbildung hinter mir, sprach mir aus der Seele), obwohl ich, wie im Interview
betont, für die Chance, früh Verantwortung zu übernehmen, dankbar war. Der
in unserer Familie gelebte Leistungsgedanke führte quasi von selbst dazu, dass
ich unbedingt in den 18 Monaten Reserveoffizier werden wollte (und es auch
wurde).«

---

[64]   Naumann, Generale in der Demokratie (wie Anm. 34), S. 313.
[65]   Ebd., S. 319–321.
[66]   Vgl. Barbara Stambolis, Vatermord, Vatersehnsucht, Vaterlosigkeit. Historische Diskurse
       zu Vaterschaft im 20. Jahrhundert (Vaterschaft). In: Figurationen, (2005), 2, S. 33–47.
[67]   Jürgen Reulecke, »… und sie werden nicht mehr frei ihr ganzes Leben!« Jungmannschaft
       der Weimarer Republik auf dem Weg in die Staatsjugend des »Dritten Reiches«. In: »Ich
       möchte einer werden so wie die …« (wie Anm. 62), S. 129–150, hier S. 14.

Gibt es »den« 43er als Inbegriff einer »Brückengeneration«?

Anhand der Personalakten von fünfzehn 43ern konnten Erwartungen an die Bundeswehr und die Rolle, die diese im Leben manches jungen Mannes Anfang der 1960er-Jahre spielte, ebenso thematisiert werden wie die Vorstellungen des »Soldatischen« im Sinne eines Bürgers in Uniform, der hohen Anforderungen gerecht werden und zwischen Tradition und Neuorientierung gleichsam die Balance zu halten hatte. Die fünfzehn von mir befragten wehrdienstleistenden Abiturienten hingegen hatten so gut wie keine beruflichen Erwartungen an ihre Wehrdienstzeit. Sie hätten, wären sie Berufssoldaten geworden, zur Bundeswehrelite der 1980er- und 1990er-und auch noch der folgenden Jahre gehören können. Sie hatten andere berufliche Pläne, für die ein Studium Voraussetzung war[68]. Sie repräsentieren mit ihrer offen-kritischen Haltung als Wehrdienstleistende und Zeitsoldaten und nicht zuletzt mit ihrem ausgesprochenen Gespür für die Generationendifferenz in der Bundeswehr der ersten Hälfte der 1960er-Jahre »Aufbauleistungen«, die sich erst später in den Führungsebenen auswirkten. Sie artikulierten deutlicher als die Mehrheit ihrer Altersgruppe eine durchaus grundlegende Abkehr von Erziehungsgrundsätzen und Autoritätshaltungen in einem Land bzw. einer Nation, in der lange, auf entsprechenden Männlichkeitsidealen aufbauend, eine Gehorsamkeitshaltung der Untertanen (später dann der sogenannten Volksgenossen) dominierte, die zwar massiv erzwungen sein, aber auch freiwillig und unter Umständen sogar begeistert ausgelebt werden konnte.

Die um 1940 geborene Altersgruppe war wohl die erste, der als »Brückengeneration« eine wichtige Rolle im Zusammenhang mit dem Ankommen der Bundeswehr in der bundesrepublikanischen Gesellschaft zukam, weil sie zwar noch der Autoritäts- und Gehorsamserziehung ausgesetzt war, aber schon deren Brüchigkeit kennengelernt und sie – konstruktiv – zu kritisieren gelernt hatte. Als Kleinstkinder waren zahllose von ihnen während eines Fronturlaubs ihrer Väter, »Haltung« einnehmend und mit dem Wehrmachtshelm auf dem Kopf posierend, für Erinnerungsfotos geknipst worden. Vielen stand die Frage ins Gesicht geschrieben, ob sie es denn so richtig machten, wenn sie »stramm« zu stehen versuchten und die Hand seitlich an die Hosennaht legten[69]. »Stramm« standen sie auch noch während ihrer Schulzeit, wobei manche sich bereits unter dem Einfluss jugendkulturellen Strömungen mit neuen Haltungen angefreundet haben dürften[70]. Der langsame Abschied vollzog sich in grundle-

---

[68] Unter ihnen sind einige Historiker, zu deren Forschungsschwerpunkten Fragen von Krieg und Frieden gehören, und zwar, wie sie ausdrücklich sagen, mit begründbar aus dem lebensgeschichtlich-generationellen Zusammenhang.
[69] Barbara Stambolis, Kriegskinderbilder zwischen Hitlerjugend und Nachkriegsalltag. In: Kriegskinder zwischen Hitlerjugend und Nachkriegsalltag (wie Anm. 6), S. 15–22, hier S. 16.
[70] Vgl. Jürgen Beine, »Rock around the clock«. Nachkriegsgeneration und Rock'n Roll in Deutschland 1954–1958. In: Good-bye memories? Lieder im Generationengedächtnis des

gender Weise in wichtigen Aufbaujahren der Bundeswehr, und zwar nicht nur auf dem Wege über Erkenntnis, Einsichten und programmatisch fundierte Kritik, sondern auch als gefühlter, ge- und erlebter Umbruch. An diesem hatten nicht nur kritische Abiturienten der um 1940 Geborenen, sondern auch breitere Gruppen dieser Alterskohorten Anteil, indem sie nicht mehr in der Weise »Haltung« annahmen, wie es noch ihre älteren autoritätsgewohnten Brüder, geschweige denn ihre Väter getan hatten.

Es gibt also zweifellos gemeinsame Prägungen und Erfahrungen in dieser Altersgruppe, die dazu verleiten könnten, »den« Wehrpflichtigen oder Zeitsoldaten des Jahrgangs 43 nammens Volker Adam zu erfinden. Dass er »zwischen den Zeiten« lebte, dürfte eines der herausragenden generationellen Merkmale sein, das sich unter dem Stichwort »neue Herausforderungen« der Streitkräfte im Aufbau für die erste Hälfte der 1960er-Jahre wiederfinden lässt. Die 43er hatten einen Blick oder zumindest ein Gespür für generationelle Differenzerfahrungen.

Wie etwa Angehörige des Jahrgangs 43 als Rekruten auf den Soldatenmythos von Stalingrad[71] reagierten, der in der Ausbildung in den 1960er-Jahren entgegen dem Motto der Inneren Führung: »helfen, retten, schützen« noch wirksam war, ließe sich sicher in weiteren Interviews in Erfahrung bringen. Dass Stalingrad symbolisch hochbedeutsam mit dem Jahr der Geburt der 43er und ihrem oft vaterlosen oder vaterfernen Aufwachsen in Zusammenhang stand und die 43er wie auch die um 1940 Geborenen als dunkler Schatten begleitete, – darüber ließe sich ebenfalls gesprächsweise nachdenken. Auch über die Rolle von Jugendgruppen, beispielsweise der Pfadfinder, wäre zu sprechen. Ihre Bedeutung für Heranwachsende in den 1950er-Jahren ist kaum hoch genug zu bewerten, und zwar einerseits als Freiraum für Selbstentfaltung, andererseits aber auch als Räume, in denen geschichtlich eingewurzelte »Haltungen« weiterwirkten[72]. Es gibt also weitere Aspekte eines »43er«-Gruppenporträts, die untersucht werden sollten, um Haltungen im Sinne transgenerationell weiter transportierter Wertorientierungen und die allmählichen Ablösungsprozesse von einem mehr oder weniger selbstverständlichen Umgang mit »Haltung« noch genauer beschreiben zu können.

Wenn diese »Kriegskinder« in den Focus der Forschungen zur Aufbaugeneration der Bundeswehr geraten, gilt es sicher zu differenzieren: nach sozialer Herkunft und Bildungsgrad der Herkunftsfamilien etwa und auch mit Blick auf ihre Kriegs- und Nachkriegserfahrungen und ihre unmittelbaren zeitgeschicht-

---

20. Jahrhunderts. Hrsg. von Barbara Stambolis und Jürgen Reulecke, Essen 2007, S. 291–316, sowie Detlef Siegfried, Sound der Revolte. Studien zur Kulturrevolution um 1968, Weinheim, München 2008, bes. S. 15–18: Die kulturelle Revolution der »langen 60er Jahre«.

[71] Bald, Die Bundeswehr (wie Anm. 60), S. 186.

[72] Vgl. Hartmut Radebold, Erinnerungen an den Krieg: Können uns Bilder weinen lassen? In: Kriegskinder zwischen Hitlerjugend und Nachkriegsalltag (wie Anm. 6), S. 29–34, bes. S. 31: ältere Pfadfinderführer hätten »die [...] erhoffte und ersehnte Stellvertreterfunktion (anstelle des aus dem Krieg nicht zurückgekehrten Vaters)« nicht wahrgenommen, das habe ihn enttäuscht.

lichen Prägungen zu Beginn ihrer Einberufung. Die »generationelle Dignität«[73] der um 1940 Geborenen und damit auch ein Volker Adam als Angehöriger einer Brücken- oder Zwischengeneration sind zweifellos diskutierenswert; sie stellt sich für Abiturienten des Jahrgangs 1943 unter den Wehrdienstleistenden vielleicht anders dar als für die Mehrheit dieses Geburtsjahrgangs und dieser Altersgruppe, deren »Wehrbereitschaft [...] mehrheitlich gering« war[74].

Volker Adam konnte sich die Bundeswehr als Moratorium zwischen Schule und Berufsentscheidung noch vorstellen; zumindest hatte er den Eindruck, keinen Fehler zu machen, wenn er sich erst einmal ›meldete‹. Es folgten dann allerdings, in ›der Kaserne angekommen‹, Eindrücke und Erlebnisse, die ihm eine berufliche Laufbahn in den Streitkräften nicht mehr attraktiv erscheinen ließen. Hinzu kam eine Zeitatmosphäre, die mit dazu beigetragen haben mag, dass sich seine Blickrichtung veränderte: das ›Yeah, Yeah‹ der Beatles, eine neue, lockere Männlichkeit mögen die Zweifel an einer Karriere in der Bundeswehr zusätzlich genährt haben. Es ließe sich durchaus denken, dass Volker Adam kürzlich zufällig zwei ehemalige Kameraden wiedertraf, von denen der eine ihm erzählte, die Bundeswehr sei ja damals, in der ersten Hälfte der 1960er-Jahre, gar nicht einsatzfähig gewesen. Es habe allenthalben an Material gefehlt, von sechzehn Schützenpanzern seien höchstens sechs einsatzbereit gewesen; das habe er selbst erlebt[75]. Und seine Ansicht sei durchaus von jüngeren Vorgesetzten aus der Altersgruppe der Flakhelfer, die 1956 wieder die Uniform angezogen hätten, geteilt worden. Letztere seien zutiefst verunsichert gewesen, weil die »innere Bereitschaft zur Disziplin« bei den Rekruten angesichts diverser Unzulänglichkeiten und Unsicherheiten sich nicht habe festigen können[76].

Das fiktive Gespräch, in dem sich Volker Adam mit seinen zwei einstigen Kameraden ausgetauscht haben könnte, kann Stunden gedauert haben: Sie könnten diskutiert haben über die Kuba- und Spiegel-Krise, den ewigen Starfighter-Skandal und dann die Ablösung von Franz Josef Strauß als Verteidigungsminister durch Kai-Uwe von Hassell im Jahre 1963, den die Drei – wie andere auch – vielleicht im Kasino »von Quassel« nannten, weil er wegen seiner Vorstöße zum Traditionserlass manchen auf die Nerven ging. Als ›O-Ton von Volker Adam‹ wären folgende rückblickende Sätze passend: Die Debatten um mangelnde Glaubwürdigkeit in Sachen Abwehrbereitschaft und – erst recht – Atomkriegführung habe jeden Wehrpflichtigen (und wohl auch die Zeit- und Berufssoldaten) sehr bewegt. Das Panzer- oder Kretalied sowie das Schleifen wären vielleicht nicht so das Problem gewesen, wenn die politische und militärische Führung glaubwürdig gewesen wäre und die Ausrüstung den vorgese-

[73] Axel Schildt, Nachwuchs für die Rebellion – die Schülerbewegung der späten 60er Jahre. In: Generationalität und Lebensgeschichte (wie Anm. 35), S. 229–251, hier S. 229.
[74] Naumann, Generale in der Demokratie (wie Anm. 34), S. 313.
[75] Vgl. Franz Uhle-Wettler, Rührt Euch! Weg, Leistung und Krise der Bundeswehr, Graz 2006, S. 45. Der Autor wurde am 30. Oktober 1927 geboren, 1943 trat er als Flakhelfer in die Wehrmacht ein; er ist Generalleutnant a.D. der Bundeswehr.
[76] Ebd.

henen Aufgaben entsprochen hätte. Wenn aber die Panzer morgens schon gar nicht ansprangen oder kurz nach Verlassen der Kaserne den Dienst aufgaben und wenn es für Panzeraufklärer im Unterschied zu heute gar kein passendes Spähfahrzeug gab, sondern nur gebrauchte amerikanische M 48, die man nachts in 10 bis 20 Kilometer Entfernung hörte, habe sich jedem Einsichtigem die Sinnfrage gestellt – den Wehrpflichtigen mehr als den Berufssoldaten, die ja nicht ihren kritischen Verstand der Karriere opfern mussten. Der Wehrbeauftragte – er habe Vizeadmiral a.D. Hellmuth Guido Heye noch vor Augen – sei ja ernsthaft bemüht gewesen, für einen angemessenen Umgang mit Disziplinarvergehen zu sorgen[77]. Er habe sich sehr für eine »zeitgemäße Menschenführung[78]« eingesetzt und bekanntlich vor allem bei den damaligen Wehrdienstleistenden Zustimmung gefunden, aber das sei ja nicht gelungen, wenigstens nicht zu seiner Zeit, d.h. in den Jahren, in denen seine Altersgruppe diente. Später sei die Bundeswehr ziviler geworden, es habe sich vieles geändert.

Im Sommer 2009, wenige Wochen nach diesem Gespräch, stieß Volker Adam – der fiktive 43er – im Internet auf ein Buch, in dem er sich wiederfand, nämlich auf Sten Nadolnys und Jens Sparschuhs Erinnerungen an ihre Militärzeit. Das musste er lesen: treffend und amüsant, wenngleich irgendwie haarsträubend, besonders Nadolnys Schilderungen. Würde er mehr Sprachgewandtheit und Witz besitzen, könnte er, Volker Adam das selbst geschrieben haben, zumal Nadolny (geb. 1942), der 1961 bis 1963 »diente«, ja fast ein 43er sei[79].

Nadolny seinerseits, der – anders als Volker Adam – in Tübingen, Göttingen und Berlin Geschichte studiert hatte, wäre ein geeigneter Gesprächspartner für die in diesem Aufsatz immer wieder zitierten, interviewten 43er, die in einer Podiumsdiskussion sich folgende Frage stellen könnten: »Was bedeuteten eigentlich wir 43er bzw. die Jahre 1962/63 für die Bundeswehr? Die 43er vielleicht wenig, obwohl man ihnen vielleicht Karriereverläufe der damals eingetretenen Berufssoldaten geben könnte, um das zu untersuchen[80].«

---

[77] Vgl. Helmut R. Hammerich [u.a.], Das Heer 1950 bis 1979. Konzeption, Organisation, Aufstellung, München 2006 (= Sicherheitspolitik und Streitkräfte der Bundesrepublik Deutschland, 3), darin bes. Rudolf J. Schlaffer, Zur Menschenführung im Heer in der Aufbauphase, S. 663–680.

[78] Vgl. Schlaffer, Der Wehrbeauftragte (wie Anm. 43), S. 253. Angesprochen ist vor allem die ›Affäre‹ um den zweiten Wehrbeauftragten aus dem Jahre 1964, eine mediale Skandalisierung der Öffentlich-Machung des Jahresberichts des Wehrbeauftragten mit großem Leserecho, besonders in der Illustrierten »Quick«.

[79] Siehe http://www.mdr.de/mdr-figaro/journal/6219934.html (15.7.2009); vgl. Sten Nadolny und Jens Sparschuh, Putz- und Flickstunde. Zwei kalte Krieger erinnern sich, München 2009.

[80] Christof Dipper in einer Mail an die Verfasserin vom 8. Juli 2009.

Malte Thießen

»Einfache Soldaten« als Aufbaugeneration? Erfahrungswelten von Gefreiten auf dem Zerstörer »Bayern«

Die Bundeswehr »von unten« gesehen: Vorbemerkung[*]

Kriegserlebnisse des »kleinen Mannes« stehen seit Langem hoch im Kurs. Erfahrungen des »einfachen Soldaten« haben unter Historikern Konjunktur, nicht zuletzt dank einer Fülle von »Feldpostbriefen« und biografischen Studien, die einen neuen Zugang zur Erfahrungsgeschichte des Ersten und Zweiten Weltkrieges eröffnen[1]. Umso erstaunlicher ist daher die Beobachtung, dass ein zeitlich sehr viel näher liegendes Sujet bislang kaum beachtet worden ist: Wie steht es eigentlich um die Erfahrung des »einfachen« Bundeswehrsoldaten? Während die Eliten von Bundeswehr und Nationaler Volksarmee (NVA) bereits erhöhte Aufmerksamkeit gefunden haben[2], wissen wir immer noch wenig über

[*] Ohne die Unterstützung ehemaliger Gefreiter hätte dieser Beitrag nicht entstehen können. Viele »Bayern«-Fahrer haben nicht nur mit umfangreichen Erlebnisberichten über ihre Marinezeit, sondern auch mit persönlichen Dokumenten und weiterführenden Hinweisen zu den folgenden Überlegungen beigetragen. Wegen der vereinbarten Anonymisierung möchte ich mich dafür bei ihnen als Gruppe herzlich bedanken. Persönlich kann ich mich hingegen bei Lars Stawenow bedanken, der meiner Suche nach den Gefreiten der »Aufbaugeneration« mit einem Aufruf auf der Homepage der »Bordgemeinschaft Bayern« die entscheidenden Impulse gegeben hat.

[1] Einen ersten Überblick zur deutschen Forschung bietet Wolfram Wette, Militärgeschichte von unten. Die Perspektive des ›kleinen Mannes‹. In: Der Krieg des kleinen Mannes. Eine Militärgeschichte von unten. Hrsg. von Wolfram Wette, München 1992, S. 9-47; Bernd Ulrich, ›Militärgeschichte von unten‹. Anmerkungen zu ihren Ursprüngen, Quellen und Perspektiven im 20. Jahrhundert. In: Geschichte und Gesellschaft (GG), 22 (1996), S. 473-503. Zur Analyse von Interviews mit Mannschaftssoldaten des Zweiten Weltkrieges vgl. u.a. Hans Joachim Schröder, Die Vergegenwärtigung des Zweiten Weltkrieges in biographischen Interviewerzählungen. In: Militärgeschichtliche Mitteilungen (MGM), 49 (1991), 1, S. 9-37; Hans Joachim Schröder, Kasernenzeit. Arbeiter erzählen von der Militärausbildung im Dritten Reich, Frankfurt a.M. 1985; Hans Joachim Schröder, Die gestohlenen Jahre. Erzählgeschichten und Geschichtserzählung: Der Zweite Weltkrieg aus der Sicht ehemaliger Mannschaftssoldaten, Tübingen 1992.
[2] Vgl. Generale und Admirale der Bundeswehr 1955-1997. Hrsg. von Dermot Bradley, 3 Bde, Osnabrück 1998-2005, sowie Klaus Naumann, Generale in der Demokratie. Generationengeschichtliche Studien zur Bundeswehrelite, Hamburg 2007; Dieter E. Kilian, Elite im Halbschatten. Generale und Admirale der Bundeswehr, Bielefeld 2005; Genosse

Motive und Möglichkeiten auf der untersten Rangebene, über Handlungsspielräume und Erfahrungen der Gefreiten[3].

Diese Lücke ist umso erstaunlicher, weil sie zentrale Themen der bundesdeutschen Militärgeschichte berührt. Die Dauerfrage nach der Kontinuität zwischen Wehrmacht und Bundeswehr beispielsweise wäre mit Blick auf die Mannschaftsebene neu zu stellen[4]. Hier haben wir es schließlich mit den Jahrgängen der »Kriegskinder« und unmittelbaren Nachkriegszeit zu tun, denen im Gegensatz zu höheren Diensträngen schwerlich problematische Verstrickungen ins »Dritte Reich« nachzuweisen sind. Und noch weitere Fragen drängen sich auf, wenn man sich in der Bundeswehr auf der untersten Ebene umblickt. Die persönliche Erfahrung der atomaren Auf- und Nachrüstung, die Folgen der atomaren Verteidigungsstrategie der NATO[5] für die Ausrichtung der Bundeswehr dürften auf Mannschaftsebene andere Auswirkungen gehabt haben als in zeitgenössischen Strategiepapieren und Planungskonzepten. Vor allem aber erlaubt eine Beschäftigung mit den »einfachen Soldaten« der Bundeswehr einen erweiterten Zugriff auf das ebenso spannende wie spannungsreiche Verhältnis von Militär und Gesellschaft in der Bundesrepublik seit 1945.

Erste Einblicke auf die Mannschaftsebene erschließen zwei neuere Untersuchungen zum Wehrbeauftragten oder zur Freiwilligenwerbung der Bundeswehr[6]. Diese Studien umfassen ein Forschungsfeld zwischen militärischen

---

General! Die Militärelite der DDR in biographischen Skizzen. Im Auftrag des MGFA hrsg. von Hans Ehlert und Armin Wagner, Berlin 2003 (= Militärgeschichte der DDR, 7); Klaus Froh und Rüdiger Wenzke, Die Generale und Admirale der NVA. Ein biographisches Handbuch, 4. Aufl., Berlin 2000. Als wichtige Einzelstudien vgl. u.a. Wolf Graf von Baudissin 1907–1993. Modernisierer zwischen totalitärer Herrschaft und freiheitlicher Ordnung. Im Auftrag des MGFA hrsg. von Rudolf J. Schlaffer und Wolfgang Schmidt, München 2007; Karl Feldmeyer und Georg Meyer, Johann Adolf Graf von Kielmansegg 1906–2006. Deutscher Patriot, Europäer, Atlantiker, Hamburg 2007.

[3] Das gilt auch für die instruktive Kultur- und Mentalitätsgeschichte deutscher Soldaten von Martin Kutz, die sich im kurzen Abschnitt zur Bundeswehr in der Aufbauphase ganz auf die großen Debatten und Personalentscheidungen auf höchster Ebene konzentriert, oder für die Dissertation von Matthias Molt zur Aufbauphase 1955 bis 1966, die v.a. das Offizierkorps und die Generalität in den Blick nimmt. Vgl. Martin Kutz, Deutsche Soldaten. Eine Kultur- und Mentalitätsgeschichte, Darmstadt 2006, bes. S. 195–199; Matthias Molt, Von der Wehrmacht zur Bundeswehr. Personelle Kontinuität und Diskontinuität beim Aufbau der deutschen Streitkräfte 1955–1966, Diss. Universität Heidelberg 2007, http://www.ub.uni-heidelberg.de/archiv/8935 (13.6.2010).

[4] Vgl. u.a. den Überblick mit weiterführenden Literaturbelegen bei Detlef Bald, Die Bundeswehr. Eine kritische Geschichte 1955–2005, München 2005.

[5] Vgl. grundlegend Bruno Thoß, NATO-Strategie und nationale Verteidigungsplanung. Planung und Aufbau der Bundeswehr unter den Bedingungen einer massiven atomaren Vergeltungsstrategie 1952–1960, München 2006 (= Sicherheitspolitik und Streitkräfte der Bundesrepublik Deutschland, 1), sowie zum »Soldaten im Atomzeitalter« Molt, Von der Wehrmacht zur Bundeswehr (wie Anm. 3), S. 230–271; aufschlussreich sind dazu auch zeitgenössische Veröffentlichungen zu »Wehrmotiven« und »Tradition im Atomzeitalter« u.a. bei Heinz Karst, Das Bild des Soldaten. Versuch eines Umrisses, Boppard a.Rh. 1964.

[6] Thorsten Loch, Das Gesicht der Bundeswehr. Kommunikationsstrategien in der Freiwilligenwerbung der Bundeswehr 1956 bis 1989, München 2008 (= Sicherheitspolitik und Streitkräfte der Bundesrepublik Deutschland, 8); Rudolf J. Schlaffer, Der Wehrbeauftragte

Normen, gesellschaftlichen Mentalitäten und den Anforderungen des alltäglichen Dienstes, auf dem das Wechselverhältnis zwischen Militär und Zivil erkundet werden kann. Die Bundesmarine spielt in diesen Arbeiten kaum eine Rolle, sodass die Monografie von Johannes Berthold Sander-Nagashima als quellenfundierte Darstellung eine wichtige Grundlage legt. Diese Pionierstudie ist indes dem Blick »von oben« verpflichtet, geht es ihr doch um grundlegende Konzepte beim Aufbau dieser Teilstreitkraft vor dem Hintergrund des Kalten Krieges. Einblicke in individuelle Erfahrungen mit der Marine bieten allenfalls die von Sander-Nagashima veröffentlichten Aufsätze im Abschnitt »Zeitzeugen«, in denen aus Perspektive ehemaliger Führungsstäbe berichtet wird.

Im Folgenden soll es hingegen um eine Alltags- und Erfahrungsgeschichte der Aufbaugeneration auf der untersten Ebene gehen, genau genommen: um Gefreite der Bundesmarine, die ihren Dienst auf dem Zerstörer »Bayern« leisteten. Diese Zerstörer der »Hamburg«-Klasse wurden Anfang der 1960er-Jahre in Dienst gestellt und waren die schwersten Einheiten in der »Aufbau- und ersten Modernisierungsphase« der Bundesmarine[7]. Obgleich die Wahl zufällig auf die »Bayern« fiel, ist der Fokus auf einen Zerstörer ungemein sinnvoll. Als schwerste schwimmende Einheit beherbergte der Zerstörer eine große Crew mit Gefreiten unterschiedlicher Herkunft und vielfältigen Tätigkeitsfeldern. Wehrpflichtige versahen hier ebenso ihren Dienst wie Freiwillige. Auch die im Folgenden untersuchten Mannschaftssoldaten bilden folglich ein breites Spektrum ab: der Älteste wurde zwei Jahre vor Ausbruch des Zweiten Weltkrieges geboren, der Jüngste ein Jahr nach Kriegsende.

Selbstverständlich kann diese Stichprobe keineswegs den Anspruch erheben, repräsentative Aussagen zu »der« Aufbaugeneration der Bundesmarine zu treffen. Bei genauerem Hinsehen wäre sogar zu diskutieren, ob man bei den Gefreiten der »Bayern« überhaupt von einer Generation sprechen kann. Eine Untersuchung anderer Einheiten oder ihr Vergleich dürfte neue Aspekte hervorbringen oder jene vertiefen, die im Folgenden nur angerissen werden können. Insofern geht es in diesem Beitrag um eine erste Annäherung an ein unerschlossenes Feld. Auf Grundlage von Ego-Dokumenten – Schriftwechsel und persönliche Berichte – von Gefreiten, die einen Teil ihrer Dienstzeit auf der »Bayern« absolviert haben, soll hier ein Bild von den Mannschaften der »Aufbauphase« der Marine gezeichnet werden[8]. Wie erlebten diese ihre Dienstzeit,

---

1951 bis 1985. Aus Sorge um den Soldaten, München 2006 (= Sicherheitspolitik und Streitkräfte der Bundesrepublik Deutschland, 5).

[7] Vgl. Johannes Berthold Sander-Nagashima, Die Bundesmarine 1950 bis 1972. Konzeption und Aufbau, München 2006 (= Sicherheitspolitik und Streitkräfte der Bundesrepublik Deutschland, 4); Wolfgang Harnack, Die Zerstörerflottille der Deutschen Marine von 1958 bis heute, Hamburg 2001, S. 25 f.

[8] Als »Aufbauphase« der Bundesmarine wird in der Forschung meist ein längerer Zeitraum als für das Heer angesetzt. Nach Sander-Nagashima ging die Aufbauphase bis 1962 fließend in eine »Konsolidierungsphase und Modernisierung« der Jahre 1962 bis 1966/67 über. Peter Monte geht von einer Aufbauphase der Marine in der NATO bis 1967 aus. Tatsächlich spricht vieles dafür, den Abschluss der Aufbauphase bis Mitte oder Ende der 1960er-Jahre zu legen, zumal grundlegende konzeptuelle Fragen der Marine bis Anfang

welche Hoffnungen und Befürchtungen verbanden sich mit der Bundesmarine? Wie schildern Gefreite den Alltag an Bord, welche beruflichen Möglichkeiten bot ihnen die Marine? Welche Voraussetzungen und Erwartungen brachten sie in die Dienstzeit ein, was nahmen sie mit, welche Erfahrungen und Erinnerungen prägen also ihr Bild von der Marine bis heute?

Auf der Spurensuche nach den Gefreiten: Quellen und Vorgehen

Dieser Untersuchungsgegenstand wirft allerdings grundlegende Probleme auf. Während Studien zur Erfahrungs- und Deutungsgeschichte des Ersten und Zweiten Weltkrieges aus reichhaltigen Quellenbeständen und aus zahlreichen Editionen von Feldpostbriefen schöpfen können, sieht die Lage für die Bundeswehr ungleich bescheidener aus. Kenntnisse von der Welt des Gefreiten erhalten wir in den einschlägigen Archiven meist von »oben«, in Beständen zur Konzeption und Aufbau der Marine oder aus den Erinnerungsberichten und Darstellungen hochrangiger Akteure. Biografien und Autobiografien, Memoiren oder Erfahrungsberichte, wie sie für hohe Dienstränge reichhaltig zu finden sind, werden jedoch selten von Gefreiten geschrieben. Selbst in Personalakten, wie sie für diese Studie vereinzelt herangezogen werden konnten[9], schlägt sich in Beurteilungsbögen, Versetzungsurkunden, ärztlichen Attesten oder Zwischenzeugnissen aus Lehrgängen zwar die Laufbahn eines Soldaten nieder. Dennoch geben diese Quellen kaum Auskunft aus dessen Perspektive. Eigene Berichte, Lebensläufe oder Beschwerde-Schreiben, die Hinweise auf persönliche Erlebnisse bieten könnten, sind hier selten überliefert.

Kurz gesagt: Wir können zwar einiges sagen über strategische Konzepte und ihre Planer, über Strukturen und Prozesse, mit denen die Bundesmarine

---

der 1970er-Jahre virulent blieben, wie Sander-Nagashima nachweisen kann. Vgl. neben Sander-Nagashima, Die Bundesmarine (wie Anm. 7), auch Johannes Berthold Sander-Nagashima, Konzeptionelle Probleme der Bundesmarine 1955 bis 1972. In: Seestrategische Konzepte vom kaiserlichen Weltmachtstreben zu Out-of-Area-Einsätzen der Deutschen Marine. Hrsg. von Eckhardt Opitz, Bremen 2004 (= Schriftenreihe des Wissenschaftlichen Forums für Internationale Sicherheit e.V., 22), S. 109–133; Peter Monte, Die Rolle der Marine der Bundesrepublik Deutschland in der Verteidigungsplanung für Mittel- und Nordeuropa von den 50er Jahren bis zur Wende 1989/90. In: Deutsche Marinen im Wandel. Vom Symbol nationaler Einheit zum Instrument internationaler Sicherheit. Im Auftrag des MGFA hrsg. von Werner Rahn, München 2005 (= Beiträge zur Militärgeschichte, 63), S. 565–598, bes. S. 571–582. 1961 war im Nachrichtenmagazin »Der Spiegel« zu lesen, dass »das Gros« der bundesdeutschen Flotte »in Konstruktionsbüros oder im Trockendock« liege und selbst grundlegende Fragen der Einheitenaufstellung in der Bundesmarine zur Diskussion stünden. Aufgetaucht. In: Der Spiegel, Nr. 9, 22.2.1961, S. 42.

[9] Aus dem Bestand der Personalakten des Bundesarchiv-Militärarchivs (BA-MA), Freiburg i.Br., konnten bislang zwei Personalakten von Gefreiten der »Bayern« aus den ersten Dienstjahren ermittelt werden.

bis Ende der 1960er-Jahre ihre Konturen gewann, aber wenig über die Matrosen, die in diesen Strukturen arbeiteten und lebten. Wir müssen uns daher auf die Suche nach neuen Quellen machen. Aus diesem Grund wurden ehemalige Gefreite des Zerstörers »Bayern« gebeten, zu ihrer Person und zu ihren Erfahrungen in der Bundesmarine schriftlich Auskunft zu geben.

Die Fragebogen waren biografisch-thematisch ausgerichtet, sie sollten eine eigene Schwerpunktsetzung und ein offenes Schreiben über persönliche Erlebnisse und biografische Bedeutung des Marinedienstes initiieren. Insofern wurde eine Darstellung der Kindheit und Jugend, der familiären Situation, der schulischen und beruflichen Entwicklungen vor und nach der Dienstzeit ebenso erbeten wie eine Schilderung von Erlebnissen im Dienstalltag. Gefragt wurde weiterhin nach Tätigkeitsfeldern und Ausbildungsstationen, nach Motiven für den Eintritt in die Bundeswehr, aber auch nach einer persönlichen Bilanz zur Bundesmarine. Ziel dieser Erhebung war kein starres Abfragen von »Fakten«, sondern eine möglichst offene Darstellung aus subjektiver Perspektive.

Dass diese offene Ausrichtung von den Befragten genutzt wurde, zeigt der Umfang der eingegangenen zehn Berichte, die im Durchschnitt über 20 Seiten lang sind. Ergänzt wurden diese Berichte durch Kopien persönlicher Dokumente und weiterführende Hinweise, die dem Verfasser neben den zehn Befragten noch von vier weiteren ehemaligen Gefreiten zugingen. Diese Quellengrundlage bietet daher eine Fülle an Informationen zur biografischen Einordnung der Bundesmarine, zu Erwartungen und Enttäuschungen, zu Anekdoten aus dem Alltag, zu Tätigkeitsfeldern, Berufsbiografien und Befehlsstrukturen sowie zur Stimmung an Bord.

Dennoch wirft die Analyse dieser Ego-Dokumente für eine Studie zur Alltags- und Erfahrungsgeschichte der Bundesmarine weitere Fragen auf. Wir haben es hier nicht mit einer zeitnahen Beschreibung zu tun, sondern mit einer retrospektiven Deutung bzw. mit dem, was man in der Geschichtswissenschaft als »historische Sinnbildung« bezeichnen würde[10]. Die im Jahr 2009 verfassten Berichte sind überlagert von späteren Erfahrungen, von aktuellen Eindrücken zur Bundeswehr im Speziellen oder zum Militär im Allgemeinen. Darüber hinaus ist die Stichprobe der befragten Gefreiten problematisch: Gemeldet hatten sich die Probanden auf einen Aufruf hin, der vom Verfasser auf der Homepage der »Bordgemeinschaft ›Bayern‹« veröffentlicht wurde. Es handelt sich also um Freiwillige, die noch heute an einem Austausch interessiert sind und über ihre Erfahrungen Auskunft geben wollen. Obgleich in dem Begleitschreiben eine Anonymisierung zugesichert und unterstrichen wurde, dass das Ziel der Studie eine kritische Darstellung ist, in der auch Widersprüche und Enttäuschungen ihren Platz haben, schlagen sich in einigen Berichten wahrscheinlich gelegentli-

---

[10] Jörn Rüsen, Was ist Geschichtskultur? Überlegungen zu einer neuen Art, über Geschichte nachzudenken. In: Historische Faszination. Geschichtskultur heute. Hrsg. von Klaus Füßmann, Heinrich Theodor Grütter und Jörn Rüsen, Köln 1994, S. 3–26, bes. S. 7; zur persönlichen Sinnbildung in Interviews und Erfahrungsberichten vgl. Dorothee Wierling, Oral History. In: Neue Themen und Methoden der Geschichtswissenschaft. Hrsg. von Michael Maurer, Stuttgart 2003 (= Aufriss der Historischen Wissenschaften, 7), S. 81–151.

che Anpassungsleistungen nieder, wie sie von der Oral History und Sozialpsychologie für Zeitzeugen-Interviews problematisiert worden sind[11].

Diese Einwände entkräften zwar nicht den Nutzen der Quellen an sich. Sie raten jedoch zu einer vorsichtigen Interpretation, die den Einfluss gegenwärtiger Sinnbildungsprozesse auf die Darstellung der Bundesmarine ebenso reflektieren muss wie die Macht biografischer Erzählstrategien und sozialer Anpassungsleistungen auf die Erinnerung. Alles in allem spricht gleichwohl etwas ganz Grundsätzliches für diese Befragungsmethode: Wir haben wenig Alternativen. Bis eine umfassende Recherche in Personalakten zu einzelnen Einheiten, eine systematische Interviewstudie möglich ist oder zeitgenössische Berichte und Briefsammlungen aus den Anfangsjahren der Bundeswehr erfasst sind, setzt diese Befragung der Gefreiten zumindest einen Anfang.

Dennoch werden diese Überlegungen zur Quellenproblematik im Folgenden immer wieder berücksichtigt werden, wenn ein Porträt der Gefreiten skizziert wird, und mehr noch: Die retrospektive Sinnbildung soll am Ende des Beitrags noch einmal zum Thema gemacht werden, wenn es um die Bundesmarine als »Erinnerungsort« geht. In diesem Abschnitt werden die persönlichen (Be-)Deutungen der Dienstzeit für das Erzählen einer gelungenen Biografie erläutert und Medien der retrospektiven Erfahrungsaufschichtung analysiert. Zuvor bilden vier Abschnitte den Schwerpunkt der Studie, in denen es um persönliche Erwartungen an die Marine geht, um Erfahrungen der Gefreiten vor Dienstbeginn und um die Wahrnehmung des Kalten Krieges, um den Dienstalltag und um Tätigkeitsfelder, um die Beziehung zwischen Individuum und (Bord-)Gemeinschaft sowie um das Verhältnis von Militär und Gesellschaft. Mit diesen fünf Abschnitten soll das Gesicht der Aufbaugeneration erste Konturen erhalten und den Blick freigeben für die Erfahrungen des »einfachen Soldaten« in der Bundesmarine im ersten Aufbaujahrzehnt.

Die Marine als Sehnsuchtsort:
Erfahrungen und Erwartungen der Gefreiten

Was führte die befragten Gefreiten eigentlich zur Bundesmarine? Gab es konkrete Erwartungen, die für diese Teilstreitkraft sprachen und worauf wären diese zurückzuführen? Zunächst einmal ist hervorzuheben, dass bis auf eine

---

[11] Zum Einfluss des Interviewsettings und des Interviewers auf die »Verfertigung« gemeinsamer Geschichten vgl. u.a. Olaf Jensen, Zur gemeinsamen Verfertigung von Text in der Forschungssituation. In: Forum Qualitative Sozialforschung, 1 (2000), Nr. 2, Art. 11-Juni 2000, http://nbn-resolving.de/urn:nbn:de0114-fqs0002112 (13.6.2010), http://www.qualitative-research.net/index.pnp/fqs/article/view/1080/2355; Harald Welzer, Hermeneutische Dialoganalyse. Psychoanalytische Epistemologie in sozialwissenschaftlichen Fallanalysen. In: Zur Theorie der psychoanalytischen Fallgeschichte. Hrsg. von Gerd Kimmerle, Tübingen 1998 (= Anschlüsse, 1), S. 111–138.

Ausnahme sämtliche Befragten angeben, sich bei ihrer Einberufung bewusst für die Marine entschieden zu haben. Angesichts der verhältnismäßig geringen Rekrutenzahlen – bei der Personalplanung im Amt Blank war man von einem »Verhältnis von 6:3:1 zwischen Heer, Luftwaffe und Marine«[12] ausgegangen, tatsächlich hatte die Marine Mitte der 1960er-Jahre sogar noch weniger Angehörige –[13] ist dieser Eindruck aus den Fragebogen plausibel. Auffällig ist zudem, dass die Hälfte der zehn Befragten aus Süddeutschland stammt und nach der Musterung keineswegs für die Marine vorgesehen war. Gefreite wie Ferdinand Fricke berichten, dass sie mit der Meldung zur Marine »einer Einberufung zu den Gebirgsjägern zuvorkommen wollten«[14], obgleich diese Einheiten durchaus prestigeträchtig waren, wie Arnold Hartmann mitteilt: »Habe mich bewusst für die Marine entschieden. Mir wurde auch die Eignung für die Hochgebirgstruppe bescheinigt. Ich lehnte konsequent ab« (FB Hartmann, S. 11).

Wichtig sind daher die Motive, die für dieses persönliche Interesse an der Marine angeführt werden. Die Hälfte der Befragten nennt zuerst den Einfluss des Familien- und Bekanntenkreises. In einigen Fällen waren schon frühere Generationen zur See gewesen, wie bei Hans Zoller, der als Begründung für seine Begeisterung auf familiäre Marine- und Erzähltraditionen verweist: »Vater und Großvater waren bei der Marine. Der Bruder meines Vaters gehörte zu den Überlebenden der Bismarck [...] Innerhalb der Erzählungen nahmen Geschichten um die Marinezeit meines Vaters einen besonderen Stellenwert ein. Auch das Überleben meines Onkels auf der Bismarck wurde verherrlicht. Für mich stand damals fest, wenn Bundeswehr, dann Marine« (FB Zoller, S. 3).

Ganz ähnlich sieht dies Arnold Hartmann, als er die Gründe für den Eintritt in die Marine erläutert: »In der Familie wurde gelegentlich von einem Onkel erzählt. Er war Deckoffizier in der Kaiserlichen Marine und fuhr, soweit ich mich erinnere, auf [der] SMS [...] ›Derfflinger‹ [...] Diese Erzählungen trugen auch mit dazu bei, mich zur Marine zu melden« (FB Hartmann, S. 7). Bei Gefreiten wie Ernst Gerlach wiederum hatten »zwei Onkels von mir [...] bei der Kriegsmarine gedient und wussten mir die Vorzüge gegenüber des Heeres schmackhaft zu machen«, zumal der Vater als »Infanterist [...] keine guten Erinnerungen an seine Soldatenzeit« (FB Gerlach, S. 7) gehabt habe.

Aber auch Bekannte oder Nachbarn, die im Haus der Familie wohnten, konnten entscheidenden Einfluss auf den Eintritt in die Marine haben, wie Herbert Seiters hervorhebt: »Mein Entschluss, zur Marine zu gehen, liegt in meiner Kindheit begraben. In unserem Haus wohnte damals eine Familie, wo der Mann bei der Marine war. Wenn er in seiner blauen Uniform ankam, zog er uns Kinder magisch an wie ein Magnet. Er war damals PUO und hatte einen

---

[12] Sander-Nagashima, Die Bundesmarine (wie Anm. 7), S. 57.
[13] Am 7.12.1965 waren laut Jahresübersicht der Bundeswehr insgesamt 440 807 Soldaten Angehörige der Bundeswehr. Auf das Heer entfielen davon 273 457, auf Luftwaffe 97 419, auf die Marine 31 733 Soldaten.
[14] Fragebogen Fricke, S. 11. Im Folgenden werden alle Belege aus den Fragebogen in runden Klammern direkt hinter den Zitaten angegeben.

kleinen Dolch an der Seite. Oh Gott, war das für uns faszinierend« (FB Seiters, S. 13).

Ob Vater, Onkel, Freunde oder Bekannte den Impuls für die Marine-Begeisterung der Gefreiten gaben, ist wahrscheinlich weniger bedeutsam als die Wirkung, die diese Erzählungen hatten. Für die meisten Befragten manifestierte sich in der Marine bereits in Kindheit und Jugend ein ebenso facettenreiches wie faszinierendes Wunschbild. An diesem Image wurde nicht nur in der Familie, sondern auch in der Öffentlichkeit kräftig mitgezeichnet. Magazine, Bücher, Schlager und Filme entwarfen ein Leitmotiv der Marine[15], das besonders Jugendliche ansprach, wie sich Ferdinand Fricke erinnert: »Die Marinebilder aber blieben in meinem Kopf. Zunehmend begann ich mich mit Seefahrt und fernen Ländern zu beschäftigen. Es wurde eine richtige Sehnsucht und die damaligen Lieder von Freddy [Quinn], Nana Mouskouri, Lale Andersen usw. trugen mit dazu bei, dass ich richtig Fernweh bekam. Ich kümmerte mich um Marinelektüre, häufte ›Landser-Hefte‹ mit Kriegsmarine-Themen und fuhr oft mit dem Fahrrad ins 20 km entfernte Bad Reichenhall ins Kino, wenn es Filme von der Seefahrt gab. Mein Entschluss, auf ein Schiff zu gehen, stand fest« (FB Fricke, S. 6–6a).

Obgleich sich bei den Befragten Verweise auf die Kriegsmarine des »Dritten Reichs«, auf »Landser-Hefte« oder »Kriegshelden wie Kptl. Prien auf der U 47« (FB Fricke, S. 7) häufen, liegen die Wurzeln dieses Marine-Bildes wohl tiefer als in der NS-Zeit. Seefahrtromane und Gemälde zur kaiserlichen Marine dürften bei den Assoziationen der Marine mit Abenteuer und Ferne noch in den 1950er- und 1960er-Jahren eine Rolle gespielt haben.

Starke Impulse erhielt die Begeisterung für die Seefahrt auch vor dem zeitgenössischen Hintergrund des verbreiteten Fernwehs in der Bundesrepublik. Nach Ausbruch des »Reisefiebers« in den 1950er-Jahren übertrat im Laufe der 1960er-Jahre auch der Fremdenverkehr die »Schwelle zum Massentourismus«[16], den einige Gefreite als eine Art Standortvorteil der Marine ansehen. »Auch die Auslandsfahrten, die in den späten 60ern noch nicht allgemein üblich waren« (FB Hohmüller, S. 6), seien ein zentrales Motiv für das Melden zur Marine gewesen. Noch eindeutiger formuliert es Arnold Hartmann: »Ein gewisser Grad von Fernweh und Abenteuerlust trugen auch nicht unerheblich dazu bei, mich

---

[15] Anders argumentiert Michael Salewski. Er weist nach, dass die vormals prägenden Leitmotive und kollektiven Symbole der Marine nach 1945 keine Bedeutung mehr gehabt hätten. So zutreffend dieser Befund für das Militär sein dürfte, so fraglich ist er für die Alltagskultur der 1950er- und 1960er-Jahre. Michael Salewski, Die deutsche Flotte zwischen Tag und Traum. In: Michael Salewski, Die Deutschen und die See. Studien zur deutschen Marinegeschichte des 19. und 20. Jahrhunderts, Bd 2, Stuttgart 2002, S. 10–15.

[16] Axel Schildt, ›Die kostbarsten Wochen des Jahres‹. Urlaubstourismus der Westdeutschen (1945–1970). In: Goldstrand und Teutonengrill. Kultur- und Sozialgeschichte des Tourismus in Deutschland 1945 bis 1989. Hrsg. von Hasso Spode, Berlin 1996, S. 69–85, hier S. 75. Zur Intensivierung des ›bundesrepublikanischen Tourismus‹ seit Ende der 1950er-Jahre vgl. die grundlegende Darstellung mit weiterführender Literatur bei Rüdiger Hachtmann, Tourismusgeschichte, Göttingen 2007, bes. S. 154–159.

zu melden. Manche Mitschüler verstanden dies nicht. Weg von Mamas Rock-zipfel war nicht deren Ding« (FB Hartmann, S. 9).

So vielfältig die Motive für den Dienst auf See also sein konnten, in der Ge-samtschau zeigen sie eines überdeutlich: In den 1950er- und 1960er-Jahren speiste sich die Attraktivität der Bundesmarine, ungeachtet erster Skandale wie der berühmt-berüchtigten Zenker-Rede[17], aus einem ebenso plakativen wie positiven Image, das auf die Befragten eine starke Anziehungskraft ausübte. In der Wahrnehmung der Gefreiten war die Marine ein attraktives Amalgam aus Abenteuer, Freiheit und Weite[18]. Sie versprach das Kennenlernen ferner Länder, elegante Uniformen, die sich von denen des Heeres und der Luftwaffe abho-ben, und ein Image als exklusive Teilstreitkraft. Kurz gesagt: In der Marine manifestierte sich für die Gefreiten ein Sehnsuchtsort, in dem sich kollektive Wünsche und Hoffnungen der 1950er- und 1960er-Jahre wie in einem Brenn-glas bündelten.

Zwischen Wehrmacht und Bundeswehr: Vom Zweiten Weltkrieg in den Kalten Krieg

Bemerkenswerterweise fußt dieses positive Marine-Bild sogar auf familiäre Erzählungen zum Zweiten Weltkrieg, die von einigen Gefreiten angeführt wer-den. Wenn in den Fragebogen auf die Vorgängerin der Bundesmarine im »Dritten Reich« Bezug genommen wird, erhält die Kriegsmarine ein spezifi-sches Gepräge. Hier ist eben nicht die Rede vom Massentod in Stalingrad oder dem sinnlosen Sterben gen Kriegsende, von jahrelanger Kriegsgefangenschaft und bleibenden Verletzungen, sondern von Heldenmut und Abenteuer. Im kollektiven Gedächtnis der 1950er- und 1960er-Jahre war die Marine offenbar nicht nur ein Sehnsuchtsort, sondern ebenso eine positive Projektionsfläche für das Militärische, von der die weniger positiven Erfahrungen des Zweiten Welt-krieges überlagert wurden.

Mit dieser Anziehungskraft der Bundesmarine erklärt sich daher eine zu-nächst irritierende Beobachtung. Ein Großteil der Befragten gibt an, dass der Zweite Weltkrieg und dessen Folgen an der bombardierten »Heimatfront«, als Flucht, Vertreibung und Kriegsgefangenschaft, ihre Kindheit und Jugend über-schattet habe. Die Gefreiten hatten die Folgen des Krieges oft ganz unmittelbar vor Augen, wie Gerhard Herbauer erklärt: »Meine Heimatstadt [Breisach im

---

[17] Vgl. Dieter Krüger, Das schwierige Erbe. Die Traditionsansprache des Kapitäns zur See Karl-Adolf Zenker 1956 und ihre parlamentarischen Folgen. In: Deutsche Marinen im Wandel (wie Anm. 8), S. 549–564.

[18] Dieses Bild passt im Übrigen zur Freiwilligenwerbung der Bundeswehr in den 1960er-Jahren, die den Dienst zu einer »Bewährung als Mann zwischen sportlich-körperlicher Herausforderung und einem romantischen Abenteuer« stilisierte. Loch, Das Gesicht der Bundeswehr (wie Anm. 6), S. 237.

Breisgau] wurde zu 80 % während des Zweiten Weltkrieges zerstört und die Folgen dieser Zerstörung waren noch lange Zeit allgegenwärtig« (FB Herbauer, S. 4a). Herbert Seiters, Jahrgang 1937, hatte die Bombardierung seiner Heimatstadt am 16. März 1945 als siebenjähriger Junge sogar selbst erlebt. Für ihn war es »das schlimmste Erlebnis in meinem Leben. Würzburg wurde total zerstört; es gab mehrere Tausend Tote. In meinen Augen war der Angriff auf die Stadt ein Kriegsverbrechen« (FB Seiters, S. 4).

Selbst wenn nicht alle Befragten direkt unter den Kriegseinwirkungen gelitten hatten, blieben die Folgen des Zweiten Weltkrieges für einen Großteil von ihnen lange präsent. Von einem »Schockerlebnis« spricht etwa Ferdinand Fricke, dessen Vater 1959 an den Nachwirkungen »einer Kriegsverletzung« starb, als er 1955 »als Neunjähriger die Heimkehr von drei Kriegsgefangenen aus Russland« erlebte: »Selbst als Kind konnte man sehen, das waren gebrochene Menschen. Sie waren menschenscheu, daheim waren die dann fast Despoten. Sie waren nicht mehr integrationsfähig, ihre Familien – darunter auch Schulfreunde von mir – litten sehr unter ihnen. Alle 3 starben bis 1962« (FB Fricke, S. 4).

Bemerkenswert ist an solchen Erlebnissen, dass sie von keinem einzigen der Befragten auf ihre eigene Dienstzeit, auf ihre Tätigkeit als Soldat bezogen werden. Obgleich die Schrecken des wenige Jahre zurückliegenden Krieges also »vor Ort«, in den Städten und Familien, bis in die 1960er-Jahre omnipräsent waren, blieb die persönliche Wahrnehmung der Marine von diesem Erbe erstaunlich unbelastet.

Die Strahlkraft der Marine als »Sehnsuchtsort« bietet hierfür nur eine Erklärung. Eine zweite wäre in neuen Kriegserfahrungen zu suchen. Die Gefahren des Kalten Krieges wurden den Gefreiten nicht nur während der schweren Krisen der 1950er- und 1960er-Jahre bewusst, die auch in den Fragebogen aufgezählt werden: Korea-Krieg, Ungarn-Aufstand, Kuba-Krise und »Prager Frühling« kommen in den Berichten am häufigsten vor. Doch selbst an Bord waren die Auswirkungen der Blockkonfrontation spürbar, so auf den Manöverfahrten in der Ostsee, die Richard Meininger anführt: »Der Warschauer Pakt begleitete uns Tag und Nacht. Wir alle waren davon überzeugt, dass wir eines Tages den Russen mit ihren MIGs und den Raketenkreuzern Paroli bieten konnten« (FB Meininger, S. 23a). »Es war«, so erinnert sich Gerhard Herbauer an solche Kontakte, »die Zeit des Kalten Krieges«, die man zu spüren bekommen habe: »In einem gebührenden Abstand verfolgte uns, wie sich sehr schnell feststellen ließ, ein russischer Zerstörer«. Auch für Ernst Gerlach haben solche Berührungen mit dem Systemgegner eine große Bedeutung, sei der Zerstörer »oft bei Manövern in der Ostsee mit sowjetischen Marineverbänden konfrontiert worden, da kam es schon etliche Male zu brenzligen Situationen« (FB Gerlach, S. 23).

Doch trotz solch frostiger Einbrüche des Kalten Krieges fühlten sich die Befragten in ihrer Entscheidung für die Bundesmarine eher bestärkt als verunsichert. Die Marine sei, so bringt es Ferdinand Fricke auf den Punkt, »als Teil des westlichen Verteidigungsbündnisses« ein wichtiger Faktor in der Blockkonfrontation gewesen. »Ich persönlich hatte ein sicheres Gefühl dabei. Der Einmarsch der Sowjets in die CSSR bestätigte diese Einstellung« (FB Fricke, S. 23a). Noch eindeutiger formuliert diesen Zusammenhang Herbert Seiters: »Wir als Soldaten waren damals voll auf den ›Kalten Krieg‹ ausgerichtet. Der Ostblock war unser Feind und bedrohte unsere Demokratie. Das genügte. Sinnlose Debatten haben wir darüber nie geführt« (FB Seiters, S. 27). Wir haben es hier offenbar mit dem Phänomen zu tun, dass sich viele Gefreite als Frontgänger des Kalten Krieges verstanden und daraus eine sinnvolle Aufgabe ableiteten. In diesem Sinne könnte man von den Gefreiten als »Kalte Krieger« sprechen, da sie die Notwendigkeit ihres Dienstes mit der weltpolitischen Lage verknüpften. Anders gesagt: Für die private Erfahrung der Bundeswehr konnten gerade die Frostperioden des Kalten Krieges als persönliche Legitimationsressource fungieren.

Legitimationsprobleme ergaben sich allenfalls aus ganz anderen Nachwirkungen des Zweiten Weltkrieges. Drei der zehn Befragten gehen in ihren Berichten darauf ein, dass noch in den 1960er-Jahren unter vielen Offizieren der »Bayern« die Kontinuitäten ins »Dritte Reich« offensichtlich gewesen seien – und zwar im eigentlichen Wortsinne. »Die älteren Offiziere, Kindt, IO und Geschwaderkommandeur waren kriegsgediente Leute«, berichtet etwa Arnold Hartmann, und erinnert sich an eine Traditionspflege der ganz besonderen Art: »Im Ausland, bei Empfängen, legt er [= der Geschwaderkommandeur] dann seine Kriegsorden an. U.a. das Deutsche Kreuz in Gold und EKs. Auch der Kindt schmückte sich entsprechend« (FB Hartmann, S. 18). Diese Vorgeschichte einiger Offiziere der Bundeswehr wurde von den meisten Befragten keineswegs als Problem gesehen, im Gegenteil: Sie verstanden derartige Kontinuitätslinien eher als professionellen Profilierungsvorteil. Schließlich hatten die »Kriegsgedienten« bereits im Zweiten Weltkrieg Erfahrungen gesammelt, die ihnen an Bord eine entsprechende Stellung sicherten. Obgleich Hans Zoller die »noch vom Dritten Reich angehauchte politische Einstellung« des Kommandanten der »Bayern« missfiel, habe dieser ihm »wegen seiner seemännischen Fähigkeit als Vorbild« gegolten (FB Zoller, S. 18). Auch in den Beschreibungen von Ferdinand Fricke zeigt sich diese Ambivalenz, mit der das Erbe des »Dritten Reichs« von den Gefreiten wahrgenommen wurde: »Während meiner Dienstzeit war die Bundeswehr gerade mal zehn Jahre alt. Sie war durchsetzt mit Führungskräften aus dem ›Dritten Reich‹. Ich hatte drei Kommandanten, die im Zweiten Weltkrieg ein U-Boot befehligt hatten und die Ritterkreuzträger waren. Das waren tatsächlich hervorragende Seeleute und Persönlichkeiten« (FB Fricke, S. 17).

Die Marine als Gelegenheitsstruktur:
berufliche Chancen und Auslandsreisen

Doch wie sah es fernab der langen Kontinuitätslinien und großen Ereignisse
des Kalten Krieges aus? Welche Möglichkeiten eröffneten sich den einzelnen
Gefreiten an Bord konkret, welche Tätigkeiten nahmen sie auf der »Bayern«
wahr? Viele Befragte fanden sich im Anschluss an die Grundausbildung in
Laufbahngruppen wieder, in denen sie an ihre bisherige Ausbildung anknüpfen konnten. Sechs der zehn Befragten hatten vor der Einberufung eine Ausbildung im Maschinenbau oder als Schlosser abgeschlossen und wurden auf der
»Bayern« in entsprechenden Arbeitsfeldern beschäftigt. Die Laufbahngruppe 41
(Dampfturbinen) wird besonders häufig genannt, hier waren Anfang der
1960er-Jahre die Soldaten besonders gefragt, wie Ernst Gerlach hervorhebt: »Da
ich Dampfkesselbau gelernt hatte, wurde mir beim Einstellungsgespräch nahe
gelegt, die Fachrichtung [MD] 41 einzuschlagen. Die Marine befand sich noch
im Aufbau und es fehlten vor allem ›Heizer‹« (FB Gerlach, S. 11).

Hervorzuheben ist der berufs- bzw. ausbildungsnahe Einsatz, weil er von
vielen Gefreiten als Anreiz beschrieben wird, sich an Bord einzubringen oder
sich für mehrere Jahre in der Bundesmarine zu verpflichten. Zwei Gefreite erklären sogar, dass sie sich aufgrund ihrer positiven Erfahrungen in den Laufbahngruppen entschieden hätten, Berufssoldat zu werden. Obgleich das Tätig-
keitsprofil beim Heer wahrscheinlich vielfältigere Möglichkeiten bot, wurde die
Marine als günstige Gelegenheit für das persönliche Fortkommen gesehen, was
nicht zuletzt dem anhaltenden »Engpass auch bei den Mannschaften«[19] entsprach, den der »Spiegel« im Juli 1963 für die Marine bis Ende der 1960er-Jahre
prognostizierte. Die Wahl der Laufbahngruppe musste sich indes nicht allein
an der Berufsplanung ausrichten. Soldaten wie Herbert Seiters versprachen sich
mit ihrer Professionalisierung in erster Linie die freie Wahl des Einsatzortes.
Der Dienst an Bord eines Zerstörers, der ihm mit dem Dienst in der Fachrichtung 41 zugesichert wurde, war für ihn »mein Bordtraum«, wie er hervorhebt:
»Ich wollte schon immer auf einem der neuen Zerstörer der Hamburg-Klasse
fahren. Darum wählte ich auch ganz bewusst die Fachrichtung MD 41 (Maschi-
ne-Dampf-Technik). Bei dieser Fachrichtung war ich mir sicher, dass ich auf
einem Zerstörer landen würde. Da ich eine Maschinenbau-Ausbildung hatte,
passte das gut« (FB Meininger, S. 11)[20].

In einigen Fällen scheint sich diese Ausbildung noch nach der Dienstzeit
ausgezahlt zu haben, legte sie doch den Grundstock für spätere Berufsfelder,
wie bei Herrn Fricke, einem gebürtigen Berchtesgadener, der nach Entlassung
von der »Bayern« den Matrosenbrief erlangte und bei der Firma Hamburg-Süd
als Bootsmann (FB Fricke, S. 25) sowie bei der Werft Blohm & Voss arbeitete.

---

[19]   Blaujacken gesucht. In: Der Spiegel, Nr. 31, 31.7.1963, S. 18.
[20]   Vgl. auch die ähnlichen Angaben in den Berichten von Fricke und Seiters.

Gelegenheiten eröffnete die Marine noch in ganz anderer Hinsicht. Vielen Gefreiten bot der Dienst an Bord zum ersten Mal in ihrem Leben die Möglichkeit, eine Reise ins Ausland zu unternehmen. »Die Marine«, so bilanziert Gerhard Herbauer, habe »die Gelegenheit geboten, viele fremde Länder in Nordeuropa kennen zu lernen, die man unter normalen Bedingungen möglicherweise nie bereist hätte. Ich hatte viele Kontakte mit Menschen aus verschiedenen Nationen« (FB Herbauer, S. 27). Entsprechend großen Raum nehmen die Besuche im Ausland in vielen Berichten ein, obgleich sie im Verhältnis zur gesamten Dauer der Dienstzeit eher kurz gewesen sein dürften. In der Wahrnehmung der Gefreiten jedoch waren sie ein zentraler »Abschnitt in meinem Leben, den ich nicht missen möchte«, wie Herbauer fortfährt. Für Gefreite wie Horst Hohmüller gaben »die Auslandsfahrten«, sogar »einen Anreiz«, sich überhaupt zur Bundeswehr zu melden.

In dieser Hinsicht erfüllten sich also tatsächlich einige Erwartungen des »Sehnsuchtsortes« Marine. »Meine schönsten Erlebnisse im Dienstalltag«, so bringt es Ferdinand Fricke auf den Punkt, »waren immer die Einlaufmanöver in fremde Häfen im Ausland [...] Es war jedes Mal ein erhabenes Gefühl, eine fremde Stadt, eine andere Kultur bzw. etwas Neues zu erleben« (FB Fricke, S. 17a). Der Stellenwert solcher Auslandserfahrungen für das Erleben der Bundeswehrzeit ist wohl kaum hoch genug einzuschätzen. Das macht sich allein schon daran bemerkbar, dass einige Gefreite bei der Nennung ihrer Kommandos nicht die Tätigkeiten oder Liegeorte, sondern zuerst die Auslandsfahrten mit der jeweiligen Einheit nennen[21]. Die Marine, so könnte man sagen, eröffnete auch in dieser Hinsicht eine Gelegenheitsstruktur, die sie von anderen Teilstreitkräften abhob und als Einsatzort attraktiv machte.

Zum Verhältnis von Militär und Zivil: Drill, Kameradschaft und gesellschaftliche Anerkennung

Selbstverständlich bestand der Dienst in der Marine nicht nur aus Reisen. Ein weiteres zentrales Thema ist für die Gefreiten die Stimmung in der Kaserne und an Bord. Eindeutig sind hierzu die Aussagen, wenn es um die Grundausbildung geht. Hier berichten alle Befragten vom »Formaldienst, Drill« (FB Gerlach, S. 11), ja von Schikanen, die man in den ersten Monaten erlitten habe: »wir waren den Launen dieser Leute ausgesetzt« (FB Hartmann, S. 14). Nun war die Grundausbildung zweifellos eine sehr viel strengere Ausbildungsphase als

---

[21] Diese Beobachtung deckt sich mit Forschungen zu individuellen Erzählungen des Ersten und Zweiten Weltkrieges, die den »Krieg als Reise« beschreiben und an markanten Reisezielen ihre Erlebnisse an der Front in eine sinnbildende Form bringen. Vgl. Konrad Köstlin, Erzählen vom Krieg – Krieg als Reise, II. In: BIOS. Zeitschrift für Biographienforschung und Oral History, 2 (1989), S. 173–182, sowie die Beiträge in: Der Krieg als Reise. Der Erste Weltkrieg – Innenansichten. Hrsg. von Sabiene Autsch, Siegen 1999.

spätere Stationen. Doch darüber hinaus dürfte sich der einhellig negative Eindruck auch mit der lebensgeschichtlichen Zäsur erklären, die die Grundausbildung für alle Gefreiten setzte. Schließlich markierte sie einen besonderen biografischen Einschnitt, den Übergang vom Zivil zum Militär. »Ab diesem Tag«, so fasst dies Gerhard Herbauer zusammen, »war man Befehlsempfänger und man hat das auch sehr schnell begriffen« (FB Herbauer, S. 13a). Noch deutlicher liest sich dieser Eindruck in den Worten Horst Hohmüllers: »Schon am ersten Tag fing die Umerziehung vom mündigen Bürger zum unmündigen Trottel an« (FB Hohmüller, S. 7). Viele Gefreite berichten von mehrwöchiger Kasernierung am Anfang der Grundausbildung, von dem Gefühl der sozialen Isolierung zu Beginn der Dienstzeit, das eine nachhaltige Erfahrung hinterlassen habe: »Der erste Eindruck war verheerend« (FB Meininger, S. 11a).

Im Gegensatz dazu war der Umgangston an Bord entspannter. Wie Herbert Seiters konstatieren fast alle Befragten einen gewaltigen Gegensatz zwischen dem Drill in der Grundausbildung und dem späteren Dienstalltag auf der »Bayern«: »Der Abstand zu den Vorgesetzten schien geringer, ja kameradschaftlicher. Man merkte jedoch schnell, dass man hier gebraucht wurde«, sodass »man sich auch als Gefreiter einige Freiheiten« (FB Seiters, S. 17) habe herausnehmen können. Obwohl sich das individuelle Stimmungsempfinden nicht zuletzt aus der Verpflegungslage, dem jeweiligen »Dienst und dem Führungspersonal« speiste, wie Ernst Gerlach hervorhebt, könne man die Kameradschaft auf der »Bayern« insgesamt »als gut bezeichnen« (FB Gerlach, S. 17). Noch begeisterter erinnert sich Arnold Hartmann: »Die Kameradschaft an Bord, auch mit anderen Abteilungen, war prima« (FB Hartmann, S. 18).

Wie sehr die Stimmung an Bord vom Führungspersonal der jeweiligen Einheit abhing, zeigen Schilderungen wie die von Gerhard Herbauer, der geradezu freundschaftliche Verhältnisse an Bord auf die Persönlichkeit des Befehlshabers zurückführt: »Alles in allem kann ich auch heute noch behaupten, dass wir an Bord des Zerstörers Bayern ein sehr harmonisches Verhältnis hatten. Dies beschränkt sich nicht nur auf die Kameraden, die mit mir zusammen auf dem gemeinsamen Deck XIII P 0 lagen, sondern auch gegenüber den direkten Vorgesetzten herrschte ein sehr ausgeglichener bis freundschaftlicher Ton. Unser Fregattenkapitän Heinz Harre war für mich persönlich mehr wie eine Vaterfigur, den ich sehr geschätzt habe« (FB Herbauer, S. 17k).

In diesem Punkt sind sich sämtliche Befragte einig. Selbst die wenigen Befragten, die gelegentlich ein skeptisches Verhältnis zur Bundesmarine aufkommen lassen, lassen ihrer Begeisterung für den Fregattenkapitän Heinz Harre, »unser[en] ›Papa Harre‹« (FB Hartmann, S. 21), freien Lauf. Sämtliche Besatzungsmitglieder des Zerstörers, so fasst es Richard Meininger zusammen, »wären für ihn durch die Hölle gegangen« (FB Meininger, S. 17a).

Wie sah es darüber hinaus mit dem Verhältnis von Zivil und Militär aus? Welchen Stellenwert hatte die Bundeswehr in der Gesellschaft nach Wahrnehmung der Befragten? Und wie begriffen sich die Gefreiten bei ihren Heimfahrten: als Bürger, als Bürger in Uniform oder als »Mariner«? Auch zu diesem Aspekt scheinen Besonderheiten der Marine Auswirkungen auf die Erfahrung

der Gefreiten gehabt zu haben. Im Gegensatz zu anderen Teilstreitkräften, v.a.
zum Heer, bot der Dienst auf See durchaus gesellschaftliches Prestige, wie
Ernst Gerlach beobachtet: »Die Marine war in der Gesellschaft stets gut angesehen, klein aber fein, sozusagen Botschafter in blau« (FB Gerlach, S. 23). Ausführlich und sehr konkret beschreibt insofern Gerhard Herbauer ganz persönliche Vorteile dieses Prestigegewinns bei seiner ersten Heimfahrt in Uniform von
Wilhelmshaven nach Freiburg i.Br.: »Wir wollten die Aufmerksamkeit der Bürger auf uns ziehen, denn wann bekamen die Süddeutschen schon einmal einen
waschechten Mariner zu Gesicht. So war es auch nicht verwunderlich, dass wir
spontan einige Einladungen erhielten und zu einem Umtrunk eingeladen wurden [...] Die französischen Soldaten, meist einfachen Ranges, die sich in der
Stadt aufhielten, grüßten mit militärischem Gruß, als würde ein Offizier an
ihnen vorübergehen [...] Ein Freund von mir ergriff die Gelegenheit, mit mir
gemeinsam die folgenden Tage zu verbringen, er meinte, nun hätten wir wesentlich mehr Chancen bei den Mädchen, was nicht unbegründet war« (FB
Herbauer, S. 13c).

Wahrscheinlich machte man es sich zu einfach, die gesellschaftliche Anerkennung der Marine allein auf das Auftreten der Gefreiten zurückzuführen.
Doch die Befragten konnten den gesellschaftlichen Stellenwert der Marine tatsächlich in erster Linie an der Wirkung ihrer Uniform in der Zivilgesellschaft
ermessen. Sie verlieh ihnen das Bild eines »Mariners« und selbst dort Anerkennung, wo das Militär eigentlich weniger gut angesehen war. So hebt Hans Zoller hervor, dass die Bundeswehr in seinem Freundes- und Bekanntenkreis zwar
umstritten gewesen sei: »Meine Freunde und Arbeitskollegen dachten wie ich.
Keiner liebte die Bundeswehr« (FB Zoller, S. 9). Die Marine jedoch habe demgegenüber stets hohes Ansehen genossen: »Zu meiner Dienstzeit hatte die
Marine in der Gesellschaft einen hohen Stellenwert. Ich konnte das an den Aussagen in meinem persönlichen Umfeld festmachen« (FB Zoller, S. 23). Hervorzuheben sind diese Beobachtungen auch mit Blick auf eine lebensgeschichtliche
Einbettung der Marinezeit. Die Bundesmarine war nicht nur ein Sehnsuchtsort
und eine Gelegenheitsstruktur für die Gefreiten. Sie verlieh ihnen außerdem
eine positive Identität als »Mariner«, mit der sie ein gesellschaftlich anerkann-
tes Image gewinnen konnten.

Damit wäre indes erneut das Quellenproblem angesprochen. So vielfältig
die vorliegenden Berichte sind, handelt es sich bei ihnen doch im Grunde um
›gute Geschichten‹ von der Marinezeit. Eine Befragung von Zeitzeugen beruht
ja nicht nur auf dem Prinzip der Freiwilligkeit, sondern ebenso auf dem der
Sagbarkeit. Die Befragten müssen sich also sicher sein, dass sie etwas Relevan-
tes erzählen können und dass diese Erzählung als sozial anerkannt gelten
kann[22]. Gerade bei Themen wie Drill, Kameradschaft und Anpassungsdruck an
Bord ist es daher fraglich, ob man die ›anderen‹ Geschichten, beispielsweise
Erlebnisse von Konflikten, Ausgrenzungserfahrungen oder Isolierung, zu hö-

---

[22] Vgl. Almut Leh, Forschungsethische Probleme in der Zeitzeugenforschung. In: BIOS, 13 (2000), S. 64–76.

ren bekommt. Erstens dürften sich für die Befragung in erster Linie jene Gefreiten bereit erklärt haben, die in der Bundesmarine verhältnismäßig gut durchgekommen sind. Zweitens dürfte unter den Befragten das Bedürfnis überwiegen, eine sinnvolle und gelungene Geschichte von der Marine zu erzählen, von der das eigene Selbstbild nicht in Frage gestellt wird, sodass andere Erfahrungen in Vergessenheit geraten.

Schon ein kurzer Blick in die Archive unterstreicht diese These. Im Bestand des Bundesarchiv-Militärarchivs in Freiburg i.br. sind zum Zerstörer »Bayern« zurzeit zwei Personalakten von Kameraden der hier befragten Gefreiten einsehbar, die ein anderes Bild vom Alltag an Bord und von der Kameradschaft zeichnen. Hier ist die Rede von schweren Alkoholproblemen, von Depressionen, aber auch von Schlägereien und Ausgrenzung durch die Kameraden. Im ersten Fall wird der Maschinenschlosser und Obergefreite Karl Gerscheid, Jahrgang 1946, nach zweijährigem Dienst auf der »Bayern« und zahlreichen Disziplinarstrafen aus der Marine entlassen. Zuvor hatten seine Kameraden in mehreren Anhörungsverfahren betont, dass Gerscheid störe: »Wir wären froh«, erklärt ein Vertrauensmann für die Besatzung, »wenn wir ihn loswürden«. Wenig später stirbt der Entlassene an einem Autounfall, wahrscheinlich unter Alkoholeinfluss[23]. Auch die zweite Akte des Gefreiten Müllers, ebenfalls Jahrgang 1946, erzählt eine Geschichte des Scheiterns. Nach einer dienstlichen Pockenschutzimpfung durch einen Bundeswehrarzt erkrankt Müller so schwer, dass er mit einer Minderung der Dienstfähigkeit um 80 Prozent aus der Bundeswehr entlassen werden muss[24].

Selbstverständlich sind diese beiden Fälle ebenso wenig repräsentativ wie die der zehn Befragten. Und dennoch fällt der scharfe Kontrast zwischen den Akten und den Berichten ins Auge, denn beide Quellenarten präsentieren ganz gegensätzliche Geschichten von der Bundesmarine. Der Blick in die Personalakten sensibilisiert also erneut für die Vielfalt der Erfahrungswelten auf Ebene der Mannschaftsdienstgrade. Insofern dürfte hier ein weiteres Potenzial zukünftiger Forschungen zur Alltags- und Sozialgeschichte der Bundeswehr liegen: in einer Gegenüberstellung von Ego-Dokumenten, Erinnerungsberichten oder Interviews mit Personalakten und Dokumenten aus Archivbeständen, selbst wenn diese meist aus Perspektive der »Führungsebene« erstellt wurden. Diese Kontrastierung dürfte sowohl auf »blinde Flecken« der jeweiligen Quellenart aufmerksam machen als auch ein schärferes Bild von der Sozial- und Erfahrungsgeschichte der Bundeswehr grundieren.

---

[23] Anhörungsvermerke, Disziplinarstrafen und Entlassungs- sowie Sterbeurkunden finden sich in: BA-MA, Pers 1/18619. Der Name der Gefreiten aus den Personalakten wurde anonymisiert.

[24] Einen Überblick bietet das Schreiben der Stammdienststelle der Marine in Wilhelmshaven an das Bundesverteidigungsministerium, Abteilung P II 7, 6.5.1970. In: BA-MA, Pers 1/9598.

Nachwirkungen:
Die Bundesmarine als persönlicher Erinnerungsort

Der positive Grundton in den Erlebnisberichten erklärt sich noch mit einem weiteren Aspekt, der in vielen Aufzeichnungen durchscheint: Für einen Großteil der Befragten ist ihr Dienst bei der Marine im Laufe der Jahrzehnte zu einem persönlichen »Erinnerungsort« avanciert[25]. Die Erfahrungen auf See, das Erleben der Kameradschaft und die Tätigkeiten an Bord haben nach Ansicht der ehemaligen Gefreiten Spuren hinterlassen, mit denen sich ihre persönliche Entwicklung bis heute erklären lasse. »Die Marine«, so beschreibt es zum Beispiel Ferdinand Fricke, »hat mir persönlich eine Wertewelt vermittelt, die ich – wenn auch gel[egentlich] modifiziert – auch heute noch lebe. Sie ist mir auch heute noch wichtig« (FB Fricke, S. 27). Ähnlich sieht das Arnold Hartmann, der die Marine als ebenso prägende wie positive Sozialisationsinstanz schildert: »Persönlich hat mich der Dienst sehr geprägt. Kameradschaft, Ordnung, Rücksichtnahme hat man in der Enge dieses Eisenkastens gelernt« (FB Hartmann, S. 21), sodass er zu einem eindeutigen Fazit seiner zweijährigen Dienstzeit kommt: Es »war die schönste Zeit meines bisherigen Lebens, trotz einer phantastischen Ehefrau« (FB Hartmann, S. 27. Hervorhebung im Original). Man wird kaum in Frage stellen wollen, dass die Erlebnisse auf der »Bayern« eine wichtige persönliche Erfahrung waren. Doch die hier angeführten Schilderungen gehen darüber hinaus. In ihnen hat sich die Dienstzeit zu persönlichen Lehren verdichtet, ist die Marine zu einem biografischen Grundstein geronnen. Kurz gesagt: Die rückblickende Bedeutungsaufladung dürfte gelegentlich über die Bedeutung des Erlebten hinausgehen.

Eine Erklärung für diese Erfahrungsaufschichtung und retrospektive Sinnbildung bietet die Beobachtung, dass die »Bayern« eben nicht nur eine Bordgemeinschaft war, sondern auch nach der Dienstzeit für viele »Bayern«-Fahrer eine Erinnerungsgemeinschaft geblieben ist. An der Konstituierung und Formierung dieser Erinnerungsgemeinschaft hat u.a. die »Bordgemeinschaft ›Bayern‹«, die Internetpräsenz der ehemaligen »Bayern«-Fahrer, erheblichen Anteil. Hier sammeln ehemalige Besatzungsmitglieder Berichte, Fotos und sogar Filme von ihrem Alltag auf der »Bayern«. Hier werden zudem die alljährlichen Ehemaligen-Treffen in Wilhelmshaven bekannt gegeben, zu denen die ersten »Bay-

---

[25] Vgl. grundlegende methodische Überlegungen bei Michael Epkenhans, Stig Förster und Karen Hagemann, Einführung: Biographien und Selbstzeugnisse in der Militärgeschichte – Möglichkeiten und Grenzen. In: Militärische Erinnerungskultur. Soldaten im Spiegel von Biographien, Memoiren und Selbstzeugnissen. Hrsg. von Michael Epkenhans, Stig Förster und Karen Hagemann, Paderborn [u.a.] 2006 (= Krieg in der Geschichte, 29), S. IX–XVI; zum Zusammenhang zwischen individueller Kriegserfahrung, privaten Erinnerungen und kollektiven Deutungsmuster vgl. zuletzt das anregende Fallbeispiel von Alexander Otto, ›... wie ich mit der Vergangenheit brach‹. Kriegserfahrungen und Erinnerungswege des russischen Offiziers Georgij Benua (1914–1920/1966). In: Militärgeschichtliche Zeitschrift (MGZ), 67 (2008), S. 409–449.

ern«-Fahrer noch heute eintreffen, zuletzt im Frühjahr 2009, in dem sich sogar
der frühere Fregattenkapitän Heinz Harre die Ehre gab, wie Arnold Hartmann
schreibt: »Freundschaftliche Kontakte bestehen auch heute noch nach 40 Jahren.
Treffen uns im April 2009 in Wilhelmshaven. Auch der ›Alte‹ kommt, hoffentlich. Dürfte bald 90 sein, unser ›Papa Harre‹« (FB Hartmann, S. 21). Welche
Anziehungskraft diese Zusammenkünfte auf sämtliche Befragten ausüben,
zeigt der Kommentar von Hans Zoller, der sich in seinem Bericht ansonsten
gelegentlich kritisch zu seiner Marineerfahrung äußert: »Ende April«, so berichtet er von der Einladung nach Wilhelmshaven, »gibt es ein Treffen ehemaliger Bayernfahrer. Ihr werdet es nicht glauben, ich nehme gern teil« (FB Zoller,
S. 25).

Regelmäßige Treffen unter den ehemaligen Besatzungen gab es indes schon
lange vor dem Internet-Zeitalter. Schon an Bord des Zerstörers, so erklärt Ernst
Gerlach, seien »Freundschaften entstanden, die bis zum heutigen Tag andau-
ern, Stammtisch, Oldie-Treffen usw.« veranstaltet worden, die in den letzten
Jahrzehnten immer wieder den Austausch über die Marinezeit beförderten.
Wie wichtig diese Erinnerungsgemeinschaften für ein bleibendes Bild von der
Marinezeit sind, macht Gerhard Herbauer deutlich, der »im Herzen bis heute
ein Mariner geblieben« sei und »immer noch Kontakt zu dieser Teilstreitkraft«
habe. »So ist es selbstverständlich, dass man automatisch immer wieder von
alten Zeiten spricht, und ich musste feststellen, dass alle ausnahmslos mit ihrer
Entscheidung zur Marine zu gehen zufrieden waren« (FB Herbauer, S. 19b-c).

Dass auf solchen Treffen nicht nur Erzählungen, sondern sogar Quellen
ausgetauscht werden, zeigt die dichte Überlieferung einiger Dokumente wie
Zeitungsartikel und Fotos, die mehreren der zehn Berichte beigefügt wurden.
Im Laufe der vergangenen Jahrzehnte hat sich also eine Erinnerungsgemeinschaft gebildet, die für ihre Erzählungen auf einen gemeinsamen Quellenbestand zurückgreifen kann, mit dem sich die Überlieferung spezifischer Geschichten erklären lässt. Ein Beispiel für diese gemeinsame Erfahrungsaufschichtung ist die Erzählung von einer Beinahe-Katastrophe, die von den Beteiligten sehr ähnlich berichtet wird. Auf der Heimfahrt aus Portland geriet die
»Bayern« Anfang März 1968 in einen schweren Sturm, von den gewaltigen
Wellen wurde sogar eines der vier Hauptgeschütze aus der Verankerung geris-
sen und in die Nordsee gespült. Auf den ersten Blick könnten die Überein-
stimmungen der Schilderungen dafür sprechen, dass sich diese aus dem gemeinsamen Erleben eines bedrohlichen Ereignisses speisen. Auf den zweiten
Blick liegt jedoch die Vermutung nahe, dass sich die ähnlichen Erinnerungen
auf eine gemeinsame Tradierung des Ereignisses bei Ehemaligentreffen, in
Briefwechseln oder auf den Austausch von Berichten zurückführen lassen.
Großen Einfluss hat beispielsweise ein Artikel in der »Wilhelmshavener Zeitung« über die »Sturmfahrt« der »Bayern«, der von mehreren Befragten den
Berichten beigelegt wurde[26]. Zum ersten finden sich in diesem Artikel zum Teil

---

[26] Schwerer Brecher fegte das Zwillingsgeschütz von Bord der ›Bayern‹. In: Wilhelmshave-
     ner Zeitung, 8.3.1968.

wörtlich Formulierungen, mit denen auch die Gefreiten von dem Ereignis berichten. Zum zweiten macht das Druckbild des Artikels deutlich, dass die Kopien aus *einer* Quelle stammen, dass dieser Bericht also unter ehemaligen »Bayern«-Fahrern ausgetauscht wurde. Nun sind solche Formen der retrospektiven
Sinnbildung und wechselseitigen Verfertigung von Erinnerungen ein alltägli-
ches Phänomen und von der Sozialpsychologie bereits seit längerem erforscht
worden. Für den Umgang mit Ego-Dokumenten der Aufbaugeneration sind
solche Prozesse gleichwohl bemerkenswert. Sie zeigen, dass der Dienst in der
Bundeswehr eine wichtige Ressource der persönlichen Identitätsstiftung sein
konnte und dass diese Biografiearbeit vom Austausch ehemaliger Soldaten
noch befördert wurde.

Noch ein letzter Aspekt ist hervorzuheben für die Analyse der Bundesmarine als Erinnerungsort. Persönliche Rückblicke auf den Dienst an Bord haben in
manchen Fällen sogar eine transgenerationale Komponente. Einige der Befragten geben an, dass sie ihren Kindern oder Bekannten den Einsatz bei der Marine »immer weiterempfohlen« (FB Hartmann, S. 21) hätten – und zwar durchaus
erfolgreich, wie Ernst Gerlach feststellt.»Ich hatte die Marine an zwei meiner
Neffen weiterempfohlen, welche dann auch bei der Marine als Freiwillige
Dienst taten« (FB Gerlach, S. 21). Mit dieser Gemengelage aus persönlichen
Rückblicken, gemeinsamen Gesprächen und gemeinsamen Quellen lässt sich
also zum einen erklären, warum die Marine-Zeit nach Jahrzehnten zu einem
Kapitel in der Lebensgeschichte der Gefreiten geronnen ist. Und zum anderen
gibt sie Hinweise, in welcher Form heute über die Marine berichtet wird. Als
persönlicher und kollektiver Erinnerungsort ist das Erleben auf der »Bayern«
mittlerweile zu einer sinnvollen Erzählung geronnen, mit der sich die persönliche Biografie erklären lässt. Sehr viel knapper bringt dies einer der Befragten
selbst auf den Punkt: »Trotz aller Widrigkeiten erinnere ich mich gerne an die
Zeit zurück. Das Schlechte vergisst man zu schnell oder Gott sei Dank« (FB
Hohmüller, S. 12).

Gefreite als Aufbaugeneration: Fazit und Ausblick

Was sagt uns das alles über die »Frühgeschichte« der Bundeswehr? Welche
Konturen hat das Bild von den Mannschaftsdienstgraden in den Aufbaujahren
gewonnen? Kann man von den Gefreiten als »Aufbaugeneration« sprechen und
wenn ja: Was wäre ihr Signum? Obwohl sich in den Berichten ein breites Spektrum an Erfahrungen niederschlägt, treten in der Gesamtschau Deutungsmuster
hervor, an denen sich Gemeinsamkeiten der Stichprobe festmachen lassen. Die
Bundesmarine, so lautet ein erstes Ergebnis, war für den Großteil der Befragten
ein Dienstort mit hoher Attraktivität. Diese Feststellung ist weniger banal, als
sie zunächst klingt. Denn eine breite Zustimmung zur Bundeswehr im Allge-

meinen oder zur Marine im Speziellen war in den 1950er- und 1960er-Jahren
unter Gefreiten keineswegs selbstverständlich. Die erbitterten Debatten um die
bundesdeutsche Wiederbewaffnung im Allgemeinen und um den Aufbau der
Bundeswehr im Speziellen durchzogen nicht nur die Parlamente, sondern die
gesamte Gesellschaft. Die Bundesmarine hatte darüber hinaus ein besonderes
Legitimitätsproblem. Schließlich waren ihre strategischen Aufgaben zwischen
Ost- und Nordsee, ihre konzeptuelle Ausrichtung und konkrete Ausrüstung
selbst innerhalb des Militärs lange umstritten. In Debatten um Funktionen und
Form der Bundesmarine, wie sie bis Anfang der 1970er-Jahre geführt wurden,
schlugen sich daher ganz grundsätzliche Fragen nieder: um den Sinn der Marine zu Zeiten des Kalten Krieges und im Angesicht der Atombombe[27].

Solche Grundsatzfragen stellten sich für die Gefreiten selten, im Gegenteil:
Für sie war die Marine Sehnsuchtsort und Gelegenheitsstruktur zugleich, weil
sie als exklusive Teilstreitkraft mit einem spezifischen Image unterschiedliche
Bedürfnisse ansprach. Sie bot Gelegenheiten zur technischen Fortbildungen in
bekannten Berufsfeldern sowie ein Gefühl von Abenteuer und Seefahrer-
Romantik, das während der Manöver auf See und auf Auslandsreisen konkret
erfahrbar war. Dass diese Bedürfnisse zum Zeitgeist der 1950er- und 1960er-
Jahre passten, dürfte die Anziehungskraft der Bundesmarine noch erhöht haben. Zumindest in der Selbstwahrnehmung stießen die Gefreiten als »Mariner«
auf breite gesellschaftliche Anerkennung. Diese Akzeptanz der Marine schlägt
sich folglich in einer lebensgeschichtlichen Sinnbildung der Dienstzeit als
»Erinnerungsort« nieder – und umgekehrt, schließlich dürfte eine lebensgeschichtliche Einordnung der Marinezeit auch ihre Verklärung befördert haben.
Bis auf eine Ausnahme sehen folglich alle Befragten in der Marine eine zentrale
Sozialisationsinstanz, von der sie nachhaltig geprägt worden seien.

Kann man wegen solcher Gemeinsamkeiten von den Gefreiten der »Bayern«
als »Aufbaugeneration« der Bundesmarine sprechen? Sind die ähnlichen Deutungsmuster Hinweis genug, dass wir es bei den Befragten mit einer Kohorte
zu tun haben, die in einer spezifischen »Zeitheimat« (Sebald) ihr typisches Gepräge erfahren hat? Einerseits wecken die biografischen Eckdaten erhebliche
Zweifel an einer solchen Generalisierung als Generationalisierung[28]. In den
Aufbau- und Konsolidierungsjahren der Bundesmarine war die Altersstruktur
unter den Mannschaftsdienstgraden äußerst heterogen. Allein in der vorliegenden Stichprobe finden wir Angehörige der Geburtsjahrgänge von 1937 bis
1946. Dieser Altersunterschied von zehn Jahren ist insofern von Bedeutung, als
wir es bei den Mannschaftsdienstgraden nicht allein mit den »Kriegskindern«

---

[27] Vgl. Sander-Nagashima, Die Bundesmarine (wie Anm. 7), S. 421–423; für allgemeine
Debatten zur strategischen Ausrichtung der Bundeswehr vgl. neben Thoß, NATO-
Strategie (wie Anm. 5), auch Frank Buchholz, Strategische und militärpolitische Diskussi-
onen in der Gründungsphase der Bundeswehr 1949–1960, Frankfurt a.M. 1991.

[28] Zum Konzept der »Generationalisierung« als »Schlüssel für die kollektive Mobilisierung«
von »Deutungsprozesse[n] von biographischer Gefühlslage« vgl. Bernd Weisbrod, Generation und Generationalität in der Neueren Geschichte. In: Aus Politik und Zeitgeschichte
(APuZ), 8/2005 (21.2.2005), S. 3–9, hier S. 8.

zu tun haben, die selbst noch die Bombennächte, Flucht und Vertreibung oder Endkämpfe miterlebt hatten, sondern ebenso mit den »Nachkriegskindern«. Andererseits scheinen der Zweite Weltkrieg und seine Folgen auf das Selbstbild der Gefreiten als Soldat und auf deren Wahrnehmung der Bundesmarine weniger Einfluss gehabt zu haben, als man annehmen könnte. Sehr viel prägender als die Erfahrungen oder Nachwirkungen des vergangenen Krieges empfanden die Gefreiten die Entwicklungen aktueller Auseinandersetzungen. Insofern bot der Kalte Krieg in seiner kritischen Phase von den 1950er- bis Anfang der 1960er-Jahre[29] den Gefreiten sehr wohl eine Art Zeitheimat, zumal die persönlichen Berührungspunkte zur Blockkonfrontation eine individuelle Sinngebung des Dienstes stimulierten. Mit dieser Beobachtung ließe sich also durchaus an Generationen-Modelle anknüpfen, die das klassische Konzept Karl Mannheims erweitert haben. Von »politischen Generationen« ist nach Ulrike Jureit die Rede, wenn gemeinsame »Sozialisationsbedingungen eine bestimmte Ausprägung des Denkens, Fühlens und Handelns«[30] verbinden, oder, in den Worten Heinz Budes: »Man erkennt sich in einem Gefühl der gleichartigen Betroffenheit durch eine einzigartige gesellschaftliche und geschichtliche Situation«[31]. In dieser Perspektive ließe sich also zumindest von einer »gefühlten Aufbaugeneration« sprechen. Damit ergeben sich Berührungspunkte zwischen dem Generationen- und dem Forschungskonzept des vor kurzem abgeschlossenen Sonderforschungsbereichs (SFB) »Kriegserfahrungen«[32]. Die Auswertung der Berichte der »Bayern«-Gefreiten legt nahe, dass man durchaus von einer »Kriegserfahrung des Kalten Krieges« der 1950er- und 1960er-Jahre sprechen kann, von der das persönliche Selbstbild und das Gemeinschaftsgefühl der Gefreiten gerahmt wurde.

Besonders deutlich tritt dieses »generation-building« als biografische und kollektive Selbstverortung immer dann hervor, wenn sich die Gefreiten von anderen Generationen bzw. von späteren Entwicklungen abgrenzen. Entsprechende Hinweise geben beispielsweise Schilderungen von Gefreiten, die ihre Erlebnisse in der Ausbildung mit denen späterer Soldaten vergleichen, wie bei Ernst Gerlach, als er von dem Drill bei Dienstantritt berichtet: »Innere Führung und Recht gab es noch nicht!« (FB Gerlach, S. 11). Andere Befragte beziehen

[29] Zu Phasen des Kalten Krieges vgl. Bernd Stöver, Der Kalte Krieg. Geschichte eines radikalen Zeitalters, München 2007, bes. S. 19 f.

[30] Ulrike Jureit, Generationen als Erinnerungsgemeinschaften. Das ›Denkmal für die ermordeten Juden Europas‹ als Generationsobjekt. In: Generationen. Zur Relevanz eines wissenschaftlichen Grundbegriffs. Hrsg. von Ulrike Jureit und Michael Wildt, Hamburg 2005, S. 244–265, hier S. 250.

[31] Heinz Bude, Die 50er Jahre im Spiegel der Flakhelfer- und der 68er-Generation. In: Generationalität und Lebensgeschichte im 20. Jahrhundert. Hrsg. von Jürgen Reulecke, München 2003 (= Schriften des Historischen Kollegs; Kolloquien, 58), S. 145–158, hier S. 148.

[32] Zum Forschungskonzept des SFB vgl. Die Erfahrung des Krieges. Erfahrungsgeschichtliche Perspektiven von der Französischen Revolution bis zum Zweiten Weltkrieg. Hrsg. von Nikolaus Buschmann und Horst Carl, Paderborn [u.a.] 2001 (= Krieg in der Geschichte, 9), sowie die Übersicht auf der Homepage des SFB: http://www.uni-tuebingen.de/SFB437/F.htm (13.6.2010).

sich etwa auf die Einbindung der Marine in »Out-of-Area-Einsätzen« in den letzten Jahren, die ja tatsächlich das mentale Koordinatensystem des Kalten Krieges – und zwar nicht nur der Gefreiten – sprengen. Die tiefste Zäsur setzt in den Berichten indes eine weniger kriegerische Entwicklung: die Aufnahme von Soldatinnen in die Marine. Arnold Hartmann schildert hierzu beispielsweise den Besuch des Nachfolgeschiffs »seines« außer Dienst gestellten Zerstörers von vor einigen Jahren: »Habe die Marine immer weiterempfohlen. Ich selbst würde heute nicht mehr hingehen. Habe 2007 die Fregatte Bayern besucht. Nicht mehr meine Welt. Frauen an Bord, fürchterlich für mich. Die haben dort nichts verloren« (FB Hartmann, S. 21).

Etwas versöhnlicher im Ton und kompromissbereiter in der Haltung beschreibt Gerhard Herbauer den Umgang mit dem »leidigen Thema Frauen bei der Bundeswehr« als Beweis fundamentaler Wandlungen in der Marine: »Letztendlich muss ich einsehen, dass sich die Zeiten gewaltig geändert haben und man auch zu Zugeständnissen bereit sein sollte« (FB Herbauer, S. 21a).

Anders gesagt: Der in den Berichten aufkommende Generationszusammenhang erhält seine festen Konturen nicht zuletzt in der Retrospektive. Aus der Einsicht, dass sich »die Zeiten gewaltig geändert haben« erwächst die Erfahrung einer Zeitheimat, in der man sich und seine Kameraden verortet. Es sind daher nicht allein die zeitgenössischen Großereignisse, sondern genauso die alltäglichen Dinge und langfristigen Entwicklungen, die uns als Generationenlagerung beschäftigen sollten. Mit Bezügen auf spätere Erfahrungen wird von den Gefreiten ein Generationszusammenhang markiert, die Aufbaugeneration konstituiert sich also durch Abgrenzung und Fremdzuschreibungen, sodass den Gefreiten als »imagined community« eine kollektive Identität zuwächst[33]. Mit den ehemaligen »Bayern«-Fahrern entsteht eine »Generation als Erzählung«[34], deren Bindekraft dem Bedürfnis nach »lebenszeitliche[r] Vergemeinschaftung«[35] und nach einem »Distinktionsmerkmal«[36] mindestens ebenso geschuldet ist wie einer Zeitheimat im Kalten Krieg.

Von solchen grundlegenden Überlegungen zum Generationenkonzept einmal abgesehen, eröffnet dieser Beitrag noch ein weiteres Feld zukünftiger Forschungen: eine Bundeswehrgeschichte »von unten«. Notwendig sind weitere und umfangreichere Studien zur Bundeswehr mit Fokus auf die »einfachen Soldaten« gleich in zweierlei Hinsicht: Erstens erweitert der Blick auf die Mikro- bzw. Mannschaftsebene unser Verständnis von der Bundeswehr um eine

---

[33] Vgl. Mark Roseman, Generationen als ›Imagined Communities‹. Mythen, generationelle Identitäten und Generationenkonflikte in Deutschland vom 18. bis zum 20. Jahrhundert. In: Generationen (wie Anm. 30), S. 180–199, bes. S. 190.

[34] Vgl. dazu die Beiträge in: Generation als Erzählung. Neue Perspektiven auf ein kulturelles Deutungsmuster. Hrsg. von Björn Bohnenkamp, Till Manning und Eva-Maria Silies, Göttingen 2009 (= Göttinger Studien zur Generationsforschung, 1).

[35] Weisbrod, Generation und Generationalität (wie Anm. 28), S. 8.

[36] Zur Funktion persönlicher Generationen-Zuschreibungen als Differenzbegriff und Distinktionsmerkmal vgl. Malte Thießen, Generation ›Feuersturm‹ oder Generation Lebensmittelkarte? ›Generationen‹ als biografisches Argument und lebensgeschichtliche Erfahrung in Zeitzeugen-Interviews. In: Generation als Erzählung (wie Anm. 34), S. 33–52.

Sozial- und Erfahrungsgeschichte des Militärs[37]. Und zweitens verspricht dieses Forschungsfeld Erkenntnisse für die bundesdeutsche Gesellschaft in der zweiten Hälfte des 20. Jahrhunderts. In der alten Bundesrepublik war »der Bund« eine der größten und totalsten Sozialisationsinstanzen, zumindest für einen Großteil der männlichen Bevölkerung. Zukünftige Arbeiten zum Dienstalltag auf Mannschaftsebene, zu den Erfahrungswelten und Selbstbildern der Gefreiten könnten uns daher Neues sagen über eine Sozial-, Alltags- und Kulturgeschichte der Bundesrepublik zwischen Zweitem Weltkrieg, Kaltem Krieg und den »neuen Kriegen«[38].

---

[37] Vgl. dazu auch die grundlegenden Überlegungen bei Ute Frevert, Die kasernierte Nation. Militärdienst und Zivilgesellschaft in Deutschland, München 2001, S. 302–355.
[38] Herfried Münkler, Die neuen Kriege, Reinbek bei Hamburg 2002.

Unteroffiziere und Truppenoffiziere
(Untergebenen- und Führungsebene II)

Martin Rink

Die kurze Karriere des Stabsunteroffiziers Heinz-Dieter Braun. Lebenswege in der Luftwaffe 1957 bis 1967

Einleitung: Der Tagesbefehl

Der Tagesbefehl des Stellvertretenden Kommandeurs der Technischen Schule der Luftwaffe (TSLw) 2 in Lagerlechfeld vom 6. Juni 1967 war voll des Lobes für den Verstorbenen: »In der Nacht vom 1. zum 2.6.1967 haben sich Mannschaftsdienstgrade einer Luftwaffeneinheit in angetrunkenem Zustand den Befehlen ihres Vorgesetzten widersetzt und ihn tätlich angegriffen. Unteroffiziere, die als Lehrgangsteilnehmer zur TSLw kommandiert waren, haben als Zeugen dieses Vorganges eingegriffen, um Zucht und Ordnung herzustellen und ihrem Kameraden zu helfen. Sie wurden daraufhin von den angetrunkenen Soldaten ebenfalls angegriffen. Im Verlauf dieser tätlichen Auseinandersetzung ist der StUffz [= Stabsunteroffizier] Heinz-Dieter Braun, der mit Wirkung vom 31. Mai zur TSLw 2 kommandiert war, so schwer verletzt worden, daß er am 3.6.1967 um 2.55 Uhr seinen Verletzungen erlag. Neben den negativen Erscheinungen des Ungehorsams und tätlichen Angriffs auf Vorgesetzte steht die vorbildliche Haltung und Pflichterfüllung in Kameradschaft. In dem Maße, in dem Untergebene gegen Disziplin und Kameradschaft verstießen, haben junge Unteroffiziere sich durch persönlichen Einsatz ohne Rücksicht auf Person und Gesundheit für Disziplin und Kameradschaft eingesetzt. Diese Haltung ist beispielhaft[1].«

Dieser mit Parolebefehl bekanntgegebene Sachverhalt bezieht sich auf eine Bundeswehr-Karriere der anderen Art. Als eine solche im landläufigen Sinn wird der hier nachzuzeichnende militärische Werdegang sicher nicht gelten können. Heinz-Dieter Wilhelm Ludwig Braun[2] war zweimal Soldat: vom 3. Januar 1957 bis zum 2. Januar 1964 und vom 1. Oktober 1965 bis zum frühen Tod. Es lassen sich steilere Berufswege denken als der eines Mannes, der erst achteinhalb Jahre nach seinem Diensteintritt zum Stabsunteroffizier avancierte.

---

[1] Bundesarchiv-Militärarchiv (BA-MA), Freiburg i.Br., Pers 1/9057, Tagesbefehl TSLw 2 – Kommandeur, Lagerlechfeld, 6.6.1967.
[2] Der Name wurde für den vorliegenden Beitrag anonymisiert.

Doch könnte dieses Schicksal, nicht trotz, sondern gerade wegen seiner Windungen Aufschluss über die Lebenswelt »dahinter« geben. Um diese soll es hier gehen.

Braun gehörte zu den ersten 14 000 bundesdeutschen Luftwaffensoldaten überhaupt. Den Traum vom Fliegen bezeugen seine begeisterten Bewerbungsschreiben von Mai und Oktober 1956; dem ersten Jahr einer real existierenden westdeutschen Streitmacht, die nun auch erst den Namen »Bundeswehr« erhielt. Fliegende Verbände wuchsen aber erst ab 1957 auf, Brauns erstem Dienstjahr. Seine erste Berührung mit dem System »Militär« erfolgte nach erfolgreich abgeschlossenem Einstellungsverfahren in Uetersen nordwestlich von Hamburg. Der weitere Weg führte über Fürstenfeldbruck und Erding in Oberbayern nach Pferdsfeld bei Sobernheim, einem Fliegerhorst im Hunsrück, dessen taktischer Wert sich auch mit dem Merkmal der Entlegenheit verknüpfte. In der jungen Luftwaffe der alten Bundesrepublik zu dienen hieß, sich deren geografischen Extrempolen anzunähern. Auch hinsichtlich seiner Verwendungen durchlebte Braun ein Kaleidoskop der Möglichkeiten, nicht zuletzt wegen der Erfolglosigkeit der anderen Anläufe. Nach seiner Grundausbildung durchlief er die Ausbildung zum Unteroffizier, dann abortiv zum Flugzeugführer. Für kurze Zeit war er Sicherungs-, dann Stabsdienstsoldat, dann Rechnungsführer. Zuletzt diente er als Fernmeldesoldat im Fernschreib- und Schlüsseldienst. War das eine »Karriere«?

Ohne Zweifel war es eine »carrière« im Wortsinn, ein »Lebens-Lauf«. Dessen mehrmalige Anläufe zeigen die Lebenshoffnungen eines jungen Mannes, der durchweg als »durchschnittlich« zu qualifizieren wäre. In der Tat ist er so von seinen Vorgesetzten beurteilt worden, teils mitfühlend, teils gnadenlos. Freilich ist die Persönlichkeit eines Menschen schon deshalb nie »durchschnittlich«, weil sie sich begrifflich auf dessen Einzigartigkeit bezieht. So muss die Frage nach dem Individuum des Stabsunteroffiziers Heinz-Dieter Braun hier im (Halb-)Dunklen bleiben. Denn für die persönlichen Facetten fehlen die Quellen. Dagegen kann und soll hier die Frage nach dem »Typischen im Besonderen« gestellt werden, bezogen auf die Aufbaujahre im ersten Jahrzehnt der Bundeswehr und ihrer Luftwaffe. Klar zu Tage tritt indessen das »offizielle Gesicht« eines Soldaten, so wie die Großorganisation Bundeswehr ihn sah. Während der Protagonist im Vordergrund verschwommen bleibt, steht hier gleichsam der Hintergrund, die Luftwaffe im Aufbau, im Fokus der Betrachtung. Sie war zwischen 1957 und 1967 in vielerlei Hinsicht noch »Kulisse«; ein Bühnenbild, an dem bei laufendem Spiel noch gearbeitet wurde.

Trotz seiner Rückschläge war Braun ein junger Mann, wie ihn die Bundeswehr brauchte – zu Zehntausenden. Nicht nur der generationstypische – historisch reale – Doppel-Vorname steht für eine Generation, deren Kindheitserinnerungen sich auf ein Land im Krieg bezogen und deren Jugendzeit von »Nach-Krieg«, später von aufkeimendem »Wirtschaftswunder« gekennzeichnet war – eine Zeit, die erst ex post als »wunderbar« erscheint. Sein Geburtsjahrgang 1937 war der erste, der zur Wehrpflicht einberufen wurde, während die »weißen

Jahrgänge« zwischen 1928 und 1936[3] das Thema Militär – abgesehen von ihrer Prägung als Kriegskinder – wenn sie wollten, meiden konnten. Wenn die Bundeswehr im Licht der sie kennzeichnenden Lebensläufe nachgezeichnet werden soll, ergibt sich allgemein ein eklatantes Ungewicht der Darstellung: viel Kopf, wenig Basis. Recht viel wissen wir über die Werdegänge der Wenigen, die es bis zur Spitze schafften, sehr wenig über die Lebensläufe in der breiten Ebene darunter. Doch wirkten diese Vielen letztlich an den Karrieren der Erfolgreichen mit. Und obwohl das Unteroffizierkorps als Rückgrat der Armee bezeichnet zu werden pflegt, bleiben die Probleme der »Basis« im großen Perspektivbild marginal: Teils mochten sich die Probleme aus der (oft Erzähler-)Perspektive der übergeordneten Führung als geringfügig ausnehmen; teils waren diejenigen, denen der Aufstieg glückte, mit Friktionen anderer Art konfrontiert als die Handelnden im organisatorischen Unterbau. In mancherlei Hinsicht ist der Lebensweg Brauns jedoch, trotz seiner Umwege, die Geschichte eines Aufsteigers.

Bestünde die Chance einer Geschichte »von oben«, dann geriete bei der Schilderung einer Bundeswehrbiografie des Jahrgangs 1937 möglicherweise nicht der Anfang, sondern das Ende zur – teleologisch verformten – Bezugsgröße. Zum Geburtsjahrgang Brauns gehörten die späteren Generalleutnante Werner von Scheven (geb. 26. Januar 1937, Dienstzeit 1957–1994), Bernhard Mende (geb. 2. August 1937, gest. 6. Mai 1998, Dienstzeit 1958–1997) und Generaloberstabsarzt Dr. Desch (geb. 5. Juli 1937, Dienstzeit 1965–1997). Eine Biografie dieser drei, die »es geschafft« haben, würde wohl mit einer gewissen Unausweichlichkeit bereits die ersten militärischen Schritte der jungen Soldaten im Licht der späteren Karriere nachzeichnen: Desch würde so als zukünftiger Inspekteur des Sanitätsdienstes der Bundeswehr (1989–1997), Mende als derjenige der Luftwaffe (1994–1997) erscheinen; Scheven als künftiger Befehlshaber und Kommandierender General im Osten Deutschlands (1991–1994). Die vorangegangenen Verwendungen, etwa die als Einheitsführer in den späten 1960er-Jahren, und knapp zehn Jahre später die als Bataillonskommandeur (für den Panzeroffizier von Scheven und den Flugabwehr-Raketen-Offizier Mende) wären, genauso wie die Generalstabslehrgänge Anfang der 1970er-Jahre oder die folgenden Truppen-, Stabs- und Ministerialverwendungen[4], lediglich als Vorspiel zur »wesentlichen Leistung« erschienen. Und diese Leistung dieser 30 bis 40 Jahre lang in der Bundeswehr verbliebenen Soldaten erfolgte in den frühen 1990er-Jahren, als sich die Bundeswehr zur »Armee der Einheit« und zur

---

3   Vgl. die offiziöse Schrift: Warum brauchen wir die Wehrpflicht? Eine Denkschrift der Bundesregierung, veröffentlicht durch das Presse- und Informationsamt der Bundesregierung, April 1956, S. 12, 17.

4   Eckdaten nach Dokumentensammlung MGFA, Forschungsbereich III, sowie Dieter E. Kilian, Elite im Halbschatten. Generale und Admirale der Bundeswehr, Bielefeld, Bonn 2005, S. 339, 532–536. Zur generationellen Einordnung der »weißen Jahrgänge« 1929–1937: Klaus Naumann, Generale in der Demokratie. Generationsgeschichtliche Studien zur Bundeswehrelite, Hamburg 2007, S. 33 f.

Armee im (Auslands-)Einsatz wandelte. Im Falle einer erfolgreichen Unteroffizierbiografie hätte ein 1937 geborener und 1957 in die Bundeswehr eingetretener fiktiver Heinz-Dieter »Roth« als Soldat auf Zeit mit zwölfjähriger Dienstzeit
(SaZ 12) die Bundeswehr 1969 als Oberfeldwebel verlassen. Als Berufssoldat
hätte seine Dienstzeit nach der besonderen Altersgrenze von 55 Jahren im
höchsten Unteroffizierdienstgrad Oberstabsfeldwebel im dritten Nachwendejahr 1992 enden können; im weit häufigeren Enddienstgrad Stabsfeldwebel
bereits zwei Jahre vorher; im Falle eines Laufbahnwechsels zum Offizier des
Truppendienstes im Enddienstgrad Oberstleutnant ein Jahr später. Auch insofern ist der Jahrgang 1937 kennzeichnend: Diejenigen, die ihre soldatische
Laufbahn in der Bundeswehr im Aufbau begannen, beendeten ihr Berufsleben
– sofern sie zu Berufssoldaten heranrückten – zeitlich fast punktgenau mit dem
Ende der »alten«, auf Westdeutschland reduzierten Bundeswehr.

Gewissermaßen ist Heinz-Dieter Braun ein für diesen Beitrag »ausgewählter« Namensvetter der »Maria Braun«, jener Nachkriegsfrau, der Rainer Maria
Fassbinder mit seinem 1979 erschienenen Film ein Denkmal setzte. Wie diese
handelt auch die Geschichte des Stabsunteroffiziers von Aufstiegsorientierung,
strukturellen Widerständen und persönlichen Schwierigkeiten, insbesondere
vom Wunsch nach einem »normalen« Zusammenleben mit Ehepartner und
Familie. Die um zehn Jahre zeitversetzte Geschichte des Stabsunteroffiziers
spielte in einer Bundeswehr, deren Existenz jener der Nachkriegsgesellschaft
um ein Jahrzehnt hinterherhinkte. In beiden Schicksalen verdichtet sich ein
Alltag, der bei anderen Lebensläufen als »grau« – weil »normal« – zu bezeichnen wäre, hier jedoch im tragischen Ende kulminiert.

So wie im Jahrzehnt zwischen 1957 und 1967, der Dienstzeit Brauns, die
Bundeswehr ein unfertiges Gebilde war und die Luftwaffe ein noch aufzuwachsendes Fragment ihrer anspruchsvollen Soll-Zahlen, muss auch das hier
zu zeichnende Bild Brauns nur ein Ausschnitt aus der »ganzen Geschichte«
bleiben. Insofern trägt dieses Biogramm Züge einer historischen Fiktion[5]. Offizielle Spuren gehen nur aus einer Quelle hervor: Brauns Personalakte; einer
von einigen Millionen. Der Quellenbestand reduziert sich radikal auf das, was
die »Organisation Bundeswehr« über das Leben ihres Soldaten zu wissen müssen glaubte. Das ist wenig. Doch sowenig diese »offizielle Wahrheit« über die
Person auszusagen vermag, soviel Auskunft gibt sie über die Organisation, der

---

5 Beispiele für diesen methodischen Ansatz bieten Matthias Rogg, Ronny muss zur Volksarmee. Militär und Gesellschaft in der DDR. In: Militärgeschichte. Zeitschrift für historische Bildung, 2007, 1, S. 4–9; Bernhard Chiari, Die Büchse der Pandora. Ein Dorf in Weißrussland 1939 bis 1944. In: Die Wehrmacht. Mythos und Realität. Im Auftrag des MGFA
   hrsg. von Rolf-Dieter Müller und Hans-Erich Volkmann, München 1999, S. 879–900; Clemens Heitmann, Familie Franzkes Wehrbeitrag. Zur Einbindung der DDR-Bevölkerung
   in das System der sozialistischen Landesverteidigung – eine fiktive Biographie. In: Militär,
   Staat und Gesellschaft in der DDR. Forschungsfelder, Ergebnisse, Perspektiven. Im Auftrag des MGFA hrsg. von Hans Ehlert und Matthias Rogg (= Militärgeschichte der DDR,
   8), S. 377–418.

er diente. Um jene geht es. Möglicherweise ist dieser Mangel an Quellen sogar hilfreich für einen Blick auf den »typischen« Unteroffizier.

Flugzeugführeranwärter – der erste Karriereanlauf

Bereits das im zitierten Tagesbefehl ausgebreitete brutale Faktum der Schlägerei mit Todesfolge widerlegt eine Vorstellung, die sich in der kollektiven Erinnerung der Deutschen möglicherweise verfestigt hat: dass nämlich »damals alles besser« gewesen sei. Im »Goldenen Zeitalter« zwischen den späten 1940er- und den frühen 1970er-Jahren – in (West-)Deutschland später, aber stärker beschleunigt – schienen sich die im halben Jahrhundert zuvor aufgehäuften Probleme in Wohlstand und Wohlgefallen aufgelöst zu haben[6]. Auch waren nach 1945 Krieg und Militär diskreditiert und dominierten nicht mehr Habitus und Berufswünsche Heranwachsender. Die bundesrepublikanische Gesellschaft erfuhr infolge von materiellem »Wohlstand für Alle«, von Vollbeschäftigung und Technisierung des Lebensalltags einen tiefgreifenden Modernisierungsschub; dieses betraf auch ihre Armee[7]. Und selbst wenn die reale Umwälzung der Lebensverhältnisse erst im letzten Drittel der 1950er-Jahre erfolgte, nannten die Zeitgenossen der 1950er- und frühen 1960er-Jahre ihre Zeit »modern«. Jedoch blieb dieser Wandlungsprozess nicht ohne Verwerfungen, Einschränkungen und Unsicherheiten. Diese Ära, die man im ruhigen Rückblick für eine des unbegrenzten Aufstiegs halten könnte, stand im Hintergrund der »Karriere« eines Unteroffiziers, dem das große Hauptlos versagt blieb.

Just die zweite Hälfte der 1950er-Jahre war die Phase, in der die allgemeine technologische Beschleunigung in der Luftwaffe-relevanten Technik besonders hervortrat: Infolge der Projektionsmöglichkeit nuklearer Waffen mit Überschallgeschwindigkeit schrumpfte das taktisch-strategische Zeit-Raum-Kontinuum dramatisch: Um 1959 gingen die westlichen Schätzungen davon aus, dass ostwärts der Oder gestartete Kampfflugzeuge des Warschauer Paktes den

---

[6] Eric Hobsbawm, Das Zeitalter der Extreme. Weltgeschichte des 20. Jahrhunderts, München, Wien 1994, S. 324–362, bes. S. 337.

[7] Axel Schildt, Moderne Zeiten. Freizeit, Massenmedien und ›Zeitgeist‹ in der Bundesrepublik der 50er-Jahre, Hamburg 1995 (= Hamburger Beiträge zur Sozial- und Zeitgeschichte, 31), S. 22–28; Edgar Wolfrum, Rock'n'Roll und Sputnik-Triumph. In: Dimensionen der Moderne. Festschrift für Christof Dipper. Hrsg. von Ute Schneider und Lutz Raphael unter Mitarbeit von Sonja Hillerich, Frankfurt a.M. 2008, S. 423–436; Dynamische Zeiten. Die 60er-Jahre in den beiden deutschen Gesellschaften. Hrsg. von Karl Christian Lammers, Axel Schildt und Detlef Siegfried, Hamburg 2000. Zur Bundeswehr als »moderner« Armee: Rudolf J. Schlaffer, Der Wehrbeauftragte 1951 bis 1985. Aus Sorge um den Soldaten, München 2006 (= Sicherheitspolitik und Streitkräfte der Bundesrepublik Deutschland, 6), S. 279–285.

westdeutschen Luftraum binnen einer Viertelstunde überflogen hätten;
Jagdflugzeuge sogar in der Hälfte dieser Zeit. Natürlich war das umgekehrt
genauso[8]. Zudem wandelte sich gerade zu dem Zeitpunkt, als die
Aufstellungsphase der Bundeswehr ihre höchste Beschleunigung erhielt, die
Strategie des westlichen Bündnisses. Anders als beim Heer (oder wie dort
wahrgenommen) entwertete das einen Großteil der Kriegserfahrung. Die
Luftwaffe emanzipierte sich in der Ära des Ministers Franz Josef Strauß und
ihres Inspekteurs Josef Kammhuber zwischen 1956/57 und 1962 von ihrer
ursprünglich geplanten Rolle als Hilfswaffe des Heeres zum deutschen Anteil
der (taktisch-)nuklearen Vergeltungsstrategie. Das folgte dem Großtrend der
Zeit, der Nuklearisierung.

Im ersten Jahrzehnt der Bundeswehr – identisch mit der Berührungszeit
Heinz-Dieter Brauns mit der Luftwaffe zwischen 1956/57 und 1966/67 – fand
die Luftwaffe zu jener Gestalt, die sie im Wesentlichen durch die 1970er- und
1980er-Jahre hinweg beibehalten sollte. Die rasche Waffensystembeschaffung
im Rahmen dieser konsequenten Modernisierung forderte ihren Preis. Das herausragende Beispiel hierfür liefert die »Starfighter-Krise«, die Absturzserie des
mit Hochdruck beschafften Hochleistungsflugzeugs F-104G zwischen 1961 und
1966[9]. Die Krise spiegelte ein komplexes Bündel von Herausforderungen in
Technik, Organisation und Ausbildung wider. Somit lagen die sehr hohen Un-
fallraten der F-104G in der Frühphase der Luftwaffe »lediglich« im Trend. Zudem war hier ein rasanter personeller Aufbau zu bewerkstelligen: von einigen
wenigen Wehrmacht-gedienten Zivilbeschäftigten Ende 1955 bis zu 92 000
Mann sieben Jahre später[10].

Die Luftwaffe konnte auch insofern als die »modernste« Teilstreitkraft gelten, weil hier der Tagesdienst vieler durchschnittlicher Soldaten (natürlich nicht
der Jet-Piloten) eher wenig körperlich geprägt war. Dass ihre komplexen Waf-
fensysteme nur noch im engen Verbund eines arbeitsteilig vorgehenden
»teams« zu beherrschen waren, kontrastierte mit den im Heer teils noch ge-
pflegten Vorstellungen vom »Einzelkämpfer«. Umso mehr jedoch konnte im
Wirkungsfeld Luftwaffe der in den 1950er-Jahren favorisierte »moderne« Sol-

---

[8] Zu den Überflugzeiten siehe Julian-André Finke, Hüter des Luftraumes? Die
     Luftstreitkräfte der DDR im Diensthabenden System des Warschauer Paktes. Hrsg. vom
     MGFA, Berlin 2010 (= Militärgeschichte der DDR, 18), Anlage 1, S. 316; Bernd Lemke
     [u.a.], Die Luftwaffe 1950 bis 1970. Konzeption, Aufbau, Integration, München 2006
     (= Sicherheitspolitik und Streitkräfte der Bundesrepublik Deutschland, 2), Nachsatz (mit
     Quellenbeleg); Biogramm Kammhubers ebd., S. 753. Zur Strategie: Lemke, Konzeption
     und Aufbau der Luftwaffe. In: ebd., S. 71–477, hier S. 151–194; Bruno Thoß, NATO-
     Strategie und nationale Verteidigungsplanung. Planung und Aufbau der Bundeswehr
     unter den Bedingungen einer massiven atomaren Vergeltungsstrategie 1952 bis 1960,
     2006, München 2006 (= Sicherheitspolitik und Streitkräfte der Bundesrepublik Deutsch-
     land, 1).
[9] Zur »Starfighterkrise«: Lemke, Konzeption und Aufbau (wie Anm. 8), S. 360–379.
[10] Klaus Kropf, Jet-Geschwader im Aufbruch. Erste Jets der Bundeswehr in Luftwaffe und
     Marine, Zweibrücken 2003, S. 259–273, bes. S. 272; chronologische Übersicht (bearb. von
     Klaus-Peter Scheibe) in: Lemke [u.a.], Die Luftwaffe (wie Anm. 8), S. 802.

dat« in Erscheinung treten. Mit plakativ ins Bild gebrachten modernen Flug-
zeugmustern – die zu diesem Zeitpunkt teils noch gar nicht für die Luftwaffe
flogen – suchten die ersten Werbelinien der Bundeswehr-Nachwuchswerbung
ab 1956/57 Jugendliche zum Diensteintritt zu bewegen: »Der junge Leutnant
führt als Pilot ein Düsenflugzeug«, so hieß es auf einem Plakat; andere wider-
spiegelten den Wunsch »Fliegen müsste man können«. Oder sie forderten:
»Flieg mit!«[11].

Allerdings hatte die neue (west-)deutsche Militärfliegerei mit dem Problem
zu kämpfen, dass ihr prospektives Schlüsselpersonal aus der Übung
gekommen war. Diese Technologie- und Erfahrungslücken in der (west-
)deutschen Militärfliegerei bestanden, obwohl die Gründungsväter der
Luftwaffe als Ritterkreuz-tragende »Fliegerasse« von ihren neuen Verbündeten
bewundert wurden. Auch sie aber bedurften der intensiven technischen und
fliegerischen Nachschulung[12]. Angesichts des eklatanten Personalengpasses an
Flugzeugführern, die hierfür zumeist ja nur im Alter zwischen 20 und Ende 30
körperlich in Frage kamen, war die Masse der künftigen Piloten von Anfang an
zu schulen. Um den Bedarf von bis zu 3000 Piloten in kurzer Zeit zu decken,
griff die Luftwaffe auch auf geeignete Unteroffizieranwärter zurück.

Für einen jungen Halbwaisen und gelernten Bergknappen beinhaltete das
eine Chance zum Aufstieg, auch im Wortsinn. Vom 8. März 1956 datiert Brauns
ungeduldiges Schreiben:»Mein Wunsch und Wille ist es, Berufssoldat zu werden und der Bundeswehr anzugehören. Am 9.1.1937 wurde ich geboren. Ostern
1952 wurde ich als Volksschüler aus der achten Klasse entlassen. Ich ging in
den Bergbau und habe jetzt im Februar den Bergbau verlassen, weil ich mich
entschlossen habe, Berufssoldat zu werden. Wenn möglich, möchte ich speziell
zur Luftwaffe. Ich bitte um baldigen Bescheid. Inzwischen werde ich eine Arbeit aufnehmen. Hoffentlich vergeht nur kurze Zeit bis zu meiner Einberufung
als Freiwilliger[13].«

Nach Auskunft seines Personalbogens verfügte der am 9. Januar 1937 im
niedersächsischen Bersenbrück 30 Kilometer Luftlinie nördlich von Osnabrück
geborene und wohnhafte Braun über eine Jahrgangs-typische Schulbildung:
Nur in einem seiner acht Jahre Volksschule hatte er Englisch-Unterricht genossen. Er verfügte über einen Führerschein der Klasse 2 für Lastkraftwagen, gehörte aber weder der »seemännischen« noch der »fliegerischen Bevölkerung«
an; hierfür gab es im Formblatt je ein Kästchen. Auch war er nicht vorbestraft.
Wie über die Hälfte der Jugendlichen seiner Zeit hatte Braun eine betriebliche

[11] Thorsten Loch, Das Gesicht der Bundeswehr. Kommunikationsstrategien in der Freiwilligenwerbung der Bundeswehr 1956–1989, München 2008 (= Sicherheitspolitik und Streitkräfte der Bundesrepublik Deutschland, 8), S. 170 f., sowie Abbildungen 16 f., 24–26
(S. 122 f., 126–128).
[12] Wolfgang Schmidt, Briefing statt Befehlsausgabe. Die Amerikanisierung der Luftwaffe
1955 bis 1971. In: Lemke [u.a.], Die Luftwaffe (wie Anm. 8), S. 649–691, hier S. 675.
[13] BA-MA, Pers 1/9057, Bewerbungsanschreiben Heinz-Dieter Braun (handschriftlich), Bersenbrück, 8.3.1956.

Ausbildung abgeschlossen[14]. Während seiner Lehre von 1952 bis 1956 auf der Zeche »Konsulidation« (sic, Consolidation) in Gelsenkirchen hatte er im Lehrlingsheim gewohnt. Zum Zeitpunkt des Einstellungsverfahrens war er jedoch als Farbschleifer beschäftigt, nämlich seit dem 1. Mai 1956 bei der Karosseriefabrik Karmann in Osnabrück – dort, wo von 1955 bis 1975 das legendäre Sportcoupé Karmann Ghia gefertigt wurde. Danach, von September bis Ende November 1956, arbeitete er als Buchvertreter für die Firma Otto Hohmann[15] – noch war der Markt der Buchgemeinschaften mit Direktvertrieb nicht von einem Gütersloher Lesering dominiert. Die Angabe zu seinen Eltern zeigen Braun als »Kriegskind«. Im Personalbogen hieß es dazu knapp: »Vater vermißt (1946 gestorben), Mutter gesund«[16]. Das deutete auf die vielleicht eine Million deutschen Kriegsgefangenen, die dieses Schicksal nicht überlebten[17]; auch auf jenes der unvollständigen Familien, doppelbelasteten Mütter, vaterlosen Kinder.

Ende August 1956 wuchs Brauns Ungeduld. Davon zeugt seine erneute Bewerbung. Nicht ohne Dramatik, aber auch unter Bezugnahme auf die heftige aktuelle Wehrpflichtdebatte, schrieb der junge Mann: »Aus zwingenden familiären und sich daraus ergebenden existentiellen Schwierigkeiten, bitte ich, wenn möglich, um sofortige Einstellung in die Bundeswehr. Die Musterung in Hannover am 9. Juli und auch die Fliegertauglichkeitsprüfung am 14.8.56 habe ich mitgemacht, und es wurde mir am 15. August in Hannover bereits gesagt, daß ich die Wehrfliegertauglichkeitsprüfung mit Erfolg bestanden habe. Die Voraussetzungen zum Soldaten, bzw. Flieger, wären also vorhanden, und ich warte nun auf meine Einberufung. Etwas früher oder später wird sowieso die Einberufung erfolgen. [...] Um mich für einen weiteren Gelderwerb entscheiden zu können, wenn es länger dauern sollte, was andere Tatsachen widerlegen, bezüglich des Einberufungsverfahrens, wie mir bekannt ist, brauche ich unbedingt schnellstens einen Bescheid. Ich bitte um Beachtung des Schreibens. Hochachtungsvoll Heinz-Dieter Braun[18].«

Die erste ärztliche Untersuchung erfolgte Mitte August 1956 bei einem Facharzt für Innere Medizin in Hannover-Süd. Genau ein Jahr später fand eine erneute Begutachtung in der Fliegerärztlichen Untersuchungsstelle in Hamburg statt. Dass sich die Bundeswehr noch im ersten Aufbaustadium befand, verdeutlicht ein Aperçu: Der Rückumschlag für den Untersuchungsbefund des Hannoveraner Arztes wies als Rücksendeadresse noch den »Beauftragten des Bundeskanzlers der für die Vermehrung der alliierten Truppen zusammenhän-

---

14 Schildt, Moderne Zeiten (wie Anm. 7), S. 62.
15 BA-MA, Pers 1/9057, Feststellungsblatt ATN für Unteroffiziere und Mannschaften, Erding, 20.10.1958 (Flug-Lehr-Stff/FlgHorstGrp Uetersen.
16 BA-MA, Pers 1/9057, Fliegeruntersuchungsstelle Hannover, 14. August 1956.
17 Rüdiger Overmans, Deutsche militärische Verluste im Zweiten Weltkrieg, 3. Aufl., München 2004 (= Beiträge zur Militärgeschichte, 46), S. 284–292.
18 BA-MA, Pers 1/9057, Bewerbungsanschreiben Heinz-Dieter Braun, Bersenbrück, 30.8.1956.

genden Fragen« aus: das in der Ermekeilkaserne in der Bonner Argelanderstra-
ße untergebrachte »Amt Blank«. Dieses hatte aber schon am 7. Juni 1955 – endlich – seine Rangerhöhung zum »Bundesministerium für Verteidigung« erhalten[19]. Auch Braun selbst hatte seine Bewerbung zunächst an das Amt Blank in
»Köln« gerichtet. Laut Musterungsbescheid wies der 19-Jährige eine »athleti-
sche Konstitution« sowie einen »gute[n] Ernährungs- und Kräftezustand« auf.
Was im begonnenen 21. Jahrhundert in Deutschland selbstverständlich scheint,
musste Mitte der 1950er-Jahre – zumindest noch routinemäßig – besonders
vermerkt werden. Braun hatte sich im Turnen und beim Fußball körperlich
betätigt; mit Erfolg: Der Untersuchungsbefund konstatierte eine »kräftig entwickelt[e] Muskulatur«, ähnlich der Befund im Folgejahr. Somit war er »wehrflie-
gertauglich Jet I«[20]. Die Fliegertauglichkeit unterschied ihn von wohl rund
90 Prozent derer, die diese Hürde bereits vor dem eigentlichen Beginn rissen[21].

Am 3. Januar 1957 war es dann so weit: Bis Ende März absolvierte Braun die
militärische Grundausbildung in der 5. Kompanie des Luftwaffenausbildungs-
regiments (LAR) 1 in Uetersen. Danach, am 23. März, begann die weitere Ausbildung in der 10. Staffel des LAR 1. Ab 1. Juli 1957 firmierte der Gefreite Braun
auch formal als Unteroffizieranwärter (UA). Sein diesbezüglicher Beurteilungsbeitrag zum Laufbahnwechsel war wenig positiv, ließ jedoch noch vieles offen:
»Zum Unteroffizier noch geeignet. Muss sich aber noch erheblich festigen[22].«
Nach fast neun Monaten Dienstzeit erhielt Braun am 30. August 1957 seine
Beförderung zum Gefreiten. Es folgte vom 2. September 1957 bis zum 14. März
des Folgejahres ein Sprachlehrgang für Englisch, ebenfalls in Uetersen. Diesen
bestand er mit der Note »gut«. Dem schloss sich ab dem 1. Januar der Unterof-
fizierlehrgang am selben Standort an. In ihren Beurteilungsbeiträgen von März
und April 1958 mischten Brauns Vorgesetzte noch erhebliche Zweifel mit vor-
sichtiger Hoffnung. Die Benotungen befanden sich durchweg im Mittelfeld.
Hinsichtlich seiner geistigen Anlagen und Fähigkeiten stellte ihn das Lehr-
gangszeugnis als »[v]erständig und einsichtig, aufnahmefähig« dar, doch man-
gele es ihm an Einsatzwillen. Zur körperlichen Veranlagung hieß es: »Setzt
seine Kraft nicht voll ein«. In merkwürdigem Gegensatz hierzu hieß es beim
Sport: »einsatzbereit und leistungswillig«. Der formale Dienst Brauns sei »gut«,
im Gefechtsdienst weise er »befriedigende« Leistungen auf, im inneren Dienst
zeige er sich »[s]auber und ordentlich«. Im Unterricht jedoch seien seine Leistungen »[z]u trocken, stockend, aber noch ausreichend«. Auch diese Bewertung, die ihrerseits natürlich im Verhältnis zu den Lehrgangskameraden und

---

[19] Dieter Krüger, Das Amt Blank. Die schwierige Gründung des Bundesministeriums für
     Verteidigung, 2. Aufl., Freiburg i.Br. 2010 (= Einzelschriften zur Militärgeschichte, 38).
[20] BA-MA, Pers 1/9057, Fliegeruntersuchungsstelle Hannover, 14.8.1956; Fliegerärztliche
     Untersuchungsstelle Hamburg, 12.8.1957.
[21] Kropf, Jet-Geschwader (wie Anm. 10), S. 14.
[22] BA-MA, Pers 1/9057, Feststellungsblatt ATN für Uffz und Mannsch, Erding, 25.7.1957;
     ebd., Beurteilung über die Teilnahme am ULK, 10./LAR Uetersen, 25.4.1958; ähnlich ebd.,
     2. Stff/FlgzAnwGrp »A«, 8.5.1958.

zum Anspruchshorizont der Ausbilder zu bewerten wäre, zeigt einen jungen Mann, dessen Chancen größer waren als die vorhandene Eignung. Seine Befähigung zum militärischen Führer hielt man für »noch unbeständig«, doch seien »Anlagen vorhanden«. Das gesondert bewertete »Auftreten vor der Front« bescheinigte ein Fehl an Sicherheit. Auch die Persönlichkeit Brauns erschien Ende April 1958 als »[u]nbeschwert, etwas zu gelassen und leicht ablenkbar, willig und zu Leistungen in der Lage, doch zu energielos«. So wie in dieser Bewertung individuelle Züge hervortreten, so gleichzeitig aber auch die eines »durchschnittlichen«, gerade 21-jährigen, (allzu) unbekümmerten Soldaten.

Im selben Monat erfüllte sich der Traum vom Fliegen, zunächst um den Preis der Übelkeit. Braun flog mit dem Propeller-Schulflugzeug Piper L-18C »Super Cup«, dem ersten Luftfahrzeugtyp, den die junge deutsche Luftwaffe im September 1956 überhaupt erhalten hatte[23]. Während seines ersten Fluges ereilten ihn Zeichen der Flugkrankheit. Gravierender als dieses bald kurierte Problem waren Defizite in der fliegerischen Ausbildung, die sich auch nach einem Lehrerwechsel nicht beseitigen ließen. Braun habe das Flugzeug nicht unter seiner Kontrolle, erkenne weder eine Veränderung der Fluglage noch Gefahrenzustände. Ein – offenbar letzter – Überprüfungsflug am 30. April 1958 ergab, dass der Flugschüler die fliegerischen »Procedures« nicht beherrschte – Ergebnis: »Unsatisfactory«. Der Beurteilungsbeitrag vom 9. Mai machte dem ersten Karriereanlauf des Gefreiten Braun ein Ende. Er »schulte im Lehrgang A-8 und flog insgesamt 13:50 Std. Er erwies sich in dieser Zeit als völlig ungeeignet zum Flugzeugführer. [...] Eine weitere Schulung [...] halte ich für völlig aussichtslos[24].« Diese Vernichtung des Traums vom Fliegen traf Braun nicht als Einzigen. Das Schicksal, durchs »Screening« – die Vorauswahl zur fliegerischen Ausbildung – zu fallen, war durchaus Luftwaffe-typisch. Es ereilte wohl über die Hälfte bis zwei Drittel der angehenden Flugschüler[25]; ungeachtet der ebenfalls hohen Durchfallquoten in den vorherigen Stationen der Flugausbildung. Möglicherweise verband sich damit für Braun ein Motivationsknick. Jedenfalls kennzeichnete ein fachdienstlicher Beurteilungsbeitrag vom 12. Mai 1958 den Gefreiten denkbar negativ: Lediglich das Verhalten im Unterricht sei »gut«, ansonsten wurden ihm »ungenügende Leistungen in allen Lehrfächern« bescheinigt; hinsichtlich seiner Stärken hieß es bezeichnenderweise »keine«. »Bei mehr Fleiß hätte Gefr. B. in der Theoretischen Ausbildung das Ziel erreicht[26].« Am 11. Juli 1958 war der Lehrgang beendet. War dieser Misserfolg auch ein

[23]   Heinz Rebhan, Aufbau und Organisation der Luftwaffe 1955 bis 1971. In: Lemke [u.a.], Die Luftwaffe (wie Anm. 8), S. 557–647, hier S. 578.

[24]   BA-MA, Pers 1/9057; Special Statement Final, Uetersen 30.4.1958; ebd., Gesundheitliche Beurteilung, Fliegerhorstgruppe/Fluganwärter-Regiment, Uetersen, 9.5.1958; ebd., Fluganwärterregiment Gruppe »A« Fluggruppe C, Uetersen, 9.5.1958.

[25]   BA-MA, Pers 1/9057, Fluganwärterregiment Gruppe »A«, betr. Ablösung von der fliegerischen Ausbildung, Uetersen, 8.5.1956; persönliche Mitteilung von Oberst a.D. Dr. Norbert Wiggershaus.

[26]   BA-MA, Pers 1/9057, Fachdienstlicher Beurteilungsbeitrag, Uetersen, 12.5.1958.

Ergebnis fehlender Bildungsvoraussetzungen? Oder gab es in Uetersen attraktivere Gegenstände der Aufmerksamkeit?

Als übliches Schicksal eines »gegroundeten« Flugschülers erfolgte nun die
Versetzung in den Sicherungsdienst, dem am wenigsten angesehenen Dienst-
bereich der Luftwaffe. Die drei Monate vom 12. Juli bis zum 13. Oktober 1958
versah Braun Dienst als »Wachpersonal« in der Sicherungsstaffel der Flugzeug-
führerschule »B« – in und um dem Fliegerhorst Fürstenfeldbruck. Hier wäre
nach dem Durchlaufen der fliegerischen Grundschulung in der Flugzeugfüh-
rerschule »A« bei Landsberg am Lech die weitergehende Schulung auf Strahl-
flugzeugen erfolgt.

Mit Kommandierung vom 11. Oktober 1958 bis zum 10. Januar des Folgejahres kam Braun zur Waffenschule 50 nach Erding, wo die fertig ausgebildeten
Piloten ihre Einsatzschulung für den Dienst in einem der beiden Aufklärungs-
geschwader erhielten. Hier setzte er zum zweiten Anlauf seiner Bundeswehr-
Karriere an. Bereits der Kommandeur des Fluganwärterregiments in Uetersen
hatte im Mai Brauns Versetzung zum Fernmeldepersonal vorgeschlagen. Auch
Braun selbst beantragte dies. Dem wurde am 17. Oktober 1958 stattgegeben: Ab
14. Oktober 1958 wurde er als »Bürohilfskraft« eingesetzt[27]. Als Zeitsoldat mit
sechsjähriger Verpflichtungszeit (SaZ 6) gelangte er nun wieder nach Norden,
zur Flugbetriebsstaffel der Fliegerhorstgruppe Ahlhorn. Damit verband sich
der Aufstieg in die nächste Dienstgradgruppe. In der Laufbahnbeurteilung
vom 28. April 1958 wurde Braun unter anderem als »[r]uhig, besonnen, sauber und ordentlich« sowie »kameradschaftlich« charakterisiert; er besitze
»[d]urchschnittliche geistige Veranlagung und Allgemeinwissen«, sei in kör-
perlicher Hinsicht »[k]lein, schlank, zäh [und] voll belastbar«. Hinsichtlich seiner dienstlichen Leistungen und Fähigkeiten hieß es: »Entsprechend seinem
Antrag auf Tätigkeitsänderung ist Br. seit Mitte Januar [1959] in der praktischen
Ausbildung zum Rechnungsführer. Er soll möglichst bald an einem Fachlehr-
gang teilnehmen. Er gibt sich Mühe, den für ihn neuen Aufgabenkomplex zu
erfassen.« Gleichwohl »könnte [er] bei etwas mehr Initiative seine schon guten
Leistungen steigern«[28]. Diesem Urteil des Staffelchefs schloss sich der Kommandeur der Fliegerhorstgruppe an, auch hinsichtlich des Fingerzeigs: »B.
macht nach seiner letzten Tätigkeitsänderung recht gute Fortschritte. Seine
Entwicklung ist positiv zu beurteilen, wobei er aber der Aufsicht und Betreuung bedarf[29].« Formulierungen wie »gibt sich Mühe« sowie der Hinweis auf die
Steigerungsfähigkeit weisen in der Diktion der Beurteilungssprache darauf hin,
dass Braun dem Wunschbild seiner Vorgesetzten nicht entsprach. Doch war die
Luftwaffe im Aufbau beherrscht vom Personalmangel. So fiel die Stellungnahme der Luftwaffengruppe Nord (die Korpsebene der Luftwaffe) positiv aus:

---

[27] BA-MA, Pers 1/9057, Fluganwärterregiment, Kommandeur, Uetersen 17.5.1958; ebd.,
      Feststellungsblatt ATN für Unteroffiziere und Mannschaften, Erding, 25.7.1957.
[28] BA-MA, Pers 1/9057, Beurteilung zur Beförderung zum Unteroffizier, Fliegerhorstgruppe
      Ahlhorn, FlgBetrStff, 28.4.1959.
[29] BA-MA, Pers 1/9057, SdL, Wahn, 24.6.1959.

»Der Antrag auf Änderung der Tätigkeit wird befürwortet, da Refü
[= Rechnungsführer] bei der Truppe dringend benötigt werden. Dem Gesuch
wurde stattgegeben[30]. Am 29. Juni 1959 erhielt Heinz-Dieter Braun seine Beförderung zum Unteroffizier.

Sein Wirken in der neuen Tätigkeit erfreute die Truppenverwaltung in Oldenburg wenig. Den Regierungsinspektor, dem Braun vom 16. November 1959
bis zum 15. Februar des Folgejahres zugeteilt war, konnte auch der Fachkräf-
temangel nicht über dessen schwache Leistungen hinwegtrösten. In seiner
Stellungnahme vom Februar klagte er, dass Braun sich in seinen fast 14 Monaten Tätigkeit als Rechnungsführer weder einer Prüfung hierzu unterzogen habe
noch dazu je in der Lage sein werde. Er sei »uninteressiert, gleichgültig und hat
sich in seiner langen Tätigkeit nie ernstlich darum bemüht, daß in einem in
Aufstellung befindlichen Verband eine Förderung und Weiterbildung durch
persönlichen Einsatz und Opfer an Zeit erkämpft werden muß [...] Ich halte
U.B. [für] ungeeignet als Rechnungsführer und bitte, die Versetzung rückgängig zu machen, da eine Möglichkeit des Einsatzes für ihn nicht besteht[31].«

Braun diente im gerade erst aufgestellten Jagdgeschwader (JG) 73. Dieser
Verband dokumentiert gut die organisatorischen und räumlichen Veränderungen der jungen Bundesluftwaffe. Nachdem diejenigen Flugzeugführer, die
künftig als Jagdflieger eingesetzt wurden, die Flugzeugführerschulen »A« und
»B« durchlaufen hatten, durchliefen sie ihre Einsatzausbildung in der Waffenschule 10. Diese war ausgerüstet mit der F-86 Sabre Mk 5 aus kanadischen Beständen. Sie war am 1. April 1957 in Nörvenich westlich von Köln aufgestellt
worden. Schon ab September 1957 erfolgte die Verlegung der Schule nach Oldenburg. Im Oldenburger Land wuchsen die Jagdgeschwader auf, um von dort
an ihre endgültigen Standorte zu gelangen. Nachdem die deutsche Luftwaffe
den Fliegerhorst Ahlhorn am 15. Oktober 1958 von der Royal Air Force übernommen hatte, wurde dort am 6. Juni 1959 das JG 71 als erstes Jagdgeschwader
der Luftwaffe formell in Dienst gestellt. Dessen Kommodore war der legendäre
Erich Hartmann, der mit 352 Luftsiegen erfolgreichste Jagdflieger aller Zeiten.
Um ihn rankte sich ein Nimbus, der sich nicht wirklich mit seinen Leistungen
als Führer eines Technik-zentrierten fliegenden Verbandes deckte[32]. Am 1. Juni
1960 wurde das JG 71 der NATO unterstellt, am 21. April 1961 erhielt es den
Traditionsnamen »Richthofen«. Ein zweites Jagdgeschwader, das JG 72, wurde
ab Mai 1959 in Oldenburg aufgestellt und wurde fünf Monate später auf den
provisorisch fertiggestellten Fliegerhorst Leck in Nordfriesland verlegt. Während dieser Zeit verfügte es zwar über 50 Maschinen, aber nur über 30 Piloten.
Das JG 73, zu dem Braun gehörte, wuchs ab Sommer 1959 aus dem JG 71 in

---

[30] BA-MA, Pers 1/9057, Antrag auf Änderung der Tätigkeit für Unteroffiziere und Mann-
      schaften, Fliegerhorstgruppe Ahlhorn, 21.1.1959; ebd., Bestätigung SdL, Köln-Wahn,
      16.3.1959.
[31] BA-MA, Pers 1/9057, Truppenverwaltung an JG 73, Oldenburg, 19.2.1960.
[32] Nicht ohne Verklärung: Raymond F. Toliver und Trevor J. Constable, Holt Hartmann
      vom Himmel!, Stuttgart 1970; kritisch: Schmidt, Briefing (wie Anm. 12), S. 675, 686 f.

Ahlhorn heraus und wurde mit seinen noch 280 Mann und 4 Maschinen vom Typ CL-13B Sabre Mk 6 am 1. Dezember 1959 auf dem Fliegerhorst Oldenburg in Dienst gestellt. Planungsgemäß wurde es am 1. Dezember 1960 mit ersten Teilen nach Leipheim ostwärts von Ulm verlegt, gelangte aber wegen dortiger Unterbringungsschwierigkeiten ab Oktober 1961 auf den Fliegerhorst Pferdsfeld bei Sobernheim. Stattdessen bezog das ab Oktober 1960 aufgestellte JG 74 im April 1962 den neugebauten Fliegerhorst in Neuburg an der Donau. Die Aufstellung eines vorgesehenen fünften Jagdgeschwaders unterblieb. Im Großen wie im Kleinen war noch alles im Aufbau[33].

Braun indessen hatte bereits »bei seinem Dienstantritt ein Versetzungsgesuch zum Fluganwärterregiment in Uetersen eingereicht. Dieses wurde vom Geschwader befürwortend weitergeleitet. Er wollte zurück in einen Standort, an dem es ihm, abgesehen vom Durchfallen durchs Screening, augenscheinlich gut gefallen hatte. Auch sein Verband hätte nichts dagegen gehabt, seinen Dienstposten anderweitig zu besetzen. Er blieb aber in Ahlhorn. Seine definitive Versetzungsverfügung dorthin datiert vom 2. März 1960. War nun endlich eine Phase der Stabilität erreicht? Den Hintergrund über die von Braun erwähnten »persönlichen Probleme« geben wenige dürre Daten, die auf den in der Personalakte gesammelten Änderungsmeldungen vermerkt waren. Im Jahr 1961 war seine Mutter gestorben; es ist mehr als nur wahrscheinlich, dass die Hin- und Herversetzungen über große Distanzen den Kontakt zur Familie in Bersenbrück extrem belastet hatten – in einer Armee (und Arbeitswelt), in der der Samstag Dienst-Tag war; in einer Luftwaffe, die auch am Sonntag flog. Im Jahr zuvor, am 11. März 1960 hatte er geheiratet; Grund genug für den Drang nach Uetersen, dem Wohnort des Ehepaars. Zu den – wiederum zeittypischen – Familienverhältnissen konstatierte eine Änderungsmitteilung vom August 1962: Ehefrau nicht berufstätig, Kind im Haushalt des »Besoldungsempfängers«. Als Kinder erschienen der im Juni 1962 geborene Sohn, dem im Oktober 1966 ein zweiter folgte. Braun war als Soldat Wochenend-Pendler wie andere auch. Konsequenterweise musste es nun darauf ankommen, die Familie an einem Ort zusammenzuführen – in einem Land, dessen Wohninfrastruktur sich ebenfalls noch im Aufbau befand. Mit der Eheschließung erfolgte auch ein weiterer Schritt des jungen Mannes: »Gleichzeitig hat o.a. Soldat am 11.12.1959 den Austritt aus der ev.luth. Kirche erklärt«[34]. War das der Weg zu einer »normalen«, »modernen« Familie der 1960er-Jahre? Jedenfalls folgten die Brauns nicht dem Trend zur Säkularität. Spätere Aufzeichnungen weisen sie als Angehörige der neuapostolischen Gemeinde aus; ein dürres Indiz der Bindung des Unteroffiziers an seine junge Familie.

---

[33] Rebhan, Aufbau (wie Anm. 23), S. 580–582; Kropf, Jet-Geschwader (wie Anm. 10), S. 65–143.
[34] BA-MA, Pers 1/9057, Änderungsmeldung, FlgBetrStff JG 73 Sobernheim, 10.8.1962; ebd., Änderungsmitteilung, FlgBetrStff, StffDstOffz, 23.3.1960.

Nach dem gescheiterten Anlauf zum Rechnungsführer folgte wunschgemäß Brauns Einsatz als Fernschreib-Helfer und Bürohilfskraft. Diese Tätigkeitsänderung wurde Ende Juni 1960 genehmigt, ab August auch ausweislich seiner Ausbildungs- und Tätigkeitsnummer (ATN)[35]. Vom 1. Dezember 1960 bis 21. Februar des Folgejahres besuchte Braun dazu einen Lehrgang für Fernschreibbetriebspersonal an der Technischen Schule 2 in Lechfeld, 15 Kilometer nördlich von Landsberg. Diesen bestand er mit der Gesamtnote »ziemlich gut«. Seinen Dienst in Oldenburg trat er am 23. Februar 1961 an. Die Versetzungsverfügung zum 16. Juni 1961 zur Flugbetriebsstaffel der Fliegerhorstgruppe des JG 73 dokumentiert den Wechsel nach Pferdsfeld. Hier war er als 1. Fernschreiber und 1. Fernschreib-Mechaniker eingesetzt. Am 30. September 1961 folgte die Beförderung zum Stabsunteroffizier[36]. Hinsichtlich seiner beruflichen Tätigkeit war Braun »angekommen«, persönlich musste er umziehen. Mit dem Geschwader verließ er das Oldenburger Land, mit der Familie Uetersen. Am 20. Juni 1961 zog er in ein Mehrfamilienhaus im Norden Sobernheims. Die neuen Straßen im Neubauviertel trugen nachkriegstypisch alte Namen: »Breslauer«, »Königsberger« und »Berliner Straße«. Hier wohnte nun die Familie Braun. Acht Kilometer nördlich davon lag der ein Jahrzehnt zuvor von den französischen Besatzungs- und Stationierungskräften gegen den Willen der Anwohner ausgebaute Fliegerhorst.

Im Jahr 1959, als die ersten Zeitsoldaten der Bundeswehr mit vierjähriger Verpflichtungszeit ihrem Dienstzeitende entgegensahen, erging der Erlass über die Einrichtung eines Berufsförderungsdienstes der Bundeswehr. Ende 1961 besuchte auch Braun für einen Monat die Bundeswehrfachschule in Hofgeismar. An dieser Qualifizierungseinrichtung erzielte Braun im Grundlehrgang, Abschnitt I, in den Fächern Deutsch, Staatsbürgerkunde, Erdkunde »gute«, im Rechnen und Geometrie »befriedigende« Ergebnisse; das waren Voraussetzungen für eine Versetzung in den Teil II des Grundlehrgangs. Augenscheinlich blieb die weitere berufliche Perspektive noch offen. Denn am 18. Januar 1962 unterzeichnete Braun seine Weiterverpflichtungserklärung für ein weiteres Jahr. Einen weiteren Berufsförderungslehrgang besuchte er Ende 1962, diesmal in Bergzabern. Kurz vor Dienstzeitende, im September 1963, wurde er indessen noch einmal an die Fernmeldeschule des Heeres in Feldafing bei Starnberg auf einen einwöchigen Lehrgang zum Schlüsselmaterialverwalter geschickt. Diesen absolvierte er »mit Erfolg«, den Fernschreiblehrgang mit »ziemlich gut«[37]. Trug er sich mit dem Gedanken einer erneuten Weiterverpflichtung? Ein solcher Antrag liegt nicht vor. Und kaum sechs Wochen später erfolgten die Vorbereitungen für sein Ausscheiden aus der Bundeswehr. Am 13. Dezember 1963 unterzog

---

[35] BA-MA, Pers 1/9057, Änderungsmeldung, 1./JG 73 Oldenburg, 29.6.1960; ebd., Änderungsmeldung, 1./JG 73 Oldenburg, 3.8.1960.
[36] BA-MA, Pers 1/9057, Versetzungsverfügung SdL Az 15-26-04, Porz 16.6.1961.
[37] BA-MA, Pers 1/9057, Änderungsmeldung, FlgBetrStff JG 73 Sobernheim, 8.1.1962; ebd., Weiterverpflichtungserklärung, 18.1.1962; ebd., Änderungsmeldung, FlgBetrStff JG 73 Sobernheim, 23.1.1963; ebd., Personalbogen, Jever 12.1.1963.

sich der Stabsunteroffizier Klaus-Dieter Braun in Sobernheim seiner Entlas-
sungsuntersuchung. Zum 2. Januar 1964 endete sein aktives Dienstverhältnis.

Die zweite Chance: Vom Wiedereintritt über die Wohnungsfürsorge bis zum Tod

Umgehend nach seiner Entlassung war Braun in der Druckerei Lehmann, deren
Inhaber ein Verwandter war, in Bramsche beschäftigt. Mitte Januar zog die
Familie von Sobernheim zurück nach Bersenbrück. Damit fiel Braun zurück in
die Wehrüberwachung der Kreiswehrersatzämter; aufgrund des Wohnort-
wechsels folgte nun ein umständlicher Schriftwechsel. In der neuen Tätigkeit
hielt es ihn kaum eineinhalb Jahre. Vom 1. Juni bis zum 3. September 1965 arbeitete er als Kraftfahrer bei »Carl Brand, Auslieferungslager Osnabrück«; anschließend, bis zum 20. September 1965, war er bei der Firma Gebr. Hellmann
in Osnabrück beschäftigt[38].

Am 1. Oktober 1965 trat Heinz Dieter Braun ein zweites Mal in die Bundeswehr ein. Warum kam es zum Entschluss dazu? Möglicherweise bot die Rückkehr zur Luftwaffe Unabhängigkeit von persönlichen und zivilberuflichen
Fährnissen – ganz sicher jedoch eine regelmäßige monatliche Vergütung und
einen planbaren Berufsweg. Schließlich litt die Bundeswehr auch Mitte der
1960er-Jahre noch unter großem Personalmangel, gerade was Spezialisten betraf. Zu ihnen gehörte, trotz allem, auch der ausgebildete Fernmeldeunteroffi-
zier Braun. Am 5. August 1965 erklärte er, dass er weder außergewöhnliche,
einer Einstellung entgegenstehende finanzielle Verpflichtungen zu tragen habe,
noch dass er vorbestraft oder in schwebende Verfahren verwickelt sei. Auch
das Formblatt, das nach Mitgliedschaft in einer »kommunistischen oder kom-
munistisch beeinflußten Partei« oder anderweitig im Ruch der Verfassungs-
feindlichkeit stehenden Organisationen fragte, blieb bis auf das stete »nein« ein
weißes Blatt. Am 13. August unterzog sich Braun erneut einer Musterung. Diese befand ihn für tauglich, jedoch nicht verwendungsfähig für verschiedene
Truppengattungen des Heeres – die wohl auch schwerlich seinen Verwen-
dungswünschen entsprachen. Am 12. September 1965 unterzeichnete Braun die
Erklärung für eine Verpflichtung auf zwölf Jahre. Das bedeutete unter Anrechnung seiner bisherigen Dienstzeit, dass er fünf weitere Jahre bis September 1970
zu dienen hatte. Laut Einstellungsbogen hatte er sich eine »durchschnittliche
körperliche Konstitution« bewahrt, jedoch fehlte nun das Merkmal der athleti-
schen Sportlichkeit. Bis zu den Körpermaßen war er wohl als »durchschnittlich« zu bezeichnen. Am 20. September erhielt Braun einen Einplanungsver-

---

38 BA-MA, Pers 1/9057, Handschriftliche Mitteilung Braun, 2.2.1964; ebd., Erklärung Heinz-
Dieter Braun, Bl. 93.

merk als 1. Fernschreiber zur Flugbetriebsstaffel der Waffenschule der Luftwaffe 10 auf dem Fliegerhorst in Jever[39]. Am 29. September erhielt er von der Stammdienststelle der Luftwaffe seine Ernennungsurkunde zum Zeitsoldaten. Das bedeutete auch, dass er nach Ablauf seiner aktiven Dienstzeit als Soldat einer Einstellung in die Bundeswehrverwaltung entgegensehen konnte. Interessanterweise hatte nicht nur die reine Wahrheit Eingang in die Personalunterlagen gefunden: Hieß es doch, Braun habe vom 3. Januar 1957 bis zum 2. Januar 1964 »Dienst in der Marine« geleistet[40].

Die Wiedereinstellung mochte nun den bisher unsteten Berufsweg in feste Bahnen gelenkt haben. Doch sahen sich die Brauns nun einem anderen Aufbauproblem der jungen Bundeswehr ausgesetzt: »Dem Stabsunteroffizier Herrn Heinz-Dieter Braun wohnhaft in Bersenbrück wird bescheinigt, daß ihm aus dem Bestand der Standortverwaltung Jever in absehbarer Zeit keine Wohnung zugewiesen werden kann[41].« Der Wiedereintritt in die Luftwaffe geschah um das Risiko, rund 130 Streckenkilometer von der Familie entfernt zu leben. Hier zeigte sich auch das Problem, das die Bundeswehrführung zwischen 1956 und 1958 dazu bewogen hatte, über eine Regelung nachzudenken, um ihre Soldaten »von einer verfrühten oder unpassenden Heirat« abzuhalten. Die von 1953 bis 1960 bestehende gesetzliche Regelung für die kasernierten Beamten des Bundesgrenzschutzes gestattete diesen eine Heirat erst nach Vollendung des 27. (ab 1955 des 25.) Lebensjahres oder des sechsten Dienstjahres und bei guter Beurteilung. Demgegenüber kam die im Verteidigungsministerium erörterte Vorschrift, längerdienenden Soldaten eine Heirat erst ab 23 Jahren und erst nach den ersten zwei oder drei Dienstjahren zu erlauben, nie zustande. Ohnehin hatte Braun im vierten Dienstjahr im Alter von 23 Jahren geheiratet. Solche »Frühehen« entsprachen in den 1950er-Jahren dem Trend – allein schon deswegen, um einem anderem Generaltrend zu folgen, der sich in der Nachkriegszeit, ungeachtet des später wieder steigenden Heiratsalters, derart durchsetzte, dass er zur fast unhinterfragbaren Norm(alität) geworden ist: dem Zusammenleben der Kleinfamilie in einer Wohnung in der Nähe des Arbeitsplatzes[42].

Um wenigstens in die Nähe von Frau und Kind zu gelangen, stellte Braun erneut ein Versetzungsgesuch zu einem der beiden Osnabrücker Luftwaffen-Fernmelderegimenter. Sein Antrag zeigt eine Bundeswehr, die nunmehr zwar über einsatzbereite, nuklearwaffenfähige und NATO-assignierte Verbände verfügte, sich jedoch noch nicht in der Lage sah, ihren Soldaten und deren Fa-

---

[39] BA-MA, Pers 1/9057, Verpflichtungserklärung, Bersenbrück, 12.9.1965; ebd., Einplanungsvermerk StL, Köln 20.9.1965; ebd., WaSLw 10, FlgBetrStff, 31.3.1967.
[40] BA-MA, Pers 1/9057, Vorläufige Ermächtigung WaSLw 10, FlgBetrStff, Jever 15.11.1965.
[41] BA-MA, Pers 1/9057, StOV Jever, 30.12.1965.
[42] Frank Nägler, Der gewollte Soldat und sein Wandel. Personelle Rüstung und Innere Führung in den Aufbaujahren der Bundeswehr 1956 bis 1964/65, München 2010 (= Sicherheitspolitik und Streitkräfte der Bundesrepublik Deutschland, 9), S. 204–209; Schildt, Moderne Zeiten (wie Anm. 7), S. 66 f.

milien eine angemessene Unterkunft zu stellen[43]. Demgegenüber stand ein Soldat mit klarer Anspruchshaltung gegenüber der Fürsorgepflicht seines Dienstherrn: »[M]eine junge Ehe war schon damals [während der ersten Verpflichtungszeit] durch lange Trennungszeiten (keine Wohnung) äußerst belastet. Bei aller Einsicht, die man als Soldat aufbringen muß und aufbringt, ergibt sich durch meine Wiedereinstellung und Versetzung zur Waffenschule der Luftwaffe 10 Jever erneut eine Belastung meiner Ehe durch die Trennung von meiner Familie. Wenn noch irgendwie eine Aussicht bestände, eine Wohnung hier am Standort zu bekommen, aber [sic] besonders für mich ist es hier diesbezüglich wirklich aussichtslos. Lt. Auskunft der STOV [= Standortverwaltung] Jever gibt es hier ca. 400 [weitere Soldaten], die eine Wohnung suchen [...], die nicht vorhanden ist und [...] auf Jahre hinaus nicht zu erwarten ist. Ich habe mich nicht für weitere 5 Jahre freiwillig verpflichtet, um 5 Jahre von meiner Frau und meinem Sohn (3½ Jahre) getrennt zu sein. [...] Ich appelliere dringendst an die Fürsorgepflicht [...] mich im Zuge der Familienzusammenführung von Jever nach Osnabrück zu versetzen, denn [...] auf Bundeswehrebene und auch auf privatem Sektor ist es aussichtslos für mich, hier sogar auf lange Sicht eine Wohnung zu erhalten. Nach Osnabrück möchte ich deshalb gern versetzt werden, weil ich in Bersenbrück (35 km von Osnabrück entfernt) eine gute 3 ½ Zimmer Neubauwohnung habe und bei 35 km wird es möglich sein, vielleicht sogar täglich oder öfters meine Familie [...] zu besuchen. Selbst das ist mir hier nur alle 14 Tage möglich (Schichtdienst). [...] Ich habe mit meiner Familie unter persönlichen Rückschlägen immer noch schon genug zu leiden und bitte um Befürwortung meines Versetzungsgesuches. Hochachtungsvoll! Heinz-Dieter Braun[44].«

In einer gesonderten Erklärung verzichtete Braun »für den Fall der Genehmigung meines Versetzungsgesuches auf Erstattung aller mir durch den Umzug erwachsenen Auslagen und auf Gewährung von Trennungsentschädigung.« Mitte Februar befürwortete sein Staffelchef das Gesuch unter der Bedingung von »fachlich gleichwertiger« und zeitgerechter Ersatzgestellung. Augenscheinlich war diese Stellungnahme nicht nur »aus Fürsorgegründen«, sondern auch in der Absicht erfolgt, einen aus Sicht des Disziplinarvorgesetzten mäßig tüchtigen Unteroffizier weiterzureichen. Sein Chef urteilte: »Braun wirkt charakterlich noch nicht ausgereift. Persönlicher Standpunkt und eigene Zielsetzung kaum erkennbar, erscheint oberflächlich in seiner Wesensart. Lebhaftes Temperament. Insgesamt ausreichende Leistungen[45].«

Auch in der einen Monat später zu erstellenden Regelbeurteilung zeichnete der Staffelchef das Bild eines in jeder Hinsicht »durchschnittlichen« Unteroffi-

[43] Wolfgang Schmidt, Integration und Wandel. Die Infrastruktur der Streitkräfte als Faktor sozioökonomischer Modernisierung in der Bundesrepublik 1955 bis 1975, München 2006 (= Sicherheitspolitik und Streitkräfte der Bundesrepublik Deutschland, 6), S. 315–329.
[44] BA-MA, Pers 1/9057, StUffz Braun, Jever, 1.1.1966.
[45] BA-MA, Pers 1/9057, Erklärung Braun, Jever, 13.1.1966; ebd., Zwischenbescheid, S1 WaSLw 10, Jever, 20.1.1966; ebd., StffChef FlgBetrStff 1/WaSLw 10, Jever, 12.1.1966.

ziers. Zu den charakterlichen und geistigen Merkmalen hieß es: »B. ist ein um-
komplizierter [sic] Mensch. Im Wesen freimütig bei verhaltenem Temperament.
Er wirkt etwas unsicher und fahrig in seinem Auftreten. Muß konsequenter
werden. Im Kameradenkreis beliebt. [...] Fachwissen befriedigend, Allgemeinwissen noch lückenhaft [...] Haltung sollte straffer werden.« Zwar wurde ihm
bescheinigt, dass er in seinem fachlichen Aufgabengebiet »allen Anforderungen
gerecht« werde. Aber im »allgemeinen militärischen Verhalten muß er noch
seiner Unterführerautorität mehr Nachdruck verleihen und zeitgerecht einen
klaren Standpunkt beziehen. B. erscheint jedoch befähigt, derzeitige Schwächen
zu überwinden.«

Der 29-jährige Stabsunteroffizier hatte sich also dienstlich gefestigt. Dabei
verwies das wiederholte Wort »erscheint« in der Beurteilungssprache darauf,
dass man vom Stabsunteroffizier nachhaltige Bewährung erwartete. Offenbar
hatte dieser nun in der Kameradschaft der bundeswehrspezifischen Kleingrup-
pe seine Welt gefunden. Mit einiger Wahrscheinlichkeit war es auch dieser
Aspekt, der Braun veranlasst hatte, wieder in das Milieu zurückzukehren, was
sein Berufsleben vom 20. bis zum 27. Lebensjahr gebildet hatte. Zu arbeiten
hatte er – aus offizieller Sicht – noch an zwei Dingen: die Beseitigung der Bildungslücken des Hauptschülers, wofür ja Anzeichen vermerkt wurden, und
die Besserung seiner »militärischen Haltung«. Dazu gehörte ein deutliches
Mehr an dargebotener Durchsetzungsfähigkeit.

Die beiden in Osnabrück stationierten Luftwaffenfernmelderegimenter be-
nötigten kein Personal von außen; sie übermittelten Fehlanzeige[46]. Indessen war
die Familie am 28. Februar 1966 von Bersenbrück nach Bramsche umgezogen.
Nun allerdings fand sich eine andere Lösung: Braun erhielt zum 1. April 1966
eine Wohnung zugeteilt, sechs Tage später widerrief er sein Versetzungsgesuch. Mit seiner dreiköpfigen Familie – der schwangeren Ehefrau und dem
vierjährigen Sohn – erhielt er am Rande Jevers eine 64 Quadratmeter große
Dreizimmerwohnung mit Küche, Bad, WC und Balkon, die er am 12. April 1966
bezog. Ganz im Trend der Zeit bewohnte die Kleinfamilie eine Neubauwohnung am Stadtrand, von der die Arbeitsstätte auf dem Fliegerhorst erreicht
werden konnte[47]. Nun war ein weiteres, drängendes Problem gelöst. In dem
Papier, das die Mietkonditionen festhielt, spiegeln sich administrative Prozesse
und Mentalitäten: »Eine Untervermietung einzelner Räume ist nur im Verneh-
men mit mir [= dem Truppenverwaltungsbeamten] und mit schriftlicher Zustimmung des Vermieters zulässig. Der Bezug der Wohnung ist mir unverzüglich mitzuteilen. Ebenso ist mir nach Beziehen der Wohnung eine Versetzung

---

46 BA-MA, Pers 1/9057, FmRgt 11, S-1, 1.4.1966; ebd., FmRgt 71, S-1, 4.3.1966; ebd., WaSLw
    10, S-1 an Braun, Jever 6.4.1966.
47 Schildt, Moderne Zeiten (wie Anm. 7), S. 262–305; Anselm Doering-Manteuffel, Eine neue
    Stufe der Verwestlichung? Kultur und Öffentlichkeit in den 60er-Jahren. In: Dynamische
    Zeiten (wie Anm. 7), S. 661–672, hier S. 663 f.

oder das Ausscheiden aus der Bundeswehr oder eine aus sonstigen Gründen beabsichtigte Aufgabe der Wohnung unverzüglich zu melden[48].«

Gerade weil das Schreiben ein Standardschriftsatz darstellt, ist es wohl kennzeichnend für die Haltung der Truppenverwaltung, mit der Braun konfrontiert war. Nicht nur weil das Wort »Meldung« sich im militärischen Sprachgebrauch auf eine eindeutige hierarchische Unterordnung bezieht, ist die Diktion des Schreibens bezeichnend für Relikte verwaltungsbürokratischen Obrigkeitsdenkens. Unabhängig von Charakter oder Qualifizierung des Truppenverwaltungsbeamten, der diese Wohnung im Auftrag des Staates zuwies, reflektiert dessen herrschaftliches »ich« mentale Relikte früherer Zeiten. Es spiegelt aber auch die in Anspruch genommene besondere Gnade des Schicksals wider, das der jungen Familie in Form der Zuteilung eines noch knappen Gutes zuteil wurde. Verträge zwischen gleich und gleich lauten anders.

Die Wohnungsfürsorge in der Bundeswehr lag noch bis Mitte der 1960er-Jahre im Argen. War es der bundesrepublikanischen Gesellschaft in den 1950er-Jahren in einem beispiellosen Bauboom gelungen, Raum für die Millionen von Ausgebombten, Heimatvertriebenen und Flüchtlingen zu schaffen, so waren ausreichende Kapazitäten für den ab Ende dieses Jahrzehnts erforderlichen Bau militärischer Liegenschaften nicht vorhanden. Und auch hier hatte die Truppe Vorrang. Das betraf bei der Luftwaffe den Ausbau oder die Erweiterung der Fliegerhorste, die entweder in den Jahren 1957 bis 1959 von den Verbündeten an die Deutschen übergeben wurden oder aber neu erbaut oder erweitert werden mussten. In Ahlhorn etwa musste die Landebahn zwischen Juli 1961 und Anfang 1962 auf F-104-taugliche 2650 Meter verlängert werden. Nach Übergabe des Fliegerhorstes Jever von der britischen Luftwaffe an die Waffenschule 10 im Mai 1962 war es dort genauso[49]. Wo die auf die militärische Funktionstüchtigkeit bezogene Infrastruktur noch Aufbaubedarf aufwies, blieb die Wohnungsfürsorge für die Soldaten zunächst nachrangig. Der katholische Militärbischof Franz Hengsbach stand nicht allein mit seiner Kritik an der krassen »Wohnungsnot« der Soldaten und ihrer Familien, nachdem er im Sommer 1963 einige norddeutsche Garnisonen besucht hatte[50]. Dass die Familie Braun ab April 1966 eine Unterkunft erhielt, liegt somit genauso im Trend wie das vorherige, jahrelange Leben im Provisorium.

Von nun an hätte Braun eigentlich einem sorgenfreien Leben entgegensehen können. Angesichts seines als »durchschnittlich« qualifizierten Leistungsprofils hätte sich zwar ein Aufstieg in die Spitzengruppe der Unteroffizierdienstgrade möglicherweise schwierig gestaltet, doch waren berufliche und familiäre Existenz gesichert – einerlei, ob als weiterdienender Soldat oder eingegliederter Angehöriger der Bundeswehrverwaltung.

---

[48] BA-MA, Pers 1/9057, StOV Jever, 6.4.1967 und 19.1.1967.
[49] Kropf, Jet-Geschwader (wie Anm. 10), S. 16.
[50] Schmidt, Integration (wie Anm. 43), S. 315–329.

Es kam anders. Im Frühsommer 1967 wurde er an die Technische Schule der Luftwaffe 2 zu einem Lehrgang als Fernschreibmeister kommandiert, der vom 1. Juni bis zum 8. August dauern sollte. Mittwoch, der 31. Mai bis 22.00 Uhr, war Reisetag. Am Tag darauf erfolgten die üblichen »Einschleusungsmaßnahmen« der Lehrgangsteilnehmer. Nach dem gängigen Schema hätte der inhaltliche Teil des Lehrgangs am Tag danach begonnen. Der Kontakt zu den Ausbildern war demgemäß auf erste Begrüßungen und organisatorische Maßnahmen beschränkt. Hauptmann Kaiser, Chef der ausbildenden 3. Staffel, hatte Braun aller Wahrscheinlichkeit nach an diesem ersten Tag nur kurz gesehen – als einen unter vielen weiteren Neuankömmlingen. Wie ebenfalls nicht unüblich, bot sich der erste richtige Tag am neuen Ort zur geselligen Zusammenkunft mit den Lehrgangskameraden an. Hierzu wurde der zweieinhalb Kilometer südlich vom Standort Lagerlechfeld entfernte Ortskern Klosterlechfeld am südwestlichen Rand des Fliegerhorstgeländes ausgewählt. Am Donnerstag Abend, den 1. Juni 1967, geschah hier das Unglück.

Am folgenden Tag, um 7.30 Uhr, wurde dem Einheitsführer gemeldet, dass sich in der Nacht zuvor eine schwere Schlägerei ereignet hatte. In deren Verlauf sei der Stabsunteroffizier Braun schwer verletzt und danach ins Krankenhaus im sechs Kilometer entfernten Schwabmünchen eingeliefert worden. Es handelte sich um ein »Eingreifen in eine Schlägerei (und Schlichtungsversuch), bei der betrunkene Soldaten einen vorgesetzten StUffz [= Stabsunteroffizier] zu Boden schlugen«. Offenkundig trafen die Lehrgangsteilnehmer des Fernschreibmeisterlehrgangs in Klosterlechfeld auf Männer, die nicht im Schulbetrieb tätig waren: Soldaten der 1. Luftwaffenpionierkompanie aus Fürstenfeldbruck, die nach Landsberg kommandiert worden waren, sicher, um die allfälligen Bauarbeiten an der Infrastruktur der Technischen Schule 2 vorzunehmen. Mit ihnen kam es zum Streit, dann zur Prügelei. Als beteiligte Soldaten wurden zwei Feldwebel und fünf Stabsunteroffiziere einerseits – offenbar allesamt Lehrgangsteilnehmer – sowie fünf Mannschaftssoldaten im Dienstgrad zwischen Flieger und Hauptgefreiten andererseits genannt, allesamt Pioniere. Offenkundig bot deren wenig in den Bahnen militärischer Disziplin verlaufendes Beisammensein in einer Gastwirtschaft Anlass, aber auch Gelegenheit für Braun, seine bisher bemängelte »Durchsetzungsfähigkeit« und »Unterführerautorität« zur Geltung zu bringen.

Dabei spielte es eine Rolle, dass die Unteroffiziere – und eben auch Braun selbst – von der Möglichkeit Gebrauch machten, sich nach § 6 der Vorgesetztenverordnung zum »Vorgesetzten aufgrund eigener Erklärung« zu erklären. Zu dieser Maßnahme ist jeder Soldat ab Unteroffizier aufwärts berechtigt, wenn sie zur sofortigen Hilfe bei Notlagen, zur Aufrechterhaltung der Disziplin oder Sicherheit oder zur Herstellung einer einheitlichen Befehlsgebung zur Behebung einer kritischen Lage notwendig ist. Diese Befugnis galt (und gilt) gegenüber Soldaten, die im Dienstgrad nicht höher sind als der sich zum Vorgesetzten Erklärende. Um diese Verordnung, insbesondere hinsichtlich der Regelungen der Vorgesetzteneigenschaft auch außerhalb militärischer Anlagen, außerhalb des Dienstes und unabhängig von truppendienstlicher Zugehörigkeit war noch bis zum August 1960 im Dreieck zwischen dem Führungsstab der Bundeswehr, dem Beirat Innere Führung und dem Verteidigungsausschuss des Deutschen Bundestages heftig gerungen worden. In einem veritablen »Coup« war diese Regelung durch das verantwortliche Referat im Verteidigungsministerium durchgedrückt worden – vor allem um angesichts der schwachen Nachwuchslage die Position der Unteroffiziere zu stärken[51].

Die Ermittlungen zum »Besonderen Vorkommnis« spiegeln den zeitlichen Ablauf des Ereignisses[52]. Eine Viertelstunde, nachdem Hauptmann Kaiser zu Dienstbeginn erfahren hatte, dass einer seiner Lehrgangsteilnehmer in eine »schwere Schlägerei zwischen Bw-Angehörigen« verwickelt worden war und sich im Krankenhaus befand, ließ er sich von zwei Feldwebeln – offenbar Lehrgangsteilnehmern und Zeugen – über die Vorgänge unterrichten. Ein sofort darauf getätigter Anruf im Krankenhaus ergab, dass es um den Zustand des Verletzten sehr schlecht stand. Um 8.00 Uhr beauftragte der Staffelchef vier seiner Offiziere mit den erforderlichen Zeugenvernehmungen. In der folgenden Viertelstunde waren Brauns Stammeinheit in Jever sowie Major Möllmann, der Kompaniechef der Luftwaffenpioniere in Fürstenfeldbruck, informiert: Dieser wie auch Brauns Ehefrau wurden gebeten, sich so schnell wie möglich nach Fürstenfeldbruck zu begeben. Kaiser selbst ließ sich im Krankenhaus vom behandelnden Arzt über den Zustand Brauns informieren. Um 9.20 Uhr informierte er seinen Lehrgruppenkommandeur, mit dem inzwischen eingetroffenen Pionierchef meldete er sich um 9.45 Uhr beim Schulkommandeur. Eine halbe Stunde später versammelten sich Kaiser, Möllmann, ein Stabsoffizier des benachbarten Jagdbombergeschwaders (JaboG) 32, ein Hauptmann der Feldjäger und ein Polizeiamtmann beim Lehrgruppenkommandeur. Der von dessen Büro aus angerufene Staatsanwalt Dr. Weidmann von der Staatsanwaltschaft Augsburg teilte mit, dass zur Erwirkung eines richterlichen Haftbefehls gegen die mutmaßlichen Täter keine juristische Handhabe bestehe. So versuchte der Pioniermajor bei seinem Regimentskommandeur einen nur durch diesen verhängbaren Disziplinararrest zu erwirken. Am Nachmittag, um 13.24 Uhr, traf Brauns Ehefrau mit einem Flugzeug der Flugvermessungsstaffel ein. Sie wurde sofort ins Krankenhaus weitergeleitet, in einer Aussprache mit dem Chefarzt auf den Zustand ihres Mannes vorbereitet und stationär aufgenommen. Am späten Nachmittag gegen 17.00 Uhr wurden die bisherigen Zeugenvernehmungen dem aus Karlsruhe eingetroffenen Rechtsberater der 2. Luftwaffendivision übergeben. Eine Stunde später wurde Braun in Begleitung eines Arztes ins Krankenhaus rechts der Isar nach München überführt. Seine Frau fand über die Nacht Aufnahme bei der Familie eines Oberfeldwebels der 8. Staffel der Technischen Schule der Luftwaffe. Wie sie gehörte er der neuapostolischen Religionsgemeinschaft an. Der Tag endete für Kaiser bei sich

---

51 Nägler, Der gewollte Soldat (wie Anm. 42), S. 407–424, hier bes. S. 412.
52 BA-MA, Pers 1/9057, Zeitlicher Ablauf des Besonderen Vorkommnisses, 3. TSLw 2, Lagerlechfeld, 5.6.1967 (7 Seiten).

zu Hause, wo er mit seinem Schul- und Lehrgruppenkommandeur die Ereignisse des Tages in einem Bericht festhielt und Bereitschaftsmaßnahmen für den Fall traf, dass eine beschleunigte Reise nach München erforderlich wäre.

Am folgenden Tag, Samstag, den 3. Juni, um 7.30 Uhr, wurde die Wehrbereichsverwaltung in München zur Bereitstellung einer Unterkunft für Brauns Ehefrau verständigt und bald darauf die neuapostolische Gemeinde dort kontaktiert. Eine halbe Stunde später wurden die Lehrgangskameraden über den Stand der Dinge informiert – auch Samstag war Dienst-Tag. Eine weitere halbe Stunde später erreichte Kaiser der Anruf aus München, dass Braun in den frühen Morgenstunden seinen Verletzungen erlegen war. Zehn Minuten später wurden alle Vorgesetzten darüber informiert; der Staffelchef machte sich auf, um die zur Witwe Gewordene nach München zu begleiten. Lapidar heißt es: »Frau Braun konnte ihren Mann in München nicht mehr sehen. Sie gab Zustimmung zur Obduktion der Leiche.« Um 12.15 Uhr reiste sie mit dem Zug zurück nach Wilhelmshaven. Die Fahrkarte 1. Klasse bezahlte Kaiser aus eigener Tasche, von dem Betrag, den die Geldsammlung bei der Kameraden der 3./ und 4./ Staffel ergeben hatte. »Die Differenz zu DM 165,- wurde Frau B. bar ausgehändigt.« Parallel dazu war Brauns Stammtruppenteil in Jever darüber verständigt worden, seine Ehefrau um 22.39 Uhr in Wilhelmshaven abzuholen. Das Ausmaß der Gewalt belegt die beiläufige Erwähnung der hinzugerufenen und ebenfalls zu Schaden gekommenen Ordnungskräfte: Ein Stabsunteroffizier der Feldjäger lag »mit Gehirnerschütterung und Schlagwunden« im Fliegerhorst Landsberg, ein Polizeibeamter war angesichts seiner Platzwunden im Gesicht nicht dienstfähig.

Am Montag begannen die Maßnahmen, den während des Dienstverhältnisses als Soldat auf Zeit zu Tode Gekommenen administrativ »abzuwickeln«. Die Standortverwaltung München wurde gebeten, mit ihrer korrespondierenden Dienststelle in Jever Verbindung aufzunehmen; der in Lagerlechfeld tätige Rechnungsführer dazu veranlasst, die Kommandierungsreise Brauns sofort zu bearbeiten; der Chef der 3. Staffel selbst genügte seinen Berichtspflichten. In weiteren Vernehmungen waren die Tatumstände näher zu beleuchten, insbesondere der körperliche Zustand der Zeugen, vor allem hinsichtlich des Nahrungs- und Alkoholkonsums. Ferner war zu klären: »wie wurden Zeugen angegriffen«, »wie wurden Polizei und Feldjäger angegriffen«, »wie erfolgte Erklärung zum Vorgesetzten«? Der Chef der Stammeinheit Brauns in Jever ließ gegen 9.00 Uhr wissen, dass die junge Witwe die Überführung der sterblichen Überreste nach Uetersen wünschte. Das Auto der Familie hingegen sollte vor Ort verkauft werden. Zur Mittagsparole wurden die Soldaten der 3. und 4. Staffel zu Spenden im Rahmen einer Soforthilfe aufgerufen, zusätzlich das Soldatenhilfswerk verständigt. Am Nachmittag dieses 5. Juni übernahm die Kriminalpolizei in Göggingen die Ermittlungen. Diese übernahm die durch die Dienststellen der Luftwaffe in Lechfeld angefertigten Ermittlungsergebnisse; die aus Fürstenfeldbruck waren noch nicht eingetroffen.

So fesselnd es im Detail auch wäre, das dienstliche und soziale Gefüge zwischen Lehrgangsteilnehmern im Fernmeldedienst der Luftwaffe, den Soldaten des offenbar beteiligten JaboG 32, den Feldjägern des Heeres, den örtlichen Polizeibeamten und den Totschlägern der Luftwaffenpioniere im Spiegel der folgenden gerichtlichen Untersuchungen zu untersuchen, so sehr würde damit ein weiteres, zu weites Feld beschritten. Vorläufig hieß es im Abschlussbericht: »Der Soldat, der den Tod des StUffz Braun verursachte, ist bis heute noch nicht eindeutig ermittelt. Die Ermittlungen werden von der Staatsanwaltschaft Augsburg geführt[53].« Brauns Leiche wurde am Dienstag, den 6. Juni 1967 von München nach Uetersen überführt, wo sie am Morgen des Folgetages um 8.00 Uhr eintraf.

Brauns Vorgesetzte an der Technischen Schule der Luftwaffe mussten ihn posthum besser kennenlernen als zu Lebzeiten, und wohl auch besser, als während eines zweimonatigen Lehrgangs üblich. In Lechfeld wurden eine Abordnung für die Beisetzung, die Beschaffung eines Kranzes, ein Nachruf in der örtlichen Presse, eine Halbmastbeflaggung am Tag der Beisetzung sowie ein Tagesbefehl der Schule angeordnet. Beim Öffnen des Spinds des verstorbenen Stabsunteroffiziers fanden der Staffelchef in Begleitung des Staffelfeldwebels, zusammen mit einem Stabsunteroffizier, der als Zeuge zugegen war, am Montag, den 5. Juni den üblichen Satz an Uniform- und Ausrüstungsgegenständen, den ein lehrgangshalber abkommandierter Soldat der 1960er-Jahre mitnahm: eine »Arbeitsmütze, oliv«, eine »Zeltbahn mit Zubehör«, ein Mückenschleier, ein Stahlhelm, ein Schlafsack sowie je ein Paar Schnür- und Sportschuhe, Kampfstiefel und Gamaschen. An privateigenen Gegenständen hinterließ Braun zwei Koffer, einen dunkelblauen Anzug, eine grüne Freizeitjacke, eine dunkelgrüne Hose, vier Frotteehandtücher, sechs Oberhemden, 18 Taschentücher, zwei Krawatten, acht Paar Socken, je ein Paar Sandalen und Manschettenknöpfe, zusätzlich einen Satz Schraubenzieher, ein Skatspiel, zwei Beutel mit Toilettenartikeln, einen Beutel Schuhputzzeug sowie Sportbekleidung, neun Kleiderbügel, eine Armbanduhr, einen Karton mit Kleidung und eine »Colleg-Mappe«. Hierin fand man je ein Wörterbuch, ein Physik-Lehrheft, einen Bundeswehrkalender und ein Buch zur Geschichte der Neuzeit. Der »Kfz-Brief und Autoschluessel sind hierbehalten zwecks Verkauf des Kfz's[54].« Eine Sammlung, die Kaiser als Soforthilfe für die junge Witwe und ihre Kinder veranlasste, erbrachte 1035,20 DM; etwas mehr erbrachte die der Nachbarstaffel, der 4./TSLw 2.

Brauns hinterlassene Dokumente wurden am 23. Juni 1967 aus Lagerlechfeld nach Jever zurückgesandt. Dazu gehörten unter anderem die Zusatzakte, der Wehrpass und der Bekleidungsnachweis. Per Fernschreiben forderte die Flugbetriebsstaffel in Jever die Lechfelder auf, die »schnellstmoegliche uebersendung der bekleidungsstammkarte zwecks abgabe der ausstattung an die

---

[53] BA-MA, Pers 1/9057, Abschlußbericht zum Besonderen Vorkommnis: Körperverletzung mit Todesfolge, StffChef 3./TSLw 2, Lagerlechfeld, 20.6.1967, gez. Hptm Kaiser.

[54] BA-MA, Pers 1/9057, Verhandlungsprotokoll, StffChef/StffFw 3./TSLw 2, Lagerlechfeld, 6.6.1967.

standortverwaltung jever« einzuleiten. Anfang Juli erhielt die Standortverwaltung die geforderten Dokumente und war damit abrechnungstechnisch auf der sicheren Seite. Auch verabsäumte es die Organisation Bundeswehr nicht, dem Verstorbenen eine Dienstzeitbescheinigung auszustellen[55]. Abgesehen vom gerichtlichen Nachspiel für die Totschläger war der Fall Braun für die Bundeswehr erledigt. Für über vierzig Jahre blieb er nunmehr in den Akten.

Was bleibt von Braun?

In Karriere und Tod des Stabsunteroffiziers Braun spiegelt sich die Bundeswehr im Aufbau in ihren Hoffnungen, Möglichkeiten, Grenzen und Defiziten. Natürlich ist es eine ausgewählte negative Geschichte – negativ, weil sie für den Protagonisten so tragisch endete, und negativ, weil ihm der Dienst in einer fertiggewordenen Armee nur für kurze Zeit vergönnt war. Die enttäuschte Hoffnung vom Fliegen, die Zurücksetzungen in der militärischen und fachlichen Ausbildung verdeutlichen neben den undeutlich bleibenden persönlichen Zügen einen jungen Mann, der seine Chancen nicht hat nutzen können. Seine Bildungsdefizite waren angesichts der Anforderungen ein relativer Mangel. Sie entsprachen aber dem Durchschnitt der Zeit, genauso wie der – aus Perspektive des Wehrmacht-gedienten Ausbilderstamms – geprägte Mangel an »straffer Haltung«. Langsamer, als von seinen Vorgesetzten erwartet, vollzog sich auch das allmähliche Hineinwachsen Brauns in die Vorgesetzteneigenschaft: Das angemahnte Verhalten endete beim Versuch der Umsetzung in kritischer Situation tödlich. Brauns Streben nach Bildung, um die mangelnden Startvoraussetzungen wettzumachen, bezeugen seine Hinterlassenschaften. Sein Streben nach einem Leben mit der Familie am Dienstort ist am Ende geglückt – jedoch nur für kurze Zeit.

So wie das Filmleben seiner Namensbase Maria Braun ein buchstäblich »explosives« Ende fand, endete das richtige Leben des Heinz-Dieter Braun schlagartig. Und weil zu vermuten steht, dass die Bundeswehr-Karriere des Protagonisten nach zehn Jahren die Richtung und Stabilität gefunden hatte, die nun auch der Großorganisation Bundeswehr und ihrer Luftwaffe zukamen, war es ein Schicksal, dem nach der gängigen Definition im Wortsinn eine »Tragik« zukommt: »ein schicksalhaftes, Konflikte, Untergang oder Verderben bringendes, unverdientes Leid, das beim Betrachter Erschütterung und Trauer her-

---

[55] BA-MA, Pers 1/9057, Empfangsschein, 3./TSLw 2, Lechfeld 23.6.1967; ebd., Dienstzeitbescheinigung, Jever 8.8.1967; ebd., Fernschreiben FlgBetrStrf/WaSLw an 3./TSLw 2, 21.6.1967; ebd., FlgBetrStff WaSLw 10 Jever an StOV Jever, 5.7.1967.

vorruft«[56]. Hier zeigt sich ein »mittlerer Held«, der »für eine Handlung, für die er nicht in vollem Umfang verantwortlich ist, unverhältnismäßig leiden muss«[57]. Hier verdichten sich, trotz aller persönlichen Brechungen und Quellenlücken, Facetten einer Bundeswehr, die ihre »goldenen Zeiten« – wenn es sie denn gab – erst später, ab den 1970er-Jahren, erlebte.

Es entbehrt nicht der bitteren Ironie, dass ein Soldat, dessen Dienst als Soldat zu Lebzeiten stets nie besser als »durchschnittlich« qualifiziert wurde, posthum zum Vorbild avancierte: für seine »beispielhafte Haltung«, für seinen »persönlichen Einsatz ohne Rücksicht auf Person und Gesundheit für Disziplin und Kameradschaft«. In mancherlei Hinsicht fällt die sehr ambivalente Bewertung, welche die Großorganisation Bundeswehr über ihren Stabsunteroffizier Heinz-Dieter Braun fällte, auf sie selbst zurück.

---

[56] Brockhaus. Die Enzyklopädie in 24 Bänden, 20. Aufl., Bd 22, Mannheim, Leipzig 1996, S. 237 f.

[57] Rudolf Beck, Hildegard Kuester und Martin Kuester, Terminologie der Literaturwissenschaft, Ismaning 1998, S. 268 f.: Zitat. Vgl. Metzler Literaturlexikon. Hrsg. von Dieter Burdorf, Christoph Fasbender und Burkhard Moenninghof, Stuttgart 2007, S. 469; Dieter Gutzen [u.a.], Einführung in die neuere deutsche Literaturwissenschaft, 8. Aufl., Berlin 2009, S. 317. Für diese Hinweise danke ich Kristin Nicklaus.

Dieter H. Kollmer

Gescheitert!
Hauptfeldwebel (Heer) Wilhelm Kupfer

Warum es kam, wie es kommen musste

Als Wilhelm Kupfer[1] am 1. November 1956 seinen Dienst bei der Bundeswehr im Truppenamt in Köln in der Quartiermeister-Abteilung antrat[2], war er vermutlich der Überzeugung, sich wieder auf bekanntes Terrain zu begeben. Das Militär hatte das Leben des zu diesem Zeitpunkt 44 Jährigen geprägt. Dennoch wurde er nur sieben Jahre und vier Monate später schwer krank in den Ruhestand versetzt[3]. Warum war es dazu gekommen? Einerseits scheint Wilhelm Kupfer an seinem Selbstanspruch, seinen Wünschen und Hoffnungen anderseits aber auch an den Rahmenbedingungen in der jungen Bundeswehr gescheitert zu sein. Damit wäre er in seiner Alterskohorte bei weitem kein Einzelfall[4]. Nicht wenige ehemalige Soldaten der Wehrmacht, die ihre militärische Laufbahn in der Bundeswehr fortsetzen wollten, hatten Schwierigkeiten, sich in einer im Aufbau befindlichen Armee zurechtzufinden, die den Spielregeln des demokratischen Staates folgen musste[5].

---

1   Der Name wurde – wie auch die Namen der anderen beteiligten Personen – für den vorliegenden Beitrag anonymisiert. Die Entstehung dieses Beitrags haben dankenswerterweise die nimmermüden Kameraden Peter Wittenbruch aus München und Markus Nikel aus Bonn durch konstruktive Kritik und Verbesserungsvorschläge zielführend unterstützt. Zudem hat meine Frau Birgit mit ihrer großen Geduld meine Freizeitgestaltung verständnisvoll begleitet.
2   Bundesarchiv-Militärarchiv (BA-MA), Freiburg i.Br., Pers 1/8239: Der Leiter der Annahme im Wehrbereich IV, 27. September 1956. Die Quartiermeistertruppe war eine der ältesten Kampfunterstützungstruppengattungen in deutschen Streitkräften. Heutzutage wird der Aufgabenbereich des Quartiermeisters primär durch die Logistiktruppe abgedeckt.
3   BA-MA, Pers 1/8239: Für den Bundesminister der Verteidigung. Leiter der Stammdienststelle des Heeres vom 1. Dezember 1963.
4   Zu den Problemen der Kriegsteilnehmer in der Bundeswehr siehe u.a. Georg Meyer, Zur Inneren Entwicklung der Bundeswehr bis 1960/61. In: Anfänge westdeutscher Sicherheitspolitik 1945-1956. Hrsg. vom MGFA, Bd 3, München 1993, S. 875-884, und Frank Nägler, Der gewollte Soldat und sein Wandel. Personelle Aufrüstung und Innere Führung in den Aufbaujahren der Bundeswehr 1956 bis 1964/65, München 2010 (= Sicherheitspolitik und Streitkräfte der Bundesrepublik Deutschland, 9), S. 302-314.
5   Siehe hierzu u.a. Nägler, Der gewollte Soldat (wie Anm. 4), S. 305-311.

Wie viele seiner Alterskohorte, der »Kriegsjugendgeneration des Ersten Weltkrieges« der Jahrgänge 1900 bis 1913, war Kupfer ein durch die Zeitläufte Benachteiligter. Er hatte erlebt, wie der Erste Weltkrieg verloren und das Kaiserreich untergegangen war. Als Kind litt er unter den Folgen dieser Niederlage. Die unstete Zeit der Weimarer Republik prägte seine Jugend. Hungersnöte, wirtschaftliche Zusammenbrüche, politisches Chaos, Straßenkämpfe und Putsche erlebte er als Betroffener häufig hautnah mit. Kurz nach der Machtübernahme durch die Nationalsozialisten trat Kupfer nach dem plötzlichen Tod seiner Eltern in die Reichswehr ein, um mit der daraus entstehenden Wehrmacht dann von Kriegsschauplatz zu Kriegsschauplatz zu ziehen. Aufgrund seiner Herkunft, Sozialisation und Erfahrungen ließ er all dies widerstandslos mit sich und seiner Umwelt geschehen[6]. Er nahm keinen Einfluss auf die Prozesse, er organisierte sich nicht, war aber durch seine berufliche Tätigkeit ein nicht unbedeutender Teil des Ganzen. Am Ende war er zwar durch den Krieg gekommen, zählte aber doch zu den Verlierern. Gesundheitlich angegriffen, versuchte er in der neuen, zivilen Welt Fuß zu fassen, und wurde hessischer Justizbeamter. Trotzdem gelang ihm der Bewusstseinswechsel augenscheinlich – wie vielen seiner ehemaligen Kameraden – nur eingeschränkt[7]. Als sich die Möglichkeit bot, wieder Soldat zu werden, gab er seine sichere zivile Tätigkeit wieder auf[8].

Kupfers Alterskohorte war zunächst das personelle Rückgrat von Hitlers Wehrmacht gewesen[9] und stellte nun aufgrund ihrer Erfahrungen beim Aufbau der Bundeswehr einen Großteil der Führungskräfte der mittleren Ebene[10]. Sein Lebensweg und Werdegang ist für einen Teil dieser Generation exemplarisch, deren Hoffnungen und Wünsche sich auch in den Streitkräften der Bundesrepublik Deutschland nicht erfüllen sollten[11].

---

6   Siehe hierzu Martin E.P. Seligman, Erlernte Hilflosigkeit, München 1979.
7   Zum Schicksal der Kriegsheimkehrer siehe u.a. Svenja Goltermann, Die Gesellschaft der Überlebenden: Deutsche Kriegsheimkehrer und ihre Gewalterfahrungen im Zweiten Weltkrieg, Stuttgart 2009.
8   BA-MA, Pers 1/8239: Bewerberbogen vom 4. April 1956.
9   Zur personellen Aufrüstung der Wehrmacht siehe u.a. Wilhelm Deist, Die Aufrüstung der Wehrmacht. In: Das Deutsche Reich und der Zweite Weltkrieg, Bd 1: Wilhelm Deist [u.a.], Ursachen und Voraussetzungen des deutschen Kriegspolitik, Stuttgart 1979, S. 371–535, und Bernhard R. Kroener, »Menschenbewirtschaftung«, Bevölkerungsverteilung und personelle Rüstung in der zweiten Kriegshälfte (1942–1944). In: Das Deutsche Reich und der Zweite Weltkrieg, Bd 5/2: Bernhard R. Kroener, Rolf-Dieter Müller und Hans Umbreit, Organisation und Mobilisieren des deutschen Machtbereichs. Kriegsverwaltung, Wirtschaft und personelle Ressourcen 1942 bis 1944/45, Stuttgart 1999, S. 777–1002.
10   Hierbei handelte es sich um die älteren Feldwebeldienstgrade, Hauptleute, Majore und Oberstleutnante. Zur personellen Aufrüstung der Bundeswehr siehe u.a. Meyer, Zur Inneren Entwicklung (wie Anm. 4), und Nägler, Der gewollte Soldat (wie Anm. 4).
11   Zu den enttäuschten Erwartungen und Hoffnungen unter Unteroffizieren der Bundeswehr in der Aufbauphase siehe u.a. Siegried Petrelli, Zur Geschichte der Unteroffiziere der Bundeswehr. In: Das strapazierte Rückgrat. Unteroffiziere der Bundeswehr. Hrsg. von Paul Klein, Baden-Baden 1983, S. 33.

Kindheit und Jugend in Augsburg

Wilhelm Kupfer erblickte am 4. Februar 1912 als sechstes Kind des Verwaltungsbeamten Johann Baptist Kupfer und seiner Ehefrau Maria, geb. Meggle, in der Fuggerstadt Augsburg das Licht der Welt. Auf die Welt gebracht wurde der kleine Junge – als sollte dies ein Vorzeichen sein – durch den Regimentsarzt des 3. königlich-bayerischen Infanterieregiments »Prinz Karl von Bayern«. Der Grund hierfür war naheliegend: Der Vater des Neugeborenen arbeitete zu dieser Zeit als Kasernenwärter der Prinz-Karl-Kaserne, in der das Regiment stationiert war und sich zudem das Augsburger Militärhospital befand[12]. Rückblickend betrachtet war das Militär gewissermaßen von Anfang an ein steter Bezugspunkt in Wilhelm Kupfers Leben.

Seine Kindheit verbrachte der schmächtige Wilhelm hauptsächlich in den engen Gassen der mittelalterlich geprägten Augsburger Altstadt, wohnten seine Eltern doch direkt am Rathausplatz[13]. Als sechstes von sieben Kindern musste er früh lernen, seinen Platz in einer größeren Gemeinschaft zu finden und zu behaupten. Drei ältere Schwestern und zwei ältere Brüder sowie eine ein Jahr jüngere Schwester haben gewiss seine Kindheit und Jugend geprägt[14].

Der Erste Weltkrieg und die nachfolgenden wirtschaftlichen wie auch politischen Krisen der Weimarer Republik wirkten sich nicht sonderlich positiv auf die Entwicklung der Industriestadt im schwäbischen Teil Bayerns aus[15]. So mussten die traditionell in Augsburg ansässigen Betriebe der Textilindustrie in diesen Jahren massiv Überkapazitäten und Arbeitsplätze abbauen. Aber auch die bis 1918 stark expandierende Maschinenbauindustrie war gezwungen, sich Anfang der 1920er-Jahre in dem neuen volkswirtschaftlichen Umfeld der Nachkriegswirtschaft zu konsolidieren. Der allumfassende Notstand und die Lebensmittelknappheit führten immer wieder zu Hungerdemonstrationen. Im September 1920 wurden bei einem dieser Proteste vor dem Augsburger Rathaus sogar mehrere Demonstranten von städtischen Schutzmannschaften erschossen[16].

---

[12] BA-MA, Pers 1/8239: Geburtsurkunde Nr. 137. Standesamt Augsburg, den 9. Februar 1912. Diese Geburtsurkunde ist die einzige Unterlage aus seinem Leben vor 1945, die noch erhalten geblieben ist. Vermutlich hatte er sie als Soldat bei sich gehabt. Alle anderen persönlichen Unterlagen aus den Jahren vor 1945 gingen bei der Zerstörung der Familienwohnung in Berlin-Charlottenburg während des Endkampfes um die Reichshauptstadt verloren. Dies hat Wilhelm Kupfer wiederholt erklärt und eidesstattlich bekundet. Siehe hierzu ebd.: Notar Dr. iur. Johannes Handschumacher, Köln, Urkundenrolle Nummer 1572/1957Na. vom 13. Dezember 1957.

[13] Ebd.: Bewerberbogen vom 4. April 1956.

[14] Einzig einem ärztlichen Befragungsbogen der Musterung von Wilhelm Kupfer ist zu entnehmen, dass er sechs Geschwister hatte und diese laut Aussage von Kupfer im Mai 1956 alle den Zweiten Weltkrieg überlebten. Ebd.: Gesundheitliche Vorgeschichte für Freiwillige vom 2. Mai 1956.

[15] Hier und im Folgenden Gerhard Hetzer, Von der Reichsgründung bis zum Ende der Weimarer Republik 1871-1933. In: Geschichte der Stadt Augsburg. 2000 Jahre von der Römerzeit bis zur Gegenwart, 2. Aufl., Stuttgart 1985, S. 576-689.

[16] Hier und im Folgenden ebd., S. 582-584.

Gleichwohl entzog sich die grundsätzlich eher liberale Augsburger Bevölkerung der in einigen bayerischen Städten in diesen Jahren vorherrschenden radikalisierten politischen Stimmung. Die Stadt wurde von 1919 bis 1933 von einer gut funktionierenden Koalition aus Bayerischer Volkspartei, SPD und bürgerlich-liberalen Gruppen regiert. Aber auch diese regierungspolitisch vergleichsweise geordnete Situation konnte nicht verhindern, dass sich die wirtschaftliche Entwicklung Augsburgs den allgemeinen, instabilen Verhältnissen im Deutschen Reich anpasste. So stieg die Zahl der Arbeitslosen seit Kriegsende von knapp unter 5 Prozent sukzessive bis zum Höchststand von fast 25 Prozent im Jahr 1932 an.

Auch wenn sich dies nicht für den Einzelfall nachweisen lässt, so ist doch davon auszugehen, dass diese Geschehnisse dem heranwachsenden Wilhelm in Erinnerung geblieben sind. Gerade kinderreiche Familien hatten in diesen wirtschaftlichen Krisenjahren erhebliche Probleme, über die Runden zu kommen. Der Eintritt in die Reichswehr und später in die Bundeswehr waren vor diesem Hintergrund gerade in Friedenszeiten sicherlich auch Entscheidungen für ein geregeltes und sozial abgesichertes Leben[17].

In dieser unruhigen Zeit wuchs Wilhelm Kupfer heran. Im letzten Kriegssommer 1918 wurde er eingeschult. Acht Jahre später verließ er die Schule im Sommer 1926 mit einem Volksschulabschluss[18]. Im Gegensatz zu vielen seiner Altersgenossen ging Wilhelm danach aber nicht »zur M.A.N.«[19], um sich in einem technischen oder kaufmännischen Beruf ausbilden zu lassen. Aufgrund seines schmächtigen Körperwuchses[20] und seines sportlichen Talents begann er im direkten Anschluss an seine Schulzeit im Alter von nur 14 Jahren bei dem renommierten Augsburger Reitrennstall Guttmann eine Ausbildung zum Jockey. Nachdem Wilhelm gut zweieinhalb Jahre die Berufe Pferdepfleger und Berufsreiter erlernt hatte, musste der Besitzer des Reitstalls Ende 1928 überraschend Konkurs anmelden. Wenig später wurde der Rennstall vollständig aufgelöst[21].

Zum Jahresbeginn 1929 begann der mittlerweile fast 17-Jährige auf Wunsch seines Vaters bei einem Friseursalon Müller in Augsburg eine weitere Ausbil-

[17] Zu den Gründen der Kriegsgedienten für den Eintritt in die Bundeswehr siehe u.a. Meyer, Zur Inneren Entwicklung (wie Anm. 4), S. 883–885.
[18] Auch Wilhelm Kupfers Schulzeugnisse gingen bei der Zerstörung der Familienwohnung in Berlin-Charlottenburg während des Endkampfes um die Reichshauptstadt verloren. Siehe hierzu BA-MA, Pers 1/8239: Notar Dr. iur. Johannes Handschumacher, Köln, Urkundenrolle Nummer 1572/1957Na. vom 13. Dezember 1957.
[19] Die 1841 in Nürnberg gegründete Eisengießerei und Maschinenfabrik Klett & Comp wurde 1898 zur Maschinenfabrik Augsburg-Nürnberg AG und 1908 schließlich zur M.A.N. Die Maschinenfabrik in Augsburg entwickelte sich bis 1913 von einem mittelständischen Betrieb mit 400 Beschäftigten zu einem Großunternehmen mit gut 12 000 Arbeitern. Damit war M.A.N. nicht nur der größte Arbeitgeber, sondern auch der wichtigste Ausbildungsbetrieb der Stadt Augsburg, deren Einwohnerzahl insbesondere aufgrund von Eingemeindungen bis 1914 auf rund 152 000 Einwohner angestiegen war.
[20] Bei der Musterung 1956 war Kupfer lediglich 1,60 m groß und wog 53 kg. BA-MA, Pers 1/8239: Ärztlicher Untersuchungsbefund für Freiwillige vom 2. Mai 1956, S. 1.
[21] Ebd.: Handschriftlicher Lebenslauf von Wilhelm Kupfer vom 4. April 1956.

dung. Zweieinhalb Jahre später legte er vor der Industrie- und Handelskammer seiner Heimatstadt die Gesellenprüfung als Friseur erfolgreich ab. In den folgenden drei Jahren verdiente er seinen Lebensunterhalt als Geselle in einem Damen- und Herrenfriseurgeschäft.

Tod der Eltern und Eintritt in die Reichswehr

Im Sommer 1934 starben kurz hintereinander Wilhelms Eltern. Sein Vater erlitt im Alter von 63 Jahren einen Schlaganfall und seine Mutter wurde mit nur 60 Jahren von einer Leberzirrhose dahingerafft[22]. Nur wenige Wochen nach dem Tod seiner Eltern verpflichtete sich Wilhelm Kupfer für eine 12-jährige Dienstzeit bei der Reichswehr[23]. Seine Entscheidung, in die Streitkräfte einzutreten, die das Deutsche Reich wieder »zu alter Größe« führen sollten[24], war in mehrerlei Hinsicht konsequent. Erstens trat er in der Kaserne seinen Dienst an, in der sein Vater Kasernenwärter gewesen war, folglich kannte er das Umfeld. Zweitens war die militärische Gemeinschaft für den nunmehr 22-jährigen Waisen eine neue »Familie«, die ihm sozialen Halt und Sicherheit bot. Schließlich stellte der militärische Dienst für den kleinen, sportlichen jungen Mann[25] sicherlich eine andere Herausforderung dar als die bisweilen monotone Arbeit in einem Frisiersalon.

Für die Reichswehr entsprach Kupfer dem idealen Sozialprofil für Unteroffiziere: Aus einer mittelgroßen Stadt stammend, der unteren Mittelschicht angehörend, mit Volksschulabschluss sowie einer abgeschlossenen Berufsausbildung und sehr sportlich war er wie geschaffen für die dienenden und praktischen Tätigkeiten dieser Laufbahngruppe[26]. Dennoch war es keine

---

[22] Die Angaben hierzu stammen vermutlich von Wilhelm Kupfer. BA-MA, Pers 1/8239: Gesundheitliche Vorgeschichte für Freiwillige vom 2. Mai 1956.

[23] In der Reichswehr gab es nicht das Institut des Berufsunteroffiziers, sondern nur ein grundsätzliches Treueverhältnis des freiwillig Dienstverpflichteten zum Staat. Nach der Ableistung einer 12-jährigen Dienstzeit wurde entschieden, ob der betroffene Unteroffizier seinen Dienst weiter in der Reichswehr versehen sollte oder ihm eine Anstellung als Beamter angeboten wurde. Siehe hierzu u.a. Werner Lahne, Unteroffiziere. Werden, Wesen und Wirken eines Berufsstandes, München 1965, S. 477 f.

[24] Zur Transformation der Reichswehr nach 1933 siehe u.a. Wolfram Wette, Ideologien, Propaganda und Innenpolitik als Voraussetzung der Kriegspolitik des Dritten Reiches. In: Das Deutsche Reich und der Zweite Weltkrieg, Bd 1 (wie Anm. 9), S. 121–128, und Klaus-Jürgen Müller, Das Heer und Hitler. Armee und nationalsozialistisches Regime 1933 bis 1940, Stuttgart 1988 (= Beiträge zur Militär- und Kriegsgeschichte, 10).

[25] Im Laufe des Jahres 1939 wurde Wilhelm Kupfer zum Skilehrer und Gletscherführer ausgebildet. Nach dem Krieg gewann er mehrere regionale und Landesmeisterschaften im Skirenn- und Langlaufsport. Siehe hierzu BA-MA, Pers 1/8239: Bewerberbogen vom 4. April 1956 und Truppenamt, Abt. Qm. Truppe, Beurteilung vom 10. Januar 1957.

[26] Näheres hierzu siehe u.a. bei Detlef Bald, Der Unteroffizier der Bundeswehr – soziale Herkunft und schulische Bildung, München 1989 (= SOWI-Arbeitspapier Nr. 21), S. 2–5.

Selbstverständlichkeit, dass Kupfer in die Reichswehr aufgenommen wurde, da auch für die Mannschaftsdienstgrade und Unteroffizieranwärter des 100 000 Mann-Heeres sehr strenge Aufnahmekriterien galten[27]. Da diese Streitkräfte als Aufwuchsarmee konzipiert waren, wurde an ihre Soldaten von vornherein besonders hohe Anforderungen gestellt. Jeder Soldat sollte zumindest eine Führungsebene höhere Aufgaben erfüllen können.

Der neue Reichskanzler Adolf Hitler beabsichtigte seit der Machtübernahme durch die Nationalsozialisten im Januar 1933, eine massive Stärkung der Streitkräfte des Deutschen Reiches herbeizuführen[28]. Mit dem »Gesetz über den Aufbau der Wehrmacht« vom 16. März 1935[29] ging aus der Reichswehr (der Weimarer Republik) die Wehrmacht (des nationalsozialistischen Unrechtsregimes) hervor. Der schnelle Aufwuchs der Wehrmacht wurde durch die gute Ausbildung der Reichswehrsoldaten begünstigt. Es stand ein professionelles Führerkorps zur Verfügung, das sehr schnell in der Lage war, eine Ausbildungsorganisation für eine fünf Mal so große Wehrpflichtarmee aufzubauen[30].

Am 1. November 1934 trat Wilhelm Kupfer seinen Dienst beim Infanterieregiment Augsburg in der Prinz-Karl-Kaserne an, das nur wenige Wochen zuvor aus Abgaben des Infanterieregiments 19 aus München aufgestellt worden war. Im Anschluss an die Grundausbildung wurde Kupfer im Mai 1935 zur weiteren Ausbildung zum Sanitäter nach Regensburg versetzt und in Folge des erfolgreich abgeschlossenen Lehrgangs zum Sanitäts-Gefreiten befördert. Gleichzeitig wurde er im August 1935 zur Sanitätsstaffel des Infanterieregiments 19 nach München versetzt. Dort erhielt der Sanitäts-Gefreite Kupfer aufgrund seiner Qualifikation und guter dienstlicher Leistungen, genau zwei Jahre nach Eintritt in die Streitkräfte, am 1. November 1936 seine Ernennungsurkunde zum Sanitäts-Unteroffizier[31].

Sanitäts-Unteroffizier Kupfer nahm mit seiner Einheit im März 1938 am Einmarsch nach Österreich teil. Für die nachfolgende Aufstellung und Ausbildung der 2. Gebirgsdivision, die hauptsächlich aus österreichischen Soldaten bestand, wurde er abgestellt[32]. Hierzu verblieb Kupfer zunächst beim zukünftigen Divisionsarzt in Innsbruck. Am 1. September 1938 wurde er dann als Sanitäts-Dienstgrad zum Aufbau des Gebirgspionierbataillons 82 nach Schwaz in Tirol versetzt und versah seine Dienstgeschäfte beim Standort- und Truppenarzt.

Das Gebirgspionierbataillon 82 war am 1. Juli 1938 hauptsächlich aus dem Personal des Pionierbataillons 7 des österreichischen Bundesheeres als eines

---

27 Siehe hierzu u.a. Lahne, Unteroffiziere (wie Anm. 23), S. 466 f.
28 Siehe hierzu u.a. Müller, Das Heer und Hitler (wie Anm. 24), S. 35–57.
29 Reichsgesetzblatt 1935 I, S. 369. In: Alfred Dehlinger, Systematische Übersicht über 76 Jahrgänge RGBl. (1867–1942), Stuttgart 1943.
30 Siehe hierzu u.a. Lahne, Unteroffiziere (wie Anm. 23), S. 472 f.
31 Über seine Ausbildung, den täglichen Dienst oder z.B. Manöver seiner Einheiten in diesen Jahren gibt es leider keine verfügbaren Überlieferungen.
32 Für den Aufbau und die Ausbildung des österreichischen Bundesheeres nach deutschem Vorbild wurden insbesondere bayerische und württembergische Soldaten abgestellt. Siehe hierzu u.a. Lahne, Unteroffiziere (wie Anm. 23), S. 476 f.

der ersten vornehmlich aus österreichischen Soldaten bestehenden Bataillone der Wehrmacht aufgestellt worden[33]. Es war der 2. Gebirgsdivision in Innsbruck unterstellt und bestand beim Ausbruch des Zweiten Weltkriegs aus dem Bataillonsstab, einer Gebirgspionierkompanie, einer leichten, motorisierten Pionierkompanie und einer leichten Pionier- sowie einer leichten Brückenkolonne. Kupfer sollte die meiste Zeit des Krieges in diesem Verband dienen. Mit seinem neuen Bataillon nahm Sanitäts-Unteroffizier Kupfer bereits einen Monat später am Einmarsch in das Sudetenland (am 1. und 2. Oktober 1938) teil. Für die Teilnahme an den beiden Einmärschen in Österreich und im Sudetenland erhielt er die dafür ausgegebenen Medaillen[34].

Nur zwei weitere Monate später, am 1. Dezember 1938, wurde Wilhelm Kupfer zum Sanitäts-Feldwebel befördert und am folgenden Tag in den neuen (und bis heute vom österreichischen Bundesheer genutzten) Garnisonsstandort Vomp bei Fiecht[35] versetzt. Zunächst wurde hier nur ein Barackenlager mit dem Namen »Col di Lana-Kaserne« errichtet. Wenig später entstanden auf dem Gelände innerhalb kürzester Zeit ein Wasserübungsplatz und ein Nahkampfübungsplatz in der Vomper Heide sowie auf dem Gebiet des heutigen Schießplatzes des österreichischen Bundesheeres ein Übungsschießplatz. Die neuen österreichischen Kameraden wurden hier in die Führungsverfahren und den Gefechtsdienst der Wehrmacht eingewiesen und entsprechend ausgebildet, damit gemeinsame Gefechte zukünftig reibungslos geführt werden konnten[36]. Für sein Engagement beim Aufbau sowie bei der Ausbildung der neuen Einheit erhielt der junge Sanitäts-Feldwebel die sogenannte Dienstauszeichnung IV. Klasse[37].

Im Zweiten Weltkrieg an verschiedenen Fronten beinahe zum Offizier aufgestiegen

Mit dem Gebirgspionierbataillon 82 nahm Sanitäts-Feldwebel Kupfer ab dem 29. August 1939 auch am Überfall auf Polen teil. Während des Angriffs stieß sein Bataillon an der Spitze der 2. Gebirgsdivision aus dem Raum Kežmarok in

[33] Hier und im Folgenden Georg Tessin, Verbände und Truppen der deutschen Wehrmacht und der Waffen-SS im Zweiten Weltkrieg 1939–1945, Bd 6: Die Landstreitkräfte 71–130, Osnabrück 1972, S. 66.
[34] BA-MA, Pers 1/8239: Bewerberbogen vom 4. April 1956.
[35] Siehe hierzu http://www.lexikon-der-wehrmacht.de/inhaltsverzeichnisKasernen.htm und http://www.bmlv.gv.at/organisation/standorte/tirol.shtml (25.4.2010).
[36] Zur Zusammenarbeit zwischen den reichsdeutschen und österreichischen Einheiten der Wehrmacht siehe u.a. Bertrand Michael Buchmann, Österreicher in der Deutschen Wehrmacht: Soldatenalltag im Zweiten Weltkrieg, Köln, Wien 2009.
[37] BA-MA, Pers 1/8239: Wehrdienst in der früheren Wehrmacht vom 12. Juli 1960, XVIII. Orden, Ehrenzeichen und Anerkennungen.

der Slowakei in Richtung Nowy Sącz, Jasło auf Lwiw (Lemberg)[38] vor und war an der Einnahme der damals polnischen Großstadt beteiligt. Dabei räumten die Gebirgspioniere unzählige Sperren und bauten eine Vielzahl von Behelfsbrücken, so auch über den Dunajec. Direkt im Anschluss an den Polenfeldzug erfolgte im Oktober 1939 die Verlegung in den Westen des Reiches in den Raum St. Goar zur Sicherung der Front gegen Frankreich und wenig später zur Auffrischung an den Niederrhein. Doch neue Aufgaben zeichneten sich schon ab: Von Ende März 1940 an wurden die Gebirgspioniere auf eine mögliche Invasion Dänemarks und Norwegens vorbereitet[39].

Und so kam es dann auch: Das Bataillon nahm als der Pionierverband der 2. Gebirgsdivision am »Unternehmen Weserübung« (9. April bis 10. Juni 1940) teil[40]. Die Division hatte den Auftrag, von Namsos aus in Richtung Narvik vorzustoßen. Für Gebirgspioniere ungewöhnlich fand der Angriff auf das norwegische Festland von der Seeseite her statt. Die meist süddeutschen und österreichischen Soldaten landeten unter erbittertem norwegisch-britischen Widerstand zwischen Trondheim und Namsos an und rückten von dort aus Richtung Narvik vor, um dort die eingeschlossenen Wehrmachtsverbände unter Generalmajor Eduard Dietl zu entsetzen. Die Alliierten zogen jedoch Anfang Mai 1940 ihre Truppen ab, noch rechtzeitig bevor die 2. Gebirgsdivision in die Kämpfe eingreifen konnte. Daraufhin erhielten die Gebirgsjäger und Gebirgspioniere Verfügungsräume im norwegischen Teil Lapplands und im Raum Kirkenes zugewiesen.

Damit begann nun eine vergleichsweise ruhige Zeit als Besatzungstruppe in Norwegen. Für den Sanitäts-Feldwebel Kupfer gab es – vermutlich bei Zwischenfällen mit norwegischen Widerstandsgruppen – immer wieder Situationen, in denen er sowohl sein soldatisches als auch sein sanitätsdienstliches Können unter Beweis stellen musste. So wurde er am 1. Juni 1941 wegen Tapferkeit vor dem Feind zum Sanitätsoberfeldwebel befördert und gleichzeitig mit dem Eisernen Kreuz Zweiter Klasse ausgezeichnet[41]. Diese Leistung und

---

[38] In Lemberg kam es im Laufe des Zweiten Weltkrieges während der sowjetischen und der deutschen Besetzung und anschließenden Besatzung zu brutalen Pogromen an der jüdischen Bevölkerung. Dabei wurden im Laufe der Jahre nach heutigen Erkenntnissen vermutlich mehr als 120 000 Menschen ermordet. Siehe hierzu u.a. Dieter Schenk, Der Lemberger Professorenmord und der Holocaust in Ostgalizien, Bonn 2007. Die 2. Gebirgsdivision und ihre Einheiten waren nach dem derzeitigen Forschungsstand nicht an diesen Gräueltaten beteiligt.

[39] Georg Tessin, Verbände und Truppen der deutschen Wehrmacht und der Waffen-SS im Zweiten Weltkrieg 1939–1945, Bd 2: Die Landstreitkräfte 1–5, 2. Aufl., Osnabrück 1973, S. 102.

[40] Zum »Unternehmen Weserübung« siehe u.a. Klaus A. Maier und Bernd Stegemann, Die Sicherung der europäischen Nordflanke. In: Das Deutsche Reich und der Zweite Weltkrieg, Bd 2: Klaus A. Maier [u.a.], Die Errichtung der Hegemonie auf dem europäischen Kontinent, Stuttgart 1979, S. 212–225; Hans-Martin Ottmer, »Weserübung«. Der deutsche Angriff auf Dänemark und Norwegen im April 1940, München 1995 (= Operationen des Zweiten Weltkrieges, 1).

[41] BA-MA, Pers 1/8239: Wehrdienst in der früheren Wehrmacht vom 12. Juli 1960, XVIII. Orden, Ehrenzeichen und Anerkennungen.

die Auszeichnung wurden überdies sogar im Divisions-Tagesbefehl der
2. Gebirgsdivision erwähnt[42].

Wenige Wochen später wurde das inzwischen ein wenig in Vergessenheit
geratene »Unternehmen Platinfuchs« als Teil der »Operation Silberfuchs« ge-
startet[43]: Im Rahmen des »Unternehmens Barbarossa« sollten die kriegswichti-
gen Nickelgruben von Petsamo[44] und die Hafenstadt Murmansk auf der Halbinsel Kola u.a. durch die 2. und 3. Gebirgsdivision eingenommen werden.
Obwohl die Operation nach dem bekannten und erfolgreichen Muster eines
»Blitzkrieges« geplant wurde und der kommandierende Generalmajor Eduard
Dietl sich sicher war, dass Murmansk innerhalb von drei Tagen fallen würde,
scheiterte zumindest der Angriff auf die stets eisfreie Hafenstadt am Polarmeer.
Sie konnte während des gesamten Zweiten Weltkrieges nicht von deutschen
Truppen eingenommen werden und diente in der Folgezeit als eine der wich-
tigsten Nachschubhäfen der Roten Armee für Lieferungen aus den USA. Die
Nickelgruben in der Nähe der Stadt Petsamo wurden hingegen in den folgenden drei Jahren für den Rohstoffnachschub der deutschen Rüstungsproduktion
ausgebeutet.

Das Gebirgsjägerpionierbataillon 82 schlug bei dem nördlichen Vorstoß der
2. Gebirgsdivision, der am 29. Juni 1941 aus dem Raum Parkkina gegen die
sowjetischen Grenzstellungen bei Kuosmaivi begann, eine Behelfsbrücke über
den Grenzfluss Petsamojoki mit immerhin 8 Tonnen Tragfähigkeit. Beim Angriff auf Murmansk und den anschließenden Stellungskämpfen auf der Fischer-
Halbinsel wurde das Bataillon immer wieder zu Pionier- und Infanterieeinsät-
zen herangezogen. Die Verluste während dieser Operation waren recht hoch,
da das umkämpfte Gelände wenig Schutz bot und die klimatischen Verhältnisse für die Soldaten der Wehrmacht noch immer recht ungewohnt waren. Ende
September 1941 wurde der Versuch, Murmansk einzunehmen, endgültig abgebrochen[45].

Vermutlich während eines »Heimaturlaubs« an seinem Standort in Österreich lernte Wilhelm Kupfer die zwei Jahre ältere Berlinerin Lucie Röpke kennen. Sie war zu diesem Zeitpunkt Sekretärin und in Berlin-Charlottenburg
wohnhaft. Diese preußisch-bayerische Beziehung wurde am 12. Juni 1942 durch
Eheschließung in Innsbruck amtlich bestätigt[46]. Gleichwohl blieb die »Kriegs-

42 Ebd.: Handschriftlicher Lebenslauf von Wilhelm Kupfer vom 4. April 1956.
43 Hierzu siehe u.a. Gerd R. Ueberschär, Der Krieg gegen die Sowjetunion bis zur Jahres-
     wende 1941/42. Kriegführung und Politik in Nordeuropa. In: Das Deutsche Reich und der
     Zweite Weltkrieg, Bd 4: Horst Boog [u.a.], Der Angriff auf die Sowjetunion, Stuttgart
     1983, S. 810–882.
44 Beim Rückzug aus Finnland 1944 zerstörte das Gebirgspionierbataillon 82 daher die Brü-
     cken über den Petsamojoki und die Nickelwerke bei Petsamo nachhaltig.
45 Siehe hierzu u.a. Ueberschär, Der Krieg gegen die Sowjetunion (wie Anm. 43), S. 816–821.
46 BA-MA, Pers 1/8239: Heiratsurkunde Standesamt Innsbruck Nr. 646/1942 vom 13. Juni
     1942.

trauung«[47] der beiden Anfang Dreißigjährigen während des Krieges zunächst noch kinderlos.

Zurück in der Polarregion wurde Kupfer nicht so gut verpflegt wie in der Heimat. So scheint die Ernährung der Wehrmachtsoldaten dort nicht immer ausreichend und ausgewogen gewesen zu sein. Im November/Dezember 1943 wurde Kupfer im Reservelazarett Marienburg aufgrund von Nervenstörungen in beiden Unterarmen behandelt, die »infolge von Vitaminmangel in Nord-Finnland« entstanden sein sollen[48].

Die 2. Gebirgsdivision – und mit ihr das Gebirgspionierbataillon 82 – blieb bis Oktober 1944 weiter an der Murmansk-Front in Stellung. Es herrschte überwiegend Ruhe an der nördlichsten Front des Zweiten Weltkriegs. Dies war für Wilhelm Kupfer offensichtlich ein Zeichen, zu neuen Ufern aufzubrechen. Am 1. Juni 1943 wurde er auf eigenen Antrag aus dem Gebirgspionierbataillon 82 wegversetzt[49]. Das Bataillon war vier Jahre seine militärische Heimat gewesen. Die Trennung von der gewohnten Umgebung und den Kameraden, mit denen er den Verband aufgebaut hatte und gemeinsam in den Krieg gezogen war, fiel ihm sicherlich nicht leicht. Dessen ungeachtet traf er diese Entscheidung sehr bewusst: Wilhelm Kupfer wollte Offizier werden.

Von seinen Vorgesetzten bei diesem Vorhaben unterstützt, wurde er am 1. Juni 1943 als Offizierbewerber zur Kraftfahr-Kompanie 67[50] der 2. Gebirgsdivision versetzt[51]. Obwohl Oberfeldwebel Kupfer eigentlich die schulischen Voraussetzungen für eine Ausbildung zum Offizier fehlten, hatte er sich für die Offizierlaufbahn innerhalb des Kraftfahrwesens des Heeres beworben. Die vom nationalsozialistischen Regime Ende 1942 aus ideologischen Gründen erzwungene Aufhebung der Bestimmung, dass das Abitur Grundvoraussetzung für den Offizierbewerber der Wehrmacht war[52], hatte ihm diese Chance eröffnet. Nach verschiedenen Aufbaulehrgängen, einer infanteristischen Zugführerausbildung, dem Gruppen- und Zugführerlehrgang beim Armeekraftfahrpark Finnland und einem weiteren Lehrgang bei der Kraftfahrreparaturwerkstätte der Division, legte Kupfer Ende September 1944 beim Kommandeur der Ar-

[47] Zu den Merkwürdigkeiten des deutschen Eherechts während des Zweiten Weltkriegs siehe u.a. Cornelia Essner und Edouard Conte, »Fernehe«, »Leichentrauung« und »Totenscheidung«. Metamorphosen des Eherechts im Dritten Reich. In: Vierteljahrshefte für Zeitgeschichte, 44 (1996), 2, S. 201–227.
[48] BA-MA, Pers 1/8239: Bewerberbogen vom 4. April 1956.
[49] Hier und im Folgenden BA-MA, Pers 1/8239: Handschriftlicher Lebenslauf von Wilhelm Kupfer vom 4. April 1956.
[50] Zur Kraftfahr-Kompanie 67 siehe Georg Tessin, Verbände und Truppen der deutschen Wehrmacht und der Waffen-SS im Zweiten Weltkrieg 1939–1945, Bd 5: Die Landstreitkräfte 31–70, Osnabrück 1972, S. 276.
[51] Hier und im Folgenden BA-MA, Pers 1/8239: Handschriftlicher Lebenslauf von Wilhelm Kupfer vom 4. April 1956.
[52] Siehe hierzu u.a. Karl Demeter, Das Deutsche Offizierkorps in Gesellschaft und Staat 1650–1945, Frankfurt a.M., S. 196–201, und Bernhard R. Kroener, Strukturelle Veränderungen in der militärischen Gesellschaft des Dritten Reiches. In: Nationalsozialismus und Modernisierung. Hrsg. von Michael Prinz und Rainer Zitelmann, Darmstadt 1991, S. 288–297.

meekraftfahrabteilung Finnland die Offizierbewerberprüfung mit Erfolg ab[53]. Damit hatte er die Bedingungen erfüllt, um nach einer kurzen Ausbildung an einer der Offizierausbildungseinrichtungen im Deutschen Reich zum Leutnant befördert zu werden[54]. Hierzu kam es jedoch nicht mehr.

Um die Zeit bis zur Versetzung zum Lehrgang zu überbrücken, wurde Kupfer als Zugführer und zur besonderen Verwendung beim Kompaniechef der Kraftfahr-Kompanie 67 eingesetzt. Ab Dezember 1944 wurde die 2. Gebirgsdivision mit ihren Verbänden sukzessive von der Eismeerfront über Dänemark an die Westfront verlegt. Der neue Einsatzraum waren zunächst das Elsass und wenig später die Pfalz. So nahm Kupfer auch im Februar 1945 an den Kämpfen um Colmar teil. Nur wenige Wochen danach überschlugen sich die Ereignisse. Am 12. April 1945 erhielt er noch das Kriegsverdienstkreuz II. Klasse[55] verliehen und die Versetzung zur Kriegsschule nach Hannover ausgehändigt, um am Tag darauf von den Amerikanern bei Ottweiler in der Pfalz unverletzt gefangengenommen[56] und zunächst in das »Continental Central Prisoner of War Enclosure« (CCPWE) Nr. 20 Haute-Grégor-Cherbourg[57] gebracht und dort interniert zu werden[58].

Nach Kriegsende verlegten die Amerikaner die arbeitsfähigen Kriegsgefangenen, unter ihnen auch Kupfer, zum Arbeitseinsatz von Cherbourg aus nach Deutschland. Da er sich offenbar nichts zu Schulden kommen ließ, wurde er bereits am 26. Februar 1946 in Mannheim–Käfertal ohne erkennbare gesundheitliche Einschränkungen aus der amerikanischen Gefangenschaft entlassen[59]. Abschließend erhielt er noch 40 Reichsmark Entlassungsgeld, womit für den Oberfeldwebel der Wehrmacht, Offizierbewerber Wilhelm Kupfer aus Augsburg, der Krieg endgültig und der Wehrdienst fast pünktlich nach zwölf Jahren beendet war[60]. Er hatte den Krieg überlebt und musste nun einen neuen Lebensabschnitt beginnen[61].

---

[53] BA-MA, Pers 1/8239: Bewerberbogen vom 4. April 1956.
[54] Zur Beförderungspraxis in der Wehrmacht für die »Leistungsbeförderungen« siehe u.a. Demeter, Das Deutsche Offizierkorps (wie Anm. 52), S. 200 f., und Kroener, Strukturelle Veränderungen (wie Anm. 52), S. 282–286.
[55] Mehr zu diesem Orden siehe u.a. Jörg Nimmergut, Deutsche Orden und Ehrenzeichen, Bd 4, München 2003.
[56] BA-MA, Pers 1/8239: Notar Dr. iur. Konrad Nawicki, Köln, Urkundenrolle Nummer 1572/1957Na. vom 13. Dezember 1957.
[57] Angabe von Wilhelm Kupfer in: ebd.: Bewerberbogen vom 4. April 1956. Zu den amerikanischen Kriegsgefangenenlagern auf dem europäischen Kontinent siehe http://bastaspagesperso-orange.fr/pga/camps-us-fr/campsus-europe.htm (3.8.2010). Zur Behandlung deutscher Kriegsgefangener in US-amerikanischen Kriegsgefangenenlagern siehe u.a. Rüdiger Overmans, Das Schicksal der deutschen Kriegsgefangenen während des Zweiten Weltkriegs. In: Das Deutsche Reich und der Zweite Weltkrieg, Bd 10/2: Der Zusammenbruch des Deutschen Reiches 1945. Die Folgen des Zweiten Weltkrieges. Im Auftrag des MGFA hrsg. von Rolf-Dieter Müller, Stuttgart 2008, S. 379–508.
[58] BA-MA, Pers 1/8239: Handschriftlicher Lebenslauf von Wilhelm Kupfer vom 4. April 1956.
[59] Ebd.: Certificate of Discharge vom 26. Februar 1946.
[60] Ebd.: Kreiswehrersatzamt Kassel II 1, Berechnung der Wehrzeit vom 22. Dezember 1966.
[61] Zur Übergangsphase zwischen Krieg und Wiederaufbau siehe neben den bereits genannten Büchern auch Das Deutsche Reich und der Zweite Weltkrieg, Bd 10/2 (wie Anm. 57).

Aufbau einer zivilen Existenz nach Ende des Krieges
fern der Heimat

Den Zivilisten Wilhelm Kupfer verschlug es nun nach Kassel und nicht in seine gut vierhundert Kilometer südlich gelegene Geburtsstadt Augsburg. Seine am 1. Mai 1945 in Berlin ausgebombte Ehefrau[62] war aus nicht mehr nachvollziehbaren Gründen in die nordhessische Stadt übergesiedelt. Hier musste sich der 32-Jährige – wie alle Wehrmachtsangehörigen, die den Krieg überlebt hatten – vollkommen neu orientieren[63]. Er besaß, als er am 1. März 1946 in Guxhagen in der Nähe von Kassel bei seiner Ehefrau eintraf[64], vermutlich nicht mehr als die Kleidung, die er am Körper trug und das, was von den 40 Reichsmark Entlassungsgeld übrig geblieben war.

Doch bereits wenige Monate später hatte Kupfer eine Anstellung bei der Kommunalverwaltung Kassel gefunden. Dort wurde der erfahrene Unteroffizier ab dem 15. Juli 1946 zunächst als Aufseher im weiblichen Arbeitsheim in der Landesarbeitsanstalt und dem Landesfürsorgeheim Breitenau beschäftigt[65]. Kupfer muss sich im Anstaltsbetrieb schnell zurechtgefunden haben, da er vom Direktor der Anstalt in seiner ersten Beurteilung nach dem Krieg als »eine Aufsichtsperson von guter Auffassungsgabe, korrekt und äußerst fleißig« beschrieben wurde. Seinen in der Spätphase des Krieges erworbenen militärischen Qualifikationen entsprechend wurden ihm sehr bald die Geschäfte des Kammeraufsehers und später zusätzlich die des Proviantverwalters übertragen. Die Bücher, die Kupfer sowohl in der Kleiderkammer als auch in der Proviantkammer führte, lobten seine Vorgesetzten als »stets in musterhafter Ordnung«. Der Anstaltsleiter sah ihn als »einen Mann von einwandfreiem Charakter und treuer Pflichterfüllung, [...] mit guter Allgemeinbildung«. Kupfer scheint in diesem Umfeld, in dem er eindeutige Aufgaben zugeteilt bekam, sehr gut zurechtgekommen zu sein.

Nebenbei erwarb er sich noch einen kleinen Nebenverdienst, indem er die Niederschlagsstation des Deutschen Wetterdienstes in Breitenau leitete – und zwar so zuverlässig, dass das Amt für Wetterdienst Kupfer bescheinigte, so »gute Wetterbeobachtungen, [ausgeführt zu haben, dass] diese wissenschaftlich verwertbar waren«[66].

Nach der Auflösung der Landesarbeitsanstalt in Breitenau wurde Kupfer aufgrund seiner guten Zeugnisse am 1. Juni 1949 in den hessischen Justizdienst

---

[62] BA-MA, Pers 1/8239: Abschrift der Bescheinigung des Hausobmanns des Hauses Berlin-Charlottenburg 4, Wilmersdorfer Str. 65 vom 15. Juli 1945.
[63] Zum Schicksal der Wehrmachtsangehörigen, die den Krieg überlebt hatten siehe Goltermann, Die Gesellschaft der Überlebenden (wie Anm. 7), S. 95–127.
[64] BA-MA, Pers 1/8239: Bewerberbogen vom 4. April 1956.
[65] Hier und im Folgenden BA-MA, Pers 1/8239: Bescheinigung des Direktors der Landesarbeitsanstalt und des Landesfürsorgeheims Breitenau vom 15. Februar 1949.
[66] Ebd.: Bescheinigung des Deutschen Wetterdienstes in der US-Zone, Amt für Wetterdienst Kassel vom 1. Juni 1949.

übernommen. Er verblieb trotz dieser beruflichen Veränderung in Kassel, da er noch am selben Tag seinen Dienst als Aufseher in der Strafanstalt Kassel-Wehlheiden antreten durfte[67]. Langsam schien ein wenig Ruhe in das Leben der Familie Kupfer einzukehren. Als dann auch noch am 27. Juli 1949 die (einzige) Tochter Gabriela Regina in Kassel zur Welt kam[68], schien das Glück fast perfekt.

Auch beruflich ging es für Wilhelm Kupfer zunächst weiter voran. Anfang 1950 schloss er erfolgreich die Ausbildung des mittleren Justizvollzugsdienstes ab und wurde anschließend nach Frankfurt am Main versetzt. Dort kam es dann aber zu einem unglücklichen Dienstunfall, als ihn im November 1951 ein Häftling tätlich angriff. Kupfer erlitt dabei eine Gehirnerschütterung, die ihn dazu zwang, die Vorweihnachtszeit des Jahres 1951 im Universitätsklinikum Frankfurt am Main zu verbringen[69]. Wenig später folgte die Rückversetzung nach Kassel und bei gleichzeitiger Verbeamtung auf Lebenszeit am 1. Juni 1952 unter Berufung in das Verhältnis zum Landesbeamten die Ernennung zum Justizoberwachtmeister[70]. Damit war seine Zeit als Aufseher in Justizvollzugsanstalten beendet.

In den darauffolgenden Jahren wurde Kupfer im Krankenhaus der Strafanstalt Kassel–Wehlheiden, wieder unter Berufung auf seine militärischen Qualifikationen, als Sanitäter eingesetzt. Erneut wurde ihm bescheinigt, die »übertragenen Aufgaben stets gewissenhaft erfüllt [zu haben] und [...] in jeder Weise zuverlässig und ordentlich« gewesen zu sein. Dies scheint der vornehmliche Grund dafür gewesen zu sein, dass Wilhelm Kupfer in den nachfolgenden Jahren die Möglichkeit erhielt, den operierenden Chirurgen im Narkose- und Instrumentendienst bei Operationen zu unterstützen. Der zuständige Facharzt bescheinigte ihm, »schnell und gewissenhaft« seine Aufgaben versehen zu haben[71]. Dennoch scheint Kupfer mit der letzten Beförderung an die Grenze seiner Leistungsfähigkeit gestoßen zu sein. Seine Dienstzeugnisse sind in der Folgezeit durchweg durchschnittlich und sehen von einer weiteren Förderung ab. Dabei ist auffällig, dass Kupfer stets für die Erfüllung der ihm übertragenen Aufgaben gelobt wird, aber niemals dafür, dass er aus eigener Initiative Prozesse vorangebracht hätte. Er war offensichtlich ein guter, auf klare Anweisungen mitwirkender Assistent, aber nur selten ein aktiver Gestalter.

In seiner Freizeit war der Familienvater auch in den Jahren nach dem Krieg sportlich sehr aktiv. Insbesondere mit dem Skisport war er weiterhin eng verbunden. Als Mitglied in verschiedenen Dachverbänden und Vereinen nahm er an Meisterschaften sowie Wettbewerben im alpinen Bereich teil und gewann mehrere hessische Meisterschaften. Im Sommer betrieb er vermutlich als Ausgleich Schwimmsport und dabei insbesondere das Kunstspringen vom 10-Meter-Turm[72].

---

[67]   Hier und im Folgenden BA-MA, Pers 1/8239: Dienstleistungszeugnis. Der Direktor der Strafanstalt Kassel-Wehlheiden vom 22. Oktober 1956.
[68]   Ebd.: Standesamt Kassel, Geburtsurkunde Nr. 1697 vom 3. August 1949.
[69]   Ebd.: Bewerberbogen vom 4. April 1956.
[70]   Ebd.: Dienstleistungszeugnis. Der Direktor der Strafanstalt Kassel-Wehlheiden vom 22.10.1956.
[71]   Ebd.: Dr. med. H. Degenhardt, Facharzt für Chirurgie, Kassel, vom 29. Oktober 1956.
[72]   Hierzu siehe ebd., und Handschriftlichen Lebenslauf von Wilhelm Kupfer vom 4. April 1956.

Eintritt in und Leidensweg durch die Bundeswehr

Als im Laufe des Jahres 1955 die ersten offiziellen Schritte zum Aufbau der Bundeswehr unternommen wurden[73], interessierte sich Wilhelm Kupfer – wie viele seiner ehemaligen Kameraden der Wehrmacht – sehr schnell für diese neue berufliche Perspektive[74]. Die Bundeswehr schien dem auf Lebenszeit verbeamteten Oberjustizwachtmeister im hessischen Staatsdienst mehr bieten zu können als sein bisheriger Arbeitgeber. Am 4. April 1956 bewarb sich Wilhelm Kupfer für den Dienst in der Bundeswehr[75]. Er wollte gerne Skilehrer im Heer werden oder bei der Militärpolizei dienen. Aber auch den ihm allzu bekannten Heeressanitätsdienst wollte Kupfer nicht ausschließen, solange er bei einer Gebirgsbrigade im bayerischen Alpenland eingesetzt würde.

Am 2. Mai 1956 musste sich der Oberfeldwebel der ehemaligen Wehrmacht Wilhelm Kupfer bei der Annahmestelle Kassel zur Prüfung und ärztlichen Untersuchung vorstellen[76]. Die Musterung durch den zuständigen Arzt ergab den Tauglichkeitsgrad II[77]. Der im Nachgang angefertigte »Prüfbericht« bescheinigte Wilhelm Kupfer eine »kleine, drahtige Erscheinung«. Sein »temperamentsvolles, energisches Wesen« sei »geistig rege [und] geordnet«. »Aus seiner Erfahrung [...] kommt er zu klaren und begründeten Urteilen, die er anschaulich zum Ausdruck bringt.« Der Leiter der Annahmestelle kam zu dem ergänzenden Urteil, Kupfer sei »ausgesprochen gut geeignet für die Geb[irgs-] Truppe«[78]!

In seinem in der Annahmestelle ausgefüllten Bewerberbogen musste Kupfer schriftlich erklären, dass er weder »Mitglied in der Kommunistischen Partei oder einer kommunistischen Organisation« noch »Mitglied in einer verfassungsfeindlichen Organisation oder als Agent tätig« sei oder war[79]. Gleichzeitig wurden ihm weitere Fragebogen mit Fragen zu seiner Vergangenheit ausgehändigt, die er in den kommenden Monaten sukzessive beantwortete und mit den nötigen weiteren Unterlagen an die Annahmestelle zurückschickte[80].

---

[73] Zur Gründung der Bundeswehr siehe u.a. Anfänge westdeutscher Sicherheitspolitik, Bd 3 (wie Anm. 4). Ein wenig kritischer hierzu die Publikationen von Detlef Bald. Zuletzt: Die Bundeswehr. Eine kritische Geschichte 1955–2005, München 2005.

[74] Zu den Gründen der Kriegsgedienten für den Eintritt in die Bundeswehr siehe u.a. Meyer, Zur Inneren Entwicklung (wie Anm. 4), S. 883–885, und Petrelli, Zur Geschichte der Unteroffiziere (wie Anm. 11), S. 13–38. Gleichwohl waren die Anforderungen der Bundeswehr an das zu schaffende Unteroffizierkorps so hoch, dass nur 57 Prozent der kriegsgedienten Unteroffiziere, die sich um Einstellung beworben hatten, als geeignet beurteilt wurden. Siehe hierzu Lahne, Unteroffiziere (wie Anm. 23), S. 507.

[75] Hier und im Folgenden BA-MA, Pers 1/8239: Bewerberbogen vom 4. April 1956.

[76] Ebd.: Annahmestelle Kassel, Uffz. U. Mannschaften – Heer vom 21. April 1956.

[77] Ebd.: Ärztlicher Untersuchungsbefund für Freiwillige vom 2. Mai 1956, S. 5.

[78] Ebd.: Annahmestelle 4381/I, Nr. 164085: Prüfbericht vom 2. Mai 1956.

[79] Ebd.: Bewerberbogen vom 4. April 1956.

[80] Unter anderem waren dies verschiedene Dienstzeugnisse und Bescheinigungen sowie eine notarielle Erklärung über seinen Werdegang in der Wehrmacht und die im Krieg verlorengegangenen persönlichen Unterlagen (Bestand BA-MA, Pers 1/8239).

Weil Kupfer während der Prüfung Anfang Mai erklärt hatte, den Dienst sofort antreten zu können, wurde er bereits mit Schreiben vom 27. September
1956[81] am 5. November 1956 zur Eignungsübung zum Truppenamt in die Abteilung Quartiermeistertruppe in Köln als sogenannter Hilfssachbearbeiter einberufen[82]. Gleichzeitig wurde er für vier Monate unter Fortfall seiner Dienstbezüge vom hessischen Justizdienst freigestellt[83].

Mit dieser Einberufung waren nicht nur Kupfers Verwendungswünsche ignoriert worden, sondern auch die örtlichen Prämissen[84]. Dies ist verwunderlich,
wenn man bedenkt, welche massiven Probleme die Bundeswehr in den ersten
Jahren ihres Bestehens hatte, ausreichend qualifizierte Unterführer, insbesondere Unteroffiziere mit Portepee zu gewinnen[85]. Ausschlag für diese Entscheidung werden vermutlich Kupfers letzte Verwendungen in der Wehrmacht und
die dadurch angestrebte Förderung zum Offizier gegeben haben. Grundsätzlich
ist damals eine Verwendung im Truppenamt als sehr förderlich eingestuft
worden, handelte es sich doch dabei um den Vorläufer des heutigen Heeres-
amtes. Wahrscheinlich lag diese Verwendung aber nicht im Interesse Kupfers,
da er mit seiner Einstellung bereits den Enddienstgrad als Unteroffizier erreicht
hatte und einen Offiziersrang nicht mehr anstrebte. Hinzu kam, dass Köln gut
250 Kilometer von seinem Familienwohnsitz in Kassel entfernt war. Ein Umzug
stand außer Frage, da die Familie sich nach dem Krieg mühsam in Kassel ein
soziales Umfeld aufgebaut hatte, seine Tochter gerade eingeschult worden war
und Kupfer immer noch von einer baldigen Versetzung nach Bayern ausging.
Mit dieser Haltung war er für damalige Verhältnisse ein Außenseiter, da
grundsätzlich damals so etwas wie »Residenzpflicht« für alle dienstgradälteren
Soldaten bestand. Dies hätte eigentlich einen Umzug nach Köln zur Folge haben müssen. Kupfers militärischen Vorgesetzten wird seine verweigernde
Haltung sicherlich nicht sonderlich gut gefallen haben.

Schrittweise wurde Kupfer zu einem Unteroffizier ausgebildet, so wie sich
die Bundeswehr ihre Unterführer Ende der 1950er-Jahre vorstellte[86]. Die Ausbildung musste jedoch in den Verbänden auf dem jeweiligen Dienstposten

---

[81] Folglich dauerte es trotz der latenten Personalknappheit der Bundeswehr und des eindeutigen Prüfergebnisses von Wilhelm Kupfer erstaunlicherweise fast fünf Monate (!), bis
man ihn dann endgültig einberief.

[82] BA-MA, Pers 1/8239: Der Leiter der Annahme im Wehrbereich IV vom 27. September
1956. Die damaligen Hilfssachbearbeiter sind heutzutage die sogenannten Bürosachbearbeiter, die den jeweiligen Referatsleiter als Büroleiter bei seiner Arbeit direkt unterstützen.

[83] Ebd.: Der Generalstaatsanwalt, Geschäftsnummer 5 Z 29 vom 30. Oktober 1956.

[84] Die Stammdienststellen der Bundeswehr scheinen in den Aufbaujahren erhebliche
Schwierigkeiten in der Personalführung gehabt zu haben. So gab es zum Beispiel bei den
Unteroffizieren zwischen 1957 und 1959 rund 77 000 Versetzungen. Damit liegt die Zahl
der Personalveränderungen um fast 300 Prozent über vergleichbaren Werten aus den
1960er-Jahren. Petrelli, Zur Geschichte der Unteroffiziere (wie Anm. 11), S. 32.

[85] Zu den Problemen der Bundeswehr in der Aufbauphase qualitativ und quantitativ ausreichend Personal zu gewinnen siehe u.a. Meyer, Zur Inneren Entwicklung (wie Anm. 4),
S. 1120–1163, und Petrelli, Zur Geschichte der Unteroffiziere (wie Anm. 11), S. 14.

[86] Hier und im Folgenden siehe u.a. Petrelli, Zur Geschichte der Unteroffiziere (wie
Anm. 11), S. 23–26, unter der bezeichnenden Überschrift »Das Drama der Ausbildung«.

stattfinden, da sich die Ausbildungsorganisation noch in der Aufbauphase befand[87]. Da es in den ersten Jahren der Bundeswehr für die Ausbildung der Unteroffiziere noch keine Richtlinien gab, erhielt Kupfer trotz seiner Vorverwendung und Ausbildung in der Wehrmacht im Januar und Februar 1957 eine Kraftfahrausbildung von insgesamt 15,5 Stunden an der Quartiermeistertruppenschule in Andernach[88]. Auch seine Schwimmfähigkeiten musste der geübte 10-Meter-Turmspringer später – vermutlich aus formalen Gründen – noch nachweisen[89].

Kupfers Vorgesetzte waren in dieser Zeit recht zufrieden mit ihm[90]. Er zeigte sich wie immer »verantwortungsbewusst und pflichttreu«, führte »die ihm gestellten Aufgaben geschickt, schnell und ordnungsgemäß aus« und war »verantwortungsfreudig mit Streben zum selbständigen Arbeiten im festen Arbeitskreis«, der »sich durch die [schnelle Art der] Arbeit zu flüchtiger Arbeitsweise hinreißen läßt«. Hier wird bereits deutlich, dass Kupfer ein guter Bürosachbearbeiter war, der in einem geordneten Umfeld und mit klaren Anweisungen durch seine Vorgesetzten am Besten zurechtkam kam. Da es sich bei den Beurteilungen um die Stellungnahmen zu seiner Eignungsübung handelt, ist aufgrund der prekären Personallage der Bundeswehr davon auszugehen, dass den beurteilenden Vorgesetzten daran gelegen war, Kupfers positive Eigenschaften besonders hervorzuheben.

Die positiven Eindrücke der Vorgesetzten führten dazu, dass Kupfer am 30. März 1957 im Dienstgrad Oberfeldwebel mit der Tarifstufe A 7a in das Dienstverhältnis eines Berufssoldaten übernommen wurde[91]. Eine gleich darauf erfolgte Überprüfung der »Festsetzung der Besoldung der Berufssoldaten und der Soldaten auf Zeit« ergab, dass er ungünstiger eingestuft worden war als sein errechnetes Dienstalter hätte sein müssen[92]. Infolgedessen wurde Kupfer nur zwei Monate später, am 31. Mai 1957, zum Stabsfeldwebel bei gleichzeitiger Einweisung in die Tarifstufe A 5b befördert[93]. Drei Monate später musste er dann aber aufgrund der Verkündung des Bundesbesoldungsgesetzes auf den Dienstgrad Hauptfeldwebel zurückgeführt werden[94], dem Spitzendienstgrad für Unteroffiziere bis in die 1980er-Jahre hinein[95]. Die endgültige »Festsetzung des Besoldungsdienstalters (BDA)« ergab dann Ende des Jahres 1957 aufgrund eines sehr komplizierten Berechnungsverfahrens, dass Hauptfeldwebel Kupfer

---

[87] Zum Aufbau der Unteroffizierausbildung in der Bundeswehr siehe u.a. Lahne, Unteroffiziere (wie Anm. 23), S. 510–532.
[88] BA-MA, Pers 1/8239: Kraftfahr-Ausbildungsnachweis für Fortgeschrittene vom 15. Februar 1957.
[89] Ebd.: Freischwimmerzeugnis vom 2. Juni 1958.
[90] Hier und im Folgenden BA-MA, Pers 1/8239: Beurteilung. Truppen-Amt, Abt. Qm.Truppe vom 10. Januar 1957 und 31. Mai 1957.
[91] Ebd.: Stammdienststelle des Heeres, Ref. 6 vom 5. April 1957.
[92] Ebd.: Der Bundesminister für Verteidigung, Verwaltungsstelle für den Wehrbereich III vom 29. April 1957.
[93] Ebd.: Ernennungsurkunde vom 31. Mai 1957.
[94] Ebd.: Stammdienststelle des Heeres, Ref. 6/2 vom 9. August 1957.
[95] Siehe hierzu u.a. Petrelli, Zur Geschichte der Unteroffiziere (wie Anm. 11), S. 18.

nach den Berechnungsgrundlagen der Bundeswehr seit dem 1. Dezember 1937 Unteroffizier sei[96] und mithin in die Besoldungsstufe A 8 eingeteilt werden müsse[97] – obwohl er in Wirklichkeit zu diesem Zeitpunkt bereits elf Monate Unteroffizier gewesen war.

Diese Vorgehensweise der Verwaltung wird aller Wahrscheinlichkeit nach den Vorschriften entsprochen haben und der Aufbauphase der Bundeswehr geschuldet gewesen sein[98]. Dass die Rückstufungen und missverständliche Verwaltungsabläufe zu Irritationen bei den betroffenen Soldaten geführt haben müssen, ist ebenso denkbar. Insbesondere Soldaten, die es wie Kupfer gewohnt waren, ihre eigene Arbeit sehr korrekt zu erledigen, werden wenig Verständnis für die Unstimmigkeiten und Fehler in den Anfangsjahren der Bundeswehr gehabt haben[99]. Auch die regelmäßig aktenkundig gemachte – formell sicherlich richtige – »Schuldenerklärung«[100] wird das Verhältnis zwischen den altgedienten Soldaten, die zumeist einem »Sui generis«-Ehrenkodex verhaftet waren[101], und ihrem neuen Arbeitgeber, der in die zivile Bürokratie einer jungen Demokratie eingebundenen Bundeswehr, nicht verbessert haben.

In der Folgezeit geriet Kupfer immer mehr in die Mühlen der Personalführung der Bundeswehr, von der ohne die entsprechende Fürsprache zumeist keine »unnötigen« Versetzungen vorgenommen wurden. Nachdem seinem Wunsch, bei »einer Gebirgsbrigade im Alpenraum« eingesetzt zu werden, zunächst nicht entsprochen worden war, versuchte Kupfer in den nachfolgenden Jahren immer wieder, in den Großraum München versetzt zu werden. Der erste dokumentierte Versuch aus dem Oktober 1957[102] scheiterte – trotz der Befürwortung durch die verantwortlichen Vorgesetzten[103] – an Kupfers Wunsch, dort im Sanitätsdienst eingesetzt zu werden. Das Versetzungsgesuch wurde lapidar mit den Hinweisen abgelehnt, dass »im Raum München [...] keine San-Stellen für Hfw [= Hauptfeldwebel] vorhanden« seien und der Antragsteller »bereits 1943 aus dem San-Dienst ausgeschieden« sei[104]. Auch ein Versuch, ihn bei der Luftwaffe unterzubringen, führte nicht zu dem gewünschten Ergebnis[105]. Kupfer hielt trotzdem an seinem Wunsch fest. So vermerkte der für ihn zuständige Disziplinarvorgesetzte und Kompaniechef der Unterpersonalkompanie 2 An-

---

[96] Beförderung zum Unteroffizier in der Wehrmacht laut Aussage Kupfer: 1. November 1936. Siehe hierzu BA-MA, Pers 1/8239: Bewerberbogen vom 4. April 1956.

[97] Ebd.: Wehrbereichsverwaltung III, Gebührnisstelle II/6 vom 31. Dezember 1956.

[98] Zum Aufbau der Bundeswehrverwaltung siehe u.a. Hartmut Schustereit, Deutsche Militärverwaltung im Umbruch, Berlin 2000.

[99] Siehe hierzu u.a. Petrelli, Zur Geschichte der Unteroffiziere (wie Anm. 11), S. 261.

[100] Siehe hierzu u.a. BA-MA, Pers 1/8239: Schuldenerklärungen vom 20. Juli 1957, 31. Januar 1958 und 21. Juni 1958.

[101] Zum Ehrenkodex der Weltkriegsveteranen siehe u.a. Nägler, Der gewollte Soldat (wie Anm. 4), S. 304. Etwas allgemeiner auf alle Kriegsheimkehrer bezogen, Goltermann, Die Gesellschaft der Überlebenden (wie Anm. 7), S. 165–217.

[102] BA-MA, Pers 1/8239: Versetzungsantrag Wilhelm Kupfer, Hauptfeldwebel, Tr.Amt Abt. QM.Truppe vom 31. Oktober 1957.

[103] Ebd.: Truppenamt, U-Pers.Kp.2 – Az. 16-26-02-16 – vom 8. November 1957.

[104] Ebd.: Stammdienststelle des Heeres, Ref. 20 (San. Wesen) vom 22. November 1957.

[105] Ebd.: Stammdienststelle der Luftwaffe, Dez. II-3 (Fla) – Az. 16-26-00 – vom 23. April 1958.

fang Oktober 1958 in einer Beurteilung anlässlich des Transportlehrgangs an der Feldjägerschule in Sonthofen, dass es Kupfers »sehnlichster Wunsch« sei, »im bayrischen Raum eine dienstliche Verwendung zu finden«[106]. Sicherlich hätte es für ihn verschiedene Verwendungsmöglichkeiten im Alpenraum gegeben, aber Kupfer war nicht in der Gebirgstruppe vernetzt. Zudem vermerkten Vorgesetzte wiederholt in Beurteilungen, dass er »sich nicht leicht [anderen Menschen] anschließt«[107]. Dies lässt ohne Weiteres die Vermutung zu, dass er ein Einzelgänger war.

Auf dem Lehrgang in Sonthofen fiel es zum ersten Mal einem Vorgesetzten auf, dass Kupfer »die Fähigkeit sich schriftlich klar auszudrücken fehlt[e]«[108]. Trotzdem wurden »seine Leistungen [auf dem Lehrgang] im allgemeinen [als] durchaus brauchbar« beschrieben, da er »gezeigt [hat], dass er verstanden hat, worauf es ankommt«.

Am 18. Dezember 1958 wurde ihm eine chronische Bronchitis bescheinigt, verbunden mit der truppenärztlichen Empfehlung für »eine Versetzung in ein für Bronchitiker geeigneteres Klima in höheren Lagen«[109]. Ohne dass es sich in dieser Zeit in seiner Personalakte konkret wiederfindet, muss Wilhelm Kupfer in diesen Monaten einen Herzinfarkt erlitten haben, der auch den nachfolgenden rapiden Leistungsabfall erklären würde. Erstaunlich ist, dass diese Erkrankung in den Unterlagen, die in der Personalakte abgelegt wurden, erst mit der Einberufung zu einer Wehrübung im Juni 1970 thematisiert wurde[110]. Zuvor war in den vorliegenden Unterlagen immer nur von Kreislaufbeschwerden und einer daraus resultierenden Bronchitis die Rede gewesen[111]. Aber auch Kupfer hatte, legt man die vorhandenen Akten zugrunde, diese Krankheit in seinen Versetzungsgesuchen und bei seinem Wunsch, Mitte der 1960er-Jahre frühzeitig aus der Bundeswehr entlassen zu werden, nicht als Argument verwendet.

Der Umgang der personalführenden Stellen mit dem offensichtlich erkrankten Hauptfeldwebel ist aus heutiger Sicht kaum nachvollziehbar. Trotz der truppenärztlichen Empfehlung, ihn aus dem »Kölner Klima [...] in ein für Bronchitiker geeigneteres Klima in höheren Lagen« zu versetzen, sollte Kupfer zunächst auf eine Stelle bei der Verkehrskommandantur Osnabrück versetzt werden, »um ihm die Möglichkeit zu geben, sich in das neue Gebiet einzuarbeiten«[112]. Wenige Tage vor seinem Dienstantritt wurde offensichtlich eine Stelle im Versorgungsbataillon 46 in Kassel frei. Daraufhin reagierte Kupfers

---

[106] Ebd.: Beurteilung zur Teilnahme am Lehrgang vom 2. Oktober 1958.
[107] Hierzu z.B. ebd.: Kurze Beurteilung seines Referenten (heutzutage Referatsleiter) auf Versetzungsantrag Wilhelm Kupfer, Hauptfeldwebel, Tr.Amt Abt. QM.Truppe vom 31. Oktober 1957.
[108] Hier und im Folgenden BA-MA, Pers 1/8239: Lehrgänge für Transport- und Verkehrswesen der Bundeswehr. Beurteilung vom 5. Dezember 1958.
[109] Ebd.: Truppenamt, Truppenarzt: Truppenärztliche Bescheinigung vom 18. Dezember 1958.
[110] Ebd.: Wilhelm Kupfer an das Kreiswehrersatzamt Kassel vom 3. Juli 1970.
[111] Hierzu u.a. Wilhelm Kupfer an Versorgungsbataillon vom 1. November 1961.
[112] Ebd.: Stammdienststelle des Heeres. Verfügung vom 9. Januar 1959. Anmerkung: Osnabrück liegt immerhin 63 m ü. NN.

Personalführer und versetzte ihn dorthin auf eine Kompaniefeldwebelstelle[113]. Diese Maßnahme lässt sich aufgrund Kupfers bisherigen Werdegangs, seinen Erfahrungen und seinen bis zu diesem Zeitpunkt erfolgten Beurteilungen nur bedingt erklären. Vermutlich wird es die heimatnahe Verwendung gewesen sein, die den Ausschlag für die Entscheidung gab; schließlich lebte Kupfers Familie immer noch in Kassel[114]. Aber auch der generelle Mangel an qualifizierten Unteroffizieren mit Portepee und die vergleichsweise hohe Mobilität dieser Dienstgradgruppe in diesen Jahren[115] werden diese Versetzung begünstigt haben.

Seinen Dienst im Versorgungsbataillon 46 in der Wittlich-Kaserne in Kassel trat Kupfer am 1. April 1959 an[116]. Seine neue Verwendung als Kompaniefeldwebel bei der 4. Kompanie des Bataillons konnte er vermutlich erst später antreten, da die Verfügung hierfür erst vom 20. Oktober 1959 datiert[117]. Die Bataillonsführung scheint der Auffassung gewesen zu sein, dass diese Versetzung aus Fürsorgegründen durchgeführt worden war. Da Kupfer »keine Einwände in Bezug auf seinen Gesundheitszustand [erhob]«[118], nahmen die neuen Vorgesetzten von Anfang an keine Rücksicht auf mögliche gesundheitliche Belange des Hauptfeldwebels. Es wurde für »eine Selbstverständlichkeit [gehalten], daß ein Kompaniefeldwebel an den Übungen und Manövern teilnimmt, [zumal] Härteübungen [...] vom Bataillon nicht durchgeführt [wurden]«. Die 4. Kompanie bestand zu dieser Zeit nur aus rund 75 Stammsoldaten und erhielt deshalb den Auftrag, quartalsweise die Rekrutenausbildung durchzuführen. Kupfer behauptete später, dass gerade diese Zeit zu einem enormen gesundheitlichen Verschleiß bei ihm geführt habe[119].

Trotzdem wandte sich der Endvierziger augenscheinlich – wie in der Vergangenheit auch – seiner neuen Aufgabe engagiert zu. In Kupfers erster Beurteilung in der neuen Verwendung bescheinigte ihm sein damaliger Kompaniechef im September 1960, seine Aufgaben »selbständig mit Umsicht und Pflichtbewusstsein« auszuüben[120]. Auch seine Fähigkeit, »Untergebene zu behandeln und anzuleiten«, wurde ausdrücklich gelobt. Allerdings deuten die angesprochenen »Schwächen und Mängel, [...] die Verwaltungsaufgaben [mehr zu] delegieren, um noch Zeit für die Überwachung des Inneren Dienstes zu

113 Ebd.: Fernschreiben Stammdienststelle des Heeres ans Kommando TV vom 12. März 1959. Anmerkung: Kassel liegt immerhin 166 m ü. NN, hat aber ein anerkannt mildes Klima.
114 Ebd.: Versorgungsbataillon 46, S 1 an Panzergrenadierbrigade 4 vom 14. Dezember 1963, S. 1.
115 Siehe hierzu u.a. Nägler, Der gewollte Soldat (wie Anm. 4), S. 314 und 350, und Petrelli, Zur Geschichte der Unteroffiziere (wie Anm. 11), S. 261.
116 BA-MA, Pers 1/8239: Stammdienststelle des Heeres. Verfügung vom 20. März 1959.
117 Ebd.: Stammdienststelle des Heeres. Verfügung vom 2. Oktober 1959.
118 Hier und im Folgenden ebd.: Versorgungsbataillon 46 – S 1 an Panzergrenadierbrigade 4 vom 14. Dezember 1963.
119 Ebd.: Hauptfeldwebel Wilhelm Kupfer an die Stammdienststelle des Heeres vom 19. November 1963.
120 Hier und im Folgenden: BA-MA, Pers 1/8239: 4./Versorgungsbataillon 46 – Kompaniechef – Akten-Nr. 18927: Beurteilung zum 1.11.1960 vom 29. September 1960.

erlangen«, darauf hin, dass sich Kupfer bei der Erfüllung der ihm übertragenen Aufgaben hauptsächlich auf die in der Wehrmacht und im Truppenamt erworbenen Kenntnisse verließ. Der Kommandeur des Versorgungsbataillons 46 bewertete den Kompaniefeldwebel seiner 4. Kompanie aufgrund seiner Dienstaufsichtsnotizen hauptsächlich aus diesen Gründen nur mit »befriedigend«[121].

Ein gutes halbes Jahr später muss Kupfers Erkrankung so deutlich geworden sein, dass der ehemalige Leistungssportler am 30. Juni 1961 »truppenärztlich vom Schwimmen befreit« wurde[122]. Aus den überlieferten Unterlagen ist nicht mehr nachvollziehbar, warum Kupfer trotz seiner bekannt schwerwiegenden Bronchitis erst ab diesem Zeitpunkt körperlich geschont werden sollte. Dieser Fall zeigt auch im Folgenden den zum Teil wenig sensiblen Umgang von Vorgesetzten mit ihren Untergebenen in der Aufbauphase der Bundeswehr[123].

Hauptfeldwebel Kupfer hatte sich laut den Beurteilungen seiner Vorgesetzten stets vorbildlich für seine Untergebenen eingesetzt. Als er aber Hilfe von seinen Vorgesetzten benötigte, zögerten einige von ihnen unnötig lange, ihm eben diese angemessen zukommen zu lassen. Obwohl Kupfer Anfang November 1961 zum ersten Mal nachweislich darum bat, aus gesundheitlichen Gründen aus seiner jetzigen Verwendung herausgelöst zu werden[124], taten sich einige Verantwortliche zunächst sehr schwer, seinen Gesundheitszustand anzuerkennen. Einzig der Truppenarzt des Versorgungsbataillons 46 Oberstabsarzt Dr. Weifelen unterstützte ihn bei seinem Antrag mit Nachdruck. So erklärte dieser am 4. Dezember 1961, dass Kupfer »auf Grund einer chronischen Bronchitis, die zeitweise zu Kreislaufstörungen durch Herzbelastungen führte [...] den Belastungen der Kampftruppe auch im Frieden nicht mehr gewachsen« sei[125]. Erst Anfang des Jahres 1962 bestätigten Kupfers Kompaniechef und sein Bataillonskommandeur sowie der zuständige S1 der Panzergrenadierbrigade 4 die Aussagen des Arztes und beantragten seine Versetzung zur Territorialen Verwaltung (= TV) ohne eine Ersatzgestellung zu fordern[126].

Kupfer hatte sein Versetzungsgesuch aus den bekannten Gründen mit dem Wunsch verbunden, zur Territorialen Verwaltung in Kassel versetzt zu werden. Dies war allem Anschein nach, insbesondere für die Personalführer der Stammdienststelle des Heeres (= SDH), nicht das richtige Signal. Diese antwor-

---

[121] Ebd.: 4./Versorgungsbataillon 46 – Kompaniechef – Akten-Nr. 18927: Beurteilung zum 1.11.1960, XI. Stellungnahme der höheren Vorgesetzten vom 29. September 1960.

[122] Ebd.: Ärztliche Mitteilung für Personalakte vom 30. Juni 1961.

[123] Zur Entwicklung der Inneren Führung in den ersten Jahren der Bundeswehr und die Rolle des Wehrbeauftragten des Deutschen Bundestages hierbei siehe u.a. Nägler, Der gewollte Soldat (wie Anm. 4), und Rudolf J. Schlaffer, Der Wehrbeauftragte 1951 bis 1985. Aus Sorge um den Soldaten, München 2006 (= Sicherheitspolitik und Streitkräfte der Bundesrepublik Deutschland, 5).

[124] BA-MA, Pers 1/8239: Hauptfeldwebel Wilhelm Kupfer an Versorgungsbataillon 46 vom 1. November 1961.

[125] Ebd.: Versorgungsbataillon 46, Truppenarzt vom 4. Dezember 1961.

[126] Ebd.: Panzergrenadierbrigade 4, S1 – Az. 16-26-04 – an 2. Panzergrenadierdivision, DPO vom 9. Januar 1962.

teten erst zwei Monate später und bestanden zunächst auf eine offensichtlich bereits verfügte »Abgabe« Kupfers an das Sanitätsbataillon 903 in Hamm/ Westfalen[127]. Wenig später wurde Kupfer, nachdem dieser sich beim Wehrbeauftragten des Deutschen Bundestages[128] gegen die Behandlung beschwert hatte[129], auf den Dienstposten als Wehrdienstberater bei der Wehrbereichsverwaltung 5 in Stuttgart versetzt[130]. Das begleitende Schreiben der SDH an Kupfer ist nicht nur mit den bereits damals gültigen Grundsätzen der Inneren Führung zu vereinbaren, es zeigt darüber hinaus auch zwei grundsätzliche Probleme der Personalführung der Bundeswehr: die häufig nicht ausgeprägte Fähigkeit, sich auf jeden einzelnen Soldaten und seine jeweiligen Bedürfnisse als Einzelfall einzulassen sowie darüber hinaus sich als Dienstleister für die eigenen Kameraden zu verstehen und nicht als bürokratische Verwalter von militärischen Dienstposten, die es zu besetzen gilt[131].

Der zuverlässige, schwerkranke Hauptfeldwebel Wilhelm Kupfer hatte sich nie gegen irgendetwas aufgelehnt. Er hatte, nach den überlieferten Unterlagen, bis zu diesem Zeitpunkt die Schicksalsschläge der Geschichte, die Wendungen in seinem Leben und die Entscheidungen seiner Vorgesetzten stets sachlich hingenommen. Als er nun aber an der Personalführung der Bundeswehr zu scheitern drohte, lehnte er sich auf. Die Beschwerde beim Wehrbeauftragten war nur ein erster Schritt einer langen Abfolge von Auseinandersetzungen mit verschiedenen personalführenden Stellen im Geschäftsbereich des Bundesministeriums der Verteidigung.

Noch unverständlicher wird die Vorgehensweise der SDH vor dem Hintergrund des Todes von Kupfers Ehefrau Lucie. Diese war am 20. April 1962 im Alter von nur 52 Jahren bei einem Unfall verstorben[132]. Der gesundheitlich angeschlagene Witwer war nun auch noch alleinerziehender Vater einer zwölfjährigen Tochter. Auf diesen Sachverhalt wies er in der Folgezeit in seinen Gesuchen immer wieder hin. Bis zur Brigadeebene scheint man diesen Umstand auch wahrgenommen zu haben. Um Hauptfeldwebel Kupfer von den körperlichen Belastungen der Aufgaben eines Kompaniefeldwebels zu befreien, wurde

---

127 Ebd.: Stammdienststelle des Heeres P 10, Az 16-26-04 an 2. PzGrenDiv – DPO – vom 15. März 1962.
128 Zur Bedeutung des Wehrbeauftragten des Deutschen Bundestages in den Aufbaujahren der Bundeswehr siehe u.a. Schlaffer, Der Wehrbeauftragte (wie Anm. 123).
129 BA-MA, Pers 1/8239: Hauptfeldwebel Wilhelm Kupfer an den Herrn Wehrbeauftragten beim Bundesverteidigungsministerium vom 4. April 1962.
130 Ebd.: Stammdienststelle des Heeres P 10, Az 16-26-04 an Herrn Hfw Wilhelm Kupfer vom 2. Mai 1962.
131 Zu der manchmal recht antiquiert erscheinenden Behandlung von Soldaten insbesondere des Heeres in der Aufbauphase der Bundeswehr siehe u.a. Rudolf J. Schlaffer, »Schleifer« a.D.? Zur Menschenführung im Heer in der Aufbauphase. In: Helmut R. Hammerich [u.a.], Das Heer 1950 bis 1970. Konzeption, Organisation und Aufstellung, München 2006 (= Sicherheitspolitik und Streitkräfte der Bundesrepublik Deutschland, 3), S. 615–698.
132 BA-MA, Pers 1/8239: Änderungsmeldung vom 3. Mai 1962.

er innerhalb des Bataillons am 30. April 1962 aushilfsweise auf den Dienstposten des Munitionsfeldwebels in der 1. Kompanie versetzt[133].

In den darauffolgenden Monaten haben die verschiedenen militärischen Führungsebenen Kupfers Versetzungsgesuche zum Stab der Territorialverteidigung in Kassel immer wieder mit unterstützenden Kommentaren an die SDH weitergeleitet. Diese scheint nachlässig, zum Teil sogar fahrlässig mit dem Fall umgegangen zu sein. So wurden, nachdem sogar der zuständige Militärdekan in den Fall eingeschaltet worden war, gegenüber diesem nachweislich unwahre Aussagen über die Beweggründe der beteiligten Personen und Dienststellen gemacht[134].

Dennoch scheint der Druck von dieser Seite so stark zugenommen zu haben, dass die SDH Kupfer einen Dienstposten beim Sicherungsbataillon 722 in Lingen an der Ems anbot, den er, wie nicht anders zu erwarten, ebenfalls ablehnte. Der zuständige Sachbearbeiter der SDH erklärte daraufhin fast schon beleidigt, »daß mit einer anderweitigen Versetzung Kupfers aus dem Bataillon in absehbarer Zeit nicht gerechnet werden könne«[135].

Diese Entscheidung wollte Kupfer anscheinend nicht hinnehmen und beschwerte sich erneut beim Wehrbeauftragten des Deutschen Bundestages[136]. Ungeachtet der Fügungen, die den Soldaten heimgesucht hatten, lehnte die SDH erneut mit fadenscheinigen Begründungen seine Versetzung zum TV-Stab in Kassel ab. Allerdings zeigte ihm der Dezernatsleiter – sollte Kupfer nicht von seiner Position abrücken – als Alternative auf, eine vorzeitige Versetzung in den Ruhestand gemäß VMBlatt 20/1961 und 18/1962, S. 311, zu beantragen.

Trotz dieser sehr unbefriedigenden Situation und zum Teil erheblichen persönlichen Problemen[137] scheint Kupfers Leistungsbereitschaft im täglichen Dienst nicht nachgelassen zu haben. Sein Kompaniechef und nachfolgend der Bataillonskommandeur bescheinigten ihm im September 1962, »sehr einsatzfreudig« zu sein und sich nicht zu schonen[138]. Gleichwohl scheint sich seine Gesundheit so dramatisch verschlechtert zu haben, dass auch die Bataillonsführung wenige Wochen später erstmalig die Möglichkeit in Erwägung zog, für Kupfer »in absehbarer Zeit [einen Antrag auf die] Beendigung des Dienstver-

---

[133] Ebd.: Versorgungsbataillon 46, S 1 an den Leiter der Stammdienststelle des Heeres vom 19. Februar 1963.
[134] Ebd.: Versorgungsbataillon 46, S 1, Az 10-30-20, an Panzergrenadierbrigade 4 vom 11. September 1962.
[135] Ebd.: Versorgungsbataillon 46, S 1, Aktenvermerk vom 15. Oktober 1962.
[136] Hier und im Folgenden BA-MA, Pers 1/8239: Stammdienststelle des Heeres P 10, Az 16-26-04, TgbNr. IV 6467/62 vom 19.12.62 an Herrn Hauptfeldwebel Wilhelm Kupfer vom 8. Januar 1963.
[137] Ebd.: 2. Panzergrenadierdivision, DPO, Az 16-26-04 an Stammdienststelle des Heeres – P 1 – vom 7. Mai 1962.
[138] Ebd.: 4./Versorgungsbataillon 46 – Kompaniechef –, Beurteilung Termin 1.11.1962 vom 10. September 1962, mit XI. Stellungnahme der höheren Vorgesetzten vom 19. September 1962.

hältnisses eines Soldaten wegen Dienstunfähigkeit [zu] stellen«[139]. Diese Einschätzung wurde vom Truppenarzt des Bataillons geteilt[140].
Anfang 1963 beantragte Kupfer beim Chef der 1. Kompanie des Versorgungsbataillons 46 aus gesundheitlichen Gründen die vorzeitige Versetzung in den Ruhestand[141]. Diesen Antrag befürwortete das Bataillon und stellte am 19. Februar 1963 beim Leiter der Stammdienststelle des Heeres den Antrag, Kupfer vorzeitig in den Ruhestand zu versetzen[142].
Aber wieder kam es anders als geplant: Als der »Beratende Arzt beim Leiter der Stammdienststelle des Heeres« abschließend die Verwendungsfähigkeit Kupfers aufgrund der Aktenlage überprüfen sollte, stellte er fest, dass Kupfer »nicht so erheblich krank ist, daß er nicht jeden Innendienst und auch leichten Außendienst verrichten kann«[143]. Er befürwortete daher eine Versetzung in den Ruhestand gemäß § 44, Abs. 2 Soldatengesetz (besondere Altersgrenze), gut ein Jahr später als vorgesehen, zum 31. März 1964.
Erst jetzt reagierte das zuständige Dezernat der SDH mit der Bereitstellung einer »z.b.V. Stelle«[144]. Die Verantwortlichen gingen sogar soweit anzuordnen, »daß für Versetzung Kupfer zur TV [= hier: Territorialen Verteidigung] im Raum Kassel jede Möglichkeit geprüft wird«[145]. Trotz dieses eindringlichen Auftrages kam die angestrebte Versetzung nicht zustande. Kupfer blieb bis zu seinem Dienstzeitende auf einer im Versorgungsbataillon 46 eingerichteten »z.b.V. Stelle«[146]. Nach Überschreiten der besonderen Altersgrenze seines Dienstgrades wurde Hauptfeldwebel Wilhelm Kupfer dann am 31. März 1964 endgültig in den Ruhestand versetzt[147].
Eine Überprüfung, ob Kupfer während seiner Zugehörigkeit zur Bundeswehr eine »Jubiläumsdienstzeit« vollendet hatte, gelangte kurz vor seinem Dienstzeitende zu einem negativen Ergebnis[148]. Knapp drei Jahre später musste diese Entscheidung nach einer erneuten Prüfung revidiert werden, mit dem Ergebnis, dass Kupfer seine Gratifikation im Nachhinein als Pensionär erhielt[149]. Welche Reaktionen die bürokratischen Verwaltungsabläufe bei einem

[139] Ebd.: Versorgungsbataillon 46, an 2. Panzergrenadierdivision, DPO vom 16. November 1962.
[140] Ebd.: Versorgungsbataillon 46, Truppenarzt, Truppenärztliche Bescheinigung vom 26. November 1962.
[141] Ebd.: Hauptfeldwebel Kupfer an den KpChef 1./VersBtl 46 vom 23. Januar 1963.
[142] Ebd.: Versorgungsbataillon 46, S 1 an den Leiter der Stammdienststelle des Heeres vom 19. Februar 1963.
[143] Ebd.: Beratender Arzt beim Leiter SDH an Dezernat P 10 (TTr) vom 18. März 1963.
[144] Ebd.: Beratender Arzt beim Leiter SDH an Dezernat P 10 (TTr) vom 18. März 1963, handschriftliche Anmerkung Z2 vom 2.4.1963. Eine z.b.V. (= zur besonderen Verwendung) Stelle ist ein Dienstposten in der Bundeswehr, auf dem Berufssoldaten geführt werden, die zu dem jeweiligen Zeitpunkt aus unterschiedlichen Gründen nicht auf einen normalen Dienstposten eingesetzt werden können.
[145] Ebd.: Notiz des Personalreferenten der Stammdienststelle des Heeres vom 2. April 1963.
[146] Ebd.: Stammdienststelle des Heeres. Versetzungsverfügung vom 19. April 1963.
[147] Ebd.: Ruhestandsurkunde vom 1. Dezember 1963.
[148] Ebd.: Stammdienststelle des Heeres. Vermerk vom 20. Januar 1964.
[149] Ebd.: Kreiswehrersatzamt Kassel II 1: Berechnung der Wehrzeit vom 22. Dezember 1966.

kriegsgedienten Soldaten wie Wilhelm Kupfer hervorriefen, kann man sich unschwer vorstellen. Damit waren die Mühsale des tüchtigen Hauptfeldwebels mit den Institutionen im Geschäftsbereich des Bundesverteidigungsministeriums aber noch nicht beendet.

Wieder knapp drei Jahre später, im Mai 1969, wurde Kupfer zu einer Pflichtwehrübung beim Verteidigungsbezirkskommando (= VBK) 44 in Kassel einberufen[150]. Aufgrund seiner und der der Bundeswehr eigentlich bekannten gesundheitlichen Situation bat er um »die Zurückstellung von Wehrübungen gem. ärztl. Urteils«[151]. Überraschenderweise gelangte daraufhin derselbe Arzt, der Kupfer im November 1962 als Truppenarzt des Versorgungsbataillons 46 die Dienstunfähigkeit bescheinigt hatte[152], im Juni 1969 als Oberregierungsmedizinalrat (ORMR) beim Kreiswehrersatzamt Kassel zum Urteil, dass dessen Gesundheitsstörungen kein Hinderungsgrund für die Teilnahme an einer Wehrübung seien[153]. Mit seinem Widerspruch gegen die Wehrübung geriet Kupfer wieder in die Mühlen der Bundeswehrbürokratie. Trotz des Widerspruchs erklärte ORMR Dr. Weifelen Kupfer wiederholt für wehrübungstauglich[154]. Offensichtlich hielt dieser die koronare Erkrankung und die Bronchitis des ehemaligen Berufssoldaten für nicht mehr so schwerwiegend. Der Betroffene hingegen wehrte sich gegen die Einschätzung der Behörde und legte weiterhin Widerspruch ein[155].

Dennoch wurde Kupfer zu einer Wehrübung vom 1. September bis zu 16. September 1969 beim Panzergrenadierbataillon 42 einberufen. Anders als ORMR Weifelen befand der dortige Truppenarzt den Hauptfeldwebel a.D. jedoch für nicht truppentauglich[156]. Ungeachtet dieses Gutachtens wurde Kupfer nur neun Monate später wieder zu einer Wehrübung einberufen. ORMR Weifelen beharrte zunächst auf seiner Meinung, dass Kupfer wehrübungstauglich sei[157], um ihn dann doch wenige Tage später zu einer »Überprüfungsuntersuchung« in das Kreiswehrersatzamt in Kassel zu laden[158]. Als Ergebnis wurde Kupfer mit Schreiben vom 20. November 1970 mitgeteilt, dass der Hauptmus-

---

[150] Ebd.: Kreiswehrersatzamt Kassel an Wilhelm Kupfer, Einberufungsbescheid vom 12. Mai 1969.

[151] Ebd.: Wilhelm Kupfer an das Kreiswehrersatzamt Kassel vom 20. Mai 1969.

[152] Ebd.: Versorgungsbataillon 46, Truppenarzt, Truppenärztliche Bescheinigung vom 26. November 1962.

[153] Ebd.: Kreiswehrersatzamt Kassel an Wilhelm Kupfer vom 9. Juni 1969.

[154] Siehe hierzu u.a. BA-MA, Pers 1/8239: Kreiswehrersatzamt (KWEA) Kassel II 2, Az 24-04-04 an den Ärztlichen Dienst des KWEA Kassel vom 22. Mai 1969; ebd.: Ärztliche Stellungnahme, und Antrag von Wilhelm Kupfer auf Öffnung der G-Karte vom 24. Juni 1970, sowie ebd.: Notiz ORMR Dr. Weifelen vom 25. Juni 1970.

[155] Ebd.: Schreiben Wilhelm Kupfer an das Kreiswehrersatzamt Kassel vom 3. Juli 1970 und 9. August 1970.

[156] Hier und im Folgenden BA-MA, Pers 1/8239: Wilhelm Kupfer an das Kreiswehrersatzamt Kassel vom 3. Juli 1970.

[157] Ebd.: Kreiswehrersatzamt Kassel II 3/4, Az 24-04-04 an den Ärztlichen Dienst des KWEA Kassel vom 8. Oktober 1970, und Notiz ORMR Dr. Weifelen vom 13. Oktober 1970.

[158] Ebd.: Kreiswehrersatzamt Kassel II 2/5, Az 24-09-03 an Herrn Wilhelm Kupfer vom 27. Oktober 1970.

terungsarzt des Kreiswehrersatzamtes Kassel am selben Tag seine dauernde Untauglichkeit für den Wehrdienst festgestellt habe[159]. Der Hauptmusterungsarzt war wieder ORMR Dr. Weifelen[160]! In der Retrospektive drängt sich der Eindruck auf, dass die Verantwortlichen in diesem Fall ihre Befugnisse maximal ausgenutzt haben. Welchen Rahmenbedingungen dieses Verhalten geschuldet war, lässt sich auf der Basis der überlieferten Unterlagen nicht mehr nachvollziehen. Es erfolgte aber auf keinen Fall in Übereinstimmung mit den damals bereits gültigen Grundsätzen der Inneren Führung der Bundeswehr.

Eine letzte Nacherfassung von Hauptfeldwebel a.D. Wilhelm Kupfer erfolgte am 7. August 1972[161]. Danach schloss sich die Akte Bundeswehr für ihn zum letzten Mal.

Zusammenfassung oder warum scheiterte Hauptfeldwebel Wilhelm Kupfer?

Wilhelm Kupfer trat als (kriegs-)erfahrener Portepeeunteroffizier in die Bundeswehr ein. Er wurde zum Angehörigen der Transporttruppe des Heeres gemacht, obwohl er in seiner Vordienstzeit in Reichswehr und Wehrmacht primär in Bereichen der Sanitäts- und Pioniertruppe seinen Dienst versehen hatte. In der jungen Bundeswehr diente er zunächst als Sachbearbeiter auf Ämterebene, obwohl er sehr sportlich und vielseitig ausgebildet war und sich folgerichtig für eine Verwendung beworben hatte, in die er diese Fähigkeit einbringen wollte. Kupfer wurde später Kompaniefeldwebel, weil es an erfahrenen Unteroffizieren mangelte und er im »süddeutschen Raum« eine Verwendung finden wollte. Trotz seiner Herkunft und seiner Vorbildung wurde er nie dorthin versetzt.

Hauptfeldwebel Kupfer erfüllte aus der Sicht der Bundeswehr die an ihn gestellten Aufgaben bis 1961 gut, teilweise sogar sehr gut. Er war engagiert und diszipliniert in seiner Aufgabenerfüllung, bis er körperlich nicht mehr dazu in der Lage war. Auch soldatenrechtlich ließ sich Wilhelm Kupfer nie etwas zu schulden kommen. Seine schwerwiegende Erkrankung schränkte seine Leistungsfähigkeit zwar ein, aber auch danach wäre er zum Beispiel als Geschäftszimmerunteroffizier sinnvoll in den Streitkräften einsetzbar gewesen. Diese offenkundige Möglichkeit wurde von der Personalführung aus heute nicht mehr nachvollziehbaren Gründen wiederholt verworfen. Dies führte bei dem loyalen Hauptfeldwebel zwar nicht zur »inneren Kündigung«[162], gleichwohl

---

159 Ebd.: Kreiswehrersatzamt Kassel an Wilhelm Kupfer vom 20. November 1970.
160 Ebd.: Kreiswehrersatzamt Kassel, Ärztliches Untersuchungsergebnis bei der Musterung nach § 17 Abs. 5 des Wehrpflichtgesetzes vom 20. November 1970.
161 Ebd.: Datennachweis Reservisten Kupfer, Wilhelm, vom 7. August 1972.
162 Siehe hierzu u.a. Ralf Brinkmann und Kurt H. Stapf, Innere Kündigung. Wenn der Job zur Fassade wird, München 2005.

begab er sich nun endlich – mag man aus heutiger Sicht sagen – in eine mehrere Jahre andauernde Auseinandersetzung mit der Stammdienststelle des Heeres. Am Ende überwarf er sich mit seinem Dienstherren und schied enttäuscht aus der Bundeswehr aus.

Der Auslöser für den Konflikt war zweifelsohne, dass die Personalführung Kupfers familiäre Situation (Witwer mit einem minderjährigen Kind) und seine Krankheit als nicht so schwerwiegend akzeptieren wollte, wie sie sich ihm darstellte. Die Ursachen für das Zerwürfnis liegen aber in der Vorgeschichte.

Wilhelm Kupfer wurde in der Bundeswehr nie wirklich heimisch. Seine häufigen Versetzungsgesuche in den bayerischen Raum, die unerfüllt gebliebenen Verwendungswünsche bei der Gebirgstruppe, seine verschleppte Krankheit, seine nie wirklich thematisierte Überforderung als Kompaniefeldwebel sind sichere Anzeichen für Kupfers große Unzufriedenheit mit der eigenen Situation, die verbunden war mit der permanenten (unerfüllten) Hoffnung, dass sich irgendwann alles zum Besseren wenden werde. Verschärft wurde diese Unzufriedenheit sicherlich durch die Rahmenbedingungen einer Armee, die einzig dazu aufgestellt worden war, den Frieden zu sichern: zum Beispiel mit bürokratischen Regeln, wie sie in jeder anderen bundesdeutschen Behörde galten; oder mit Laufbahnen, die an jene für Beamte angeglichen worden waren; oder auch mit Strukturen und Bestimmungen, die nicht unbedingt an militärischer Effizienz ausgerichtet waren.

Kupfers Herkunft, Sozialisation und bisherigen Lebenserfahrungen hatten zudem dazu geführt, dass er zunächst diese Entwicklungen ohne großen Widerspruch hinnahm. Er nahm nur wenig Einfluss auf die Entwicklungen, weil er es nicht gewohnt war, gegen Entscheidungen militärischer Vorgesetzter oder höherer Dienststellen aufzubegehren. Erst als es aus seiner Sicht wirklich nicht mehr anders ging, lehnte er sich auf.

Dieses Verhalten war beispielhaft für viele ehemalige Angehörige der Wehrmacht, die mit großen Hoffnungen in die Bundeswehr eingetreten waren und enttäuscht aus der Bundeswehr wieder ausschieden. Das Eigenleben des Militärs des 19. und der ersten Hälfte des 20. Jahrhunderts, in dem Entscheidungen vordergründig zumeist aus einer wie auch immer gearteten militärischen Ratio getroffen wurden, waren den präzisen Vorgaben von Gesetzen, Weisungen und Bestimmungen eines demokratischen Rechtsstaates gewichen. Der Soldat der Bundeswehr war als »Staatsbürger in Uniform« mit wenigen Ausnahmen den gleichen Regeln unterworfen wie jeder andere bundesdeutsche Staatsangehörige auch. Hinzu kamen sicherlich auch die Unzufriedenheit mit der bereits in den Anfangsjahren der Bundeswehr überbordenden Bürokratie und dem täglichen, häufig monotonen Friedensdienst. Dies alles führte bei vielen ehemaligen Angehörigen der Wehrmacht zu Missverständnissen, Fehleinschätzungen und nicht selten zu großer Verdrossenheit. Die Bundeswehr war einfach nicht mehr »ihre Armee«.

Rudolf J. Schlaffer

Ein Kriegskind: Hauptmann (Heer) Wolfgang Grünwald

Ein ganz normales Gesicht

»Sehr geehrter Herr Grünwald[1]! Auf Grund Ihrer Bewerbung berufe ich Sie ab 23. Juli 1956 als Panzerschützen (Offiziersbewerber) in das Dienstverhältnis eines Soldaten auf Zeit für die Dauer von 14 Monaten ein[2].« Mit diesem Schreiben begann die Karriere des Wolfgang Grünwald in der »neuen Wehrmacht«. Er war zum Zeitpunkt der Einberufung noch keine 21 Jahre alt, somit nach der damaligen Gesetzgebung nicht volljährig, und musste daher eine Einwilligungserklärung seiner Mutter vorlegen. Hierin erklärte sie sich mit der Einberufung ihres Sohnes in das Dienstverhältnis eines Soldaten auf Zeit einverstanden[3]. Seine militärische Stammeinheit war das Panzer-Lehrbataillon im niedersächsischen Munster (Lager), einem Standort mit militärischer Geschichte, der zu einer der flächen- und zahlenmäßig größten Garnisonen der Bundeswehr in der Bundesrepublik Deutschland ausgebaut werden sollte. Wenige Wochen später leistete der nunmehrige Panzerschütze Wolfgang Grünwald vor der Truppenfahne im Beisein des Bataillonskommandeurs seinen Eid mit den Worten: »Ich schwöre, der Bundesrepublik Deutschland treu zu dienen und das Recht und die Freiheit des deutschen Volkes tapfer zu verteidigen, so wahr mir Gott helfe[4].«

Zum Zeitpunkt seiner Einberufung war Wolfgang Grünwald 20 Jahre alt. Die »neue Wehrmacht«, die erst seit Februar 1956 offiziell Bundeswehr hieß[5], wurde bereits seit 1955 aufgestellt. Sehr konkrete konzeptionelle Überlegungen zu einem westdeutschen Verteidigungsbeitrag stellten politische Verantwortungsträger und ehemalige Soldaten der Wehrmacht schon seit Ende der 1940er-Jahre an. Nachdem die EVG-Option gescheitert und der ohnehin attraktivere Weg zur NATO frei geworden war, mussten innerhalb von unrealistischen drei Jahren zwölf einsatzfähige mechanisierte Panzer- und Panzergrena-

---

[1] Der Name wurde im vorliegenden Beitrag anonymisiert.
[2] BA-MA, Pers 1/3351, Einstellungsschreiben vom 27.6.1956.
[3] Ebd., Einwilligungserklärung vom 5.6.1956.
[4] Ebd., Niederschrift über die Vereidigung vom 27.8.1956.
[5] Rudolf Schlaffer und John Zimmermann, Wo bitte geht's zur Schlacht? Kurioses aus dem deutschen Militär. Von A–Z, Berlin 2009, S. 198–200.

dierdivisionen plus Luftwaffe und Marine mit insgesamt knapp 500 000 Soldaten »aus dem Boden gestampft werden«, so die Zusage der Bundesregierung
unter Bundeskanzler Konrad Adenauer an die NATO-Verbündeten. Das Signal
des Aufbaustarts war der 12. November 1955, als am 200. Geburtstag des preußischen Generals und Militärreformers Gerhard von Scharnhorst die ersten 101
Freiwilligen vom Bundesminister für Verteidigung Theodor Blank ihre Ernennungsurkunde erhielten. Als eigentliche »Geburtsstunde« der Bundeswehr
wurden aber erst die öffentlichen Feiern im Januar 1956 betrachtet, als die jeweiligen Lehrtruppen der Teilstreitkräfte zusammentraten[6]. Die ersten Monate
der Bundeswehr standen also unter den Zeichen von offiziellem Symbol und
öffentlicher Demonstration. Das deutsche Militär war in die Bundesrepublik
Deutschland ein- oder nach (West-)Deutschland zehn Jahre nach dem totalen
staatlichen und militärischen Zusammenbruch zurückgekehrt. In solch einer
»Gründungsperspektive« steht die Institution Streitkräfte im Mittelpunkt der
Forschung und weniger der Soldat, sei es einzeln oder als Gruppe. Jedoch wurden Organisationen, Institutionen und Strukturen auf allen Ebenen von Personen gemacht und bestanden zuvorderst aus diesen.

Was erlebte und wie erging es dem Heeressoldaten Grünwald während der
Aufbauphase? Er wurde zum Offizier in der Kampftruppe, genauer der Panzertruppe, ausgebildet. Ein Werdegang, den im Jahr 1956 immerhin 157 Alter-
genossen anstrebten[7]. Warum interessiert ausgerechnet Grünwald? Zwar rückte
er später weder in die Elite der Bundeswehr auf, noch erreichte er durch irgendwelche anderen Ereignisse einen Bekanntheitsgrad. Interessant ist er dennoch als Angehöriger der Kriegskindergeneration, der in der Wehrmacht un-
gedienten Aufbaugeneration der Bundeswehr und als subalterner Offizier der
Panzertruppe, der ein Stück weit die modernen, mechanisierten Verbände des
Heeres mit aufbaute. Hierfür dient er, wenn auch mehr zufällig, als Beispiel.
Wolfgang Grünwald ist das stellvertretende Gesicht für viele andere Soldaten
seiner Generation, die ähnliche private und berufliche Lebenswege aufweisen
konnten.

Grünwalds Leben vor dem Bundeswehreintritt

Am 25. Juni 1936 erblickte Wolfgang Grünwald als erstes von vier Kindern im
Berliner Stadtteil Charlottenburg das Licht der Welt. Die Farbe der politischen
Welt, in die er hineingeboren wurde, war braun und das Deutsche Reich bereits
fest im Griff der Nationalsozialisten. Dem »Führer und Reichskanzler« Adolf
Hitler gelang es, die Diktatur seit 1933 immer mehr zu festigen. Politische Geg-
ner wurden in Konzentrationslagern (»KZ«) inhaftiert, von der Gestapo und SS

---

6 Detlef Bald, Die Bundeswehr. Eine kritische Geschichte 1955–2005, München 2005, S. 7 f.
7 Das Schwarze Barett, 35 (2006), S. 46–51.

verhört, gefoltert und willfährig gemacht[8]. Den Staatsapparat und weite Teile der Gesellschaft schalteten die Nationalsozialisten gleich, mit den »Nürnberger Rassengesetzen« entrechteten und demütigten sie viele Deutsche. Die Wehrmacht, deren Führung kollaborierte, rüsteten sie zielgerichtet zum Krieg auf. Mit dem Gesetz zum Aufbau der Wehrmacht wurde 1935 auch die allgemeine Wehrpflicht im Deutschen Reich entgegen dem Versailler Vertrag aus dem Jahr 1919 wieder eingeführt[9]. Bereits ein Jahr später, im Geburtsjahr Grünwalds, besetzte die Wehrmacht das entmilitarisierte Rheinland, erneut ein Verstoß gegen Versailles. Bis zum Kriegsbeginn 1939 sollte die Wehrmacht auf zwölf Armeekorps mit 38 Divisionen und einer Gesamtstärke von über 580 000 Soldaten aufwachsen. Für den angestrebten und von der Wehrmacht nach Hitlers Vorgaben geplanten Krieg wurden im Juli und August 1939 die Reservisten mobilisiert. Arbeiter, Angestellte, Beamte, Väter, Brüder und Freunde tauschten die Zivilkleidung mit der Uniform des Soldaten ein.

An dieser Stelle fällt eine Analogie in der Aufrüstung deutscher Armeen innerhalb von 20 Jahren auf. Die Vorbereitung der Wehrmacht von 1935 bis 1939 zum Angriffskrieg weist in politischer und militärischer Hinsicht eine verblüffende Ähnlichkeit zum Aufbau der Bundeswehr von 1955 bis 1959 zur Verteidigung innerhalb des NATO-Bündnisses auf. Jedoch unterschieden sie sich beträchtlich in der Dimension. Während die Wehrmacht auf den Kaderstamm der 100 000 Mann umfassenden Reichswehr aufbauen konnte, musste die Bundeswehr wie ein »Phoenix aus der Asche«[10] erstehen. Daran änderte auch das vorhandene Millionenreservoir an ehemaligen Soldaten nichts. In der rein numerischen Aufstellungsforderung von fast einer halben Million Soldaten innerhalb von drei Jahren wiederholten sich die Vorgänge, natürlich unter unterschiedlichen Rahmenbedingungen[11].

Zwar dürfte das Kleinkind Wolfgang die Wehrmachtsvermehrung wie auch den Kriegsausbruch in seiner politischen Bedeutung kaum verstanden haben. Aber aus der Perspektive des Kindes betrachtet, dürfte er die Angst der Mutter vor dem Krieg und vor allem um den Vater gespürt haben, der in die Wehrmacht eingezogen und an die Front abkommandiert worden war. Der Vater, im Zivilberuf Verwaltungsdirektor in Berlin, bot seiner Familie bis dahin ein harmonisches und finanziell gut situiertes Leben im bürgerlichen Mittelstand. Die Entfesselung des Zweiten Weltkrieges machte auch ihn wie Millionen andere Männer unfreiwillig zum Soldaten. Auch der dreijährige Wolfgang musste

---

[8]   Rudolf Schlaffer, GeRechte Sühne? Das Konzentrationslager Flossenbürg. Möglichkeiten und Grenzen der nationalen und internationalen Strafverfolgung von NS-Verbrechen, Hamburg 2001.
[9]   Jürgen Förster, Die Wehrmacht im NS-Staat. Eine strukturgeschichtliche Analyse, München 2006 (= Beiträge zur Militärgeschichte. Militärgeschichte kompakt, 2).
[10] Vgl. hierzu Andrew James Birtle, Rearming the Phoenix: U.S. Military Assistance to the Federal Republic of Germany, 1950–1960, New York, London 1991.
[11] Vgl. hierzu: Rudolf J. Schlaffer, Der Wehrbeauftragte 1951 bis 1985. Aus Sorge um den Soldaten, München 2006 (= Sicherheitspolitik und Streitkräfte der Bundesrepublik Deutschland, 5); Klaus-Jürgen Müller, Das Heer und Hitler. Armee und national-sozialistisches Regime, 2. Aufl., Stuttgart 1988 (= Beiträge zur Militär- und Kriegsgeschichte, 10).

erleben, wie die vielen Väter abmarschierten und die Mütter mit den Kindern zurückblieben. Mehrheitlich bangten sie um ihren Mann und Vater. Diese wiederum kehrten später häufig psychisch und physisch verwundet wieder oder blieben für »Führer und Reich« im Felde. Auch Wolfgangs Vater sollte für ihn und seine drei Geschwister Rotraud (Jahrgang 1938), Rainer (Jahrgang 1940) und Dieter (Jahrgang 1942) ein »Fronturlauber« werden und nur so in seiner Erinnerung bleiben[12]. Die Mutter und Verwandte, oft die Großeltern, gaben den Kindern in dieser Zeit Liebe, Halt und Fürsorge[13].

Wolfgang besuchte seit Mai 1942 die Volksschule in Berlin-Köpenick. Der »totale Krieg« in Deutschland, der vor allem die Zivilbevölkerung getroffen hatte, zwang die Mutter, mit ihren vier Kindern im Jahr 1943 in das noch relativ sichere Hohenstein/Ostpreußen zu fliehen[14]. Hier konnte Wolfgang die Schulausbildung fortsetzen, denn dort war er den alliierten Bombenangriffen weit weniger als in der Reichshauptstadt Berlin ausgeliefert. Trotzdem erlebte er den ständigen Aufenthaltswechsel zwischen Wohnung, Klassenzimmer und Bunker; er sah zerstörte Häuser, verwundete Soldaten und getötete Nachbarn[15]. Als im Jahr 1944 die Ostfront immer näherrückte und Ostpreußen bald verloren gehen sollte, floh die Familie mit einem Wohnschiff auf dem Mittellandkanal vor den anstürmenden »Russen«. Bei Magdeburg wurde die Mutter im Untergangschaos von Vertretern der Wehrmacht- und Parteigliederungen festgehalten, verlor ihr Schiff und rettete sich schließlich nach Kleinrosenberg in Sachsen-Anhalt. Dort verbrachte sie die Zeit bis zum Kriegsende[16], das für den einen zur Niederlage, für den anderen zur Befreiung werden sollte[17].

---

[12] BA-MA, Pers 1/3351, Psychiatrisches Gutachten vom 22.6.1967, S. 1 f. Der Gutachter war der bekannte Hamburger Psychiater Hans Bürger-Prinz. Über seine wissenschaftliche Reputation, seine Verstrickung während des Nationalsozialismus, hier im Besonderen die moralische Schuld an der Ermordung und Sterilisation psychisch Kranker, sowie seine Affinität zum Militär siehe vor allem R. Holzbach und D. Naber, Hans Bürger-Prinz (1897–1976). In: Nervenärzte 2. 21 Biographien und ein Psychiatrie-Literaturhistorischer Essay. Hrsg. von Hanns Hippius, Bernd Holdorff und Hans Schliack, Stuttgart 2006, S. 41–55.

[13] MGFA, Fragebogenaktion zu den Aufbaugenerationen der Bundeswehr – Heer, Thema 1: Kindheit. Vgl. auch den Lebensbericht von Klaus-Peter Kniehase, Im grauen Rock der Republik. Soldat im Kalten Krieg, 2., veränd. Aufl., Scharbeutz, Wetter a.d. Ruhr 2008. Kniehase ist Jahrgang 1936 und ebenfalls vaterloses Kriegskind. Zur weiteren Beschäftigung mit vaterlosen Kriegskindern sei besonders auf Hermann Schulz, Hartmut Radebold und Jürgen Reulecke, Söhne ohne Väter: Erfahrungen der Kriegsgeneration, 2., erw. Auf., Berlin 2007, hingewiesen.

[14] Vgl. Das Deutsche Reich und der Zweite Weltkrieg, Bd 9: Die deutsche Kriegsgesellschaft 1939 bis 1945, Halbbd 1: Politisierung, Vernichtung, Überleben; Halbbd 2: Ausbeutung – Deutungen – Ausgrenzung. Im Auftrag des MGFA hrsg. von Jörg Echternkamp, Stuttgart 2004/2005; Rudolf J. Schlaffer, Anmerkungen zu 50 Jahren Bundeswehr: Soldat und Technik in der »totalen Verteidigung«. In: MGZ, 64 (2005), 2, S. 487–502.

[15] MGFA, Fragebogen Nr. 11 zu den Aufbaugenerationen der Bundeswehr – Heer, Thema 1: Kindheit.

[16] BA-MA, Pers 1/3351, Lebenslauf vom 23.2.1956; Psychiatrisches Gutachten vom 22.6.1967, S. 1 f.

[17] Vgl. Andreas Kunz, Wehrmacht und Niederlage. Die bewaffnete Macht in der Endphase der nationalsozialistischen Herrschaft 1944 bis 1945, München 2005 (= Beiträge zur Mili-

Erst 1947 erhielt die Familie die bittere Nachricht vom Tod des Vaters[18]. Er war am 18. März 1945, wenige Wochen vor der Kapitulation der Wehrmacht, für »Führer, Volk und Vaterland« gefallen. Zu dieser Zeit besuchte Wolfgang gerade die achtklassige Einheitsschule. Erst die erneute Heirat der Mutter im Jahr 1949 ermöglichte die Rückkehr der Familie in ihre Heimatstadt Berlin. Der »neue Vater«, ein Diplombibliothekar beim Bezirksamt Berlin-Kreuzberg, nahm sich der Kinder aus erster Ehe an und gewann ein sehr gutes, sogar väterliches Verhältnis zu allen vier Geschwistern. Wolfgang konnte 1950 die Volksschule abschließen und auf dem Aufbauzweig der Erknerschule in Berlin-Mariendorf bis 1955 seine Reifeprüfung erfolgreich ablegen. Insgesamt war er ein mittelmäßiger Schüler, eher schwach in den naturwissenschaftlichen Fächern. Seine herausragende Stärke waren seine fremdsprachlichen Fertigkeiten[19].

In dieser Zeit erhielt er eine für damalige Verhältnisse große Chance geboten. Er konnte ein Jahr als Austauschschüler in den USA bei Detroit/Michigan verbringen. Dabei verbesserte er seine Sprachkenntnisse in Englisch enorm. Die Erfahrung USA veränderte sein bisheriges Leben nachhaltig. Denn er lernte dort einen Lebensstil kennen, der von dem finanziell engen und weit weniger freizügigen Lebensumständen in der jungen Bundesrepublik Deutschland, zumal noch in der »Frontstadt« Berlin des Kalten Krieges, beträchtlich abwich. Deshalb sah er sich erst einmal mit familiären und schulischen Problemen nach seiner Rückkehr aus den USA konfrontiert[20]. Es fiel ihm schwer, sich an die vorherige Lebensweise wieder anzupassen und die strenge, immer noch autoritäre Form der (west-)deutschen Schulausbildung zu akzeptieren[21]. Die freiheitliche Lebenserfahrung in einem für viele im Vergleich zu Deutschland finanziell sowie materiell reichen Land wie den USA traf nun wieder auf das arme, spießig enge und immer noch vom Nationalsozialismus geprägte Weltbild einer westdeutschen Aufbaugesellschaft[22].

Im Anschluss an seine Schulzeit studierte Wolfgang seit dem Sommersemester 1955 zunächst Anglistik sowie Geografie an der Freien Universität Berlin und nahm an einer einmonatigen Studienfahrt nach Frankreich teil. Trotz der im Gegensatz zur Schule doch freieren universitären Ausbildung befrie-

tärgeschichte, 64); John Zimmermann, Pflicht zum Untergang. Die deutsche Kriegführung im Westen des Reiches 1944/45, Paderborn [u.a.] 2009 (= Zeitalter der Weltkriege, 4); Schlaffer, GeRechte Sühne? (wie Anm. 8).

18   Vgl. weiterhin Schulz/Radebold/Reulecke, Söhne ohne Väter (wie Anm. 13).
19   BA-MA, Pers 3351, Zeugnis der Reife vom 3.4.1956, Schreiben G. an den Beauftragten des Bundeskanzlers für die mit der Vermehrung der alliierten Truppen zusammenhängenden Fragen vom 4.4.1956.
20   Siehe zur Erfahrung USA auch Wolfgang Schmidt, Briefing statt Befehlsausgabe. Die Amerikanisierung der Luftwaffe 1955 bis 1971. In: Bernd Lemke [u.a.], Die Luftwaffe 1950 bis 1970. Konzeption, Aufbau, Integration, München 2006 (= Sicherheitspolitik und Streitkräfte der Bundesrepublik Deutschland, 2), S. 677–691.
21   Vgl. zur Schulausbildung auch Kniehase, Im grauen Rock (wie Anm. 13), S. 38–51.
22   Dynamische Zeiten. Die 60er Jahre in beiden deutschen Gesellschaften. Hrsg. von Axel Schildt, Detlef Siegfried und Karl Christian Lammers, 2. Aufl., Hamburg 2003 (= Hamburger Beiträge zur Sozial- und Zeitgeschichte, Darstellungen, 37).

digte ihn das Studium überhaupt nicht[23]. Ganz im Gegenteil: Er suchte nach einer anderen Form der Ausbildung und des Lebens. Er interessierte sich fortan für die Polizei, hier vor allem für den Dienst in der Kriminalpolizei. Im Januar 1956 wuchs in ihm immer mehr der Wunsch heran, sich bei den neuen Streitkräften zu bewerben. Diese Entscheidung fiel nicht gerade auf die Zustimmung seiner Familie, jedoch setzte er hier seinen Willen durch[24]. Seine Familie hatte wie die Mehrheit der Bevölkerung, viele Lehrer und Schulkameraden ein distanziertes Verhältnis zur westdeutschen Aufrüstung[25]; für andere wiederum war die Bundeswehr zu Hause kein Thema und sie interessierten sich, obwohl sie in Berlin, der »Frontstadt« des Kalten Krieges, lebten, nicht für die Sicherheitspolitik[26]. Erstaunlich ist hier, dass der junge Grünwald erst Schwierigkeiten hatte, sich nach der Erfahrung USA wieder in das vom Konformismus und von Restauration geprägte Leben in Westdeutschland einzugewöhnen. Beruflich orientierte er sich aber an Organisationen, die mehr von kollektiver oder individueller Anpassung und weniger von Freiheit sowie Individualismus geprägt waren.

Karriere in der Bundeswehr?

Im dritten Semester seines Studiums orientierte sich Wolfgang Grünwald um; er bewarb sich bei den »neuen Streitkräften«. In seinem Lebenslauf für die Bewerbung bei der Bundeswehr im Jahr 1956 schrieb er: »Falls die Aussicht besteht, mit meinen Sprachkenntnissen in Englisch und Französisch vorwärts zu kommen, würde ich den neuen, deutschen Streitkräften beitreten[27].« Hieraus erschließt sich, dass seine Vorstellungen über die neuen deutschen Streitkräfte auch mangels Informationen eher unbedarft waren und seine Motivation, Sol-

---

23 Vgl. Kniehase, Im grauen Rock (wie Anm. 13), S. 51–61.
24 BA-MA, Pers 1/3351, Lebenslauf vom 23.2.1956, Bewerbungsbogen als Offizieranwärter vom 1.4.1956, Psychiatrisches Gutachten vom 22.6.1967, S. 1 f.
25 Vgl. Hans-Erich Volkmann, Die innenpolitische Dimension Adenauerscher Sicherheitspolitik in der EVG-Phase. In: Lutz Köllner [u.a.], Die EVG-Phase, München 1990 (= Anfänge westdeutscher Sicherheitspolitik, 2), S. 235–604; Hans Ehlert, Innenpolitische Auseinandersetzungen um die Pariser Verträge und die Wehrverfassung 1954 bis 1956. In: Hans Ehlert [u.a.], Die NATO-Option, München 1993 (= Anfänge westdeutscher Sicherheitspolitik, 3), S. 235–560; Ulrich Brochhagen, Nach Nürnberg. Vergangenheitsbewältigung und Westintegration in der Ära Adenauer, Hamburg 1994, Berlin 1999 (= Schriftenreihe des Hamburger Instituts für Sozialforschung); Jahrbuch der öffentlichen Meinung 1947–1955. Hrsg. von Elisabeth Noelle und Erich Peter Neumann, Allensbach 1969, S. 360 f.; Reinhard Mutz, Sicherheitspolitik und demokratische Öffentlichkeit in der BRD. Probleme der Analyse, Kritik und Kontrolle militärischer Macht, München, Wien 1978, S. 89–111.
26 MGFA, Fragebogenaktion zu den Aufbaugenerationen der Bundeswehr – Heer, Thema 3: Einstellung im familiären Umfeld zur Bundeswehr.
27 BA-MA, Pers. 3351, Lebenslauf, S. 2.

dat zu werden, kaum vorhanden oder von pragmatischen Gründen geleitet wurde. Seine Einstellung zur Bundeswehr und zur Wehrpflicht war recht positiv und er wusste wiederum genau, dass er Offizier des Heeres werden wollte. Die Luftwaffe oder Marine sollten für ihn keine Alternative darstellen. Er strich in seinem Bewerbungsbogen diese Optionen durch und ersetzte sie durch das Heer. In der zahlenmäßig größten Teilstreitkraft der Bundeswehr strebte Grünwald eine Ausbildung und Verwendung mit dem Erstwunsch Panzeraufklärungstruppe, dann Heeresflieger und schließlich Panzerjägertruppe an. Als ausschlaggebend für das Interesse an diesen Truppengattungen stellte sich meist die Kombination aus technischem Interesse und dem Willen, Angehöriger der Kampftruppe zu werden, heraus; genaue Kenntnisse über diese Truppengattungen lagen aber wiederum nicht vor[28]. In der Bundeswehr spiegelte sich im Übrigen erneut das Verhältnis zu den anderen Teilstreitkräften aufgrund der geografischen Mittellage in Europa wider. Dieses Denken war, wie in früheren deutschen Armeen, mehr vom Landkriegs- als von maritimen oder Luftkriegsdenken geprägt[29]. Nur wenn Wolfgang Grünwald in das Heer nicht hätte eintreten können, wäre für ihn als Alternative eine Verwendung in der Luftwaffe in Frage gekommen, die weitaus höher technisiert und spezialisiert war als das Heer[30]. Der junge Erwachsene Grünwald lebte bis zu seiner Bewerbung in geordneten wirtschaftlichen Verhältnissen. Sein Auszug aus dem Strafregister war »sauber«, sodass ihm später auch ein positiver Sicherheitsbescheid ausgestellt werden konnte[31]. Dieser ermächtigte ihn zum Umgang mit Verschlusssachen, für herausgehobene Dienstposten wie beispielsweise Kompaniechef eine unbedingte Voraussetzung[32].

An einem Donnerstag im Juni 1956 war es dann soweit. Wolfgang Grünwald musste sich in der Kölner Zeppelinstraße der Prüfgruppe der Annahmeorganisation stellen. Sein Vorstellungsgespräch und die Eignungsfeststellung verliefen erfolgreich; er wurde im Prüfbericht als »gut geeignet« eingestuft. Zur Verwendung im Heer wurde er für die Panzeraufklärungs-, dann die Panzertruppe und schließlich für die Panzerjäger vorgeschlagen[33]. Am 23. Juli 1956 konnte er in die Bundeswehr eingestellt werden[34]. Seinem Verwendungswunsch entsprach man weitgehend; er wurde in das Panzerlehrbataillon in Munster einberufen. Die Panzeraufklärungs- und Panzerjägertruppe gehörten

---

[28] MGFA, Fragebogenaktion zu den Aufbaugenerationen der Bundeswehr – Heer, Thema 5: Eintritt in die Bundeswehr.

[29] Vgl. Gerhard P. Groß, Von Moltke bis Heusinger. Das operative Denken im deutschen Heer (in Vorb.).

[30] BA-MA, Pers 3351, Bewerbungsbogen als Offizieranwärter vom 1.4.1956; MGFA, Fragebogenaktion zu den Aufbaugenerationen der Bundeswehr – Heer, Thema 4: Persönliche Einstellung zur Bundeswehr vor der Dienstzeit; Lemke [u.a.], Die Luftwaffe 1950 bis 1970 (wie Anm. 20).

[31] BA-MA, Pers 3351, Erklärung über die wirtschaftlichen Verhältnisse vom 3.6.1956, Auszug aus dem Strafregister vom 16.9.1957, Sicherheits-Bescheid Nr. 12987 vom 15.6.1958.

[32] Schlaffer/Zimmermann, Wo bitte geht's zur Schlacht? (wie Anm. 5), S. 68–70.

[33] BA-MA, Pers 3351, Prüfbericht der Annahmestelle OB 8281/I vom 6.6.1956.

[34] Ebd., Schreiben der Annahmestelle I vom 24.5.1956, Einstellungsschreiben vom 27.6.1956.

wie die Panzertruppe zu den gepanzerten Kampftruppen. Alle drei Truppengattungen waren sehr eng miteinander verflochten; sie bildeten teilweise einen Personalpool und es herrschte zwischen ihnen wie schon zu Wehrmachtszeiten auch in der Bundeswehr ein reger Personalaustausch[35].

Im November 1956 wurde Grünwald als einer von 33 Soldaten des Einstellungsdatums 1. Juli 1956 zum Gefreiten (Offizieranwärter) ernannt. Er gehörte dem 3. Offizieranwärterlehrgang der Panzertruppe in der 4. Offizieranwärterkompanie Panzerlehrbataillon Munster (4. OAKp PzLehrBtl Munster) an. Als Offizieranwärter hob er sich vor allem nach seiner viermonatigen Grundausbildung durch einen silbernen Stern am Jackenärmel der Uniform sowie durch die bevorstehende Ausbildung von der Masse der Wehrpflichtigen ab. Die Grundausbildung absolvierte er in der 4. Kompanie unter den Hauptleuten Freiherr von Funck und Friedrich Sacha. Sacha war ein ehemaliger Oberleutnant der Wehrmacht, Ritterkreuzträger, später einer der ersten Heeresausbilder im Lehrtruppenteil in Andernach und führte von 1962 bis 1965 das Panzerbataillon 213 (vormals Panzerbataillon 1) in Augustdorf als Kommandeur[36]. Das Panzerlehrbataillon in Munster gilt bis heute im Traditionsverständnis als »Keimzelle der Panzertruppe«[37]. Die ersten Tage als Rekrut wirkten auf die jungen Soldaten ernüchternd. Die Unterbringung mit zwölf Kameraden in Feldhütten, der bis dahin ungewohnte raue militärische Umgangston der Vorgesetzten und die entlegenen Standorte schreckten erst einmal ab[38].

Der 3. Offizieranwärterlehrgang absolvierte den 3. Fahnenjunkerlehrgang an der Heeresoffizierschule II in Husum und die Anwärter wurden am 15. Dezember 1956 zum Fahnenjunker befördert. Ein halbes Jahr später, inzwischen Fähnrich, wurde Grünwald mit seinen Offizieranwärterjahrgang (OAJ) auf dem Fähnrichlehrgang zum Zugführer ausgebildet. Während dieses Lehrgangs wurden alle Angehörigen des OAJ am 30. September 1957 zum Leutnant und Berufssoldaten ernannt. Beendet wurde ihre Ausbildung am 20. Dezember 1957. Am 1. Januar 1958 traten sie ihren Dienst in der Truppe an. Prominente Vertreter waren beispielsweise der spätere Generalmajor Hanno von Kielmansegg oder der spätere Präsident des Deutschen Roten Kreuzes, Prof. Dr. Knut Ibsen[39]. Die Zeit der Ausbildung war nach knapp 18 Monaten vorbei, dem Provisorium der eigenen Ausbildung, die aber trotz der schlechten Rahmenbedin-

---

[35] Helmut R. Hammerich, Kommiss kommt von Kompromiss. Das Heer der Bundeswehr zwischen Wehrmacht und U.S. Army (1950 bis 1970). In: Helmut R. Hammerich [u.a.], Das Heer 1950 bis 1970. Konzeption, Organisation, Aufstellung. Unter Mitarbeit von Michael Poppe, München 2006 (= Sicherheitspolitik und Streitkräfte der Bundesrepublik Deutschland, 3), S. 17–351.

[36] Der Stamm der Deutschen Panzertruppe. In: Das schwarze Barett, 3 (1986), S. 20–25.

[37] Michael Angerer, Die Keimzelle der Panzertruppe der Bundeswehr 1956. In: Das Schwarze Barett, 15 (1998), S. 31–40, hier S. 33.

[38] MGFA, Fragebogenaktion zu den Aufbaugenerationen der Bundeswehr – Heer, Thema 5: Eintritt in die Bundeswehr.

[39] Das Schwarze Barett, 35 (2006), S. 50.

gungen als nützlich und sinnvoll angesehen worden war[40], folgte nun das der Aufstellung der Truppeneinheiten und -verbände[41].

Grünwalds militärische Heimat wurde die Graf von der Goltz-Kaserne des Panzerbataillons 174 in Hamburg-Rahlstedt. Der Kommandeur des Bataillons war im Jahr 1958 der Sohn der Ikone der deutschen Panzertruppe, Generaloberst der Wehrmacht Heinz Guderian[42]. Der Ritterkreuzträger Oberstleutnant Heinz-Günther Guderian schaffte es noch bis zum Generalmajor in der Bundeswehr und war ein wichtiger Lobbyist der Panzertruppe in der Bundeswehr.

Ein Panzerbataillon in der Bundeswehr unterschied sich beträchtlich von dem der Wehrmacht. Der Mechanisierungsgrad und die Mannschaftsstärke waren weitaus höher. Zwar anfangs noch mit dem M-48 der US-Amerikaner ausgerüstet, den die wehrmachtsgedienten Bundeswehrsoldaten noch belächelten, erhielt die Panzertruppe mit dem »Leopard 1« in den 1960er-Jahren einen vorzeigbaren modernen Kampfpanzer[43]. Zu den höheren Herausforderungen im Hinblick auf das Waffensystem, der Führung des Kampfes auf dem Gefechtsfeld unter atomarer Vernichtungsdrohung[44], kam dann noch die neue, komplexe Organisations- und Führungsphilosophie »Innere Führung« hinzu[45]. Die Innere Führung der Bundeswehr wurde normativ in Gesetze, Vorschriften und Erlasse gegossen und bildete damit die Grundlage für den Umgang der Vorgesetzten mit den Soldaten. Sie versuchte als Führungsphilosophie die Prinzipien des Staatsbürgers in der Demokratie auf den Soldaten zu übertragen. Mithin schuf sie den politischen Soldaten schlechthin, aber diesmal im

---

[40] MGFA, Fragebogenaktion zu den Aufbaugenerationen der Bundeswehr – Heer, Thema 6: Ausbildung im Heer.

[41] Rudolf J. Schlaffer, »Schleifer« a.D.? Zur Menschenführung im Heer in der Aufbauphase. In: Hammerich [u.a.], Das Heer (wie Anm. 35), S. 615-698, hier S. 647-680.

[42] Vgl. zu Generaloberst Heinz Guderian u.a. seine Memoiren Heinz Guderian, Erinnerungen eines Soldaten, 18. Aufl., Stuttgart 2003; Kenneth Macksey, Guderian der Panzergeneral, Klagenfurt 1994. Zur Problematik mit den Memoiren der ehemaligen Generale siehe Bernd Wegner, Erschriebene Siege. Franz Halder, die »Historical Division« und die Rekonstruktion des Zweiten Weltkrieges im Geiste des deutschen Generalstabes. In: Politischer Wandel, organisierte Gewalt und nationale Sicherheit. Beiträge zur neueren Geschichte Deutschlands und Frankreichs. Festschrift für Klaus-Jürgen Müller. Im Auftrag des MGFA hrsg. von Ernst Willi Hansen, Gerhard Schreiber und Bernd Wegner, München 1995 (= Beiträge zur Militärgeschichte, 50), S. 287-302; John Zimmermann, Das Bild der Generale – Das Kriegsende 1945 im Spiegel der Memoirenliteratur. In: Der Krieg im Bild – Bilder vom Krieg. Hamburger Beiträge zur Historischen Bildforschung. Hrsg. vom Arbeitskreis Bildforschung, Frankfurt a.M. [u.a.] 2003, S. 187-211.

[43] Vgl. Beiträge Hammerich und Kollmer. In: Hammerich [u.a.], Das Heer (wie Anm. 35).

[44] Zwar erhielten die Soldaten alle eine ABC-Waffen-Abwehr- und Schutzausbildung und wurden über die atomare Dimension eines möglichen drohenden Krieges unterrichtet, jedoch rangierten in der Ausbildung und Übung die konventionellen Fähigkeiten vor den atomaren Fähigkeiten – vor allem auch, um die Soldaten bei der Führung des potenziellen Gefechts nicht von vornherein zu entmutigen.

[45] Vgl. Frank Nägler, Zur Ambivalenz der Atomwaffe im Blick auf Baudissins frühe Konzeption der Inneren Führung. In: Wolf Graf von Baudissin, Modernisierer zwischen totaler Herrschaft und freiheitlicher Ordnung. Im Auftrag des MGFA hrsg. von Rudolf J. Schlaffer und Wolfgang Schmidt, München 2007, S. 151-164.

Dienst der Demokratie[46]. Mit dieser Normierung hielt aber auch der Verwaltungsbürokratismus Einzug in den Kasernen, eine Folge der Überprüfbarkeit des Handelns der Exekutive, zu der auch die Bundeswehr nun zählte. Insgesamt gesehen war es eine Fülle von Aufgaben, die nun auf die Unteroffiziere und Offiziere der Bundeswehr zukamen und für die sie einfach nicht ausreichend vorbereitet worden waren[47].

Am 30. September 1960 wurde Grünwald bereits zum Oberleutnant befördert[48]. Im Panzerbataillon 174 fungierte er auf verschiedenen Dienstposten, u.a. als Fernmeldeoffizier, S1/S2-Offizier, Zugführer und Kompaniechef in einer Ausbildungs- und in einer Kampfkompanie[49]. Am 16. Dezember 1964 erfolgte dann seine Ernennung zum Hauptmann[50]. Zuletzt war er S4-Offizier des Bataillons. In dieser Funktion war er für die Logistik des Verbandes verantwortlich. Bis dahin hatte Grünwald eine durchaus vorzeigbare Karriere in der Bundeswehr hinter sich gebracht. Bereits in seiner ersten Beurteilung als Offizieranwärter vom Oktober 1956 qualifizierte ihn sein Kompaniechef als kritischen sowie diensteifrigen Soldaten ohne besondere Stärken und Schwächen[51]. Den Offizierlehrgang absolvierte er mit dem Gesamtergebnis »ziemlich gut« und einer durchschnittlichen Beurteilung. Je länger er den Streitkräften angehörte, desto mehr steigerte er sich. Er fasste immer mehr Selbstvertrauen und erreichte mehr Handlungssicherheit[52]. Diese Tendenz setzte sich auch in seinen weiteren Beurteilungen fort. Anfänglich zurückhaltend gewann er im Verlauf der weiteren Ausbildung und Tätigkeit immer mehr an psychischer Festigkeit und Entschlossenheit, wirkte aber dann bisweilen übereifrig. Daher rangierte er weiterhin im Vergleich zu seinen anderen Kameraden in der Dienstgradgruppe im Mittelmaß[53]. Obwohl die Innere Führung den kritisch hinterfragenden und eigenständigen Soldaten geradezu forderte, war das jedoch nicht immer das, was die vielen in der Diktatur und Wehrmacht sozialisierten Vorgesetzten besonders schätzten. Auch Grünwald, der vom Beginn seiner Soldatenkarriere an als kritisch und ideenreich beurteilt worden war, sollten diese Eigenschaften immer wieder als »Schwächen und Mängel« bescheinigt werden. »Muss Befehle und Anordnungen kritikloser hinnehmen und nicht nur eigene Ideen verwirklichen wollen«, hieß es in seiner Oberleutnant- und Kompaniechefbeurteilung aus dem Jahr 1963: eine für einen jungen Truppenoffizier sehr wichtige Beurteilung in einer Führungsverwendung, die den weiteren Karriereverlauf enorm beeinflussen konnte. Diese Einschätzung seiner

[46] Wolf Graf von Baudissin (wie Anm. 45).
[47] Schlaffer, Schleifer a.D. (wie Anm. 41), S. 647–680.
[48] BA-MA, Pers 1/3351, Empfangsbestätigung vom 30.9.1960 der Ernennungsurkunde vom 17.9.1960.
[49] Ebd., Beförderungskalenderblatt A, Nr. 8131.
[50] Ebd., Empfangsbestätigung vom 16.12.1960 der Ernennungsurkunde vom 9.12.1960.
[51] Ebd., Beurteilung vom 1.10.1956.
[52] Ebd., Beurteilung zum Abschluss der Heeresunteroffizierschule II am 22.6.1957; Abgangszeugnis vom 22.6.1957.
[53] Vgl. ebd., Beurteilung vom 20.12.1957; Beurteilung vom 19.9.1959; Beurteilung vom 29.3.1960; Beurteilung vom 15.5.1961.

Bataillonskommandeure setzte sich fort[54]. Er war zwar »der Typ eines KpChefs, der zu begeistern versteht allein durch sein Beispiel«, der aber »bemüht bleiben muss, sein Temperament zu drosseln und sich nicht zu stark zu engagieren, um bei seiner leicht nervösen Veranlagung keinen gesundheitlichen Schaden zu nehmen«[55]. Seine sehr guten fremdsprachlichen Kenntnisse wurden von allen seinen Vorgesetzten in den Beurteilungen herausgestellt; auch in erfolgreich absolvierten Sprachprüfungen konnte er diese besondere Begabung bestätigen[56]. Zu einer weiteren Beurteilung sollte es nicht mehr kommen, denn Hauptmann Grünwald unternahm bis zum Beurteilungstermin im Jahr 1967 einen Selbstmordversuch[57].

Aus den Einschätzungen seiner Vorgesetzten erschließt sich, dass Wolfgang Grünwald immer kritischer und enttäuschter im Truppenalltag agierte, gleichzeitig aber dies mit vollem, »übereifrigem« Engagement überspielte. Alterstypisch hatte ihn eine »unbefangene jugendliche Begeisterung« zum Eintritt in die Bundeswehr bewogen. Die kritische Haltung seiner Familie zur Bundeswehr hatte ihn keineswegs abgeschreckt, sondern seine Entscheidung nur noch mehr bestärkt. Der geregelte Lebensstil im Militär gefiel ihm zu anfangs, nach etwa zwei Jahren verflog diese Begeisterung und mündete in einer Ernüchterung, Enttäuschung, dann sogar Resignation. Vor allem wegen der in der Bundeswehr herrschenden Kameradschaft hielt er durch. Diese stellte für ihn das zentrale Antriebsmittel dar, seiner Dienstpflicht weiter mit vollem Engagement nachzukommen. Grünwald war ein Mensch, der stets guten Zuspruch und Aufmunterung brauchte. Dadurch war er auch leichter beeinflussbar und bisweilen sogar manipulierbar. Mehr Gefühls- denn Verstandesmensch ersehnte er ein Arbeitsklima, in dem er sich wohl fühlen konnte. Damit erklärt sich auch, dass ihm weniger planungsintensive sowie zielgerichtete Arbeitsschritte als vielmehr kurze und schnell zu erledigende Aufgaben lagen[58]. Daher kamen ihm gerade die Aufgaben zum Beginn seiner Dienstzeit entgegen. Als Offizieranwärter schweißte ihn die Schicksalsgemeinschaft mit den anderen seines Anwärterjahrgangs zusammen. Die dort geförderte und gelebte Gemeinschaft zog ihn mit, er war immer mehr Mitläufer als Tonangeber. Nach der Ausbildung als junger Leutnant mit der Verantwortung für die ihm unterstellten Soldaten konfrontiert, wich dann die erste Begeisterung. Mit der Beförderung war auch eine höhere Verantwortung verbunden. Der Arbeitsstil wandelte sich vom Befehlsempfänger, dem klare Vorgaben gemacht wurden, die in einer übersichtlichen Zeit schnell abgearbeitet werden konnten, immer mehr zum Befehlsgeber, der vornehmlich in mittel- und langfristigen Zeiträumen planen, organisieren und kalkulieren musste. Grünwald brauchte aber eher die unmittelbare Befriedigung und den schnellen Erfolg. Weiterhin brachte ihn die Rea-

---

54 Ebd., Beurteilung vom 8.5.1963; Beurteilung vom 24.6.1964.
55 Ebd., Beurteilung vom 19.7.1965.
56 Ebd., Wehrbereichsverwaltung 1 vom 25.5.1960, Sprachprüfungen in der Bundeswehr, Zeugnis.
57 Ebd., Beurteilungstermin zum 1.10.1967, Vermerk vom 16.8.1967.
58 Ebd., Psychiatrisches Gutachten vom 22.6.1967, S. 2 f.

lität in der Truppe, die von personellen und materiellen Aushilfen geprägt war, an seine Grenzen. Weder gab es adäquate Unterkünfte, Ausbildungsvorschriften oder -mittel, eine feldverwendungsfähige Ausrüstung, noch ausreichend Ausbilder. Das Provisorium herrschte überall. Bildlich illustriert wurde dies durch die Verwendung von Panzerattrappen in der Truppe wie schon zu Zeiten der Reichswehr und Wehrmacht[59]. Der zweite Heeresinspekteur Generalleutnant Alfred Zerbel bilanzierte daher noch 1963 vor seinen Kommandeuren: »Das Missverhältnis zwischen dem Auftrag und den verfügbaren Kräften und Mitteln zieht sich wie ein roter Faden durch die Militärgeschichte[60].«

Einen markanten Abgrenzungsschritt machte der 28-jährige Oberleutnant mit seinem Antrag auf Befreiung zum Wohnen in der Gemeinschaftsunterkunft im Jahr 1964. Üblicherweise wohnten junge, ledige Offiziere in der Kaserne, nur der Bataillonskommandeur konnte sie widerruflich davon befreien. Grünwalds Kommandeur erteilte ihm diese Genehmigung[61]. Mit zunehmendem Alter entwuchs Grünwald der militärischen Lebenswelt. Dem Abnabelungsprozess vom Mutterhaus folgte nun der von der Kaserne und den Kameraden.

Am 3. Mai 1967 arbeitete der Hauptmann an einer Fernaufgabe für die Heeresauswahlprüfung. Das Ergebnis dieser Prüfung sollte maßgeblich über seinen weiteren militärischen Werdegang entscheiden. Schloss er die Prüfung besonders gut ab, dann konnte er für die Ausbildung zum Generalsstabsdienst – einer vorgeblichen militärischen Elite, aus der fast alle Generalstellen besetzt wurden[62] – ausgewählt werden. Bei erfolgreichem Abschluss lockte immer noch eine Karriere als Stabsoffizier im Truppendienst, bei einem Misserfolg drohte der Verbleib in der Laufbahn der Truppenoffiziere mit dem Enddienstgrad Hauptmann. Dies hätte zur Folge gehabt, dass Grünwald bis zur Pensionierung nicht mehr befördert worden wäre.

Nach der Arbeit ging Grünwald in ein Restaurant, aß dort, trank Bier und spielte Karten. In enthemmter Stimmung kehrte er in sein Einzimmerappartement in Hamburg zurück, stellte den Fernseher an und löste die Schlaftabletten, die er sich zuvor in vier Apotheken besorgt hatte, in einem Glas Wasser auf. Mit dem Gedanken, seinem Leben ein Ende zu machen, hatte sich Grünwald schon seit geraumer Zeit auseinandergesetzt. Er trank später am Abend das Glas leer und legte sich schlafen. Danach wachte er im Krankenhaus wieder auf[63]. Der behandelnde Arzt fand wie Grünwald selbst keine letztlich überzeugende Antwort auf diese Verzweiflungstat. »Welche Gründe für sein Verhalten ausschlaggebend gewesen seien und ob überhaupt triftige Beweggründe vor-

---

[59] Hammerich, Kommiss kommt von Kompromiss (wie Anm. 35), S. 219–226.
[60] BA-MA, BH 1/1587, Bilanz der Aufstellung des Heeres, Vortrag des Inspekteurs des Heeres bei der Kommandeurtagung in Wahn am 8.11.1963, S. 1, Unterstreichung im Original.
[61] BA-MA, Pers 1/3351, Befreiung zum Wohnen in der Gemeinschaftsunterkunft vom 30.4.1969.
[62] Klaus Naumann, Generale in der Demokratie. Generationsgeschichtliche Studien zur Bundeswehrelite, Hamburg 2007; Dieter E. Kilian, Elite im Halbschatten. Generale und Admirale der Bundeswehr, Bonn 2005.
[63] BA-MA, Pers 3351, Psychiatrisches Gutachten vom 22.6.1967, S. 4 f.

gelegen hätten, könne er selber nicht sicher sagen. Den letzten Anstoß für seine Handlungsweise habe wohl doch das Zusammentreffen der Aufgaben durch die Heeresauswahlprüfung sowie die verfahrene Situation mit seiner Freundin gegeben, jedoch seien dies auch auf andere Weise zu bewältigende Schwierigkeiten gewesen«[64].

Der Leistungsdruck im Hinblick auf seine weitere berufliche Karriere sowie die Bindungsangst im Privatleben ließen Grünwald vermutlich so handeln. Der Suizidversuch schien für ihn ein »Ausweg« gewesen zu sein, diesen Druck hinter sich lassen zu können. Die erfolgreiche Tat suchte er aber nicht, denn »er fühle sich gleich wieder genau so mitten im Leben stehend wie vorher, bei ihm sei gar kein Gefühl für eine besondere Tragweite dieser Handlung aufgetaucht, es habe auch nie ein Bedauern bestanden, dass der Versuch misslungen sei«[65].

Im November 1967 endete dann nach knapp elf Jahren die hoffnungsvoll begonnene Laufbahn des Wolfgang Grünwald in der Bundeswehr. Er wurde von seinem Dienstposten als S-4 des Bataillons abgelöst und auf eine zbV-Stelle (= zur besonderen Verfügung) versetzt[66]. In einem Vermerk des zuständigen Referenten in der Personalabteilung des Verteidigungsministeriums heißt es: »Nach dem nervenärztlichen Gutachten der Universitätsklinik Hamburg vom 22.06.1967 und truppenärztlichen Gutachten vom 18.08.1967 leidet G. an einer Störung der Persönlichkeitsentwicklung, die ihn in seiner Leistungsfähigkeit so weitgehend beeinträchtigt, dass er den Anforderungen, die an ihn in den wesentlichen Dienststellungen seines Dienstgrades gestellt werden müssen, nicht mehr ausreichend nachkommen kann. Mit einer Wiederherstellung seiner Verwendungsfähigkeit ist in den nächsten Jahren nicht zu rechnen. Er ist daher dauernd verwendungsunfähig und gemäß § 44 Abs. 3 SG [= Soldatengesetz] in den Ruhestand zu versetzen«[67]. Am 17. November 1967 wurde ihm seine Entlassungsurkunde ausgehändigt und er bestätigte den Empfang[68]. Nach seiner Entlassung aus der Bundeswehr lebte Grünwald noch in Hamburg; der weitere Lebensweg des »Hauptmanns außer Dienst« verliert sich danach.

Den Übergang in das zivile Leben meisterten die entlassenen Soldaten unterschiedlich. Der Berufssoldat ging in die Pension, der Zeitsoldat erhielt eine finanzielle Unterstützung und musste eine zivile Karriere nach der militärischen starten. Inwieweit das Leben nach dem »Bund« erfolgreich verlaufen konnte oder eine weitere Einplanung und Karriere als Reservist lockte, hing von dem vorherigen Integrationsgrad in das zivile Umfeld ab. Die gesellschaftlich gut verankerten Ehemaligen nahmen schnell, auch als Pensionär, eine andere berufliche Tätigkeit auf, engagierten sich ehrenamtlich und ließen sich

---

[64] Ebd., S. 4.
[65] Ebd., S. 6.
[66] Ebd., PersStOffz 6. Panzergrenadierdivision vom 19.4.1967; Versetzungsverfügung vom 14.9.1967.
[67] Ebd., BMVtdg – P III 4 vom 1.11.1967.
[68] Ebd., P III 4, Empfangsbestätigung.

daher oft bald ausplanen. Die weniger Vernetzten strebten eher eine Reservistenkarriere in der Bundeswehr an[69].

Ein gescheiterter Soldat, beruflicher Versager oder Opfer seiner Kindheit?

Wolfgang Grünwald war zum Zeitpunkt seiner Entlassung aus der Bundeswehr im 31. Lebensjahr. In diesem noch jungen Alter hatte er bereits ein bewegtes Leben hinter sich gebracht. Sein Lebensweg kann in drei Dekaden unterteilt werden. Die ersten zehn Jahre (Kindheit) waren vom anfänglich noch intakten Familienleben im Nationalsozialismus, in der Diktatur und im Zweiten Weltkrieg geprägt. Mit dem Zweiten Weltkrieg erschien der Vater nur noch als Fronturlauber. Was Jürgen Reulecke für die Kriegskindergeneration im Allgemeinen feststellt, bestätigt sich auch für Wolfgang Grünwald: »Dass es im ›Dritten Reich‹ insbesondere unter den Kriegsbedingungen im Hinblick auf die Erfahrung von Nähe und Geborgenheit beim Heranwachsen der Kleinkinder gravierende Defizite in mehrfacher Weise gegeben hat, zeigt eine seit wenigen Jahren ständig wachsende Zahl von Studien vor allem aus dem Umfeld der Psychowissenschaften: Die häufig sehr starke Belastung der Mütter infolge der Alltagszwänge, die Verluste von Familienangehörigen, in wachsendem Umfang vor allem der Ehegatten und Väter, die Familientrennungen durch Evakuierung oder die Kinderlandverschickung, die zunehmenden Fliegeralarme und Aufenthalte in Bunkern, sowie die Ängste angesichts der Bombardierungen, in der Endphase des Krieges auch Gewalterfahrungen bei Flucht und Vertreibung haben offenbar – so zeigen neuere Studien – bei vielen selbst noch sehr kleinen Kindern zu tiefsitzenden psychischen und auch körperlichen Belastungen geführt, die langfristig nachwirken und oft erst im Seniorenalter, also erst seit kurzem massiver spürbar werden. Bei einem Großteil der Kriegskinder dieser Altersgruppe fehlen also zentrale Empathieerfahrungen, die dauerhaft emotionale Sicherheit vermitteln, oder sind nur eingeschränkt vorhanden. Dazu gehört nicht zuletzt auch die – wie Psychologen sagen – fehlende ›Triangulierung‹, d.h. das mindestens ab dem zweiten Lebensjahr für den weiteren Lebensweg bedeutsame Erlebnis des Vorhandensein einer Mutter und eines Vaters«[70]. Wolfgangs Vater war an der Front und für seinen Sohn nicht mehr da; er starb bei Kriegsende. Einen Teil seiner Jugend musste Wolfgang ganz

---

[69] MGFA, Fragebogenaktion zu den Aufbaugenerationen der Bundeswehr – Heer, Thema 9: Ende der Dienstzeit.

[70] Jürgen Reulecke, Jahrgang 1943 – männlich. Ein Einleitungsessay – Christof Dipper gewidmet. In: Dimensionen der Moderne. Festschrift für Christof Dipper. Hrsg. von Ute Schneider und Lutz Raphael unter Mitarbeit von Sonja Hillerich, Frankfurt a.M. 2008, S. 12–27, hier S. 17.

ohne männliche Bezugsperson verbringen, ehe in der zweiten Hälfte ein Zieh-
vater in sein Leben trat, der ihm aber den Vater nicht (mehr) ersetzen konnte.
Die Teenagerjahre (Jugend) charakterisierten Vaterlosigkeit, Überlebenskampf im Nachkrieg, Schulausbildung, Erfahrung USA, familiäre Neuorientierung in der jungen Bundesrepublik Deutschland und gesellschaftliche Restauration in der Demokratie, aber auch allmählich einstellender Wohlstand und
nationale Aufbruchereignisse wie das »Wunder von Bern«[71]. Die 20er-Dekade
gehörte dem privaten und dienstlichen Ablösungsprozess, dem Wirtschaftswunder und der weitgehenden staatlichen Souveränität. Besonders der
Dienstalltag bewirkte einerseits Abwechslung, aber auch immer wieder Ernüchterung. Schnelle und unbürokratische Hilfe von den Vorgesetzten oder
übergeordneten Kommandodienstsellen musste Grünwald oftmals vermissen.
Er fühlte sich alleingelassen und hörte oft genug den Satz:»Ihr macht das
schon, sonst mach ich euch einen«[72]. Auf der anderen Seite gefielen ihm die
Kameradschaft und der Umgang mit den jungen Grundwehrdienstleistenden.
Manöver und Ausbildungsbiwaks, auch im Ausland, die Kontakte mit den
NATO-Verbündeten, zivilen Behörden sowie Vereinen oder gesellschaftliche
Veranstaltungen im Kreise der Kameraden wie auch unter ziviler Beteiligung
boten vielfältige Ablenkung. Seine Ausbilder in der Truppe kamen alle aus der
Wehrmacht und seine vorgesetzten Offiziere waren oft hochdekorierte
»Kriegshelden«. Sie prägten die Aufbaujahre bis Anfang der 1970er-Jahre. Trotz
des allgegenwärtigen Wehrmachtserbes war es mehr als erstaunlich, dass bei
den Kriegskindern im Gegensatz zu den kriegsgedienten Generationen weniger
die Wehrmachts- als vielmehr die Bundeswehrgenerale wie Johann Adolf Graf
von Kielmansegg, Wolf Graf von Baudissin oder Ulrich de Maizière als Vorbilder dienten[73].
Der Geburtsjahrgang 1936 ist mit 1585 Probanden in den knapp 300 000 Personalunterlagen vertreten; dies entspricht etwas mehr als einem halben Prozent
am Gesamtsample. Grünwald ist wiederum ein Vertreter dieses Jahrgangs aus
dem vorhandenen Aktenkonvolut, also nicht einmal des Personalbestandes der
Bundeswehr in den Aufbaujahren. Diese biografische Skizze besitzt damit weder einen statistischen Wert, noch lässt sich eine repräsentative Aussage über
die anderen Vertreter dieser Alterskohorte machen. Wo liegt also der wissenschaftliche Wert dieses Lebenslaufs? Seine Relevanz erhält er durch die Konstruktion des schriftlich überlieferten Lebens aus seiner Personalakte in der
Bundeswehr mit Forschungsergebnissen des zeitgeschichtlichen Lebensumfel-
des. Ob Grünwald typisch für seine Kameraden ist, kann nur differenziert festgestellt werden. Er erlebte seine Kindheit, Jugend, Schule, also seine private
und berufliche Lebenswelt, vergleichbar mit vielen seiner Altersgenossen. Die
Ausbildung, die Rahmenbedingungen und der Werdegang in der Panzertrup-

---

[71] Vgl. MGFA, Fragebogen Nr. 11 zu den Aufbaugenerationen der Bundeswehr – Heer,
      Thema 2: Jugend.
[72] Ebd., Thema 7: Dienstalltag im Heer.
[73] Ebd.

pe des Heeres durchlief er wie seine Jahrgangskameraden in der Bundeswehr, jedoch unterschieden sich diese Bedingungen in der individuellen Verarbeitung beträchtlich. Trotzdem war sein Leben im militärischen Alltag typisch für seine Zeit. Viele meisterten dieses Leben und ihre Karriere erfolgreich, manche scheiterten, aber sehr wenige suchten einen Ausweg im Suizid. Diese Lebenswelt hängt vom individuellen Verarbeitungsprozess, den körperlichen und geistigen Fähigkeiten und den an sich selbst gestellten Ansprüchen ab.

Der Suizid war untypisch für seine Dienstgradgruppe und Generation. Eine auffallende Suizidgefährdung wurde erst in der Mitte der 1970er-Jahre festgestellt. Von 252 752 wehrpflichtigen Soldaten versuchten insgesamt 742 sich selbst zu töten, also 0,30 Prozent. Als Ursachen wurden ein ganzes Bündel an Faktoren ausgemacht: das mäßige Kameradschaftsverhältnis, der Konsum von Alkohol und Drogen, die Milieuveränderung durch den streng geregelten militärischen Dienst unter Einengung der persönlichen Freiheit, das Gefühl der dienstlichen Überforderung sowie schließlich familiäre und wirtschaftliche Probleme. Mit der Tat appellierte der Betroffene an die Mitmenschen um Hilfe. Die Studie bestätigte die Vermutung, dass Angehörige einer Armee, hier vor allem die Wehrpflichtigen – verstärkt durch eine heimatferne Einberufung – aufgrund der individuellen Eigenschaften und Umstände, prinzipiell zu den Gruppen mit einem erhöhten Suizidrisiko gehören würden[74]. Zwar galt dieses Ergebnis der Evaluierung erst zehn Jahre nach dem Versuch Grünwalds und noch dazu bei grundwehrdienstpflichtigen Soldaten, jedoch ist der Befund, wonach Soldaten zu den Gruppen mit erhöhtem Suizidrisiko gehören, interessant[75]. Der Alkoholismus als gesellschaftliches Phänomen wurde schon in den 1960er-Jahre immer mehr offenkundig und ergriff auch die Bundeswehr. Inwieweit die Betroffenen neben den individuellen Problemen auch die Last der NS-Vergangenheit und die Kriegserlebnisse »im Alkohol zu ertränken« suchten, bleibt eine interessante Frage[76].

Ob der Versuch auch in einem nichtmilitärischen beruflichen Umfeld passiert wäre, darüber kann man nur spekulieren. Allein lässt sich aus der Häufigkeit des Vorkommnisses erschließen, dass er kein repräsentatives Beispiel ist, sondern einen Ausnahmefall darstellt. Gerade zum Ende der 1950er- und Anfang der 1960er-Jahre war die Bundeswehr von dem Selbsttötungsphänomen nicht signifikant betroffen. Die absoluten Zahlen reichten von 34 bis zu 123 Fällen. Dies waren 0,1-0,17 Prozent aller Soldaten[77]. Bei den absoluten Zahlen

---

74 BA-MA, BW 1/135181, Bericht Wehrbeauftragter des Deutschen Bundestages über das Ergebnis seiner Fragebogenaktion zur Erfassung der Selbsttötungsversuche von wehrpflichtigen Soldaten in der Zeit vom 1.6.1976 bis 31.5.1977 vom 30.1.1979.
75 Georges Devereux, Normal und Anormal. Aufsätze zur allgemeinen Ethnopsychiatrie, Frankfurt a.M. 1982.
76 Zum Alkoholproblem in der Bundeswehr siehe Schlaffer, Der Wehrbeauftragte (wie Anm. 11), S. 217-238.
77 BA-MA, BW 2/20036, 20037, Zustandsberichte und Zustandsmeldungen. Vgl. Frank Nägler, Der gewollte Soldat und sein Wandel. Personelle Rüstung und Innere Führung in den Aufbaujahren der Bundeswehr 1956 bis 1964/65, München 2010 (= Sicherheitspolitik und Streitkräfte der Bundesrepublik Deutschland, 9).

muss der beträchtliche Personalaufwuchs in der Aufbauzeit bis 1965 berücksichtigt werden. Im Dezember 1956 waren noch ca. 67 000 Soldaten, nach einem Jahr schon 122 000 Mann unter Waffen, 1958 mehr als 174 000, 1960 ungefähr 249 000, 1963 knapp über 400 000 und im Jahr 1965 war die Zielvorgabe von knapp 500 000 erreicht worden[78]. Die Häufigkeit der in der Bundeswehr aufgetretenen Fälle korrespondierte aber mit der in der zivilen Gesellschaft und war keineswegs auffallend[79]. Dass aber etliche Vertreter des Aufbaugenerationensamples einen altersuntypischen psychischen und physischen Ermattungszustand aufgrund der Kriegserlebnisse aufwiesen, ist wiederum ein auffallendes Merkmal[80]. Für die Persönlichkeitsentwicklung waren neben den Genen auch die Erziehung und die Umwelt prägend[81]. Alle drei Faktoren beeinflussen den Menschen, jedoch mit unterschiedlichen Gewichtungen im jeweiligen Lebensalter. Eine Umwelt im Kriegszustand beeinflusst jedes Individuum, ob in der Heimat oder an der Front, stark[82].

Für die Ausbildung zum Offizier der Panzertruppe und als subalterner Offizier auf der unteren Führungsebene Bataillon dient Grünwald als charakteristisches Beispiel. Seine Rekrutierung, die militärische Ausbildung und sein Werdegang waren typisch für Offizieranwärter in dieser Zeit. Diese mussten sich vom einfachen Soldaten hoch dienen und wurden anders als früher nicht in Kadettenanstalten oder an Offizierschulen losgelöst von der Truppe ausgebildet. Zwar in speziellen Teileinheiten oder Einheiten zusammengefasst, standen sie stets im unmittelbaren Kontakt mit den Grundwehrdienstleistenden sowie den Sorgen und Nöten in der Truppe. Sie lernten damit jede Führungsebene kennen und blieben somit in gewisser Weise »geerdet«. Grünwald verließ in seinem gesamten militärischen Leben seit der Leutnantsbeförderung nicht sein Bataillon. Es war seine militärische Heimat, in der er alle Führungs- und etliche Stabsverwendungen durchlaufen hatte[83]. Die Dienstzeitbelastung in

---

[78] BA-MA, BH 2/933, Personalbericht Nr. 4/64 vom 10.3.1964; BH 2/118J, Personalbericht Nr. 9/65 vom 12.11.1965. Vgl. Christian Greiner, Die militärische Eingliederung der Bundesrepublik Deutschland in die WEU und die NATO 1954 bis 1957. In: AWS, 3 (wie Anm. 25), S. 561–850, hier S. 786–850.

[79] Deutscher Bundestag, 3. W.P., Drucksache 1796, Bericht des Wehrbeauftragten des Deutschen Bundestages für das Berichtsjahr 1959 vom 8.4.1960 (Jahresbericht 1959).

[80] Vgl. auch BA-MA, Pers 1/2594, 3233, 8239, 8293, 18289, 10338.

[81] Sabine Weiss, Zur Herrschaft geboren. Kindheit und Jugend im Haus Habsburg von Kaiser Maximilian bis Kronprinz Rudolf, Innsbruck 2008, S. 9.

[82] Vgl. hier zu Belastungen und Traumatisierungen, die sich sogar auf die Enkelgenerationen übertragen, bei Elke Horn, Transgenerationelle Weitergabe von Kriegstraumatisierungen: Wenn Trauern nicht gelingt – eine Fallstudie über drei Generationen. In: Über die (Un)Möglichkeit zu trauern. Hrsg. von Franz Wellendorf und Thomas Wesle, Stuttgart 2009, S. 276–292. Weiterhin Bertram von der Stein und Brigitte Klein, Und dann kam die Polizei. Frühe Traumatisierung und Nazierziehung der Großeltern, elterliches Abwehrverhalten und Wiederkehr des Verdrängten bei den Enkeln (in Vorb.); Harald Welzer, Sabine Moller, Karoline Tschuggnall, Opa war kein Nazi. Nationalsozialismus und Holocaust im Familiengedächtnis, 6. Aufl., Frankfurt a.M. 2008.

[83] Vgl. als typischen Werdegang eines Truppenoffiziers des Heeres, der Generalstabsoffizier und General wurde, die Autobiografie von Kniehase, Im grauen Rock (wie Anm. 13), hier besonders seine Einschätzung auf S. 11.

den 1950er- und 1960er-Jahren war beträchtlich und er musste lange Zeit in der Kaserne leben, sodass der Beruf auch sein Privatleben dominierte[84].

Welche Rolle spielte die Bundeswehrzeit in der Lebensbilanz? Wenn Hauptmann Grünwald als gescheiterter Soldat gesehen wird, dann würde sein gesamtes militärisches Leben auf die Kurzschlussreaktion, die er sich selbst nicht erklären konnte, reduziert werden. Er machte während seiner Dienstzeit viele Erfahrungen und seine Persönlichkeit entwickelte sich einerseits weiter. Seine kritische Einstellung und Abgrenzungsschritte belegen dies. Andererseits manövrierte er sich auch in eine Sackgasse, weil er dem Erwartungs- und Leistungsdruck nicht mehr Stand halten konnte. Lässt man den Suizidversuch außer acht, dann konnte Grünwald eine achtbare militärische Karriere vorweisen. Er galt als engagierter und grundsolider Truppenoffizier, der seine Soldaten gemäß der Inneren Führung behandelte. Seine dienstlichen Leistungen entsprachen dem Durchschnitt und vermutlich hätte er noch eine Karriere als Stabsoffizier gemacht, wenn er die Heeresauswahlprüfung bestanden hätte. Bei einem Misserfolg hätte ihm die bescheidene Karriere der Romanfigur Hauptmann Brencken erwartet, dem sein Bataillonskommandeur bei einem Gespräch entgegenhielt: »Sie sind 1956 eingetreten, Sie haben eine Batterie geführt, Sie waren S 4, Sie sind jetzt auch noch S 4, Sie haben den Stabsoffizierlehrgang zweimal verhauen. Sie sind siebenundvierzig Jahre alt und Hauptmann und werden mit zweiundfünfzig als Hauptmann pensioniert. War das die Karriere, die Sie sich vorgestellt haben, als Sie zur Bundeswehr gingen, Herr Brencken[85]?«

Soweit kam es bei Grünwald nicht und daher muss diese Frage bzw. deren Beantwortung für seine Person offen bleiben. Der militärische Beruf prägte (sicherlich) die Persönlichkeit, wie jeder andere berufliche Werdegang vermutlich auch. Die Selbstbilanz eines ehemaligen Soldaten zeigt dies: »Meine Dienstzeit im Heer hat meine persönliche Entwicklung stark geprägt. Die gemachten Erfahrungen waren sehr wichtig für meine heutigen moralischen und politischen Vorstellungen; ebenfalls für den Umgang mit Anderen, der Erziehung der Kinder sowie die generelle Einstellung zum Leben. Gerade der Umgang mit jungen Menschen im Laufe meiner Dienstzeit (Rekrutenausbilder, KpFw) hat dazu geführt, dass sich meine Einstellung zum Leben im Laufe der Zeit geändert und angepasst hat[86].« Die meisten Berufssoldaten der Kriegskindergeneration beendeten in den 1990er-Jahren ihren Dienst bei der Bundeswehr. Als kriegsungediente Generation der Bundeswehr stellten sie die ersten Grundwehrdienstleistenden und das erste in der Bundeswehr ausgebildete Führerkorps in der Aufbauphase. Sie drückten der Bundeswehr über den gesamten »Kalten Krieg« ihren Stempel auf[87].

---

[84]   Schlaffer, Schleifer a.D. (wie Anm. 41).
[85]   Reinhard Hauschild, Beurteilung für Hauptmann, München [u.a.] 1974, S. 189.
[86]   MGFA, Fragebogenaktion zu den Aufbaugenerationen der Bundeswehr – Heer, Thema 13: Bilanz.
[87]   Kniehase, Im grauen Rock (wie Anm. 13).

Stabsoffiziere (Untergebenen- und Führungsebene I)

André Deinhardt

Ein »junger Kriegsoffizier« in der Bundeswehr: Kapitänleutnant Gerhard Hübner

Am 3. Mai 1956 stand ein 34 Jahre alter Kapitänleutnant auf dem Flugplatz in Frankfurt a.m. Er war der älteste Soldat einer Gruppe von zehn Marineflieger-anwärtern, die ihre 21-monatige Ausbildung an der U.S. Naval Air Station (NAS) in Pensacola/Florida absolvieren sollten. Vorangegangen waren in der Marine-lehrkompanie in Wilhelmshaven eine Grundausbildung sowie ein Englisch-Training[1]. Die neuen Uniformen unterschieden sich von der Marineuniform in der Wehrmacht nur marginal. Gerhard Hübner, der erst seit dem 1. März 1956 wieder Soldat war, gab sie vielleicht die Sicherheit zurück, die er vor zwölf Jahren verloren hatte. Ihm schien besonderes Glück beschieden zu sein, denn er wurde offensichtlich nur deshalb für die Ausbildung in Pensacola ausgewählt, weil zu vielen der jungen Offizieranwärter die Fliegertauglichkeit nicht bestä-tigt wurde. Gerhard Hübner bekam so die Möglichkeit, wieder zu fliegen[2].

Es war der zweite Lehrgang, den die neugegründete Bundesmarine in die USA schickte. Die Teilnehmer des ersten Lehrgangs berichteten von einem Kulturschock. Bevor sie die fliegerische Ausbildung absolvieren durften, mussten sie sich einer vierzehntägigen Infanterie-Ausbildung unterziehen. Die Konditionierung der Soldaten war außergewöhnlich drastisch. Einer der Lehr-gangsteilnehmer beschrieb seine Eindrücke über das »Indoctrination-Battailon« in einem Brief. Darin heißt es: »Wir dachten beim ersten Anblick, in einem Ge-fängnis zu sein. Glatzköpfe! mit Nummern auf der Brust. So etwas habe ich noch nicht gesehen. Wir werden hier von Full Cadets, die drei Wochen Solda-ten sind, schikaniert, wie es sich nicht schlimmer denken lässt. [...] Wir alle haben das Gefühl verkauft! worden zu sein. Die mit uns eingestuften Amerika-ner sind Wilde mit gorillaähnlichen Aussehen – scheußlich[3].« Als »strafwürdi-ge Vergehen« bezeichneten die Teilnehmer u.a. »leises Sprechen«. Wenn ein

---

[1]   Bundesarchiv-Militärarchiv (BA-MA), Freiburg i.Br., Pers 32/35, Kommandierung vom 26.4.1956 in der Personalakte Hauptteil A III. Der Name wurde im vorliegenden Beitrag anonymisiert.

[2]   Johannes Berthold Sander-Nagashima, Die Bundesmarine 1950 bis 1972. Konzeption und Aufbau, München 2006 (= Sicherheitspolitik und Streitkräfte der Bundesrepublik Deutsch-land, 4), S. 103.

[3]   BA-MA, BM 1/1188, Auszugsweise Abschrift aus dem Brief des Kadetten Klaus Reinicke vom 27.3.1956 aus Pensacola/Florida.

Vorgesetzter den Raum betrat, mussten die Kadetten den Kopf »hörbar« gegen die Wand stoßen. Damit sollte der Vorgesetzte begrüßt werden[4].

Für Gerhard Hübner hätte eine solche Behandlung die erneute Verschiebung seiner persönlichen Belastungsgrenze bedeutet. Doch soweit sollte es nicht kommen. Der Inspekteur der Bundesmarine, Friedrich Ruge, intervenierte persönlich beim Kommandeur der Naval Air Station Pensacola. Letztlich wurde den »Refreshern« unter den deutschen Lehrgangsteilnehmern das »Indoctrination-Battailon« erspart[5].

Dass Gerhard Hübner auch diese Bürde ertragen hätte, um wieder als Marineflieger dienen zu können, ist anzunehmen. Er hatte sich in seinem gesamten bisherigen Berufsleben als flexibel, aktiv, leidens- und anpassungsfähig gezeigt. Er selbst bezeichnete sich 1958 als »Preuße«, womit er mit Sicherheit eine Geisteshaltung und nicht die Zugehörigkeit zu einer Landsmannschaft meinte[6].

Sein Vorgesetzter, Kapitän zur See Walter Gaul, beurteilte Hübner am 27. April 1956 als einen »natürlichen, frischen Offizier mit offenem, freundlichen Wesen. Zielstrebig, klar u. verantwortungsbewusst«. Seine körperliche Veranlagung wurde als »voll leistungsfähig, drahtig und sportlich beschrieben«. Weiterhin bescheinigte sein Vorgesetzter ihm, »ein sehr intelligenter Mensch« zu sein. Besonders bemerkenswert ist Gauls Einschätzung für künftige Verwendungsmöglichkeiten Hübners. Hierzu heißt es: »[Hübner] ist mit Sicherheit für die Generalstabsausbildung geeignet u. später in allen höheren Stäben zu verwenden. Auch die Verwendung in integrierten Stäben bietet sich besonders an[7].«

Was waren die Gründe für diese außergewöhnlich gute Beurteilung nach einer Dienstzeit in der Bundeswehr von nur sieben Wochen? Es ist sehr wahrscheinlich, dass Kapitän zur See Gaul und Hübner sich aus der gemeinsamen Zeit bei den Marinefliegern der Wehrmacht kannten.

Wie veränderte der Erfahrungshorizont als Marineoffizier, Wehrmachtoffizier, Frontsoldat, Westfale, Kriegsverlierer, Ehemann, Traumatisierter oder Zivilist seine Persönlichkeit? Es waren eine Vielzahl von Erfahrungshorizonten, die sich über den bestimmten Wesensmerkmalen zu der Persönlichkeit des Gerhard Hübner vereinigten. Dabei war die Verflechtung der Erfahrungen vor allem durch externe Brüche strukturiert. Brüche, welche die »Generation der jungen Kriegsoffiziere (Jahrgänge 1922 bis 1927)« miteinander verbanden[8]. Neben den gemeinsamen Erfahrungen wie nationalsozialistische Ver- und Entzauberung, Kriegsende und »Stunde Null« stehen die individuellen Lebenswelten.

4 Sander-Nagashima, Die Bundesmarine (wie Anm. 2), S. 100.
5 Ebd., S. 103.
6 BA-MA, Pers 32/35, Personalbogen vom 23.11.1958 in der Personalakte Teil C.
7 BA-MA, Pers 32/35, Beurteilung zum 15.5.1956, Personalakte Teil B.
8 Klaus Naumann, Generale in der Demokratie, Generationsgeschichtliche Studien zur Bundeswehrelite, Hamburg 2007, S. 32.

Hübner hatte es bis 1956 scheinbar geschafft, sich in der zivilen Wirtschaft hochzuarbeiten. Er war Exportsachbearbeiter bei der Agfa AG in Leverkusen[9]. Neun Jahre zuvor hatte er Dorothea Möllers in Mannheim geheiratet[10]. Die Ehe blieb kinderlos. Als Exportsachbearbeiter unternahm er zwischen 1954 und 1955 vermehrt Auslandsreisen nach England, Neufundland (Kanada), Portugal, Spanien, Italien und nach den Azoren. Sein Arbeitgeber stellte ihn und seiner Frau eine Werkswohnung (3 Zimmer, Küche, Diele und Bad) in Köln zur Verfügung – in Zeiten akuter Wohnungsnot ein nicht zu unterschätzender Faktor.

Hübner nutzte für seinen persönlichen Wiederaufstieg konsequent das Medium Sprache. Am 1. März 1946, vier Monate nach seiner Entlassung aus amerikanischer Kriegsgefangenschaft, entschloss er sich, die Sprache seines bisherigen Gegners zu erlernen und meldete sich bei der Berlitz School of Languages in Schwelm (Westfalen) an. Bis zum Januar 1947 ließ er sich, mittlerweile in Stuttgart, zum Dolmetscher für Englisch ausbilden.

Dieser Schritt ist aus mehreren Gründen bemerkenswert, denn einerseits hatte Hübner bis 1945 fast fünf Jahre gegen Briten und Amerikaner Krieg geführt. Andererseits erlebte er durch die Niederlage einen gewaltigen sozialen und wirtschaftlichen Abstieg. Dieser Abstieg musste seine Selbstwahrnehmung – wie auch seine Außenwahrnehmung – massiv verändern. Die Situation stellte sich als Chance oder als umfassende Katastrophe oder beides zugleich dar. Der angesehene, mehrfach ausgezeichnete Frontoffizier, Fallschirmjäger (ehemalige Marineflieger) musste nach der Kriegsgefangenschaft mittellos bei seinen Eltern Unterkunft nehmen. Als Bauhilfsarbeiter eingeteilt, war er auf einmal nicht mehr als ein »erfolgloser« Kriegsheimkehrer, der es nicht vermocht hatte, seine Heimat zu schützen. Fand eine Selbstreflexion statt? Stellte Hübner sich die Frage nach der eigenen Schuld? Wann realisierte er, dass er einem verbrecherischen System gedient hatte? Vermutlich waren die Fragen der Alltagsbewältigung und die Frage der persönlichen Perspektive in diesem neuen Umfeld übermächtig. Hübner hatte vorerst keinen Beruf mehr. Er verfügte nicht mehr über die notwendige Ausbildung, um für seinen Lebensunterhalt selbst aufkommen zu können.

Nach der elfmonatigen Ausbildung zum Dolmetscher ging Hübner noch einen Schritt weiter. Er nahm eine Arbeit bei den Besatzungsmächten an. Er selbst führte diesen Schritt in der Ex-post-Perspektive auf die unabwendbare Entscheidung staatlicher Behörden zurück. Er schrieb 1955: »Wegen meiner englischen Sprachkenntnisse wurde ich dem von deutschen Stellen in Stuttgart eingerichteten Personalbüro der Besatzungsmacht als Dolmetscher zugewiesen. Dieses Büro wurde schon im Sommer 1947 von der US-Armee in eigener Regie übernommen. Bis 30. Okt. 1952 war ich für in dem für das Land Nord-Württemberg (EST. Stuttgart Military Post) zuständigen Zentralbüro zunächst als Leiter der Arbeitseinsatzabteilungen, später der Vereinigten Arbeitseinsatz-,

---

[9]   BA-MA, Pers 32/35, Personalbogen vom 29.2.1956, Personalakte Hauptteil A I.
[10] BA-MA, Pers 32/35, Heiratsurkunde vom 15.5.1947.

Sozial-, und Personalförderungsabteilungen tätig[11].« Ob er wirklich diese passive Haltung besessen hatte, bleibt zu bezweifeln. Dagegen sprechen seine strategische Kompetenz und seine aktive, gestaltende Art.

Die Bedeutung dieser Umorientierung von Hübner nach dem Ende des Zweiten Weltkrieges lässt sich erahnen, wenn man sein privates Umfeld sowie seinen militärischen und schulischen Werdegang als Ausgangsbasis heranzieht.

Geboren wurde Gerhard Hübner in der Stadt Sundern am 16. April 1922 als erstes Kind des Lehrers Karl Hübner und seiner Ehefrau Monika. Die Gemeinde Sundern ist Teil des westlichen Hochsauerlandkreises. Wälder, Hügel und das Ruhrtal prägen die Landschaft.

In der protestantischen Familie besorgte die Mutter den Haushalt. Der Vater leitete die evangelische Volksschule in der Gemeinde. Die kirchliche Bindung, die Gerhard Hübner vom Elternhaus mitgegeben wurde, löste er mit seinem Austritt aus der evangelisch-lutherischen Kirche am 29. Dezember 1977. Vier Jahre besuchte der Junge die unter Leitung seines Vaters stehende Schule, bevor er 1932 auf das humanistische Gymnasium nach Lüdenscheid wechselte. Hier erlebte er im Alter von elf Jahren die »Machtergreifung« der Nationalsozialisten und wurde am 16. März 1933 Mitglied der Hitlerjugend. Fortan dürfte bei ihm eine grundlegende Umkehrung der humanistischen und christlichen Erziehung hin zu einer rassenideologischen Indoktrination stattgefunden haben. Nicht christliche Nächstenliebe und Weltoffenheit, sondern rücksichtslose, darwinistische Auslese und »Deutschtümelei« standen nun im Mittelpunkt einer Erziehung, die dem totalitären Machtanspruch der NSDAP zuarbeiten sollte. Die Staatsjugend hatte die Aufgabe, aus »arischen« Jungen die zukünftigen Soldaten für den totalen »Weltanschauungskrieg« zu formen. Die Hitlerjugend sorgte für eine fast vollkommene Durchdringung des Kinderalltages und stellte das Gemeinschaftserlebnis der »scheinbar Höherwertigen« in den Mittelpunkt ihrer Arbeit. Unter anderem wurden Zeltlager errichtet, Gruppennachmittage, Wanderungen, Segelflug- und Fahrschulausbildungen, Fanfarenzüge sowie Reisen zu Großveranstaltungen organisiert. Inwieweit Gerhard Hübners Eltern sich aktiv oder passiv gleichschalten ließen oder ob sie sich gegen die ideologische Beeinflussung wehrten, muss offen bleiben.

In dieser Situation entwickelte er sich zum Bestandteil einer Schicksalsgemeinschaft, deren Konsistenz sich in den nationalsozialistischen Leitbildern von »rassisch« begründetem »Führertum« findet. Die Kategorien Einsatzbereitschaft, Vorbildlichkeit, Fürsorge, Härte und Rücksichtslosigkeit waren Grundmuster, die in entgrenzter Form propagiert und indoktriniert wurden[12]. Besonders anschaulich zeigen dies Liedtexte, die in der Hitlerjugend Verbreitung fanden. In einem der zentralen Lieder der Staatsjugend – »Vorwärts! Vorwärts!« –, das der Reichsjugendführer Baldur von Schirach dichtete, wurde die »Entgrenzung« besonders deutlich. Die Kinder und Jugendlichen beendeten

---

[11] BA-MA, Pers 32/35, Handschriftlicher Lebenslauf vom 15.10.1955, in Personalakte Hauptteil A I.
[12] Naumann, Generale in der Demokratie (wie Anm. 8), S. 32.

das Lied mit der Aussage: »und die Fahne ist mehr als der Tod!« Mit der Fahne war die NSDAP und die nationalsozialistische Bewegung gemeint[13]. Dafür, dass die nationalsozialistische Indoktrination erfolgreich war und die ersten außenpolitischen Erfolge der Nationalsozialisten ihre Wirkung nicht verfehlten, spricht als Indiz die Freiwilligenmeldung Gerhard Hübners zur Deutschen Wehrmacht am 9. Mai 1939. Das Wehrkreiskommando Arnsberg nahm Gerhard Hübner am 27. Oktober 1939 als Freiwilligen an.

Inzwischen befand sich das Deutsche Reich im Krieg. Seinen Dienst bei der Schiffsstammabteilung in Stralsund sollte Gerhard Hübner zum 1. Dezember 1939 antreten. Bevor er jedoch sechshundert Kilometer von seinem Elternhaus entfernt seinen Dienst in der Wehrmacht beginnen konnte, musste er seine Abiturprüfung ablegen. Die Prüfung bestand er ein halbes Jahr vor seinen Mitschülern am 20. November 1939. Damit ermöglichte er seine vorzeitige Einberufung zum 1. Dezember 1939.

Der Eintritt in die Kriegsmarine war verbunden mit dem Empfang der Ausrüstung, Formaldienst, Gefechtsdienst, Grundsatzunterrichten, Waffen- und Geräteausbildungen, Schießübungen, Belehrungen und mit der Erklärung, dass er kein Jude sei[14]. Insgesamt bedeutete das neue Umfeld für Gerhard Hübner zunächst eine Reduzierung der Freiheitsgrade und die Entfernung aus der vertrauten Umgebung. Gleichzeitig luden die – gegenüber seinem bisherigen Erfahrungshorizont – völlig neuen Umgangsformen und Umwelterscheinungen – und dazu gehörte der Krieg – zum Entdecken ein. Welche Wirkung das Seegefecht des Panzerschiffs »Graf Spee«, das sich am 17. Dezember vor La Plata selbst versenkte, auf den jungen Matrosen hatte, ist schwer einzuschätzen[15]. Die Propaganda berichtete vor allem über den vorerst erfolgreichen Kriegsverlauf und weckte die Aussicht auf Ruhm und Abenteuer. Hübners Dienstzeugnis nach den ersten neunzig Tagen in der Wehrmacht zeigt einen anderen Menschen als die Beurteilung von 1956. Er wird nicht als der »Mustersoldat« beschrieben, sondern als ein in der Bewältigung des Soldatenalltages »durchschnittlicher« Soldat, der »leicht zu leiten« ist[16].

Nach der infanteristischen Ausbildung folgten eine kurze seemännische Ausbildung auf dem Segelschulschiff »Gorch Fock« und die Versetzung auf das Linienschiff »Schleswig-Holstein«. Auf dem Linienschiff sollte die seemännische Ausbildung ihren Abschluss finden. Hübner schien hier einen Tiefpunkt in seinem bis dahin kurzen militärischen Leben bei der Kriegsmarine erreicht zu haben. Der Seekadett wurde von seinem Vorgesetzten, Korvettenkapitän Holm, wie folgt charakterisiert: »Ruhiger, etwas schwerfälliger Soldat mit gutmütigem Wesen. Er ist leicht beleidigt und fühlt sich bei Tadel ungerecht be-

---

13 Reinhold Friedrich, Fahnen brennen im Wind, Dortmund 2002, S. 240.
14 BA-MA, Pers 32/35, Erklärung nach § 10 Abs. 1 der Verordnung über das Erfassungswesen vom 15. Februar 1937.
15 Das Deutsche Reich und der Zweite Weltkrieg, Bd 2: Klaus Maier [u.a.], Die Errichtung der Hegemonie auf dem europäischen Kontinent, Stuttgart 1979, S. 172 (Beitrag Stegemann).
16 BA-MA, Pers 32/35, Beurteilung vom 28.2.1940.

handelt. H. ist sehr von sich eingenommen. Er bemüht sich, nur Gutes zu leisten, ist jedoch bei der Erfüllung der kleinen militärischen Pflichten nicht immer
zuverlässig. Von Zeit zu Zeit muß er kräftig aufgemuntert werden. Im Verkehr
mit Vorgesetzten ist er oft vorlaut und wird leicht übermütig [...] Haltung,
Auftreten und Benehmen sind noch nicht straff und flink genug[17].«

Wie das »kräftige Aufmuntern« erfolgt sein könnte, ist vielseitig interpretierbar. Oftmals beherrschten »Kadavergehorsam« und autoritärer Führungsstil
den militärischen Alltag, wie beispielhaft bei Helmuth Kirst in dem Roman
»08/15« dargestellt. Letztlich bestand Gerhard Hübner die Ausbildung mit dem
Prädikat »genügend« und wurde ab August 1940 mit der 1. Minensuch-Flottille
und dem Kreuzer »Nürnberg« in den Fronteinsatz geschickt. Seine Einsatzge-
biete bis Juli 1941 bildeten der Skagerrak, die Nordsee und das nördliche Eis-
meer.

Das Unternehmen »Weserübung«, das die Sicherung der europäischen
Nordflanke zum Ziel hatte, war zu diesem Zeitpunkt beendet, der »Westfeldzug« abgeschlossen. Das »Dritte Reich« befand sich auf dem Zenit seiner innenpolitischen Popularität und Hitler verklärten die Nationalsozialisten zum
»Größten Feldherrn aller Zeiten (GröFaZ)«[18].

Hübners Beurteilungen zeigten keinen »propagandatauglichen« Soldaten.
Er war eher ein um die Bewältigung des Alltages bemühter junger Mann, der
seine Berufung nicht bei der Kriegsmarine sah. Dies änderte sich erst mit seinem Wechsel zur Luftwaffe (Seefliegerverbände) Anfang Juli 1941. Dabei sollte
der Tausch der Uniform aber nicht darüber hinwegtäuschen, dass es sich weiterhin um eine Verwendung im Seekrieg handelte. Der Streit um die Kompetenzen in der Seekriegführung aus der Luft – zwischen Luftwaffenführung und
Marineführung – war der Grund für den Uniformtausch. Hermann Göring
hatte sich gegen den Oberbefehlshaber der Kriegsmarine, Erich Raeder, durchgesetzt und konnte daher die Marineflieger 1941 der Luftwaffe einverleiben[19].

Taktisch versuchte die Wehrmacht, Flugzeuge in doppelter Hinsicht für den
Seekrieg zu nutzen. Zum einen sollten sie als Aufklärer feindliche Geleitzüge
oder Kriegsschiffe für die U-Bootwaffe identifizieren, sodass die U-Boote durch
ein Peilzeichen die Position der Gegner erhielten und diese angreifen konnten.
Zum anderen sollten die Seeflieger mit Lufttorpedos und Bomben feindliche
Schiffe direkt versenken und Anlagen zerstören[20].

Bevor Gerhard Hübner in diese Art der Seekriegführung einbezogen werden konnte, musste er eine vierzehnmonatige Ausbildung absolvieren. Zunächst kommandierte ihn die Luftwaffe für drei Monate nach Dievenow zur
Ausbildung als Bordfunker (See). Daran schloss sich eine siebenmonatige Ausbildung zum Luftwaffenbeobachter (See) an. Hübner kehrte zurück nach Stral-

---

[17] Ebd., Beurteilung vom 5.8.1940.
[18] Das Deutsche Reich und der Zweite Weltkrieg, Bd 2 (wie Anm. 15), S. 213 (Beitrag Stegemann).
[19] Jörg Duppler, Marineflieger, Bonn 1988, S. 42.
[20] Das Deutsche Reich und der Zweite Weltkrieg, Bd 2 (wie Anm. 15), S. 350 (Beitrag Stegemann).

sund, wo er schon seine Grundausbildung absolviert hatte. 1942 beendete er seine Vorbereitung für den Fronteinsatz als Flieger zur See mit einer Torpedokampfflieger- und Besatzungsausbildung und wurde zum Leutnant zur See befördert (1. April 1942). Obwohl sein Verband der Luftwaffe angehörte, behielt er den Marine-Dienstgrad. Seine Beurteilungen verbesserten sich. Die Fliegerei schien Hübner besser als die Seefahrt zu liegen. Am Ende der Ausbildung in der Fliegerergänzungsgruppe (See) »Kamp«, beschrieb sein Kommandeur ihn wie folgt: »Offener, frischer Offizier mit gutem militärischem Auftreten. Geht mit Lust und Liebe an seinen Dienst heran [...] Sein Auftreten vor der Front ist sicher und bestimmt[21].«

Der Abschluss der Ausbildung bedeutete für Hübner die zweite Möglichkeit, an die Front zu gelangen. Hier, bei der Küstenfliegerstaffel 1/906 in Norwegen, fühlte er sich offensichtlich wohl und zeichnete sich durch »Schneid und Angriffsfreude aus«. Sein Staffelkapitän musste ihn eher bremsen als antreiben. Er schrieb am 27. Mai 1943: »Er [Hübner] muss etwas kurz gehalten werden, da er vorerst im Übereifer leicht die Grenzen der ihm zur Verfügung stehenden Waffe übersieht[22].«

Als Flugzeug nutzte die Küstenfliegerstaffel 1/906 das zweimotorige Schwimmflugzeug Heinkel HE 115. Bis zu drei Besatzungsmitglieder fanden in dem Flugzeug Platz. Die Staffel war 1942 zusammen mit der Küstenfliegerstaffel 1/406 die letzte, die dieses Flugzeug noch nutzte. Eingesetzt wurde es als Aufklärer, Torpedoflugzeug, Bomber und Minenleger. Insgesamt fertigte Heinkel in Rostock 223 dieser Flugzeuge. Im Laufe des Krieges lösten die Radflugzeuge Do 17, H 111 und Ju 88 die He 115 ab, da sie vor allem für den Einsatz als Torpedoflugzeug, Bomber und Minenleger besser geeignet waren[23].

Hübner flog – als Funk- und Navigationsoffizier – Einsätze zur Seeaufklärung, zur bewaffneten Aufklärung mit Torpedo, zur U-Bootjagd und als Geleitschutz. Die Einsatzräume waren die weiten Seegebiete der nördlichen Nordsee, des nördlichen Eismeeres und die Barentssee.

1943 wechselte er zur Küstenfliegerstaffel 1/706 und erhielt ein neues Radflugzeug, das schneller flog und besser für den Einsatz über rauer See geeignet war. An seinem Einsatzraum und den Einsatzarten änderte sich nichts. Er bewährte sich und erhielt verschiedene Auszeichnungen, u.a. die Frontflugspange in Bronze (28. Januar 1943), das Eiserne Kreuz II. Klasse (22. April 1943), die Frontflugspange in Silber (29. August 1943), das Eiserne Kreuz I. Klasse (7. Dezember 1943) und die Frontflugspange für Aufklärer in Gold (6. April 1944). Vermutlich fühlte er sich unverwundbar und außergewöhnlich schneidig. Doch dieses Gefühl dürfte ein plötzliches Ende gefunden haben, als Hübner im Mai 1944 bei einem seiner Einsätze vor der norwegischen Küste von britischen Jagdfliegern abgeschossen wurde. Über die genauen Umstände sei-

---

21 BA-MA, Pers 32/35, Beurteilung vom 10.9.1942.
22 Ebd., Beurteilungsnotiz vom 27.5.1943.
23 Sönke Neitzel, Der Einsatz der deutschen Luftwaffe über dem Atlantik und der Nordsee 1939–1945, Bonn 1995, S. 135.

ner Rettung liegen keine Unterlagen vor. Er hatte offensichtlich »Glück« und überlebte – keine Normalität bei einem Abschuss über hoher See.

Mit diesem Abschuss endete Hübners Karriere als Marineflieger in der Wehrmacht. Er wurde zur Genesung zur Ergänzungsgruppe des Kampfgeschwaders 36 kommandiert. Der Kriegsverlauf hatte sich inzwischen gegen das Deutsche Reich und seine Verbündeten gewendet. In der Ergänzungsgruppe fühlte Hübner sich offensichtlich unwohl. Ihn zog es zurück an die Front – Gründe hierfür lassen sich viele finden. Von der Gruppenkohäsion der Frontkämpfer über die Sucht nach dem Adrenalinschub und die »Todessehnsucht« bis hin zum nationalsozialistischen Überzeugungstäter reichen die Erklärungsversuche. Die individuellen Gründe für dieses Verhalten bleiben weitgehend im Dunkeln. Aus der Ex-post-Betrachtung gibt Hübners handschriftlicher Lebenslauf von 1955 hierfür ein Indiz:»Da ich aufgrund der damaligen militärischen Lage mit einer baldigen erneuten Frontverwendung bei fliegenden Verbänden der Luftwaffe nicht rechnen konnte, meldete ich mich im August 1944 freiwillig zur Fallschirmtruppe.« Offensichtlich war er zu diesem Zeitpunkt noch der festen Überzeugung, dass das Deutsche Reich einen gerechten Krieg (bellum justum) führte, der es Wert war, das eigene Leben dafür zu riskieren. Die Perspektive der Verschwörer des 20. Juli 1944 teilte Hübner nicht. Das heißt aber nicht automatisch, dass er ein nationalsozialistischer Überzeugungstäter war[24].

Für Hübner eröffnete sich mit seinem Wechsel zu den Fallschirmjägern ein neuer Erlebnishorizont in der dritten Teilstreitkraft der Wehrmacht, im Deutschen Heer. Die Ausbildung zum Fallschirmjägeroffizier vollzog sich zügig, in nur drei Monaten, in Quedlinburg und Salzwedel. Der Bedarf an neuem Personal war groß, denn die Verluste in den letzten Kriegsmonaten waren gewaltig. Die Zeit der großen Luftlandeoperationen war schon lange vorbei. Bei der Eroberung Kretas 1941 hatte die Truppengattung einen zu hohen Blutzoll erbringen müssen. In der Endphase des Krieges griffen die Fallschirmjäger meist als Infanterie ohne Sprungeinsatz in die Kämpfe ein. Die »Fallschirmjäger« rekrutierten sich oft nur noch aus dem Bodenpersonal der Luftwaffe. Als Offiziere dienten vor allem ehemalige Flieger, die über keine Flugzeuge mehr verfügten. Der Kern der »alten Kämpfer« war überschaubar[25].

Hübner wurde ca. Oktober 1944 in der neu aufgestellten 3. Fallschirmjägerdivision eingesetzt. Die »alte« 3. Fallschirmjägerdivision hatte zuvor bei St. Lo (Invasionsfront/Normandie) schwere Verluste erlitten und wurde im Kessel von Falaise aufgerieben[26].

In den folgenden sechs Monaten bis zu seiner Gefangennahme kämpfte Hübner als Ordonanzoffizier, Führer des Reservezuges und schließlich als Kompanieführer im 9. Fallschirmjägerregiment. Die markanten Meilensteine des Regiments bis zur Kapitulation bildeten die gescheiterte Ardennenoffensi-

---

[24]   Naumann, Generale in der Demokratie (wie Anm. 8), S. 32.
[25]   Erich Busch, Fallschirmjäger-Chronik 1935–1945, Oldenburg 1983, S. 100; vgl. Willi Kammann, Der Weg der 2. Fallschirmjägerdivision, München 1998, S. 111.
[26]   Rodger Edwards, Deutsche Fallschirmjäger und Luftlandetruppen 1936–1945, Oldenburg 1976, S. 133.

ve, die schweren Gefechte um den Hürtgenwald (Aachen-Düren-Eifel) und die Schlacht im Ruhrkessel.

Zur Annäherung an die Erlebniswelt des Fallschirmjägeroffiziers Gerhard Hübner soll ein Erfahrungsbericht über die schweren und besonders zähen Kämpfe im Hürtgenwald dienen. Manfred Otten berichtete über seinen Einsatz im Hürtgenwald am 5. November 1944:

»Auf dem Talweg zur Mestrengermühle, ich wurde dort hinbefohlen, begegnete mir eine erschreckende Prozession blutüberströmter Kameraden. Ein Tal des Grauens schien mir dieses tiefe Eifeltal: Blutende und stöhnende Soldaten, zerschossener Eifelwald, der den Weg unbefahrbar machte, zerbombte Weiden [...]

Im Dämmerlicht rannten wir auf die dicht vor uns befindlichen amerikanischen Stellungen zu. Wir waren im Nachteil. Vom Regen war unsere Kleidung schwer und unsere Glieder steif. Außerdem mussten wir noch bergauf laufen, belastet mit Munitionskästen und Maschinengewehren. Unsere Verluste waren dementsprechend [...]

Unsere Verluste mussten bis hierher erheblich gewesen sein, denn nur eine Handvoll Leute, unter denen ich mich befand, und einem Feldwebel war die Aufgabe gestellt, Vossenack bis zur Kirche ›durchzukämmen‹ [...]

Tatsächlich hatten die Amerikaner meinen Nachfolger auf dem Posten ›vorne‹ seitlich umgangen, ihn durch Knieschüsse kampfunfähig gemacht und standen nun oben am Kellereingang. Wir saßen in der Falle! So wurden wir entwaffnet und ins Wehetal zum Verhör gebracht[27].«

Die Gefangennahme des Oberleutnant zur See Gerhard Hübner am 28. April 1945 verlief vermutlich friedlicher. Sein Verband kapitulierte im Ruhrkessel. Dieser Schritt erfolgte – im Gegensatz zu vielen anderen Wehrmachtverbänden – vor dem Selbstmord Adolf Hitlers am 30. April 1945[28]. Hübners amerikanisches Gefangenenlager befand sich im nordfranzösischen Attichy. Sieben Monate blieb er in Kriegsgefangenschaft und wurde in die physisch und psychisch zerstörte Heimat am 28. November 1945 entlassen.

Hübner stand nach dem totalen Zusammenbruch des Deutschen Reiches an einem persönlichen Scheideweg. Der »Übermensch« und die »Herrenrasse« waren im »weltanschaulichen Ringen« unterlegen. Die Grundannahme nationalsozialistischer Logik hatte ihre Gültigkeit verloren. Neben dem ideologischen Überbau waren auch Status und wirtschaftliche Basis weitgehend zerstört. Bestand hatten hingegen die familiären Bindungen und die humanistische Erziehung seiner Kindheit. Hübner war gezwungen, seine »Welterklärungsinstrumente« neu zu ordnen. Er musste die indoktrinierte und wohlwollend akzeptierte nationalsozialistische Ideologie durch ein neues Ge-

---

[27] Adolf Hohenstein und Wolfgang Trees, Hölle im Hürtgenwald. Die Kämpfe vom Hohen Venn bis zur Rur September 1944 bis Februar 1945, Aachen 1981, S. 139–141; vgl. Max von Falkenberg, Hürtgenwald 44/45. Die Schlacht im Hürtgenwald, Emmelshausen 2004, S. 88 f.

[28] John Zimmermann, Die Deutsche Kriegführung im Westen 1944/45. In: Das Deutsche Reich und der Zweite Weltkrieg, Bd 10/1. Im Auftrag des MGFA hrsg. von Rolf-Dieter Müller. Mit Beiträgen von Horst Boog [u.a.], München 2008, S. 277–489, hier S. 468.

dankengebäude ersetzen – jenseits von Hitlers »Mein Kampf« und Alfred Rosenbergs »Mythus des 20. Jahrhunderts«. Die Kategorie des »Verbrechens gegen die Menschlichkeit« dürfte nicht als neues »Leitbild« seiner Bewertung gedient haben.

Hübner verdrängte diese Suche nach einem neuen »Leitbild« und suchte dafür pragmatisch nach Möglichkeiten, die veränderten Bedingungen zu erfassen und für sich zu nutzen. Ein erster Schritt auf diesem Weg war das Erlernen der englischen Sprache. Als zweiter Schritt folgte der Eintritt in amerikanische Dienste: beim Personalbüro der Stuttgarter Military Post. Hier verblieb er mehr als fünf Jahre von Februar 1947 bis Oktober 1952. Gerhard Hübner stieg vom Dolmetscher/Korrespondenten zum Leiter der vereinigten Arbeitseinsatz-, Sozial- und Ausbildungsabteilungen auf. In dieser Zeit konnte er bei der Zusammenarbeit mit der amerikanischen Besatzungsmacht mehr als die Sprache lernen. Strukturen, Denkweise, Umgangsformen und Wertekanon des amerikanischen Militärs eröffneten für ihn eine neue Arena.

Trotz seiner Erfolge versuchte Hübner ab November 1952 einen Ausbruch aus seiner bis zu diesem Zeitpunkt militärisch geprägten Arbeitswelt. Vermutlich wollte auch er an dem rasanten Rekonstruktionsprozess Westdeutschlands (Wirtschaftswunder) teilhaben[29]. Die Anstellung beim Agfa-Kamera-Werk in München erfolgte als fremdsprachlicher Korrespondent. Später wechselte er nach Leverkusen ins Stammwerk als Exportsachbearbeiter. Er bereiste Westeuropa und Nordamerika. Die Karriere in der zivilen Wirtschaft blieb ein kurzes Zwischenspiel. Hübners Interesse konzentrierte sich weiterhin auf die militärische Berufung.

Als die Bundesrepublik eine »neue Wehrmacht« aufbaute, stand Gerhard Hübner wieder bereit. Er meldete sich erneut freiwillig und war aufgrund seiner umfangreichen Kenntnisse und Erfahrungen bei der Bundeswehr hoch willkommen. Die bestehenden Netzwerke unter den ehemaligen Wehrmachtoffizieren waren sicherlich hilfreich. Sein persönlicher »Gründungskompromiss« machte die Freiwilligenmeldung möglich. In den Jahren nach der totalen Niederlage hatte er sich den ehemaligen westlichen Gegnern mental geöffnet. Der 34 Jahre alte Kapitänleutnant, der am 3. Mai 1956 in das Flugzeug nach Pensacola/Florida stieg, kann als eine widersprüchliche Synthese aus einem »nationalsozialistischen Frontoffizier«[30] und einem »angelsächsisch geprägten Weltbürger« beschrieben werden. Durch seine Erfahrungen in allen drei Teilstreitkräften der Wehrmacht war er in der Bundeswehr vielseitig einsetzbar. Die Wahl fiel auf die Marineflieger, die in der Bundeswehr wieder zum Teil der Marine wurden.

Die neuen deutschen Seestreitkräfte entwickelten sich aus der alten Kriegsmarine. Vor allem bei der Personalauswahl bestanden Kontinuitätsstränge, die bis in die Zeit der kaiserlichen Kriegsmarine vor dem Ersten Weltkrieg zurückreichten. Die Namen von Friedrich Ruge, Karl-Adolf Zenker, Walter Gaul, Otto

29 Werner Abelshauser, Deutsche Wirtschaftsgeschichte seit 1945, Bonn 2005, S. 100.
30 Naumann, Generale in der Demokratie (wie Anm. 8), S. 32.

Schniewind und Alfred Schulze-Hinrichs stehen beispielhaft für die Wieder-
aufnahme der Verantwortung durch eine ältere Generation von Marineoffizieren. Die Aufgaben und Möglichkeiten definierten sich aufgrund der politischen
Umbrüche und des technisch-organisatorischen Fortschritts vollkommen neu.
Die überdimensionale Waffe – die Atombombe – war in alle Planungen einzubeziehen. Aber auch die Entwicklung der Raketentechnologie veränderte die
Perzeption des Kriegsbildes. Waffenwirkung ohne optische Sicht, um das Vielfache gesteigerte Vernichtungspotenziale durch Nuklearsprengkörper und die
Verkürzung der Reaktionszeiten durch Düsenflugzeuge unterschieden den
drohenden Seekrieg Ende der 1950er-Jahre deutlich von den Seegefechten des
Ersten und Zweiten Weltkrieges[31].

Der ehemalige Oberst i.G. der Wehrmacht und erste Disziplinarvorgesetzte
Hübners in der neuen Bundesmarine, Kapitän zur See Walter Gaul, war wesentlich an der Neukonzeption der Marineflieger beteiligt. Gaul war ehemaliger
Luftwaffenangehöriger und arbeitete im Zweiten Weltkrieg in der Seekriegsleitung als Verbindungsoffizier für Fragen der Marinefliegerei. Nach dem Krieg
wertete er für die Amerikaner im »Naval Historical Team« (NHT, Bremerhaven) die Erfahrungen der Kriegsmarine aus. Das NHT kann als eine Art »Think
Tank« oder »Keimzelle« der künftigen Bundesmarine betrachtet werden[32]. Gaul
fungierte u.a. auch als Berater von Generaladmiral a.D. Schniewind, der als
Vertreter für Marinefragen Teil der Expertenkommission war, die im Kloster
Himmerod (5.–9. Oktober 1950) eine Denkschrift für künftige westdeutsche
Streitkräfte entwarf. Die Himmeroder Kommission empfahl die Aufstellung
von bundesdeutschen Marinefliegerkräften, die 30 Aufklärungs-, 30 Kampf-
und 84 Jagdflugzeuge (insgesamt 144 Maschinen) umfassen sollten[33].

Als Aufgaben der künftigen Bundesmarine sahen die deutschen Marineplaner die Sicherung der Ostseezugänge, die Unterbindung feindlichen Schiffsver-
kehrs in der Ostsee, die Unterstützung des Heeres, die Sicherung eigener Seeverbindungen, die beschränkte Beteiligung an den Sicherungsaufgaben im
Nordatlantik und die angemessene Repräsentation der Bundesrepublik in
Übersee sowie Ausbildungsfahrten im Frieden vor[34].

Langfristig gab es zwei weitere Ziele. Erstens sollte die Marine auch bei politisch veränderter Umgebung noch sinnvoll einsetzbar sein. Zweitens sollte der
Anschluss an die technische Entwicklung gewährleistet werden. Dabei war vor
allem im Bereich der Nordsee eine enge Zusammenarbeit mit Großbritannien,
Norwegen und Dänemark geplant[35].

Eine Präzisierung und Erweiterung erhielten die Forderungen der »Himmeroder Denkschrift« in der »Petersberger Denkschrift« vom 14. März 1951. Sie

---

[31] Ulrich Israel, Marineflieger jetzt und einst, Berlin 1991, S. 27.
[32] Sander-Nagashima, Die Bundesmarine (wie Anm. 2), S. 33 und 48.
[33] Duppler, Marineflieger (wie Anm. 19), S. 43.
[34] BA-MA, N 379/v.116, Aus den Anfängen der Bundesmarine. Vortrag vor dem 9. und
      10. Admiralstabslehrgang am 6.3.1969 von Vizeadmiral a.D. Heinrich Gerlach, nach San-
      der-Nagashima, Die Bundesmarine (wie Anm. 2), S. 49.
[35] Sander-Nagashima, Die Bundesmarine (wie Anm. 2), S. 51.

wird als »Gründungsakte« der Bundesmarine bezeichnet. Die Konzeption der Marineflieger erstellte Konteradmiral a.D. Wagner unter der Mitarbeit von Gaul. In der »Petersberger Denkschrift« forderten die Mitarbeiter des NHT 30 Aufklärungs-, 60 Kampf- und 84 Jagdflugzeuge (insgesamt 174 Maschinen). Zusätzlich erweiterten sie die Himmeroder Forderung noch um 30 Hubschrauber[36].

Die Durchsetzung dieser Forderungen bei den Verhandlungen zur Europäischen Verteidigungsgemeinschaft (EVG) 1952 gestalteten sich jedoch außerordentlich schwierig. Letztlich setzte die deutsche Delegation lediglich 24 Aufklärungsflugzeuge und 30 Hubschrauber durch. Die Kampf- und Jagdflugzeuge scheiterten an politischen Bedenken der französischen Verhandlungsführer. Eine neue Chance zeichnete sich erst mit dem Scheitern der EVG in der französischen Nationalversammlung im August 1954 ab[37]. Dadurch eröffnete sich für die Bundesrepublik der Weg in die NATO. Für die Marine ergaben sich durch die 1955 erarbeiteten Empfehlungen von SHAPE (Supreme Headquarters of the Allied Powers in Europe) folgende Hauptaufgaben:

»a) Beitrag zur Verhinderung des Ausbruchs feindlicher Ostseestreitkräfte in die Nordsee durch die dänischen Engen und den Nord-Ostseekanal;
 b) Teilnahme an der alliierten Verteidigung der norddeutschen Ostseeküste und der dänischen Inseln;
 c) Unterbindung sowjetischer Seeverbindungen in der Ostsee, soweit irgend möglich;
 d) Beitragen zur Aufrechterhaltung alliierter Seeverbindungen in den deutschen Küstengewässern und den angrenzenden Gewässern[38].«

Zur Erfüllung dieser Aufgaben mussten die deutschen Marineflieger mit 84 Maschinen ihren Beitrag leisten[39]. Ihre Aufgaben umfassten im einzelnen die Sicherung der eigenen Verbände auf See, die Vernichtung gegnerischer Einheiten auf See und im Hafen, die Aufklärung über See und Küste sowie die marinespezifischen Aufgaben wie U-Jagd, Minenlegen und -räumen wie auch trägergestützte Angriffe auf wichtige Ziele[40].

Wieweit Gerhard Hübner in der Konzeptionsphase die Verbindungen zu seinen ehemaligen Vorgesetzten und Kameraden hielt, muss offen bleiben. In die Bundesmarine wurde Walter Gaul, nach der Verabschiedung des Freiwilligengesetzes am 23. Juli 1955, mit dem Dienstgrad eines Kapitäns zur See übernommen. Von 1957 bis 1960 führte er als erster Kommandeur die Marineflieger. Hübner wiederum stellte die Bundesmarine als Kapitänleutnant in seine ursprüngliche Teilstreitkraft ein.

---

36 Ebd., S. 44.
37 Ebd., S. 49.
38 BA-MA, BM 1/1248, Studie: »Die seestrategische Lage der Bundesrepublik und die sich aus ihr ergebenden Forderungen für den Aufbau der Marine« 30.5.1958. In: Sander-Nagashima, Die Bundesmarine (wie Anm. 2), S. 81.
39 Die 84 Maschinen setzten sich zusammen aus: 24 Jet- Aufklärungsflugzeugen, 24 Close-Support Flugzeugen, 10 U-Jagdflugzeugen, 9 Seenotflugzeugen und 17 Verbindungs- und Schulflugzeugen.
40 Sander-Nagashima, Die Bundesmarine (wie Anm. 2), S. 73 f.

Bei Hübners erstem Meilenstein in der Bundeswehr, seiner Ausbildung in der U.S. Naval Air Station Pensacola/Florida, waren seine deutschen Lehrgangskameraden sehr unterschiedlich. Die Älteren, zu denen Gerhard Hübner zählte, besaßen umfangreiche Kriegserfahrungen und konnten dadurch die Ausbildung beurteilen und teilweise beeinflussen. Die Jüngeren standen unter einem höheren Druck. Sie konnten keine Kriegserfahrung vorweisen. Ein Lehrgangsteilnehmer aus Hübners Generation, der spätere Kommodore des Marinefliegergeschwaders 2, Fregattenkapitän Thomsen, beurteilte das amerikanische Ausbildungssystem als eines, das den schwachen Mann nicht durchlasse. Er konstatierte: »Die Amerikaner bilden Piloten aus. Wir [= die Bundeswehr] wollen Menschen zu Soldaten und Fliegern erziehen.« Bei seinem Vergleich des alten deutschen mit dem amerikanischen Ausbildungssystem von 1957 gab er Letzterem deutlich den Vorrang[41].

Gerhard Hübner durchlief den Lehrgang in Florida erfolgreich. Nach seiner Ausbildung an der U.S. Naval Air Station Pensacola wurde er am 31. Oktober 1957 nach Jagel versetzt. Hier arbeitete er als 1. Flugzeugführeroffizier in der Marinemehrzweckstaffel. Da die während der amerikanischen Ausbildung genutzten Flugzeuge nicht den Flugzeugen der deutschen Marineflieger entsprachen, folgte schon im Februar 1958 eine viermonatige Umschulung auf den Flugzeugtyp Sea-Hawk MK 100 in Lossiemouth, England.

Das Strahlflugzeug Sea Hawk MK 100/MK 101 fertigte die britische Firma Hawker ab 1950 in Serie. Erste Entwicklungen für das Flugzeug gehen auf die Endphase des Zweiten Weltkrieges zurück. Genutzt wurde das Mehrzweckflugzeug als Jagdbomber, Seeaufklärer und Abfangjäger. Seine maximale Geschwindigkeit von 955 km/h sowie die Bewaffnung waren denen der sowjetischen MIG-15-Flugzeuge unterlegen. Ab 1958 beschaffte die Bundesmarine 68 Maschinen. Schon sieben Jahre später, ab 1965, ersetzten die F-104 G Starfighter die Sea Hawk[42].

Im August 1958 besuchte Hübner den 9. Stabsoffizier-Auswahllehrgang. Danach wurde er zur Beförderung vorgeschlagen. Seine Beurteilung war wiederum hervorragend. Die Lehrkommission beschrieb ihn u.a. als »schlagfertig«, »überlegen und nüchtern«[43]. Inwieweit dieser Lehrgang für seine spätere Karriere Weichen stellte, ist schwer festzustellen. Einige seiner Jahrgangskameraden der Geburtsjahrgänge 1920 bis 1922 absolvierten zwischen 1959 und 1963 den Admiralstabslehrgang, Hübner jedoch nicht. Den Admiralsstabslehrgang sah die Bundesmarine für Flieger grundsätzlich nicht vor[44].

---

[41] BA-MA, BM 1/1188, Erfahrungsbericht des Fkpt Thomsen über die fliegerische Ausbildung von Refresher-Offizieren in den USA, 20.3.1958; Sander-Nagashima, Die Bundesmarine (wie Anm. 2), S. 105.

[42] Adler über See. Hrsg. von Hellmuth Brembach, Oldenburg 1962, S. 57, und Duppler, Marineflieger (wie Anm. 19), S. 47 und 141.

[43] BA-MA, Pers 32/35, Beurteilungsbeiblatt vom 23.8.1958, Personalakte Hauptteil B.

[44] Dieter E. Kilian, Elite im Halbschatten, Generale und Admirale der Bundeswehr, Bonn 2005, S. 258.

In der Praxis überzeugte Hübner seine Vorgesetzten bei der Aufstellung einer Staffel der 1. Marinefliegergruppe. Sein Staffelkapitän schätzte ihn als »Organisationstalent« und »weit über Durchschnitt« liegenden Soldaten ein. Gleichzeitig konnte Hübner »durch zu scharfes Urteil verletzend wirken«[45]. Auch im weiteren Verlauf seiner Karriere traten immer wieder die Persönlichkeitsmerkmale Empfindsamkeit gegen sich und menschliche Kälte gegen andere hervor. Seine Vorgesetzten sahen u.a. eine »Neigung zu Intoleranz und Härte«[46] und empfahlen ihm, er solle »als Truppenführer mehr menschliche Wärme zeigen«[47] oder er müsse »toleranter werden«[48].

Bei seiner gegenüber Untergebenen gezeigten Gefühlskälte spielten Hübners Kriegserfahrungen mit hoher Wahrscheinlichkeit eine wichtige Rolle. Es ist wahrscheinlich, dass er durch seine Kriegserlebnisse mehrfach traumatisiert wurde, und es ist anzunehmen, dass er seine Bruch- und Unsicherheitserfahrungen in die Ausbildung und Erziehung seiner Soldaten aktiv einfließen ließ. Seiner Karriere taten diese Schwächen keinen Abbruch.

Nachdem Hübner sich als Staffelkapitän in der Marinemehrzweckstaffel des 1. Marinegeschwaders bewährt hatte, wurde er 1959 von Jagel nach Kiel in das Kommando »Marineflieger« versetzt. Hier sollte er die Dienstgeschäfte des A3 b (Presseoffizier) übernehmen. Zuvor erhielt er jedoch die Möglichkeit, an einem einmonatigen Lehrgang der Royal Navy Tactial School in Woolwich (England) teilzunehmen.

In den vier ersten Dienstjahren bei der Bundeswehr (1956-1959) summierten sich die Trennungszeiten von seiner Ehefrau durch Lehrgänge auf insgesamt 26 Monate. Diese Belastung für die junge Ehe wurde zusätzlich durch die prekäre Wohnungssituation verschärft. Wohnungen waren trotz des »Wirtschaftswunders« Mangelware. Die alten Wehrmachtswohnungen belegten zivile Mieter und neue Bundeswehrwohnungen waren oft noch nicht gebaut worden.

Hübner musste durch seine Kündigung bei der Agfa AG seine Werkswohnung bis zum 30. August 1956 räumen. Gleichzeitig konnte ihm die Bundeswehr zuerst keine Wohnung in Hamburg zur Verfügung stellen. Als am 16. Mai 1956 schließlich Hübners Ehefrau eine Wohnung in Hamburg-Blankenese angeboten wurde, lehnte die Wehrbereichsverwaltung die Genehmigung ab. In der Folge stellten die Hübners ihre Möbel in einem Lager unter und Dorothea Hübner zog vorübergehend bei Verwandten ein. Die Situation entspannte sich erst im April 1957, als die Ehefrau im Rahmen einer Familienzusammenführung mit in die USA ziehen durfte. Nach Deutschland zurückgekehrt, erhielten die Hübners die Genehmigung für einen Zwischenumzug nach Hamburg, da wiederum kein Wohnraum am neuen Standort Jagel zur Verfügung stand. Die ersehnte standortnahe Wohnungszuweisung erfolgte erst An-

[45] BA-MA, Pers 32/35, Beurteilung vom 1.12.1958, Personalakte Hauptteil B.
[46] Ebd., Beurteilung vom 11.5.1965.
[47] Ebd., Beurteilung vom 11.3.1964.
[48] Ebd., Beurteilung vom 4.6.1960.

fang 1959, parallel zu Gerhard Hübners Versetzung nach Kiel[49]. Somit waren die ersten Nachkriegsjahre der Familie Hübner bis 1960 gekennzeichnet durch die Lern- und Aufbauphase im Dienst und große soziale Entbehrungen im privaten Alltag.

Während seiner Stabsverwendung im Kommando der Flotte knüpfte Hübner vermutlich die für seinen weiteren Werdegang entscheidenden Verbindungen. Zwischen 1960 und 1962 nahm er an weiteren Lehrgängen (Seetaktische Lehrgruppe) und Übungen (»Wallenstein 61«) teil. Vor allem aber half er bei der Eingliederung der Marineflieger in die Flotte. Hübners Begeisterung für das Jet-Fliegen und sein überwiegend positives Gesamtbild schätzten seine Vorgesetzten als geeignete Grundlage zur Verwendung in einer Leitungsfunktion für die F 104-Starfighter-Ausbildung ein.

Eine solche herausgehobene Position erhielt Hübner durch seine Versetzung zurück nach Jagel. Er übernahm Anfang der 1960er-Jahre erst die Verantwortung als Kommandeur der Fliegenden Gruppe später die Verantwortung als Kommandeur des gesamten 1. Marinefliegergeschwaders. Die größten Herausforderungen waren der Umzug der Fliegenden Gruppe von Jagel nach Kropp/Schleswig, aber vor allem die Einführung und Nutzung der neuen Strahlflugzeuge F-104 G Starfighter.

Der F-104 G Starfighter war eigentlich konstruiert worden, um sowjetische Bomber in großer Höhe abzufangen. Bei den Marinefliegern führte die Bundeswehr das Flugzeug als Mehrzweckmaschine für die Seekriegführung ein. Aufgrund der unterschiedlichen Ansätze bei der Konzeption und Nutzung des Flugzeuges ergaben sich eine Vielzahl von technischen Problemen. Diese führten über die gesamte Nutzungsdauer der Maschinen immer wieder zu Abstürzen und Unglücksfällen. Von den in der Bundeswehr insgesamt genutzten 916 Starfightern gingen 292 verloren. 116 deutsche Piloten bezahlten dies mit ihrem Leben. Im Marinegeschwader 1 verloren bei 38 schweren Unfällen elf Flugzeugführer ihr Leben[50].

Wie Hübner den mit dieser Situation einhergehenden psychischen Druck verarbeitete, ist nicht überliefert. Seine Vorgesetzten bescheinigten ihm, das Ausbildungsprogramm für das Flugzeugmuster F 104 G »trotz personeller und materieller Schwierigkeiten [...] zäh« verfolgt zu haben[51].

Bis Mitte der 1980er-Jahre blieb Hübner Angehöriger der Bundesmarine und nahm in verschiedensten Funktionen Einfluss auf den Auf- und Umbau dieser Teilstreitkraft[52].

Hinter ihm lag ein Erwerbsleben, das 1938 mit dem Eintritt in die Kriegsmarine des Deutschen Reiches begonnen hatte und über seine Zeit bei der Bundeswehr hinausreichte. Hübner gehörte der Marine, der Luftwaffe aber auch

---

49 BA-MA, Pers 32/35, Personalakte, Hauptteil A 3 III.
50 Duppler, Marineflieger (wie Anm. 19), S. 79.
51 BA-MA, Pers 32/35, Beurteilung vom 16.2.1968 und 11.5.1965.
52 Ebd., Verfügung des Dienstpostenwechsels Nr. 5193 vom 9.7.1981.

dem Heer an. Er arbeitete u.a. als Bauhilfsarbeiter, Außenhandelskaufmann, Dolmetscher und Übersetzer für die alliierten Streitkräfte.

Hübners beeindruckende, mehrfach gebrochene Lebens-, Erfolgs- und Erwerbsbiografie war gekennzeichnet durch totalitäre und tendenziell totalitäre Institutionen und Organisationen. Damit steht er im Kontext der »Generation der jungen Kriegsoffiziere (Jahrgänge 1922 bis 1927)«[53].

[53] Naumann, Generale in der Demokratie (wie Anm. 8), S. 32.

Loretana de Libero

Trentzsch, die Bundeswehr und das Attentat auf Hitler

Als Claus Schenk Graf von Stauffenberg am 20. Juli 1944 das Attentat auf Hitler verübte, lag Karl Christian Trentzsch im Feldlazarett seiner Division in Lettland. Wann der damals 25-jährige Oberleutnant vom Staatsstreich erfuhr, wissen wir nicht. Auch erfahren wir nicht, wie der junge Offizier, der während des Krieges überwiegend an der Ostfront eingesetzt war, über die »Frondeure aus Gewissenszwang«[1] dachte[2]. Wie Adolf Hitler über den Umsturzversuch dachte, bekamen Heimat und Front bereits in den frühen Morgenstunden des nächsten Tages zu hören. Über Rundfunk wandte sich Hitler zunächst an das deutsche Volk. Er sprach von einem »Verbrechen, das in der deutschen Geschichte seinesgleichen sucht«, von einem »Komplott«, das von einer »ganz kleinen Clique ehrgeiziger, gewissenloser und zugleich verbrecherischer, dummer Offiziere« geschmiedet worden sei. Den Sprengstoffanschlag wertete er nicht nur als gegen seine eigene Person gerichtet, sondern zugleich als Dolchstoß in den Rücken der kämpfenden Front – »wie im Jahre 1918«. Mit unverhohlenem Hass kündigte er seinen Zuhörern an, dass mit den »Usurpatoren« abgerechnet würde, sie würden »ausgetreten«, gar »unbarmherzig ausgerottet werden«. Über Fernschreiben erließ Hitler als Oberbefehlshaber der Wehrmacht gleichzeitig einen »Tagesbefehl an das Heer«. In diesem Befehl bezeichnete er die Widerstandsgruppe um Stauffenberg als »einen kleinen Kreis gewissenloser Saboteure«, die ihn und den Stab der Wehrmachtführung hätten ermorden wollen, um die Staatsgewalt an sich zu reißen. Von einem Dolchstoß sprach er hier indes nicht, auch ein Vergleich mit der Revolution von 1918 erfolgte nicht. Gleichwohl meinte er den Heeressoldaten versichern zu müssen, dass er überzeugt sei, sie würden »wie bisher in vorbildlichem Gehorsam und treuer Pflichterfüllung« tapfer kämpfen – »bis am Ende der Sieg trotz allem unser sein wird«[3].

---

[1] Wolf Graf von Baudissin, Soldatische Tradition in der Gegenwart. In: Handbuch Innere Führung. Hilfen zur Klärung der Begriffe. Hrsg. vom Bundesministerium für Verteidigung, Bonn 1957, S. 47–78, hier S. 64.

[2] Alle Daten und Fakten zum Lebenslauf von Karl Christian Otto Trentzsch beziehen sich auf die Stamm- und Restakten in: BA-MA, Pers 1/75440/104011. Für wertvolle Hinweise sei Prof. Dr. Claus Freiherr von Rosen, Hamburg, und Dr. Frank Nägler, Potsdam/Bonn, an dieser Stelle herzlich gedankt.

[3] Wortlaut der Rundfunkrede und des Tagesbefehls an das Heer. In: Max Domarus, Hitler. Reden und Proklamationen 1932–1945, Teil II: Untergang, Bd 4: 1941–1945, Leonberg 1988, S. 2127–2129. Vgl. die Proklamation zum 12. November 1944. In: ebd., S. 2165 f.,

Wenn auch der Kreis der Widerstandskämpfer unter den Offizieren wesentlich größer war, als die nationalsozialistische Propaganda anfangs Glauben machen wollte, musste sich die Parteiführung keine allzu großen Sorgen um den Zusammenhalt der »Volksgemeinschaft« machen. Das Verständnis für die Männer (und Frauen) des 20. Juli war allgemein im Reich und an der Front gering[4]. Der Staatsstreich des 20. Juli war »ein Widerstand ohne Volk«[5]. Generalleutnant a.D. Helmut Friebe erklärte 1952 als Gutachter im Braunschweiger Remer-Prozess, dass die »große Masse der Frontoffiziere und hauptsächlich der jüngeren Generation« das Attentat zunächst abgelehnt, nicht verstanden und verurteilt habe[6]. Auch für viele Angehörige der 389. Infanteriedivision, in der Trentzsch als Kompaniechef (7./Gren.Rgt. 545) und später als Bataillonsführer (II./Gren.Rgt. 544) Dienst tat, dürfte diese Einschätzung zutreffen. Allerdings sollten bei den Äußerungen dieser Zeit nicht die Lebensbedingungen in einem totalitären Regime, das seinen Terror nunmehr verstärkte, außer Acht gelassen werden. Neben schroffer Ablehnung aus Überzeugung könnten harsche Urteile auch aus Angst, Opportunismus oder aus einer Art Gewissensbetäubung heraus geäußert worden sein. In der schnell aufgewachsenen Wehrmacht war durch nationalsozialistische Erziehung, Indoktrination und Propaganda, durch das Erleben eines totalen Krieges das innere ethisch-moralische Gefüge in Teilen aufgebrochen. In einer Atmosphäre des Misstrauens, in der soldatischer Zusammenhalt nicht mehr selbstverständlich war und in manchen Einheiten »ein Denunziantentum abscheulichster Art«[7] um sich griff, konnte bereits ver-

---

sowie den Neujahrstagesbefehl an die Deutsche Wehrmacht vom 1. Januar 1945: »Trotzdem gerade der 20. Juli an den Fronten besonders bedrückende militärische Folgen auslöste und leider mitgeholfen hat, den Glauben an die deutsche Widerstandskraft bei Freund und Feind zu erschüttern, ist er doch als ein Wendepunkt des deutschen Schicksals anzusehen. Denn der Versuch, durch ein inneres Komplott den sozialen deutschen Volksstaat in der Zeit seines bittersten Kampfes zu vernichten und Deutschland der internationalen Verschwörung auszuliefern, ist damit einmal für immer gescheitert. Ich kann versichern, dass dies der letzte derartige Versuch gewesen ist. [...] dass sich vor allem ein November 1918 nie mehr wiederholt.« In: ebd., S. 2186.

[4] Vgl. hierzu etwa Gerd R. Ueberschär, Stauffenberg und das Attentat vom 20. Juli 1944, Frankfurt a.M. 2006, S. 168–177; Georg Meyer, Auswirkungen des 20. Juli 1944 auf das innere Gefüge der Wehrmacht bis Kriegsende und auf das soldatische Selbstverständnis im Vorfeld des westdeutschen Verteidigungsbeitrages bis 1950/51. In: Aufstand des Gewissens. Militärischer Widerstand gegen Hitler und das NS-Regime 1933–1945. Begleitband zur Wanderausstellung des Militärgeschichtlichen Forschungsamtes. Hrsg. von Thomas Vogel im Auftrag des MGFA, 5. Aufl., Hamburg, Berlin, Bonn 2000, S. 297–329, hier S. 309–312; Stefan Geilen, Das Widerstandstandsbild in der Bundeswehr. In: ebd., S. 331–354, hier S. 331 f.

[5] Hans Mommsen, Die Opposition gegen Hitler und die deutsche Gesellschaft 1933–1945. In: Der Zweite Weltkrieg. Analysen, Grundzüge, Forschungsbilanz. Im Auftrag des MGFA hrsg. von Wolfgang Michalka, München 1989 (= Serie Piper, 811), S. 329–346, hier S. 332.

[6] Helmut Friebe, Gutachten über die Stellung des Offizierkorps zum 20. Juli 1944. In: Die im Braunschweiger Remerprozeß erstatteten moraltheologischen und historischen Gutachten nebst Urteil. Hrsg. von Herbert Kraus, Hamburg 1953, S. 83–103, hier S. 84.

[7] Hans Scholl. In: Hans Scholl und Sophie Scholl, Briefe und Aufzeichnungen. Hrsg. von Inge Jens, 9. Aufl., Frankfurt a.M. 2005, S. 99.

halten geäußerte Zustimmung zum Attentat im Kameradenkreis lebensbedroh-
lich sein[8]. Angesichts der sowjetischen Großoffensiven, der psychischen und
physischen Belastungen in einem entgrenzten Kampfgeschehen dürften zudem
nicht wenige für die Ereignisse um den 20. Juli nur ein gleichmütiges Schulter-
zucken übrig gehabt haben[9]. Die 389. Infanterie-Division hatte 1943/44 erhebliche Verluste vor allem in Stalingrad und im Kessel von Čerkasi erlitten. Nach
dem Zusammenbruch der Heeresgruppe Mitte und dem Vormarsch der Roten
Armee befand sie sich seit Juli 1944 in einer ausweglosen Situation. Was mochte
da einen Frontsoldaten ein gescheitertes Attentat, zumal das einer »Offiziers-
Clique« interessieren, wenn es galt, selbst in zunehmend aussichtsloser Lage zu
funktionieren, zu kämpfen und zu überleben[10]. Nach den Angaben in seinem
Soldbuch zu urteilen, wurde Karl Christian Trentzsch für seinen Einsatz in den
schweren Abwehrkämpfen der Jahre 1944 und 1945 vielfach ausgezeichnet. Er
war unter anderem Träger des Eisernen Kreuzes Erster Klasse, des Verwunde-
tenabzeichens in Gold und der Nahkampfspange in Bronze. Noch im April
1945 erhielt er das Deutsche Kreuz in Gold[11].
    Die Jahre seiner Kindheit und Jugend waren geprägt von den politischen
Ideologien ihrer Zeit, der nationalsozialistischen Weltanschauung und der
kommunistischen Lehre des Bolschewismus. Geboren im Jahr des Versailler
Vertrages, 1919, war Trentzsch' Kindheit im vogtländischen Auerbach über-
schattet von den im Land ausgetragenen politischen Kämpfen, den herrschenden sozialen Konflikten und wirtschaftlichen Krisen. Das sächsische Vogtland
war international bekannt für seine Spitzen- und Stickereierzeugnisse. Die prekäre ökonomische Lage nach dem Krieg, insbesondere aber die Weltwirt-
schaftskrise von 1929 trafen die heimische, auf Export ausgerichtete Industrie
hart. Die Arbeitslosenquote in Sachsen war zeitweise die höchste im gesamten
Deutschen Reich. Ob auch Trentzsch' Vater, der als Stickmeister tätig war, von
der Krise des textilen Gewerbes betroffen war, erfahren wir nicht. Es verwun-

---

[8]   Allgemein zu dem Phänomen des Denunzierens in der Wehrmacht Thomas Kühne, Ka-
      meradschaft. Die Soldaten des nationalsozialistischen Krieges und das 20. Jahrhundert,
      Göttingen 2006 (= Kritische Studien zur Geschichtswissenschaft, 173), S. 113–124.
[9]   Vgl. hierzu etwa Andreas Kunz, Wehrmacht und Niederlage. Die bewaffnete Macht in
      der Endphase der nationalsozialistischen Herrschaft 1944 bis 1945, München 2005
      (= Beiträge zur Militärgeschichte, 64), S. 250–255; Georg Meyer, Zur Situation der deut-
      schen militärischen Führungsschicht im Vorfeld des westdeutschen Verteidigungsbeitra-
      ges 1945–1950/51. In: Anfänge westdeutscher Sicherheitspolitik 1945 bis 1956, Bd 1. Hrsg.
      vom MGFA, München, Wien 1982, S. 577–735, hier S. 588–591.
[10] Vgl. zu den diversen soldatischen Stimmungsbildern in den letzten Kriegsjahren Rafael
      A. Zagovec, Gespräche mit der »Volksgemeinschaft«. Die deutsche Kriegsgesellschaft im
      Spiegel westalliierter Frontverhöre. In: Das Deutsche Reich und der Zweite Weltkrieg,
      Bd 9,2: Die deutsche Kriegsgesellschaft 1939 bis 1945. Ausbeutung, Deutung, Ausgren-
      zungen. Im Auftrag des MGFA hrsg. von Jörg Echternkamp, München 2005, S. 289–381,
      hier S. 337–359.
[11] Zu diesen Auszeichnungen Heinz Kirchner, Wilhelm Thiemann und Birgit Laitenberger,
      Deutsche Orden und Ehrenzeichen. Kommentar zum Gesetz über Titel, Orden und Eh-
      renzeichen und eine Darstellung deutscher Orden und Ehrenzeichen von der Kaiserzeit
      bis zur Gegenwart, 5. Aufl., Köln 1997, S. 205–213, 230.

dert angesichts dieser unsicheren Gesamtverhältnisse wenig, dass radikale Parteien im auch traditionell »roten« Sachsen rasch Zulauf erhielten. Bereits 1921 wurde die erste NSDAP-Ortsgruppe außerhalb Bayerns im sächsischen Zwickau gegründet. Trotz zeitweiligen Verbots verzeichnete die Partei Hitlers alsbald steigende Mitgliederzahlen. Während bei den Reichstagswahlen im Juli 1932 die Sozialdemokratie herbe Verluste hinnehmen musste, stieg in Sachsen der Stimmenanteil der NSDAP auf 41,2 Prozent[12].

Die frühen NS-Jugendorganisationen übten auf Karl Christian Trentzsch allerdings keinen Reiz aus, mochte sich auch erster Sitz und Leitung der späteren Hitlerjugend von 1929 bis 1931 im benachbarten Plauen befinden. 1930 trat der Elfjährige in seiner Heimatstadt dem nationalkonservativen Deutschen Pfadfinderbund bei. Seit 1932 engagierte er sich in der vogtländischen Gruppe der soldatisch verfassten, uniformiert auftretenden Deutschen Jungenschaft vom 1. November 1929, der »dj. 1.11.«. Den Jugendlichen dürften vor allem die exotischen Abenteuerfahrten und die bürgerliche Lagerromantik angezogen haben, das selbstorganisierte Gruppenleben, das Erleben und Bewähren in einer rein »männlichen« Gemeinschaft. Möglicherweise hat auch der charismatische Bundesführer großen Eindruck auf ihn gemacht: Der Begründer dieser eigenwilligen bündischen Jugendorganisation, Eberhard Köbel, genannt »tusk«, war ein Grenzgänger zwischen den totalitären Ideologien seiner Zeit. Zunächst ein glühender Bewunderer Hitlers, den er 1925 gar in München aufsuchte, engagierte er sich 1932 in der Kommunistischen Partei Deutschlands, um sich im darauf folgenden Jahr in den »dj. 1.11«-Lagern offen zum Nationalsozialismus zu bekennen und seine Anhänger aufzufordern, in das Jungvolk der Hitlerjugend überzutreten[13]. Nach 1933 sollte den jungen Trentzsch seine Begeisterung für die bündische Bewegung allerdings in Konflikt mit der Hitlerjugend und einer bereits stramm linientreuen Schulleitung bringen. Da er weiterhin in der mittlerweile verbotenen »dj. 1.11« aktiv war, musste er 1935 nach eigenen Angaben die Deutsche Oberschule in Auerbach vorzeitig mit dem Zeugnis der Mittleren Reife verlassen. Trentzsch gehörte jedoch auch der Hitlerjugend an,

---

[12] Zu den Ereignissen und Entwicklungen in Sachsen zwischen 1918 und 1939 Rainer Groß, Geschichte Sachsens, 3. Aufl., Leipzig 2007, S. 254–277. Zum Aufstieg der NSDAP in Sachsen Claus-Christian Szejnmann, The Rise of the Nazi Party in the Working-Class Milieus in Saxony. In: The Rise of National Socialism and the Working Classes in Germany. Ed. by Conan Fischer. Monographs in German History, Vol. 4, Oxford 1996, S. 189–216, hier S. 189–201; im Weiteren Szejnmann, Nazism in Central Germany. The Brownshirts in »Red« Saxony, Oxford 1999, passim, und James N. Retallack, Saxony in Germany. Culture, Society, and Politics, 1830–1933, Michigan 2000, S. 359–372.

[13] Zur bündischen Bewegung und »dj. 1.11« allgemein Heinz Schreckenberg, Erziehung, Lebenswelt und Kriegseinsatz der deutschen Jugend unter Hitler, Hamburg, Berlin, Münster 2001 (= Geschichte der Jugend, 25), S. 195–200; Jürgen Reulecke, Jugend und »Junge Generation« in der Gesellschaft der Zwischenkriegszeit. In: Handbuch der deutschen Bildungsgeschichte, Bd 5: 1918–1945. Die Weimarer Republik und die nationalsozialistische Diktatur. Hrsg. von Dieter Langewiesche und Heinz-Elmar Tenorth, München 1989, S. 86–110, hier S. 99–110. Aus der Sicht eines ehemaligen Mitglieds: Fritz Schmidt, um tusk und dj.1.11. 75 Jahre Deutsche Jungenschaft vom 1. November 1929, Edermünde 2006.

dessen Jahrgang – offenbar ohne sein Wissen – zum 1. September 1937 geschlossen in die NSDAP überführt wurde.

Wie viele seiner Altersgenossen hatte auch Trentzsch in der NS-Diktatur den Weg von der Hitlerjugend in die Partei genommen; seine Biografie unterscheidet sich in dieser Hinsicht kaum von der anderer junger Deutscher. Die NSDAP-Mitgliedschaft belastete in der Nachkriegszeit sein weiteres berufliches Fortkommen nicht. Begünstigend wirkte sich für Trentzsch nämlich das »Amnestiegesetz für Mitläufer und Minderbelastete« vom 6. August 1946 aus. Aufgrund dieser sogenannten Jugendamnestie wurden Betroffene, insbesondere junge Soldaten, die nach dem 1. Januar 1919 geboren waren, in ihrer Gesamtheit entlastet, ihre Entnazifizierungsverfahren eingestellt[14].

Nach seinem unfreiwilligen Schulabgang erlernte Trentzsch den Beruf des Bankkaufmanns und trat am 10. November 1938 als Freiwilliger in das Infanterieregiment 31 in Plauen ein. Vier Tage vor Kriegsbeginn wurde er schließlich zum aktiven Wehrdienst einberufen. Da durch die rasche Aufrüstung der Wehrmacht ein Mangel an Offizieren herrschte, erhielt der damals 20-jährige Trentzsch Anfang 1940 die Chance, seine Reifeprüfung nachzuholen, die zu diesem Zeitpunkt ja noch immer Voraussetzung für den Eintritt in die Offizierlaufbahn war. 1942 wurde er zum Leutnant d.R., 1943 zum Oberleutnant d.R. befördert. Bei Kriegsende war er schließlich Hauptmann d.R.

In der Nachkriegszeit suchte Trentzsch seine Erfahrungen mit dem totalitären Regime im Alltag und an der Ostfront wissenschaftlich aufzuarbeiten. Nach einer kurzen Handelsvertretertätigkeit in Bad Mergentheim studierte er vom Sommersemester 1946 bis zum Wintersemester 1949/50 hauptsächlich Soziologie und Geschichte mit dem Schwerpunkt Russische Kultur- und Sozialgeschichte an der Ruprecht-Karls-Universität in Heidelberg. Die altehrwürdige, 550-jährige Ruperto Carola hatte sich seit 1933 durch Gleichschaltung, Anpassung und Kollaboration eines Großteils ihrer Angehörigen zu einer »nationalsozialistischen Universität«[15] gewandelt. Die US-amerikanische Militärregierung suchte daher zwischen den Jahren 1945 und 1948 die Universität und ihre Fakultäten gegen den Widerstand des Rektorats zu entnazifizieren. 70 Prozent des Lehrkörpers, d.h. 153 Lehrkräfte wurden in der Folge entlassen. Anstelle der kompromittierten Hochschullehrer sollten politisch unbelastete, ins Exil getriebene Wissenschaftler für einen geistigen Neuanfang von Forschung und Lehre sorgen. Diesem hoffnungsvollen Neubeginn einer grundlegenden Erneuerung des Personals folgte jedoch alsbald die Restauration, begünstigt durch

---

14 Zur »NSDAP-Verstrickung von Mitgliedern der HJ-Generation« Sven Felix Kellerhoff, Die Erfindung des Karteimitglieds. Rhetorik des Herauswindens: Wie heute die NSDAP-Mitgliedschaft kleingeredet wird. In: Wie wurde man Parteigenosse? Die NSDAP und ihre Mitglieder. Hrsg. von Wolfgang Benz, Frankfurt a.M. 2009, S. 166–180, der die – auch von Trentzsch nach 1945 vorgebrachte – Behauptung ehemaliger Parteigenossen, bloßes »Karteimitglied« gewesen zu sein, bezweifelt. Zur »Jugendamnestie« vgl. Gesetz zur Befreiung von Nationalsozialismus und Militarismus vom 5. März 1946. Hrsg. von Erich Schullze, 3. Aufl., München 1948, Nr. 33.
15 Eike Wolgast, Die Universität Heidelberg 1386–1986, Berlin, Heidelberg, New York 1986, S. 167.

den 1951 ergänzten Artikel 131 des Grundgesetzes, der die Rückkehr der zuvor entlassenen NS-Beamten in den öffentlichen Dienst ermöglichte. Doch Trentzsch sollte noch eine kurze Zeit geistiger Frische und Freiheit am Institut für Staats- und Sozialwissenschaften erleben, eine offene Atmosphäre wissenschaftlichen Arbeitens und ernsthafter Auseinandersetzung mit dem NS-System. An die liberalkonservative Zeit vor 1933 anknüpfend lasen am Institut wieder namhafte Vertreter des Faches, die sich als Hitler-Gegner der ersten Stunde auch um die Aufarbeitung der nationalsozialistischen Vergangenheit bemühten. Trentzsch hörte Wissenschaftler von Rang und Namen, unter anderem die Soziologen Alfred Weber, Hans von Eckardt und Alexander Rüstow, den Philosophen Karl Jaspers, den Psychoanalytiker Alexander Mitscherlich und den Politikwissenschaftler Dolf Sternberger[16].

Trentzsch wurde schließlich 1950 vom Alfred-Weber-Schüler Hans von Eckardt (1890–1957), dem damaligen Leiter des angeschlossenen Instituts für Publizistik, promoviert. Der Titel seiner 192 Seiten umfassenden Dissertation lautet »Prinzipien des modernen Terrorsystems«. Trentzsch verglich in dieser Arbeit Voraussetzungen und Verhaltensmaximen dreier »Terrorsysteme«: Nationalsozialismus, Bolschewismus und Jakobinismus. Neben dem zu erwartenden kultursoziologischen Ansatz und der Anlehnung an das Forschungsfeld seines Lehrers zeugen die Ausführungen aber zugleich von einer eigenständigen, für einen Betroffenen bemerkenswert nüchternen, wenn auch nicht ganz distanzierten Auseinandersetzung mit totalitären Herrschaftsformen[17]. Interessanterweise nimmt nämlich in der Perspektive des ehemaligen Frontsoldaten die Armee als Träger eines Terrorsystems im Gegensatz zu den Bereichen einer willfährigen Justiz, Wirtschaft oder Wissenschaft nur geringen Raum ein. Das Militär des Terrorsystems, so führte Trentzsch kurz aus, werde »stillschweigend oder aktiv« eine von der Wirtschaft geforderte Expansion unterstützen,

---

[16] Zur Geschichte der Hochschule nach 1945 vgl. vor allem Wolgast, Die Universität Heidelberg (wie Anm. 15), S. 167–186; Uta Gerhardt, Die amerikanischen Militäroffiziere und der Konflikt um die Wiedereröffnung der Universität Heidelberg 1945–1946. In: Heidelberg 1945. Hrsg. von Jürgen C. Hess, Hartmut Lehmann und Volker Sellin, Stuttgart 1996 (= Transatlantische Historische Studien, 5), S. 28–54; Volker Sellin, Die Universität Heidelberg im Jahre 1945. In: ebd., S. 91–106; Dorothee Mussgnug, Die vertriebenen Heidelberger Dozenten. Die Ruprecht-Karls-Universität nach 1933, Heidelberg 1988, S. 187–243; Steven P. Remy, The Heidelberg Myth. The Nazification and Denazification of a German University, Cambridge, Mass., London 2002, S. 116–245; bedingt Kilian Schultes, Die Staats- und Wirtschaftswissenschaftliche Fakultät. In: Die Universität Heidelberg im Nationalsozialismus. Hrsg. von Wolfgang U. Eckart, Volker Sellin und Eike Wolgast, Heidelberg 2006, S. 557–624, hier S. 557–572, 608–614. Zur freien Atmosphäre nach 1945 rückblickend Heinz Markmann, Das InSoSta nach dem zweiten Weltkrieg. In: Heidelberger Sozial- und Staatswissenschaften. Das Institut für Sozial- und Staatswissenschaften zwischen 1918 und 1958. Hrsg. von Reinhard Blomert, Hans Ulrich Esslinger und Norbert Giovannini, Marburg 1997, S. 83–96.

[17] Nahezu wörtlich erfolgt die Anlehnung an Hans von Eckardt, Iwan der Schreckliche, Frankfurt a.M., 1940, 2. verb. Aufl., ebd. 1947. Eckardt zitiert auf S. 6 und 8 einen nicht ganz korrekt übersetzten Vers aus Udo Foscolos »Dei Sepolcri«: »Die Ruhmeslorbeeren entgleiten uns und den Völkern wird offenbar, woher die Tränen fließen und das Blut vergossen wird.« Letzteres stellte auch Trentzsch als Leitfrage seiner Dissertation voran.

sobald »alle militärischen Kader eine ›Säuberung‹ im Sinne des Führungsappa-
rates erfahren haben«. Wenig schmeichelhaft wird hierbei eine derart gesäuberte
militärische Führung gezeichnet, wobei offen bleibt, an wen Trentzsch gedacht
haben mochte, als er schrieb: »In den jetzt führenden Köpfen hat sich eine Selbst-
erhöhung vollzogen, hervorgerufen durch die von der Propaganda dauernd ver-
teilten Lobessuperlative auf die Militärorganisation. Hinzutreten Ruhmwünsche
und Betätigungsdrang, verbunden mit Korrekturwünschen an historischen
Fakten, die ›schwächliche‹ Führungen der Vergangenheit verschuldet haben«
(S. 180). Gewalt und Terror verübe und verbreite allein eine »abgegrenzte, ab-
geschlossene Gruppe« (S. 183). Stützen eines Terrorsystems sind nach
Trentzsch zwei Gruppen: Funktionäre und Mitläufer, denen wiederum eine
unwissende, manipulierte Masse gegenüberstehe (S. 83–92 und 157–168).

Eine apologetische Tendenz lässt sich überdies nicht verleugnen, konstatierte der Verfasser doch, dass sich nur wenige Menschen der »Systembeein-
flussung« durch die eine, alles beherrschende Partei entziehen könnten (S. 187).
Andersdenkende würden eingeschüchtert, überzeugte Gegner zu »Systemop-
fern« (S. 167). Folglich sei, so Trentzsch, organisierter Widerstand gegen ein
solches durch Ideologie, Propaganda und Terror gefestigtes System von innen
heraus nicht möglich. Sämtliche Versuche in der Geschichte totalitärer Herrschaft hätten ja mit der »Vernichtung der Verschwörer« geendet. Nur von
außen und nur mit militärischen Mitteln könne daher, folgerte Trentzsch, ein
solches Terrorsystem beseitigt werden. Zwangsläufig gestand er einer militärischen Opposition von innen, konkret dem Widerstand gegen den Nationalsozialismus, keine entscheidende Bedeutung zu. Nur kurz streifte er daher den
gescheiterten »Staatsstreich« gegen das »Hitlerregime« (S. 184)[18].

Es dürfte zudem kaum ein Zufall sein, dass der Autor in seiner Dissertation
zwar den mutigen Widerstandskämpfer und Kopf des »Kreisauer Kreises«,
Helmuth James Graf von Moltke, erwähnte, jedoch nicht den »Tyrannenmör-
der« Claus Schenk Graf von Stauffenberg[19]. Moltke hatte aus politischen Gründen wie auch aus christlicher Grundüberzeugung heraus ein Attentat auf Hitler
stets abgelehnt[20]. Wie Moltke gehörte auch Trentzsch der evangelisch-lutherischen Konfession an. Inwieweit sein Glaube ihn in der Bewertung eines Wider-
standsrechts beeinflusste, wissen wir nicht. In Bezug auf den sittlichen Gehalt
von aktivem Kampf gegen ein Terrorsystem kam Trentzsch letztlich zu einem
moralphilosophisch gefärbten Urteil, das als Ausgangspunkt und Vergleichs-

---

18 Eine explizite Nennung erfolgt lediglich auf S. 173, Anm. 1, im Zusammenhang mit der
    Feindbildzeichnung in der NS-Propaganda, so der Verweis auf »Goebbels' Film von den
    Volksgerichtsverhandlungen gegen die Männer des 20. Juli«.
19 Aufgeführt sind im Literaturverzeichnis immerhin Fabian von Schlabrendorff, Offiziere
    gegen Hitler (1946); Ulrich von Hassel, Vom anderen Deutschland (1946); Emil Henk, Die
    Tragödie des 20. Juli (1946); Dokumente des Widerstandes (1947); und Allen Welsh Dul-
    les, Verschwörung in Deutschland (1948).
20 Vgl. hierzu im besonderen Günter Brakelmann, Helmuth James von Moltke 1907–1945.
    Eine Biographie, München 2007, S. 239 f., 242 f.; Brakelmann, Christsein im Widerstand.
    Helmuth James Graf von Moltke. Einblicke in das Leben eines jungen Deutschen, Berlin
    2008 (= Schriftenreihe der Forschungsgemeinschaft 20. Juli, 11), S. 172–219.

text späterer Äußerungen an dieser Stelle im genauen Wortlaut und in seiner Gänze wiedergegeben werden soll:

»So erzeugt die Widerstandshandlung außer der Problematik der System-vernichtung noch ein zweites Problem, indem der aktive Kampf gegen das Terrorsystem weitgehend die Anwendung seiner Kampfregeln sowohl durch den Einzelnen als auch durch dessen Sozialorganisation erzwingt. Sich von dieser Methodik äußerlich, von jener Denkweise innerlich wieder distanzieren zu können, macht erforderlich, dass schon während der einfachsten Wider-standshandlung die Frage nach ihrer sittlichen Gültigkeit und nach ihren Fol-gen gestellt wird. Nur so kann das Gefühl für Recht, Sittlichkeit und individu-elle Freiheit lebendig bleiben. Ginge es dabei verloren, so entstünde dem Terrorsystem noch aus seiner Niederlage eine Rechtfertigung und ein Sieg« (S. 189)[21].

Es überrascht in diesem Zusammenhang, dass Trentzsch mit Blick auf die organisierte Vernichtung in seinen beiden Unterkapiteln über das moralische Versagen in einem Terrorsystem (IV 1: »Zersetzung des Sittlichen«; IV 2: »Zer-fällung des Menschentums«) den kurz zuvor publizierten Aufsatz »Organi-sierte Schuld« von Hannah Arendt aus dem Jahr 1946 überging. Ihre bedeut-samen, ja provokanten Ausführungen zur »totalen Komplizität des deutschen Volkes«, zu Terror, Verantwortung und Schuld begegnete er mit auffälligem Schweigen. Die politikwissenschaftliche Theoretikerin, wie sich Hannah Arendt selbst beschrieb, hatte ihre Studie in der von Alfred Weber mitbegründeten und von Dolf Sternberger herausgegebenen Monatszeitschrift »Die Wandlung« veröffentlicht[22]. Die Zeitschrift des Instituts hatte Trentzsch für seine Analyse nachweislich herangezogen[23]. Da auch Karl Jaspers in seinem von Trentzsch zitierten Werk »Die Schuldfrage« aus dem Jahr 1946 auf die Thesen seiner Schülerin eingegangen war, dürfte dem Doktoranden die »Organisierte Schuld« also durchaus bekannt gewesen sein. Allerdings befand sich Trentzsch mit seinem Schweigen in bester Gesellschaft. Die damalige Fachwelt verwei-

---

[21] Vgl. hierzu Brakelmann, Helmuth James von Moltke (wie Anm. 20), S. 239: »War Moltke in der Frage des Staatsstreichs schon skeptisch, so war er in der Ablehnung des Attentats zu dieser Zeit von konsequenter Eindeutigkeit. Er formulierte immer wieder seine beiden Argumente: Man kann ein Unrechts- und Mordsystem nicht mit einem neuen Mord be-enden; man bedient sich dadurch genau der Mittel, die man bekämpft. Und zum anderen: Man läuft Gefahr, eine zweite Dolchstoßlegende zu produzieren.« Im Weiteren allgemein Hans-Joachim Ramm, Christlicher Widerstand im NS-Staat. In: Gott mehr gehorchen als dem Menschen. Hrsg. von Martin Leiner [u.a.], Göttingen 2005, S. 203-214.

[22] Organisierte Schuld. In: Die Wandlung, 1 (1946), 4, S. 333-344. Der ursprünglich auf English im Jewish Frontier, 12 (1945), 1, S. 19-23, erschienene Beitrag wurde kurz darauf mit fünf weiteren Artikeln aus der Zeitschrift in dem Sammelband Sechs Essays, Schriften der Wandlung, Bd 3, Heidelberg 1948, S. 33-47, erneut publiziert. Zur Zeitschrift Die Wandlung (1945-1949) Claudia Kinkela, Die Rehabilitierung des Bürgerlichen im Werk Dolf Sternbergers, Diss. phil. Universität Nürnberg-Erlangen 1998; Acta politica, Bd 3, Würzburg 2001, S. 127-144.

[23] Arendts späteren Artikel über »Konzentrationsläger« [sic!] von 1948 aus derselben Zeit-schrift (Die Wandlung, 3 [1948], 4, S. 309-330), zieht Trentzsch zwar heran, führt ihn aber trotz mehrfacher Zitation später im Literaturverzeichnis nicht auf.

gerte sich gleich Trentzsch zu dieser Zeit weitgehend einer kritischen Auseinandersetzung mit Arendts Beitrag[24].

Trentzsch' Dissertation erhielt die Note »magna cum laude« und blieb ungedruckt. Sie wurde mit dem Vermerk versehen, dass sie nicht in die »Ostzone« versendet werden dürfe. Als dem 31-Jährigen im Juli 1950 von der Fakultät der Doktor der Philosophie verliehen wurde, befand sich die Welt mitten in einer heißen Phase des Kalten Krieges. Seit Juni des Jahres trugen in Korea die einstigen Verbündeten, die USA und die Sowjetunion, auf je ihre Weise den ideologischen Systemkonflikt bis hin zum Einsatz mit militärischen Mitteln aus. Vor dem Hintergrund der sich verschärfenden bipolaren Konfrontation wurde in der jungen Bundesrepublik die Frage nach einem möglichen Verteidigungsbeitrag virulent.

An den Debatten vor allem ehemaliger Wehrmachtangehöriger um die deutsche Sicherheit und die Formen einer »Wiederbewaffnung« beteiligte sich alsbald auch Karl Christian Trentzsch, der seinen Lebensmittelpunkt von Heidelberg nach Bremen verlagerte. 1946 hatte er die Studentin Margarethe Sofie Herms geheiratet, mit der er einen Sohn hatte, und trat nach seiner Promotion als Geschäftsführer in das Bekleidungsgeschäft seines Schwiegervaters in Bremen ein. Nach dem frühen Tod seiner Frau engagierte er sich seit etwa Mitte 1952 in der Hansestadt in zwei neugegründeten Vereinen, dem restaurativen »Verband Deutscher Soldaten« (VdS) und der regierungsnahen »Gesellschaft für Wehrkunde« (GfW)[25]. Nach »Jahren der erzwungenen Wehrlosigkeit«

---

[24] Vgl. zu Arendts Auffassung im Vergleich mit Jaspers metaphysischem Ansatz Iris Pilling, »Der fehlende Zorn des Volkes«. Überlegungen Hannah Arendts zur Nachkriegszeit. In: Heidelberg 1945 (wie Anm. 16), S. 159-172, und Anson Rabinbach, Karl Jaspers' Die Schuldfrage: A Reconsideration. In: ebd., S. 149-158. Vgl. zu möglichen Gründen einer Nichtbeachtung in der Fachwelt Norbert Frei, Von deutscher Erfindungskraft oder: Die Kollektivschuldthese in der Nachkriegszeit. In: Rechtshistorisches Journal, 16 (1997), S. 621-634 (Nachdruck in: Hannah Arendt Revisited: »Eichmann in Jerusalem« und die Folgen. Ed. by Gary Smith, Frankfurt a.M. 2000, S. 163-176), hier S. 629: »durchaus vorstellbar scheint, dass die bezwingende Schärfe ihrer Argumentation es der ansonsten um keine Finte verlegenen Apologetik der fünfziger und sechziger Jahre geraten sein ließ, Arendt in diesem Punkt einfach zu beschweigen«. Vgl. zu dem Thema generell Barbara Wolbring, Nationales Stigma und persönliche Schuld. Die Debatte über Kollektivschuld in der Historische Zeitschrift. In: Historische Zeitschrift, 289 (2009), S. 325-364.

[25] Vgl. hierzu Bert-Oliver Manig, Die Politik der Ehre. Die Rehabilitierung der Berufssoldaten in der frühen Bundesrepublik, Göttingen 2002 (= Veröffentlichungen des Zeitgeschichtlichen Arbeitskreises Niedersachsen, 22), S. 440: »Der VDS [sic!] wurde zu einem bevorzugten Medium der verdeckten Regierungspropaganda, die seit Ende 1951 vom Kanzleramt aus betrieben wurde.« Zur GfW Jay Lockenour, Soldiers as Citizens. Former Wehrmacht Officers in the Federal Republic of Germany, 1945-1955, Lincoln, Nebraska, London 2001, S. 56 f., S. 201, Anm. 87: »So while the GfW was more similar to a modern ›think tank‹ than a veterans' organization, in most cases its aims and ideas were identical to those of the VDS«. Zu den Soldatenverbänden im Weiteren Norbert Wiggershaus, Zur Debatte um die Tradition künftiger Streitkräfte. In: Hans-Joachim Harder und Norbert Wiggershaus, Tradition und Reform in den Aufbaujahren der Bundeswehr. Entwicklung deutscher militärischer Tradition, Bd 2, Herford, Bonn 1985, S. 7-96, hier S. 42-46, und Hans-Jürgen Rautenberg, Zur Standortbestimmung für künftige deutsche Streitkräfte. In:

suchte Trentzsch an der »Wiedererweckung einer Wehrgesinnung« in der deutschen Bevölkerung mitzuwirken, wie es in seiner Bewerbung vom 20. September 1953 für die letztlich politisch gescheiterten EVG-Streitkräfte heißt. An Aktivitäten greifbar ist für diese Zeit ein Vortrag in der am 18. Februar 1952 gegründeten, 57 Mann umfassenden »Sektion Bremen« der GfW[26]. Zwar wissen wir nicht, was Trentzsch über »Demokratie, Wehrwille, Jugend«, so der Titel seines Referats, vortrug, doch ist anzunehmen, dass ein Großteil seiner Ausführungen in dem nahezu zeitgleichen Artikel »Bremer Gespräch mit der Jugend« in der Verbandsschrift »Wehrkunde. Zeitschrift für alle Wehrfragen« Eingang gefunden hat[27].

Zusammen mit Oberst a.D. Wolfgang von Groote hatte Trentzsch in der ersten Hälfte des Jahres 1953 in einer Bremer Oberschule die Diskussion mit Abiturienten gesucht, um im Sinne der GfW den Wehrwillen unter den jungen Erwachsenen wieder zu wecken und die Notwendigkeit eines Wehrdienstes zu erläutern[28]. Nicht unwichtig sind in diesem Zusammenhang seine Äußerungen zur Wehrmacht und zum militärischen Widerstand. Inwieweit tatsächliche Erfahrung im Krieg oder doch bereits verklärende Erinnerung dabei eine Rolle spielten, lässt sich nicht mehr beurteilen. Der Hauptmann d.R. a.D. war acht Jahre nach Kriegsende der Meinung, dass »die deutsche Wehrmacht – im Gegensatz zu 1918 – bis zum letzten Tage des Krieges, und in der Gefangenschaft noch darüber hinaus, in ihren Frontteilen die aus den härtesten Kriegssituationen hervorgegangene echte Gemeinschaft zwischen Offizier, Unteroffizier und Mann geblieben« sei (S. 23)[29]. Möglicherweise spielte in diesem Rückblick auch das alte bündische Ideal seiner Jugendzeit von einer männlichen Kampf- und Wertegemeinschaft hinein, »von der Existenz des wirklichen Soldatentums, von dem erbitterten und entschlossenen Kampf harter Männer gegen vielfache Übermacht« (S. 24). Der 34-jährige Trentzsch mochte wohl nach eigenem Erleben glauben, dass sich die Kriegskinder von 1945 von denen der Jahre nach 1918 kaum unterschieden und im zerbombten Bremen für hehre Vorstellungen von Kameradschaft, Männlichkeit und »wirklichem Soldatentum« immer noch empfänglich seien; denn er war davon überzeugt, dass »der Jugendliche [...] heute, wie zu allen Zeiten, immer noch auf der Suche nach dem männlich-

---

Anfänge westdeutscher Sicherheitspolitik 1945 bis 1956. Hrsg. vom MGFA, Bd 1, München, Wien 1982, S. 737–879, hier S. 802–807, mit weiterführender Literatur.

[26] Vgl. hierzu kurz Major a.D. von Olearius, Sektionsbericht. In: Wehrkunde, 2 (August 1953), 8, S. 24.

[27] Karl Christian Trentzsch, Bremer Gespräch mit der Jugend. In: Wehrkunde, 2 (Dezember 1953), 12, S. 22–24.

[28] Vgl. zu diesem Vorgehen der GfW noch in späterer Zeit den harschen Kommentar von Otto Köhler, Edle Kräfte. In: Der Spiegel, 58 (1. Februar 1971), S. 60: »Die ›Gesellschaft für Wehrkunde‹, die mit ›Pädagogentagungen‹ die Schulen planmäßig zu unterwandern sucht«.

[29] Zum Kameradschaftsmythos in der Wehrmacht allgemein Thomas Kühne, Gruppenkohäsion und Kameradschaftsmythos in der Wehrmacht. In: Die Wehrmacht. Mythos und Realität. Im Auftrag des MGFA hrsg. von Rolf-Dieter Müller und Hans-Erich Volkmann, München 1999, S. 534–549.

menschlichen Vorbild« sei. Selbstbewusst stellte er anschließend die rhetorische Frage: »Wer sollte besser dazu geeignet sein als diejenigen Männer, die sich im Krieg, Gefangenschaft und bitterer Nachkriegszeit sowohl als kämpfende Soldaten wie als um ihre Existenz ringende Staatsbürger bewährt haben?« (S. 24).

Seine Ausführungen zur Wehrmacht sind vor diesem Wahrnehmungs- bzw. Verklärungshorizont wenig überraschend. Der ehemalige Frontkämpfer Trentzsch unterschied sich mit dieser Ansicht kaum von dem in den 1950er-Jahren gezeichneten Idealbild einer tapfer und ehrenhaft kämpfenden Wehrmacht, die losgelöst schien vom NS-System und seinen Verbreche(r)n – ein eigenständiger Kosmos gewissermaßen, dessen Angehörige unmöglich die militärische, geschweige denn moralische Katastrophe Deutschlands zu verantworten hätten. Dieser »Wehrmachtsmythos« wurde vor allem in den – auch von Trentzsch gelesenen – Kriegsmemoiren jener Jahre verbreitet[30]. Aufgrund seriöser Forschungen, zu denen die Bundeswehr über ihr Militärgeschichtliches Forschungsamt den Anstoß gab, hat sich diese Auffassung nicht dauerhaft halten können[31].

Ob Trentzsch als Frontsoldat von Verbrechen in der Wehrmacht gewusst hat, muss offen bleiben. Wie wir bereits aus seiner Dissertation ersehen, war für ihn die Institution der Wehrmacht jedenfalls kein tragender Teil des nationalsozialistischen Unrechtssystems und somit auch nicht verantwortlich für den deutschen Angriffs- und Vernichtungskrieg. Ganz im Gegenteil, so hebt er in seinem Artikel nunmehr hervor, sei doch gerade »der stärkste Widerstand gegen Hitlers Militarisierung aller Lebensbereiche und gegen seine verbrecherische Kriegspolitik vom Militär ausgegangen« (S. 24). Der Leser fragt sich, ob der Autor mit dieser Ehrenerklärung auch die Männer vom 20. Juli einbezog oder nicht doch nur die sachbezogene Militäropposition aus den Jahren 1937/38 meinte. Trentzsch äußerte sich recht sibyllinisch, wenn er auf das Attentat gegen Hitler zu sprechen kam. Er nahm nicht offen Partei und legte sich auch nicht fest: »Selbstverständlich konnte auch keine Kenntnis und kein Verständnis [sc. von der Jugend] erwartet werden, dass das Offizierkorps der Wehrmacht neben unermesslichen äußeren Belastungen zu einer tiefgreifenden inneren Auseinandersetzung des einzelnen mit seinem Gewissen gezwungen war.

---

[30] Gelesen hat Trentzsch in seiner unten noch zu behandelnden Studie »Der Soldat und der 20. Juli« laut Literaturverzeichnis, das als Empfehlung galt, die Kriegserinnerungen der Generale Hermann Foertsch, Heinz Guderian, Adolf Heusinger, Albert Kesselring, Erich von Manstein, Otto Ernst Remer [!] und Hans Speidel.

[31] So zuerst Manfred Messerschmidt, Die Wehrmacht im NS-Staat. Zeit der Indoktrination, Hamburg 1969, und Klaus-Jürgen Müller, Das Heer und Hitler, Stuttgart 1969 (2. Aufl. 1988). Deutlich das Urteil von Manfred Messerschmidt, Das Verhältnis von Wehrmacht und NS-Staat und die Frage der Traditionsbildung (1981). In: Messerschmidt, Militärgeschichtliche Aspekte der Entwicklung des deutschen Nationalstaates. Hrsg. vom MGFA, Düsseldorf 1988, S. 233–249, hier S. 66: »ein von der Wehrmacht-, Heeres-, Luftwaffen- und Marineführung mitgeplantes kriminelles Ereignis [...], das den absoluten Tiefpunkt der deutschen Militärgeschichte darstellt.« Im Weiteren Rolf-Dieter Müller, Die Wehrmacht: Historische Last und Verantwortung. Die Historiographie im Spannungsfeld von Wissenschaft und Vergangenheitsbewältigung. In: Die Wehrmacht (wie Anm. 29), S. 3–35, hier S. 11.

Aber gerade der daraus resultierende Prozess der Klärung, der bis in unsere
Tage reicht, wird bei entsprechender Auswahl ein neues Offizierkorps bilden,
dessen Führung sich auch die heutige Jugend nicht versagen wird« (S. 24).

Mehr als fünf Jahre nach dem Krieg wirkte nicht nur die nationalsozialistische Propaganda vom »Verrat« und »Dolchstoß« der Männer um Stauffenberg
in der Bevölkerung nach. Öffentlich diffamierten ehemals hochrangige Wehr-
machtangehörige die Offiziere des 20. Juli als »Verräter« und »Feiglinge« und
beeinflussten auf verwerfliche Weise die Meinungsbildung in Veteranenkrei-
sen[32]. In einer Umfrage des Allensbach-Instituts vom Juni 1951 lehnten 59 Prozent der befragten ehemaligen Berufssoldaten Motive und Handeln der Verschwörer vom 20. Juli ab[33]. Die öffentlich geäußerten Verurteilungen des Attentats durch ehemalige Generale Hitlers zum 20. Juli zeugen davon, dass diese
Männer nicht bereit waren, ihre eigene Mitwirkung oder gar Mittäterschaft in
einem Terror-Regime zu hinterfragen. Diese »Nur-Soldaten des blinden Gehor-
sams, der Gutgläubigkeit und auch der Bequemlichkeit« sahen nicht in Hitler,
dem sie als hochrangige Offiziere willig in den Untergang gefolgt waren, und
auch nicht in ihrer Mitwirkung und Teilhabe an der nationalsozialistischen
Herrschaft das Übel, sondern in den »denkenden Soldaten mit dem Ethos der
Vaterlandsliebe«[34]. Mehr noch: Da es um einen möglichen Krieg gegen den
alten Feind im Osten ging, meinten sie durch tatsächliche oder vermeintliche
Sachkompetenz und das Hochhalten eines angeblich »alten Soldatentums«
allein zum Aufbau und zur Führung einer neuen »Wehrmacht« prädestiniert
zu sein. Die Angst, bei der Neuaufstellung nicht berücksichtigt zu werden, als
eidgetreuer »Nur-Soldat« gegenüber den »denkenden« Männern des Widerstandes, den doch Eidbrüchigen, bzw. deren ›Anhängern‹ benachteiligt zu
werden, dürfte zudem nicht wenige Soldaten zu ihren harten Urteilen und
Verbalattacken veranlasst haben[35]. Das 1951 eingerichtete Amt Blank, der Vorläufer des späteren Verteidigungsministeriums, wurde von so manchem arg-
wöhnisch beobachtet, saßen dort doch in ihren Augen zu viele, die mit dem
Widerstand gegen Hitler in Verbindung gebracht wurden[36]. Die weniger mit-
glieder-, denn lautstarken soldatischen Interessenverbände waren daher lediglich bereit, den Widerstand offiziell zu »tolerieren«[37]. Eine weitreichende Be-

---

[32] Vgl. hierzu Meyer, Zur Situation (wie Anm. 9), S. 664–674; Wiggershaus, Zur Debatte um
      die Tradition (wie Anm. 25), S. 73 f.; Lockenour, Soldiers as Citizens (wie Anm. 25),
      S. 167 f.
[33] Vgl. hierzu Wiggershaus, Zur Debatte um die Tradition (wie Anm. 25), S. 73.
[34] Zitierte Kategorien von Friebe, Gutachten (wie Anm. 6), S. 88.
[35] Vgl. etwa Brief des späteren VdS-Vorsitzenden Admiral a.D. Gottfried Hansen an Konrad
      Adenauer vom 4. Juli 1951, BA-MA, BW 9/3085.
[36] Vgl. hierzu Wiggershaus, Zur Debatte um die Tradition (wie Anm. 25), S. 74 f.
[37] Kritisch Walter Theimer, Des Teufels Generale. In: Gewerkschaftliche Monatshefte, 2
      (Oktober 1951), 10, S. 537–540, hier S. 538: »Eine bloße *Tolerierung* – wie lange übrigens? –
      wird demokratischen Notwendigkeiten nicht gerecht. Wer sagt: ›Ich war und bin gegen
      den Widerstand gegen Hitler, aber ich billige den Widerstandsmännern ehrenhafte Moti-
      ve zu«, *ist* kein Demokrat, hat in sich den Bruch mit Hitler nicht wenigstens nachträglich
      vollzogen. Wer die Demokratie, das Menschenrecht bejaht, muss Hitler ablehnen und den

deutung erhielt in diesem Zusammenhang die sogenannte Hansen-Formel. Auf Veranlassung der Bundesregierung hatte sich nämlich Admiral a.D. Gottfried Hansen, der Sprecher des »Bundes versorgungsberechtigter Wehrmachtsangehöriger« (BvW) und spätere Vorsitzende des VdS, im März 1951 zu einem abwägenden Urteil durchringen müssen. Im Bemühen um Ausgleich und inneren Frieden, mit Blick auf einen westdeutschen Verteidigungsbeitrag und der damit verbundenen Erfolgschancen politischer Verbandsforderungen entwickelte er folgende Sprachregelung: »Der Riss, der durch den 20. Juli in unsere Reihen gebracht ist, muss überbrückt werden. Der eine von uns ist seinem Eid treu geblieben, der andere hat in weitgehender Kenntnis aller Vorgänge die Treue zu seinem Volk über die Eidespflicht gestellt. Keinem ist aus seiner Einstellung ein Vorwurf zu machen, wenn nicht Eigennutz, sondern ein edles Motiv sein Handeln bestimmt hat. Aus dieser Anerkennung des Motivs folgt, dass man Verständnis für die Handlungsweise des anderen aufbringen muss[38]!«

Allerdings kam damit zunächst nur wenig Beruhigung in die Sache, da sich manche »Eidhalter« nur bedingt an diese kompromissbehaftete Formel gebunden fühlten. Die von Hansen geforderte Achtung und Anerkennung von Kameraden, die ihr Gewissen über den unbedingten Gehorsam gestellt und dafür ihr Leben geopfert hatten, vermochten sie, die Hitler somit noch nach 1945 den Eid hielten, nicht aufzubringen. Die Kampagne gegen die Hitler-Attentäter erreichte in der zweiten Hälfte des Jahres 1951 ihren Höhepunkt, als einige eidloyale VdS-Funktionäre die Widerstandskämpfer öffentlichkeitswirksam schmähten[39]. Aber erst auf alliiertem Druck sah sich die widerstrebende Bundesregierung unter Konrad Adenauer gezwungen, am 2. Oktober 1951 endlich eine positive Stellungnahme zum mutigen Handeln der Frauen und Männer des 20. Juli abzugeben[40]. Dieses in Augen kritischer Zeitgenossen längst über-

---

Widerstand gegen ihn bejahen. Er muss bedauern, nicht daran teilgenommen zu haben, seinen Irrtum und seine Verblendung zugeben.« (Hervorhebung im Original).

[38] Zitiert in: Friebe, Gutachten (wie Anm. 6), S. 90.

[39] So distanzierte sich der erste Vorsitzende des VdS, Generaloberst a.D. Johannes Frießner, in einer Pressekonferenz im September 1951 als Soldat und Christ nachdrücklich vom »Mord am Staatsoberhaupt«, wenn er auch den Attentätern zugestand, dass ihr Handeln »patriotisch und sittlich« gewesen sei; hierzu Protokoll der 177. Kabinettssitzung vom 2. Oktober 1951. In: Die Kabinettsprotokolle der Bundesregierung, Bd 4, Boppard a.Rh. 1951. Im Weiteren Marion Gräfin Dönhoff, Petrus, Paulus und die Deutschen. In: Die Zeit vom 11. Oktober 1951. Zur Frießner-Affäre und anderen Entgleisungen ferner Manig, Die Politik der Ehre (wie Anm. 25), S. 412–417; Claudia Fröhlich, »Wider die Tabuisierung des Ungehorsams«. Fritz Bauers Widerstandsbegriff und die Aufarbeitung von NS-Verbrechen, Diss. phil. Freie Universität Berlin, Frankfurt a.M. 2006, S. 71–75; Lockenour, Soldiers as Citizens (wie Anm. 25), S. 45–53; Norbert Wiggershaus, Zur Bedeutung und Nachwirkung des militärischen Widerstandes in der Bundesrepublik Deutschland und der Bundeswehr. In: Aufstand des Gewissens. Militärischer Widerstand gegen Hitler und das NS-Regime 1933–1945. Hrsg. vom MGFA, Berlin, Bonn, Herford 1994, S. 465–491, hier S. 469 f., 474.

[40] Vgl. hierzu im Einzelnen Manig, Die Politik der Ehre (wie Anm. 25), S. 417–440; Fröhlich, »Wider die Tabuisierung des Ungehorsams« (wie Anm. 39), S. 70–75; Fröhlich, Zum Umgang mit dem Widerstand gegen den Nationalsozialismus in der Bundesrepublik. Phasen und Themen der Judikatur zum 20. Juli 1944. In: Der vergessene Widerstand. Zu Realge-

fällige politische Bekenntnis, dem in den folgenden Jahren mehrere symbolische Staatsakte folgen sollten[41], erhielt wenig später in einem aufsehenerregen-
den Prozess juristischen Flankenschutz[42]. Vor dem Braunschweiger Landgericht
war im März 1952 angeklagt der ehemalige Kommandeur des Berliner »Wach-
bataillons Großdeutschland«, Ernst Otto Remer. Nicht weil er an der Nieder-
schlagung des 20. Juli beteiligt gewesen war, wurde ihm der Prozess gemacht,
sondern weil er als Vorsitzender einer neo-nazistischen Partei in einer Kundge-
bung die Widerstandskämpfer als Verräter geschmäht hatte. Gegen diese
»Nachhut des Nationalsozialismus«[43] wurde mit Hilfe des umsichtigen Gene-
ralstaatsanwalts Fritz Bauer ein deutliches Zeichen gesetzt: Die Dritte Straf-
kammer des Landgerichts verurteilte Remer wegen übler Nachrede in Tatein-
heit mit Verunglimpfung des Andenkens Verstorbener zu drei Monaten
Gefängnis. Der Vorsitzende Richter Joachim Heppe erklärte bei der Urteilsver-
kündung, dass der Angeklagte offenbar noch in den Anschauungen des Jahres
1944 lebe und sich von diesen Anschauungen auch sieben Jahre nach Kriegsende noch nicht habe lösen können. Er schrieb dem Uneinsichtigen unmissverständlich ins Stammbuch: »Was aber damals am 20. Juli 1944 verständlicher
Irrtum war, ist heute als unbelehrbarer Trotz anzusehen[44].«

Der 1906 geborene Heppe war wie Trentzsch 1942 zum Leutnant ernannt
worden, allerdings bei Stalingrad 1943 in sowjetische Kriegsgefangenschaft
geraten, aus der er 1950 entlassen wurde[45]. Er hatte, wie er während der Ver-
handlung erklärte, als damaliger Internierter das Tätigwerden von Offizieren
im Nationalkomitee Freies Deutschland als Verrat gewertet – um so bemerkenswerter war nun seine juristische Stellungnahme für die Männer und Frau-

---

schichte und Wahrnehmung des Kampfes gegen die NS-Diktatur. Hrsg. von Johannes
Tuchel, Göttingen 2005 (= Dachauer Symposien zur Zeitgeschichte, 5), S. 208–231, hier
S. 211–213.

[41] Zu den Gedenkreden am Jahrestag vgl. http://www.20-juli-44.de (17.8.2010). Das Ehren-
mal für die Widerstandsgruppe um Stauffenberg von Richard Scheibe im Berliner Bendlerblock wurde am 20. Juli 1953 eingeweiht, hierzu Stefanie Endlich, Orte des Erinnerns –
Mahnmale und Gedenkstätten. In: Der Nationalsozialismus. Die zweite Geschichte. Überwindung – Deutung – Erinnerung. Hrsg. von Peter Reichel, Harald Schmid und Peter
Steinbach, München 2009, S. 350–377, hier S. 353 f.; Christian Welzbacher, Edwin Reds-
lob. Biografie eines unverbesserlichen Idealisten, Berlin 2009, S. 381–386. Anders als der
17. Juni ist der 20. Juli indes nie zu einem nationalen Feiertag erhoben worden.

[42] Zum Remer-Prozess: Die im Braunschweiger Remerprozeß erstatteten moraltheologi-
schen und historischen Gutachten nebst Urteil. Hrsg. von Herbert Kraus, Hamburg 1953;
Fröhlich, »Wider die Tabuisierung des Ungehorsams« (wie Anm. 39), S. 31–124; Fröhlich,
Zum Umgang mit dem Widerstand (wie Anm. 40), S. 215–231; Irmtrud Wojak, Fritz
Bauer 1903–1968. Eine Biographie, 2. durchges. Aufl., München 2009, S. 265–277.

[43] So der Prozessbeobachter Rüdiger Proske, Brief aus Braunschweig: Prozess um den
20. Juli. Die Braunschweiger Verhandlungen gegen Otto Ernst Remer. In: Der Monat,
43 (1952), S. 16–21, hier S. 20.

[44] Urteil des Landgerichts Braunschweig vom 15. März 1952 in der Strafsache gegen Generalmajor a.D. Remer. In: Die im Braunschweiger Remerprozeß erstatteten moraltheologischen und historischen Gutachten (wie Anm. 42), S. 136.

[45] Zur Person kurz Fröhlich, »Wider die Tabuisierung des Ungehorsams« (wie Anm. 39),
S. 66, Anm. 167.

en des 20. Juli, denen ja Remer ebenfalls Landesverrat unterstellte[46]. Anders als für Heppe lässt sich für Trentzsch eine derart offene Parteinahme für den gescheiterten Staatsstreich nicht nachweisen. So eindeutig, wie er in seinen Schriften den Wehrdienst bejahte und um eine rechte Wehrgesinnung in jugendlichen Köpfen warb, so wenig deutlich war in dieser Zeit seine Haltung zum 20. Juli.

Bereits im September 1953 hatte sich Trentzsch über die Gesellschaft für Wehrkunde (GfW) im Amt Blank um Aufnahme in die damals geplanten, letztlich gescheiterten EVG-Streitkräfte beworben. Ein Jahr später bewarb er sich um Aufnahme in die künftigen westdeutschen Streitkräfte. In Bremen war er über die GfW in ein förderliches Netzwerk ehemaliger Wehrmachtoffiziere mit Verbindungen zum Amt Blank eingebunden. Als Referenzen nannte er in seinem Gesuch vom 10. Juni 1954 unter anderem die in Bremen ansässigen Oberst a.D. Dr. Wolfgang von Groote[47] und Konteradmiral a.D. Gerhard Wagner[48] sowie vor allem Oberstleutnant i.G. a.D. Werner Drews, Bonn, der sein späterer Vorgesetzter werden sollte[49]. Über seinen Artikel »Bremer Gespräch« in der »Wehrkunde« war zudem der in Paris im Interimsausschuss der EVG tätige Ernst Ferber auf Trentzsch aufmerksam geworden und empfahl ihn nachdrücklich seinem Bonner Kollegen Kurt Brandstädter[50]. Bei seinem Vor-

---

[46] Vgl. zu den Einzelheiten und dem freimütigen Eingeständnis des Richters, sich in einem Gewissenskonflikt zu befinden, Fröhlich, »Wider die Tabuisierung des Ungehorsams« (wie Anm. 39), S. 66 f.; Wojak, Fritz Bauer (wie Anm. 42), S. 275 f.

[47] Der in Göttingen promovierte Historiker Groote (1911–2000) trat 1934 in die Reichswehr ein und beendete den Zweiten Weltkrieg als Major. Er wurde im März 1956 als Oberstleutnant in die Bundeswehr übernommen. Nach seiner Verwendung im BMVg war er stellvertretender Brigadekommandeur in Flensburg, lehrte an der Führungsakademie der Bundeswehr in Hamburg und wurde schließlich zweiter Amtschef des Militärgeschichtlichen Forschungsamts in seiner Heimatstadt Freiburg i.Br. (1964–1969). Vgl. den Nachruf von Friedhelm Klein, Oberst i.G. a.D. Dr. phil. Wolfgang von Groote †. In: Militärgeschichtliche Zeitschrift, 59 (2000), S. 3. Anders als Trentzsch richtete sich das Augenmerk des Historikers Groote auf die unbedenkliche Zeit der frühen neueren Geschichte, wie der Titel seiner Göttinger Ms.-Dissertation aus dem Jahr 1948 verrät: »Nationale und vornationale Vorstellungen in Oldenburg 1790–1830«; als stark gekürzte Version 1955 veröffentlicht unter dem Titel: »Die Entstehung des Nationalbewusstseins in Nordwestdeutschland 1790–1830«.

[48] Wagner (1898–1987) gehörte zur Crew 1916 der Kaiserlichen Marine, am Ende des Zweiten Weltkrieg war er Chef der Operationsleitung der Seekriegsleitung, nach 1945 Mitarbeiter der deutschen Sektion des US-amerikanischen Naval Historical Team in Bremerhaven. In der Bundesmarine wurde er u.a. Stellvertreter des ersten Inspekteurs Friedrich Ruge. Vgl. hierzu Berthold Sander-Nagashima, Die Bundesmarine 1950 bis 1972. Konzeption und Aufbau, München 2006 (= Sicherheitspolitik und Streitkräfte der Bundesrepublik Deutschland, 4), S. 32 f.

[49] Drews (1914–1974) war 1932 in die Reichswehr eingetreten, geriet 1945 als Oberstleutnant in US-amerikanische Kriegsgefangenschaft. Seit 1951 war er im Amt Blank tätig als Referent für »Allgemeine Wehrfragen«, in die Bundeswehr trat er 1955 als Oberst ein. Vgl. hierzu Dieter Krüger, Das Amt Blank. Die schwierige Gründung des Bundesministeriums der Verteidigung, Freiburg i.Br. 1993 (= Einzelschriften zur Militärgeschichte, 38), S. 186.

[50] Ferber (1914–1989) trat 1933 in die Reichswehr ein, geriet als Oberstleutnant in Kriegsgefangenschaft. Seit 1951 im Amt Blank wurde er als Oberstleutnant 1955 in die Bundeswehr übernommen und war u.a. von 1971 bis 1973 Inspekteur des Heeres. – Brandstädter

stellungsgespräch in Bonn wurde Trentzsch mit der berühmten Testfrage Nr. 26 konfrontiert: »Wie würden Sie den 20. Juli erklären?« Sie war Bestandteil eines nicht unumstrittenen qualitativen Interview-Katalogs der Annahmeorganisation, die für die Offizierdienstgrade vom Oberstleutnant abwärts zuständig war. Es ging bei der Beurteilung der Bewerber jedoch keineswegs darum, den Staatsstreich nachträglich vom künftigen Bundeswehroffizier gebilligt sehen zu wollen. Nicht ein Bekenntnis aus innerer Überzeugung, sondern Anerkennung und Achtung waren gefragt[51]. Diese moderate Erwartungshaltung, die über die Hansen-Formel nicht hinausging, war der damaligen Situation geschuldet: Die ehemaligen Wehrmachtangehörigen, die anders dachten, und das war die Mehrzahl, sollten nicht abgeschreckt werden. Auf ihre Mitwirkung konnte ja bei dem raschen Aufbau der neuen Streitkräfte nicht verzichtet werden. Für die neuzugründende »Bundeswehr« hieß dies, dass nach einem Kompromiss gesucht werden musste. So wurden die Pflichterfüllung des Wehrmachtsoldaten im Krieg und seine unbedingte Treue gegenüber einem eidbrüchigen Eidnehmer gleichwertig neben den Gewissensentscheid der Widerstandskämpfer gestellt[52]. Im Übrigen legten sich die Mitarbeiter im Amt Blank in dieser Frage nicht nur wegen der personellen Sachlage, sondern auch wegen der möglichen Folgerungen für Eid und Gehorsam Zurückhaltung auf[53].

(1902–1963) trat 1922 in die Reichswehr ein, geriet als Oberst in US-amerikanische Kriegsgefangenschaft. Seit 1952 im Amt Blank, wurde er 1955 als Brigadegeneral in die Bundeswehr übernommen. Hierzu Frank Nägler, Der gewollte Soldat und sein Wandel. Personelle Rüstung und Innere Führung in den Aufbaujahren der Bundeswehr 1956 bis 1964/65, München 2010 (= Sicherheitspolitik und Streitkräfte der Bundesrepublik Deutschland, 9), S. 34, 77; Krüger, Das Amt Blank (wie Anm. 49), S. 185, 187.

[51] Vgl. Major Kurt Heuser, Tätigkeitsbericht der Annahmeorganisation vom 30. April 1957, S. 38: »Diese Frage verlangt in der Form ihrer Stellung eine Erklärung, aber nicht ein Bekenntnis. Von einem Offizier muss erwartet werden, dass er zur Problematik des 20. Juli Stellung nehmen kann, weil er ja in der Praxis zumindest um die Erklärung des 20. Juli nicht herumkommt. Darüber hinaus muss man von ihm erwarten, dass er zu diesem Problem sich eine eigene Meinung gebildet hat. Diese Meinungsbildung muss respektiert werden.« BA-MA, BW 21/52. Vgl. noch die Sowohl-als-auch-Formel in den »Richtlinien für die Prüfung der persönlichen Eignung der Soldaten vom Oberstleutnant – einschließlich – abwärts« vom 13. Oktober 1955, S. 1: »Der Soldat ist in seinem Gewissen gebunden an unvergängliche sittliche Gebote. [...] Aus solcher Einstellung muss der künftige Soldat die Gewissensentscheidung der Männer des 20. Juli anerkennen. Dies wird er verbinden mit der Achtung vor ihnen und vor den vielen anderen Soldaten, die im Gefühl der Pflicht ihr Leben bis zum Ende eingesetzt haben.« BA-MA, N 493/v.33.

[52] Vgl. hierzu Donald Abenheim, Bundeswehr und Tradition. Die Suche nach dem gültigen Erbe des Soldaten, München 1989 (= Beiträge zur Militärgeschichte, 27), S. 89–97, 104 f., 133 f.; Rautenberg, Zur Standortbestimmung (wie Anm. 25), S. 824–826; Wiggershaus, Zur Debatte um die Tradition (wie Anm. 25), S. 46 f., 75 f.; Uwe Hartmann, Tradition und Legitimation, Eine kritische Reflexion über aktuelle Probleme des Traditionsverständnisses der Bundeswehr. In: Streitkräfte intern, 1 (1991), S. 8–62, hier S. 29 f.; Klaus Zäpke, Die Rezeption des Widerstandes gegen den Nationalsozialismus durch die Bundeswehr, Ms.-Magister-Arbeit Universität Hamburg 1989, S. 49–52; Geilen, Das Widerstandsbild in der Bundeswehr (wie Anm. 4), S. 335.

[53] Vgl. hierzu Wiggershaus, Zur Debatte um die Tradition (wie Anm. 25), S. 74–77; Wiggershaus, Zur Bedeutung und Nachwirkung (wie Anm. 39), S. 475 f.; Nägler, Der gewollte

Wie Trentzsch in seinem Bewerbungsgespräch auf die Frage Nr. 26 geantwortet hat, sagen unsere Quellen nicht. Seine Ausführungen müssen aber seine Interviewpartner vollauf überzeugt haben, der Prüfungsbericht vom 14. Oktober 1955 äußerte sich nämlich zu seiner Person und seinem Auftreten uneingeschränkt positiv. Zu den 101 Freiwilligen vom 12. November 1955, die in der Bonner Ermekeilkaserne ihre Ernennungsurkunden überreicht bekamen, gehörte Trentzsch nicht. Nur wenig später, am 1. Dezember 1955 trat er im Dienstgrad eines Majors als Soldat auf Zeit in die Bundeswehr ein. Am 29. Juni 1956 wurde er Berufssoldat. Er gehört damit in die von den Herausgebern eingeführte Kategorie Typus I Frontoffizier. Eingesetzt wurde er zunächst in der von Generalleutnant Hans Speidel geführten Abteilung IV. Als Hilfsreferent arbeitete er bis 1958 in der von Oberst i.G. Werner Drews geleiteten Unterabteilung IV C, die sich allgemein mit den Themen »Streitkräfte und Öffentlichkeit« sowie »Grundlagen der Wehraufklärung und Freiwilligenwerbung« befasste[54]. Die Auseinandersetzung mit dem nationalsozialistischen Terrorsystem und in diesem Zusammenhang mit dem Recht und der Pflicht zum Widerstand sollten Trentzsch die nächsten Jahre nicht mehr nur persönlich, sondern nun auch dienstlich beschäftigen.

In Sonthofen sollte im Mai/Juni 1956 der erste achtwöchige Lehrgang für den Führungsnachwuchs, für etwa 260 höhere Offiziere, der jungen Armee stattfinden[55]. Das Ministerium zögerte, offiziell zum Widerstand Stellung zu beziehen. Es schien keiner der Verantwortlichen von der politischen wie militärischen Führungsebene bereit, in Sonthofen an der Frage des Widerstands zu rühren: weder der zögerliche Minister Theodor Blank (CDU) noch die beiden eidloyalen Generale Adolf Heusinger als Vorsitzender des Militärischen Führungsrates und Hans Speidel als Leiter der Abteilung »Gesamtstreitkräfte«[56]. Nach ersten Überlegungen vom Sommer 1955 sollte das heikle Thema kein Soldat, sondern ein ziviler Angehöriger des Ministeriums behandeln, der eins-

---

Soldat (wie Anm. 50), S. 71–74; Georg Meyer, Adolf Heusinger. Dienst eines deutschen Soldaten 1915 bis 1964, Hamburg, Berlin, Bonn 2001, S. 630 f., 911, Anm. 754.

[54] Zur Organisation der Abt. IV »Streitkräfte« im BMVg, dem Problem einer genauen Abgrenzung der jeweiligen Zuständigkeiten der Unterabteilungen, die zu Konflikten zwischen Werner Drews (IV C »Ausland/Inland«) und Wolf Graf von Baudissin (IV B »Innere Führung«) führte: Nägler, Der gewollte Soldat (wie Anm. 50), S. 90–101.

[55] Laut der ministeriellen Zusammenstellung »Das Anlaufen der Ausbildung« vom 28. Februar 1956 war dies »ein Lehrgang der Streitkräfte, in dem das verfügbare Spitzenpersonal mit frühzeitig beginnenden Lehr- und Ausbildungsaufgaben von Heer, Marine und Luftwaffe sowie der Territorialen Organisation eingewiesen werden« sollte. BA-MA, BW 2/1936a.

[56] Vgl. etwa Meyer, Adolf Heusinger (wie Anm. 53), S. 633: »Heusingers Zurückhaltung entsprach dem Schweigen Speidels. [...] Beide zusammen vermieden aber eine sich eigentlich schon aufgrund ihrer eigenen Erfahrungen aufdrängende Stellungnahme, nachdem auch Theodor Blank [...] als Minister offenbar keine Veranlassung zu einer grundsätzlichen Orientierung sah. Auch sein Nachfolger seit dem 16. Oktober 1956, Franz Josef Strauß, betrachtete diese Frage wohl nicht als dringlich.« Kurzinformationen zum Lebenslauf der beiden Generale, die seit 1914 bzw. 1915 in insgesamt vier deutschen Armeen treu gedient hatten in Nägler, Der gewollte Soldat (wie Anm. 50), S. 105, Anm. 76 und S. 78, Anm. 220.

tige persönliche Referent des Bundeskanzlers und Leiter der Zentralabteilung, Ernst Wirmer, Bruder des am 20. Juli beteiligten und hingerichteten Rechtsanwalts Josef Wirmer[57]. Diese inhaltlichen Planungen wurden jedoch alsbald verworfen. Der 20. Juli sollte nun nicht mehr mit einem Vortrag abgehandelt, sondern allein durch Selbststudium der Lehrgangsteilnehmer erarbeitet werden[58]. Es gelte, so ein früher Ausspruch Heusingers, »ruhen zu lassen, was gewesen«[59] sei, in der Hoffnung, das Problem des 20. Juli werde sich von selbst erledigen[60]. Ein äußeres Zeichen für die militärische Opposition war zumindest mit der im Januar 1956 vorgenommenen Umbenennung der NS-Ordensburg Sonthofen in Generaloberst-Ludwig-Beck-Kaserne gegeben. Ausschlaggebend waren die am 11. August 1955 brieflich geäußerten Bedenken des Bundeskanzlers an der Wiederverwendung der ehemaligen NS-Stätte. Es war denn auch Konrad Adenauer, der eine Umbenennung wünschte[61]. Beck als Namenspatron stand nicht von vornherein fest. Der damalige Leiter der Militärischen Abteilung Adolf Heusinger hatte im Spätsommer 1955 den königlich-bayerischen General der Infanterie Ludwig von der Tann (1815–1871) vorgeschlagen[62]. Theodor Blank entschied sich wohl letztlich vor allem deswegen für Beck, um die politisch belastete Liegenschaft für die neuen Streitkräfte nutzen zu können[63].

---

[57] BA-MA, N 717/5, Bl. 33 vom 12. August 1955. Wirmer sollte in den Jahren 1958, 1962 und 1964 im Ehrenhof des Bendlerblock in Berlin jeweils am 20. Juli eine Gedächtnisrede auf die Hitler-Attentäter als Vertreter des »Hilfswerk 20. Juli 1944« halten, auf die Bundeswehr ging er hierbei nicht ein. Vgl. http://www.20-Juli-44.de (17.8.2010). Sein erster Vortrag »Aber nie ist der Einzelne unrettbar« wurde wohl wegen der Bezüge zum 17. Juni in der »Information für die Truppe«, 4 (1959), 6, S. 356–358, unter dem Titel »Zum 20. Juli« publiziert.

[58] Vgl. hierzu das geplante Unterrichtsprogramm für den ersten Lehrgang in: Baudissin-Zentrum (BDZ), Depositum Claus von Rosen, Akte Sonthofener Lehrgang, IV/IV Vorbereitungsstelle, G3-Tgb.Nr. 1307/56 vom 2. März 1956 mit Änderungen vom 21. April 1956.

[59] Heusinger am 12. November 1952, Tagebuch Dienststelle Blank Abt. II, BA-MA, BW 9/2527-1, Bl. 157. Solche Äußerungen waren nicht selten unter ehemaligen Wehrmachtsoldaten. Vgl. Lockenour, Soldiers as Citizens (wie Anm. 25), S. 176 f.

[60] Zu internen Äußerungen des Generalinspekteurs Tagebuch Baudissin zum 8. März 1957, BA-MA, BW N 717/8, Bl. 133 (Nachlass Wolf Graf von Baudissin): »Heusinger schreckt vor aller Problematik in Bezug auf die Vergangenheit zurück, Er [sic!] bildet sich ein, dass die Frage des 20. Juli und des 3. Reiches überhaupt keine Rolle mehr spiele; man solle nicht Wunden aufreissen [sic!], die gerade zu heilen begännen.« Im Weiteren besonders Tagebuch Baudissin zum 1. Juni 1957, BA-MA, BW N 717/8, Bl. 160 (Nachlass Wolf Graf von Baudissin).

[61] Aktenvermerk des Leiters der Abteilung Unterbringung und Liegenschaften Gerhard Loosch vom 6. September 1955, BA-MA, BW 1/5345, Bl. 99.

[62] BA-MA, BW 1/5345, Bl. 99, 122.

[63] Vgl. Blanks Rede am 15. Mai 1956 in Sonthofen vor den Lehrgangsteilnehmern, in der, wenn auch kurz, auch die Offiziere erwähnt werden, die »in Gewissensnot und Verantwortung gegenüber diesem Volke den Angriff gegen das System des Unrechtes und der Unfreiheit gewagt haben«. BA-MA, N 493/v.36, S. 5. Im Weiteren BA-MA, BW 1/5345, Bl. 99, 122. Speidel behauptet in seinen Memoiren (Aus unserer Zeit. Erinnerungen, Frankfurt a.M. 1977, S. 349 f.), er habe Beck als Namensgeber vorgeschlagen. Er löste Heusinger als Abteilungsleiter »Gesamtstreitkräfte« allerdings erst im November 1955 ab.

Wenn schon nicht der 20. Juli, so sollte doch in Sonthofen zumindest die Frage nach der rechten Militärtradition ihren Platz im Lehrplan erhalten. Der Unterabteilungsleiter IV B, Wolf Graf von Baudissin, war eingeplant, auf diesem I. Lehrgang »Gesamtstreitkräfte« einen Vortrag über »Soldatische Tradition und ihre Bedeutung in der Gegenwart« zu halten, der den Widerstand über die Frage von Gehorsamspflicht und Gewissen immerhin streifte[64]. Trentzsch war nicht als Redner für diesen Lehrgang vorgesehen. Sein Abteilungsleiter Werner Drews nahm ihn jedoch kurzfristig in die IV C zugeteilte Unterrichtseinheit am Nachmittag des 2. Mai 1956 hinein, wohl um diese nicht, wie ursprünglich vorgesehen, alleine zu bestreiten. Der Major sollte in der 9. und 10. Unterrichtsstunde über »Allgemeine Publikationsmittel« referieren und nutzte, sicherlich in Absprache mit Drews, die Gunst der Stunde[65].

Trentzsch gelang in seinem Vortrag vor den Offizieren »Der Soldat und der 20. Juli« die Gratwanderung zwischen gewissenstreuen und eidloyalen Wehrmachtoffizieren[66]. Zu Beginn zeigte er Verständnis für diejenigen, die sich, ob Bürger oder Soldat, dem Widerstand gegen den Nationalsozialismus nicht vorurteilsfrei nähern könnten. Schuld seien die nachwirkende NS-Propaganda, aber auch die Alliierten, welche die Vorgänge um den 20. Juli auch noch nach Kriegsende verschwiegen hätten. Neben mangelnder oder falscher Kenntnis vom damaligen Geschehen liege aber »das wesentlichste Hemmnis auf dem Weg zur klärenden Aussprache und zur fundierten Urteilsbildung in der unbewältigten individuellen Vergangenheit« (S. 11). Ein Jeder sei zur Klärung des drängenden Problems, zu einer Stellungnahme aufgefordert, insbesondere aber die Offiziere, da sie dadurch in die Lage versetzt würden, sich niemals wieder als Instrument eines totalitären Systems missbrauchen zu lassen, »die Gewissen zu schärfen« (S. 14) und den Anfängen zu wehren. Trentzsch forderte seine Zuhörer daher auf zu einem Nachdenken »über die äußersten Grenzen des soldatischen Seins« (S. 13). Jedoch solle hierbei niemandem vorgeschrieben werden, wie er über den 20. Juli zu denken habe. Eine Be- oder Verurteilung der Tat möge jedem Einzelnen überlassen bleiben.

Die Beschäftigung mit dem 20. Juli in der Bundeswehr hatte für Trentzsch insofern eine Bedeutung, als sie zunächst einmal wie die Hansen-Formel klären und befrieden sollte[67]. Nachdem er das Wesen des Terrorsystems umrissen

[64] Vortragstext in: BA-MA, BW 11-VI/8. Abgedruckt in: Wehrkunde, 5 (1956), S. 430–437, und Handbuch Innere Führung (wie Anm. 1), S. 49–77.

[65] BDZ, Depositum Claus von Rosen, Akte Sonthofener Lehrgang IV/IV, Unterrichtsprogramm Lehrgang I (Sonthofen), Anlage 1a Mittwoch, 2. Mai 1956. Drews neigte auch sonst dazu, Trentzsch kurzfristig einsetzen zu wollen. Vgl. Tagebuch Baudissin, Vermerk vom 8. November 1956, BA-MA, N 717/7, Bl. 163 (Nachlass Wolf Graf von Baudissin).

[66] Die folgenden Zitate basieren auf der gedruckten Fassung, 1. Aufl., Darmstadt 1956 (36 S.). In den übrigen Auflagen veränderte sich der Wortlaut nicht, lediglich der Seitenumfang wurde verringert. Der Vortrag ist aufgezeichnet worden: VMBl 18/1957, S. 435; das Tonband scheint jedoch verschollen.

[67] Der Soldat und der 20. Juli (wie Anm. 30), S. 17: »Und ehe wir ein Urteil fällen, müssen wir uns selbst in seine Situation hineinstellen und uns selbst eine Entscheidung abverlangen. Dann mag jeder einzelne von uns mit sich selbst abmachen, ob er nun noch eine be-

hatte, was im Wesentlichen auf den Gedanken seiner Dissertation fußte, stellte Trentzsch erneut fest, dass »in einem durchrationalisierten Gewaltsystem« (S. 8) wie dem nationalsozialistischen ein »organisierter Widerstand« nur von außen möglich sei, wie ja das gescheiterte Attentat auf Hitler gezeigt habe: »Dieser missglückte Versuch sollte neben vielen anderen Einsichten, die Erkenntnis vermittelt haben, dass das moderne, geplante und durchgeformte Terrorsystem von innen her niemals beseitigt werden kann« (S. 22 f.). Trentzsch bewertete anschließend in Anlehnung an die Beweisführung im Remer-Prozess die Tat kurz nach rechtlichen, militärisch-politischen und ethischen Gesichtspunkten. Wie der häufige Gebrauch des Konjunktivs zeigt, näherte er sich dem Thema auf verhalten-positive Weise. Rücksicht nahm er mit dieser vermittelnden Haltung auf diejenigen, »die aus achtbaren Gründen nein gesagt haben«, auf die Frontsoldaten, die »guten Glaubens und mit reinem Gewissen« (S. 15) gekämpft hätten. Mit dieser Formulierung wollte Trentzsch ausdrücken, dass nahezu alle Wehrmachtangehörigen unwissend, d.h. ohne Kenntnis der Sachlage, des Systems und seiner Verbrechen gewesen seien[68]. Die überwiegende Mehrheit der Soldaten habe damals ja weder von »den fürchterlichen Geschehnissen« (S. 16) gewusst noch Möglichkeit zur Veränderung besessen und daher sei ihnen nichts anderes übrig geblieben, als gehorsam auf dem ihnen vom Schicksal zugewiesenen Posten auszuharren[69]. Mit Blick auf die Bundeswehr stellte er eindringlich fest, dass die Männer um Stauffenberg, den er namentlich jedoch nirgends erwähnte, in einer »Ausnahmesituation, die sich niemals wiederholt«, gehandelt hätten. Er war der Meinung, dass die Tat des 20. Juli, dessen Wert durch ihr Scheitern nicht geschmälert werde[70], keinen »Modellfall« (S. 30) für die Bundeswehr darstellte. Das Vorgehen der Widerstandskämpfer sei nicht normsetzend für die neue Parlamentsarmee. In einem freiheitlichen Rechtsstaat, in dem »das ethische gesicherte Soldatentum« (S. 31) Bestand habe, gebe es nämlich weder einen Anlass noch ein »Recht zur Rebellion«. Es habe jedoch, so Trentzsch, der »Staatsbürger in Waffen« (S. 31) die Pflicht, diese an das Recht gebundene freiheitliche Grundordnung zu schützen und zu bewahren. Aber nur »der Soldat in führender Position«, der die Gesamtverhältnisse zu überblicken vermag, dürfe rebellieren, und auch nur, wenn das Ganze ge-

---

urteilende Wertung wagen will – und darf.« S. 32: »Das Urteil über sie kann dem Soldaten von heute nicht und von niemandem vorgeschrieben werden. Das widerspräche dem Sinn der Tat jener Menschen. Er muss ihren Weg nachgehen und dann seine eigene Entscheidung suchen. Und er wird sie finden, wenn er ehrlich und aufrichtig mit den Problemen ringt.«

[68] Zu dieser Phrase vgl. Loretana de Libero, Tradition in Zeiten der Transformation. Zum Traditionsverständnis der Bundeswehr im 21. Jahrhundert, Paderborn 2006, S. 92–98.

[69] Der Soldat und der 20. Juli, 1956 (wie Anm. 30), S. 16: »Das Schicksal führte jene Menschen auf ihren Weg, so wie es andere auf ihren Platz stellte als Truppenführer an der Front. Und jeder musste seinen Weg gehen, musste an seinem Platz ausharren bis zum bitteren Ende.«

[70] Ebd., S. 30: »Es ist nicht entscheidend, ob sie äußerlich Erfolg hatten oder nicht. In einem höheren geschichtlichen Sinn musste der 20. Juli scheitern, musste der Kelch bis zur Neige geleert werden. Das System konnte nur an sich selbst zugrunde gehen. Es musste seinen eigenen Mythos selbst zerstören, zum Nichts vergehen, symbolisiert in Hitlers Tod.«

fährdet sei, »insofern bleibt keiner von uns [...] davor bewahrt, in ähnlicher Weise wie die Männer des 20. Juli vielleicht einmal vom Schicksal angerufen zu werden« (S. 31).

Ein Major und kein General, ein Reservist und kein Berufsoldat der ehemaligen Wehrmacht brachte schließlich den Mut auf, quasi im gewissenhaften Ungehorsam, das kontroverse Thema anzusprechen. Karl Christian Trentzsch gehörte als Reservist im klassischen Sinne zu den »Mediatoren«, zu den Männern, »die mit einem Fuße im Heerwesen, mit dem anderen im Volke«[71] standen[72]. Auch vom Charakter her scheint er ein Mann des Ausgleichs gewesen zu: Baudissin vermerkt in seinem Dienst-Tagebuch am 4. Dezember 1956, dass Trentzsch ein Manuskript von ihm für das »Neue Soldatentum« für »zu scharf« gehalten habe: »Man dürfe die ›Alten‹ nicht verärgern«, sei sein Kommentar gewesen[73]. Mit seinem Vortrag hatte Trentzsch jedoch entgegen der Weisung Speidels gehandelt, es dürfe über den 20. Juli auf dem Lehrgang nicht gesprochen werden. Der Militärische Führungsrat billigte jedoch im Nachhinein in seiner Sitzung vom 25. Juni 1956 das eigenmächtige Vorgehen des Majors. Die höheren Vorgesetzten, die der Entscheidung bisher ausgewichen waren, empfahlen nunmehr, dass die abwägenden, vermittelnden Aussagen problem- und gefahrlos »als offizielle Stellungnahme des Ministeriums zu dem umstrittenen Thema« gelten könnten[74].

---

[71] So über die Reserveoffiziere im 19. Jahrhundert Ute Frevert, Die kasernierte Nation. Militärdienst und Zivilgesellschaft in Deutschland, München 2001, S. 281.

[72] In der Forschung bleibt der Beitrag ehemaliger Reserveoffiziere der Wehrmacht beim Aufbau der Bundeswehr zumeist unberücksichtigt, Meyer, Zur Situation (wie Anm. 9), S. 580: »Zehntausende Reserveoffiziere [...] können hier außer Betracht bleiben. Einige von ihnen sind später zwar auch wieder Soldaten geworden. Aber die hauptsächliche Leistung beim Aufbau deutscher Streitkräfte in Ost und West ist von aus der Wehrmacht hervorgegangenen Berufssoldaten erbracht worden.« 1944 betrug der Anteil der Reserveoffiziere am Offizierkorps 44 Prozent, insgesamt wurden etwa 300 000 Mann ernannt. Wolfgang Petter, Militärische Massengesellschaft und Entprofessionalisierung des Offiziers. In: Die Wehrmacht (wie Anm. 29), S. 359 – 370, hier S. 365 f. Zur Situation in der Kasernierten Volkspolizei der SBZ/DDR, der Vorläuferorganisation der NVA, vgl. Daniel Niemetz, Das feldgraue Erbe. Die Wehrmachtseinflüsse im Militär der SBZ/DDR. Hrsg. vom MGFA, Berlin 2006 (= Militärgeschichte der DDR, 13), S. 83: 1953 entstammten 64,4 Prozent der Offiziere dem Reserveoffizierkorps der Wehrmacht.

[73] Tagebuch Baudissin, BA-MA, N 717/7, Bl. 190 (Nachlass Wolf Graf von Baudissin). Auch sein Vorgesetzter Oberst i.G. Werner Drews bescheinigte Major Trentzsch in der Beurteilung vom 23. April 1957 ein »sehr ausgleichendes Wesen«.

[74] Laut Kurzprotokoll des Militärischen Führungsrates Nr. 19 über die Sitzung vom 25. Juni 1956, BA-MA, BW 17/24, sollte der Vortrag nach Mitprüfung und möglicher Überarbeitung mit Anschreiben des Ministers an die Truppe verteilt werden. Im Ergebnisbericht vom 3. Juli 1956 über die Unterabteilungsleiter-Besprechung am 2. Juli 1956 wird hinsichtlich der Sitzung des Militärischen Führungsrates festgehalten: »Über das Thema ›20. Juli‹ gelangt demnächst ein in Sonthofen gehaltener Vortrag des Herrn Dr. Trentsch [sic!] zur Verteilung. Dieser Vortrag soll als offizielle Stellungnahme des Ministeriums zu dem umstrittenen Thema gelten.« BA-MA, BW 1/348024. Vgl. noch den von Oberstleutnant Langguth (Lehrstab A Sonthofen) im Auftrag gezeichneten »Erfahrungsbericht über Beantwortung von Fragen, die von Jugendgruppen gestellt wurden«, vom 27. Oktober 1956, in der unter »2.) Wie stehen Sie zum 20. Juli« (Hervorhebung im Original) als Antwort Trentzsch' Argumente zum Teil wortwörtlich ohne Namensnennung referiert wer-

Am 20. Juli 1956 sprach Trentzsch anlässlich der offiziellen Einweihung der Beck-Gedenk-Tafel noch ein weiteres Mal in Sonthofen über den 20. Juli. Die Feier war jedoch im kleinen Rahmen gehalten, anwesend waren nur Lehrgangsteilnehmer und Offiziere des Standortes[75]. Trentzsch' Vortrag wurde jedoch nicht, wie vom Militärischen Führungsrat angeregt, vom Ministerium selbst herausgegeben, sondern von der ministeriumsnahen »Wehr und Wissen Verlagsgesellschaft« in hoher Auflage gedruckt und in der Truppe verteilt[76]. Hauptmann Reinhard Hauschild (1921–2005), ein ehemaliger Oberleutnant d.R. der Wehrmacht und späterer Mitarbeiter im Ministerium, hat der »Gehorsamsverweigerung« des »sächsischen Majors«, wie er ihn nannte, in seinem autobiografischen Roman »Im Rachen der Schlange« 45 Jahre später ein kleines literarisches Denkmal gesetzt[77].

Die Thesen von Karl Christian Trentzsch, der als Frontkämpfer keine »20.-Juli-Vorbelastung«[78] aufwies, wurden richtungsweisend für die folgenden Diskussionen um die Traditionswürdigkeit des militärischen Widerstands. Seine Standortbestimmung in Sonthofen ging bereits über die Hansen-Formel hinaus, insofern er eine »Rebellion« von führenden Offizieren in einer Ausnahmesituation nicht ausschließen mochte. Wie der Vortrag des Majors allerdings auf die künftigen Offiziere wirkte, muss offen bleiben, umso mehr, als die Bundeswehrführung weiterhin ein klärendes Wort schuldig blieb und sich in der

---

den. BA-MA, 11-VI/9. Weder der Vortrag noch die Entscheidung des Führungsrates sind von Baudissin in seinem Dienst-Tagebuch vermerkt worden. BA-MA, N 717/6.7, Bl. 2 (Nachlass Wolf Graf von Baudissin). Trentzsch wird in den Memoiren Speidels (siehe Anm. 63) und de Maizières, In der Pflicht. Lebensbericht eines deutschen Soldaten im 20. Jahrhundert, Herford, Bonn 1989, ebenfalls nicht erwähnt.

[75] Der Oberallgäuer vom 20. Juli 1956. In: BDZ, Depositum Dagmar Gräfin von Baudissin, Koffer, Hefter: Tafel Sonthofen. Anlässlich der Lehrgangseröffnung in Sonthofen vom 2. Mai habe er, so Speidel in seinen Memoiren »Aus unserer Zeit, S. 350, die Gedenk-Tafel für Ludwig Beck mit einigen Worten enthüllt. Er verschweigt allerdings, dass es sich hierbei um ein Provisorium aus Pappe gehandelt hat. BDZ, Depositum Dagmar Gräfin von Baudissin, Koffer, Hefter: Tafel Sonthofen. An einer weiteren Ehrung schien dem General wenig gelegen, meinte er doch untersagen zu müssen, die am 17. Juli aufgehängte Tafel am 20. Juli offiziell einzuweihen, »da ja alles Nötige bereits geschehen sei«. Tagebuch Baudissin zum 19. Juli 1956, BA-MA, BW N 717/7, Bl. 19 (Nachlass Wolf Graf von Baudissin). Vgl. noch Speidels kurze Ansprache zur Eröffnung des II. Lehrgangs »Gesamtstreitkräfte« in Sonthofen am 16. Juli 1956, BA-MA, BW 11-VI/1. Interessant ist hierbei der Tonband-Mitschnitt seines langen Vortrags vom selben Tag, der sich mit der Kriegsverbrecherfrage, dem Kommunismus und dem Atomkrieg beschäftigt, aber frei von Gedanken an den 20. Juli ist. BA-MA, BW 11-VI/9.

[76] Der Vortrag erfuhr im Ganzen vier Auflagen. Er wurde des Weiteren gekürzt veröffentlicht in der anspruchsvollen Anthologie von Wolfgang Hoffman-Harnisch, Binde Deinen Karren an einen Stern. Lesebuch für Deutsche, Stuttgart 1958. Dieses Werk wurde im Übrigen als Sonderdruck unter dem Kurztitel »Lesebuch für Deutsche« mit einem 1959 eingefügten Geleitwort des Heeres-Inspekteurs Hans Röttiger ausscheidenden Soldaten zur Erinnerung an ihre Dienstzeit geschenkt.

[77] Reinhard Hauschild, Im Rachen der Schlange, Schnellbach 2001, S. 570–580, 633.

[78] Der Spiegel, 38 (19. September 1951): »Soldatenbund: Wenn das interessieren sollte«, S. 9.

Truppe die Gegner des 20. Juli durch das Schweigen der Generale bestätigt sahen[79].
Weitere Vorträge zum 20. Juli hat es aus der Abteilung IV auf dem II. Lehrgang in Sonthofen wie auf den Offizier-Kurzlehrgängen I und II in Hennef allerdings nicht mehr gegeben, was von den Lehrgangsteilnehmern bemängelt wurde, die wieder auf das Selbststudium – wenn auch alsbald mit Trentzsch' Publikation – zurückgeworfen waren[80]. Das Ministerium bzw. die Abteilung IV scheint auf diese Kritik auf ihre Weise reagiert zu haben: In der Folgezeit bot nämlich Trentzsch künftigen Kommandeuren Handlungsanleitungen zum Umgang mit dem 20. Juli, insbesondere, wenn sie in der Öffentlichkeit oder in der Truppe mit dem Thema konfrontiert wurden. In seinem Referat »Argumente der Öffentlichkeit gegen die Bundeswehr und ihre Widerlegung«, das er auf einem Offizier-Lehrgang in Adenau am 16. Januar 1957 hielt, bot er seinen Zuhörern in komprimierter Form praktische Antworthilfen auch auf die Frage »Wie steht der Soldat zum 20. Juli?«[81]. Gedruckt wurden seine argumentativen Hilfen für den Offizier im regierungsnahen »Hohwacht Verlag«, Bad Godesberg, in einer 196 Seiten langen, kleinen Broschüre unter dem Titel »Für und wider die Bundeswehr«. Interessanterweise firmiert hier der Autor Trentzsch nicht unter seinem wahren Namen, sondern unter dem Pseudonym »Christian Herms«, womit er auf den Mädchennamen seiner verstorbenen Frau zurückgriff[82]. Die Schrift sollte wohl nicht nur in die Truppe, sondern auch in die bundesdeutsche Gesellschaft hineinwirken und daher nicht auf den ersten Blick als eine ministerielle Einflussnahme erkennbar sein. Seinen Vortrag aus Sonthofen verarbeitete Trentzsch in jenem Jahr noch ein weiteres Mal, wenn auch aus-

---

[79] Zu den Negativ-Stimmen von Bundeswehr-Offizieren bis in die End-1980er Jahre hinein Zäpke, Die Rezeption des Widerstandes (wie Anm. 52), S. 5, 44 f., 56; Wiggershaus, Zur Bedeutung und Nachwirkung (wie Anm. 39), S. 479. Vgl. zum anhaltenden Schweigen der politischen wie militärischen Führung, die auch den Personalgutachterausschuss im Jahre 1957 empörte, selbst den im Übrigen verständnisvollen Meyer, Adolf Heusinger (wie Anm. 53), S. 632–635. 1958 wies Rudolf Pechel in einem Vortrag in West-Berlin darauf hin, dass weder der Verteidigungsminister noch Offiziere an der Weihe der Stauffenberg-Kapelle in Lautlingen teilgenommen hatten, und stellte allgemein fest: »Intellektuelle Rollkommandos mit notorischen Denunzianten und Rufmördern an der Spitze können sich heute in Verunglimpfungen der Widerstandskämpfer versuchen, ohne dass ihnen etwas geschieht.« Zit. nach Johannes Tuchel, Vergessen, verdrängt, ignoriert. Überlegungen zur Rezeptionsgeschichte des Widerstandes gegen den Nationalsozialismus im Nachkriegsdeutschland. In: Der vergessene Widerstand. Zu Realgeschichte und Wahrnehmung des Kampfes gegen die NS-Diktatur. Hrsg. von Johannes Tuchel, Göttingen 2005 (= Dachauer Symposien zur Zeitgeschichte, 5), S. 7–35, hier S. 11.
[80] Tagebuch Baudissin, BA-MA, N 717/7, Bl. 46, BA-MA, N 717/36 (Nachlass Wolf Graf von Baudissin). Vgl. den Lehrplan für den letztlich abgesagten III. Lehrgang in Sonthofen vom 28. September 1956, auf dem Trentzsch allgemein über »Innerdeutsche Wehrfragen« referieren sollte. BA-MA, BW 11-VI/5.
[81] Lehrgang I für Gesamtstreitkräfte in Adenau, BA-MA, BW 2/866.
[82] Das Kapitel »Wie steht der Soldat zum 20. Juli?« findet sich auf S. 165–170. Vgl. zur späteren Verwendung des Namens in einem Interview: »Spezialisten gegen Marx und Lenin. Ein Spiegel-Gespräch mit dem Major i.G. Dr. Herms und dem wissenschaftlichen Mitarbeiter im Verteidigungsministerium Dr. Marx. In: Der Spiegel, 39 (24. September 1958), S. 16–19.

führlicher, in einem ebenfalls ausbildungsbezogenen Beitrag in der ersten Ausgabe der von seiner Unterabteilung IV C angestoßenen »Truppenpraxis«[83]: »Wie erkläre ich meinen Soldaten den 20. Juli?«, lautet der Titel seines Beitrags. Bemerkenswert ist an diesem Aufsatz, dass Trentzsch erstmals den 20. Juli mit der militärischen Tradition verband: »Es muss gelingen, die aus sittlichen Beweggründen gegen das totalitäre System rebellierenden Soldaten in die gute Tradition des deutschen Offizierkorps bruchlos einzufügen. Unser junger Staat gewönne sehr an innerer Festigkeit, wenn seine politischen und militärischen Repräsentanten und darüber hinaus alle Staatsbürger recht viel vom Ethos der Männer des Widerstandes in sich aufnähmen« (S. 158).

Da Trentzsch alte und neue Versatzstücke zusammenfügte, ist sein Text nicht frei von Widersprüchen. Einerseits erkannte er das Handeln der Verschwörer vom 20. Juli wie das eigenmächtige Vorgehen des Generals Ludwig Yorck von Wartenburg einst bei Tauroggen als traditionswürdig an, andererseits betonte er am Ende des Beitrags die Singularität des 20. Juli[84].

Dieser im Mai 1956 erschienene Artikel von Trentzsch bejahte also bereits die Frage nach einer Vorbildfunktion der widerständischen Wehrmachtoffiziere. Im Spätsommer des Jahres wurde sie auch von der für die Innere Führung zuständigen Unterabteilung IV B im Ministerium zustimmend beantwortet: Die Mitarbeiter stellten unter Baudissins Leitung ihre auf dem Lehrgang in Sonthofen vorgetragenen Beiträge in dem »Handbuch Innere Führung« zusammen, das sie im September 1957 in überarbeiteter Form herausgaben. Trentzsch' eigene Ausführungen, die ja bereits veröffentlicht waren, wurden für das neu zu verfassende recht kurze Kapitel »Der 20. Juli 1944: Gedanken zum Widerstand« (S. 79–85) nicht aufgegriffen. Anders als noch die abwägenden Gedanken von Trentzsch gehen die Aussagen im Handbuch auf Baudissin zurück und stellen ein klares Bekenntnis zum Tyrannenmord dar. Anfänglich wird dort zwar noch in der Art der Hansen-Formel behutsam konzediert, dass die damaligen Verhältnisse einzigartig gewesen seien und nur wenige »in der Ausweglosigkeit des Dritten Reiches« Kenntnis von der Natur und den Verbrechen des Systems sowie Möglichkeiten zum Einschreiten besessen hätten. Die gängige Kompromissformel zwischen Gewissenstreuen und Eidloyalen, die an dieser Stelle noch in ausgleichende und wohlwollende Sätze gekleidet werden kann[85], wird aber anderenorts – so im Kapitel »Der Eid: Vor der letzten Instanz« (S. 7–13) – bereits rigoros beiseite gefegt[86]. Widerstand in einem Unrechtsstaat wird nach-

---

[83]   BA-MA, BW 2/786, 788.
[84]   Wie erkläre ich meinen Soldaten den 20. Juli? In: Truppenpraxis, Mai 1957, 5, S. 157–160, hier S. 160: »kein Modellfall für ähnliche geschichtliche Situationen«; »keine normsetzende Lösung«. So auch noch in: Wissen – Gewissen – Verantwortung. Betrachtungen zum 15. Jahrestag des 20. Juli 1944. In: Truppenpraxis, Juli 1959, 7, S. 507 f., hier S. 508.
[85]   Handbuch Innere Führung 1957 (wie Anm. 1), S. 83 f.
[86]   Ebd., S. 12. »[...] doch erkannten sie, wohin die rechte Treue, der rechte Gehorsam, die rechte Verantwortung, der vor Gott geleistete Eid sie trägt. Sie opferten ihre Existenz für Freiheit, Recht und Menschenwürde. Wer unseren Diensteid und seinen Auftrag ernst nimmt, kann nur mit tiefem Dank und Bewunderung auf diese Männer als seine Vorbilder blicken. Erst von der Überzeugungskraft gelebter Beispiele wird der Wert unserer

drücklich für legitim erachtet, die Männer des 20. Juli werden ausdrücklich zu Vorbildern ernannt und ihre Haltung und Handlungen als unbedingt traditionswürdig angesehen[87]. Als Leitbilder sollten die Männer des 20. Juli den Bundeswehrsoldaten helfen, den an sie gestellten hohen ethischen Maßstäben wie intellektuellen Anforderungen gerecht zu werden[88]. Die häufig kritisierte Erfolglosigkeit des 20. Juli sei letztlich bedeutungslos, da es den Attentätern neben dem moralischen Signal an die Welt um höchste Werte gegangen sei, die von den Nationalsozialisten mit Füßen getreten wurden: »Recht, Freiheit und Gewissen« (S. 85). Einen Zusammenhang zwischen normalen soldatischen Gehorsam, Eid und Widerstand gebe es hingegen nicht[89].

Da Traditionsinhalte nach den Bedürfnissen der Gegenwart ausgewählt werden, konnte, wie von Baudissin vorbereitet, der Widerstand gegen Hitler unter den außenpolitischen Vorzeichen der späten 1950er-Jahre in der Bundeswehr »nach vorwärts verwandelt«[90] werden – oder anders ausgedrückt: gegen den Osten gewendet werden. Die Orientierung am damals Gegenwärtigen lieferte den Maßstab und in diesem Fall auch die Rechtfertigung für die spezifische Auswahl, sodass die Männer um Stauffenberg an vorderster Front gegen den Kommunismus eingesetzt wurden. Gegnern des Widerstands wurde im »Handbuch Innere Führung« 1957 unmissverständlich klar gemacht, dass es einst gegen das NS-System ging, nunmehr gegen die totalitären Regime im Osten: »Wer heute die Notwendigkeit und innere Berechtigung des 20. Juli nicht bejaht, kann nicht qualitativ unterscheiden zwischen Pankow und Bonn«, heißt es dort provokant[91]. Der erneute Kampf gegen den Bolschewismus, die Verknüpfung des 20. Juli mit dem 17. Juni hat hierbei sicherlich die Integration in das antitotalitäre Traditionsgebäude der Bundeswehr erleichtert. Gegen die noch von Trentzsch vertretene quasi-offizielle Auffassung der rein persönlichen Entscheidung forderte Baudissin deswegen sogar eine überzeugte Anerkennung des militärischen Widerstands ein. Die »Gretchenfrage«, die Entscheidung zwischen »Bonn oder Pankow«, müsse an jeden Einzelnen gestellt werden: »Deshalb bleibt auch die persönliche Einstellung zu den Motiven und

---

Bundeswehr bestimmt und die Glaubwürdigkeit unserer Demokratie abhängen.« Zur religiösen Komponente Horst Scheffler, Gott mehr gehorchen. Der Eid des Soldaten zwischen Religion, Pädagogik und Politik. In: Der Widerstand gegen den Nationalsozialismus und seine Bedeutung für die Gesellschaft und Bundeswehr heute. Hrsg. von Paul Klein und Dieter Walz, Baden-Baden 1995 (= Militär und Sozialwissenschaften, 16), S. 61–70, hier S. 61–63. Diese kurze Passage über den Eid stammt ebenfalls von Baudissin, so Nägler, Der gewollte Soldat (wie Anm. 50), S. 266, Anm. 752.

[87]   Handbuch Innere Führung 1957 (wie Anm. 1), S. 36, 85. Namen werden auch im »Handbuch« nicht genannt, mit einer Ausnahme, S. 61 und 74: Generaloberst der Wehrmacht Ludwig Beck, ohne ihn aber direkt in den besagten Zusammenhang zu stellen.

[88]   Handbuch Innere Führung 1957 (wie Anm. 1), S. 12, hier S. 36: »Dieses Dasein inmitten einer geistigen, politischen und sozialen Auseinandersetzung von schicksalhaften Ausmaßen stellt Forderungen an Standhaftigkeit, Überzeugungstreue, Urteilskraft und Tatsachenkenntnis des einzelnen, die erschrecken können.«

[89]   Handbuch Innere Führung 1957 (wie Anm. 1), S. 36, 83.

[90]   Ebd., S. 74.

[91]   Ebd., S. 36, 85.

Bedeutung des 20. Juli 1944 die Gretchenfrage an jeden von uns. Die Antwort kann nur das entschlossene Nein zum Unrechtsstaat, zur Diktatur, sein« (S. 36). Die Frage, wie Widerstand gegen ein totalitäres Regime einer Parlamentsarmee als Vorbild gereichen könne, wurde mit Bezug auf den 17. Juni beantwortet[92]. Angesichts totalitärer Systeme, bedrohter Grenzen und möglicher Gefahren im Innern sollte nach Baudissin die Bundeswehr moralisch und mental gewappnet dem Totalitarismus in Gestalt der kommunistischen Bedrohung entgegentreten[93]. So war denn – wie Baudissin – schließlich auch Karl Christian Trentzsch spätestens im Jahre 1959 davon überzeugt: »Das Geschichtsphänomen des 20. Jahrhunderts, der ideologisch begründete aggressive Totalitarismus, zwingt den Soldaten zur Auseinandersetzung an einer neuen Front. Die Männer des 20. Juli sind ein gutes Vorbild für diesen Kampf, dem wir uns nicht entziehen können und den wir weder ignorieren noch bagatellisieren sollten. Diese Erkenntnis wird sich durchsetzen. Genauso wird zur allgemeinen Überzeugung werden, dass die Soldaten des Widerstands ebenso zur lebendigen Tradition gehören, wie die vielen tapferen Gestalten deutscher soldatischer Geschichte[94].«

Als sein Artikel »Wissen – Gewissen –Verantwortung« zum 15. Jahrestag des 20. Juli erschien, hatte Trentzsch den Weg von der Beschäftigung mit dem 20. Juli 1944 hin zum 17. Juni 1953 bereits dienstlich beschritten. Seit 1958 sollte nicht mehr die Vergangenheit, sondern die vom Totalitären bedrohte Gegenwart zu seinem Aufgabengebiet werden[95]. Betraut wurde er im neuorganisierten Vereidigungsministerium zunächst als Hilfsreferent, dann als Referent mit der »Planung, Steuerung und Durchführung der ›Psychologischen Kriegführung‹ im Kalten Krieg«. Die Beförderung zum Oberstleutnant i.G. erfolgte am 25. Mai 1959. Seit Dezember dieses Jahres leitete er das neue Referat »Psychologische Kampfführung« (PSK) – »mit vorbildlicher Passion, eigenen Ideen und viel Geschick«, wie es in seiner Beurteilung vom 1. Mai 1964 heißt. Trentzsch schien durch seine Totalitarismusforschung wie kein anderer geeignet, die PSK aufzubauen. Seit 31. Oktober 1961 war er Oberst i.G. und Leiter der Unterabteilung Fü B VII bzw. S VII »Ausbildung, psychologische Kampfführung und Wehraufklärung«. Nach außen hin trat er häufig mit Pseudonymen in Erscheinung: Neben »Christian Herms« wählte er nun noch »Michael Bergen« und

[92] Zum Stellenwert des »17. Juni« im zeitgenössischen gesellschaftspolitischen Diskurs allgemein Edgar Wolfrum, Geschichtspolitik in der Bundesrepublik Deutschland. Der Weg zur bundesrepublikanischen Erinnerung 1948–1990, Darmstadt 1999.
[93] Handbuch Innere Führung 1957 (wie Anm. 1), S. 85: »Dem Totalitären können wir die Stirne nur bieten, wenn wir sein Wesen kennen, d.h.: uns mit dem Dritten Reich und den Methoden des totalen Staates auseinandersetzen, wenn wir die Haltung des Widerstandes gegen das Unrecht mit in unsere Tradition hineinnehmen, wenn wir wachsam und selbstkritisch bleiben, damit nicht wieder das Totalitäre auf legalem Wege Herrschaft über uns gewinnt.«
[94] Wissen – Gewissen – Verantwortung (wie Anm. 84), S. 508.
[95] Zu den Vorstellungen von Trentzsch alias Herms über die Psychologische Kampfführung: Spezialisten gegen Marx und Lenin. Ein Spiegel-Gespräch mit dem Major i.G. Dr. Herms und dem wissenschaftlichen Mitarbeiter im Verteidigungsministerium Dr. Marx. In: Der Spiegel, 39 (24. September 1958), S. 16–19.

»Werner C. Christiansen« als Decknamen, die aber vom ostdeutschen Gegner schnell seiner Person zugeordnet werden konnten[96]. Sein Wirken in dieser Funktion in Zeiten des Kalten Krieges kann hier mit Blick auf die Fragestellung nicht eingehender betrachtet werden und verdiente eine eigene Untersuchung[97]. Nach zehn Jahren im Bundesministerium für Verteidigung wurde Oberst i.G. Karl Christian Trentzsch schließlich für knapp zweieinhalb Jahre, vom 1. Oktober 1966 bis 31. März 1969, Kommandeur der Panzergrenadierbrigade 35 in Hammelburg, die 1960 aufgestellt (und 1993 aufgelöst) wurde[98]. Seit April 1969 war er an der Führungsakademie als Kommandeur der Abteilung Bundeswehr und Stellvertretender Kommandeur Schule eingesetzt, zum 30. Juli 1969 wurde er zum Brigadegeneral befördert. Im Sommer 1969 erkrankte Trentzsch jedoch schwer und verstarb 51-jährig am 31. Oktober 1970 in Bonn. In seine Todesanzeige ließ seine zweite Ehefrau Helga Conrath, die er im Juni 1969 geheiratet hatte, das Motto aufnehmen:»Sein Leben war freudig erfüllte Pflicht.«

Was bleibt von dem »sächsischen Major«, dem nachdenkenden, kämpferischen Offizier der Aufbaugeneration, einem »Offizier moderner Prägung«[99], der es in der jungen Bundeswehr bis zum Brigadegeneral brachte? Seine Person verschwindet weitgehend hinter dem Idealbild, das die jeweiligen Vorgesetzten von dem durchweg als »herausragend« beurteilten Mitarbeiter zeichneten:»Ein Offizier, der in jeder Beziehung – charakterlich, bildungsmässig [sic!] und auf Grund dienstlicher Leistungen die Wertung ›hervorragend‹ verdient«, so charakterisierte ihn sein Mentor Oberst i.G. Werner Drews in der Beurteilung vom 23. Mai 1958. Die seltene Eigenschaft der »Verantwortungsfreude« sticht jedoch unter der Vielzahl der von Drews genannten positiven Charaktereigenschaften hervor. Trentzsch hat in der Tat Verantwortung übernommen, als er gegen die zögerliche Haltung der politischen wie militärischen Verantwortlichen im Verteidigungsministerium zum 20. Juli als Major und Hilfsreferent das Wort er-

---

[96] Zu »Bergen« kurz Tibor Dobias [u.a.], Militärgeschichte der BRD. Abriß: 1949 bis zur Gegenwart, Ost-Berlin 1989, S. 278. Auch als Werner C. Christiansen bleibt sich Trentzsch im Umgang mit dem Totalitären treu. In: Kleiner kommunistischer Zitatenschatz, Bad Godesberg 1960, S. 8, heißt es:»Der Leser sollte dieses Büchlein öfters zur Hand nehmen. Er wird vergleichen, prüfen, nachdenken und selbst seine Folgerungen ziehen.«

[97] Seine Tätigkeit als »Pionier der PSK« kommt in der ambitionierten Mainzer Dissertation von Dirk Drews, Die Psychologische Kampfführung / Psychologische Verteidigung der Bundeswehr – eine erziehungswissenschaftliche und publizistikwissenschaftliche Untersuchung, Ms.-Diss. phil. Universität Mainz 2006, durch den breiten Ansatz nur bedingt zum Tragen.

[98] Zur Brigade, deren vierter Kommandeur Trentzsch war: BA-MA, BW 9/35. In den Broschüren der Brigade taucht er nur kurz auf. Vgl. 20 Jahre Panzergrenadierbrigade 35. Koblenz, Bonn 1980: dort Foto und Nennung von Trentzsch auf S. 18 mit falschem Todesdatum, so auch 25 Jahre Panzergrenadierbrigade 35, Koblenz, Bonn 1985, S. 26; in: Panzergrenadierbrigade, 35 1960–1993, [o.O.] 1993, S. 28, hingegen nur Foto mit Dienstzeitangaben.

[99] So Generalmajor Peter von Butler, Kommandeur der 12. Panzerdivision, in der Beurteilung vom 22. September 1967.

griff[100]. Gegen Widerstände unter den Armeeangehörigen, von denen so manche noch lange in alten Denkstrukturen verharrten[101], trug er für die Bundeswehrführung nachdrücklich die Bedeutung des militärischen Widerstands für die westdeutschen Streitkräfte vor[102]. Die militärische Führung hingegen hatte es versäumt, rechtzeitig den auch durch das schnelle Aufwachsen der Bundeswehr aufkommenden restaurativen Tendenzen durch klare Worte Einhalt zu gebieten und die Zweifler durch eine klare Haltung zu überzeugen. Erst zum 15. Jahrestag des Attentats erließ der erste Generalinspekteur der Bundeswehr auf politischen Druck hin mit seinem Aufruf »Ihr Geist und ihre Haltung sind uns Vorbild« den ersten Tagesbefehl zum 20. Juli[103]. Der 62-jährige Adolf Heusinger hatte bis dahin in offizieller Eigenschaft nirgends öffentlich zum Widerstand Stellung bezogen. Späterhin verwies er lediglich einmal noch auf seinen Tagesbefehl von 1959[104]. Dieser Tagesbefehl wurde in der Presse positiv aufgenommen, aber auch als längst überfälliges Bekenntnis gewertet, so sahen es die Verständigen der Zeit, an der Spitze der Bundespräsident Theodor Heuss, der Beirat für Innere Führung und das »Hilfswerk 20. Juli 1944«, aber auch viele der »nachdenkenden Offiziere«[105]. Erst die folgenden Generalinspekteure wid-

---

[100] Gewürdigt wird dies noch zum 20. Jahrestag des Staatsstreichs von Oberst i.G. Wolfgang von Groote, Bundeswehr und 20. Juli. In: Vierteljahrshefte für Zeitgeschichte, 12 (1964), 3, S. 285–299, hier S. 286, der den Vortrag aber als Auftragsarbeit versteht: »Gewiß war das Referat einem jungen Offizier aufgetragen worden, der erst vor kurzem zu der Gruppe der vorbereitenden Offiziere gestoßen war. Der Referent zeichnete sich aber durch besondere Sachkenntnis, die während eines akademischen Studiums erworben worden war, aus.«

[101] Wolf Graf von Baudissin, 20. Juli 1944 (1964). In: Soldat für den Frieden. Entwürfe für eine zeitgemäße Bundeswehr. Hrsg. von Peter von Schubert, München 1969, S. 102–109, hier S. 105 f., setzt sich zum 20. Jahrestag 1964 mit diesen Negativstimmen auseinander. Vgl. noch Groote, Bundeswehr und 20. Juli (wie Anm. 100), S. 289 f.

[102] Nur bedingt richtig ist daher Zäpke, Die Rezeption des Widerstandes (wie Anm. 52), S. 46, der behauptet, die Widerstandsthematik sei in der Aufbauphase der Bundeswehr »weitgehend ausgeklammert« worden.

[103] Adolf Heusinger, Ihr Geist und ihre Haltung sind uns Vorbild. In: Information für die Truppe, 3 (1959), S. 416. Der Appell stammt nicht aus der Feder Heusingers, »der freilich jedes Wort in seinem Gewicht und Zusammenhang gewissenhaft überprüfte«, sondern von den damaligen Oberstleutnant Gerd Schmückle und Major Wolfram von Raven; hierzu und zu den persönlichen Beweggründen des ja in der Sache lange zögerlichen Generals Meyer, Adolf Heusinger (wie Anm. 53), S. 635; Wiggershaus, Zur Debatte um die Tradition (wie Anm. 25), S. 76; Abenheim, Bundeswehr und Tradition (wie Anm. 52), S. 135. Der spätere Generalinspekteur General Jürgen Brandt, Verpflichtung und Mahnung. In: Information für die Truppe, 26 (1982), S. 3–13, hier S. 3, sieht in diesem Tagesbefehl zugleich eine Tradition für die Bundeswehr begründet.

[104] So in seiner Rede »Die Bundeswehr und die alten Soldaten«, 1960, S. 99, in der er die Gleichwertigkeit von Widerstandskämpfern und eidgetreuen Frontsoldaten nachdrücklich akzentuierte. Diese für den eher bedächtigen Generalinspekteur ungewöhnlich deutliche Stellungnahme erklärt sich wohl auch aus der Zielgruppe der Ansprache, dem Verband deutscher Soldaten.

[105] Vgl. hier die leise Kritik in der Rede des Generalmajors Cord von Hobe (1909–1991), Die Entscheidung des Gewissens, am 20. Juli 1959: »So bekennt sich die Bundeswehr in Ehrfurcht zu dem Opfer jener Männer [...]. Aber ein Lippenbekenntnis allein genügt nicht«. In: http://www.20-Juli-44.de (17.8.2010). Gegen diese Kritik Oberst i.G. Wolfgang von Groote, Bundeswehr und 20. Juli (wie Anm. 100), S. 286.

meten sich ausführlich der Traditionswürdigkeit des 20. Juli[106]. Ihre Signale gegen »Restaurateure«[107] waren notwendig und letztlich wirkungsvoll. Zum 20. Jahrestag des Hitler-Attentats im Jahr 1964 bewerteten bereits über 50 Prozent der aktiven Bundeswehrsoldaten den 20. Juli als positiv und spiegelten mit dieser Meinung den allgemeinen gesellschaftlichen Wandel zum Widerstand gegen Hitler wider[108].

Das Leben von Karl Christan Trentzsch war geprägt von der Auseinandersetzung mit dem Totalitären. Als Jugendlicher geriet er in Konflikt mit dem Nationalsozialismus und passte sich an. Als junger Erwachsener trat er in die NSDAP wie in die Wehrmacht ein und kämpfte in Hitlers Angriffs- und Vernichtungskrieg. Nach 1945 setzte er sich in einem wissenschaftlichen Studium mit den eigenen Erfahrungen im nationalsozialistischen »Terrorsystem« auseinander. Als Offizier in einer neuen deutschen Streitmacht fühlte er sich schließlich aufgerufen, der Frage nach Widerstand, Befehl und gewissenhaftem Gehorsam auf den Grund zu gehen. In der letzten Phase seines Lebens engagierte er sich in der psychologischen Kampfführung gegen die ›andere‹ totalitäre Ideologie, den Kommunismus. Vieles an seinen Äußerungen war notwendig zeitgebunden, war seiner eigenen Biografie und zugleich dem Gründungskompromiss der Bundeswehr geschuldet. Das Paradoxon, die vorbildliche soldatische Leistung für und in einem totalitären Staat und den militärischen Widerstand gegen eben denselben zu belobigen, sollte mehr als drei Jahrzehnte Gültigkeit besitzen. Bisweilen wurde in späteren Jahren von politischen und militärischen Verantwortlichen sogar versucht, einer »wertfreien Betrachtung der militärischen Effizienz der Wehrmacht«[109] den Vorzug zu geben. Es spricht für den langen Weg, den die Bundeswehr aufgrund ihres Gründungskompromisses in Sachen 20. Juli gehen musste, dass erst 1995 ein Bundesminister der Verteidigung unmissverständlich aussprechen konnte und wollte, dass die Wehrmacht als Institution keine Tradition begründen kann und deren Angehörige nur dann Vorbilder für die moderne Armee sein können, wenn sie von ihrer Gesamtpersönlichkeit her, in Haltung und Leistung, für freiheitliche Werte einstanden[110]. Der 20. Juli 1944 gehört heute unwidersprochen zum Traditionsverständnis der Bundeswehr[111].

[106] Vgl. hierzu ausführlich Libero, Tradition in Zeiten der Transformation (wie Anm. 68), S. 64–73.
[107] Handbuch Innere Führung 1957 (wie Anm. 1), S. 75.
[108] Vgl. mit Belegen Zäpke, Die Rezeption des Widerstandes (wie Anm. 52), S. 43 f. Für ein Bemühen um eine zeitgemäße Traditionspflege in den 1960er Jahren vgl. die nachdenklichen Ansprachen von General Cord von Hobe am 20. Juli 1959, 1962, 1963, 1965 und 1967 im Bendlerblock Berlin, http://www.20-Juli-44.de (17.8.2010).
[109] Geilen, Das Widerstandsbild in der Bundeswehr (wie Anm. 4), S. 336.
[110] Rede des Bundesministers der Verteidigung Volker Rühe auf der 35. Kommandeurtagung 1995 in München. Vgl. seinen Redebeitrag in der Bundestagsdebatte über die »Wehrmachtsausstellung«, Deutscher Bundestag: Plenarprotokoll 13/163 Stenographischer Bericht, 163. Sitzung, 13. März 1997.
[111] Vgl. zum Traditionsverständnis der Bundeswehr insbesondere Libero, Tradition in Zeiten der Transformation (wie Anm. 68), 2006. Im Weiteren die Ausführungen von Uwe Hartmann, Innere Führung. Erfolge und Defizite der Führungsphilosophie für die Bundes-

Veröffentlichungen von Karl Christian Otto Trentzsch

Die Prinzipien des modernen Terrorsystems, Diss. phil. Universität Heidelberg 1950

Bremer Gespräch mit der Jugend. In: Wehrkunde, 2 (Dezember 1953), 12, S. 22-24

Zur Organisation schnell zusammengeraffter Kampfgruppen. In: Wehrkunde, 2 (Februar 1953), S. 14-16

Der Soldat und der 20. Juli, Darmstadt: Wehr und Wissen Verlagsgesellschaft mbH, 1. Aufl. 1956 (36 S.), 2. Aufl. 1956 (36 S.), 3. Aufl. 1956 (31 S.), 4. Aufl. 1957 (31 S.)

Wie erkläre ich meinen Soldaten den 20. Juli? In: Truppenpraxis, Mai 1957, 5, S. 157-160

Wissen – Gewissen – Verantwortung. Betrachtungen zum 15. Jahrestag des 20. Juli 1944. In: Truppenpraxis, Juli 1959, 7, S. 507 f.

Alias Christian Herms:

Für und Wider die Bundeswehr, Bad Godesberg: Hohwacht Verlag 1957

Alias Michael Bergen:

... unter die Haut, Boppard a.Rh.: Severus Verlag 1959 (80 S.), 2. überarb. Aufl. 1962 (96 S.)

... dunkle Punkte, Boppard a.Rh.: Severus-Verlag 1961 (124 S.)

Alias Werner C. Christiansen:

Kleiner kommunistischer Zitatenschatz, Bad Godesberg: ESTO Verlags-Gesellschaft 1960 (240 S.)

Kleiner kommunistischer Zitatenschatz II (eigentlich 2. überarb., erw. Ausgabe), Bad Godesberg: Hohwacht Verlag 1964 (309 S.)

Kleiner kommunistischer Zitatenschatz III (eigentlich 3. überarb., erw. Ausgabe), Godesberg: Hohwacht Verlag 1965 (411 S.)

Kleiner kommunistischer Zitatenschatz IV (eigentlich 4. veränd., erw. Ausgabe): Hohwacht Verlag 1968 (199 S.)

---

wehr, Berlin 2007, S. 182-206, und John Zimmermann, Vom Umgang mit der Vergangenheit. Zur historischen Bildung und Traditionspflege in der Bundeswehr. In: Die Bundeswehr 1955 bis 2005. Rückblenden, Einsichten, Perspektiven. Im Auftrag des MGFA hrsg. von Frank Nägler, München 2007 (= Sicherheitspolitik und Sicherheitskräfte der Bundesrepublik Deutschland, 7), S. 115-129.

Falko Heinz

Stabsoffiziere der Bundesluftwaffe: Oberst i.G. Heinz-Joachim Jahnel und Major Hans-Markwart Christiansen

Keine der verschiedenen Offiziergenerationen prägte und begleitete den Gesamtprozess des Bundeswehraufbaus so maßgeblich wie die Führungsgeneration der zwischen 1913 und 1921 Geborenen[1]. Einer der Angehörigen dieser Alterskohorte war der nachmalige Oberst i.G. Heinz-Joachim Jahnel, der als in der Vorkriegszeit ausgebildeter, kriegsgedienter ehemaliger Luftwaffenoffizier im Spätjahr 1956 in die neuaufgestellten westdeutschen Streitkräfte eintrat. Jahnel, im Sachsystem »Führung und Ausbildung« sodann ausschließlich in verschiedenen Stabs- und Lehrverwendungen eingesetzt, war Angehöriger des Jahrgangs 1916. An geeigneter Stelle soll die erfolgreiche, im Folgenden zu betrachtende Einzelbiografie dieses Generalstabsoffiziers, die eine mustergültig verlaufene Offizierlaufbahn der Aufbaugeneration der Bundeswehr darstellt, schlaglichtartig mit dem Lebenslauf eines nahezu zeitgleich in Wehrmacht und Bundesluftwaffe eingetretenen, weitaus weniger erfolgreichen späteren Stabsoffiziers des Jahrgangs 1919 verglichen werden.

Heinz-Joachim Jahnel wurde am 17. Oktober 1916 in Plauen im Vogtland als Sohn der Eheleute Paul und Johanna Kircher geboren und evangelisch-lutherisch getauft. Sein Vater, von Beruf Lehrer, fiel ein knappes Jahr später im Oktober 1917 im Alter von 29 Jahren als Leutnant der Reserve nahe Verdun. Die 1922 hernach von Seiten der Mutter mit dem Diplomingenieur und späteren Dr. Ing. Wilibald Jahnel eingegangene Ehe erwies sich für die vaterlos gewordene Familie als Glücksfall. Dr. Jahnel, zuletzt Betriebsleiter bei den »Bayerischen Stickstoffwerken«, bedeutete für die durch den Ausfall des Ernährers sozial deklassierte Restfamilie eine deutliche Verbesserung ihrer Lebenssituation. Von seinem Stiefvater »wie ein eigenes Kind« behandelt, zog Heinz-Joachim Jahnel mit seinen Eltern alsbald nach Piesteritz an der Elbe, wo er »im elterlichen Hause« zeit- und milieutypisch »als Christ und Deutscher« erzogen wurde. Ansichten oder Kommentare des Heranwachsenden hinsichtlich seiner

---

[1] Zur Kategorisierung der verschiedenen Offiziergenerationen vgl. Klaus Naumann, Generale in der Demokratie. Generationsgeschichtliche Studien zur Bundeswehrelite, Hamburg 2007, S. 26–34, sowie ausführlicher Frank Pauli, Wehrmachtsoffiziere in der Bundeswehr. Das kriegsgediente Offizierkorps der Bundeswehr und die Innere Führung 1955 bis 1970, Paderborn 2010, S. 29–131. Die Namen der im Beitrag genannten Stabsoffiziere wurden anonymisiert.

Kindheits- und Jugendzeit in der krisengeschüttelten Weimarer Republik sind nicht überliefert. Gleichwohl gehörte Jahnel von 1929 bis zu dessen Zwangsauflösung 1933 in Wittenberg dem »Deutschen Pfadfinderbund«, seit 1932 sogar in exponierter Stellung als Stammführer, an. Neben seiner Zugehörigkeit zur Bündischen Jugend war er 1933/34 ferner Angehöriger der Jugendorganisation des paramilitärischen »Stahlhelm – Bund der Frontsoldaten«, darüber hinaus SA-Mann[2]. Diese Mitgliedschaften lassen auf eine wenn nicht republikfeindliche, so doch vermutlich kritische, die Weimarer Staatsordnung womöglich ablehnende, zweifelsohne auf familiärer, mithin milieuspezifischer Prägung und Sozialisation beruhende Grundhaltung des jungen Jahnel schließen. Die bei dem Heranwachsenden vor diesem Hintergrund wohl kaum in Abrede zu stellende Ausbildung einer vom Militärischen beeinflussten Mentalität wie auch die ebenso sehr anzunehmende Aneignung und Übernahme militärischer Denkmuster dürften für den 1934 vom Gymnasiasten Jahnel eingeschlagenen Weg hin zu einer Offizierkarriere die entscheidenden Ausgangs- und Bezugspunkte dargestellt haben. Das von den Machthabern des »Dritten Reichs« von Anbeginn geförderte Ansehen des Militärs im Allgemeinen und der Offizierlaufbahn im Besonderen werden ein Übriges getan haben, die anstehende Berufsentscheidung des Primaners zu erleichtern[3].

Es ist davon auszugehen, dass Jahnel, anscheinend auf Vermittlung seines Stiefvaters, dem traditionellen Rekrutierungsmuster folgend, im Frühjahr 1934 zwecks persönlicher Vorstellung als Offizierbewerber den Weg zum Regimentskommandeur des Infanterieregiments 11 in Leipzig fand. Der Kommandeur muss Jahnel für geeignet gehalten haben, denn im Anschluss kam der junge Primaner der daraufhin obligatorischen Einladung der für seinen Wehrkreis zuständigen Psychologischen Prüfstelle IV der Wehrmacht in Dresden nach. Das vom dortigen Untersuchungsausschuss nach zweitägiger Eignungsprüfung formulierte Gutachten fiel wenig schmeichelhaft aus. Das Prüfungsgremium bescheinigte dem Gymnasiasten trotz erkennbarem »Willenseinsatz« und ausreichender Leistungen einen »Mangel an Zielstrebigkeit« sowie insgesamt nur wenig positive Entwicklungsmöglichkeiten und sprach ihm die Eignung zum Offizier kurzerhand ab[4]. Nur drei Tage nach diesem für ihn fraglos niederschmetternden Ergebnis musste Jahnel einen noch weit schwerwiegende-

---

[2] Bundesarchiv-Militärarchiv (BA-MA), Freiburg i.Br., BW Pers. 1/2449: Nachweis der arischen Abstammung, 16.2.1938; ebd.: Personalblatt und handschriftlicher Lebenslauf, 1.8.1955.
[3] Vgl. dazu auch Pauli, Wehrmachtsoffiziere (wie Anm. 1), S. 58. In den Friedensjahren des »Dritten Reichs« stand der Berufswunsch Offizier bei Abiturienten mit rund 20 Prozent Zustimmung an erster Stelle.
[4] BA-MA, BW Pers. 1/2449: Gutachten des Untersuchungsausschusses Psychologische Prüfstelle IV, Beurteilung Nr. 39, 24.5.1934. Mitte 1937 bestanden im Deutschen Reich 16 Psychologische Prüfstellen der Wehrmacht. Bei den Psychologen handelte es sich um Heeresbeamte in Uniform. Vgl. Thomas Flemming, »Willenspotentiale«. Offizierstugenden als Gegenstand der Wehrmachtspsychologie. In: Willensmenschen. Über deutsche Offiziere. Hrsg. von Ursula Breymayer, 2. Aufl., Frankfurt a.M. 2000, S. 111–122, hier S. 112.

ren Schicksalsschlag verkraften. Am 27. Mai 1934 verunglückten seine Eltern bei einem Autounfall in Potsdam tödlich, während ihr ebenfalls im Fahrzeug sitzender Sohn nur eine Gehirnerschütterung erlitt. Trotz dieses tragischen Unglücksfalles konnte Jahnel knapp ein Jahr später die Reifeprüfung am Humanistischen Gymnasium im heimischen Wittenberg erfolgreich ablegen[5]. Unmittelbar danach wurde er durch den Kommandeur des Infanterieregiments 11, der sich kraft seiner Dienststellung über das allein beratenden Charakter besitzende Gutachten der Psychologischen Prüfstelle IV hinwegsetzte[6], als Offizieranwärter angenommen. Der Umstand, dass sein Stiefvater den Diensteintritt »durch seine Bekanntschaft mit dem damaligen Oberst Reinhard, dem Regimentskommandeur, noch vorbereitet hatte«[7], scheint bei der Entscheidung des Letztgenannten eine nicht zu unterschätzende Rolle gespielt zu haben. Am 1. April 1935 trat Jahnel als Fahnenjunker in seinem Leipziger Stammtruppenteil in die Wehrmacht ein. Im Hinblick auf seine Herkunft als Angehöriger des gehobenen Besitzbürgertums und Protestant den »sozial erwünschten Kreisen« entstammend, fügte sich der junge Offizieranwärter anstandslos in die soziale Konsistenz des Offizierkorps der Vorkriegszeit ein. Ebenso wie zwei Drittel der zu jener Zeit neueingestellten Offizieranwärter gehörte er als SA-Angehöriger zwar einer der Gliederungen der NSDAP an; eine nominelle Mitgliedschaft Jahnels in dieser Partei lässt sich jenseits der sicherlich bestehenden Affinität zu den neuen Machthabern in der Frühphase des »Dritten Reichs« vor seinem Dienstantritt jedoch nicht nachweisen.

An dieser Stelle lohnt ein Vergleich mit dem eingangs erwähnten, fast jahrgangsgleichen Hans-Markwart Christiansen, der am 24. Oktober 1919 in Magdeburg als Sohn eines Studienrats das Licht der Welt erblickte. Auch dessen Eltern starben 1935 und 1943 vorzeitig, indessen an Krebs. Ebenfalls Absolvent eines Humanistischen Gymnasiums, nahm Christiansen nach Ableistung seiner sechsmonatigen Reichsarbeitsdienstpflicht am 1. November 1937 an der Luftkriegsschule Dresden seinen Dienst als Offizieranwärter in der Wehrmacht auf[8].

Für Heinz-Joachim Jahnel sollte der Weg zur Luftwaffe dagegen mit einigen Umwegen verbunden sein. Nach seiner infanteristischen Grundausbildung und kurzer Stehzeit im Infanterieregiment 11 wurde er im Herbst 1935 an die Kriegsschule München kommandiert, um dort – ab Herbst 1936 dann an der Infanterieschule Döberitz – die seit 1933 auf zwei Jahre verkürzte, gleichwohl im Kern unverändert professionelle, für seine Alterskohorte typische Frie-

5   BA-MA, BW Pers. 1/2449: Personalblatt, 1.8.1955; ebd.: Auszug aus der Mannschafts-Untersuchungsliste für das Reichsheer, 1.4.1935.
6   Zur Entscheidungsbefugnis der Kommandeure wie auch zu Praxis und Methoden der Wehrmachtspsychologie im Allgemeinen vgl. Flemming, Willenspotentiale (wie Anm. 4), S. 111‑122.
7   BA-MA, BW Pers. 1/2449: Handschriftlicher Lebenslauf, 1.8.1955. Jahnels Regimentskommandeur Hans-Wolfgang Reinhard (1888‑1950) war später Divisionskommandeur, mit dem Ritterkreuz ausgezeichneter Kommandierender General eines Armeekorps und bekleidete zuletzt den Rang eines Generals der Infanterie.
8   BA-MA, BW Pers. 1/3233: Personalbogen, 5.12.1955.

densausbildung zum Offizier zu durchlaufen⁹. Nach seiner Ernennung zum
Leutnant am 1. April 1937 wurde der junge Berufsoffizier in seinem Stammtruppenteil zunächst als Rekruten- und Fahnenjunkeroffizier sowie in Vertretung auch als Kompanieführer eingesetzt. Im Frühjahr 1938 folgte seine Versetzung als Fähnrichoffizier an die Kriegsschule Hannover, im Laufe des Jahres
die offenbar freiwillige Teilnahme an einem Lehrgang an der Aufklärungsflie-
gerschule in Braunschweig, wo Jahnel den Beobachterschein der Luftwaffe
erwarb. Sein Wunsch nach einer Verwendung in den 1935 offiziell wiederauf-
gestellten deutschen Luftstreitkräften trat hier erstmals offenkundig in Erscheinung. Weitere, kurzzeitig auch als Lehrgruppenadjutant, verbrachte Dienstmo-
nate in Hannover wurden Anfang 1939 von einer Kommandierung zu einem
achttägigen »Sonderlehrgang« an der »SS-Führerschule« in Bad Tölz unterbrochen. Inwieweit dieser zur nationalsozialistischen Indoktrination und weltanschaulichen Schulung von Angehörigen des Wehrmachtoffizierkorps eingerichtete Lehrgang bei Jahnel inhaltlich Anklang fand, bleibt offen. Die
erfolgreiche Tauglichkeitsuntersuchung für Militärflieger in der Fliegeruntersuchungsstelle Hannover Mitte Mai und die mit Wirkung vom 1. August 1939
erfolgte Kommandierung in den Verantwortungsbereich des Oberbefehlshabers der Luftwaffe zur weiteren »Ausbildung als Beobachter« brachten Jahnel
seiner Wunschverwendung ein bedeutsames Stück näher. Von diesem Tag an
leistete er Dienst in der Aufklärungsgruppe 11 im sächsischen Großenhain.

Mit Ausbruch des Zweiten Weltkriegs am 1. September 1939 zum Oberleutnant befördert, wurde Jahnel im Polenfeldzug als Fliegerverbindungsoffizier
bei der 2. leichten Division des XV. Armeekorps und als Beobachter bei einer
mit der Divisionsgefechtsaufklärung beauftragten Nahaufklärungsstaffel der
Aufklärungsgruppe 11 eingesetzt. Ab November 1939 in Ausbildung bei der
für operative Aufklärungsaufgaben Verwendung findenden Fernaufklärung,
nahm er ab 15. März 1940 mit einer für die Heeresgruppe B eingesetzten Fernaufklärungsstaffel im Vorfeld des Westfeldzugs über Luxemburg, Belgien und
Frankreich als Beobachter an verschiedenen Aufklärungseinsätzen teil¹⁰. Im
April 1940 wurde er auf einem dieser Flüge durch Feindbeschuss verwundet¹¹.
Während seines Lazarettaufenthalts zum 1. Mai 1940 formell zur Heeresflieger-
Stammabteilung nach Reichenberg im Sudetenland versetzt, flog Jahnel nach
der Genesung im Verlauf der Luftschlacht um England weitere Einsätze in der
»Kanalüberwachung« und »Englandaufklärung«¹². Als Gefechtsstandoffizier
seiner Fernaufklärungsstaffel erhielt er Mitte Juni 1941 anlässlich des Vor-

⁹   Vgl. Naumann, Generale (wie Anm. 1), S. 32, sowie Pauli, Wehrmachtsoffiziere (wie
    Anm. 1), S. 62.
¹⁰ BA-MA, BW Pers. 1/2449: Personalblatt, 1.8.1955; ebd.: Wehrstammbuch Jahnel; ebd.:
    Militärfliegertauglichkeitsbefund, Luftgauarzt XI Hannover, 23.5.1939; ebd.: Auszug für
    die Personalakten, 8.6.1939.
¹¹ Bei der nicht mehr zu datierenden Verwundung erlitt Jahnel einen »Kieferschussbruch«,
    der ihn bis Juni 1940 zu einem Lazarettaufenthalt in Köln mit nachfolgender Behandlung
    in der Zahnklinik Rostock zwang. BA-MA, BW Pers. 1/2449: Personalblatt, 1.8.1955; ebd.:
    Amtsärztliches Zeugnis, Gesundheitsamt Frankfurt, 18.1.1956.
¹² BA-MA, BW Pers. 1/2449: Personalblatt, 1.8.1955.

schlags zur für ihn vorgesehenen Generalstabsausbildung eine Beurteilung, deren Inhalt die sieben Jahre zuvor das Entwicklungspotenzial des jungen Offizierbewerbers negativ einschätzende Wehrmachtprüfstelle in Erstaunen versetzt hätte: »Seine Leistungen als Vorgesetzter sind gut, er handelt überlegt, gibt klare Befehle und verschafft sich leicht Vertrauen [...] Als Beobachter sehr gut ausgebildet, im Feldzug gegen Polen, Frankreich und England sehr bewährt [...] Schneidig und einsatzfreudig hat er beim Einsatz gegen England oft die schwierigsten Aufträge trotz starker Abwehr mit gutem Erfolg erfüllt. Sein Auftreten vor der Front ist bestimmt und sicher[13].«

Die Beurteilung seines Staffelführers bestätigte der nächsthöhere Vorgesetzte vorbehaltlos. Er attestierte Jahnel einen sehr hohen Bildungsstand, unbedingte Zuverlässigkeit, als Schlüsselqualifikation vor allem aber hervorstechendes »Taktisches Verständnis und ausgesprochenes Interesse für Führungsfragen«[14].

Ab dem 22. Juni 1941 nahm Jahnel als Gefechtsstandoffizier am Russlandfeldzug teil. Seit Januar 1942 Staffelführer, wurde Jahnel im März zum VIII. Fliegerkorps nach Smolensk versetzt und dort am 1. April 1942 zum Hauptmann befördert. Seinem bisherigen Verwendungsaufbau sowie der in der Beurteilung des Vorjahres festgestellten Schlüsselqualifikation entsprechend, fand der Heereshauptmann nach seinen bisherigen Truppenkommandos im Mittel- und später Südabschnitt der Ostfront fortan Verwendung als Feindnachrichtenoffizier (Ic)[15] – ein Bereich, den er für weite Phasen seiner Offizierlaufbahn nicht mehr verlassen sollte. Am 1. Januar 1943 trat Jahnel in Erfüllung seines lange gehegten Wunsches von der Heeresflieger-Stammabteilung »zur Luftwaffe (Fliegertruppe)« über[16]. Seit Monatsbeginn als Ic bei der Luftflotte 4 eingesetzt, wurde der nunmehrige Luftwaffenoffizier am 20. März 1943 mit dem Deutschen Kreuz in Gold, der höchsten von ihm während des Zweiten Weltkriegs erworbenen Tapferkeitsauszeichnung, dekoriert[17]. Nur zwei Tage später nutzte Jahnel den offenbar mit der Ordensverleihung verbundenen Heimaturlaub, um in Schwerin die 26-jährige, von einem Offizierkameraden geschiedene Sekretärin Elisabeth N. zu heiraten[18]. Nach der

---

[13] BA-MA, BW Pers. 1/2449: Beurteilung des Staffelführers Aufklärungsstaffel 4.(F)/14, Hptm von Dewitz, 11.6.1941.

[14] BA-MA, BW Pers. 1/2449: Stellungnahme des nächsthöheren Vorgesetzten, Oberst Teichmann, 11.6.1941.

[15] Der Dritte Generalstabsoffizier oder Ic – in der Bundeswehr G2 – war in höheren Wehrmachtstäben für die Feindlage und -abwehr zuständig.

[16] BA-MA, BW Pers. 1/2449: Personalblatt und handschriftlicher Lebenslauf, 1.8.1955; ebd.: Berechnung des Rangdienstalters durch das OKH zwecks Überführung vom Heer zur Lw, 10.3.1943.

[17] Bereits im September 1939 hatte Jahnel das Eiserne Kreuz II. Klasse, im August 1940 das Eiserne Kreuz I. Klasse, erhalten. Im April 1942 wurde ihm der Ehrenpokal der Luftwaffe, am 13.3.1943 die erst bei einer Zahl von mehr als 110 absolvierten Feindflügen vergebene Frontflugspange in Gold verliehen. BA-MA, BW Pers. 1/2449: Personalblatt, 1.8.1955.

[18] BA-MA, BW Pers. 1/2449: Auszug aus dem Trauregister, evangelisch-lutherische St. Pauls-Gemeinde Schwerin, 22.3.1943. Diese wenig standesgemäße Heirat einer Geschiedenen, die aus ihrer Verbindung mit einem 1944 gefallenen, späteren Oberst auch noch

Ernennung zum Major i.G. am 1. Juli 1943 als letzter Beförderung im Kriege leistete Jahnel von August 1943 bis September 1944 Dienst als Ic bei der Luftflotte 2 in Italien. Im Anschluss als »Ia Luft« und damit als für »Führung und Ausbildung« zuständiger Erster Generalstabsoffizier (Ia)[19] und Führergehilfe zum Führungsstab Nordseeküste versetzt, diente er im Zuge der Ardennenoffensive kurzfristig als Ia des II. Jagdkorps. Von Januar bis April 1945 in gleicher Verwendung beim Luftwaffenkommando Ostpreußen, wurde Jahnel kurz vor dem dortigen Zusammenbruch zum Luftwaffenkommando Ost nach Berlin versetzt, um »als Ia bei einem Erdkampfstab der Fallschirmtruppen« den »Einsatz von Luftwaffeneinheiten an der Oderfront« zu koordinieren. Das Kriegsende am 8./9. Mai 1945 erlebte der gerade einmal 28-jährige Generalstabsoffizier in Schleswig-Holstein, wo er in britische Gefangenschaft geriet[20].

Vor seinen Verwendungen in höheren Stäben und Kommandobehörden bis Kriegsmitte zumeist unmittelbar an der Front eingesetzt, repräsentiert Jahnel als Angehöriger der Offiziergeneration der Jahrgänge 1913 bis 1921 zweifellos den nationalsozialistisch geprägten Typus des im Frieden solide ausgebildeten, im Krieg durch Einsatzbereitschaft, Vorbildlichkeit und »Führerpersönlichkeit« bestechenden »Frontoffiziers«. Attribute wie Härte und Rücksichtslosigkeit, die seiner Alterskohorte wie auch der Nachfolgegeneration der jungen Kriegsoffiziere der Jahrgänge 1922 bis 1927 als Charakteristika zugeschrieben werden[21], lassen sich bei ihm indes nicht ausmachen. Festzuhalten bleibt, dass seine zahlreichen Kommandierungen und Versetzungen in die verschiedensten Truppenteile, Kommandobehörden und sonstigen Dienststellen von Heer und Luftwaffe gerade auch mit Blick auf seine spätere Bundeswehrkarriere dazu beitrugen, die militärfachlich-verwendungsreihenspezifische Aufgeschlossenheit dieses im Sachsystem »Führung und Ausbildung« sozialisierten und militärinstitutionell geprägten, in seiner gut zehnjährigen Dienstzeit in der Wehrmacht überaus erfolgreichen Berufsoffiziers in erheblichem Maße zu befördern.

Der soldatische Werdegang des am 1. November 1937 in die Luftwaffe eingetretenen Hans-Markwart Christiansen nahm einen andersartigen Verlauf. Nach seiner allgemeinmilitärischen und fliegerischen Ausbildung an der Luftkriegsschule Dresden hatte Christiansen mit der am 1. August 1939 vorgenommenen Ernennung zum Leutnant seine Offizierausbildung nach knapp zweijähriger Dienstzeit vor Kriegsbeginn beendet. Im Anschluss an seine von September bis Dezember 1939 während Jagdfliegerausbildung in Schleißheim nahm er seine Versetzung als Flugzeugführer zum Jagdgeschwader 26 »Schla-

eine Tochter mit in die Ehe brachte, stand im Widerspruch zum Ehrbegriff des bis Kriegsbeginn sozial weitgehend homogenen Offizierkorps der Wehrmacht und ist allein vor dem Hintergrund der mit fortschreitender Dauer des Krieges zunehmenden Aufweichung der zuvor restriktiv gehandhabten Heiratsordnung von 1922 zu erklären. Vgl. Pauli, Wehrmachtsoffiziere (wie Anm. 1), S. 44–46.
[19] Der Erste Generalstabsoffizier oder Ia der Wehrmacht entspricht dem G3 der Bundeswehr.
[20] BA-MA, BW Pers. 1/2449: Personalblatt und handschriftlicher Lebenslauf, 1.8.1955.
[21] Vgl. Naumann, Generale (wie Anm. 1), S. 32.

geter« entgegen und geriet auf dem Höhepunkt der Luftschlacht um England nach einem Luftkampf am 6. September 1940 verwundet in britische Gefangenschaft[22]. Bestanden bis Kriegsbeginn, wenngleich zeitlich versetzt, erstaunliche Parallelen zum Lebenslauf Jahnels, hatte die Karriere Christiansens damit nach knapp dreijähriger Dienstzeit ein vorläufiges und verfrühtes Ende gefunden. Den Rest des Krieges verbrachte der am 1. November 1941 noch turnusmäßig zum Oberleutnant beförderte Luftwaffenoffizier in verschiedenen Kriegsgefangenenlagern in England und Kanada.

Der zehnjährige, militärlose Zeitabschnitt zwischen der bedingungslosen Kapitulation der deutschen Wehrmacht und der Aufstellung der Bundeswehr stellte für viele Kriegsteilnehmer eine Phase der Selbstreflexion und Auseinandersetzung mit der deutschen wie auch der eigenen Vergangenheit dar. Bei Heinz-Joachim Jahnel setzte dieser individuelle Verarbeitungsprozess wahrscheinlich schon bald nach Beginn seiner Kriegsgefangenschaft im Mai 1945 ein. Nach jeweils nur wenige Monate dauernden Aufenthalten in den Lagern Büsum, Jützbüttel und Hohn in Schleswig-Holstein wurde Jahnel im April 1946 in das Lager Hamburg-Langenhorn und später in das Lager Schleswig-Land verlegt, wo er vermutlich Mitte 1947 der »German Civil Labour Organization« (GCLO) beitrat[23]. Diese Organisation ging aus dem zu jener Zeit aufgelösten »Labour Service« hervor, der ungeachtet der alliierten Vereinbarungen über die vollständige Demilitarisierung Deutschlands bereits unmittelbar nach der Kapitulation in der Britischen und Amerikanischen Besatzungszone zur Unterstützung und Entlastung der dort stationierten Truppen ins Leben gerufen worden war und allein in der Britischen Zone zeitweilig aus bis zu 140 000 in sogenannten Dienstgruppen weiterverwendeten vormaligen Wehrmachtssoldaten bestand[24]. Dem Entschluss Jahnels, der bis zu mehrere Zehntausend Mann starken, im Dienste der britischen Streitkräfte stehenden GCLO noch als Kriegsgefangener beizutreten und damit der britischen Siegermacht seine Arbeitskraft und zumindest einen Teil seines militärischen Fähigkeitsprofils zur Verfügung zu stellen, dürften mehrere Motive und Überlegungen zugrunde gelegen haben. Zum einen wird Jahnel in zweijähriger Gefangenschaft in der Auseinandersetzung mit der eigenen Vergangenheit frühere Überzeugungen

---

22 Seinen späteren Angaben zufolge ereilte ihn dieses, seine Offizierkarriere vorläufig beendende Schicksal, als er »mit zerschossenem Kühler, von einer Staffel Spitfire verfolgt, nach Frankreich zurückzufliegen versuchte, dabei jedoch im Tiefflug endgültig abgeschossen wurde«. BA-MA, BW Pers. 1/3233: Personalbogen und handschriftlicher Lebenslauf, 5.12.1955. Christiansen trug das Eiserne Kreuz I. und II. Klasse. Die Zahl seiner Luftsiege lässt sich nicht ermitteln.

23 BA-MA, BW Pers. 1/2449: Personalblatt, 1.8.1955. Über das genaue Beitrittsdatum schwieg Jahnel sich aus.

24 Zu Entstehung, Einsatz und Rolle der zur späteren Bundeswehr in keinem organisatorischen Zusammenhang stehenden Dienstgruppen vgl. Helmut R. Hammerich, Kommiss kommt von Kompromiss. Das Heer zwischen Wehrmacht und U.S. Army (1950–1970). In: Helmut R. Hammerich [u.a.], Das Heer 1950 bis 1970, Konzeption, Organisation, Aufstellung, München 2006 (= Sicherheitspolitik und Streitkräfte der Bundesrepublik Deutschland, 3), S. 17–351, hier S. 57–62.

revidiert haben. Überdies ist zu vermuten, dass er in Anbetracht seiner allein auf das Soldatenhandwerk beschränkten Berufsqualifikation zu der Erkenntnis gelangte, selbst unter Ausnutzung des ihm gegebenen Handlungsspielraums nur unter schwierigsten Bedingungen in der sich nur langsam rekonsolidierenden deutschen Zusammenbruchsgesellschaft der unmittelbaren Nachkriegszeit im Zivilleben als »Normalbürger« reüssieren zu können[25]. Seine baldige Entlassung in Aussicht, wird dem ehemaligen Berufsoffizier der ihm britischerseits womöglich sogar signalisierte Bedarf an hochqualifiziertem, militärisch geschultem und führungswilligem deutschen Fachpersonal vor dem Hintergrund der sich offen abzeichnenden Ost-West-Konfrontation zudem kaum entgangen sein. Darüber hinaus bestand für ihn angesichts der schier allgegenwärtigen Not der ersten Nachkriegsjahre zweifellos die Notwendigkeit, seine aus der sowjetzonal gewordenen Heimat geflohene Kernfamilie[26], mit der zusammen er nach seiner Entlassung aus der Gefangenschaft am 18. Oktober 1947 im Kreis Schleswig nahe des Fliegerhorsts Jagel eine neue Bleibe fand[27], materiell absichern und versorgen zu müssen. Dass er durch seine Entscheidung für die GCLO trotz nahezu nahtloser Anknüpfung an seinen bisherigen militärzentrierten Lebenslauf einen unübersehbaren biografischen Bruch herbeiführte, nahm der Generalstabsoffizier außer Diensten dabei höchstwahrscheinlich billigend in Kauf.

Der Weg aus der Kriegsgefangenschaft führte Jahnel mithin direkt in den Dienst der britischen Streitkräfte. Anders als viele andere Kriegsheimkehrer sah er sich nach seiner Entlassung jedoch nicht etwa zu niederer Arbeit gezwungen, sondern tags darauf als Angehöriger der GCLO in der Funktion als Lagerleiter auf dem von der Royal Air Force (RAF) genutzten Flughafen Jagel sofort mit Führungsaufgaben betraut. Die erste Bewährungsprobe in seinem neuen Aufgabenbereich bestand Jahnel mit Beginn der den Ost-West-Gegensatz verschärfenden Berlinblockade. Die auf dem Luftweg stattfindende Versorgung der ab Ende Juni 1948 von den Sowjets auf dem Landweg abgeschnittenen Westsektoren der Stadt wurde auch von Jagel aus durchgeführt. Wohl aufgrund der von ihm erbrachten Leistungen avancierte Jahnel nach seinem augenscheinlich bedarfsgerechten Umzug ins niedersächsische Celle im August 1948 auf dem dortigen RAF-Fliegerhorst zum Betriebsleiter der GCLO. Im Zusammenhang mit der Berliner Luftbrücke war Jahnel bis zu deren Ende im Spätsommer 1949 in Celle offensichtlich mit der Unterstützung der logistischen Umsetzung des als »Operation Plane Fare« bezeichneten britischen Luftbrücken-Beitrags be-

---

[25] In der Tat gelang es nur relativ wenigen der später in die Bundeswehr übernommenen Offiziere, bis 1955 in der bundesdeutschen Nachkriegsgesellschaft in leitende Funktionen aufzurücken. Vgl. Werner Bührer, Offiziere im »Wirtschaftswunderland«. In: Willensmenschen (wie Anm. 4), S. 37–49.
[26] Jahnel, der sich selbst als »Sowjetzonenflüchtling« bezeichnete, hatte bei der Flucht seiner Familie »bei sowjetischem Einmarsch in Schwerin« im Juli 1945 auch nahezu sämtliche Personaldokumente verloren. BA-MA, BW Pers. 1/2449: Dienstliche Erklärung, 10.5.1961.
[27] BA-MA, BW Pers. 1/2449: Entlassungsschein aus britischer Kriegsgefangenschaft, 18.10.1947; ebd.: Personalblatt, 1.8.1955.

auftragt[28]. Mit der Einstellung der Versorgungsflüge endete zugleich auch der Bedarf an luftwaffenspezifisch vorgebildetem deutschen Betriebspersonal. Allerdings wurde der von seinem britischen Vorgesetzten hervorragend beurteilte, zwischenzeitlich als »nicht betroffen« formell entnazifizierte einstige Luftwaffenoffizier von der Besatzungsmacht nach seinem Ausscheiden aus der GCLO am 5. Oktober 1949 nicht etwa fallengelassen, sondern nach kurzer Arbeitslosigkeit ab 1. November 1949 als Zivilangestellter bei der britischen Militärregierung in Celle weiterbeschäftigt[29].

Die weder Bildungsstand noch Qualifikation entsprechende, zweifelsohne einen biografischen Rückschritt bedeutende Tätigkeit als Lagerverwalter schien den Generalstabsoffizier außer Diensten indes nur wenig auszufüllen. So hatte er sich als Arbeitssuchender noch vor seiner Anstellung bei der britischen Besatzungsverwaltung erfolgreich um eine Beschäftigung als freier Mitarbeiter bei der »Celleschen Zeitung« bemüht[30]. Hinzu kam Mitte 1950 noch von Celle aus eine weitere freie Mitarbeit bei der von der amerikanischen Besatzungsmacht seit 1945 in München für die US-Zone herausgegebenen »Neuen Zeitung« – ein qualitativ hochwertiges, der geistigen Nachkriegselite Deutschlands ein Forum bietendes Presseorgan[31]. Jahnels Hauptaufgabe bestand zufolge seines Redaktionsausweises darin, »Recherchen, Untersuchungen und Reportagen innenpolitischer, kommunalpolitischer und wirtschaftlicher Art anzufertigen«[32].

Der mit dem Ende seines Beschäftigungsverhältnisses bei der britischen Militärregierung einhergehende[33], Anfang 1951 einen Umzug der mittlerweile vierköpfigen Familie nach München und später Frankfurt am Main nach sich ziehende vollständige Wechsel Jahnels zu der im Januar 1955 eingestellten »Neuen Zeitung« lässt aufhorchen. So gab Jahnel im Zuge des Einstellungsverfahrens in die Bundeswehr 1955/56 zunächst an, in Frankfurt einer Betätigung »als freischaffender Journalist und Werbeberater für verschiedene Zeitschriften bzw. Firmen« nachzugehen. Zugleich gab er jedoch zu verstehen, dass seine Tätigkeit ab 1952 »aus besonderen Gründen mündlich erläutert« werden müsse. Hinter dem Chiffre »Journalist und Werbeberater« verbarg sich nichts anderes als eine nachrichtendienstliche Tätigkeit. Der Beleg hierfür findet sich in der im November 1956 entstandenen Beurteilung anlässlich der Übernahme Jahnels

---

[28] BA-MA, BW Pers. 1/2449: Personalblatt und handschriftlicher Lebenslauf, 1.8.1955.
[29] BA-MA, BW Pers. 1/2449: Bescheinigung des G.C.L.O. Clutch Commander, R.A.F. Station Celle, 26.8.1949; ebd.: Angaben zur Ergänzung des militärischen Fragebogens, 5.3.1956; Meldekarte Arbeitsamt Celle, 3.10.1949; Personalblatt und handschriftlicher Lebenslauf, 1.8.1955.
[30] BA-MA, BW Pers. 1/2449: Redaktionsausweis »Cellesche Zeitung«, 26.10.1949.
[31] Die seit Oktober 1945 erscheinende »Neue Zeitung«, deren programmatischer Untertitel »Die amerikanische Zeitung in Deutschland« lautete, war vergleichbar mit der in der Britischen Zone herausgegebenen Tageszeitung »Die Welt« und galt zeitweilig als die bedeutendste Zeitung Nachkriegsdeutschlands.
[32] BA-MA, BW Pers. 1/2449: Redaktionsausweis »Neue Zeitung«, 10.7.1950.
[33] BA-MA, BW Pers. 1/2449: Zeugnis der Britischen Militärregierung Celle, 9.2.1951.

als Berufssoldat: »Letzte zivile Tätigkeit vor Einberufung: BND, Journalist«[34]. Da die offizielle Gründung des Bundesnachrichtendienstes (BND) jedoch erst im April 1956 erfolgte, ist davon auszugehen, dass Jahnel seit 1952 der »Organisation Gehlen« als Vorläuferorganisation des BND angehörte. Obwohl die genaue Zielrichtung von Jahnels mehrjähriger nachrichtendienstlicher Tätigkeit bis heute unklar bleibt, steht kaum außer Zweifel, dass es ihm in der ersten Hälfte der 1950er-Jahre gelang, sein militärisches Fähigkeitsprofil als ausgebildeter Feindnachrichtenoffizier konsequent und in vollem Umfang in den Dienst der jungen Bundesrepublik zu stellen und damit im weitesten Sinn auch einen indirekten Beitrag zum in der Planung begriffenen westdeutschen Streitkräfteaufbau zu leisten. Darüber, inwieweit die »Neue Zeitung«, als deren Herausgeber die »Information Control Division« der US-Militärregierung fungierte, im Zusammenhang mit der Anbahnung der nachrichtendienstlichen Aktivitäten des ehemaligen Generalstabsoffiziers stand, kann allenfalls spekuliert werden.

Der im November 1946 nach mehr als sechs langen Jahren aus britischer Kriegsgefangenschaft entlassene Hans-Markwart Christiansen beschritt während der Zeitspanne bis zur Aufstellung der Bundeswehr einen anderen Weg. »Beeindruckt durch die Verhältnisse in Deutschland, vor allem aber durch das bedrückende Gefühl, keinerlei berufliche Fähigkeiten und Möglichkeiten zu besitzen«, entschloss er sich nach seiner Entlassung im Alter von 27 Jahren, »zunächst ein Handwerk zu erlernen«. Im Januar 1947 begann Christiansen bei einer Eisenbaufirma in Hannover notgedrungen eine Lehre als Schlosser, die er eindreiviertel Jahre später mit »gut« bestandener Gesellenprüfung abschloss. »Anschließende Bemühungen, in den Maschinenbau überzuwechseln, um eine Grundlage für das Ingenieur-Studium zu gewinnen, schlugen fehl.« Dank eines Abendstudiums, im Rahmen dessen er »Buchführung, Stenografie und Maschinenschreiben« erlernte, konnte Christiansen im November 1949 eine bis März 1952 ausgefüllte Stellung als kaufmännischer Angestellter bei einer Hannoveraner Installationsgroßhandlung antreten. Der biografische Anschluss an seine Laufbahn als Luftwaffenoffizier gelang Christiansen mit einer erfolgreichen »Bewerbung zur Flugsicherung« beim amerikanischen Generalkonsulat in Frankfurt am Main. Nach dem Besuch der Flugsicherungsschule München von Ende März bis August 1952 kam Christiansen zur »in Händen der U.S. Luftwaffe« liegenden Flugsicherungs-Kontrollzentrale Frankfurt, wo er unter Einbringung seines luftwaffenspezifischen Sachverstands bis Mai 1953 als »Air Traffic Controller« der Civil Aviation Division des US-Generalkonsulats beschäftigt war. Ab Juni 1953 wurde Christiansen als Flugsicherungslotse und Wachleiter bei der Bundesanstalt für Flugsicherung in Frankfurt eingesetzt[35]. Bei der Wahl und Ausübung seiner neuen Tätigkeit wird die langjährige, fraglos persönlichkeitsprägende Kriegsgefangenschaft, in deren Verlauf Christian-

---

[34] BA-MA, BW Pers. 1/2449: Jahnel an BMVg P V 1, 10.5.1961; ebd.: Personalblatt und handschriftlicher Lebenslauf, 1.8.1955; ebd.: Beförderungsvorschlag BMVg III C (2) Lw zum OTL, 10.9.1957; ebd.: Kurzbeurteilung für den Zeitraum 1.6.1952–31.12.1953, 29.3.1954; ebd.: Beurteilung zur Übernahme als Berufssoldat, 10.11.1956.

[35] BA-MA, BW Pers. 1/3233: Personalblatt und handschriftlicher Lebenslauf, 5.12.1955.

sen gegenüber Briten und Amerikanern einen mentalen, die vergleichsweise kurze Kriegserfahrung als Bezugspunkt vermutlich überdeckenden Annäherungsprozess durchlaufen haben dürfte, von erheblicher Bedeutung gewesen sein. Dieser Umstand wie auch das seit 1952 luftwaffennahe Betätigungsfeld wird die spätere Entscheidung zum Beitritt Christiansens in die nicht nur strukturell und materiell konsequent am amerikanischen Vorbild ausgerichtete Bundesluftwaffe[36] in erheblichem Maße vorbereitet und beeinflusst haben.

Die Bundesluftwaffe entstand mit der Aufstellung westdeutscher Streitkräfte als eine der Nordatlantischen Allianz (NATO) unterstellte, in das westliche Bündnissystem integrierte Teilstreitkraft. Wie viele andere sich zur Wiedereinstellung meldende ehemalige Berufssoldaten hatte sich Heinz-Joachim Jahnel noch vor Ernennung der ersten 101 Freiwilligen am 12. November 1955, dem offiziellen Gründungsdatum der Bundeswehr, bei einer der zahlreichen Annahmestellen für eine Einstellung in die im Entstehen begriffene Teilstreitkraft beworben. Der konkrete Anlass für Jahnels Bewerbung vom 1. August 1955 ist nicht bekannt. Die ausschlaggebende Motivation für seinen Entschluss, sein bisheriges Beschäftigungsverhältnis zugunsten einer Karriere bei den Streitkräften zu beenden, wird neben seiner auch in der Zwischenperiode ziviler Berufsausübung evidenten Affinität zu den Bereichen Aufklärung und Nachrichtenwesen maßgeblich im persönlichkeitsprägenden Einfluss seiner Vordienstzeit in der Wehrmacht gelegen haben. Es erscheint keineswegs abwegig, dass für den ehedem aktiven Berufsoffizier der Vorkriegszeit mit Kriegsschul- und Generalstabsausbildung, zehnjähriger Gesamt- und immerhin achtjähriger Offizierdienstzeit sowie mehrjähriger »Osterfahrung« unter den Vorzeichen des Kalten Kriegs namentlich die im Zweiten Weltkrieg gesammelte Kriegserfahrung einen entscheidenden Ausgangs- und Bezugspunkt für seine zu »Altbewährtem« zurückkehrende Berufswahl darstellte. Eine Entscheidung für die Teilstreitkraft Luftwaffe lag vor dem Hintergrund seiner militärinstitutionellen Vorprägung und militärspezifischen Gesamtsozialisation nahe.

Allein zwischen Oktober 1955 und März 1957 durchliefen 210 000 kriegsgediente und nichtkriegsgediente Bewerber die Prüfung der Annahmestellen. Unter den Bewerbern befanden sich 125 000 Kriegsteilnehmer aller Dienstgrade, davon 37 000 Offiziere[37]. Jahnel hob in seiner mustergültigen, in Frankfurt am Main ausgefertigten Bewerbung vom 1. August 1955 wenig überraschend als »Besondere Interessengebiete« seine »Erfahrung auf dem Gebiet der *Aufklärung* (Nahaufklärung, Fernaufklärung, Feindlagebearbeiter, Nachrichtendienst, Frontaufklärungskommandos, Ic von Luftflottenkdos.)«, im »Pressewesen« sowie bei der »Zusammenarbeit der Wehrmachtteile« hervor. Nicht unerwähnt blieben auch seine in einer westintegrierten Bündnisarmee von ihm zutreffend

---

36 Vgl. dazu Wolfgang Schmidt, Briefing statt Befehlsausgabe. Die Amerikanisierung der Luftwaffe 1955 bis 1975. In: Bernd Lemke [u.a.], Die Luftwaffe 1950 bis 1970, Konzeption, Aufbau, Integration, München 2006 (= Sicherheitspolitik und Streitkräfte der Bundesrepublik Deutschland, 2), S. 649–691.
37 Vgl. Pauli, Wehrmachtoffiziere (wie Anm. 1), S. 140.

als vorteilhaft erkannten Erfahrungen in der »Zusammenarbeit mit Amerikanern und Engländern« im Zusammenhang mit der Luftbrücke nach Berlin. Seinen Qualifikationen entsprechend, gab Jahnel als Wunschverwendung noch in Wehrmachtsterminologie »Ic eines Stabes, der sich mit Luftaufklärung, Nachrichtendienst und Pressewesen befasst«, an. Ein weiterer Punkt bestand in der von den Bewerbern erwarteten Angabe von Referenzen, wobei »möglichst Personen aus dem öffentlichen Leben« benannt werden sollten. Hier bezog sich Jahnel auf eine Anzahl von Kriegskameraden, an vorderster Stelle jedoch auf Ministerialdirektor Volkmar Hopf aus dem Bonner Innenministerium[38]. In welchem persönlichen Verhältnis die beiden zueinander standen und ob die Bekanntschaft zu Hopf, der noch 1955 ins Bundesministerium für Verteidigung (BMVg) versetzt wurde, dort ein Jahr später die Leitung der Haushaltsabteilung übernahm und ab 1959 in das bis 1964 ausgeübte Amt des Beamteten Staatssekretärs aufrückte, im Zusammenhang mit Jahnels nachrichtendienstlicher Tätigkeit stand, bleibt offen. Die hochrangigste der angeführten militärischen Referenzpersonen war Generalmajor a.D. Klaus Uebe. Dieser war Jahnel als ehemaliger Vorgesetzter in der während des Kriegs ausgeübten Funktion als zeitweiliger Chef des Stabes des VIII. Fliegerkorps an der Ostfront sowie als Kommandierender General und Befehlshaber des Luftwaffenkommandos Ostpreußen bekannt und mittlerweile in der dem Bundesinnenministerium zugehörigen »Bundesanstalt für zivilen Luftschutz« tätig[39]. Als weitere Referenzpersonen benannte Jahnel zwei weniger prominente, ihm im Generalstabsdienst der Luftwaffe ehemals vorgesetzte Obristen sowie an letzter Stelle den ihm aus seiner Zeit bei der »Neuen Zeitung« bekannten Journalist und Schriftsteller Hans-Eberhard Friedrich[40], der sich von 1965 bis 1967 als Feuilleton-Chef der Tageszeitung »Die Welt« etablieren sollte. Ob und in welchem Umfang sich die aufgezählten Personen im Einzelnen für Jahnel verwendeten, ist nicht ersichtlich. Dass dem Bestehen eines solchen, kaum von der Hand zu weisenden informellen Netzwerks im Vorfeld der Wiedereinstellung Jahnels gleichwohl eine gewisse, nicht zu unterschätzende Bedeutung zufiel, ist anzunehmen.

Wann genau der Mitte Januar 1956 in Frankfurt amtsärztlich untersuchte und für »in gesundheitlicher Hinsicht zur Wiedereinstellung geeignet« befundene, zur Eignungsprüfung vorgeladene Jahnel bei der für ihn zuständigen Annahmestelle vorstellig wurde, ist ungewiss. Wie jeder andere Bewerber auch

[38] BA-MA, BW Pers. 1/2449: Personalblatt, 1.8.1955. Der Jurist Volkmar Hopf (1906–1997) war während des »Dritten Reichs« Landrat und seit 1951 im Bundesministerium des Innern (BMI) beschäftigt. Im Oktober 1962 wegen seiner Verwicklung in die »Spiegel-Affäre« kurzfristig beurlaubt, übte Hopf nach seiner Zeit im BMVg von 1964 bis zu seiner Pensionierung 1971 das Amt des Präsidenten des Bundesrechnungshofs aus.
[39] BA-MA, BW Pers. 1/2449: Personalblatt, 1.8.1955. Welche Funktion der vormalige Luftwaffengeneral Klaus Uebe (1900–1968) in der seit 1952 als »Unterabteilung Ziviler Luftschutz« im BMI bestehenden, 1955 in die »Bundesanstalt für zivilen Luftschutz« als Vorläuferorganisation des heutigen »Bundesamts für Bevölkerungsschutz und Katastrophenhilfe« überführten Zivilschutzbehörde ausfüllte, ist unklar.
[40] BA-MA, BW Pers. 1/2449: Personalblatt, 1.8.1955. Hans-Eberhard Friedrich (1907–1980) war von 1968 bis zu seinem Tod außerdem Vorsitzender der Axel-Springer-Stiftung.

wird er im Verlauf des zweistündigen, aus der Besprechung seines Lebenslaufs, einer eingehenden Befragung und einer offenen Abschlussunterredung bestehenden Auswahlgesprächs eine Vielzahl an vor allem auf seine politische Einstellung und persönliche Integrität zielenden Fragen beantwortet haben müssen[41]. So aussagekräftig seine Ansichten sowie insbesondere sein Verhältnis zum innerhalb des Offizierkorps noch bis Mitte der 1960er-Jahre heftig diskutierten Attentat auf Adolf Hitler vom 20. Juli 1944 als obligatorisch gestellter Kernfrage der Eignungsprüfung wären[42], so wenig sind Stellungnahmen oder Wertungen Jahnels bekannt. Auch bleiben die Akten eine Antwort auf die Frage nach Jahnels damaligem Reformverständnis bezüglich der prinzipiellen geistigen und binnenstrukurellen Neuorientierung der Bundeswehr als demokratisch legitimierter Parlamentsarmee und damit auch hinsichtlich der einschneidenden Militärreformen der Jahre 1955/56[43] – ein in der deutschen Geschichte einmaliger Kontinuitätsbruch – schuldig. Auch sein späterer soldatischer Werdegang deutet weder eindeutig auf einen die »Innere Führung« vorbehaltlos bejahenden »Reformer« noch auf einen überlieferte Mentalitäten konservierenden »Traditionalisten« hin. Am wahrscheinlichsten erscheint vielmehr Jahnels positiv konnotierte Charakterisierung und Kategorisierung als dem Sachsystem »Führung und Ausbildung« verhafteter, für das Feindnachrichtenwesen über die Zeiten hinweg leidenschaftlich begeisterter, ausgesprochen leistungsfähiger »Technokrat«. In diese Richtung wies auch bereits der am 25. Januar 1956 verfasste, womöglich noch am Tag seiner Eignungsprüfung erstellte richtungweisende Prüfbericht der vermutlich in Frankfurt angesiedelten Annahmestelle 7821/8: »Zurückhaltendes und selbstbewußtes Auftreten. Sensibel, beherrscht und spannkräftig. Sehr schnelle Reaktion. Erfaßt sofort den Kern. Scharfer Verstand. Im Urteil nüchtern, maßvoll, sicher und sehr selbständig. Drückt sich überlegt, präzise und gewandt aus. Interessiert an allen Zeitproblemen [...] Hart gegen sich selbst. Streng, zäh, zielstrebig und pflichtbewußt. Trotz wenig hervortretender menschlicher Wärme wird er auf Grund seines überwiegenden Verstandes und seiner ausgeprägten Willenskraft Gutes leisten[44].«

---

[41] BA-MA, BW Pers. 1/2449: Amtsärztliches Zeugnis, Gesundheitsamt Frankfurt, 18.1.1956. Zum schematisierten Ablauf der Annahmeprüfungen vgl. Pauli, Wehrmachtsoffiziere (wie Anm. 1), S. 133–136.

[42] Gemäß der für die Annahmeprüfung entwickelten Richtlinien sollten die kriegsgedienten Bewerber die Gewissensentscheidung der Männer des 20.7.1944 anerkennen. Ein Bekenntnis zum Attentat wurde nicht erwartet, wohl aber die Anerkennung der Opfer der beteiligten Offiziere als gleichwertig mit den Opfern der Front. Pauli, Wehrmachtsoffiziere (wie Anm. 1), S. 134. Zu den nicht selten emotionalisiert geführten Diskussionen um die Offiziere des deutschen Widerstands, aber auch zu den Traditionsfragen und das Verhältnis zur neuen, bundesdeutschen Verfassungswirklichkeit vgl. ausführlicher Martin Kutz, Deutsche Soldaten. Eine Kultur- und Mentalitätsgeschichte, Darmstadt 2006, S. 200–202.

[43] Vgl. dazu weiterführend Kutz, Deutsche Soldaten (wie Anm. 42), S. 122–130.

[44] BA-MA, BW Pers. 1/2449: Annahmestelle 7821/8, Prüfungsbericht Nr. 10209, 25.1.1956. Das im Zusammenhang mit dem Eignungsurteil verwandte Kriterium »Willenskraft« überrascht, da es sinngemäß bereits in den Prüfverfahren der Psychologischen Prüfstellen

Dementsprechend positiv fiel die Verwendungsempfehlung der Prüfgruppe aus. Mit dem Eignungsgrad »gut geeignet« auf einer fünfstufigen Skala an zweitbester Stelle plaziert, wurde Jahnel »im Klartext« die besondere Befähigung sowie Entfaltungspotenzial für einen Einsatz als »Generalstabsoffizier (Ic)«, Kommandeur oder »Lehrer an Schulen« bescheinigt[45]. Obwohl insgesamt nur jeder zweite der 37 000 zwischen Oktober 1955 und März 1957 geprüften kriegsgedienten Offiziere das Annahmeverfahren bestand[46], verlief die Prüfung für den Major außer Diensten damit erfolgreich.

Die meisten eintrittswilligen, kriegsgedienten Offiziere wurden 1956 eingestellt[47]. Der seitens der Personalabteilung des Bundesverteidigungsministeriums mit Einstellungsverfügung vom 9. Februar auf den 16. März 1956 festgesetzte Dienstantritt Jahnels musste allerdings wiederholt verschoben werden. Erst nach seiner durch den BND gewährten Freistellung trat Jahnel am 11. September 1956 den Dienst bei den Streitkräften unter gleichzeitiger Ernennung zum Major mit sechsmonatiger Verzögerung im Bonner Verteidigungsministerium an[48]. Wie bei der Mehrzahl der ehemaligen Offiziere erfolgte die Einberufung in das freiwillige Soldatenverhältnis auch bei ihm im zuletzt in der Wehrmacht geführten Dienstgrad. Sein relativ niedriges Alter verschaffte dem 38-jährigen Jahnel in der Vergleichsgruppe der 1956/57 ungefähr zeitgleich mit ihm eingestellten Majore, in der die Altersspanne zwischen 37 und 56 Lebensjahren lag[49], eine hervorragende Ausgangslage und Laufbahnperspektive. Seine Erstverwendung erfolgte im Rahmen einer viermonatigen Eignungsübung, die jeder wiedereingestellte Offizier mit Dienstantritt zu durchlaufen hatte. Erst danach wurde über eine dauerhafte Übernahme in die Bundeswehr im Verhältnis eines Zeit- oder Berufssoldaten entschieden[50].

Jahnel absolvierte seine Eignungsübung in der im November 1955 im Zuge der Konstituierung des Bundesverteidigungsministeriums als Spitze der neuen Teilstreitkraft Luftwaffe gebildeten Abteilung VI, aus der im Juni 1957 der Führungsstab der Luftwaffe (Fü L) hervorgehen sollte. Vom Tag seines Dienstantritts an arbeitete er auf einem mit ihm zwar unterwertig, aber dennoch fähigkeitsgerecht besetzten Hauptmann-Dienstposten in der für Führung und Ausbildung zuständigen Unterabteilung als »Hilfsreferent« im mit »dem Gebiet der Aufklärung« betrauten Referat VI A 3[51]. Von einer den kriegsgedienten

der Wehrmacht als Schlüsselkriterium bewertet wurde. Offenbar fand hier eine inhaltliche Orientierung an Überkommenem statt.

[45] BA-MA, BW Pers. 1/2449: Annahmestelle 7821/8, Prüfungsbericht Nr. 10209, 25.1.1956.
[46] Vgl. Pauli, Wehrmachtsoffiziere (wie Anm. 1), S. 140 f.
[47] Ebd., S. 132.
[48] BA-MA, BW Pers. 1/2449: Jahnel an BMVg III C 26 (a) betr. Einstellung in die Streitkräfte, 27.2.1956; ebd.: BMVg III C 26 (a) an Jahnel, 3.3.1956; ebd.: Aktenvermerk BMVg III C 18, 28.8.1956; ebd.: Jahnel an BMVg III C 26 betr. Einstellung in die Streitkräfte, 5.9.1956; ebd.: Aktenvermerk BMVg III C Lw 18, 27.8.1956.
[49] Vgl. Pauli, Wehrmachtsoffiziere (wie Anm. 1), S. 144 f.
[50] BA-MA, BW Pers. 1/2449: BMVg III C 26 an Jahnel betr. Einstellung in die Bw, 31.8.1956.
[51] BA-MA, BW Pers. 1/2449: Aktenvermerk BMVg III C Lw 18, 27.8.1956. Zur Spitzengliederung der jungen Bundesluftwaffe vgl. Bernd Lemke, Konzeption und Aufbau der Luft-

Aufbaugenerationen der Bundeswehr nach zehnjähriger Abstinenz vom Soldatenhandwerk und ziviler Berufsausübung nachgesagten militärfachlichen Rückständigkeit[52] konnte bei Jahnel keine Rede sein. Schon nach zweimonatiger Dienstzeit stellte ihm der Unterabteilungsleiter VI A, der bereits 1952 in das Amt Blank als Vorgängerorganisation des BMVg berufene, als Experte für Luftwaffenfragen geltende spätere dritte Inspekteur der Luftwaffe und Viersternegeneral, Oberst Johannes Steinhoff[53], anlässlich seiner Beurteilung zur Übernahme als Berufssoldat ein beachtliches Zeugnis aus. In Bestätigung der schon seit 1941 erkennbaren, von der Bundeswehrannahmestelle im Kern erneut bescheinigten Schlüsselqualifikationen attestierte Steinhoff Jahnel vorzügliche geistige Anlagen und analytische Fähigkeiten, nahezu erstklassige Charaktereigenschaften sowie herausragende dienstliche Leistungen. Bezugnehmend auf Jahnels Laufbahn in der Wehrmacht stellte Steinhoff dessen »langjährige Tätigkeit als Ic« bei Kommandobehörden und höheren Stäben der Luftwaffe heraus, die Jahnel in seinen Augen »besonders geeignet für eine weitere Verwendung« im G2-Dienst und damit im Nachrichtenwesen der Luftwaffe erscheinen ließen. Den Eignungsübenden zusammenfassend in die »Verwendungsgruppe« der Generalstabsoffiziere einstufend, stellte Steinhoff bei diesem eine beachtliche Verwendungsbreite fest. Nach Ansicht des Unterabteilungsleiters kam Jahnel für eine spätere Verwendung als G2 einer Luftwaffenkommandobehörde, »integrierter Offizier in einem alliierten G2 Stab«, Luftwaffenattaché und als Leiter der G2-Außenstelle der Luftwaffe beim BND in Frage. Inwiefern die auf ein möglicherweise zuvor bestehendes Beziehungsgeflecht hindeutende, den Angaben Steinhoffs zufolge bereits seit 1941 bestehende Bekanntschaft mit Jahnel die Spitzenbeurteilung des Unterabteilungsleiters beeinflusste, sei dahingestellt. Die Stellungnahme des nächsthöheren Vorgesetzten, des stellvertretenden Leiters der Abteilung VI und späteren zweiten Luftwaffeninspekteurs, Brigadegeneral Werner Panitzki, bestand nur aus einem Wort: »Einverstanden«[54]. Das Resultat dieser Beurteilung ließ nicht lange auf sich warten. Mitte Dezember 1956 teilte Brigadegeneral Burkhart Müller-Hillebrand, Leiter der Unterabteilung III C (Militärisches Personal) im BMVg, Jahnel die beabsichtigte Weiterverwendung in der Bundeswehr

---

waffe. In: Lemke [u.a.], Die Luftwaffe (wie Anm. 36), S. 291–297. Vgl. weiterführend auch Heinz Rebhan, Aufbau und Organisation der Luftwaffe 1955 bis 1971. In: ebd., S. 565–647.

[52] Vgl. Martin Kutz, Die verspätete Armee, Entstehungsbedingungen, Gefährdungen und Defizite der Bundeswehr. In: Die Bundeswehr 1955 bis 2005. Rücksichten – Einsichten – Perspektiven. Im Auftrag des MGFA hrsg. von Frank Nägler, München 2007 (= Sicherheitspolitik und Streitkräfte der Bundesrepublik Deutschland, 7), S. 63–79, hier S. 74.

[53] Zur Vita Johannes Steinhoffs (1913–1994) vgl. Lemke [u.a.], Die Luftwaffe (wie Anm. 36), S. 755.

[54] BA-MA, BW Pers. 1/2449: Beurteilung zur Übernahme als Berufssoldat, 10.11.1956. Zum Lebenslauf Werner Panitzkis (1911–2000) vgl. Lemke [u.a.], Die Luftwaffe (wie Anm. 36), S. 754.

mit[55]. Nach Abschluss der viermonatigen Eignungsübung wurde Major Jahnel durch Ernennungsurkunde des Bundespräsidenten unter Berufung in das Dienstverhältnis eines Berufssoldaten am 18. Januar 1957 in die Bundeswehr übernommen und in seinem Übungsreferat auf eine vollwertige Planstelle eingewiesen[56]. Aufbauend auf den während des Krieges im Bereich Nachrichtengewinnung und Aufklärung erworbenen Fähigkeiten und Kenntnissen bestand für Jahnel somit die Aussicht, seine in den Jahren zuvor ausgeübte nachrichtendienstliche Tätigkeit unter gewandelten Vorzeichen künftig nahtlos weiterzuführen und sich nach seiner geglückten Bewährungsprobe in seinem Sachsystem weiter zu etablieren. Auch wenn sich die soziale Konsistenz des Offizierkorps der Bundeswehr aufgrund des hohen Personalbedarfs der Aufbaujahre im Bruch mit den traditionellen Rekrutierungsmustern zusehends veränderte, entsprach er als den anfangs nach wie vor bevorzugten »erwünschten Kreisen« entstammender Protestant in seinem Typus den überkommenen personalpolitischen Idealvorstellungen[57]. Aus Sicht des Bedarfsträgers Bundeswehr war Jahnel ein in jeder Hinsicht gefragter Mann.

Auch die von Hans-Markwart Christiansen vor allem seit 1952 in der Flugsicherung zivilberuflich erworbenen Qualifikationen waren für die im Entstehen begriffene Bundesluftwaffe von Interesse. Seine Bewerbung vom 5. Dezember 1955 musste ohne nennenswerte Referenzen auskommen, was seiner Eignungsprüfung bei der Annahmestelle II in Köln am 15. März 1956 jedoch nicht im Wege stand. Christiansen, dessen Wunschverwendung nach eigenen Angaben »auf dem Gebiet der Flugsicherung oder Jägerleitung« lag, wurde von der Prüfgruppe noch am selben Tag als »durchschnittlich begabt« und, auf der fünfstufigen Bewertungsskala an dritter Stelle plaziert, »nach entsprechender Einweisung« als zur Ausfüllung eines Hauptmann-Dienstpostens geeignet klassifiziert. Der Verwendungsvorschlag lautete »Kompanieführer in einer Flugmeldeeinheit«[58]. Nachdem Christiansen das Auswahlverfahren im Gegensatz zu fast 60 Prozent der kriegsgedienten, zwischen Oktober 1955 und März 1957 vorstellig gewordenen Leutnante und Oberleutnante außer Diensten bestanden hatte[59], meldete er sich – drei Monate vor Jahnel und ohne Verzögerungen – am 11. Juni 1956 beim Stab des Kommandos der Fliegerhorste Süd in Karlsruhe zum Antritt seiner viermonatigen Eignungsübung als Fernmeldeoffizier. Sein Dienstantritt erfolgte im gegenüber seinem in der Wehrmacht er-

---

[55] BA-MA, BW Pers. 1/2449: BMVg III C 26 an Jahnel betr. Weiterverwendung in der Bw, 17.12.1956. Zur Vita Burkhart Müller-Hillebrands (1904–1987) vgl. Hammerich [u.a.], Das Heer (wie Anm. 24), S. 716.
[56] BA-MA, BW Pers. 1/2449: Aktenvermerk BMVg III C 26, 19.11.1956; ebd.: Niederschrift über die Vereidigung, 8.2.1957.
[57] Vgl. dazu Kutz, Deutsche Soldaten (wie Anm. 42), S. 203 f., sowie Detlef Bald, Alte Kameraden. Offizierskader der Bundeswehr. In: Willensmenschen (wie Anm. 4), S, 50–64, hier S. 52 f.
[58] BA-MA, BW Pers. 1/3233: Personalblatt und handschriftlicher Lebenslauf, 5.12.1955; ebd.: Einladung der Annahmestelle Köln II, 1.3.1956; ebd.: Prüfungsbericht der Annahmestelle II Köln, 15.3.1956.
[59] Vgl. Pauli, Wehrmachtsoffiziere (wie Anm. 1), S. 141.

reichten Enddienstgrad nächsthöheren, ihm wegen ansonsten durch die lange Kriegsgefangenschaft erwachsener Laufbahnnachteile verliehenen Dienstgrad Hauptmann. Auch Christiansen wurde schließlich am 18. Oktober 1956 nach seiner Einweisung zum »Flugsicherungsbearbeiter« in das Dienstverhältnis eines Berufssoldaten übernommen[60].

Die Aufstiegschancen für die nach ihrer Wiedereinstellung zumeist zum Berufssoldaten ernannten und gemeinhin bis zu ihrer Pensionierung in der Bundeswehr verbliebenen kriegsgedienten Offiziere aller Alterskohorten waren grundsätzlich recht gut[61]. Nach seiner Übernahme als Berufsoffizier leistete Heinz-Joachim Jahnel zunächst weiterhin Dienst als Referent im BMVg in der Abteilung VI, um praktisch zeitgleich mit deren Umwandlung in den Fü L Ende Juni 1957 eine Kommandierung für einen knapp sechsmonatigen Lehrgang für Stabsoffiziere am »Air Command and Staff College« der US-Luftwaffe in Maxwell, Alabama, entgegenzunehmen[62]. Die Auswahl für eine Teilnahme an einem Lehrgang in den USA war für Jahnel sicherlich eine Auszeichnung. Eine solche Personalmaßnahme ist jedoch vor allem vor dem Hintergrund der strukturellen Einbindung der Bundeswehr und insbesondere der Bundesluftwaffe in das Militärbündnis der NATO sowie im Kontext der grundlegenden Orientierung der integral in die NATO-Luftverteidigung eingebundenen Teilstreitkraft an den Luftstreitkräften des in seiner Führungsrolle im Bündnis dominierenden amerikanischen Verbündeten zu sehen[63]. Mit seinem vom 4. Juli bis 21. Dezember 1957 dauernden USA-Aufenthalt teilte Jahnel zusammen mit im Laufe der Jahre Tausenden von deutschen Luftwaffenangehörigen, die, überwiegend dem fliegerischen Personal zugehörig, Teile ihrer militärischen Ausbildung an Schulen und Ausbildungseinrichtungen der US-Luftwaffe durchliefen, eine kollektive Amerikaerfahrung[64]. Nicht zuletzt durch seine mehrjährige Beschäftigung im Dienste der britischen Luftwaffe und Militärregierung in sprachlicher Hinsicht vorgeprägt und mit der angelsächsischen Mentalität vertraut, fiel es ihm auf der Ebene professioneller Kontakte zu den amerikanischen Militärangehörigen augenscheinlich recht leicht, seine Fähigkeiten ohne größere Anpassungsschwierigkeiten zur Entfaltung zu bringen. Den erst im zweiten Jahr mit deutscher Beteiligung stattfindenden Stabslehrgang am »Air Command and Staff College« schloss Jahnel mit Bravour ab[65]. In

---

[60] BA-MA, BW Pers. 1/3233: BMVg III C 26 (a) an Christiansen betr. Einstellung in die Bw, 6.6.1956; ebd.: BMVg III C 26 (a) an Christiansen betr. Weiterverwendung in der Bw, 18.9.1956.

[61] Pauli, Wehrmachtsoffiziere (wie Anm. 1), S. 146.

[62] BA-MA, BW Pers. 1/2449: Aktenvermerk BMVg III C (2) 18, 27.6.1957.

[63] Vgl. dazu vor allem die Beiträge von Bernd Lemke, Konzeption und Aufbau der Luftwaffe, sowie Dieter Krüger, Die Entstehung der NATO-Luftverteidigung und die Integration der Luftwaffe. In: Lemke [u.a.], Die Luftwaffe (wie Anm. 36), S. 71–484 und S. 487–556.

[64] Vgl. Schmidt, Briefing statt Befehlsausgabe. In: Lemke [u.a.], Die Luftwaffe (wie Anm. 36), S. 677–691.

[65] Zum ersten Durchgang des 1956 für deutsche Teilnehmer geöffneten Lehrgangs, insbesondere mit Blick auf die infolge der heterogenen deutsch-angelsächsischen Bildungskulturen anfänglich kritischen Reaktionen der deutschen Lehrgangsteilnehmer auf die als

der Abschlussbeurteilung des amerikanischen Vorgesetzten wurde der Major i.G. als äußerst sprachgewandter, scharfsinniger und führungsstarker, insgesamt außerordentlich befähigter Spitzenoffizier gekennzeichnet: »Major Jahnel is a mature and exceptionally capable officer [...] He increased his already fluent use of the English language to the point where he competes ably with the top members of his group. He is a sound and logical thinker and expresses his thoughts forcefully but tactfully. He assumes leadership of a group easily and obtains its immediate respect and cooperation [...] He contributed substantially to the group's understanding of Germany and the German Air Force. Major Jahnel's conduct and exceptional performance at this school reflect great credit upon his country, the German Air Force, and himself[66].«

Wie die beiden letzten Sätze belegen, trug Jahnels erfolgreiche Lehrgangsteilnahme zudem dazu bei, auf Seiten der amerikanischen Lehrgangsteilnehmer Verständnis für die Belange der neuentstandenen deutschen Luftstreitkräfte zu wecken. Darüber hinaus trat Jahnel an der »Air University« als Repräsentant der noch jungen Bundesrepublik zweifellos auch als Sympathie- und Werbeträger für das neue, demokratische Nachkriegsdeutschland auf. Der hohe militärpolitische Stellenwert des erfolggekrönten Auslandsaufenthalts wurde Wochen nach seiner Rückkehr durch ein an den Fü L gerichtetes Dankesschreiben des amerikanischen Schulkommandeurs unterstrichen, das Luftwaffeninspekteur Generalleutnant Josef Kammhuber[67] zum Anlass nahm, Jahnel in einem persönlichen Schreiben für seinen Beitrag zur »Festigung der deutsch-amerikanischen Freundschaft« Lob und Anerkennung auszusprechen[68]. Abgesehen von allgemeinen, den individuellen Erfahrungshorizont erweiternden Aspekten übte der fast sechsmonatige Amerikaaufenthalt im Hinblick auf Jahnels Professionalisierung mit Sicherheit eine erhebliche Prägekraft aus. Der Nachweis einer bereits in der Aufbauphase der Luftwaffe bei vielen Soldaten feststellbaren, das Selbstverständnis der Teilstreitkraft militärkulturell langfristig verändernden »Amerikanisierung« ist mit Blick auf Jahnels Einstellungen und seine soldatische Gesamtpersönlichkeit auf Grundlage der vorliegenden Quellen allerdings nicht zu führen. Ihre Wirkungsmacht wird die Auslandskommandierung auf den Generalstabsoffizier als in absehbarer Zeit potenziell angehenden Angehörigen der Funktionselite der Bundesluftwaffe indes keineswegs verfehlt haben.

Die Personalführung der Bundeswehr pflegte in den 1950/60er-Jahren eine ausgewogene Mischung aus dem bereits in der Reichswehr und zuvor berücksichtigten Prinzip der »Anciennität« (Dienstalter) und dem Leistungsprinzip, was der Masse der kriegsgedienten Offiziere gute und gleichmäßige Beförde-

---

starr empfundene Lehr-, Ausbildungs- und Bewertungsmethodik vgl. Schmidt, Briefing statt Befehlsausgabe. In: Lemke [u.a.], Die Luftwaffe (wie Anm. 36), S. 679.
[66] BA-MA, BW Pers. 1/2449: Training Report, Headquarters Air Command and Staff College Maxwell Air Force Base, 13.12.1957.
[67] Zur Vita Josef Kammhubers vgl. Beitrag Schmidt in diesem Band sowie Lemke [u.a.], Die Luftwaffe (wie Anm. 36), S. 753.
[68] BA-MA, BW Pers. 1/2449: Schreiben InspLw, 24.1.1958.

rungschancen eröffnete[69]. So überrascht es kaum, dass Jahnel von der Personalführung der Luftwaffe schon ein Jahr nach Diensteintritt noch während seiner
Auslandsverwendung unter der üblichen Anrechnung der zwischen dem
8. Mai 1945 und dem 31. März 1956 liegenden Zeitspanne als Offizierdienstzeit
zur Beförderung zum Oberstleutnant vorgeschlagen wurde. Am 23. Dezember
1957, zwei Tage nach seiner Rückkehr aus den USA, nahm der »auf Grund
seiner vormilitärischen Tätigkeit hervorragend für den G2-Dienst« geeignete
und »auf breiter Basis und mit gleich großer Aussicht auf hervorragende Leistungen in den verschiedensten Stellungen« verwendbare Generalstabsoffizier
nach rund eineinvierteljähriger Dienstzeit in der Bundeswehr seine Ernennung zum Oberstleutnant i.G. entgegen[70].

Zum 1. Januar 1958 verließ Oberstleutnant Jahnel den Fü L, um in der im
Vorjahr in Bad Ems gegründeten Führungsakademie der Bundeswehr (Fü-
AkBw) seine neue Verwendung als am Aufbau der Einrichtung beteiligter
»Lehrer für G2-Wesen« anzutreten. Die Versetzung in den »Zentralen Lehrkör-
per« der höchsten militärischen Aus- und Fortbildungsstätte der Bundeswehr
bedeutete für den künftigen Dozenten einen erneuten Karrieresprung. Nach
einem seine überdurchschnittliche Begabung für das Militärische Nachrichtenwesen einmal mehr bestätigenden Weiterbildungslehrgang wurde Jahnel im
März 1958 zwecks Teilnahme an der NATO-Großübung »Lion bleu« kurzzeitig
zum III. Korps nach Koblenz kommandiert[71]. Die fünftägige Übung, an der
neben drei deutschen Korpsstäben auch sechs Divisionsstäbe sowie das Kommando Territoriale Verteidigung mit drei Wehrbereichskommandos teilnahmen[72], absolvierte Jahnel als »G2 beim Leitungsstab«[73]. Im Vordergrund des
Übungsverlaufs stand der Einsatz taktischer Atomwaffen, was der seit 1952
geltenden, 1957 um jene Form der nuklearen Kriegführung erweiterten NATO-
Verteidigungsstrategie der »massiven atomaren Vergeltung« Rechnung trug.
Wie Jahnel als gewissermaßen per se aufgeschlossenerer und progressiverer
Luftwaffenangehöriger die neue Wirklichkeit des Gefechts unter atomaren
Bedingungen im Vergleich zu den teilnehmenden kriegsgedienten, zu jener
Zeit allgemein mehrheitlich auf konventionelle Kriegführung fixierten Heeres-
offizieren beurteilte und welche Vorbehalte er womöglich gegenüber der sei-
tens des amerikanischen Verbündeten geforderten Integration von Atomwaffen
in Operationsplanung und Gefechtsführung hegte[74], ist nicht zu ergründen.

---

[69] Vgl. Pauli, Wehrmachtsoffiziere (wie Anm. 1), S. 146 f.
[70] BA-MA, BW Pers. 1/2449: Beförderungsvorschlag BMVg III C (2) Lw, 10.9.1957; ebd.:
     Aktenvermerk BMVg III C 26c, 23.12.1957.
[71] BA-MA, BW Pers. 1/2449: BMVg C (2) Lw, Verfügung Nr. 363/57, 28.12.1957; ebd.: Beur-
     teilungsbeitrag der Lehrgruppe Rengsdorf (G2-Schule), o.D.; ebd.: BMVg P V 1, Verfü-
     gung Nr. 107/58, 11.3.1958.
[72] Vgl. Bruno Thoß, NATO-Strategie und nationale Verteidigungsplanung. Planung und
     Aufbau der Bundeswehr unter den Bedingungen einer massiven atomaren Vergeltungs-
     strategie 1952–1960, München 2006 (= Sicherheitspolitik und Streitkräfte der Bundesre-
     publik Deutschland, 1), S. 378.
[73] BA-MA, BW Pers. 1/2449: BMVg P V 1, Verfügung Nr. 107/58, 11.3.1958.
[74] Vgl. dazu ausführlicher Thoß, NATO-Strategie (wie Anm. 72), S. 374–381.

Davon unbenommen kam er während seiner weiteren Lehrtätigkeit an der Führungsakademie dem in der überwiegend streitkräftegemeinsam erfolgenden Stabsoffizierausbildung bestehenden Kernauftrag der Akademie in seinem Verantwortungsbereich in gewohnt souveräner Weise nach. Ein knappes Jahr nach seiner zum 1. Oktober 1958 erfolgten Versetzung an den Dienstort Hamburg-Blankenese erhielt Jahnel eine Beurteilung des scheidenden ersten Schulkommandeurs, Generalmajor Heinz Gaedcke, die den Dozenten für Militärisches Nachrichtenwesen prägnant und treffend als pflichtbewussten und zielstrebigen, seine teilstreitkraftübergreifenden Kenntnisse im Selbststudium stetig erweiternden »G2-Offizier aus Passion« charakterisierte[75]. Die zum 1. Mai 1960 erstellte Regelbeurteilung des zweiten Schulkommandeurs, Generalmajor Hellmuth Laegeler, fiel noch um einiges besser aus: »Sehr selbstsichere, grundgediegene Persönlichkeit mit einer von Ernst und Verantwortungsbewusstsein getragenen hohen Berufsauffassung. Ein fest im Leben stehender hochwertiger, höchst zuverlässiger Offizier, der allen Fragen unserer Zeit und unseres Berufes als aufgeschlossener, moderner Soldat gegenübertritt [...] Nimmt die G2/A2-Aufgaben mit großer Passion und umfassendem Fachwissen auf hohem Niveau wahr und ist dabei unermüdlich bemüht, die neuesten Erkenntnisse über den Osten zu erfassen, auszuwerten und in akademiegemäßer Form anregend lehrend zu vermitteln[76].«

Zusammenfassend hielt Laegeler Jahnel für einen im G2-Gebiet auf Bundeswehrebene besonders erfahrenen, in allen Führungsgrundgebieten verwendbaren Generalstabsoffizier, für den eine förderliche Ministerialverwendung im Führungsstab der Bundeswehr (Fü B) anzustreben sei[77]. Losgelöst von diesem Verwendungsvorschlag lässt die Einschätzung des Schulkommandeurs eine deutliche Beeinflussung und Prägung Jahnels durch seine inzwischen mehr als dreieinhalbjährige Bundeswehrdienstzeit erkennen. Der bisherige Tätigkeitsbereich hatte die Aufgeschlossenheit des Luftwaffenoffiziers gegenüber modernem Führungsdenken erheblich befördert. Inwieweit sich der in erster Linie militärfachlich-technokratisch ausgerichtete Generalstabsoffizier mit der »Inneren Führung« identifizierte, bleibt allerdings ohne eindeutigen Befund.

Jahnels Dienstzeit an der Führungsakademie endete nach rund dreieinhalb Jahren mit seiner am 16. Juli 1961 wirksam gewordenen Versetzung zum Fü B im Bundesverteidigungsministerium. Mit seiner Meldung beim Chef des Stabes und späteren fünften Heeresinspekteur, Generalmajor Albert Schnez[78], in der

---

[75] BA-MA, BW Pers. 1/2449: Sonderbeurteilung Kdr FüAkBw, 14.9.1959. Zum Lebenslauf
      Heinz Gaedckes (1905–1992) vgl. Hammerich [u.a.], Das Heer (wie Anm. 24), S. 712.
[76] BA-MA, BW Pers. 1/2449: Regelbeurteilung Kdr FüAkBw, 25.4.1960.
[77] BA-MA, BW Pers. 1/2449: Regelbeurteilung Kdr FüAkBw, 25.4.1960. Zur Vita Hellmuth
      Laegelers (1902–1979) vgl. Hammerich [u.a.], Das Heer (wie Anm. 24), S. 717.
[78] Bekanntheit erlangte Generalleutnant Albert Schnez (1911–2007) vor allem als Namensgeber der von Bundesverteidigungsminister Gerhard Schröder in Auftrag gegebenen, einschneidende Verfassungs- und Wehrgesetzänderungen fordernden und daraufhin kontrovers diskutierten »Schnez-Studie«. Vgl. John Zimmermann, Vom Umgang mit der Vergangenheit. Zur historischen Bildung und Traditionspflege in der Bundeswehr. In:

Bonner Ermekeilkaserne am folgenden Tag übernahm Jahnel in der Unterabteilung Militärisches Nachrichtenwesen seinen neuen Dienstposten als Referatsleiter Fü B II 3 »Wehrlage Ost«. Von der Berufung auf diesen für ihn nachgerade maßgeschneiderten, die Analyse des Streitkräftepotenzials des
Warschauer Pakts und damit sämtlicher Ostblockstaaten in den Mittelpunkt
der täglichen Stabsarbeit rückenden Posten lässt sich über die einschlägigen
Vorverwendungen in der Bundeswehr eine klare Kontinuitätslinie bis hin zu
Jahnels im Zweiten Weltkrieg gesammelter »Osterfahrung« ziehen.

Seine Einarbeitung in die laut Stellenplan der nächsthöheren Besoldungs-
gruppe A 16 (Oberst) entsprechende Verwendung im Fü B als Arbeitsstab des
Generalinspekteurs der Bundeswehr, aus dem 1965 der Führungsstab der
Streitkräfte (Fü S) hervorgehen sollte, wurde jedoch schon nach kurzer Zeit
unterbrochen. Möglicherweise in direktem Zusammenhang mit der im Zuge
des Baus der Berliner Mauer am 13. August 1961 verschärften Sicherheits- und
Bedrohungslage erhielt Jahnel am Tag darauf zu Beginn eines einwöchigen
Erholungsurlaubs eine als »dringend« bezeichnete Kommandierung zwecks
»Vorbereitung eines Planspiels für den Herrn Generalinspekteur« sowie für
»dienstliche Besprechungen« zurück an die Führungsakademie. Gleiches geschah im Oktober 1961, als der Oberstleutnant i.G. auf Vorschlag des Kommandeurs der Führungsakademie in Vertretung eines »in Anbetracht der gegenwärtige Lage« unabkömmlichen Referatsleiters zweimal kurzzeitig für die
Vorbereitung und Durchführung des »Landesverteidigungs-Lehrgangs« sowie
»als Leitungsgehilfe beim Gesamtstreitkräfte-Lehrgang« nach Hamburg kommandiert wurde[79].

Die hochwertige Tätigkeit im Ministerium wie auch an der Führungsakademie weisen Jahnel als erstklassigen, im Sachsystem »Führung und Ausbildung« ungemein erfolgreichen und fortwährend in hervorgehobener Stellung
tätigen Leistungsträger und Spitzenoffizier aus. Die herausragenden dienstlichen Leistungen des Generalstabsoffiziers wurden Ende 1961 nach wenig mehr
als fünfjähriger Dienstzeit in der Bundeswehr von Seiten des Unterabteilungsleiters Fü B II, Brigadegeneral Gerhard Wessel, durch den Vorschlag zur Beförderung zum Oberst unterstrichen[80]. In seiner zum 1. Mai 1962 abzugebenden
Regelbeurteilung lobte der Unterabteilungsleiter Jahnel als »Integere, klare
Persönlichkeit, die den Offizierberuf als Berufung auffaßt« und deren ausgezeichnete »Kenntnisse auf allen Gebieten der Ostlage, auch im Vergleich mit
der militärischen Lage in westlichen Staaten«, dem von Jahnel geführten Referat »auch im Hinblick auf die Zusammenarbeit mit entsprechenden Referaten«
des für Führung und Ausbildung zuständigen Fü B III »neue Impulse« gebe[81].

Die Bundeswehr 1955 bis 2005 (wie Anm. 52), S. 124–126. Einen militärischen Kurzle-
benslauf bietet Hammerich [u.a.], Das Heer (wie Anm. 24), S. 708.

[79] BA-MA, BW Pers. 1/2449: Versetzungsverfügung BMVg P V 1, 15.4.1961; ebd.: Kommandierung BMVg P V 1, 18.8.1961; Bescheinigung FüAkBw, 22.8.1961; ebd.: BMVg Leiter P
an GenInsp Bw, 13.9.1961; ebd.: Kdr FüAkBw an BMVg Leiter P, 6.10.1961.

[80] BA-MA, BW Pers. 1/2449: UAL Fü B II, Beurteilung, 8.12.1961.

[81] BA-MA, BW Pers. 1/2449: Regelbeurteilung UAL Fü B II, 9.4.1962.

Eine nachrichtendienstlich entstandene frühere Bekanntschaft mit Wessel, von 1946 bis 1952 Mitarbeiter der »Organisation Gehlen« und nach seiner Zurruhesetzung als Generalleutnant von 1968 bis 1978 der zweite Präsident des BND[82], ist nicht auszuschließen, dürfte bei der Bewertung von Jahnels Fähigkeiten indes kaum ins Gewicht gefallen sein.

Die mustergültige Bewährung auf seinem nunmehr zweiten Ministerialdienstposten zahlte sich aus. Nach zehnmonatiger Tätigkeit als Referatsleiter wurde Jahnel in Entsprechung seiner Dienstpostenbewertung am 23. Mai 1962 die Ernennungsurkunde zum Oberst i.G. ausgehändigt[83]. Obwohl, wie der nachfolgende Unterabteilungsleiter Fü B II, der nachmalige sechste Inspekteur des Heeres und spätere NATO-Oberbefehlshaber der Alliierten Landstreitkräfte in Mitteleuropa, Brigadegeneral Ernst Ferber[84], im Juni 1964 einschränkend feststellte, Jahnels »Stärke mehr auf dem Gebiet einer umfassenden Lagebeurteilung als auf dem der koordinierenden Leitung mehrerer Lagereferate«[85] zu liegen schien, war das Entfaltungspotenzial des aufstrebenden Generalstabsoffiziers trotz seiner in der Verwendungsplanung somit in Frage gestellten Eignung für einen mittelfristigen seinerseitigen Einsatz als Unterabteilungsleiter Militärisches Nachrichtenwesen noch nicht voll ausgeschöpft. Nach vierjähriger Stehzeit im Bundesverteidigungsministerium stellte sich Oberst i.G. Jahnel ab Ende Juli 1965 darauf ein, voraussichtlich für die Dauer von drei Jahren zum 1. Oktober 1965 als G3 und Gruppenleiter zum Stab für Studien und Übungen an den Standort Bensberg versetzt zu werden[86].

Auch die soldatische Karriere des im Oktober 1956 in das Dienstverhältnis eines Berufssoldaten übernommenen Hans-Markwart Christiansen begann vielversprechend. Noch vor Ende seiner Eignungsübung wurde der Fernmeldeoffizier Mitte September 1956 beim Stab des Kommandos der Fliegerhorste Süd in Karlsruhe zum »Dezernent für Flugsicherung und Flugbetrieb« ernannt. Mit Wirkung vom 1. April 1958 zur Luftwaffengruppe Süd in Karlsruhe versetzt, nahm der von einer nicht von der Hand zu weisenden Anfangsmotivation getragene Christiansen am 28. April 1958 seine Ernennung zum Major entgegen. Ebenso wie Jahnel wurde der Luftwaffenoffizier von November 1959 bis Februar 1960 zu Ausbildungszwecken in die USA kommandiert, um seinem Fähigkeitsprofil entsprechend an einem dreimonatigen Lehrgang für »Air Traffic Control Officer« an der »Keesler Air Force Base«, Missouri, teilzunehmen[87].

---

[82] Zur Vita Gerhard Wessels (1913–2002) vgl. Hammerich [u.a.], Das Heer (wie Anm. 24), S. 716.

[83] BA-MA, BW Pers. 1/2449: Aktenvermerk BMVg P V 1, 2.4.1962.

[84] Der als Oberst reaktivierte Ernst Ferber (1914–1998) war nach der von 1962 bis 1964 währenden Verwendung im Fü B und weiteren hochrangigen Verwendungen von 1971 bis 1973 Inspekteur des Heeres und als Viersternegeneral von 1973 bis 1975 Oberbefehlshaber der Allied Forces Central Europe (AFCENT) der NATO.

[85] BA-MA, BW Pers. 1/2449: Regelbeurteilung UAL Fü B II, 18.6.1964.

[86] Ebd.: Versetzungsverfügung BMVg P V 1, 26.7.1965.

[87] BA-MA, BW Pers. 1/3233: Aktenvermerk BMVg III C (2) Lw, 14.9.1956; ebd.: Versetzungsverfügung BMVg P V 5, 16.5.1958; ebd.: Ernennungsurkunde zum Major, 28.4.1958; ebd.: Kommandierung Nr. 162/59, BMVg P V 5, 9.11.1959.

In der zum 1. Mai 1960 erstellten Regelbeurteilung, in der der Chef des Stabes der Luftwaffengruppe Süd, der spätere Generalmajor und Kommandeur der 1. Luftwaffendivision, Oberst i.G. Hermann Aldinger, Christiansen zusammenfassend Qualitäten als »Überdurchschnittlicher Fachkönner mit schöpferischer Befähigung« zusprach, tauchte unter der Rubrik »Schwächen und Mängel« indes erstmals der Hinweis auf, dass der zeitlebens ledige Christiansen »als Junggeselle zu unregelmäßiger Lebensweise« neige und dabei Gefahr laufe, »seiner Gesundheit zu schaden«. Trotz erkennbarer Bemühung, »dieser Neigung entgegenzuwirken«, wurde er infolgedessen als seine Dienststellung lediglich »voll befriedigend« ausfüllend beurteilt[88].

In den Folgebeurteilungen nach der im Juni 1961 erfolgten Versetzung als Fernmeldestabsoffizier (Flugsicherung) zur Führungsgruppe des Luftwaffenamts, Abteilung Fernmeldeelektronik, nach Porz/Wahn, fanden die zunächst verklausuliert umschriebenen, außerdienstlichen Eskapaden Christiansen keinen Niederschlag. Dies änderte sich erst Anfang 1964, als der zwischenzeitlich als Dezernatsleiter »Systemplanung« eingesetzte Christiansen kurz vor seiner Versetzung an den Verbindungsstab der Bundeswehr zur Bundesanstalt für Flugsicherung in Frankfurt am Main in der Beurteilung des Leiters der Zentralstelle für Militärische Flugsicherung die Mahnung erhielt, weiter an sich zu arbeiten, »im Auftreten frischer« zu »werden und seine Lebensführung als Junggeselle so« einzurichten, »daß seine Spannkraft erhalten bleibt«[89]. Die unmissverständliche Aufforderung des Disziplinarvorgesetzten kam zu spät. Anlässlich einer Dienstreise nach Kaufbeuren »erkrankte« Major Christiansen am 25. Juli 1964 dermaßen, dass er, in das dortige Nervenkrankenhaus eingewiesen und stationär behandelt, nach zwischenzeitlicher Beobachtung in der Universitätsklinik München von Januar bis Juni 1965 in die Neurologische Abteilung des Bundeswehrkrankenhauses (BwK) Koblenz eingewiesen werden musste. »Die bei den klinischen Untersuchungen beobachteten Gesundheitsstörungen« führten die behandelnden Ärzte auf »seit Jahrzehnten bestehenden Alkoholmißbrauch« zurück. Christiansen, der selbst während einer erfolglosen Entziehungskur im Bundeswehrkrankenhaus »dem Alkohol zusprach« und von der Ärzteschaft eine mit »Hirnschaden verbundene Persönlichkeitsveränderung« sowie auffallende »Gedankenschwäche, Gleichgültigkeit und Unpünktlichkeit«, des Weiteren einen erheblichen vorzeitigen »Alterungszustand« und eine »allgemeine Senkung des Persönlichkeitsniveaus« diagnostiziert bekam, war im Ergebnis »nicht mehr in der Lage, seine Dienstobliegenheiten voll verantwortlich wahrzunehmen«[90].

---

88 BA-MA, BW Pers. 1/3233: Regelbeurteilung Chef des Stabes Luftwaffengruppe Süd, 13.4.1960.
89 BA-MA, BW Pers. 1/3233: Versetzungsverfügung Nr. 308/61, BMVg P V 5, 29.6.1961; ebd.: Versetzungsverfügung BMVg P V 5, 5.3.1964; ebd.: Beurteilung Leiter ZMFS, OTL Müller, 10.3.1964.
90 BA-MA, BW Pers. 1/3233: Aktenvermerk BMVg P IV 5 betr. Versetzung des Major Christiansen in den Ruhestand gem. § 44 Abs. 3 SG [= Soldatengesetz], 9.6.1965; ebd.: Befund des BwK Koblenz, Neurologisch-Psychiatrische Abteilung, 1.7.1965.

Mangels gesetzlicher Voraussetzungen für eine »Unterbringung in einer Anstalt« wurde Christiansen im Anschluss an seine Entlassung aus dem Bundeswehrkrankenhaus Koblenz Ende Juni 1965 in seine Karlsruher Privatwohnung beurlaubt. Der Berufsoffizier, der durch seine als Dienstpflichtverletzung bewertete »selbstverschuldete Dienstunfähigkeit« seine »Pflichten als Soldat, insbesondere aber als Vorgesetzter erheblich vernachlässigt« hatte, sah sich aufgrund dessen gezwungen, am 31. März 1966 ohne die übliche Dankesformel in der Entlassungsurkunde seine vorzeitige Versetzung in den Ruhestand hinzunehmen[91].

Hintergründe und Ursachen für das tragische und zugleich unnötige Ende der hoffnungsvoll begonnenen Offizierlaufbahn des Hans-Markwart Christiansen liegen im Unklaren. Für sein langwieriges, selbstzerstörerisches Alkoholproblem kämen eventuell unverarbeitete, posttraumatische Erlebnisse infolge seiner Kriegsteilnahme und eine daraus resultierende psychische Erkrankung, außerdienstliche soziale Isolation, Einsamkeit und Unausgefülltheit, ferner psychische Labilität und subjektiv empfundene Perspektivlosigkeit oder schlechterdings ein Konglomerat aus all den genannten Problemfeldern in Frage. Am 16. April 1967, wenig später als ein Jahr nach seiner Entlassung aus der Bundeswehr, wurde der sich selbst überlassene Major außer Diensten im Alter von nur 47 Jahren tot in seiner Wohnung aufgefunden[92]. Christiansen hatte seine Karriere buchstäblich in Alkohol ertränkt.

Auf gänzlich andere Weise ereignete sich keine zwei Jahre zuvor eine nicht minder folgenschwere menschliche Tragödie, die ebenfalls das vorzeitige Ende einer ungleich erfolgreicheren Offizierlaufbahn nach sich zog. Am frühen Nachmittag des 21. August 1965 erlitt Oberst i.G. Jahnel bei einer außerdienstlichen Fahrt mit seinem Privatkraftwagen auf der Autobahn Köln-Hannover nahe Rodenberg bei Bad Nenndorf einen schweren Verkehrsunfall. Der Generalstabsoffizier, für den zunächst »Lebensgefahr« bestand, trug bei diesem ohne Fremdeinwirkung geschehenen Unglücksfall einen Splitterbruch an der Halswirbelsäule mit kompletter Querschnittslähmung davon. Jahnel, der schicksalhafterweise schon seine Eltern bei einem Autounfall verloren hatte und sich anscheinend auf einer Familienheimfahrt befand, wurde kurz darauf zur stationären Behandlung in ein Hamburger Unfallkrankenhaus überführt[93].

Wegen der Unfallfolgen zum 1. Oktober 1965 formell auf eine Planstelle der Führungsakademie versetzt, erteilte die Akademie dem nur langsam genesenden, wegen seines körperlichen Zustands zunächst zur Untätigkeit verdammten und darob in Depressionen verfallenden Patienten im Einvernehmen mit dem behandelnden Arzt im Zuge der geringfügigen »Rückbildung der Läh-

91 BA-MA, BW Pers. 1/3233: Befund des BwK Koblenz, Neurologisch-Psychiatrische Abteilung, 1.7.1965; ebd.: Aufenthaltsfeststellung der Verbindungsstelle Bw, 24.8.1965; ebd.: Aktenvermerk BMVg P IV 5 betr. Versetzung in den Ruhestand gem. § 44 Abs. 3 SG, 9.6.1965; ebd.: Dienstliche Erklärung zur Versetzung in den Ruhestand, 31.3.1966.
92 BA-MA, BW Pers. 1/3233: Aktennotiz betr. Hans-Markwart Christiansen, 17.4.1967.
93 BA-MA, BW Pers. 1/2449: Aktenvermerk BMVg P IV, 25.8.1965; ebd.: Aktenvermerk BMVg P IV, 24.8.1965; ebd.: FüAkBw G1 an BMVg P IV 1, 15.2.1967.

mungserscheinungen« ab der zweiten Jahreshälfte 1966 »Arbeitsaufträge, die in der Beurteilung und fachkritischen Würdigung von Werken international bekannter Militärtheoretiker über strategische Grundsatzfragen« bestanden. Die Arbeiten Jahnels stellten »einen wertvollen Beitrag für das an der Führungsakademie gerade im Aufbau befindliche Lehrgebiet *Strategie*« dar und trugen dazu bei, die »geistige Spannkraft« des dauerhaft ans Bett und allenfalls für wenige Stunden am Tag an den Rollstuhl gefesselten, »nur unter Zuhilfenahme eigens für ihn angefertigter Hilfsmittel selbständig« schreibenden Generalstabsoffiziers zu erhalten und seinen Gesamtzustand zu verbessern[94]. Infolge stagnierender Rekonvaleszenz und fehlender Aussicht auf einen wesentlichen »Gesundheitserfolg« wurde der querschnittsgelähmte, »zur Erfüllung seiner Dienstpflichten als Stabsoffizier« nicht mehr fähige Luftwaffenoberst mit dessen Zustimmung durch Verfügung der Personalabteilung des BMVg zum 30. November 1967 »in würdiger Form« zur Ruhe gesetzt[95]. Danach verliert sich die Spur des verdienten Generalstabsoffiziers. Über das weitere Schicksal des Heinz-Joachim Jahnel ist nichts bekannt.

Das einzelbiografische Beispiel des Oberst i.G. Jahnel steht für einen der Offiziergeneration der Jahrgänge 1913 und 1921 angehörenden, in der Frühphase des Streitkräfteaufbaus eingetretenen Generalstabsoffizier der Luftwaffe, der eine insgesamt sehr erfolgreiche, im Sachsystem »Führung und Ausbildung« zu verortende Offizierlaufbahn mit Generalsperspektive durchlief. Schwerpunktmäßig im Bereich Militärisches Nachrichtenwesen in der Umsetzung der Befehle und Weisungen der oberen militärischen Führungsebene eingesetzt, konnte Jahnel als ehemaliger Nachrichtendienstmitarbeiter, langjähriger Kriegsteilnehmer und Vorkriegsoffizier mit Friedensausbildung nach seiner Wiedereinstellung auf einen reichhaltigen Erfahrungsschatz zurückgreifen. Gleichsam »Kontinuitätsträger« zwischen Wehrmacht und Bundeswehr, erscheint der Luftwaffenoffizier bei aller den Einflüssen aus seiner rund zehnjährigen Vordienstzeit beizumessenden Prägekraft als während seiner in etwa gleichlangen Bundeswehrdienstzeit durch hochwertige Stabs- und Lehrverwendungen mindestens ebenso sehr militärinstitutionell beeinflusster und sozialisierter, in der Tendenz progressiver Meister seines Fachs und »Technokrat«. Eine der kriegsgedienten Aufbaugeneration zugeschriebene defizitäre demokratische Grundhaltung und damit verbundene Rückwärtsorientierung[96] ist am Beispiel des ehemaligen Wehrmachtoffiziers Jahnel nicht erkennbar. Vielmehr besteht Grund zur Annahme, dass seine biografische Skizze nicht allein exemplarischen, sondern bezüglich zahlreicher vergleichbarer, seinem

---

[94] BA-MA, BW Pers. 1/2449: Versetzungsverfügung BMVg P IV 1, 8.12.1965; ebd.: FüAkBw, G1 O i.G. Dorfmüller, an BMVg P IV 1, 15.2.1967; ebd.: FüAkBw, G1 O i.G. Dorfmüller, an BMVg P IV 1, 15.2.1967; ebd.: BMVg UAL P IV, BG Kessel, an AL P, 19.5.1967.

[95] BA-MA, BW Pers. 1/2449: Verfügung BMVg P IV 1 betr. Zurruhesetzung wegen Dienstunfähigkeit gem. § 44 Abs. 3 SG, 12.7.1967; ebd.: BMVg P IV 1 an Kdr FüAkBw, Abt. Lw, BG Wilde, 1.8.1967. Im Gegensatz zu Major Christiansen wurde Jahnel in der Entlassungsurkunde Dank und Anerkennung ausgesprochen.

[96] Vgl. Kutz, Die verspätete Armee (wie Anm. 52), S. 64.

Sachsystem, seiner Alterskohorte, Dienstgradgruppe und Teilstreitkraft angehöriger Soldaten auch kollektiven Charakter besitzt. In welchem Umfang soldatischer Typus, Laufbahn und Persönlichkeit Jahnels seine Alterskohorte
letztendlich repräsentativ charakterisieren, wäre im Rahmen einer noch größer
angelegten empirischen Untersuchung kollektivbiografisch zu analysieren.
Hilfestellung bei der Annäherung an diese Fragestellung leistet der schlaglicht-
artige Vergleich des erfolgreichen Generalstabsoffiziers mit dem gebrochenen
Lebenslauf seines fast jahrgangsgleichen »Gegenparts« Major Christiansen,
dem es durch das vorschnelle Ende seiner militärischen Laufbahn im Zweiten
Weltkrieg verwehrt blieb, Kenntnisse und Fähigkeiten im Jahnel möglichen
Maß zu konservieren, in die Bundeswehr zu überführen, dort gewinnbringend
anzuwenden und weiter zu perfektionieren.

Helmut R. Hammerich

Ostfronterfahrungen und Landesverteidigung im Kalten Krieg: Oberst Gerd Ruge und Oberst Josef Rettemeier

Als die Obersten Ruge und Rettemeier Anfang der 1970er-Jahre in den Ruhestand versetzt wurden, waren beide Stabsoffiziere bitter enttäuscht. Beide wollten General werden, denn ihre Vorgesetzten hatten ihnen über viele Jahre hinweg diese Laufbahnperspektive aufgezeigt. Gerd Ruge suchte dafür die Verantwortlichen in den Reihen der mächtigen »Panzerlobby«, die er mit seinen Alternativplänen einer kostengünstigen, panzerjägergestützten Verteidigung Westdeutschlands gegen sich aufgebracht hatte. Josef Wilhelm Rettemeier hingegen fiel den Verjüngungsplänen von Verteidigungsminister Helmut Schmidt zum Opfer. Aufgrund der knapp bemessenen Zahl von Generalsstellen sollten in erster Linie »jüngere Brigadekommandeure berücksichtigt werden, deren Qualifikation und Lebensalter noch eine weiterführende Laufbahn erwarten läßt«[1]. Die ambitionierten Karriereerwartungen dieser im Zweiten Weltkrieg hoch dekorierten Wehrmachtoffiziere waren nicht unberechtigt. Als Stabsoffiziere 1956 in die Bundeswehr eingestellt und mit der Führung von Bataillonen und Brigaden betraut, sollten sie die nicht weniger ambitionierten Aufbaupläne des Ministeriums in der Truppe umsetzen. Die fehlende Generalstabsausbildung in der Wehrmacht war von großem Nachteil auf dem Weg zum goldenen Stern auf der Schulter, konnte aber in Einzelfällen durch erfolgreiche Truppenverwendungen ausgeglichen werden. Ein Beispiel dafür ist Generalmajor a.D. Ernst Philipp, der sowohl als Kommandeur der Lehrtruppe in Andernach als auch als »Papa Philipp« in der Panzertruppe bekannt werden sollte[2].

---

[1] Stellungnahme P III 4 vom 21.1.1972, Bundesarchiv-Militärarchiv (BA-MA), Freiburg i.Br., Pers 1/104568.

[2] 1912 in Niederschlesien geboren, kam Philipp 1931 als Offizieranwärter in die Kraftfahrtruppe der Reichswehr. Ab 1935 war er Angehöriger des Panzerregiments 1 in Erfurt. Als Chef einer Panzerkompanie zeichnete er sich im Frankreichfeldzug aus und erhielt das Ritterkreuz. Auch als Abteilungs-, Regiments- und Kampfgruppenkommandeur zeigte er sein Können und erhielt Ende September 1944 das Eichenlaub. Anfang April 1945 wurde er im 33. Lebensjahr noch zum Oberst befördert. Nach mehrjähriger Kriegsgefangenschaft in Russland arbeitete er 1952 als Angestellter im Amt Blank, um im November 1955 wieder Soldat zu werden. Nach Verwendungen als Kampfgruppen- und Brigadekommandeur in Hamburg, Nienburg und Munster wurde er Kommandeur der Panzertruppen-

Gerd Ruge und Joseph Rettemeier lassen sich sehr gut der Kriegskindergeneration der Jahrgänge 1913 bis 1921 zuordnen[3]. Die Gemeinsamkeiten der beiden sind groß, wie ihre Prägungen durch die Erfahrungen der Weimarer Republik und des »Dritten Reiches«. Auch repräsentieren sie den Typus des Frontoffiziers des Zweiten Weltkrieges, den die NS-Propaganda zum Ideal erklärte. Eigenschaften wie Härte, Entschlussfreudigkeit, Rücksichtslosigkeit und Tapferkeit wurden diesen Offizieren ebenso zugeschrieben wie Fürsorge und Verständnis für die ihnen anvertrauten Soldaten. In jungen Jahren bereits in Führungsverantwortung, meist als Kommandeure eines Kampfverbandes, waren viele dieser Offiziere »hochdekorierte Helden« und Vorbilder für Soldaten und Jugendliche[4]. Jahrgangskameraden, die vergleichbare »Frontkarrieren« machten und ebenfalls ab 1955/56 in die Bundeswehr übernommen wurden, waren zum Beispiel Gerhart Schirmer, Oskar-Hubert Dennhardt oder Werner Ebeling[5]. Ihre Kriegserfahrungen brachten sie in den Aufbau westdeutscher Streitkräfte ein und prägten damit Generationen von Wehrpflichtigen und Zeit- und Berufssoldaten, die ihnen in ihrer jeweiligen Verwendung unterstellt waren. Die Prägung durch die »Milieuheimat« *Wehrmacht im Krieg* war dabei ein entscheidender Faktor für die Nachkriegskarriere dieser Offiziere in der Bundeswehr[6].

Soldat in der Reichswehr und Wehrmacht: Friedensausbildung zum Offizier

Nach der Niederlage im Ersten Weltkrieg galt eine starke Reichswehr für die Mehrheit der Bevölkerung als wichtigste Voraussetzung, um außenpolitisch wieder voll handlungsfähig zu werden. Mit ausgeprägtem Nationalismus, großem Idealismus und dem Ziel, Deutschland wieder in die Spitzengruppe der

---

schule und von 1968 bis zu seinem Dienstzeitende 1971 stellvertretender Kommandierender General des I. Korps in Münster. Personalunterlagen Ernst Philipp, BA-MA, Pers 1/18230 und 27801.

[3] Einleitung der Herausgeber. Naumann bezeichnet diese als ältere Offiziergeneration. Klaus Naumann, Generale in der Demokratie. Generationsgeschichtliche Studien zur Bundeswehrelite, Hamburg 2008, S. 30–34, hier S. 32. Bei Pauli sind es die Vorkriegsoffiziere der Jahrgänge 1914 bis 1922. Frank Pauli, Wehrmachtsoffiziere in der Bundeswehr. Das kriegsgediente Offizierkorps der Bundeswehr und die Innere Führung 1955–1970, Paderborn [u.a.] 2010, S. 54–73.

[4] Siehe auch Einleitung der Herausgeber. Allgemein dazu René Schilling, »Kriegshelden«: Deutungsmuster heroischer Männlichkeit in Deutschland 1813–1945, Paderborn 2002.

[5] Kurzbiografien bei Franz Kurowski, Verleugnete Vaterschaft. Wehrmachtsoffiziere schufen die Bundeswehr, Selent 2000, S. 205–211, S. 251 und S. 253.

[6] Heinz Bude, »Generation« im Kontext. Von den Kriegs- zu den Wohlfahrtsstaatsgenerationen. In: Generationen. Zur Relevanz eines wissenschaftlichen Grundbegriffs. Hrsg. von Ulrike Jureit und Michael Wildt, Hamburg 2005, S. 28–44.

Weltpolitik zu führen, traten viele junge Männer in die zukünftige Wehrmacht ein. So war in den 1930er-Jahren der Berufswunsch Offizier weit verbreitet, jeder vierte männliche Abiturient schlug zwischen 1936 und 1939 die Offizierlaufbahn ein. Ab 1936 unterstützte das Reichserziehungsministerium die Aufrüstung der Wehrmacht aktiv durch die Vorverlegung der Abiturprüfung, später über eine allgemeine Verkürzung der Oberschulzeit[7].

Der neue Wehrgedanke, die Fesseln des Versailler Vertrages zu sprengen und ein neues, schlagkräftiges Heer aufzubauen, war mit den elitären Kreisen der alten Reichswehr allein nicht umzusetzen. Der Kreis der offizierwürdigen Personen musste hierfür deutlich erweitert werden. Nicht umsonst wuchs das Offizierkorps des Heeres zwischen 1933 und 1939 von 4000 auf 22 000 Soldaten an. Das politische Ziel eines »NS-Volksheeres« sollte mit dem Rückgriff auf Nachwuchs aus den Parteigliederungen forciert werden. Über 50 Prozent der 1933/34 eingetretenen Soldaten des Heeres kamen aus der Hitlerjugend. Bei den 1934 neu eingestellten aktiven Heeresoffizieren gehörten sogar 65,8 Prozent NS-Organisationen – meist der HJ – an[8]. Die Nachfrage nach jungen Offizieren war damals gewaltig, der Abiturjahrgang 1934 war deshalb ebenso umworben, wie die Jahrgänge danach. Für sportliche, oft in der Jugendbewegung paramilitärisch ausgebildete und im Reichsarbeitsdienst bereits bewährte junge Männer stand die Welt offen. Sie waren die ideale Personalressource für die Umsetzung der Volksgemeinschaftsidee[9]. Den »heiligen Eid« auf Adolf Hitler persönlich zu leisten, dürfte vielen dieser Soldaten nach dem Tode des Reichspräsidenten Paul von Hindenburg im August 1934 nicht schwer gefallen sein.

Für die aus eher bescheidenen Verhältnissen kommenden Offizieranwärter bot die Aufrüstung der deutschen Streitkräfte in den 1930er-Jahren große berufliche Chancen, auch wenn 1932 noch fast ein Viertel der Offiziere und über 50 Prozent der Generale adliger Herkunft waren[10]. Diese wiederum bezeichneten die jungen Offiziere aus weniger »gutem Hause« oft als »Vomak«, als »Volks-Offiziere mit Arbeiterkopf«[11]. Gerd Ruges Vater führte einen großen landwirtschaftlichen Betrieb auf Rügen. Die Kindheit und Jugend seines Sohnes war vom finanziellen Auf und Ab geprägt. Eine höhere Schulbildung konnte die Familie daher nur dem ältesten Sohn ermöglichen. Der jüngere Bruder

7   Werner Hartmann, Geist und Haltung des deutschen Soldaten im Wandel der Gesellschaft. Vom Kaiserheer zur Bundeswehr – Eine Dokumentation, Limburg a.d. Lahn 1998, S. 103; Franz-Werner Kersting, Wehrmacht und Schule im »Dritten Reich«. In: Die Wehrmacht. Mythos und Realität. Im Auftrag des MGFA hrsg. von Rolf Dieter Müller und Hans-Erich Volkmann, München 1999, S. 436–455.
8   Manfred Messerschmidt, Bildung und Erziehung im zivilen und militärischen System des NS-Staates. In: Militärgeschichte: Probleme – Thesen – Wege. Im Auftrag des MGFA ausgewählt und zusammengestellt von Manfred Messerschmidt [u.a.], Stuttgart 1982 (= Beiträge zur Kriegs- und Militärgeschichte, 25), S. 190–214, hier S. 201.
9   Bernhard R. Kroener, Generationserfahrungen und Elitenwandel. Strukturveränderungen im deutschen Offizierkorps 1933–1945. In: Eliten in Deutschland und Frankreich im 19. und 20. Jahrhundert: Strukturen und Beziehungen, Bd 1. Hrsg. von Rainer Hudemann und Georges-Henri Soutou, München 1994, S. 219–233.
10 Joachim Käppner, Die Familie der Generäle: Eine deutsche Geschichte, Berlin 2007, S. 81.
11 Rudolf Petershagen, Gewissen im Aufruhr, 10. Aufl., Berlin [o.J.], S. 90.

musste hingegen die Schule frühzeitig beenden und als Landwirt arbeiten[12]. Die wirtschaftlichen Schwierigkeiten und das drohende Aus des väterlichen Hofes trieben den jungen Ruge in die Arme der Nationalsozialisten. Sein Vater war bereits vor 1933 in die Partei eingetreten, trat aber politisch nicht aktiv hervor. Vielmehr verlor er 1936 aufgrund seiner Zurückhaltung seinen Posten als Gemeinderatsmitglied und wurde später aus der Partei ausgeschlossen, weil er seine Beiträge nicht bezahlte[13]. Überliefert sind zahlreiche »Schülerstreiche« aus der Zeit vor 1933, wie das Hissen der Hakenkreuzfahne auf dem höchsten Kirchturm von Stralsund[14]. Die hohe Arbeitslosigkeit und die tristen Zukunftsperspektiven der konservativen, die Weimarer Republik eher ablehnenden Landbevölkerung bescherten der NSDAP beachtliche Wahlergebnisse. Bereits 1930 konnte sie die DNVP in der Wählergunst einholen. Bei der Reichstagswahl vom März 1933 gewann die NSDAP im Landkreis Rügen dann schon über die Hälfte der Wählerstimmen. Auch die Ankündigung, drohende Zwangsversteigerungen von landwirtschaftlichen Betrieben auszusetzen, hatte Wirkung gezeigt[15].

Eine etwas andere Sozialisation erfuhr Josef Rettemeier im rheinischen Siegkreis. Sein Vater war Kaufmann in Niederdollendorf, einem kleinen katholischen Städtchen direkt am Rhein, am Fuße des Petersbergs gelegen. Der Weinbau und der Kirchenkalender prägten das beschauliche Dasein der rund 1400 Einwohner. Dies zeigte sich auch an den Ergebnissen der Reichstagswahl vom März 1933. Im Siegkreis wählten nur rund ein Drittel die NSDAP. Knapp die Hälfte der Wähler entschied sich traditionell für das Zentrum[16]. Nach vier Jahren Volksschule im Heimatstädtchen besuchte Josef Rettemeier zehn Jahre das humanistische Aloisius-Kolleg in Bad Godesberg. Schulleiter war der Jesuitenpater Adolf Rodewyk, ein hochdekorierter Frontoffizier des Ersten Weltkrieges[17]. Ein Mitschüler Rettemeiers war der spätere Widerstandskämpfer Georg von Boeselager, der mit seinen Brüdern im Internat untergebracht war. Sein jüngerer Bruder Philipp von Boeselager erinnerte sich an die skeptische Haltung der meisten Schüler gegenüber den Nationalsozialisten. Die Schulleitung versuchte demnach früh, eine Einflussnahme von außen zu verhindern. Dazu wurden der »Jung-Stahlhelm« und eine Jungvolk-Gruppe gegründet. Rettemeiers Klassenkamerad Georg von Boeselager war der erste Führer des Jung-Stahlhelms, sein jüngerer Bruder Philipp leitete die Jungvolk-Gruppe. Dieser war gleichzeitig Angehöriger der Marianischen Kongregation, der Laienorgani-

---

12 Zur Familiengeschichte siehe Uta Ruge, Windland. Vom Aufstieg und Niedergang einer Familie auf Rügen, Berlin 2003. Beide Söhne wohnten gegen Kostgeld bei Verwandten in Stralsund. Dazu musste noch Schulgeld bezahlt werden. Ebd., S. 95.
13 Ebd., S. 14 und S. 66.
14 Hinweis von Oberstleutnant Jochen Christoph Ruge, Gerd Ruges Neffe, dem ich an dieser Stelle für die Überlassung zahlreicher Unterlagen (Materialsammlung Ruge) und für die interessanten Gespräche in SHAPE im Winter 2008/09 zum Thema herzlich danke.
15 Zu den Wahlergebnissen siehe www.verwaltungsgeschichte.de/ruegen.html (21.3.2010).
16 Zu den Wahlergebnissen siehe www.verwaltungsgeschichte.de/siegkreis.html (21.3.2010).
17 Pater Adolf Rodewyk (1894–1989) war Hauptmann a.D. und wurde später als Exorzist der katholischen Kirche und als Verfasser zweier Standardwerke der Dämonologie bekannt.

sation der Jesuiten, und damit sicherlich wie sein Bruder weit von den Überzeugungen eines Nationalsozialisten entfernt. Der Einfluss der konservativen und national denkenden Patres verhinderte einen übertriebenen Nationalismus in den Reihen ihrer Schüler. Im Vordergrund der Erziehung stand eine tief religiöse und sittliche Grundhaltung[18].

Trotz der großbäuerlichen bzw. kleinbürgerlichen Existenz konnten beide auf eine behütete Kindheit mit mehreren Geschwistern und auf eine solide Schulausbildung zurückblicken, die Ruge 1934 an der Oberrealschule in Stralsund und Rettemeier am Aloisiuskolleg beendeten[19]. Ruge studierte danach vier Semester Rechts- und Staatswissenschaften in Halle, um im Zuge der »Juristenübernahme« 1936 in die Wehrmacht einzutreten. Sicherlich spielten dabei die Erfahrungen aus der Jugendbewegung eine nicht unerhebliche Rolle. Wie bei einigen Jahrgangskameraden lassen sich innere Affinitäten feststellen, vor allem der Wunsch nach einem beruflichen Umgang mit jungen Menschen[20]. Oft waren es auch Begegnungen mit Offizieren der Reichswehr, die den Berufswunsch stark beeinflussten, wie im Falle eines Jahrgangskameraden von Gerd Ruge, Peter von Butler[21]. Ein Manövergast auf dem Stammsitz der Familie in Thüringen im Jahre 1930, Rittmeister Ludwig Crüwell[22], erzählte dem damals 17-Jährigen vom bunten Soldatenleben und den stolzen Kavalleristen. Zwei Jahre später trat von Butler in das traditionsreiche Reiterregiment 7 im schlesischen Lüben ein. Eher pragmatische Gründe waren hingegen für Gerd Ruge ausschlaggebend. Zum einen wurden die angehenden Juristen gelockt, ebenfalls einen Beitrag für den Aufbau der Streitkräfte zu leisten. Zum anderen war die Aussicht auf ein gesichertes Einkommen angesichts der häufigen finanziellen Schwierigkeiten seines Vaters verlockend[23]. Noch während seines Studiums trat Gerd Ruge als Fahnenjunker in die Wehrmacht ein. Die Rekruten des Jahrgangs 1914 waren bereits ein Jahr früher, am 7. November 1935, unter der neuen »Reichskriegsflagge« vereidigt worden[24]. Rettemeier trat bereits Anfang

---

[18] Zitiert nach Antonius John, Philipp von Boeselager. Freiherr, Verschwörer, Demokrat, Bonn 1994, S. 43–51. Zu Philipps älterem Bruder Georg siehe Heinz W. Doepgen, Georg von Boeselager. Kavallerie-Offizier in der Militäropposition gegen Hitler, Herford, Bonn 1986.

[19] Lebenslauf, Personalunterlagen Gerd Ruge, BA-MA, Pers 1/84360, und Josef Rettemeier, BA-MA, Pers 1/104568.

[20] Zum Milieu der Jugendbewegung siehe Naumann, Generale in der Demokratie (wie Anm. 3), S. 187 f.

[21] Generalleutnant a.D. Peter von Butler war zuletzt deutscher Vertreter im Militärausschuss der NATO und schied 1974 aus der Bundeswehr aus. Käppner, Familie der Generäle, S. 80 f. und bes. S. 292–322.

[22] Ludwig Crüwell (1892–1958), General der Panzertruppen, war ab 1941 Kommandierender General des Deutschen Afrikakorps.

[23] Brief Gerd Ruge an Oberst Jung, 3.2.1991, Materialsammlung Panzerbrigade 14. Für die Überlassung der Kopien gilt mein besonderer Dank Herrn Hauptmann a.D. Bert Dubois, Neustadt.

[24] Rekruten des Führers. Hrsg. von Hans Flemming, Berlin 1937, S. 21 f.

April 1934 in die 6. (preußische) Kraftfahrabteilung in Münster ein[25]. Diese Abteilung war 1920 aufgestellt worden und eine der Geburtsstätten der modernen Kraftfahrkampftruppe, den späteren gepanzerten Truppen[26]. Zu jener Zeit waren die Angehörigen der Abteilung bereits auf das sprichwörtliche »Feuer und Bewegung« fixiert. Sei es als Kradschütze, als Aufklärer oder Panzersoldat: Im Gegensatz zu den traditionellen Truppengattungen war hier Aufbruchstimmung zu spüren. Die Motorisierung hatte das Kriegsbild verändert, die Reichswehr reagierte darauf mit einer verdeckten Aufrüstung. Nach dem Regierungsantritt Hitlers beschleunigte sich die Aufrüstung im Rahmen des zweiten Rüstungsprogramms deutlich[27]. Den sieben Kraftfahrabteilungen kam die Aufgabe zu, die Motorisierung und später die Mechanisierung der Landstreitkräfte durchzuführen. Die Umstellung von einer Kolonnen-Abteilung zu einer Kraftfahr-Kampfformation prägte alle Angehörigen des Verbandes nachhaltig. Die ersten größeren Truppenübungen zeigten das Potenzial, das in dieser neuen Kampftruppe steckte, vor allem, wenn die Panzerattrappen geschlossen eingesetzt wurden. Die Aufrüstungsphase der 1930er-Jahre löste die Pionierzeit mit den Panzerattrappen ab, die 2. Kompanie der Abteilung Rettemeiers wurde 1934 zur Aufstellung von Panzerabwehrabteilungen und Panzerkompanien der ersten drei Panzerdivisionen der Wehrmacht herangezogen[28].

Weitaus weniger spektakulär ging es dagegen im Infanterieregiment 53 in Naumburg an der Saale zu, als Gerd Ruge seine Soldatenlaufbahn dort im November 1936 begann. Routiniert wurde der Ausbildungsbetrieb bei der Infanterie durchgeführt. Dynamik entwickelte in erster Linie die Aufrüstung in den 1930er-Jahren, als bis zum Herbst 1935 aus den sieben Reichswehr-Infanteriedivisionen 24 Divisionen wurden[29]. In jenen Jahren war sich die Infanterie ihrer Stellung als Hauptwaffe der Armee bewusst. Die neue Führungsvorschrift von 1933 betonte: »die Infanterie zur letzten Entscheidung in ausreichender Feuer- und Stoßkraft an den Feind zu bringen, ihr zu ermöglichen, ihn tief zu durchstoßen und seine Widerstandskraft endgültig zu brechen«[30].

Die »Königin der Waffen« prägte ihr Offizierkorps nicht weniger als die neue, gepanzerte Kampftruppe. Noch 1940 war in der Infanterie-Vorschrift zu

---

[25] Für Josef Rettemeier war sein besonderes Interesse für das Kraftfahrwesen ausschlaggebend, sich 1934 bei der entsprechenden Waffengattung zu bewerben. Allerdings hatte er noch bei der Abiturprüfung in Bad Godesberg angegeben, Kaufmann wie sein Vater werden zu wollen. Handschr. Lebenslauf vom 12.1.1956 und Abschrift Reifezeugnis vom 3.4.1934, Personalunterlagen Josef Rettemeier, BA-MA, Pers 1/69038 und Pers 1/104568.

[26] Hans J. Billert, Die Geschichte der 6. (Preuß.) Kraftfahrabteilung Münster/Westfalen-Hannover 1919–1934, Hannover 1937.

[27] Messerschmidt, Bildung und Erziehung (wie Anm. 8), S. 201.

[28] Zur Entwicklung siehe Walther K. Nehring, Die Geschichte der deutschen Panzerwaffe 1916 bis 1945, Berlin 1969, und Oskar Munzel, Die deutschen gepanzerten Truppen bis 1945, Herford, Bonn 1965.

[29] Zur Aufrüstung siehe Wilhelm Deist, Die Aufrüstung der Wehrmacht. In: Wilhelm Deist [u.a.], Ursachen und Voraussetzungen des Zweiten Weltkrieges, 3. Aufl., Frankfurt a.M. 1995 (= Fischer TB, 4432), S. 475–637.

[30] HDv 300, Truppenführung, I. Teil (Abschn. I–XIII), Berlin 1933, S. 127 (Nr. 329).

lesen: »Die Infanterie ist die Hauptwaffe. Alle anderen Waffen unterstützen sie[31].«

Wie dominant diese Waffengattung in Reichswehr und Wehrmacht war, zeigt der Aufbau der deutschen Panzertruppen seit dem Ersten Weltkrieg. Trotz des vielbeschriebenen »Opfergangs der Infanterie« während des Ersten Weltkrieges wurde der Panzer in erster Linie als Begleitwaffe der Infanterie angesehen. Der Infanterist Heinz Guderian benötigte über zehn Jahre harte Überzeugungsarbeit und das gesteigerte Interesse der neuen Machthaber seit 1933, um seine Ideen in der Aufstellung der ersten drei deutschen Panzerdivisionen umgesetzt zu sehen[32].

Die Jahrgänge 1913 bis 1918 durchliefen noch eine friedensmäßige, professionelle Offizierausbildung. Bis Kriegsbeginn 1939 wechselten sich nach der Grundausbildung erste Truppenverwendungen mit Lehrgängen an der Kriegsschule oder an Waffenschulen ab. Josef Rettemeier sammelte erste Erfahrungen als Zugführer in der Panzerjägerabteilung 22 in Bremen und als Adjutant des Kommandeurs Panzerabwehrtruppen XVII in Wien, Gerd Ruge als Zugführer in einer Schützen- und MG-Kompanie und als Bataillonsadjutant in seinem Stammregiment. Für die Generation der Vorkriegsoffiziere war dieser Laufbahnaufbau klassisch. Nach zweijähriger Offizierausbildung – 1933 war die Ausbildung von vier auf zwei Jahre verkürzt worden – folgte die Offzierprüfung, die Rettemeier in Dresden mit gut und Ruge in München sogar als Jahrgangsbester im Hauptfach Taktik ablegte. Danach ging es in die Truppe, um erste Erfahrungen in der Menschenführung und Ausbildung zu sammeln. Rettemeier ging ganz in seiner Rolle als Panzerjägeroffizier auf und bewährte sich sowohl in der Ausbildung als auch beim Anlegen von Übungen und Planspielen im Stab des Kommandeurs der Panzerabwehrtruppen X in Hamburg. Im Frühjahr 1938 wurde er nach dem Einmarsch der Wehrmacht in Österreich und nach der Übernahme des Bundesheeres mit der Aufstellung der 1. Kompanie der Panzerabwehrabteilung 46 in Wien beauftragt. Bereits in jenen Jahren erhielt er einen ersten Einblick in den Kampf der verbundenen Waffen und in die Leistungsfähigkeit der neuen gepanzerten Truppen. Auch seine Erfahrungen als Kompaniechef bei der Aufstellung einer Einheit sollten sich noch als sehr nützlich erweisen. Der junge Oberleutnant war sich seiner Leistungen bewusst und strotzte vor Selbstvertrauen[33]. Nicht weniger engagiert – wenn auch etwas bescheidener im Auftreten – absolvierte Gerd Ruge seine Verwendungen als junger Infanterieoffizier in einer Schützen- und Maschinengewehrkompanie und als Bataillonsadjutant im Infanterieregiment (IR) 53.

Sowohl die militärischen Beurteilungen jener Jahre als auch die rückblickende Selbstreflexion in den Lebensläufen vor Eintritt in die Bundeswehr las-

[31] HDv 130/9, Ausbildungsvorschrift für die Infanterie. Führung und Kampf der Infanterie. Das Infanterie-Bataillon, Berlin 1940, S. 7.
[32] Nehring, Deutsche Panzerwaffe (wie Anm. 28); Munzel, Die deutschen gepanzerten Truppen bis 1945 (wie Anm. 28).
[33] Beurteilung vom 15.11.1937 mit Anmerkungen des Kommandeurs Panzerabwehrabteilung 22 vom 23.9.1938, Personalunterlagen Josef Rettemeier, BA-MA, Pers 1/104568.

sen die Prägung durch die frühe Wehrmacht erkennen. Hier waren es vor allem die Frontoffiziere des Ersten Weltkrieges, die durch Kriegserfahrung und Professionalität in Ausbildung und Erziehung als Vorgesetzte zu überzeugen wussten. Eine solide Friedensausbildung zum Offizier und erste Verwendungen als militärische Vorgesetzte in Friedensstandorten unterschieden diese Offizierjahrgänge von denen, die während des Zweiten Weltkrieges unter besonderen Rekrutierungsprinzipien in die Wehrmacht eintraten[34].

Kriegseinsatz

Die ersten Fronterlebnisse der meisten Wehrmachtoffiziere unterschieden sich deutlich von denen der jungen Frontoffiziere des Ersten Weltkrieges. So sammelten die späteren Bundeswehrgenerale Adolf Heusinger, Hans Röttiger und Josef Kammhuber fast zeitgleich ihre ersten Kampferfahrungen vor Verdun 1916[35]. Das Nehmen von knapp 15 Kilometern Gelände kostete rund eine halbe Million tote und verwundete Soldaten auf beiden Seiten. Der »Blutmühle von Verdun« entkommen zu sein, galt angesichts der horrenden Verlustzahlen als »zweite Geburt«[36]. Die Erfahrungen des grausamen Grabenkrieges, des Ausgeliefertseins und der Machtlosigkeit angesichts moderner Kriegsgeräte wie schwere Artillerie und chemische Kampfstoffe taten ihr Übriges[37].

Dagegen waren die Kampfeinsätze in Polen und Frankreich während des Zweiten Weltkrieges in erster Linie von der Überraschung des Gegners, von der Bewegung und – nicht zuletzt – vom Erfolg bestimmt. Gerd Ruge nahm nicht am Polen- und Westfeldzug teil, war vielmehr mit der Neuaufstellung von Einheiten seines Regimentes und mit der Offizierausbildung der Division beauftragt. Sein Kommandeur beurteilte ihn im Februar 1940 sehr gut, allerdings nicht ohne darauf hinzuweisen, dass Ruge noch keine Feindbewährung hatte[38]. Ab Juni 1941 kämpfte Ruge dann aber in Russland als Kompaniechef, zuerst einer Schützen-, dann der MG-Kompanie im IR 53 der 14. (mot.) Infanteriedivision. Diese wurde von Juni 1941 bis Juni 1943 im Mittelabschnitt der Ostfront (9. Armee) eingesetzt, danach »entmotorisiert« und als einfache In-

---

[34]   Bernhard R. Kroener, Auf dem Weg zu einer »nationalsozialistischen Volksarmee«. Die soziale Öffnung des Heeresoffizierkorps im Zweiten Weltkrieg. In: Von Stalingrad zur Währungsreform. Zur Sozialgeschichte des Umbruchs in Deutschland. Hrsg. von Martin Broszat, Klaus-Dietmar Henke und Hans Woller, München 1990, S. 679.

[35]   Georg Meyer, Adolf Heusinger. Dienst eines deutschen Soldaten 1915 bis 1964, Hamburg [u.a.] 2001, S. 56 f. Zu Verdun siehe Jacques-Henri Lefebvre, Die Hölle von Verdun: nach den Berichten von Frontkämpfern, Fleury-devant-Douaumont 1987.

[36]   Gerd Krumeich, Verdun. In: Enzyklopädie Erster Weltkrieg. Hrsg. von Gerhard Hirschfeld [u.a.], Paderborn [u.a.] 2003, S. 942–945.

[37]   Markus Pöhlmann, Stellungskrieg. In: Enzyklopädie Erster Weltkrieg (wie Anm. 36), S. 864–867. Darin auch weiterführende Literatur.

[38]   Personalunterlagen Gerd Ruge, BA-MA, Pers 1/84360.

fanteriedivision weiterverwendet. Das erste Kriegsjahr in Russland war vom Vormarsch aus dem Raum Brest-Litovsk längs der Rollbahn Minsk – Smolensk bis in den Raum Gorodišče südostwärts Ržev, danach Richtung Moskau bis zum Moskva-Kanal geprägt. Im zweiten und dritten Kriegsjahr überwogen die Rückzugs- und Abwehrkämpfe im Raum Ržev. Bereits 1942 konnte sich Ruge von der Bedeutung der Panzerabwehrwaffen in einem Infanterieverband überzeugen. Die mangelhafte Ausstattung in diesem Bereich war nicht auszugleichen. Gerade in der Verteidigung fehlte es meist an kampfkräftiger Infanterie[39]. Trotz dieser Mängel kämpfte Gerd Ruge mit seinen Schützen in den russischen Weiten recht erfolgreich um Wälder und Höhen. Das Halten bzw. Wiedereinnehmen von Ortschaften und Stellungen gehörte zu seinem täglichen Handwerk[40].

Für den jungen Panzerjägeroffizier Rettemeier waren die Kriegseinsätze im Westen und später in Afrika prägend. Die Kämpfe im Rahmen der 9. Panzerdivision ließen seinen Wunsch nach einer Versetzung zur Panzerwaffe reifen. In Frankreich wurde die 9. Panzerdivision im Norden eingesetzt, um den Feind vom eigentlichen Schwerpunkt des Angriffs abzulenken. Rettemeiers erster Fronteinsatz erfolgte im April 1940 im Westen als Kompaniechef in der Panzerjägerabteilung 50. Die Begeisterung über die raschen militärischen Erfolge war groß. Der spätere General Johann Adolf Graf von Kielmansegg zum Beispiel veröffentlichte 1941 sein Buch »Panzer zwischen Warschau und Atlantik«. Im Kapitel »Der Durchbruch« berichtete er mitreißend vom Vorstoß der 1. Panzerdivision in Frankreich, die in zwei Tagen rund 200 Kilometer zurücklegte und im Rücken der französischen Armee operierte[41]. Auch Rettemeier erlebte diese erfolgreiche Zeit und schrieb aus dem Raum Dünkirchen stolz an seine Familie: »Meine Lieben! In bester Stimmung an einem glänzenden Verfolgungstag die herzlichsten Grüße Josef[42].«

Im Herbst 1941 wurde Oberleutnant Rettemeier dann auf eigenen Wunsch in der Panzer-Ersatzabteilung 5 (Neuruppin) umgeschult. Danach nahm der frisch beförderte Hauptmann als Kompaniechef und Abteilungsführer im Panzerregiment 5 (21. Panzerdivision) von März bis Dezember 1942 am Afrikafeldzug teil. Dort konnte er an seine Erfahrungen in Frankreich anknüpfen, denn

---

[39] Zur Entwicklung der Panzergrenadiertruppe bis 1945 siehe Gerhard Elser, Panzergrenadiere – Versuch einer truppengeschichtlichen Spurensuche (1914 – 1945). In: Panzergrenadiere. Eine Truppengattung im Spiegel ihrer Geschichte. Hrsg. von Klaus Christian Richter, Munster 2004, S. 23 – 146.

[40] Siehe Antragsbegründungen für die Verleihung des Deutschen Kreuzes in Gold, 23. Panzerdivision, 2.10.1944, Materialsammlung Panzerbrigade 14. Allgemein dazu Ernst Rebentisch (Bearb.), Zum Kaukasus und zu den Tauern. Die Geschichte der 23. Panzerdivision 1941 – 1945, Esslingen 1963.

[41] Johann Adolf Graf von Kielmansegg, Panzer zwischen Warschau und Atlantik, Berlin 1941, S. 196 – 216. Siehe auch Karl Feldmeyer und Georg Meyer, Johann Adolf Graf von Kielmansegg 1906 – 1996. Deutscher Patriot, Europäer, Atlantiker, Hamburg [u.a.], 2007, S. 101 – 113. Allgemein dazu Karl-Heinz Frieser, Blitzkrieg-Legende: Der Westfeldzug 1940, München 1995 (= Operationen des Zweiten Weltkrieges, 2).

[42] http://www.die-feldpost-2-weltkrieg.org/forum/index.php?topic=1937.0 (26.1.2010).

auch in Afrika war der Bewegungskrieg vollmotorisierter Streitkräfte mit Schwerpunkt Panzer gegen Panzer vorherrschend. Oft war eine unmittelbare Unterstützung der Panzerverbände durch andere Truppengattungen nicht notwendig. Panzerschlachten wie bei Sidi Rezegh und Sollum waren keine Ausnahmen. Die Panzerabwehr hingegen wurde zunehmend vom Einsatz der 8,8 cm-Flugabwehrkanone im Erdkampf und durch weitreichende Artillerie geprägt. Denn die klassischen Panzerabwehrwaffen waren meist ohne ausreichende Wirkung im Gefecht auf weite Kampfentfernung[43].

Für beide Offiziere stellte ein Lehrgang in Paris einen Einschnitt in ihrer »Kriegerkarriere« dar. Beide waren noch keine 30 Jahre alt, als sie 1942 bzw. 1943 an der Abteilungsführer-Schule für Panzertruppen auf ihre zukünftigen Aufgaben als Abteilungs- (resp. Bataillons-) und Regimentskommandeur vorbereitet wurden. Rettemeier hatte noch kurz davor seine Einweisung auf die neuen Panzertypen »Panther« und »Tiger« erfolgreich abschließen können.

Gerd Ruge sollte nach seinem Lehrgang ein Bataillon in Stalingrad übernehmen, bekam aber keine Einfluggenehmigung in den Kessel. Von Anfang 1943 bis Frühjahr 1944 führte er dann ein Bataillon des Panzergrenadierregiments 128, das bis Kriegsende seine militärische Heimat bleiben sollte. Als Kommandeur I./PzGrenRgt 128 zeichnete sich Hauptmann Ruge mehrfach aus, vor allem durch seine raschen Gegenangriffe, um eingebrochene Feindkräfte abzuwehren. Für seine Kampfleistung in der Abwehrschlacht bei Izjum am Donec im Sommer 1943 wurde Ruge am 7. September 1943 mit dem Ritterkreuz ausgezeichnet. Dort gelang es der 23. Panzerdivision im Rahmen der 1. Panzerarmee, die Angriffe mehrerer sowjetischer Garde-Schützen-Divisionen und von allein neun Panzerbrigaden über zwölf Tage abzuwehren. Dabei wurden über 300 russische Kampfpanzer vernichtet oder erbeutet[44].

In Ruges Erinnerung blieb, dass die Rote Armee den groß angelegten Gegenstößen der Wehrmacht zunächst mit »Panzerabwehrbrigaden« unter erheblichen Verlusten deutscher Panzer begegnete, um dann an anderer Stelle massiv anzugreifen. Das Bataillon von Gerd Ruge war mehrmals an solchen Einbruchstellen als »Wellenbrecher« eingesetzt[45]. Als Major nahm Ruge dann an den Rückzugsgefechten 1944 im Osten teil und kämpfte im Herbst 1944 in Ungarn. Hier wurde er Führer des Panzergrenadierregiments 128 im Raum Komádi, wo er mehrere Angriffe eines Panzerkorps und von drei sowjetischen Schützen-Divisionen abwehrte und dabei fast 100 Panzer vernichtete[46]. Die Division wusste zu berichten: »Seinem unbezwingbaren Angriffs-Geist und

43 Nehring, Die Geschichte der deutschen Panzerwaffe, S. 181–214; Munzel, Die deutschen gepanzerten Truppen bis 1945 (wie Anm. 28), S. 243–247.
44 Rebentisch, Zum Kaukasus und zu den Tauern (wie Anm. 40), S. 232–243.
45 Handschriftliche Notiz auf einer Bildrückseite. Materialsammlung Gerd Ruge und Panzerbrigade 14. Ein lebendiges Bild der Führungskunst Ruges bietet Justus-Wilhelm von Oechelhaeuser in seinen Erinnerungen an seine Zeit als Panzerleutnant, als er mit fünf Panzern IV vom Panzerregiment 23 dem Regiment Rugel [sic!] unterstellt war. Justus-Wilhelm von Oechelhaeuser, Leuchtspuren: Soldatenschicksale, Berlin 1994, S. 33–44.
46 Rebentisch, Zum Kaukasus und zu den Tauern (wie Anm. 40), S. 410–433. Siehe auch Hans Kissel, Die Panzerschlachten in der Puszta, Neckargemünd 1960.

seinem Glauben an die Widerstandsfähigkeit deutscher Panzer-Grenadiere überträgt er auf die ihm anvertrauten Soldaten und spornt sie zu höchsten Leistungen an. Seine Soldaten sehen in ihrem jungen Rgt.-Kdr. in jeder Phase des Kampfes ein leuchtendes Vorbild«[47].

Am 9. November 1944 zum Oberstleutnant befördert, wurde Ruge am 16. November 1944 das 648. Eichenlaub verliehen[48]. Die hohe Auszeichnung – die erste seiner Panzerdivision – bekam er einige Zeit später durch Heinrich Himmler in Südwestdeutschland überreicht. Der Reichsführer SS versprach dem jungen Offizier eine sofortige Beförderung zum General und die Verwendung als Kommandeur einer Panzerdivision, wenn er in die Waffen-SS übertreten würde. Der frisch Dekorierte hatte sich vorher für diesen Fall schon mit seinem Divisionskommandeur abgesprochen und verwies auf das gegebene Ehrenwort, in sein Regiment zurückzukehren[49].

Josef Rettemeier wurde nach seiner Genesung – er war in Afrika schwer verwundet worden – ab August 1943 Kommandeur der Panzerabteilung 5 der 25. Panzergrenadierdivision (Heeresgruppe Mitte) in Russland. Wenige Monate später erhielt er für seine herausragenden Abwehrleistungen bei Smolensk das Ritterkreuz. Seine Abteilung hatte den Auftrag, am linken Flügel der Division die Hauptkampflinie wiederherzustellen. In einem Zeitungsartikel stand: »In der dritten Abwehrschlacht an der Smolensker Rollbahn hat er mit seiner Abteilung in zwei Tagen 24 sowjetische Panzer abgeschossen und im Infanteriekampf Grenadiere zum erfolgreichen Gegenangriff vorgerissen«[50].

Mitte März 1944 erhielt Rettemeier aufgrund seiner Abwehrerfolge im Raum Vitebsk und nördlich Rogačev als Hauptmann das 425. Eichenlaub zum Ritterkreuz. Kurz darauf wurde er zum Major befördert. Erneut hatte sich der 29-jährige Offizier in der Führung seiner Abteilung im selbstständigen und beweglichen Kampf gegen einen überlegenen Angreifer bewährt[51]. Die 267. Infanteriedivision wiederum musste sich dem Angriff von acht sowjetischen Divisionen erwehren. Zur Unterstützung erhielt sie Rettemeiers Panzerabteilung. An zwei Tagen vernichtete sein Verband über dreißig Kampfpanzer, wobei sein Erfolgsrezept der rasche Gegenstoß in die tiefe Flanke des Gegners war[52]. Die Division konnte einen Durchbruch verhindern und schlug den »fremden« Panzeroffizier für die hohe Auszeichnung vor.

Im Sommer 1944 wurde Rettemeier Kommandeur der I./Panzerlehrregiment 130 und kämpfte mit dieser in Lothringen, wo er erneut schwer verwundet wurde. Seine Abteilung war mit dem modernen Panzerkampfwagen V

---

47 Bericht Abtl. IIa, 23. Panzerdivision, 17.10.1944, Materialsammlung Gerd Ruge und Panzerbrigade 14.
48 Kdr 23. Panzerdivision, Abschrift Vorschlagsliste für die Verleihung des Eichenlaubes zum Ritterkreuz, 30.9.1944, Materialsammlung Gerd Ruge und Panzerbrigade 14.
49 Handschriftliche Aufzeichnungen, Materialsammlung Gerd Ruge und Panzerbrigade 14.
50 Kopie Zeitungsartikel ohne Nachweis, Personalakte Josef Rettemeier, BA-MA, Pers 1/104568.
51 Erwin Boehm, Die Geschichte der 25. Panzergrenadierdivision, Stuttgart 1983.
52 Wolfgang Schneider, Panzertaktik. German Small-Unit Armor Tactics, Winnipeg, CAN 2000.

(Panther) ausgestattet[53]. Für seine spätere Verwendung in den neuen deutschen Streitkräften waren seine Erfahrungen nützlich, die er mit seiner Abteilung als Versuchsabteilung Nachtkampf mit neuen BIWA-Geräten machte[54]. Diese ersten einsatzfähigen Infrarotgeräte sollten den Panzerkampf bei Nacht ermöglichen, da aufgrund der Luftherrschaft der Alliierten ein Tagkampf bei gutem Wetter fast unmöglich geworden war[55]. Nach seiner Genesung wurde Rettemeier von Oktober 1944 bis April 1945 noch Kommandeur der Panzerlehrgänge »Panther« und der Fahnenjunkerschule der Panzerwaffe in Erlangen. Die letzten Kriegswochen kämpfte er als Führer von Kampfgruppen im Rahmen des XXVII. Panzerkorps an der Westfront[56].

Am 20. April 1945 wurde Gerd Ruge im 32. Lebensjahr vorzugsweise zum Oberst befördert und war damit einer der jüngsten Obersten des Heeres, Josef Rettemeier blieb bis Kriegsende im Dienstgrad Major.

Die Panzerabwehr spielte auf allen Kriegsschauplätzen des Zweiten Weltkrieges eine bedeutende Rolle. Vor allem im Osten wurde der Kampf gegen die Panzermassen der Roten Armee entscheidend. Spätestens mit dem Auftreten des T 34 im Oktober 1941 zeigten sich die Schwächen der Wehrmacht im Bereich der Panzerabwehr. Die eigenen Panzer waren waffentechnisch und im Panzerschutz unterlegen, einzig die 8,8-cm-Flak oder die 10-cm-Kanone der Artillerie konnten wirksame Treffer auf weitere Kampfentfernungen (bis 3000 m) erzielen. Ein halbes Jahr sollte vergehen, ehe die ersten deutschen Panzer IV mit einer dem T 34 ebenbürtigen Kanone ausgestattet waren[57].

Trotz des gemeinsamen Ausgangspunktes, die ersten Truppenverwendungen bei den Panzerjägern, wurden die zwei Offiziere unterschiedlich »sozialisiert«. Die Wehrmacht ließ Rettemeier zu einem überzeugten Panzermann reifen, Ruge zu einem überzeugten Panzergrenadier. Bei dem einen war Verteidigung vor allem durch eine bewegliche, panzerstarke Reserve erfolgreich durchzuführen, hingegen besaß bei dem anderen die Verteidigung durch starke Panzerabwehrkräfte Priorität. Dieser Unterschied der Auffassungen wird erst bei näherem Hinschauen deutlich, denn beide plädierten in den späteren Bundeswehrjahren für eine bewegliche Abwehr, die sich an den Operationen des Ostkrieges orientieren sollte. Doch der eine sah starke Panzerverbände, der andere dagegen starke Panzerabwehrkräfte als hinreichende Bedingung. Der Kampf um die Deutungshoheit in dieser Frage begann bereits kurz nach Kriegsende, als deutsche Offiziere und Generale in amerikanischer und britischer Kriegsgefangenschaft Studien zum Kriegsverlauf anfertigten. Und er

---

[53] Zu den Einsätzen siehe Franz Kurowski, Die Panzer-Lehr-Division 1944–1945, Eggolfsheim 2008, S. 116–194.

[54] BIWA stand für Bildwandler.

[55] Ein Infrarotgerät F.G. 1250 ist am »Panther« der WTS in Koblenz zu sehen. Thomas L. Jentz, Der Panther. Entwicklung – Ausführungen – Varianten, Wölfersheim 1997, S. 95 f.

[56] Personalakte Josef Rettemeier, BA-MA, Pers 1/104568. Zur Schule Helmut Ritgen, Die Schulen der Panzertruppen des Heeres 1918 bis zum Aufbau der Bundeswehr, Munster 1992, S. 154–183.

[57] Studie Panzerabwehr im Osten (D-253), Historical Division, 1.4.1947, BA-MA, ZA 1/1596.

sollte die Aufstellungs- und Konsolidierungsphase des Heeres der Bundeswehr bis 1970 prägen.

Nach dem verlorenen Krieg

Beide Offiziere entgingen mit viel Glück einer längeren Kriegsgefangenschaft. Gerd Ruges Divisionskommandeur, Generalmajor Joseph von Radowitz, konnte seinen Stab und Teile seiner Division in Nordost-Italien in britische Gefangenschaft führen. Der Kommandeur der gegnerischen schottischen Division war sein Cousin, mit dem er die sofortige Entlassung aller Soldaten in die Heimat aushandelte[58]. Josef Rettemeier wiederum schrieb in seinem Lebenslauf vor Eintritt in die Bundeswehr, er habe sich in den letzten Kriegstagen als Führer einer Kampfgruppe durch einen Sonderauftrag der Gefangennahme durch amerikanische Truppen entziehen können[59].

Nach dem verlorenen Krieg waren Anpassung und rasche Einstellung auf die neuen Rahmenbedingungen angesagt. Wer als Täter oder Mitläufer die zweite sich bietende Lebenschance in Westdeutschland nutzen wollte, musste einige Regeln befolgen. Zum einen das Bekenntnis – zumindest öffentlich – zum demokratischen Rechtsstaat und die Ablehnung des alten Regimes und neonazistischer Umtriebe. Zum anderen die Bereitschaft, sich in die Nachkriegsgesellschaft und -wirtschaft der Bundesrepublik zu integrieren[60]. Dabei war hilfreich, die jeweilige Expertise aus der Vorkriegs- und Kriegszeit einbringen zu können und als »bewährte Kraft« am Aufbau des neuen Staatswesens mitzuwirken. Nützlich war auch ein hohes Maß an Flexibilität. Das hatten vor allem die sogenannten Vorkriegsoffiziere zeit ihres Lebens bewiesen. Allein die Aufrüstungsphase der 1930er-Jahre, mit den zahlreichen Versetzungen, neuen Aufgabengebieten und Truppengattungen, aber auch die unterschiedlichsten Kriegseinsätze mit den sich ständig wechselnden Lagen und vielfach wechselnden Fronten schulten das Können, sich rasch auf neue Situationen einzulassen und zu improvisieren[61]. Für Berufsoffiziere der ehemaligen Wehrmacht stellte sich das Problem, dass es erst zehn Jahre nach Kriegsende zur Aufstellung neuer Streitkräfte kommen sollte. Da eine solide zivile Berufsausbildung fehlte, mussten die ehemaligen Offiziere von vorne anfangen oder sich den

---

[58] Abschrift Lebenslauf Gerd Ruge durch seinen Neffen (Materialsammlung Ruge).
[59] Lebenslauf Josef Rettemeier vom 12.1.1956, Personalunterlagen Rettemeier, BA-MA, Pers 1/104568.
[60] Rolf Schörken, Die Niederlage als Generationserfahrung. Jugendliche nach dem Zusammenbruch der NS-Herrschaft, Weinheim 2004. Die auf die Jahrgänge 1922 bis 1930 bezogenen Forschungsergebnisse lassen sich zum Teil auch auf andere Geburtsjahrgänge übertragen.
[61] Zur Einschätzung der Vorkriegsoffiziere siehe Pauli, Wehrmachtsoffiziere in der Bundeswehr (wie Anm. 3), S. 75 f.

Besatzungsmächten als »Quasi-Soldaten« anbieten[62]. Umso wichtiger wurden die Nachkriegs-Netzwerke, die nicht nur unter den ehemaligen Generalen weit verbreitet waren[63]. Ein Beispiel ist die in amerikanischen Diensten stehende Organisation Gehlen, die aus der Abteilung Fremde Heere Ost im Oberkommando des Heeres (OKH) entstand und für viele ehemalige Generalstabsoffiziere mit nachrichtendienstlichem Hintergrund eine berufliche Alternative bot. Während Generalstabsoffiziere auch gute Chancen im mittleren und gehobenen Management der Wirtschaftsunternehmen hatten[64], blieb für die Frontoffiziere oft nur der Weg ihren Lebensunterhalt durch Lohnarbeit zu sichern[65]. Josef Rettemeier nutzte die Familienbande und arbeitete von 1945 bis 1947 als kaufmännischer Mitarbeiter in der Fleisch- und Wurstwarenfabrik seines Schwiegervaters in Bremen. Nach zwei Jahren schied er auf eigenen Wunsch aus, die Ehe wurde geschieden und Rettemeier zog nach Bonn. Nach einer kurzen Zeit der Arbeitslosigkeit und einer halbjährigen Anstellung bei einer Autounion-Vertretung machte sich der 33-Jährige im Zuge der Währungsreform im Sommer 1948 selbstständig. Er wurde Generalvertreter in Rheinland-Pfalz für drei größere Stahl- und Maschinenbaufirmen. Im selben Jahr heiratete er zum zweiten Mal. In seiner Freizeit engagierte sich Rettemeier in Berufs- und Soldatenverbänden[66]. Mit hoher Wahrscheinlichkeit stärkten die Kontakte zu alten Kameraden sein Interesse an den geplanten neuen Streitkräften.

Gerd Ruge hingegen floh aus Sachsen-Anhalt, nachdem die amerikanischen Truppen abgezogen waren, und verdingte sich zeitweise als Landarbeiter in Krefeld, um seine fünfköpfige Familie ernähren zu können. Da er auf einem landwirtschaftlichen Betrieb aufgewachsen war, schien dieser Schritt zumindest als Übergangslösung folgerichtig. Im März 1946 nahm er eine sich ihm bietende Gelegenheit wahr und wurde Leiter des Werkschutzes der Rheinischen Kunstseide A.G. in Krefeld-Linn[67]. Aus den Akten geht nicht hervor, welche Beweggründe Gerd Ruge hatte, seine lukrative Anstellung in Krefeld

---

[62] Z.B. Eckard Michels, Deutsche in der Fremdenlegion 1870–1965: Mythen und Realitäten, Paderborn [u.a.] 2006; Heinz-Ludger Borgert, Walter Stürm und Norbert Wiggershaus, Dienstgruppen und westdeutscher Verteidigungsbeitrag. Vorüberlegungen zur Bewaffnung der Bundesrepublik Deutschland, Boppard a.Rh. 1982.

[63] Zu den Netzwerken siehe Alaric Searle, Wehrmacht Generals, West German Society, and the Debate on Rearmament, 1949–1959, Westport 2003, und Bert-Oliver Manig, Die Politik der Ehre. Die Rehabilitierung der Berufssoldaten in der frühen Bundesrepublik, Göttingen 2004.

[64] Werner Bührer, Offiziere im »Wirtschaftswunderland«. In: Willensmenschen. Über deutsche Offiziere. Hrsg. von Ursula Breymayer, Bernd Ulrich und Karin Wieland, Frankfurt a.M. 2000, S. 37–49.

[65] Manfred Lesch, Die Rolle der Offiziere in der deutschen Wirtschaft nach dem Zweiten Weltkrieg, Berlin 1970. Umfassend dazu Matthias Molt, Von der Wehrmacht zur Bundeswehr. Personelle Kontinuität und Diskontinuität beim Aufbau der deutschen Streitkräfte 1955–1966, Heidelberg 2007, S. 104–153.

[66] Allgemein dazu Axel Schildt, Moderne Zeiten. Freizeit, Massenmedien und »Zeitgeist« in der Bundesrepublik der 1950er Jahre, Hamburg 1995, und Manfred Görtemaker, Geschichte der Bundesrepublik Deutschland. Von der Gründung bis zur Gegenwart, München 1999.

[67] Personalunterlagen Ruge, BA-MA, Pers 1/84360.

aufzugeben. Das Stichwort »Soldat aus Passion« spielte sicherlich eine entscheidende Rolle. Ruge engagierte sich ab 1949 im Verband Deutscher Soldaten
und ab 1952 in der Gesellschaft für Wehrkunde. Mit hoher Wahrscheinlichkeit
wurde er aber von seinem letzten Divisionskommandeur Joseph von Radowitz
angesprochen, der bis zu seinem frühen Tod im Juni 1956 Leiter der Annahmeorganisation der neuen Streitkräfte war. Zumindest stammen Ruges erste Bewerbungsunterlagen aus dem Jahre 1954, was auf einen sehr frühen Entschluss
hinweist. Für viele Ehemalige war aber auch allein der Gedanke ausschlaggebend, erneut ihre Kameraden beim Aufbau der »neuen Wehrmacht« zu unterstützen.

Soldat in der Bundeswehr

»Das Offizierkorps der Bundeswehr – und damit die neue Generalität – wurde
[...] mit den ehemaligen Offizieren der früheren deutschen Streitkräfte aufgebaut«[68]. Zu dieser nicht überraschenden Feststellung kam die Personalabteilung
im Verteidigungsministerium knapp zehn Jahre nach Gründung der Bundeswehr und umriss damit den personellen Gründungskompromiss. Ende 1959
waren demnach 83 Prozent der insgesamt rund 15 000 Berufsoffiziere der »neu-
en Wehrmacht« ehemalige Wehrmachtoffiziere[69]. Für die neue Militärelite waren Angehörige des ehemaligen Generalstabes vorgesehen, darunter im Herbst
1956 allein 31 Generale, 100 Oberste und 84 Oberstleutnante[70]. Besonders auffällig waren die zahlreichen Angehörigen des einstigen Oberkommandos des
Heeres (OKH) und dort wiederum vor allem die der Operationsabteilung, die
mit der Planung und Durchführung des Russlandfeldzuges beschäftigt gewesen waren[71]. Für die Führung der neu aufzustellenden Truppenverbände der
Kampftruppen wurden hingegen erfahrene Frontoffiziere gesucht, die während
des Krieges – am besten an der Ostfront – bereits Bataillons-, Abteilungs- oder
Regimentskommandeure gewesen waren und sich durch besondere Tapferkeit
vor dem Feind ausgezeichnet hatten. Diesem Forderungskatalog entsprachen
Major a.D. Rettemeier und Oberst a.D. Ruge fast schon mustergültig.

---

[68] BMVg, P II 1, Die Personallage der Generale in der Geschichte und in der Bundeswehr,
Bonn 15.12.1966, S. 65, BA-MA, BW 1/16021.
[69] BMVg, P II 1, Die Personallage der Offiziere in der Geschichte und in der Bundeswehr,
Bonn 1.6.1967, S. 133, BA-MA, BW 1/16021.
[70] Detlef Bald, Alte Kameraden. Offizierskader der Bundeswehr. In: Willensmenschen (wie
Anm. 64), S. 50–64, hier S. 51.
[71] Bald, Alte Kameraden (wie Anm. 70), S. 51.

Panzer oder Infanterie, Panzer oder Panzerjäger?

Bereits im Frühjahr 1953 waren sich die Organisatoren im Amt Blank im Klaren darüber, dass nicht mehr die Infanterie den Kern des Heeres bilden sollte, sondern die Kampfgemeinschaft von Panzern und Infanterie. Ein Auftreten von Infanterie auf dem Gefechtsfeld ohne Panzerunterstützung war ebenso wenig vorstellbar, wie der Einsatz von Panzern ohne begleitende Infanterie. Die damit verbundene Forderung, beide Waffengattungen zusammenzufassen, sogar den personellen Austausch sicherzustellen, war jedoch angesichts der starken »Infanterielobby« nicht durchsetzbar. Im Amt Blank arbeiteten weitaus mehr Infanterieoffiziere als Panzeroffiziere und von den ersten 250 Obristen der Bundeswehr entstammten nur rund zehn der ehemaligen Panzertruppe[72]. So wurde im April 1953 der Versuch der Planungsabteilung, die beiden tragenden Säulen der zukünftigen Kampftruppen, die Infanterie und die Panzertruppe, unter der Bezeichnung Panzertruppen zusammenzufassen, vom zuständigen Bearbeiter der Abteilung Heer entschieden abgelehnt.

Angesichts der modernen Landkriegsvorstellungen im Atomzeitalter mit den daraus abgeleiteten Forderungen nach konsequenter Mechanisierung der Kampftruppen unter den Stichworten Beweglichkeit und Panzerschutz war es allerdings schwer, für die »Königin der Waffen« ein angemessenes Einsatzspektrum zu definieren. Die Panzergrenadiere, die in Anlehnung an die Panzergrenadiertruppe der Wehrmacht für das bewegliche Gefecht der verbundenen Waffen geeignet waren, hatten damit keine Schwierigkeiten. Die »leichte« Infanterie hingegen war ständig bemüht, ihre Bedeutung in einem modernen Landkrieg zu unterstreichen. Die Fallschirmjäger und die Gebirgsjäger konzentrierten sich dabei auf ihre jeweilige Sonderrolle, während die Grenadiere in den ersten Jahren tatsächlich in Erklärungsnot gerieten. Unbestritten war die Feststellung, dass nur der Infanterist Gelände halten könne. In einem wegweisenden Artikel über die »neuzeitliche Infanterie« des späteren Kommandeurs der 7. Panzergrenadierdivision, Eike Middeldorf, wurde der verlustreiche Kampf der Infanterie während des Zweiten Weltkrieges nachgezeichnet, der Stellenwert der russischen Infanterie herausgearbeitet und eine Anpassung der zukünftigen deutschen Infanterie gefordert. Vollmotorisierung, infanterieeigene Panzerunterstützung und ausreichende Panzer- und Flugabwehrkomponenten sollten der Infanterie zu neuem Leben verhelfen und sie zum Angriff und zur Verteidigung befähigen[73]. Nicht wenige dieser Gedanken fanden sich Jahre später in den Richtlinien für die Infanterie wieder. Die Erfahrungen des Zweiten Weltkrieges wurden zum Teil auch durch die Kampfhandlungen in Südostasien bestätigt.

---

[72] Voß, General Munzel-Munsterlager. In: Kampftruppen, 2/69, S. 57 f.
[73] Eike Middeldorf, Neuzeitliche Infanterie. In: Wehrwissenschaftliche Rundschau, 1952, S. 281–296, und Hermann Teske, Infanterie im Atomzeitalter. In: Wehrkunde, 7/1957, S. 364.

Die Gliederung der drei Grenadierdivisionen der Heeresstruktur 1 mit sieben Grenadierbataillonen und einem Panzerbataillon pro Division war Ausdruck dieses selbstbewussten Rollenverständnisses. Den 21 Grenadierbataillonen standen drei Panzerbataillone der Grenadierdivision und je sechs Panzer- und Panzergrenadierbataillone der zwei ersten Panzerdivisionen gegenüber. Gerade für die vielerorts gebirgigen, bewaldeten und dicht besiedelten Gebiete der Bundesrepublik waren demnach am besten Grenadiere einsetzbar. Dabei wurde an die Verstärkung der Feuerkraft, vor allem um weitreichendes Flachfeuer und Panzerabwehr, und an die Erhöhung der Beweglichkeit gedacht. Allerdings wiesen die guten Erfahrungen mit den Panzergrenadierbataillonen der Panzerbrigaden, die knappen Haushaltsmittel und der Wunsch nach Reduzierung der einzelnen Truppengattungen den Weg zur Einheitsinfanterie. Die Verfechter der Mechanisierung des Heeres forderten daher eine enge Verbindung von Panzern und Infanterie und erzielten mit der Benennung aller Infanteriebataillone als Panzergrenadiere (Spz oder mot, später auch MTW) im März 1959 einen ersten Erfolg, wenn auch die neue Truppengattung der Infanterie nun sowohl die Panzergrenadiere als auch die leichte Infanterie umfasste.

Kritisch beurteilte der ehemalige Wehrmachtsgeneral Fridolin von Senger und Etterlin diese Entwicklung. In seinen Augen nahm der Führungsstab des Heeres dabei in Kauf, dass gepanzerte und ungepanzerte Einheiten von einem Brigadestab (Panzergrenadierbrigade) gleichzeitig geführt werden mussten. Aufgrund der unterschiedlichen Kampfweise waren nach seiner Meinung Schwierigkeiten bei der Führung programmiert. Um die Mechanisierung der gesamten Infanterie zu forcieren, so der ehemalige General der Panzertruppe, wurde die Möglichkeit der Einteilung in gepanzerte und ungepanzerte Kampfgruppen fallengelassen[74].

Immerhin konnte die Infanterie mit diesem Schritt eine erhebliche Aufwertung gegenüber den anderen Truppengattungen erreichen. Die Panzergrenadiere und die Panzerjäger waren nicht mehr Teil der Panzertruppe und die Bedeutung der Infanterie definierte die TF 59 neu: »Die Infanterie trägt die Hauptlast des Kampfes. Sie allein kann den Feind im Nahkampf vernichten und gewonnenes Gelände halten«[75]. Mit ihren Panzergrenadieren (SPz und mot), den Gebirgs-, Fallschirm- und Panzerjägern war die Infanterie somit Anfang der 1960er-Jahre wieder »die Königin der Waffen«.

Das neue Kriegsbild mit dem Schwerpunkt des atomaren Gefechtes, die fortschreitende Mechanisierung des Heeres und die wachsende Lobby der Panzertruppe trübten jedoch die Zukunftsaussichten. Die TF 59 stellte denn auch deutlich heraus, dass die Infanterie nicht allein die Entscheidung auf dem Gefechtsfeld bringe. Nur das enge Zusammenwirken mit der Panzertruppe und anderen Waffengattungen könne den Erfolg im Gefecht sicherstellen. Mit der Neugliederung des Heeres wurde deshalb 1960 die bestehende Zweigleisigkeit

---

[74] Ferdinand von Senger und Etterlin, Die Panzergrenadiere. Geschichte und Gestalt der mechanisierten Infanterie 1930–1960, München 1961, S. 117–125.
[75] Truppenführung (TF) August 1959, S. 50, BA-MA, BHD 1.

von Infanterie und Panzertruppe aufgehoben. Infanterie und Panzertruppe wurden in den Kampftruppen unter einheitlicher Führung durch den General der Kampftruppen im Truppenamt verschmolzen. Die Umsetzung der Idee der Einheitsinfanterie konnte jedoch nicht darüber hinwegtäuschen, dass ein nicht unerheblicher Teil der Panzergrenadiere nur motorisiert und für den abgesessenen Kampf ausgebildet war. Dies lag vor allem daran, dass die Panzergrenadierbataillone der Panzer- und Panzergrenadierbrigaden erst nach und nach mit dem HS 30 ausgerüstet wurden. Von den geplanten über 10 000 Schützenpanzern des Typs HS 30 wurden nach einer Reduzierung der Gesamtanzahl auf rund 6200 Ende 1958 schließlich nur etwas mehr als 2000 an die Truppe ausgeliefert. Damit konnte der Bedarf der Panzergrenadierbataillone nicht gedeckt werden. Das Bild zahlreicher Ausbildungen von Panzergrenadieren mit Schützenpanzerattrappen auf Unimog-Radfahrzeugen war bei den Soldaten daher auch erinnerungsprägend[76].

Bereits in der Debatte um die Bedeutung der Infanterie für das Gefecht unter atomaren Bedingungen wiesen überzeugte Infanteristen immer wieder auf die Vorzüge der »richtigen« Infanterie hin. Den vordergründig eingeschlagenen Weg der Mechanisierung kritisierten sie als zu teuer und angesichts der Geländebeschaffenheit der Bundesrepublik und der Verwundbarkeit der Panzer in solchen Geländeabschnitten als nicht zweckmäßig. Der Kampf in panzerungünstigem Gelände, bei Nacht und schlechter Sicht verlange vielmehr nach einer Truppe, welche die Grundsätze des Kleinkrieges beherrsche. Sowohl Kriegserfahrungen der Wehrmacht als auch die ausländischer Armeen wurden herangezogen, um die Bedeutung des Kampfes in bebautem, bewaldeten und bergigem Gelände, um Gewässer und in luftbeweglichem Einsatz zu betonen[77]. Doch davon wollte die »Panzer-Lobby« naturgemäß nichts wissen. Im Gegenteil: »Laute Kritiker« wurden hart angegangen.

Als überzeugter Panzerjäger war Oberst Ruge einer dieser Kritiker. Seit 1962 forderte er die Aufstellung von kostengünstigen Jagdpanzer-Bataillonen und die Planung von Panzerabwehrhubschrauberverbänden. Mehrere Großübungen im Korps- oder Divisionsrahmen bestätigten Ruges Auffassung, Panzerbataillone im Gefecht würden meist als Panzerjäger verwendet[78]. Nach seiner Erinnerung wurde er zweimal im Auftrag des Inspekteurs des Heeres, Generalleutnant Ulrich de Maizière, von General Paul Jordan und Oberst Karl Timm deutlich darum gebeten, diese Forderungen in der Öffentlichkeit zu unterlassen. Der erste war General der Kampftruppen, der zweite Inspizient für Infan-

---

[76] Siehe Dieter Kollmer, »Klotzen, nicht kleckern!« Die materielle Aufrüstung des Heeres von den Anfängen bis Ende der Sechziger Jahre. In: Helmut R. Hammerich [u.a.], Das Heer 1950 bis 1970. Konzeption, Organisation, Aufstellung, München 2006 (= Sicherheitspolitik und Streitkräfte der Bundesrepublik Deutschland, 3), S. 485–614.

[77] Hans-Gotthard Pestke, Jäger – eine moderne Truppe. In: Truppenpraxis, August 1963, S. 594–597, und Georg Herda, Das Schwergewicht muß bei den Defensivwaffen liegen. In: Frankfurter Rundschau, 22.5.1967.

[78] Schreiben Gerd Ruge an Generalleutnant Hubert Sonneck, 26.11.1970, Materialsammlung Panzerbrigade 14.

terie und Panzerabwehr aller Truppen[79]. Den Höhepunkt dieser Auseinandersetzung bildete ein Beitrag des Magazins »Stern« unter dem Motto »Mehr Sicherheit für weniger Geld« vom November 1970, in dem Gerd Ruge abgebildet und zitiert wurde. Medienwirksam wiederholte dieser seine Thesen von der billigeren Alternative, statt der teuren Kampfpanzer »Leopard 1« die weitaus günstigeren Kanonenjagdpanzer zu beschaffen[80]. In den folgenden Leserzuschriften unterstützten zwei gewichtige Zeitzeugen den Panzerjäger: Oberst a.D. Bogislaw von Bonin fühlte sich durch Ruges Ausführungen nach Jahren bestätigt. Er war 1953 als Militärplaner mit ähnlichen Gedanken schnell kaltgestellt und 1955 entlassen worden[81]. Generalleutnant a.D. Wend von Wietersheim erinnerte an seine Erfahrungen als Kommandeur der 11. Panzerdivision an der Westfront. Bei der Abwehr der amerikanischen Offensive in Lothringen befehligte er eine mit »Panthern« ausgestattete Panzerabteilung und eine mit »Jagdpanthern« ausgestattete Panzerjägerabteilung. Die »Jagdpanther« schossen dreimal so viel amerikanische Panzer ab wie die »Panther« und hatten nur ein Drittel der Verluste im Vergleich zu ihren Panther-Kameraden. Eine Woche später legte Oberst Rudolf von Wallenberg erneut den Finger in die Wunde und beklagte, dass kein Panzerjäger General in der Bundeswehr sei und dass bereits 1962 Studien des Spezialstabes Ausbildung, Technik, Vorschriften (ATV) im Heeresamt in Köln unberücksichtigt liegen geblieben seien. Der Infanterist Ernst Ferber erinnerte sich an Auseinandersetzungen in seiner Zeit als Heeresinspekteur mit Guderians Sohn, dem er vorwarf, die technischen Möglichkeiten der modernen Panzerjägertruppe bewusst außer Acht zu lassen[82].

Die »hochkarätige« Kritik in einem Massenblatt durfte nicht unbeantwortet bleiben. In einem ausführlichen Leserbrief stellte der General der Kampftruppen Heinz-Günther Guderian daher klar, dass die geplante Ausstattung des Heeres mit Panzerabwehr- und mit Kampfpanzern ausgewogen und nach reiflicher Überlegung der militärischen Führung festgelegt worden sei. Die in Aussicht gestellten Milliardenersparnisse durch mehr Panzerjäger und weniger Panzer seien aus der Luft gegriffen[83]. Doch es blieb nicht bei dieser Stellungnahme. Auch im Hintergrund agierte General Guderian, der ein Jahr jünger als Ruge war und 1944 als Major im Generalstab und Ia der 116. Infanteriedivision das Ritterkreuz erhalten hatte. Schwierigkeiten entstanden Oberst Ruge aus einem von ihm nicht autorisierten Hinweis, aufgrund seiner Kritik sei ihm die Beförderung zum General versagt geblieben. Kein Geringerer als der Personalchef persönlich, Karl Gumbel, wurde zitiert. Er habe angeblich bereits 1962 in

---

[79] Brief Ruge an Generalleutnant Sonneck, Amtschef Heeresamt, 26.11.1970. Materialsammlung Panzerbrigade 14.
[80] Mit diesen Männern sparen wir Geld, Stern vom 8.11.1970, S. 59–65.
[81] Heinz Brill, Bogislaw von Bonin im Spannungsfeld zwischen Wiederbewaffnung – Westintegration – Wiedervereinigung. Ein Beitrag zur Entstehungsgeschichte der Bundeswehr 1952–1955, Bd 1 und 2, Baden-Baden 1987/89.
[82] Leserbriefe Stern vom 29.11.und vom 6.12.1970 und Niederschrift Zeitzeugengespräch MGFA mit General a.D. Ernst Ferber am 19.2.1993, Bestand MGFA.
[83] Leserbrief im Stern vom 6.12.1970.

einem Brief an den niedersächsischen Regierungspräsidenten, der Ruge später
zur Kenntnis gegeben wurde, angemerkt, Ruge werde kein General werden[84].
Welche Interessen von welchen Netzwerken in der Panzerfrage durchgesetzt werden sollten, kann hier nur angedeutet werden. Gerd Ruge wies nach
seiner Zurruhesetzung den Journalisten Bernd C. Hesslein auf die Interessen-
kongruenz eines Rüstungskonzerns und der verantwortlichen Planer im Verteidigungsministerium hin. Er legte seinen Ausführungen ein Informationsblatt
der Firma Krauss-Maffei bei, in dem ein Unterabteilungsleiter im Verteidigungsministerium deutlich Stellung bezog und die Vorzüge des Kampfpanzers
gegenüber den Jagdpanzern pries. Des Weiteren legte er Hesslein einige weitere Beispiele vor, wie in den einschlägigen Zeitschriften die Entscheidung »vorbereitet« wurde. Der Beitrag »Verteidigung mit offensiven Waffensystemen«
des Publizisten Paul Carell [d.h. Paul Karl Schmidt] veranlasste Gerd Ruge
schließlich zu einer Erwiderung in der Zeitschrift »Wehrkunde« im März 1972
unter dem provokanten Titel »Jegliches hat seine Zeit – auch der Kampfpanzer«[85]. Die kritischen Stimmen sollten nicht verstummen.

Vier Jahre vorher war Generalmajor Guderian General der Kampftruppen
und damit unmittelbarer Vorgesetzter von Gerd Ruge geworden, der noch
immer Kommandeur der Kampftruppenschule III in Munster war. Die Fronten
waren verhärtet, wie die letzte Beurteilung aus dem Jahre 1970 zeigt. Der Panzergeneral beurteilte den Oberst vordergründig durchaus wohlwollend, plädierte aber aufgrund des fortgeschrittenen Alters seines Untergebenen, für ihn
keine Verwendung auf weitere Sicht zu planen. Zudem deutete er eine berufliche Unzufriedenheit des Beurteilten an und riet dem Oberst, sich aufgrund der
vermeintlich ausgebliebenen weiteren Förderung nicht zurückzuziehen. Gerd
Ruge bestätigte diese Andeutung mit einer klaren Aussage zu künftigen Verwendungen: »Keine Wünsche mehr, da von früheren Vorgesetzten ge-
täuscht[86].« Zudem ging er gegen die aus seiner Sicht vernichtende Beurteilung
vor. Ein erster Schlaganfall war auf dieses schwere Zerwürfnis zurückzuführen[87].

Wie erlebten Gerd Ruge und Josef Rettemeier neben all den heißen Diskus-
sionen um die richtigen Konzepte den Aufbau der gepanzerten Verbände?
Ruge wurde im August 1956 zu einer Eignungsübung an die Truppenschule
Panzergrenadiere in Munster mit dem Ziel einberufen, Kommandeur der Pan-

[84] »Fall Ruge« (Bd 14), Materialsammlung Bundeswehr, Nachlass Bernd C. Hesslein, Institut
   für Zeitgeschichte, ED 447. Der Journalist sammelte Material zu diversen Krisen bzw.
   Skandalen in den Streitkräften. Hesslein recherchierte 1971 für einen Beitrag zu einer
   Sendung des Fernsehmagazins Panorama zum Thema »Rufmord in der Bundeswehr«.
[85] Paul Carell, Verteidigung mit offensiven Waffensystemen. In: Dialog, 2/1971; Gerd Ruge,
   Jegliches hat seine Zeit – auch der Kampfpanzer. In: Wehrkunde, März 1972, S. 131–135.
   Zur Person Schmidts siehe Wigbert Benz, Paul Carell. Ribbentrops Pressechef Paul Karl
   Schmidt vor und nach 1945, Berlin 2005; Christian Plöger, Von Ribbentrop zu Springer.
   Zu Leben und Wirken von Paul Karl Schmidt alias Paul Carell, Marburg 2009.
[86] Beurteilung vom 1.4.1970, Personalunterlagen Gerd Ruge, BA-MA, Pers 1/84360.
[87] Schriftliche Hinweise von Jochen Christoph Ruge, 25.3.2010 und Schriftwechsel BA-MA,
   Pers 1/67930.

zerkampfgruppe B 5 zu werden. Kurz vor Weihnachten wurde er dann als Berufsoldat mit dem Dienstgrad Oberst in die Bundeswehr übernommen. Aufgrund seiner Systemnähe war für den Personalgutachterausschuss entscheidend, wie Ruge dem militärischen Widerstand gegenüber stand. Erst eine diesbezüglich positive Haltung ließ die »Einstellungsexperten« zu einem befürwortenden Urteil kommen[88]. Ruges Kampfgruppe wurde in Grafenwöhr aufgestellt und mit ihren zunächst zwei Bataillonen im Frühjahr 1957 nach Wetzlar verlegt. Im Zuge der Heeresstruktur 2 erfolgte ihre Umbenennung zur Panzergrenadierbrigade 13, sie war die erste Brigade der 5. Panzerdivision in Diez[89]. Zwei Jahre später bestand die Brigade aus drei Panzergrenadierbataillonen, einem Panzer-, einem Feldartillerie- und einem Versorgungsbataillon. Generalmajor Heinrich Baron von Behr, der erste Kommandeur der 5. Panzerdivision und wie Ruge Eichenlaubträger und Kommandeur eines Grenadierregimentes der Wehrmacht, würdigte die Leistungen Ruges mit drei sehr guten Beurteilungen. Er betonte zum einen, dass es Ruge gelungen sei, »seine Kampfgruppe in kurzer Zeit, bei widrigen Aufstellungs- und Unterbringungsverhältnissen, zu einer geschlossenen Einheit«[90] aufzubauen. Zum anderen würdigte er Ruges Stärke, vor allem durch persönliches Vorbild zu wirken. Dabei musste er sich gegen jahrgangsältere Bataillonskommandeure durchsetzen, die wie er hoch dekorierte Frontoffiziere waren und aufgrund ihres letzten Dienstgrades in der Wehrmacht unter seinem Kommando dienten. Der Kommandeur des Panzerbataillons 15 (ab 1959 PzBtl 134) war der Eichenlaubträger Gerhard-Wilhelm Behnke. Vier Jahre älter als Ruge war er in den letzten Kriegsjahren Kommandeur einer Sturmgeschütz-Brigade gewesen und verfügte über mindestens genauso viel Kampferfahrung gegen die Rote Armee wie sein junger Kampfgruppenkommandeur. Auch der Kommandeur des Grenadierbataillons 15 (ab 1959 PzGrenBtl 133), Clemens Gerlach, war ein hochdekorierter, noch dazu schwer kriegsversehrter Frontoffizier. Beide wurden von Zeitzeugen als »alte Haudegen« bezeichnet, die auch im Umgang mit Untergebenen an den Frontalltag der letzten Kriegsjahre anknüpften. Offiziere im Bataillonsstab wurden schon einmal »Dicker« genannt, Feldwebeln wurde gedroht, sie mit dem Holzbein zu schlagen, wenn sie nicht »spurten«. Im Kommandeurszimmer des Panzerbataillons zierten weniger die Aktenordner die Regale als Bier- und Schnapsgläser. Hinter den Schranktüren fanden sich ebenfalls keine Akten, stattdessen die zu den Gläsern gehörigen Flaschen[91]. Ähnlich der alten Kampfgemeinschaft aus Wehrmachtszeiten arbeitete und lebte man in und außerhalb

---

88 Hinweis von Jochen Christoph Ruge.
89 Zur Brigade siehe Werner Weisenburger, 35 Jahre in der Garnisonstadt Wetzlar. Panzergrenadierbrigade 13, Chronik 1956–1992, Wetzlar 1992. Zur Division siehe Eugen Klein (Bearb.), 20 Jahre 5. Panzerdivision im nassauischen Land, Koblenz, Bonn 1976.
90 Beurteilungen vom 1.8.1956, 1.5.1958 und 16.8.1959, Personalunterlagen Gerd Ruge, BA-MA, Pers 1/84360.
91 Telef. Zeitzeugengespräch mit Hauptmann a.D. Helmut Lieberwirth, Wetzlar am 15.3.2010. Herrn Lieberwirth gilt mein besonderer Dank für seine lebendige Schilderung der ersten Jahre der Panzergrenadierbrigade 13.

der Kaserne eng zusammen. Innere Führung wurde insoweit praktiziert, als der Kommandeur jedes Problem lösen konnte und mit Vorbild führte. Fürsorge und Kameradschaft, die sich durchaus auch auf das Privatleben der Soldaten ausdehnten, wurden groß geschrieben. Nicht umsonst wurde der Panzerkommandeur von seinen Untergebenen »Papa Behnke« genannt. Zu dieser für die Aufbauphase nicht ungewöhnlichen personellen Situation schrieb der Kommandeur der 5. Panzerdivision in Ruges Beurteilung: »Ein sehr junger Kdr., der es bei zwei ausgeprägt eigenwilligen unterstellten Btl.Kdrn. nicht leicht hat, sich durchzusetzen[92].«

Nach Einschätzung der Schule für Innere Führung waren diese Offiziere zwar loyal, legten jedoch oft eine bereits im Kriege angewöhnte »Großzügigkeit« an den Tag. Über Vorschriften, ja sogar über Befehle wurde ab und zu elegant hinweggesehen. Vielmehr verließ man sich auf den ausgeprägten Instinkt. Entscheidungen der militärischen Führung wurden oft kritisiert und auf Verbands- und Einheitsebene nicht wie vorgesehen umgesetzt. Der Gefechts- und Waffendienst war das bevorzugte Feld, weniger die Stabs- und Organisationsarbeit[93]. Probleme, so stellte Generalmajor von Behr fest, wurden vornehmlich mit Schwung, Willen und bisher Erfahrenem zu meistern versucht. Neuen Ideen, Ansätzen und Vorschriften stand man hingegen eher distanziert gegenüber[94]. Die Vorzüge dieser Praktiker kamen vor allem in Ausnahmesituationen zum Tragen. In der Flutkatastrophe von 1962 bewährten sich zum Beispiel vor allem die Offiziere, die durch persönliche Initiative und Entschlussfreudigkeit den zivilen Katastropheneinsatz entscheidend stärkten[95].

Nach seiner Eignungsübung im August 1956 wurde Josef Rettemeier als Major in die Bundeswehr übernommen. Als Kommandeur des Panzerbataillons 13 in Flensburg, eines von acht Panzerbataillonen der ersten Stunde, wurde er im November zum Oberstleutnant befördert. Angesichts seiner Kriegserfahrungen und seiner fundierten Ausbildung galt er als Panzerfachmann, der das neue Bataillon rasch zur vollen Einsatzbereitschaft führte. Mit sechs Mann Vorauskommando wurde der Verband ab Mitte Juli 1956 aufgestellt. Zwei Wochen später begann der Dienstbetrieb in der Flensburger Grenzland-Kaserne. Eine Woche später wurden die ersten elf amerikanischen Kampfpanzer M 47

[92] Beurteilung vom 1.5.1958, Personalunterlagen Gerd Ruge, BA-MA, Pers 1/84360.
[93] Frank Nägler, Der gewollte Soldat und sein Wandel. Personelle Rüstung und Innere Führung in den Aufbaujahren der Bundeswehr 1956 bis 1964/65, München 2010 (= Sicherheitspolitik und Streitkräfte der Bundesrepublik Deutschland, 9), S. 305 f. Zusammenfassende Bewertung bei Pauli, Wehrmachtsoffiziere in der Bundeswehr (wie Anm. 3), S. 341–355.
[94] Beurteilung vom 16.8.1959, Personalunterlagen Gerd Ruge, BA-MA, Pers 1/84360.
[95] Gerd Ruge wurde für seine besonderen Leistungen während der Sturmflutkatastrophe ausgezeichnet. Er hatte den Einsatzstab der 3. Panzerdivision im Regierungsbezirk Stade geleitet. Siehe Dankschreiben Regierungspräsident Miercke an Gumbel, 5.4.1962, BA-MA, Pers 1/84360. Als stellvertretender Kommandeur der Panzergrenadierbrigade 31 in Oldenburg bewährte sich auch Josef Rettemeier und erhielt Ende 1962 die Gedenkmedaille. Änderungsmeldung 20.1.1963, BA-MA, Pers 1/104568.

und Bergepanzer M 74 im Hafen der Garnisonstadt entladen[96]. Unterstützt von amerikanischen Panzersoldaten der Ausbildungs- und Unterstützungsorganisation (MAAG/GTAG)[97] konnte danach mit der Ausbildung begonnen werden. Neben den amerikanischen Vorschriften wurden in der Anfangszeit noch das »Panzerkampfwagenbuch« von Oberleutnant Kurt Kauffmann aus dem Jahre 1938, das Heft »Panzer Vorwärts!« der Vorschriftenstelle der Panzertruppen in Wünsdorf und der »Reibert« herangezogen. Laut dem Stellen- und Ausrüstungsnachweis (STAN) hatte der Verband einen Personalumfang von 721 Mann, wobei die Gliederung fast identisch mit der eines amerikanischen Panzerbataillons war. Immerhin wurde die Grundstruktur eines Panzerzuges der Wehrmacht mit fünf Kampfpanzern beibehalten[98]. Der Aufklärungszug des Bataillons war mit dem amerikanischen Kampfpanzer M 41 ausgerüstet[99]. Im März 1958 zog das Bataillon in die neuerbaute Kaserne in Boostedt/Neumünster und nahm im September an der »Lehr- und Versuchsübung 58« in Bergen und Munster teil.

Rettemeiers Zeit als Bataillonskommandeur prägten Mangel und Improvisation. Vor allem die ständigen Abgaben von Offizieren und Unteroffizieren für die Aufstellung weiterer Panzerbataillone ließen einen ordentlichen Ausbildungsbetrieb kaum zu. So musste zum Beispiel das Panzerlehrbataillon in Munster trotz Lehrauftrag rund 50 Prozent seines Personals und Materials für neue Panzerbataillone abgeben. Der Sachstandsbericht des in Panzerlehrbataillon 93 umbenannten Verbandes vom Herbst 1959 stellte dazu fest: »Im Dezember 1957, vor Beginn der Berichtszeit, verließen 5 ältere Oberleutnante das Bataillon; 11 neue junge Leutnante wurden zum Bataillon versetzt. Mit Wirkung vom 01.01.58 wechselten Kommandeur und Stellvertreter gleichzeitig. In den folgenden 6 Wochen wechselten außerdem der Chef der Versorgungskompanie, der Chef der Stabskompanie und 2 Chefs der Panzerkompanien. Innerhalb der genannten Berichtszeit hatte die 1. Kompanie (Stabs- und Versorgungskompanie) 3 Kompaniechefs nacheinander, desgleichen die 2. und 3. Panzerkompanie, während die 4. Kompanie nur einen Chefwechsel zu verzeichnen hatte. Insgesamt verließen während der Berichtszeit 29 Offiziere und ein Beamter das Bataillon, 15 Offiziere und 1 Beamter kamen neu hinzu[100].«

Das Panzerlehrbataillon steht hier stellvertretend für die Masse der Bataillone der neuen Panzertruppe. Trotz dieser Mängel wurde das Ziel nicht aus den Augen verloren, einsatzbereite Verbände aufzustellen. Von seinen Kompaniechefs forderte Rettemeier viel: »Ein KpChef ist ein Unternehmer, der personelle

96   Heinrich Felix Beckmann, Schild und Schwert. Die Panzertruppe der Bundeswehr, Friedberg 1989, S. 35 f.
97   MAAG stand für Mutual Assistance and Advisory Group, GTAG für German Training Assistance Group.
98   Zur Organisationsgeschichte des Heeres siehe Martin Rink, »Strukturen brausen um die Wette«. In: Hammerich [u.a.], Das Heer 1950 bis 1970 (wie Anm. 76), S. 353–483.
99   Beckmann, Schild und Schwert (wie Anm. 96), S. 28.
100   Sachstandsbericht PzLBtl 93, Januar 1958 bis August 1959, zitiert nach Michael Angerer, Die Keimzelle der Panzertruppe der Bundeswehr 1956. In: Das Schwarze Barett, 1998, 15, S. 31–40, hier S. 36 f.

und materielle Mittel für seinen Auftrag so zu koordinieren hat, daß eine kampfstarke Panzerkompanie bereit steht. Ich werde nicht fragen, wann sie wo sind, aber ich werde jederzeit verlangen, daß eine gute Panzerkompanie zur Verfügung steht[101].«

Für beide Stabsoffiziere war die Kommandeurszeit in Marburg bzw. Neustadt ein Höhepunkt ihrer soldatischen Karriere. Die Panzerbrigade 6 galt als eine Musterbrigade. Ruge war ihr dritter, Rettemeier ihr fünfter Kommandeur. 1956 entstand aus Truppenteilen der Grenzschutzgruppe 4 in Hannoversch-Münden die Kampfgruppe A 2. Der Brigadestab wurde nach Marburg verlegt. Bereits ein Jahr später wurde der Panzerverband der NATO assigniert, 1959 im Zuge der Heeresstruktur 2 in Panzerbrigade 6 umbenannt und ein Jahr später schließlich nach Neustadt verlegt. In die Kommandeurszeit der zwei Offiziere fielen zahlreiche öffentlichkeitswirksame Ereignisse, wie das erste Feierliche Gelöbnis in Stadtallendorf und der erste »Tag der offenen Tür« in Neustadt. Oberst Ruge führte 1959 die Aussprache mit den Bürgermeistern der Garnisonsgemeinden ein, um die zivil-militärische Zusammenarbeit zu stärken. Der Brigadekommandeur berichtete unter anderem von der Ausbildung der jungen Staatsbürger und betonte ganz im Sinne der Inneren Führung die Bedeutung der Sinnstiftung. Der Soldat, so Ruge, müsse überzeugt werden, dass er sowohl im Frieden als auch im Krieg mit seinem Wehrbeitrag seine Familie schützt und die Freiheit verteidigt. Dabei lobte er die »wohltuende Nüchternheit, praktisches Denken und ein unheimliches Gespür für hohles Pathos und idealistisches Gefasel«[102] der jungen Soldaten. Der »neue soldatische Stil der Bundeswehr«, so Ruge weiter, »stelle eine Synthese zwischen dem guten Alten und dem zweckmäßig Neuen dar«[103].

Solch eine positive Einstellung den Rekruten gegenüber war allerdings nicht überall im Offizierkorps zu finden. Gerade auf dem Feld der soldatischen Ordnung waren noch harte Gefechte zu führen, ehe sich die neuen Grundsätze durchsetzen konnten. Viele Offiziere bezeichneten die neuen Definitionen von Disziplin und Gehorsam als »Weiche Welle«[104]. Zu verlockend schien der schnelle Rückgriff auf Altbewährtes, das dem Vorgesetzten Handlungssicherheit garantierte. Im Vorgriff auf die Wehrgesetzgebung von 1957 freute sich dementsprechend ein Bataillonskommandeur auf die bald zur Verfügung ste-

---

[101] Siegfried F. Storbeck, Zum Tode von Oberst Josef Wilhelm Rettemeier. In: Das Schwarze Barett, 1997, 19, S. 98 f. Generalleutnant a.D. Storbeck war Rekrutenoffizier im Panzerbataillon 13 und zitierte Hauptmann Rubbel aus einer Chefbesprechung. Oberstleutnant a.D. Alfred Rubbel danke ich an dieser Stelle für zahlreiche Anregungen und Hinweise.

[102] Der junge Soldat will überzeugt werden. Ein Panzerkommandeur im Gespräch mit den Bürgermeistern der Quartiergemeinden, Zeitungsartikel [o.A.], Dezember 1959, Materialsammlung Panzerbrigade 6, Neustadt.

[103] Ebd.

[104] Pauli, Wehrmachtoffiziere in der Bundeswehr (wie Anm. 3), S. 181-207. Helmut R. Hammerich, »Kerniger Kommiss« oder »Weiche Welle«? Baudissin und die kriegsnahe Ausbildung in der Bundeswehr. In: Wolf Graf von Baudissin 1907-1993. Modernisierer zwischen totalitärer Herrschaft und freiheitlicher Ordnung. Im Auftrag des MGFA hrsg. von Rudolf J. Schlaffer und Wolfgang Schmidt, München 2007, S. 127-137.

henden Disziplinarmaßnahmen: »Es ist jedermann bekannt, daß die neue Wehrmacht-Disziplinarordnung [sic!] im Oktober/November dieses Jahres Gültigkeit erlangen wird. In ihr sind [...] besondere Strafen gegen Übelwollende und Querulanten vorgesehen [...] Dann wird es Heulen und Zähneklappern geben, aber ich verspreche Ihnen allen, daß ich in dieser Sache niemals weich werde [...] Ich möchte also alle meine Schutzbefohlenen nachdrücklich ermahnen, sich in Zukunft, was die Vorbereitung und Organisation des Dienstes im allgemeinen sowie das persönliche disziplinierte Auftreten des Einzelnen im besonderen angeht, ganz gehörig in Kontrolle zu nehmen[105].«

Der Kommandeur betonte, dass sich seine harte Gangart nur gegen »die Faulen, Undisziplinierten, Unlustigen und Unverschämten« richten werde. Schließlich forderte er seine Einheitsführer auf, »vorstehende Zeilen [...] allen Angehörigen des Bataillons im Wortlaut langsam und bedächtig – so wie man einen guten Rotwein trinkt – vorzulesen, damit sie die Gelegenheit haben, sie geistig zu verarbeiten«[106].

1961 gab Gerd Ruge die Brigade an Oberst Dietrich Langél ab und wurde – nach einer Verwendung als Oberst beim Stabe[107] der 3. Panzerdivision – drei Jahre später Kommandeur der Panzerabwehrschule bzw. Kampftruppenschule III in Munster. In dieser Verwendung blieb er bis zu seiner Zurruhesetzung Ende September 1971. Oberst Rettemeier wiederum wurde im April 1968 als Kommandeur der Divisionstruppen der 3. Panzerdivision (Oberst beim Stabe) nach Buxtehude versetzt, um eineinhalb Jahre später in derselben Funktion aus dienstlichen Gründen zur 2. Panzergrenadierdivision nach Marburg zu wechseln. Noch ein Jahr vor dessen Ausscheiden beantragte der Kommandeur der 2. Jägerdivision in Marburg, Generalmajor Rolf Juergens, erneut die Beförderung seines Stellvertreters zum Brigadegeneral. Auch sein Nachfolger, Generalmajor Gero von Ilsemann, versuchte eine Beförderung Rettemeiers zu erwirken. Doch blieb es bei der Entscheidung, die Helmut Schmidt in einem persönlichen Schreiben an den Divisionskommandeur bestätigte. Ende September 1972 wurde Josef Rettemeier nach Überschreiten der besonderen Altersgrenze seines Dienstgrades in den Ruhestand versetzt[108].

---

[105] Bataillons-Befehl Nr. 23/56, Grenadier-Bataillon 22, 10.8.1956. In: Notizen über die Geschichte der 2. Jägerdivision von 1956–1966, BA-MA, BH 8-2/1954.
[106] Ebd.
[107] Von den jüngeren Offizieren auch gerne als »Oberst am Stabe« bezeichnet. Siehe Wolfgang Balke, Dann siegt mal schön. Geschichten aus der Bundeswehr 1956–1986, Niebüll 2004, S. 180–188.
[108] Schriftverkehr Personalunterlagen Rettemeier, BA-MA, Pers 1/104568.

Zusammenfassung

Beide Stabsoffiziere charakterisieren den Typus I des Frontoffiziers des Zweiten Weltkrieges, der den Aufbau des Heeres der neuen Bundeswehr sicherstellte. Ohne Generalstabsausbildung, früh in Führungsverwendungen als Kompanie-chef, Bataillons- bzw. Abteilungs- und Regimentskommandeur und im Kriege hochdekoriert, wurden diese Offiziere für die Umsetzung – aber auch Ver-ständlichmachung – der ambitionierten Aufstellungsziele der neuen westdeut-schen Streitkräfte gesucht. Sie sollten ihrem letzten Wehrmachts-Dienstgrad entsprechend die Bataillone und Brigaden aufstellen, einsatzbereit melden und führen. Ihre Kriegserfahrungen und ihre Sozialisation durch die Truppengat-tung und das jeweilige Regiment prägten ihre Einstellungen und Auffassungen beim Aufbau der Bundeswehr. Die geplante Landesverteidigung war Spiegel-bild dieser Erfahrungen im Kampf gegen die sowjetischen Truppen in Mittel-europa, speziell auf dem ehemaligen Reichsgebiet. Je nach eigenem Erleben wur-den dabei unterschiedliche Erfolgsrezepturen zur Abwehr gepanzerter Trup-pen in den Kalten Krieg übertragen. Das neue Kriegsbild des totalen Atomkrie-ges wurde vom Einzelnen so angepasst, dass die jeweiligen Kriegserfahrungen weiterhin gültig schienen. Leichtes Spiel hatten vor allem die Angehörigen der »schnellen Truppen«. Denn auch den Erfordernissen des atomaren Landkriegs-szenarios konnte mit den alten Schlagworten »Feuer und Bewegung bei starker Panzerung« vordergründig entsprochen werden. Über Details, wie zum Bei-spiel das Gefecht der verbundenen Waffen nach einem massiven Einsatz von taktischen Nuklearwaffen oder die Bewegung größerer Verbände angesichts der gewaltigen Bedrohung durch die Luftstreitkräfte des Warschauer Paktes, wollte man in den Aufbaujahren vorerst lieber nicht nachdenken. Außerdem ließen fehlende Vorschriften, mangelndes Personal und Material sowie ständi-ge Improvisation kaum Zeit dazu.

Als die Obersten Ruge und Rettemeier Anfang der 1970er-Jahre verabschie-det wurden, konnten beide auf eine erfolgreiche »Pionierzeit« zurückblicken. Ihre Milieuheimat Bundeswehr unterschied sich in vielen Dingen deutlich von ihrer alten Heimat Wehrmacht. Doch bei allen Neuerungen und Veränderun-gen bot die »Kompromissarmee« (Detlef Bald) gleichzeitig genügend Konstan-ten, um sich nicht fremd zu fühlen. Als überzeugte Troupiers kritisierten Ruge und Rettemeier oft die Vorgaben aus Bonn, die immer wieder die Improvisati-onskunst der Truppe herausforderten. Darüber hinaus nahmen sie loyal, aber nicht stillschweigend zur Kenntnis, dass die ehemaligen Generalstabsoffiziere, die den Krieg meist in höheren Stäben bzw. Kommandobehörden überlebt hatten, auch in der Bundeswehr Karriere fern der Truppe machten. Immerhin würdigten zahlreiche Vorgesetzte in Beurteilungen die Fähigkeiten der Trup-penoffiziere. Treffend urteilte Generalleutnant Otto Uechtritz, Kommandie-render General des I. Korps in Münster 1969: »halte ich Oberst Rettemeier für einen so herausragenden Panzerführer und Könner im praktischen Truppendienst, wie ihn die Bundeswehr leider nur noch vereinzelt aufzuweisen hat«[109].

Ähnliche Worte finden sich in den Beurteilungen Gerd Ruges. Schließlich wurde den Frontoffizieren mit der Verleihung des Bundesverdienstkreuzes eine Anerkennung ihrer Aufbauleistungen zuteil. Gerd Ruge erfuhr drei Jahre nach seinem Ausscheiden aus der Armee noch eine gewisse Genugtuung durch den Besuch einer hochrangigen Delegation. Staatssekretär Karl Wilhelm Berkhan, begleitet vom Bundestagsabgeordneten und Wehrexperten der SPD Paul Neumann und Oberstleutnant Winfried Vogel, überreichte den hohen Orden und bot Ruge im Auftrag des Ministers an, reaktiviert und zum General befördert zu werden. Der Staatssekretär erinnerte an den »Krieg Panzer gegen Panzerjäger« und an die Tugend des Panzerjägers Ruge, stets und ohne Rücksicht auf die eigene Karriere »das Richtige gesagt« zu haben. Der Geehrte lehnte mit Rücksicht auf seine angeschlagene Gesundheit allerdings dankend ab[110]. Mit dieser Entscheidung blieb er ein Vertreter der »Generation der Frontoffiziere«, die sich sowohl im Zweiten Weltkrieg als auch im Kalten Krieg an vorderster Front bei der Umsetzung bzw. Ausführung von Konzepten und Befehlen bewährten. Nicht mehr, aber auch nicht weniger.

---

[109] Sonderbeurteilung vom 14.8.1969, Personalunterlagen Josef Rettemeier, BA-MA, Pers 1/69038.
[110] Rückseite Foto vom 9.12.1972 mit handschriftlichen Anmerkungen Ruges, Materialsammlung Oberst a.D. Gerd Ruge.

Eliten (obere militärische Führungsebene,
Spitzenmilitärs)

Klaus Naumann

Ein konservativer Offizier der reichswehrgeprägten Führungsgeneration: Generalleutnant Anton Detlef von Plato

Als Anton Detlef von Plato am 1. November 1955 als Oberst in die Bundeswehr eintrat, lagen nicht nur mehr als drei Jahre der Mitarbeit im Amt Blank hinter ihm; er konnte auch auf eine 15-jährige Dienstzeit in Reichswehr und Wehrmacht zurückblicken. Mit dieser nur durch eine zivilberufliche Karriere von sechs Jahren unterbrochenen Militärlaufbahn gehörte er mit zum gewünschten Kreis der »Durchdiener« mit »Normallaufbahn«, die in der Einstellungspraxis der Aufbaujahre besonders gefragt waren, auch wenn er nicht – wie viele Offiziere der ersten Stunde – bereits bei der amerikanischen Historical Division unter Vertrag gewesen war, um für die Amerikaner militärische Studien über die Feldzüge der Wehrmacht anzufertigen. Als »altgedienter« Angehöriger des Amtes Blank war von Plato vertraut mit dessen Werdegang und Arbeitsergebnissen, und insofern schloss sein Eintritt in die Bundeswehr nahtlos an seine Tätigkeit in den Vorjahren an. Plato gehörte damit zum einflussreichen Kreis der ehemaligen militärischen Amtsangehörigen, die bis in die 1960er-Jahre etwa ein Viertel der Spitzenpositionen der Bundeswehr innehaben sollten[1].

Weitere generationelle und institutionelle Bedingungen kamen seiner Bundeswehrlaufbahn entgegen, die ihn 1968 bis zum Rang eines Generalleutnants und damit in den inneren Führungskreis der Militärelite führen sollte. Der wendländische Landadelige gehörte zum gesuchten Kreis der kriegs-, führungs- und truppenerfahrenen Stabsoffiziere mit »Osterfahrung«, die weder durch notorische NS-Nähe aufgefallen, noch allzu eng mit dem – in der Aufbauzeit noch immer diskreditierten – militärischen Widerstand des 20. Juli ver-

---

[1] Vgl. Reinhard Stumpff, Die Wiederverwendung von Generalen und die Neubildung militärischer Eliten in Deutschland und Österreich nach 1945. In: Entschieden für Frieden. 50 Jahre Bundeswehr 1955 bis 2005. Im Auftrag des MGFA hrsg. von Klaus-Jürgen Bremm, Hans-Hubertus Mack und Martin Rink, Freiburg i.Br. 2005, S. 73–96; Matthias Jung, Die Bundeswehr-Elite. Eine Bestandsaufnahme nach 30 Jahren. In: Eliten in der Bundesrepublik Deutschland. Hrsg. von Hans-Georg Wehling, Stuttgart 1990, S. 109–123, hier S. 117. Von Plato hat keinen persönlichen Nachlass hinterlassen. Die Personal- und Karrieredaten stützen sich auf die Personalakte. Hilfreich für die Porträtstudie waren Gespräche mit Oberst a.D. Christoph von Plato (Bonn, 13.3.2009), Prof. Dr. Alexander von Plato (Stade, 2.9.2008) sowie Generalmajor a.D. Helmut von Hinkeldey (Köln-Rodenkirchen, 3.3.2009).

bunden waren. Obendrein fiel von Plato dem Rang nach in die gesuchte und (vom Personalgutachterausschuss) gesiebte Gruppe jener um 1910 geborenen Generalstabsoffiziere, die zu den ersten Militärs gehören sollten, welche die Bundeswehr zu Generalen ernannte. Einer erfolgreichen Bundeswehrkarriere kam ferner der Umstand entgegen, dass von Plato, der 1930 in die Reichswehr eingetreten war, noch eine solide Friedensausbildung absolviert hatte, auch wenn er die Generalstabsausbildung (3. Lehrgang, 1940/41) bereits unter dem verkürzten Kriegskonzept durchlaufen musste[2]. Friedensausbildung und Reichswehrtradition waren begünstigende Startfaktoren, zu denen freilich ausgesprochen positive Beurteilungen hinzukamen.

Aus diesen Rahmendaten lassen sich einige typische Merkmale dieser Offiziergeneration erkennen. Von Plato gehörte zu den Älteren unter den jungen Stabsoffizieren der Aufbauorganisation; er gehörte zugleich einer Kohorte an, die den Auswahlbehörden nicht im Überfluss zur Verfügung stand; und er repräsentierte einen noch reichswehrgeprägten Typ des ehemaligen Wehrmacht- und Friedensoffiziers, der sich von den nachfolgenden Offiziergenerationen in Bildungsgang und Führungserfahrung deutlich unterschied. Denn die jüngeren kriegsgedienten Offiziere der Jahrgänge 1919 bis 1925, auf die die Bundeswehr der Aufbaujahre überproportional zurückgriff, besaßen zwar über die gewünschte Kriegserfahrung, konnten aber oft nur lückenhafte Bildungsgänge und eine defizitäre militärische Fachausbildung aufweisen: Faktoren, die sich für die Angehörigen dieser Generation angesichts neuer militärischer wie technischer Herausforderungen als häufig belastend und zermürbend erwiesen. Gerade diese Gruppe jedoch repräsentierte aufgrund ihrer bis zu 25-jährigen Stehzeiten in Führungspositionen die »lange« Generation der alten Bundeswehr[3].

Für die Generationslagerung der um 1910 geborenen Offiziere ergibt sich daraus das Bild einer Mittelposition zwischen den führenden Bundeswehrgründern, unter denen sich Frontoffiziere des Ersten Weltkriegs mit langjähriger Reichswehrerfahrung (wie Adolf Heusinger oder Josef Kammhuber) befanden, und den jüngeren Kriegsoffizieren des Zweiten Weltkriegs, die die entscheidenden Kontinuitätsträger zwischen Wehrmacht und Bundeswehr

---

[2] Vgl. Georg Meyer, Zur inneren Entwicklung der Bundeswehr bis 1960/61. In: Anfänge westdeutscher Sicherheitspolitik (AWS). Hrsg. vom MGFA, Bd 3, München 1993, S. 851-1162; Hansgeorg Model, Der deutsche Generalstabsoffizier. Seine Auswahl und Ausbildung in Reichswehr, Wehrmacht und Bundeswehr, Frankfurt a.M. 1968, S. 111-142.
[3] Vgl. Georg Meyer, Zur inneren Entwicklung (wie Anm. 2), S. 874-882; Bernhard R. Kroener, Strukturelle Veränderungen in der militärischen Gesellschaft des Dritten Reiches. In: Nationalsozialismus und Modernisierung. Hrsg. von Michael Prinz und Rainer Zittelmann, Darmstadt 1991, S. 267-296; Frank Pauli, Wehrmachtsoffiziere in der Bundeswehr. Das kriegsgediente Offizierkorps der Bundeswehr und die Innere Führung 1955 bis 1970, Paderborn 2009.

stellten[4]. In der Generalität der Aufbaujahre bis 1970 war diese Mittelgeneration mit Reichswehrhintergrund und Kriegsschulbesuch noch tonangebend; sie trat in der Person des vierten Generalinspekteurs Ulrich de Maizière (Jg. 1912) paradigmatisch in Erscheinung. Das Ausscheiden von Platos aus dem aktiven Dienst 1970 fügt sich in dieses Bild ein. Er erfolgte zu einem Zeitpunkt, als binnen weniger Jahre das Führungskorps der Bundeswehr »verjüngt« wurde.

Retrospektive auf Reichswehr, Wehrmacht und Krieg

Für den am 6. Juni 1910 auf dem Obergut Grabow im Kreis Lüchow (Hannover) geborenen Adligen entsprach die Wahl der Offizierlaufbahn einer Familientradition, auch wenn dem jungen Mann zunächst eine medizinische Ausbildung zum Arzt vorgeschwebt hatte. Obwohl sich unter den von Platos immer wieder namhafte Militärs befanden, verstanden sich sie sich nicht dezidiert als eine Offizierfamilie. Da traf man ebenso auf Landwirte, Juristen oder Ärzte. Wenn es in der protestantischen Familie eine Gemeinsamkeit bei der Berufswahl gab, dann die, dass sie oft der Überzeugung folgte, damit dem Gemeinwesen zu dienen. Gleichwohl legte der Vater und Rittergutsbesitzer Dr. Eberhard von Plato Wert darauf, dass wenigstens eines seiner fünf Kinder die Offizierlaufbahn einschlug. Dabei war die Frage, in welches Regiment ein von Plato eintrat, durchaus von symbolpolitischer Bedeutung. Für die linkselbische Adelsfamilie hätte es nahe gelegen, in eines der hannoverschen Regimenter einzutreten; allein die preußische Annexion des Königreichs Hannover im Jahre 1866 und die preußisch dominierte Reichsgründung von 1871 ließen eine solche Entscheidung als unzumutbar erscheinen. Wie antipreußisch oder besser welfisch die Gesinnung war, erhellt eine Familienlegende, derzufolge sich noch die Mutter – eine geborene Gräfin Bernstorff – verbat, dass in ihrem Hause der Name Bismarck in den Mund genommen wurde. So trat der zwanzigjährige Anton Detlef am 1. April 1930 nach der Abiturprüfung am Humanistischen Gymnasium in Salzwedel in das 1920 aufgestellte Reiter-Regiment 14 in Ludwiglust (Mecklenburg) ein, dessen fünf Eskadronen (inkl. einer Ausbildungseskadron) in ihren Namen auf großherzoglich mecklenburgische, schleswigholsteinische und auf hannoversche Traditionen verwiesen.

Zufällig wie die biografischen Entwicklungen und Entscheidungen auch waren, spiegelten sich in ihren Chancenstrukturen zugleich generationstypische Phänomene. In der Bundeswehr sollte man von »regierenden Jahrgang 1930« sprechen, da sich unter diesem Eintrittsdatum in die Reichswehr eine ganze Reihe späterer Bundeswehrgeneräle finden ließen. Von den rund 180

---

[4] Vgl. Bernhard R. Kroener, Auf dem Weg zu einer »nationalsozialistischen Volksarmee«. Die soziale Öffnung des Heeresoffizierkorps im Zweiten Weltkrieg. In: Von Stalingrad zur Währungsreform. Hrsg. von Martin Broszat, München 1988, S. 651–681, hier S. 680 f.

Jahrgangskameraden traten später 49 in die Bundeswehr ein, 20 von ihnen erreichten Generalsdienstgrade, darunter zwei Generale und vier Generalleutnante; unter anderem Ulrich de Maizière, Jürgen Bennecke, Albert Schnez und Karl Wilhelm Thilo[5]. Eingetreten in verschiedene Regimenter an den verschiedensten Orten des Reiches, absolvierten diese Offiziere eine vergleichbare Ausbildung, unterlagen ähnlichen Prägungen und begegneten sich in den verschiedenen Verwendungen immer wieder aufs Neue. In diesem Jahrgangsmilieu (ohne dessen Grenzen allzu scharf zu ziehen[6]) entstanden sowohl vergleichbare Haltungen wie persönliche Netzwerke, welche die kommenden vierzig Jahre begleiten sollten.

Ein – unvollständiger – Blick auf das Geflecht der dienstlich vermittelten Kontakte und Begegnungen zeigt eine Vielzahl persönlicher Berührungspunkte, mit denen sich das Bild einer militärischen Milieuheimat zeichnen lässt, die System- und Regimegrenzen überdauerte. Stiftete der Aufnahmejahrgang bereits eine Verbindung unter den späteren Offizieren, die über Jahrzehnte gepflegt wurde, so festigte sich diese durch den gemeinsamen Besuch der Offizierschule oder der Generalstabsausbildung. Detlef von Plato absolvierte von Oktober 1940 bis Januar 1941 den auf elf Wochen verkürzten 3. Lehrgang an der Kriegsakademie, der sich dadurch auszeichnete, dass an ihm insgesamt zwanzig spätere Bundeswehrgenerale teilnahmen, unter ihnen die schon genannten Bennecke und Schnez; ferner Cord von Hobe, Bern von Baer, Eberhard Henrici oder Rudolf Rutz[7]. Hinzu kamen Begegnungen, die sich aus den verschiedenen Verwendungen ergaben: Man diente in den gleichen Stäben, traf als Vorgesetzter oder Untergebener, als Vorgänger oder Nachfolger aufeinander. In seinem Bewerbungsbogen für die Aufnahme in die Bundeswehr gab von Plato 1955 drei Gewährsleute an, unter denen er gedient hatte: den General der Panzertruppe Ulrich Kleemann (Schützen-Regiment 3; später IV. Panzerkorps), General der Infanterie Friedrich Hoßbach (XXXXI. Panzerkorps) und General der Panzertruppe Leo Frhr. Geyr von Schweppenburg (Reiterregiment 14; später 3. Panzerdivision), von denen zumindest die beiden zuletzt Genannten einflussreiche Begleiter der Planungs- und Aufstellungsphase der Bundeswehr waren[8].

In den Beurteilungen schlugen sich langjährige Bekanntschaften nieder – etwa wenn der Kommandeur der Panzertruppenschule Munster 1958 darauf

5   Angaben nach Ulrich de Maizière, In der Pflicht, Lebensbericht eines deutschen Soldaten im 20. Jahrhundert, Herford 1989, S. 32.
6   Einzubeziehen sind hier Verbindungen, die durch gemeinsame Lehrgangsteilnahmen entstanden.
7   Übrigens mit Abstand die höchste Quote unter den Kriegslehrgängen. Vgl. Model, Der deutsche Generalstabsoffizier (wie Anm. 2), S. 113–120.
8   BA-MA, 1/Pers. 24764, Bewerbungsbogen für die Aufnahme in die Bundeswehr, 1.7.1955. Zum militärischen Netzwerk der Nachkriegszeit vgl. Bert-Oliver Manig, Politik der Ehre. Die Rehabilitierung der Berufssoldaten in der frühen Bundesrepublik, Göttingen 2004; Alaric Searle, Wehrmacht Generals, West German Society, and the Debate on Rearmament, 1949–1959, Westport, CT, London 2003; Klaus Naumann, Generale in der Demokratie. Generationsgeschichtliche Studien zur Bundeswehrelite, Hamburg 2008, S. 96–168.

hinwies, er kenne den Oberst und Lehrgruppen-Kommandeur von Plato bereits seit Oktober 1935. Wechselnde Verwendungen trugen insbesondere im Zweiten Weltkrieg dazu bei, ein engmaschiges Netz personeller Verflechtungen entstehen zu lassen; man kannte sich, sah sich immer wieder, lag an gleichen Frontabschnitten und wusste um die Werdegänge der anderen. Hier lag der Schlüssel zu dem informellen Schneeballsystem, nach dem bei der Einrichtung des Amtes Blank und dann in Vorbereitung auf die Aufstellung der Streitkräfte personalpolitisch vorgegangen wurde. Aus den Kriegsverwendungen von Platos lassen sich einige dieser Kontakte schlaglichtartig nachzeichnen. Als der junge Hauptmann im Januar 1941 als »Ib« (personelle und materielle Mobilmachung) in den Stab der 1. Panzerdivision versetzt wurde, ersetzte er den damaligen Major Johann Adolf Graf von Kielmansegg (später General der Bundeswehr), der als »Ia« zur 6. Panzerdivision im Nachabschnitt kommandiert wurde; gleichzeitig wurde Hauptmann Bernd Freytag von Loringhoven (später Generalleutnant der Bundeswehr) an die Kriegsakademie versetzt. Im Divisionsstab arbeitete von Plato neben dem Ia, Oberstleutnant i.G. Walther Wenck (später im Gespräch als erster Generalinspekteur der Bundeswehr), der nach Erkrankung seines Nachfolgers Oberstleutnant Eberhard Graf von Nostitz (später Teilnehmer an der Himmeroder Klausur 1950; Brigadegeneral d.R. der Bundeswehr) im März 1942 wiederum von Kielmansegg abgelöst wurde[9].

Aus solchen Begegnungen und Schicksalsgemeinschaften entwickelten sich Verbundenheiten, ohne dass daraus ohne Weiteres auf enge Freundschaften oder Kameraderien zu schließen wäre. Von Plato scheint in der Wahl derer, die er ausdrücklich als Freunde bezeichnete, zurückhaltend gewesen zu sein. Unangebracht erschien ihm jedenfalls, dem »engeren Freundeskreis« Ulrich de Maizières zugerechnet zu werden[10]. Ohnehin war er, der durchgängig in Truppenstäben gedient, niemals ins Oberkommando des Heeres (OKH) versetzt worden war und daher auch nicht der dortigen Operationsabteilung um Adolf Heusinger angehört hatte, nicht der »OKH-Clique« (Geyr von Schweppenburg) zuzurechnen, die später in Amt Blank militärisch tonangebend werden sollte[11]. Plato bewegte sich eher an der Peripherie dieser Kreise, ohne dass er in Prägung und Haltung aus dem Rahmen gefallen wäre. Denn dieser Rahmen war weit gespannt. Das Spektrum reichte von Kielmansegg, der nach dem 20. Juli verhaftet wurde, über de Maizière, der über seine Verwendung im und Verbindungen zum OKH manches von den oppositionellen Bestrebungen mitbekam, ohne selbst dem militärischen Widerstand anzugehören, bis zu Offizieren wie Albert Schnez, deren Regimetreue über das in den ersten Jahren nach 1933

---

9   Angaben nach Rolf O.G. Stoves, 1. Panzer-Division 1935–1945. Chronik einer der drei Stamm-Divisionen der deutschen Panzerwaffe, Bad Nauheim 1961.

10 So Hans-Jürgen Rautenberg, Ulrich de Maizière – Stationen aus einem Soldatenleben. In: Ulrich de Maizière – Stationen eines Soldatenlebens. Hrsg. von Lothar Domröse, Herford, Bonn 1982, S. 134; dagegen die Mitteilung Christoph von Platos (Bonn 13.3.2009).

11 Vgl. Hans Speier, German Rearmament and Atomic War. The Views of German Military and Political Leaders, Evanston, White Plains 1957; vgl. dazu Naumann, Generale in der Demokratie (wie Anm. 8), S. 118 f.

ohnehin gegebene Maß hinausging[12]. Da im Fall von Platos Selbstzeugnisse fehlen, sind wir auf die Bewertungen in den militärischen Beurteilungen verwiesen, die allerdings mit Vorsicht zu benutzen sind. Wenn von Plato darin – mit Datum vom 1. April 1943 (Stab XXXXVI. Panzerkorps) – als »überzeugter Nationalsozialist« charakterisiert wird, »der das Gedankengut auf seine Soldaten zu übertragen versteht«, so ist daraus nicht ohne Weiteres auf einen glühenden Regimeanhänger zu schließen; umso weniger, als diese Qualifikation ein Jahr später – mit Datum 26. Februar 1944 (Stab 5. Panzerdivision) – wortgleich wiederholt wurde. Die militärischen Beurteilungen des jungen Offiziers waren durchweg positiv, und sie waren nicht in jener Tonlage gehalten, die bei der nachfolgenden Generation der Kriegsoffiziere angeschlagen wurde, als man mit Attributen wie »Härte« oder »Rücksichtslosigkeit« nicht geizte. Die Rede war vielmehr von einem Offizier, der »von einer grossen Passion« erfüllt war, »ein stiller, zäher, zuverlässiger und veranwortungsbewußter Arbeiter«[13]. Gleichwohl ließ sich die Prägekraft von Krieg und Dauereinsatz in Bewertungen wie jener des Stabschefs der 9. Armee, Oberst i.G. Helmut Staedke, ablesen, in der es hieß, »gediegene, starke, im Truppen- und Generalstabsdienst in allen Lagen gleich hervorragend bewährte Persönlichkeit, die Vertrauen einflößt, mitreißt und Ansehen genießt. Mißt aus natürlicher Impulsivität seine Kraft mit der seiner Umgebung, erkennt in seinen Vorgesetzten überlegene Persönlichkeiten willig an[14].«

Was die Haltung dieser Offiziergeneration insgesamt betrifft, so ist von einer zumindest anfänglich hohen Affinität zu den Zielen und Versprechen des NS-Regimes auszugehen, auch wenn eine sittliche und auch soziale Reserviertheit gegenüber den Methoden und Vertretern des »Dritten Reichs« bestehen bleiben mochte. Die jungen Offiziere, die aus der Reichswehr in die Wehrmacht kamen, waren oft »Aufrüstungsgewinner«, die der Heeresvermehrung nach 1935 rasche Beförderungen verdankten, die sich nach der Winterkrise von 1941/42 und während des folgenden Kriegsverlaufs fortsetzten. Im Weltkrieg rückte diese Generation bereits im jungen Alter auf die mittlere Führungsebene vor, wo sie Stabsstellen bekleidete. Wenn von Plato den Krieg im Alter von

---

[12] Vgl. Karl Feldmeyer und Georg Meyer, Johann Adolf Graf von Kielmansegg 1906–2006. Deutscher Patriot – Europäer – Atlantiker, Hamburg, Berlin, Bonn 2007; Maizière, In der Pflicht (wie Anm. 5); zu Albert Schnez vgl. Kunrat Fhr. von Hammerstein, Spähtrupp, 2. Aufl., Stuttgart 1963, S. 137–139; zur Typendifferenzierung in der abtretenden Generalität der frühen 1970er-Jahre vgl. anschaulich mit Porträtfotos von Robert Lebeck die Reportage von Jochen Steinmayr, Deutschland, deine Generale. In: Stern vom 22.3.1970, S. 54–61; Reproduktionen der Fotostrecke sowie eine Interpretation bei Klaus Naumann, Shooting Generals. Robert Lebeck fotografiert Bundeswehrgenerale. In: Mittelweg 36, 14 (2005), 6, S. 2–12.

[13] BA-MA, Pers 1/24764, Schützen-Regiment 3, Beurteilungsnotizen, Eberswalde, 9.12.1940.

[14] BA-MA, Pers 1/24764, Der Chef des Generalstabes der 9. Armee, 4.4.1944, Beitrag zur Beurteilung über den Oberstlt. i.G. von Plato, Ia/5.Pz.Div. Zu Staedke, zuvor von Platos Taktiklehrer an der Kriegsschule, vgl. Naumann, Generale in der Demokratie (wie Anm. 8), S. 130 f.

34 Jahren im Rang eines Oberst – befördert mit Datum vom 20. April 1945 –
beendete, so gehörte auch er in diese Gruppe.
     Die Kriegsteilnahme von Platos war durch einen fast ununterbrochenen
Einsatz in Truppenverwendungen gekennzeichnet, die bis auf die Feldzüge im
Westen 1939/40 alle an der Ostfront und dort im Rahmen der Panzertruppe
stattfanden. Typisch für viele Offiziere seiner Altersgruppe war er von dem
Reiter- und dann Schützenregiment, in denen er seine Friedensausbildung erfahren hatte, zur Panzertruppe gewechselt. Die Verwendungen führten ihn von
der 1. Panzerdivision (Ib) zum XXXXVI. Panzerkorps (Qu.M., dann Ia), zur
5. Panzerdivision (Ia), zum XXVII. Korps (Chef des Stabes) und schließlich zum
IV. Panzerkorps (Chef des Stabes). Der Erfahrungsraum Krieg bedeutete für ihn
die Teilnahme am raschen Vormarsch auf Leningrad, am Vorstoß auf Moskau,
dann den Wechsel zu den Abwehrkämpfen am Mittelabschnitt, noch einmal
unterbrochen durch die letzte Offensivanstrengung des Ostheeres in der Operation »Zitadelle« im Kursker Bogen (Juli 1943), und dann schließlich die zweijährigen Abwehr- und Rückzugskämpfe, die im Juni 1944 zum Zusammenbruch der Heeresgruppe Mitte führten. Im Juli 1944 fand sich der damalige
Oberstleutnant gleichsam in der Ausgangsstellung von 1941 wieder, als die
Verbände bis auf die ostpreußische Grenze zurückgeworfen wurden. Während
der letzten Kriegsmonate war von Plato in Ungarn und der Tschechoslowakei
eingesetzt und erlebte dort das Kriegsende, ohne in Gefangenschaft zu geraten.
Eine Mikrogeschichte des Kriegserlebens, für die sowohl die persönlichen Unterlagen fehlen als auch die Akten der entsprechenden Einheiten und Verbände
nicht ausgewertet werden konnten, ist hier nicht möglich. Dass diese Zeit jedoch ihre prägende Bedeutung behalten sollte, dafür sprechen die späteren
kriegshistorischen Studien des Pensionärs in den 1970er-Jahren[15]. Darin spiegeln sich die kriegstypischen Problemlagen der Truppenführung – die Einrichtung von »Kampfgruppen«, das »Führen von vorn«, der Dauerkonflikt
zwischen Leistungsfähigkeit und operativen (Über-)Forderungen, das Tauzie-
hen zwischen Truppenkommando und den höheren Führungsebenen. Die Dimensionen des Vernichtungskriegs sind hingegen nur zu erahnen – so die Praxis des Requirierens einer unter der Prämisse des »Lebens aus dem Lande«
stehenden Kriegführung oder die Praktiken der Partisanen-Unternehmungen
unter den Stichwort der »Bandenbekämpfung«.

[15] Aus seiner Feder liegt vor: Anton Detlev von Plato, Die Geschichte der 5. Panzerdivision
      1938 bis 1945. Hrsg. von der Gemeinschaft der Angehörigen der ehemaligen 5. Panzer-
      division, Regensburg 1978. Vgl. ferner The Initial Period of War on the Eastern Front,
      22 Juni – August 1941. Ed. by David M. Glantz, London 1993, S. 121–151; vgl. auch Stoves,
      1. Panzer-Division (wie Anm. 9).

Aus der Zivilkarriere ins Amt Blank

Von Plato gelang es, die Endkämpfe im tschechischen Raum und das Kriegsende am 8. Mai 1945 zu überstehen, ohne in sowjetische oder amerikanische Gefangenschaft zu geraten. Er schlug sich bis zu seinem Heimatort Grabow/ Lauenburg durch, lebte dort unerkannt, um sich dann aber der britischen Besatzungsmacht zu stellen und die folgenden eineinhalb Jahre in Kriegsgefangenschaft zu verbringen. Danach begann der mühsame Weg in ein neues Berufsleben, zuerst mit wechselnden Beschäftigungen im Lauenburgischen. Im Oktober 1950 gelang ihm der Einstieg in die Maschinenfabrik Augsburg-Nürnberg (MAN), wo er sich in der Ackerschlepper- und Lastwagenabteilung »vom Bande bis zum Aussenvertreter für Lastwagen in Nürnberg hinauf[arbeitete]«[16]. Der Kontakt mit dem industriellen Arbeitsleben und die Begegnung mit – unter anderem kommunistischen – Betriebsräten vermittelten ihm einen Eindruck von der sozialen Realität der Wiederaufbaugesellschaft. Von Plato, der 1950 nach Nürnberg und dann mit der Familie nach Würzburg übersiedelte, stand praktisch vor einer Industriekarriere, als ihn der Ruf aus Bonn erreichte. Graf Kielmansegg meldete sich bei ihm und warb um den Eintritt des Offizierkameraden in das gerade erst gegründete Amt Blank. Nach längeren Überlegungen und Konsultationen sagte von Plato zu. Im August 1952 wurde er zunächst Gutachter, ein halbes Jahr später Angestellter der dem Kanzleramt zugeordneten Planungsbehörde für den deutschen Wehrbeitrag. Das alles geschah in einer Phase, in der der Ausgang der Verhandlungen über die Gründung einer Europäischen Verteidigungsgemeinschaft (EVG) und damit Schicksal, Form und Daten der bundesdeutschen Streitkräftegründung alles andere als gewiss waren. Warum dieser neuerliche Schritt ins Ungewisse, bei dem zunächst noch nicht einmal die Aufnahme in ein Angestelltenverhältnis gesichert war?

Bereits in seinem ersten Antwortschreiben (vom 23. Oktober 1951) auf die Anfrage Graf Kielmanseggs nannte von Plato seine Gründe. Er habe der Entscheidung aus dem Wege gehen wollen, aber »wenn ich gebraucht werde, stehe ich natürlich zur Verfügung«. Denn er vertrete den »Standpunkt – vielleicht veraltet – ›Und setzt ihr nicht das Leben ein, Nie wird Euch das Leben gewonnen sein!‹ Ich fürchte, es ist notwendiger denn je in dieser Zeit.« Als einzige Einschränkung formulierte er den Wunsch, »nur in der Panzerwaffe verwendet zu werden, da ich das Metier lange genug gelernt habe«. Damit war die Entscheidung im Grunde bereits gefallen. Graf Kielmansegg befürwortete das Gesuch des »charakterlich und fachlich [...] überdurchschnittliche[n] Generalstabsoffizier[s]«, und nach einem Vorstellungsgespräch bei Staatssekretär Ernst Wirmer stand von Platos Eintritt in die Dienste des Amtes nichts mehr im Wege.

Im soldatischen Umfeld seiner Generationsgenossen waren solche Entscheidungen nicht unumstritten. So sehr Einverständnis über die Aufstellung von

---

[16] BA-MA, Pers 1/24764, Bewerbungsunterlagen, Lebenslauf, 23.10.1954.

Streitkräften, das antibolschewistische Feindbild und eine machtrealistisch grundierte Anlehnung an den Westen bestand, so skeptisch waren viele ehemalige Offiziere gegenüber dem konkreten Bonner Staat und der parlamentarischen Demokratie eingestellt. Umstritten war, ob man sich diesem Staat, dessen Stabilität, Effektivität und Legitimität als ungesichert galten, überhaupt zur Verfügung stellen sollte – Zweifel, die grundsätzlicher waren, als die populären Klagen über die »Diffamierung« der alten Soldaten und die alliierte Strafverfolgung. Sie wurzelten nicht zuletzt in einem »gekränkten Staatsbürgertum« (Michael Geyer), dass sich vom NS-Staat verraten und verkauft (»missbraucht«), aber vom Bonner Staat nicht akzeptiert fühlte. Damit nicht genug: Auch die Vorhaben und Ausführungen der neuen Wehrverfassung, der Inneren Führung und des »Staatsbürgers in Uniform« trafen in der Generation der reichswehrgeprägten Offiziere auf große Vorbehalte. Sozialisiert unter dem Vorzeichen einer strikten (wenn auch oft vordergründigen) Trennung von Politik und Militär, eines einheitlichen militärischen Oberkommandos und traditioneller soldatischer Werte, empfanden viele die reformerische Orientierung auf einen politisch denkenden Soldaten als Zumutung. Gerade hatte man erst sein Heil in einer unpolitischen Selbststilisierung gesucht, um sich den Nachfragen der Öffentlichkeit (wenn nicht sogar der Strafgerichte) zu entziehen, da wartete der neue Staat mit dem Ansinnen auf, ein politisches Selbstbild des »Soldaten in der Demokratie« zu entwerfen. Damit taten sich viele schwer, wenn sie denn überhaupt den Schritt in die neuen Streitkräfte riskierten[17].

Von Plato begründete seinen Eintritt in das Amt Blank aus einem Gefühl der Verpflichtung, das sich auf die Nachfragenden richtete und auf die »Sache« Bezug nahm. Darüber hinaus war dem Briefwechsel mit dem Amt nichts zu entnehmen. Spätere Äußerungen des inzwischen pensionierten Generals werfen ein wenig Licht auf eine Vorstellungswelt, die von der Kompromissstruktur der Streitkräftegründung gedeckt und darin dem konservativen Flügel zuzurechnen war. Im einleitenden Teil seiner »Geschichte der 5. Panzerdivision« bezog von Plato 1978 zur Traditionsübernahme der alten Division durch die neue 5. Panzerdivision der Bundeswehr Stellung. Neben der Ehrung der Gefallenen ging es ihm darum, »die gemeinsamen zeitlosen Werte des Soldatentums« zu vertiefen. »Nach unserem Verständnis sind es diese: Mut zu verantwortungsbewusster Tat und Tapferkeit, Kameradschaft und Fürsorge, Gehorsam und Disziplin, sowie Toleranz und Achtung vor der Würde des Menschen.« »Das Buch soll zeigen«, resümierte er, »wie unsere Kameraden ihr Leben für das Gemeinwohl und ihr Vaterland einsetzten, aber auch welche Gefahr in einer Ideologie, geprägt von einer rücksichtslosen Diktatur, für den Menschen liegt[18].« Das entsprach im Wesentlichen dem Geist der Kompromissformel der 1950er-Jahre, nach der allen Wehrmachtsoldaten Anerkennung und

---

[17] Vgl. dazu Michael Geyer, Der Kalte Krieg, die Deutschen und die Angst. Die westdeutsche Opposition gegen Wiederbewaffnung und Kernwaffen. In: Nachkrieg in Deutschland. Hrsg. von Klaus Naumann, Hamburg 2001, S. 267–318.
[18] Plato, Die Geschichte der 5. Panzerdivision (wie Anm. 15), S. IX.

Ehre zuteil werden sollte, die »in gutem Glauben« (bona fide) einer schlechten Sache gedient hatten. Das Problem bestand freilich darin, dass von den zuletzt genannten zeitlosen Werten (Toleranz und Menschenwürde) in der Wehrmacht (oder im Ostkrieg) gar nicht die Rede gewesen war und die Verteidigung von Gemeinwohl und Vaterland sich bei nüchterner Betrachtung als eine kollektive Selbsttäuschung, wenn nicht Selbstberuhigung erwiesen hatte. Von Plato war dieser Widerspruch bewusst, sonst hätte er die beiden genannten Wertbestimmungen erst gar nicht in seine Auflistung aufgenommen. Weniger klar war ihm, wie vielen seiner Generationsgenossen, dass auch der partikulare soldatische Wertekosmos der Offenheit und Durchlässigkeit zu universalistischen und pluralistischen Werthaltungen bedurfte, um überhaupt erst die sittlichen Voraussetzungen einer verantwortlichen soldatischen Sozialexistenz einzulösen. Was einen Gutteil der kriegsgedienten Offiziere auf die alten Werte zurückverwies, war die Hoffnung (oder Illusion), von einer inneren Erneuerung (»Selbstreinigung« war das Stichwort der Zeit) des soldatischen Ethos allein oder auch nur primär den entscheidenden Anstoß zum Umdenken zu erwarten[19].

Die im August 1952 aufgenommene Arbeit im Amt Blank ließ solchen Vorstellungen wenig Raum. Denn was sich hier anbahnte, war etwas ganz anderes, als von Plato sich mit dem Wunsch, »nur in der Panzertruppe« verwendet zu werden, ausgemalt hatte. Der Weg seiner Mitarbeit im Amt – und dann in der Bundeswehr – führte binnen kurzem in internationale Verwendungen und integrierte Stäbe und damit an eine der Schnittstellen zwischen Militär und Politik.

Zunächst als Leiter des Referats Org/Heer/II/Pl und bald darauf als Leiter der Gruppe II/Pl/H war von Plato im Amt Blank mit den Vorbereitungen der Heeresaufstellung befasst. Hinter dem Titel eines Leiters verbarg sich nicht weniger als die Zuständigkeit für gut hundert General- und Spezialreferate[20]. Das Tätigkeitsfeld erstreckte sich von den Grundfragen der Personalplanung, Organisation, Ausbildung und Versorgung bis zu zahllosen Einzelproblemen des Heeresaufbaus wie Offiziernachwuchs, Panzer-, Artillerie- und Genietruppe (Technische Truppe) bis hin zu Fragen der Intendanz (Wehrverwaltung) und des Materials. Zugeordnet war dieser Bereich der Unterabteilung II/Planung, der zunächst Bogislaw von Bonin und dann Kurt Fett vorstanden. Eine Fortsetzung unter anderen Vorzeichen fand diese Tätigkeit für von Plato in der anschließenden Verwendung in der Abteilung Heer des EVG-Interimsausschusses/Militärausschusses, der von Hellmuth von Laegeler geleitet wurde. Nach Scheitern der EVG-Verhandlungen im August 1954 kehrte von Plato ins Amt Blank zurück, um dort ein Jahr lang »zur besonderen Verwendung« im Sonderstab Laegeler zu arbeiten. In dieser umstandsbedingten Zwi-

19 Vgl. etwa die zeitgenössische Schrift von Werner Picht, Wiederbewaffnung, Pfullingen 1954, S. 125–174 (»Das soldatische Ethos«).
20 Stand Januar 1954. Vgl. die Organigramme bei Dieter Krüger, Das Amt Blank. Die schwierige Gründung des Bundesministeriums für Verteidigung, Freiburg i.Br. 1993, S. 222 f.

schenverwendung nahm er im Frühjahr 1955 an einer Schulübung »Militärische Aufnahmeverfahren« teil, die sich mit Aufnahmekriterien, Prüfverfahren und Beurteilungsfragen auseinandersetzte. Die Übung wurde begleitet von wissenschaftlichen Vorträgen, übrigens auch von einem Referat des Frankfurter Soziologen und Philosophen Theodor W. Adorno[21]. Daneben standen verschiedene Planungsaufgaben in der einem Sammelbecken gleichenden Sondergruppe. Während sich Mitarbeiter der Gruppe wie Ernst J.E. Ferber, Heinrich P.F. Hükelheim, Johannes Bayer oder Albert Schindler – bis auf Bayer spätere Bundeswehrgenerale – Planungsfragen wie der Spitzengliederung oder den absehbaren Problemen der Atomkriegführung zuwandten, war von Plato – beispielsweise – mit Stellungnahmen zur Heeresgliederung, der Mitwirkung am Aufstellungsplan Heer, der Teilnahme an Besprechungen mit Vertretern des französischen Generalstabs über die beabsichtigte Neugliederung des französischen Heeres, mit Vorbereitungen für ein Planspiel oder mit der Überarbeitung von Führungsschriften befasst[22].

Wie vorläufig diese Beschäftigungen waren, wurde deutlich, als sich von Plato im Juni 1955 auf der von Heusinger – damals Leiter der Militärischen Abteilung II – konzipierten Liste der künftigen Auslandsverwendungen wiederfand: zusammen mit Richard Heuser, Max Schwerdtfeger, Hükelheim, Bayer und Hans-Eberhard Busch war er für eine integrierte Verwendung im NATO-Hauptquartier SHAPE in Paris vorgesehen. Folgt man den zeitgenössischen Beurteilungen durch die Vorgesetzten Laegeler und Heusinger, so kam darin höchste Wertschätzung zum Ausdruck. Wenn Laegeler von Platos »ehrliche und überlegte« und »zurückhaltende Art« lobte, die bei »internationalen Verhandlungen [...] Anerkennung gefunden« habe, und Heusinger dies mit der Randnotiz »prächtiger Kerl, der Vertrauen ausstrahlt« ergänzte, so mochte darin auch noch die Erinnerung an die Frühzeit der EVG-Verhandlungen mitschwingen[23]. Damals hatte das ruppige Auftreten ehemaliger deutscher Offiziere durchaus für Irritationen gesorgt[24]. Freilich gab es noch eine andere Lesart integrierter Verwendungen. So sehr man darauf Wert legte, solche Offiziere in integrierte Stäbe zu schicken, die nicht nur ihren Posten ausfüllten und Verhandlungsgeschick bewiesen, sondern auch einer immer noch skeptischen Öffentlichkeit des Westens präsentabel waren, so konnte bei diesen Verwendungen jedoch das Odium mitschwingen, »im Hause« entbehrlich oder gar

---

[21] Zur Kooperation des Amts Blank mit dem Frankfurter Institut für Sozialforschung vgl. Die intellektuelle Gründung der Bundesrepublik. Eine Wirkungsgeschichte der Frankfurter Schule. Hrsg. von Clemens Albrecht, Frankfurt a.M., New York 1999; Johannes Platz, »Authoritarian Personality« – Charakterologie oder Psychotechnik? Die Konflikte in der Frühgeschichte der Bundeswehr um Errichtung und Ausrichtung des Psychologischen Dienstes. In: Die Psychologie in praktischen Kontexten. Workshop 11. Mai 2000. Psychologisches Denken und psychologische Praxis. Interdisziplinäre Arbeitsgruppe der Berlin-Brandenburgischen Akademie der Wissenschaften. Hrsg. von Mitchell Ash, Berlin 2001, S. 59–79.

[22] BA-MA, Bw 9/523, Tätigkeitsberichte Sonderstab Laegeler, 2.12.1954 sowie 5.1.1955.

[23] BA-MA, Pers. 1/24764, Beurteilung der Persönlichkeit, gez. Laegeler, 4.9.1955.

[24] Vgl. Krüger, Das Amt Blank (wie Anm. 20), S. 122.

ungelitten zu sein – eine Erfahrung, die etwa mit den »Fällen« Kielmansegg oder Wolf Graf von Baudissin verbunden wurde.

Galt das auch für von Plato? Angeeckt war der zurückhaltende Adlige jedenfalls nicht. Zwar hatte er im Streit um den Unterabteilungsleiter von Bonin versucht, eine vermittelnde Position einzunehmen. Doch konnte man das kaum als Parteinahme für die umstrittenen Thesen von Bonins verstehen, denn von Plato nahm gleichzeitig an informellen Diskussionsveranstaltungen, den »Krone«-Abenden, in Bonn teil, auf denen Themen und Probleme der Inneren Führung u.a. von Baudissin, Heinz Karst oder Günther Will vorgestellt und diskutiert wurden; ein Forum, dass sowohl bei von Bonin als auch bei Heusinger auf wenig Gegenliebe stieß[25]. Wie auch immer, die weitere Bundeswehrkarriere von Platos sollte unter dem Vorzeichen internationaler Verwendungen stehen.

Im Dienst der Bundeswehr:
Führungsfunktionen in der zweiten Reihe

Den Eintritt von Platos in die Bundeswehr wird man nur bedingt als »Heimkehr« beschreiben dürfen. Das erklärte Ziel, in der Panzertruppe zu dienen, verzögerte sich einstweilen. Zwar gab es für ihn 1957/58 einen halbjährigen Auftritt als Kommandeur Lehrgruppen an der Panzergrenadier- bzw. Panzertruppenschule Munster, doch führten Personalengpässe zu seiner raschen Rückkehr in internationale Verwendungen nach Washington, ehe er 1960 für zwei Jahre und nun als Kommandeur an die Panzertruppenschule Munster zurückkehren konnte. Erst im Oktober 1963 erfüllte sich sein Wunsch nach einer direkten Truppenverwendung, als von Plato für drei Jahre die 1. Panzergrenadierdivision in Hannover führte.

Kurzum: Die Karriere des »von Natur gegebenen Truppenführers« (so eine Beurteilung aus dem Jahr 1958) bewegte sich während der Hälfte seiner Dienstzeit in integrierten Stäben des Bündnisses. Das brachte zunächst sprachliche Probleme mit sich. Deutsche Offiziere stießen aber auch auf Vorbehalte bei ihren verbündeten Kameraden, die sich erst im Laufe der Zusammenarbeit zerstreuten. Die größte Herausforderung dieser Verwendungen dürfte jedoch das völlig neue strategisch-politische und militärisch-operative Umfeld gewesen sein.

Die ersten beiden integrierten Verwendungen von Platos im Supreme Headquarters Allied Powers in Europe (SHAPE) in Paris (August 1955 bis Juli 1957) und bei der Standing Group (SG) des Military Committee der NATO in Washington (Februar 1958 bis April 1960) standen, was die bundesdeutsche Aufstellung von Streitkräften und ihre Einordnung in den bündnisstrategi-

25   Vgl. Meyer, Zur inneren Entwicklung (wie Anm. 2), S. 904 f.; Dietrich Genschel, Wehrreform und Reaktion. Die Vorbereitung der Inneren Führung, Hamburg 1972, S. 135.

schen Kontext betraf, unter schwierigen Vorzeichen. Während sich die deutschen Militärs mit Osterfahrung und operativem Können noch in der ersten Liga wähnten, mussten sie zugleich konstatieren, dass Landesverteidigung aus eigener Kraft künftig nicht mehr möglich sein würde. Klar wurde aber auch, wenn auch nur zögernd zur Kenntnis genommen, dass das konventionelle Potenzial, das die Bundeswehr künftig einmal in die Bündnisverteidigung einbringen wollte (versprochen war eine 500 000 Mann starke Streitkraft mit 12 Divisionen), niemals ausreichen würde, um der konventionellen Überlegenheit des Ostens und der atomaren Herausforderung wirksam begegnen zu können. Und nicht zu verleugnen war schließlich, dass die Bundesrepublik aus politischen Gründen niemals zum Kreis der damaligen vier Atommächte hinzustoßen konnte, sondern darauf angewiesen bleiben würde, den atomaren Schutz auf dem bündnispolitischen Wege politischer Garantien, militärischer Integration, nuklearer Unterrichtung und Mitwirkung einzuwerben. Mit der Ratifizierung des ersehnten NATO-Beitritts im Februar 1955 standen die militärischen Planer des Amtes Blank (wie die auftraggebenden Politiker) jedenfalls vor einem Scherbenhaufen. Die ohnehin mit unrealistischen Zeitmargen konzipierte Aufrüstung, die an Tempo noch das von Hitler während der 1930er-Jahre vorgelegte Maß hatte übertreffen sollen, geriet nun in eine schwierige Phase der Umorientierung, der Umrüstung, der zeitlichen Streckung und nicht zuletzt brisanter Zielkonflikte, die Heusinger mit Sowohl-als-auch-Lösungen zu schlichten versuchte. Die damit verbundenen Probleme wurden dadurch nicht geringer, dass sich die NATO selbst seit Ende der 1950er-Jahre, vor allem aber seit dem Regierungsantritt des amerikanischen Präsidenten John F. Kennedy 1961 in einer Phase strategischen Wandels befand, der schließlich zur Ablösung der Strategie der Massive Retaliation durch das Konzept der Flexible Response führen sollte[26].

All das musste ein »integrierter« Stabsoffizier nun gegenüber dem Bündnis vertreten und rechtfertigen, korrigieren oder anmahnen, der in der Plans and Policy Division bei SHAPE oder im Stab des Deutschen Militärischen Vertreters beim Military Committee der NATO in den International Planning Teams tätig war. Zum Aufgabenbereich gehörten die Vorbereitung von Stellungnahmen zur strategischen Planung, die Ausarbeitung militärischer Studien zur Formulierung politischer Ziele und Anforderungen sowie die regelmäßige Kontaktierung der verschiedenen nationalen und NATO-Stellen. Im Rahmen des Militärausschusses kam hinzu die Vorbereitung der Jahresberichte zum Stand der nationalen Verteidigungsanstrengungen bzw. -defizite sowie von Länderstudien über die Erfüllung der in der MC 70-Direktive beschlossenen Zielwerte. Das aber war nur die eine Seite. Die andere Seite integrierter Verwendungen

---

[26] Vgl. Helmut R. Hammerich, Kommiss kommt von Kompromiss. Das Heer der Bundeswehr zwischen Wehrmacht und U.S. Army (1950 bis 1970). In: Helmut R. Hammerich [u.a.], Das Heer 1950 bis 1970. Konzeption, Organisation, Aufstellung, München 2006 (= Sicherheitspolitik und Streitkräfte der Bundesrepublik Deutschland, 3), S. 17–352; Christian Greiner, Die militärische Eingliederung der Bundesrepublik Deutschland in die WEU und die NATO 1954 bis 1957. In: AWS, Bd 3 (wie Anm. 2), S. 561–850.

bestand darin, die deutschen Interessen im Bündnis zur Geltung zu bringen. Die Berichte des Deutschen Militärischen Bevollmächtigten (DMV; damals Brigadegeneral Hans-Georg von Tempelhoff) aus Washington geben einen Eindruck von der damaligen Tätigkeit.

Aus diesen Berichten wird erkennbar, wie sich deutsche Militärs in die Rolle von Militärpolitikern bzw. -diplomaten hineinfanden. »Die Mil.Reps. [= Military Representatives] der Nicht-Standing Group Nationen«, heißt es im DMV-Bericht vom Juli 1958, »vermögen auf die Gedankenbildung, auf die Arbeit in der SG [= Standing Group] sowie auf die Vorstellungen ihrer Kollegen im Sinne der Vorstellungen ihres Landes durch stetes Suchen von Gelegenheiten zum Gedankenaustausch einzuwirken [...] Da Alleingang nicht immer Erfolg zeitigt, müssen andere Mil.Reps. überzeugt werden. Für die Meetings selbst kommt es dann oft auf ›Rollenverteilung‹ an oder man lässt einen Vertreter einer anderen Nation das sagen, was man selbst bereits informell der SG oder anderen Mil.Reps nahegebracht hat [...] [Es ist] den deutschen Stabsoffizieren gelungen [...], bei den Stabsoffizieren anderer Nationen zunächst menschliches Vertrauen zu finden und sodann einen Ruf als Fachleute zu gewinnen [...] Die Einwirkung eines Mil.Reps. und seines Stabes hier steht und fällt mit der steten ›Nährung‹ von ›zu Hause‹.« Damit war der Rahmen beschrieben, in dem sich die integrierte Stabsarbeit Ende der 1950er-Jahre abspielte. Einen zusätzlichen Gewinn an Einfluss versprach sich der DMV darüber hinaus durch die damals gerade erst verabredete Delegation eines Planers in die Standing Group. Genau das war die Aufgabe Oberst von Platos:

»In letzter Zeit hat nun die Einwirkungsmöglichkeit der Mil.Reps der Nicht-Standing Group Nationen eine bedeutende Steigerung erfahren durch die Abstellung von einem Offizier als Planer in der Standing Group. Die Aufgabe dieses Planers ist es

- über die Vorgänge in der SG unterrichtet zu sein und hierüber seinem Mil.Rep. laufend zu berichten [...]
- Mitarbeit in verschiedenen Planungsteams für verschiedene Arbeitsgebiete, wobei er als 4. Mann im Team mit Amerikanern, Briten, Franzosen den Standpunkt seines Landes in der Diskussion zu vertreten hat und hierzu oft kurzfristig den Vorschlag seines Landes in Form eines Paragraphen für das Dokument einzubringen hat.

[...] Daher hat jeder Planer an einer Vielzahl von Problemen mitzuarbeiten. Für diese Mitarbeit ist er auf seine nationale Weisung angewiesen und an diese gebunden.«

Auf die Person von Platos bezogen finden sich beispielsweise die folgenden Themen, an denen er mitwirken sollte:

»Survival Measures (in Bezug auf die Streitkräfte, d.h. ›Überstehen der 1. Runde‹); Improvement of Alert System; Implementation of the Council's Decision of December 57 Regarding Atomic Stockpile; Review of Requirements beyond 1961[27].«

---

[27] BA-MA, Bw 3/1589, Deutscher Militärischer Vertreter im MC/NATO, 11. Juli 1958, Bericht 1958/IV, gez. v. Tempelhoff.

Der Planer befand sich demnach in einer prominenten Position; in verschiedenen DMV-Berichten wurde ausdrücklich auf seine Arbeit Bezug genommen. Er war vieles zugleich – Vertrauensmann des DMV, Libero für unterschiedlichste Aufträge sowie »Einflussagent« in herausgehobener Stellung. Damit diese Rolle erfolgreich ausgefüllt werden konnte, mahnte der DMV wiederholt eine engere Rückbindung an den Führungsstab der Streitkräfte in Bonn an und trat 1960 sogar mit dem Vorschlag hervor, zur Vorbereitung der langfristigen NATO-Planungen eine »strategische Planungsgruppe« beim Führungsstab einzurichten[28]. Die Arbeit im Bündnis trug offenbar dazu bei, das strategische Profil der deutschen Militärführung zu schärfen. Dabei wurde an der Schnittstelle zwischen Militär und Politik operiert; etwa wenn der DMV berichtete, man müsse rechtzeitig im International Planning Team »mit deutschen Gedanken Einfluss nehmen« auf die damals schwelende Debatte über atomwaffenfreie Zonen und Disengagementpläne, wie sie seitens des polnischen Außenministers Adam Rapacki vorgetragen wurden[29]. Strategische Entwicklungen zur Auflockerung der Massiven Vergeltung drängten sich auf im Zuge der Berlinkrise und der militärpolitischen Vorboten des Präsidentenwechsels in den USA. Da wurde informell über die Problematik des »begrenzten Krieges« nachgedacht oder »anfänglich« schon mal der »Einsatz der Bundeswehr« während der Berlinkrise diskutiert, um diese Gedanken »bald wieder fallen« zu lassen[30]. Wie differenziert sich die NATO-Mitgliedsstaaten zu den nuklearen Einsatzbestimmungen verhielten, wurde deutlich, als der Militärische Repräsentant Norwegens im Sommer 1959 den Vorbehalt anmeldete, Atomwaffen dürften nicht ohne Genehmigung der norwegischen Regierung auf norwegischem Territorium eingesetzt werden. Das war für die deutsche Seite, die für einen weitgehenden Automatismus der Einsatzfreigabe votierte und sich gerade davon ein Maximum an Abschreckungswirkung versprach, ein herber Schlag. Doch den Problemen, die mit der Umsetzung einer im Wesentlichen nuklear gestützten Abschreckungsstrategie auf die Ausgestaltung der Landesverteidigung zukamen, konnte sich auch die deutsche Seite nicht entziehen. Mochten der DMV und sein Stab – ganz »integrierte« Offiziere – Ende 1959 gegenüber dem eher national denkenden Führungsstab des Heeres darauf hinweisen, dass einer alternativen Ausgestaltung der Landesverteidigung enge Grenzen gesetzt seien[31], das Problem der Vereinbarkeit von Bündnis- und Landesverteidigung ließ sich damit nicht vom Tisch bringen. Nuklearinformationen über das »Need to know«-Maß hinaus, Mitwirkung in der Nuklearplanung, Stellungnahmen zum akzeptablen Niveau der Atomschwelle, atomare Einsatz- und Zielplanung – das alles betraf auch die Deutschen, und nicht nur auf NATO-Ebene.

---

[28] BA-MA, Bw 3/1559, DMV, 22.7.1960, Bericht 1960/II.
[29] BA-MA, Bw 3/1590, DMV, 26.9.1958, Bericht 1958/V; BA-MA, Bw 3/1591, DMV, 14.11.1958, Bericht 1958/VI.
[30] BA-MA, Bw 3/1554, DMV, 30.1.1959, Bericht 1959/I; BA-MA, Bw 3/1555, DMV, 20.3.1959, Bericht 1959/II.
[31] Vgl. Hammerich, Kommiss (wie Anm. 26), S. 142.

Konfrontiert wurde von Plato, inzwischen zum Brigadegeneral befördert, mit den Umsetzungsproblemen der Bündnisstrategie, als er vom Oktober 1962 bis zum September 1963 als Leiter der Abteilung Führung (Allied Chief of Staff) für G2/G3-Operationen im Hauptquartier der NORTHAG (Northern Army Group) in Mönchengladbach und drei Jahre später als Chef des Stabes und Dienstältester Deutscher Offizier (DDO) an gleicher Stelle (bis März 1968) eingesetzt wurde. Man kann davon ausgehen, dass ihn diese Materie auch als Kommandeur der 1. Panzerdivision in Hannover (Oktober 1963 bis September 1966) nicht losließ – nun aus der Perspektive des möglichen Gefechtsfeldes Nord- und Westdeutschland. Was auf der Ebene zentraler Stäbe noch Planung war, wurde hier gleichsam ins Gelände geschrieben. Dabei sollte sich zeigen, dass die Vermittlungsprobleme zwischen Bündnisstrategie und nationalen Interessen bis in den Einsatzraum hinunterreichten. Für eine Armeegruppe oder Panzerdivision präsentierte sich die Frage nach der »anderen Seite« der Abschreckung, also nach dem, was geschehen sollte, »if deterrence failed«, sehr viel drastischer als auf der Ebene der höheren Kommandobehörden.

Die Arbeit im NORTHAG-Stab kann man sich daher nicht als spannungsfrei vorstellen. Worum es dabei ging, lässt sich einem Schreiben entnehmen, dass Major Helmuth Groscurth, damals G2 nuc-Offizier[32] im Stab NORTHAG im November 1966 an den DDO von Plato richtete. Die Sorgen des 37-jährigen Generalstabsoffiziers geben einen Eindruck von den Problemen, aber auch den Belastungen der integrierten Stabsarbeit. Nicht zum ersten Mal monierte Groscurth, dass »Vorschriften für die obere Führung, insbesondere für den Einsatz atomarer Waffen oberhalb der taktischen Ebene [...] im deutschen Bereich nicht« bestünden. »Ungeachtet dessen verlangt meine Dienststellung verantwortliche Mitarbeit an Entscheidungen im operativen Bereich, die zum Teil operative und politische Auswirkungen haben können [...] Der Versuch, dem atomaren Krieg [durch constraints] Grenzen zu ziehen«, klagte der junge Major, »ist für sich allein noch keine strategische oder operative Konzeption«[33]. Eine Anleitung aus dem Ministerium bzw. Führungsstab werde nicht gegeben.

Von Plato, so notierte Groscurth in einer Aktennotiz, habe ihm daraufhin Einblick in eine Weisung des Führungsstabs des Heeres gewährt und im Übrigen versichert, die von NORTHAG verfolgten Einsatzgrundlagen und Pläne seien »von der oberen nationalen Führung gebilligt.« Das traf nun sicherlich zu, enthüllte aber das Ausmaß der bestehenden Dissonanzen zwischen den militärischen Operationsplanungen, den nationalen sicherheitspolitischen Interessen und der bündnisstrategischen Rahmenkonzeption. De facto hatte die deutsche

---

[32] Zuständig für die Zielplanung der atomaren Waffen der Heeresgruppe (Jagdbomber der 2. Allied Tactical Air Force [ATAF] sowie NIKE-Hercules-Flugabwehrraketen, die aber auch zur Heeresunterstützung eingesetzt wurden). Vgl. Helmuth Groscurth, Dienstweg. Rückblicke eines Generalstabsoffiziers der Bundeswehr, Waiblingen 1994, S. 43–46.
[33] Abgedruckt im Dokumentenanhang von Groscurth, Dienstweg (wie Anm. 32), S. 25 f.

Politik die Ausgestaltung der Abschreckungsstrategie an das Bündnis, die tak-tisch-operative Umsetzung an das Militär delegiert[34].

Nimmt man NORTHAG als Exempel[35], ließ sich Mitte der 1960er-Jahre aus der Perspektive von Platos eine Konstellation ausmachen, die in manchen Rahmendaten an die zweite Hälfte des Russlandfeldzugs erinnerte. Denn die alliierten Verbände in Norddeutschland sollten eine angenommene Frontbreite von 380 km mit neun Divisionen verteidigen, d.h. pro Division war ein Ge-fechtsstreifen von 42 km zu sichern, obwohl die damaligen Vorschriften höchstens 25 km pro Division vorsahen. Zwar war 1963 gemäß dem deutschen Drängen auf Vorneverteidigung die vorgesehene Hauptkampflinie auf die We-ser–Lech-Linie vorgezogen worden, aber der damit intendierte Vorzug, grenz-nah verteidigen zu können, ohne bundesdeutsches Territorium preiszugeben, war nur um den Preis eines frühzeitigen Einsatzes von Atomwaffen zu haben. Und dieser Einsatz – auf der von Groscurth angesprochenen »taktischen« Ebe-ne – wurde in Manövern unter der (geplanten) Verwendung von Atomic De-molition Munition (ADM, den sogenannten Atomminen, Sprengkraft von 0,5 bis 2,5 KT), dem Einsatz von Atomartillerie und -raketen sowie von Luftunter-stützung durch die 2. Allied Tactical Air Force (Close Air Support) mit einer Intensität geübt, die Unbehagen und Zweifel auslösten[36].

Nachdenkliche Offiziere mussten diese Situation als höchst belastend erfah-ren. Anders als von Plato, der seit Mitte der 1950er-Jahre einschlägige Verwen-dungen durchlaufen hatte, waren die jungen Stabsoffiziere auf diese Aufgaben nicht vorbereitet; sie erhielten keine Einweisung von der höheren nationalen Führungsebene; sie wirkten mit an atomaren Zielplanungen, ohne bei dieser Form »nuklearer Mitsprache« angeleitet zu werden; und schließlich blieb ihnen die Rationalität einer Landesverteidigung verborgen, die sich kaum darum zu kümmern schien, ob das, was geschützt werden sollte, nicht im gleichen Atem-zug vernichtet zu werden drohte. Unter diesem Vorzeichen musste man zu dem Schluss kommen, dass das »strategische Denken in der Bundesrepublik [...] unterentwickelt« war. Groscurth jedenfalls entdeckte »eigentlich nur in den Ausführungen [Carl-Friedrich] von Weizsäcker und Helmut Schmidt« einen Lichtblick. Er folgerte: »Aus dieser Tatsache ist wahrscheinlich das mangelnde Verständnis der politischen für die militärische Seite der Strategie – und umge-

---

[34] Zur Problematik vgl. Axel F Gablik, Strategische Planungen in der Bundesrepublik Deutschland 1955–1967: Politische Kontrolle oder militärische Notwendigkeit, Baden-Baden 1996.

[35] Die folgenden Daten vgl. Hammerich, Kommiss (wie Anm. 26), S. 303 f.

[36] Vgl. exemplarisch die Übung »Morgengruss«: Helmut R. Hammerich, Der Fall »MORGENGRUSS«. Die 2. Panzergrenadier-Division und die Abwehr eines überra-schenden Feindangriffs westlich der Fulda 1963. In: Die Bundeswehr 1955 bis 2005. Rück-blenden – Einsichten – Perspektiven. Im Auftrag des MGFA hrsg. von Frank Nägler, München 2007, S. 297–312.

kehrt – zu erklären[37].« Kurzum: Eine solche Konstellation ließ dem jungen Offizier fast nur die Wahl, zu funktionieren oder zu resignieren.

Ob der DDO in einer solchen Situation hilfreich war, lässt sich nicht sagen. Regelmäßige Zusammenziehungen der deutschen Offiziere im NORTHAG-Stab (»deutsche Nachmittage«) wurden erst unter seinem Nachfolger, Generalmajor Heinz-Helmut von Hinkeldey, eingeführt[38]. Hervorgetreten mit konzeptionellen Überlegungen ist von Plato – soweit erkennbar – nicht, und dem informellen Kreis der »Atombarone«, die sich Gedanken über die Weiterentwicklung der deutschen strategischen Konzeption machten[39], scheint er nicht angehört zu haben. Dass er seine Führungsaufgaben nicht leicht nahm und mit seinem persönlichen Führungsstil nicht überall auf Zustimmung stieß, belegt das Urteil der Vorgesetzten. Generell galt der inzwischen über 50-jährige General als hochkompetent, einsatzfreudig, umsichtig und vielseitig. In den internationalen Verwendungen wurden seine kommunikativen Kompetenzen herausgestrichen. Zugleich notierte ein Vorgesetzter, von Plato neige »bei seiner strengen Dienstauffassung dazu, sich zu verzehren und müsste sich mehr schonen. Eine etwas leichtere Auffassung von den Unvollkommenheiten, mit der die Bundeswehr sich leider – oftmals zwangsläufig – abfinden muss, wäre manchmal wünschenswert[40].« Gleichwohl wurde ihm attestiert, eine glückliche Hand in der Menschenführung zu besitzen: »Strahlt Vertrauen aus, genießt Autorität ohne bewusst etwas dafür zu tun; er wird von seinen Offizieren als Vorbild verehrt[41].« Als Kommandeur der 1. Panzerdivision geriet gerade diese Fähigkeit jedoch unter Kritik. Jetzt hieß es: »Seinen Kommandeuren scheint er freie Hand in der Führung zu lassen; ob er die Grenzen dieser Freiheit erkennt und ob er im richtigen Augenblick zu Entscheidungen kommt, wird sich erst in längerer Praxis erweisen können[42].« Nun wurde ihm nahegelegt, »Großzügigkeit und Führung am langen Zügel in Grenzen zu halten«[43]. Von Platos Eignung als Divisionskommandeur war damit nicht in Frage gestellt, aber es ist vorstellbar, dass solche Beurteilungen dazu führten, dass er in seiner letzten Verwendung 1968 bis 1970 nicht zum Kommandierenden General eines Korps bestellt, sondern mit der wenig dankbaren Abwicklung des Kommandos Territoriale Verteidigung (KTV) betraut wurde.

Diese Verwendung, die formal mit der Beförderung zum Generalleutnant und organisatorisch mit einer Mitgliedschaft im Militärischen Führungsrat

[37] Ausarbeitung Groscurths »Integrierte Dienststellung und nationale Pflicht (Probleme des integrierten Offiziers)«, Schreiben an Brigadegeneral Boehm, 22.2.1966; dokumentiert in: Groscurth, Dienstweg (wie Anm. 32), S. 9–16, hier S. 11.
[38] Mitteilung von Hinkeldey, Köln-Rodenkirchen, 3.3.2009.
[39] Vgl. Axel F. Gablik, »... von da an herrscht Kirchhofsruhe.« Zum Realitätsgehalt Baudissinscher Kriegsbildvorstellungen. In: Gesellschaft, Militär, Krieg und Frieden im Denken von Wolf Graf von Baudissin. Hrsg. von Martin Kutz, Baden-Baden 2004, S. 45–60, hier S. 51.
[40] BA-MA, Pers. 1/24764, Beurteilung, Truppenamt, Köln 12.3.1962.
[41] Ebd., Beurteilung, Truppenamt, Köln, 4.10.1962.
[42] Ebd., Beurteilung, KG I. Korps, Münster, 31.1.1964.
[43] Ebd., Inspekteur des Heeres an Ministerialdirektor Gumbel, Bonn 4.4.1964.

verbunden war, stand unter ausgesprochen zwiespältigen Vorzeichen. Die Fusion des Territorialheeres mit dem Feldheer und damit die künftige Unterstellung der bis dahin dem Führungsstab Streitkräfte zugeordneten Territorialverteidigung (TV) unter den Führungsstab Heer war bereits beschlossene Sache. Die Dissonanzen zwischen Heer und TV waren damit jedoch nicht verschwunden. Von Platos Amtsvorgänger, Generalleutnant Friedrich Alfred Übelhack, hatte als gleichsam testamentarisches Vermächtnis die Warnung hinterlassen, die nationalen Aufgaben der TV nicht mit den Kampfaufträgen des Feldheeres zu vermischen, und mit dieser Begründung eine völlige Fusion abgelehnt[44]. Und das war nur eines der Probleme der Fusion. Die Mittlerrolle, die das KTV zwischen ziviler Verteidigung auf der einen und NATO- bzw. Bundeswehrdienststellen auf der anderen Seite einnehmen sollte, drohte nun dem begehrlichen Zugriff des Heeres ausgesetzt zu werden und zudem einer unmittelbaren Zuordnung in den NATO-Befehlsstrang zu weichen. Mag sein, dass die politische und vor allem die militärische Führung auf diesem Wege die Konsequenzen aus dem absehbaren Scheitern des Großprojekts »Gesamtverteidigung« und des Aufbaus eines funktionsfähigen Zivilschutzes ziehen wollten. Tatsache war jedoch, das der Rückzug auf das Heer durchaus nicht die mit der Aufgabenstellung der Territorialverteidigung verbundenen Schutz-, Sicherungs- und Versorgungsaufgaben zu lösen versprach und auch nicht oder ebensowenig die Territorialverbände aus dem Schicksal der Dauerimprovisation erlöste[45]. Auffällig war obendrein, wie wenig sich die mit der Fusion beauftragten Stellen – koordiniert durch eine »Arbeitsgruppe Fusion« im Führungsstab Streitkräfte – darum bemühten, den im KTV akkumulierten Sachverstand einzubinden, auch wenn der Generalinspekteur zu später Stunde das Gegenteil anordnete[46].

Für von Plato, so muss man vermuten, stellte diese letzte Verwendung keine Abrundung und Erfüllung einer insgesamt 40-jährigen Dienstzeit dar. Zum ersten Mal machten sich gesundheitliche Probleme und Erschöpfungszustände bemerkbar. Was immer den Ausschlag gab für seine Entscheidung, die vorzeitige Verabschiedung, die mit dem Datum der Auflösung des KTV – dem 31. März 1970 – zusammenfiel, kam auch seinem eigenen ausdrücklichen Wunsch entgegen. Es war das eigenwillige Signal eines einsatzfreudigen, aber auch unbequemen Offiziers, der gleichwohl bis zum letzten Tage seiner Dienstauffassung treu blieb. Und so beeilte man sich denn auch seitens des Ministeriums, dem scheidenden General zu versichern, dass seine Versetzung in den einstweiligen Ruhestand »in keinem Zusammenhang mit dem Wechsel in der

---

[44] Vgl. Hammerich, Kommiss (wie Anm. 26), S. 340; zur Struktur vgl. Friedrich Alfred Übelhack, Die Territoriale Verteidigung. Bindeglied zwischen NATO und Zivilverteidigung. Nationales Bett der Deutschen Assignierten Streitkräfte. In: Truppenpraxis, 1965, S. 877–880.

[45] Anschaulich die Impressionen bei Groscurth, Dienstweg (wie Anm. 32), S. 53–57 (beim Territorialkommando Nord); vgl. auch Hammerich, Kommiss (wie Anm. 26), S. 337–345.

[46] BA-MA, BH 1/6518, Fü S IV 2, Bonn 30.6.1969, Betr.: Fusion Heer-TV/Basis Inland, gez. de Maizière. Dort hieß es, »die Erfahrungen des KTV sind heranzuziehen«.

Leitung des Bundesministeriums der Verteidigung« stehe[47]. Damit sollte zugleich – und wohl zutreffend – der Verdacht ausgeräumt werden, die Verabschiedung von Platos sei in die Reihe der »politischen Fälle« wie Hellmut Grashey oder Heinz Karst einzuordnen, die damals vorzeitig beurlaubt wurden.

Ein Offizier der reichswehrgeprägten Führungsgeneration

Der Eindruck, den diese Offiziergeneration in der Bundeswehr der Aufbauphase erweckte, war gemischt. Konsultiert man die Auswertungen der Lehrgänge an der Schule für Innere Führung, zeigen sich die gravierenden Vorbehalte, mit denen sich diese zwischen 1900 und 1914 geborenen Offiziere auf die neuen An- und Herausforderungen der Bundeswehr einließen[48]. Das Integrationsvorhaben der neuen Streitkräfte, das nicht allein in der Öffnung des Offizierkorps, sondern auch in der Öffnung zu Staatsbürgerbewusstsein und politischem Urteilsvermögen seinen Ausdruck fand und institutionell durch eine politische Kontrolle der bewaffneten Macht abgerundet wurde, die freilich oft als zivile oder bürokratische Gängelung wahrgenommen wurde, stieß bei diesen Offizieren häufig auf Ablehnung. Man erblickte darin nicht weniger als einen Misstrauensbeweis der Politik gegenüber dem Militär sowie ein fachfremdes Ansinnen, das die Grundlagen des Soldatenberufs in Frage stellte. Solche Überzeugungen wurzelten in einem überkommenen Standesdenken, das bei aller Aufgeschlossenheit für das Neue zugleich dessen nivellierende Auswirkungen fürchtete und dem man mit Charakterappellen und Traditionspflege zu begegnen suchte. Dagegen gab es an den antibolschewistischen Grundlagen des Wehrmotivs keinerlei Zweifel. Diese setzten erst ein, wenn die strategischen und operativen Konsequenzen einer Landesverteidigung zur Sprache kamen, die das Territorium der Bundesrepublik als »Verzögerungsraum« betrachtete und der Bundeswehr – anfänglich – die Rolle eines »Stolperdrahts« zur Auslösung atomarer Gegenschläge zuwies. Doch vor den Irritationen, die solche Perspektiven auslösten, wich man gern auf technisch-taktische Fachprobleme oder operative Finessen aus, deren Meisterung zugleich das Versprechen enthielt, das System der Abschreckung werde bei sachgerechter Bedienung schon nicht versagen.

Dafür waren diese Offiziere bereit, die Mühsal und Engpässe der Aufbauphase auf sich zu nehmen. Protest oder »Flucht« in die Öffentlichkeit kam für sie sowieso nicht in Frage, und der Rückgriff auf Motive etwa des militärischen Widerstands wäre ihnen absurd vorgekommen, sahen sie doch im Attentat des

---

[47] BA-MA, Pers. 1/24764, BMVg, Abteilungsleiter P an Generalleutnant von Plato, 29.10.1969.
[48] Zum Folgenden vgl. Pauli, Wehrmachtsoffiziere (wie Anm. 3).

20. Juli 1944 vor allem eine – zu respektierende – Ausnahmehandlung, aus der sich jedoch keine Verhaltensnorm ableiten ließ, die für Soldaten in einer Demokratie Geltung haben konnte. Ganz im Gegenteil: Man war ja trotz aller Skepsis gegenüber der Effektivität und Kompetenz der parlamentarischen Ordnung gerade diesem neuen Bonner System zutiefst dankbar, dass es Stabilität versprach und jene letzten Fragen, die sich beim NS-Regime aufgedrängt hatten, freundlich-pragmatisch hintanstellte.

Ohne in jeder Hinsicht in diesem Kollektivporträt aufzugehen, lassen sich darin einige Züge Generalleutnant von Platos wiedererkennen. Sein Engagement für den westdeutschen Verteidigungsbeitrag wurzelte in der Sorge über die sowjetische Bedrohung aus dem Osten und in der Ablehnung eines politischen und sozialen Systems, dessen wenig einladende Züge er beim Blick über die Elbe selbst ausmachen konnte. Für das Votum für den Westen gab nicht so sehr eine dezidierte politische Überzeugung den Ausschlag als die Treue zu einer Lebensform. Den Ausschlag für den Wechsel in das Amt Blank und dann in die Bundeswehr gab eine Loyalitätsauffassung, die wohl weniger einer konkreten »Staatsfreundschaft« (Dolf Sternberger) entsprang, als vielmehr der Überzeugung, man sei es sich als gedienter Soldat und Offizier schuldig, dort Hand anzulegen, wo man gebraucht werde und seine eigenen Fähigkeiten am besten einbringen könne. Damit waren die Bereitschaft und der Mut verbunden, sich auf die Herausforderungen eines Offizierberufs einzulassen, der im Rahmen der atomaren »Revolution in Military Affairs« einen grundlegenden Wandel erfuhr. Die Illusion, man könne in die gleiche Panzertruppe zurückkehren, die man 1945 verlassen hatte, hielt sich bei von Plato jedenfalls nicht sehr lange – auch wenn er hier seine eigentliche militärische Heimat sah.

Was brachte diese Offiziergeneration aus Reichswehr, Wehrmacht, Krieg und Zivilberufen mit – und was befähigte sie, sich den neuen Anforderungen in Politik, Gesellschaft und Militär zu stellen? Von Platos Selbstzeugnis zum Traditionsverständnis deutet an, wo er seine Ressourcen verortete. Vor dem biografischen Hintergrund von Familie und Erziehung teilt sich hier noch einmal die Verbindung zwischen einer adligen Auffassung vom Dienen, einer reichswehrgeprägten Überzeugung vom »unpolitischen«, aber sittlich verpflichteten Soldatentum und einer militärischen Loyalitätsauffassung, die sich festmacht an überpositiven Werten wie Gemeinwohl, Vaterland und Menschenwürde. Die Haltung, die aus dieser Verbindung erwuchs, hielt von Plato sowohl von den – wenigen – »politischen« Generalen der Bundeswehr und ihren Kreisen fern, verbot es ihm aber auch, sich als Militärfunktionär oder »Technokrat in Uniform« zu verstehen. Das mag ihm eine gewisse Unabhängigkeit gesichert haben, hatte aber auch seinen Preis. Denn einerseits stieß das traditionelle Rollenmodell des Offiziers durch die Implikationen der Nuklearstrategie und der damit einhergehenden »Vergesellschaftung der Gewalt« auf Grenzen, während der weitherzige Führungsstil des »geborenen Truppenführers« andererseits auf die Vorbehalte einer Heeresführung traf, in der Regelgehorsam und Absicherungsdenken um sich griffen. Jedenfalls gab von Plato noch im Abschied das Heft nicht aus der Hand, indem er darauf bestand, aus eigenem Wunsch auszuscheiden, als er seine Zeit gekommen sah.

Kai Uwe Bormann

Erster Inspekteur des Sanitäts- und Gesundheitswesens der Bundeswehr: Generalstabsarzt Dr. Theodor Joedicke

Kein Dienstgrad ziert den Grabstein auf dem evangelischen Friedhof in Kronberg-Oberhöchstadt im Taunus und gibt Auskunft über eine erfolgreiche Militärlaufbahn[1]. So hatte es der Generalstabsarzt a.D. Dr. Theodor Joedicke selbst bestimmt[2]. Bereits wenige Wochen nach Erhalt eines Schreibens, dass seine im kommenden Jahr erfolgende Pensionierung ankündigte[3], hatte er verfügt, dass bei seiner Beisetzung keine militärischen Feiern stattfinden dürften und dieser Wunsch in der Todesanzeige zum Ausdruck gebracht werden sollte. Mitgliedern oder Vertretern der Regierung, des Militärischen Führungsrates oder des Abteilungsleiter-Gremiums des Bundesministeriums für Verteidigung untersagte er, an seinem Grab zu sprechen[4]. Ausgenommen davon blieben lediglich

---

[1] Eine biografische Skizze oder gar Biografie Joedickes ist ein Desiderat der Forschung. Joedicke selbst hat eine unveröffentlichte Niederschrift seiner Erinnerungen an die Amtszeit als erster Inspekteur des Sanitäts- und Gesundheitswesen der Bundeswehr von 1957 bis 1962 verfasst. Siehe Niederschrift Joedicke, 21.4./12.10.1988, S. 1–23; Bundesarchiv-Militärarchiv (BA-MA), Freiburg i.Br., MSg 2/13753, Ergänzung zur Niederschrift, 1.5.1989, S. 1–5 sowie Beilagen, ebd. Ein Nachlass ist zwar nicht vorhanden, aber eine von Generaloberstabsarzt a.D. Prof. Dr. Ernst Rebentisch, dem 6. Inspekteur für das Sanitäts- und Gesundheitswesen der Bundeswehr, zusammengetragene Aktensammlung zur Geschichte des Sanitätswesens der Bundeswehr umfasst auch die Dienstzeit Joedickes und persönliche Akten zu dessen Person. Siehe BA-MA, MSg 205. Die Einsicht dieser Akten unterliegt der Genehmigung Rebentischs. Zur Personalakte Joedickes siehe BA-MA, Pers 1/8820. Zu sehr gestrafften und rein biografischen Angaben über Person und Wirken Joedickes vgl. [Wilhelm] Albrecht, Generalstabsarzt Dr. Theodor Joedicke, dem ersten Inspekteur des Sanitäts- und Gesundheitswesen der Bundeswehr, zum 60. Geburtstag. In: Wehrdienst und Gesundheit. Abhandlungen aus Wehrmedizin, Wehrpharmazie und Wehrveterinärwesen, Bd 1. Zusammengestellt und bearbeitet von Oberstarzt Dozent Dr. med. habil. Georg Finger, Darmstadt 1959, S. VII–IX; Gunter Desch, Generalstabsarzt Dr. med. Theodor Joedicke (*11.12.1899), erster Inspekteur des Sanitäts- und Gesundheitswesen der Bundeswehr. In: Mars. Jahrbuch für Wehrpolitik und Militärwesen, 1 (1995), S. 132–134.

[2] Schreiben Rebentisch an Verfasser, 27.3.2009. Für seine Auskünfte und die Genehmigung zur Akteneinsicht im BA-MA sowie für deren Auswertung bin ich Herrn Generaloberstabsarzt a.D. Prof. Dr. Rebentisch zu Dank verpflichtet.

[3] Siehe Schreiben BMVg P VI 4, gez. Gumbel, an Joedicke, 30.9.1961. In: Niederschrift Joedicke, 21.4./12.10.1988, Beilage 19, BA-MA, MSg 2/13753.

[4] Dem Militärischen Führungsrat gehörten der Generalinspekteur (Vorsitz), die Inspekteure der Teilstreitkräfte, der Befehlshaber Territoriale Verteidigung sowie der Inspekteur

die Angehörigen des Sanitätswesens der Bundeswehr sowie die Vertreter der zivilen Ärzteschaft. Abschließend betonte Joedicke, dass sich sein Wunsch sowohl auf die noch verbleibende Dienstzeit in der Bundeswehr als auch auf die Zeit nach seinem Ausscheiden beziehe[5]. In einer Anlage zu seinem Testament traf er schließlich dahingehend Vorsorge, dass weder im »Deutschen Ärzteblatt« noch in der »Wehrmedizinischen Rundschau« Nachrufe erscheinen sollten[6]. Aus der Ferne betrachtet, erscheint diese Willensbekundung zunächst unverständlich. Gekrönt mit dem Erreichen der Spitzenstellung seiner militärärztlichen Laufbahn und des ihr zugehörigen Spitzendienstgrades stellt sich Joedickes Lebensweg doch zweifellos als der eines beruflichen und damit einhergehenden sozialen Aufstiegs dar.

Vom Infanteristen zum Chef des Stabes der Heeressanitätsinspektion

Am 11. Dezember 1899 im oberfränkischen Neuenmarkt geboren, entstammte Theodor Philipp Hermann Walter Joedicke, als Sohn des Reichsbahnoberinspektors Hans Joedicke, einer dem Kleinbürgertum entspringenden protestantischen Beamtenfamilie des aufstrebenden »neuen« Mittelstandes. Neben den Angestellten, die als Paradebeispiel für dessen Formierung dienten, gehörten diesem unter anderem die Subalternbeamten sowie Lehrer und Vertreter der technischen Berufe an[7]. Joedicke selbst musste nach der Beendigung seiner Schulzeit eigene Berufswünsche vorerst zurückstellen, da sein Geburtsjahrgang 1917 einberufen wurde. Infolgedessen war der Primaner Joedicke bereits seit einem Jahr Soldat, als er das Reifezeugnis des Humanistischen Gymnasiums in Passau ausgehändigt bekam. Im Juni 1917 in das II. Ersatzbataillon des Königlich Bayerischen 16. Infanterie-Regiments eingetreten, wurde er nach seiner Grund- und Fahnenjunkerausbildung als Kompaniemelder und Gruppenführer an der Westfront eingesetzt. Ausgezeichnet mit dem Eisernen Kreuz II. Klasse und dem Schwarzen Verwundetenabzeichen, erfolgte im August 1918 seine Beförderung zum überzähligen Unteroffizier. Niederlage und Waffenstillstand erlebte der im darauffolgenden Monat zum Fähnrich ohne Patent Ernannte als

---

des Sanitäts- und Gesundheitswesens der Bundeswehr an. Das Gremium der Abteilungsleiter wurde durch den Staatssekretär im Verteidigungsministerium (Vorsitz), den Militärischen Führungsrat und fünf Ministerialdirektoren, im Dienstrang einem Generalleutnant/Generaloberstabsarzt gleich, sowie einem Ministerialdirigenten (Brigadegeneral/ Generalarzt) aus den Fachabteilungen des Ministeriums gebildet.

[5]   Handschriftliche Verfügung Joedicke, 26.10.1961. In: Niederschrift Joedicke, 21.4./ 12.10.1988, noch Beilage 19, BA-MA, MSg 2/13753.
[6]   Siehe Niederschrift Joedicke, 21.4.1988, S. 18, BA-MA, MSg 2/13753.
[7]   Vgl. Hans-Ulrich Wehler, Deutsche Gesellschaftsgeschichte, Bd 3: Von der »Deutschen Doppelrevolution« bis zum Beginn des Ersten Weltkriegs 1849–1914, München 1995, S. 750–763.

Teilnehmer eines Fähnrichkurses in der Heimat. Infolge der Demobilisierung im April 1919 aus dem Militärdienst entlassen, wurde Joedicke im Februar 1921 schließlich der Charakter eines Leutnants a.D. verliehen[8].

Trotz der politischen und wirtschaftlichen Turbulenzen der Weimarer Republik sind von Joedicke weder Parteizugehörigkeiten noch anderweitige politische Aktivitäten oder die Mitgliedschaft in einem der zahlreichen Freikorps überliefert. In der Wahl der Studentenverbindung, der Joedicke von 1919 bis 1927 zunächst in Erlangen, dann in München angehörte, kann zwar einerseits eine national-vaterländische Einstellung, andererseits aber auch ein von ihm gelebtes Christentum abgeleitet werden. Im »Wingolf« fand der Medizinstudent und junge Arzt eine seit 1844 existierende, an den christlichen Werten orientierte überkonfessionelle Studentenverbindung, in der das nationale und vaterländische Prinzip während der Weimarer Republik an Bedeutung gewann. Farbentragend, lehnte die Verbindung, ihrem christlichen Ethos gemäß, Mensur und Duell von Anbeginn an ab, eine Ehrauffassung, die erst 1922 in den Erlanger Verbände- und Ehrenabkommen allgemeine Anerkennung fand.

Unmittelbar nach seiner Verabschiedung aus dem militärischen Dienst hatte Joedicke ein Medizinstudium in Erlangen aufgenommen, das er nach erfolgreich abgelegter ärztlicher Vorprüfung in München fortsetzte. Es folgten die ärztliche Prüfung und Promotion, die er ebenso wie die Vorprüfung mit sehr guten Resultaten bestand. Im Dezember 1924 zum Arzt bestallt, absolvierte Joedicke ein Volontariat an der Chirurgischen Poliklinik in München, bevor er im August 1925 mit dem Eintritt als Unterarzt (Oberfähnrich/Oberfeldwebel) in die Sanitätsabteilung der 7. (bayer.) Infanteriedivision erneut Soldat wurde. Ebenso erfolgreich wie sein Studium sollte auch seine zweite militärische Karriere vorankommen, deren Gedeihen sich in den hervorragenden Beurteilungen seiner Vorgesetzten widerspiegelte[9]. Sie beschrieben den großen und schlanken Sanitätsoffizier als sehr gute militärische Erscheinung mit sauberem, einwandfreiem und vorbildlichem Charakter. Ein stets korrektes Auftreten sowie seine gewandten, liebenswürdigen Umgangsformen machten ihn zu einem guten Gesellschafter und gern gesehenen Kameraden. Nicht weniger hervorgehoben wurden seine fachlichen Kenntnisse, galt er doch als »ausgezeichneter Sanitätsoffizier« und »vorzüglicher Arzt«, der auch als Lehrer zu reüssieren wusste. Rückhaltloser, gewissenhafter Einsatz und unermüdlicher Fleiß sowie hohes »wissenschaftliches Streben und Interesse für alle Neuerungen auf dem Gebiet der gesamten Medizin zeichneten ihn aus« und verschafften ihm das uneinge-

---

[8] Im Rahmen der Abwicklung des alten Heeres war es Offizieren und Portepee-Unteroffizieren möglich, einen Antrag auf »Charaktererhöhung und Erteilung der Genehmigung zum Tragen von Uniform« zu stellen. Siehe Heeres-Verordnungsblatt, 2 (1920) vom 7.10.1920, S. 890, Nr. 1154.

[9] Fischer hat den Werdegang Joedickes sogar als Beispiel für die Laufbahn eines Sanitätsoffiziers in der Reichswehr und Wehrmacht aufgezeigt. Vgl. Hubert Fischer, Der deutsche Sanitätsdienst 1921–1945. Organisation, Dokumente und persönliche Erfahrungen, Bd 1, Osnabrück 1982, S. 90 f. Die Karriere des Generalarztes Dr. Heinrich Oberdiek, gleichaltriger Mitarbeiter Joedickes in der Bundeswehr, war ähnlich verlaufen.

schränkte Vertrauen und die Achtung der Sanitätsoffiziere, des Sanitätspersonals und seiner Patienten. Diese Parameter, gepaart mit einem ausgeprägten Durchsetzungsvermögen, boten die Gewähr dafür, dass der Beurteilte die von ihm besetzten Stellen sehr gut ausfüllte und sich zur Beförderung in höhere Dienststellungen und Dienstränge empfahl[10].

Noch im Jahr seines Wiedereintritts zum Assistenzarzt (Leutnant) befördert, wurde Joedicke zunächst als Truppenarzt und assistierender Sanitätsoffizier im Standortlazarett München eingesetzt. Seit 1927 war er Oberarzt (Oberleutnant), 1929 erfolgte seine Versetzung in den Stab des Wehrkreisarztes VII. Dessen Aufgaben wurden in der Reichswehr von den jeweiligen Divisionsärzten der Wehrkreise in Personalunion wahrgenommen. Divisionsarzt der 7. (bayer.) Infanteriedivision war der spätere Inspekteur der Heeres-Sanitätsinspektion, Generalarzt (Generalmajor) Dr. Anton Waldmann. Joedicke diente ihm sowohl in München als auch nach dessen Ernennung zum Heeresgruppenarzt 2 in Kassel als Adjutant. Mittlerweile zum Stabsarzt (Hauptmann) avanciert, erhielt Joedicke 1933 eine Kommandierung zur Fachausbildung an die Chirurgische Universitätsklinik Hamburg. Seine hierbei erworbenen Kenntnisse konnte der Oberstabsarzt (Major) anschließend als Leitender Arzt und Facharzt für Chirurgie im Standortlazarett in Nürnberg unter Beweis stellen.

Den Polenfeldzug als Referent für Reservelazarette beim Wehrkreisarzt XIII in Nürnberg aus der Ferne erlebend, wurde Joedicke im Dezember für die Dauer ihrer Aufstellung und Ausbildung auf dem Truppenübungsplatz Grafenwöhr zum Kompaniechef der 2. Sanitätskompanie 188 ernannt. Am 1. April 1940 zum Oberfeldarzt (Oberstleutnant) befördert, kehrte er wenige Tage später als Divisionsarzt zur 7. (bayer.) Infanteriedivision zurück, die bereits im Oktober des vorangegangenen Jahres in ihre Bereitstellungsräume für den Krieg gegen Frankreich an den Niederrhein verlegt worden war. In dieser Funktion unterstanden Joedicke, der zugleich fachlicher Vorgesetzter des Sanitätspersonals war, alle Sanitätstruppen der Division. Er selbst gehörte dem Divisionsstab an und diente dem Divisionskommandeur als Fachberater in allen sanitätsdienstlichen Belangen.

Der 6. Armee unterstellt, kämpfte die Division in Belgien und nahm an den Kämpfen um Dünkirchen teil. Nach Beendigung der Kampfhandlungen verblieb die Division als Besatzungstruppe in Nordfrankreich und bereitete sich auf die Invasion Großbritanniens vor. Mit deren Absage wurde die Division im Mai 1941 in Räume östlich von Warschau beordert, einen Monat darauf an den Bug, der Demarkationslinie zwischen der Sowjetunion und dem Deutschen Reich im besetzten und geteilten Polen, verlegt.

Am 22. Juni 1941 begann mit dem »Unternehmen Barbarossa« der Feldzug gegen die Sowjetunion, in dessen zunächst erfolgreichem Verlauf sich die Division im Rahmen der Heeresgruppe Mitte über Minsk und Vjaz'ma bis nach Moskau vorkämpfte. Im Verlauf der Rückzugsgefechte im Winter 1941/42 be-

---

[10] Siehe Beurteilungsheft Joedicke, BA-MA, Pers 1/8820. Zitate aus den Beurteilungen vom 15.11.1938, S. 2 und 15.11.1939, S. 2, ebd.

zog sie schließlich Stellungen ostwärts Gzhatsk, die sie bis zum Februar 1943 halten konnte. Joedicke, seit April 1942 Oberstarzt (Oberst), hatte den Verband zu diesem Zeitpunkt bereits verlassen und im September 1942 seinen Dienst als Gruppenleiter (Ia) und erster Mitarbeiter des Heeresgruppenarztes Don, später Süd, unter Generalstabsarzt (Generalleutnant) Dr. Walter Kittel, angetreten, wo er die Schlacht von Stalingrad aus Heeresgruppenwarte verfolgen und an deren sanitätsdienstlicher Bewältigung mitwirken konnte. Ausgezeichnet mit der Spange zum Eisernen Kreuz II. Klasse, dem Kriegsverdienstkreuz I. und II. Klasse mit Schwertern sowie dem Kommandeurkreuz der Rumänischen Krone, der im März 1943 die Verleihung des Kommandeurkreuzes der Ungarischen Krone folgen sollte, wandte Joedicke der Front den Rücken und übernahm Anfang März 1943 im Oberkommando des Heeres die Aufgaben des Chefs der Organisationsabteilung in der Heeres-Sanitätsinspektion[11]. Deren Inspekteur war seit Februar 1941 Generaloberstabsarzt Prof. Dr. Siegfried Handloser. Mit der zusätzlich im Juni 1942 erfolgten Übernahme des neu geschaffenen Amtes eines Chefs des Wehrmachtssanitätswesens im Oberkommando der Wehrmacht, zeichnete Handloser für das gesamte Sanitätswesen der Wehrmacht einschließlich der Waffen-SS verantwortlich und übte die Dienstaufsicht über alle Sanitätsoffiziere aus[12]. Wegen seiner Mitverantwortung an Kriegsverbrechen und Verbrechen gegen die Menschlichkeit im »Nürnberger Ärzteprozess« 1947 zu einer lebenslänglichen Haftstrafe verurteilt, wurde er aus gesundheitlichen Gründen vorzeitig aus der Haft entlassen. Handloser starb 1954 in München[13]. Auf Hitlers Weisung endete die Personalunion zum 1. September 1944[14] und Handloser wurde als Heeres-Sanitätsinspekteur von Generalleutnant Dr. Paul Walter[15] abgelöst.

Joedicke, der im Rahmen dieser Umgliederung die Nachfolge von Generalarzt Dr. Walter Schmidt-Brücken als Chef des Stabes der Heeres-Sanitätsinspektion antrat, sah den scheidenden Inspekteur als Initiator einer Verein-

---

[11] Zum Aufbau des Heeressanitätsdienstes vgl. Fischer, Der deutsche Sanitätsdienst, Bd 1 (wie Anm. 9), S. 73-85; zum Heeres-Sanitätsinspekteur vgl. ebd., S. 73-76, sowie Hubert Fischer, Der deutsche Sanitätsdienst 1921-1945. Organisation, Dokumente und persönliche Erfahrungen, Bd 3, Osnabrück 1984, S. 2537-2546.

[12] Zur »Dienstanweisung für den Chef des Wehrmachtsanitätswesen (Chef W San), 7.8.1944« siehe Fischer, Der deutsche Sanitätsdienst, Bd 3 (wie Anm. 11), S. 2527-2531.

[13] Zu Handloser siehe Wolfgang U. Eckart, Generaloberstabsarzt Prof. Dr. Siegfried Handloser. In: Hitlers militärische Elite, Bd 2: Vom Kriegsbeginn bis zum Weltkriegsende. Hrsg. von Gerd R. Ueberschär, Darmstadt 1998, S. 88-92. Zum »Nürnberger Ärzteprozess« vgl. u.a. Medizin ohne Menschlichkeit. Dokumente des Nürnberger Ärzteprozesses. Hrsg. und kommentiert von Alexander Mitscherlich und Fred Mielke, Frankfurt a.M., Hamburg, 1962; Wolfgang U. Eckart, Fall 1: Der Nürnberger Ärzteprozeß. In: Der Nationalsozialismus vor Gericht. Die alliierten Prozesse gegen Kriegsverbrecher und Soldaten 1943-1952. Hrsg. von Gerd R. Ueberschär, Frankfurt a.M. 1999, S. 73-85.

[14] Zur Führerweisung Nr. 5008/44g vom 7.8.1944 siehe Fischer, Der deutsche Sanitätsdienst, Bd 3 (wie Anm. 11), S. 2526 f.

[15] Dieser war vom Reichsführer-SS und Befehlshaber des Ersatzheeres, Heinrich Himmler, nicht zum Generalstabsarzt, sondern gemäß dem Verfahren innerhalb der SS auch den Ärzten einen rein militärischen Dienstgrad zu verleihen, zum Generalleutnant ernannt worden. Vgl. Fischer, Der deutsche Sanitätsdienst, Bd 3 (wie Anm. 11), S. 2543.

heitlichung des Sanitätswesens. In seiner Antrittsrede als Inspekteur des Sani-
täts- und Gesundheitswesens der Bundeswehr wies er auf das »tragische
Schicksal unseres hochverehrten Generaloberstabsarzt Prof. Dr. Handloser«
hin, der als erster »die Notwendigkeit erkannte, das Sanitätswesen für die gesamte Wehrmacht zusammenzufassen, eine Entwicklung, die über den Chef
des Wehrmachtssanitätswesens zur Konzeption eines Sanitätsinspekteurs für
die Bundeswehr« geführt habe.

Zu seiner Amtseinführung konnte Joedicke auch die ehemaligen Sanitätschefs der Wehrmachtsteile, die Admiraloberstabsärzte a.D. Prof. Dr. Alfred
Flickentscher und Dr. Emil Greul (Marine) sowie den Nachfolger Handlosers
und seinen letzten unmittelbaren Vorgesetzten, Generalleutnant a.D. Dr. Walter, begrüßen. Anwesend waren auch die letzten Sanitätschefs der Luftwaffe.
Da sein Aufenthaltsort vor Prozessbeginn nicht ermittelt werden konnte, war
Generaloberstabsarzt a.D. Prof. Dr. Erich Hippke von der alliierten Strafverfolgung unbehelligt geblieben[16], indes sein Nachfolger, Generaloberstabsarzt a.D.
Prof. Dr. Oskar Schröder, das Los Handlosers geteilte hatte. In Nürnberg gleichermaßen zu lebenslanger Haft verurteilt, war auch er bereits 1954 aus der
Haft entlassen worden und zu einem begehrten Ansprechpartner für den Aufbau des Sanitätswesens der Bundeswehr avanciert. Joedicke betonte jedenfalls
die wertvollen gemeinsamen Stunden, verbracht in »fruchtbarem Gedankenaustausch über Erfahrungen und Pläne für die Zukunft«[17].

Wie in allen anderen Bereichen des gesamtgesellschaftlichen Lebens wurde
auch die Vergangenheit der Ärzteschaft im Nationalsozialismus dem Verdrän-
gen und Vergessen anheimgestellt. Ob und in welchem Umfang Joedicke, der
selbst unbelastet blieb, im Rahmen seiner Aufgaben und sanitätsdienstlichen
Verbindungen Kenntnis von verbrecherischen Vorgängen erlangt hatte, kann
nicht sicher beantwortet werden. Nachweislich gesichert ist lediglich, dass Joedicke, obgleich zu diesem Zeitpunkt bereits in der Heeres-Sanitätsinspektion
tätig, nicht an der »3. Arbeitstagung Ost der beratenden Ärzte«, die im Mai
1943 in der Militärärztlichen Akademie stattfand, teilnahm. In deren Verlauf
wurde unter anderem auch über die Sulfonamidversuche an weiblichen Häftlingen im Konzentrationslager Ravensbrück referiert. Sowohl im Einführungs-
referat von Himmlers Leibarzt und Präsidenten des Deutschen Roten Kreuzes,
SS-Gruppenführer Prof. Dr. Karl Gebhardt, als auch im Vortrag seines Assis-
tenten, SS-Sturmbannführer Dr. Fritz Fischer, wurde deutlich, »daß die Versuche an Häftlingen eines Konzentrationslagers ausgeführt« worden waren. Laut
einer vorab erstellten Teilnehmerliste, waren die oben Genannten, mit Ausnahme von Admiraloberstabsarzt a.D. Dr. Greul und Generalleutnant a.D.
Dr. Wagner, ebenso vertreten, wie einige zukünftige Mitglieder des Wissen-

---

[16] Vgl. Medizin ohne Menschlichkeit (wie Anm. 13), S. 283, Anm. 7.
[17] Text Dienstantrittsrede Joedickes als Inspekteur für das Sanitäts- und Gesundheitswesen
der Bundeswehr, 2.9.1957 in: Niederschrift Joedicke, 21.4./12.10.1988, Beilage 5, BA-MA,
MSg 2/13753. Auch Oberdiek hatte bereits in Kontakt mit Schröder gestanden.

schaftlichen Beirates für das Sanitäts- und Gesundheitswesen der Bundeswehr. Protest wurde von der Elite der deutschen Medizin nicht erhoben[18].

In der generationsgeschichtlichen Einordnung bewegt sich Joedicke auf der Schnittstelle zwischen der Generation der Frontoffiziere des Ersten Weltkrieges (Jahrgang bis 1900) und der sogenannten Kriegsjugendgeneration (Jahrgang 1900–1913). Letztere erlebten den Krieg allenfalls im Rekrutendepot (Jahrgang 1900); der Fronteinsatz im Zuge der letztlich erfolglosen Offensiven im Westen vor dem Zusammenbruch 1918 blieb ihnen erspart. Jahrgangsmäßig der ersten Generation angehörend, zählte Joedicke als Fähnrich ohne Patent zwar nicht zum Offizierkorps, wohl aber zur Generation derjenigen, die in der nationalsozialistischen Terminologie ihre Radikalisierung als »Frontkämpfer« erfuhren. Falls nach Kriegsende nicht direkt in die Reichswehr übergetreten, absolvierten sie zunächst Karrieren in Freikorps, anderen paramilitärischen Verbänden oder bei der Polizei, bevor sie im Zuge der Heeresvermehrung in die Wehrmacht eingegliedert wurden. Selbst davon profitierend, standen sie den nationalsozialistischen Öffnungs-, Auswahl- und Effektivierungsmaßnahmen aufgeschlossen gegenüber. Das November-Trauma der Niederlage von 1918 vor Augen, zeichnete sich diese Offiziergeneration, die nach der Winterkrise 1942/43 die Divisionskommandeure stellte, »in der Regel bis zum Ende durch rücksichtslose Einsatzbereitschaft und hohe Regimeloyalität aus«. Einen »modernen Führungsstil und technisch flexible Kriegführung« propagierend, rekrutierte sich aus ihren Reihen schließlich die erste Generation der bundesrepublikanischen Militärführung, deren Verwendung auf »die Planungs- und Aufstellungsphase bis Anfang der 1960er-Jahre begrenzt« blieb. Der Großteil der Mitarbeiter des Amtes Blank und jeder vierte Spitzenmilitär der 1960er-Jahre entstammten der nachfolgenden Kriegsjugendgeneration. Im Zweiten Weltkrieg zu Regiments- und Abteilungskommandeuren aufgestiegen, folgten sie mehr noch als die Älteren »den volkgemeinschaftlichen Vorstellungen einer modernisierten Kriegswehrmacht – Erfahrungen und Überlegungen, die umgeprägt in entnazifizierter Gestalt das Konzept der Inneren Führung begleitet und auch mit beeinflusst haben«. In dieser Generation, der auch die führenden Repräsentanten der NS-Bewegung angehörten, verbanden sich Einflüsse der Jugendbewegung mit dem Gedankengut des Nationalsozialismus. Nur wenige vermochten es, sich diesem Konglomerat zu entziehen, oder sie wandten sich, in ihren Hoffnungen enttäuscht, schließlich den verschiedenen Formen des Widerstandes bis hin zum Attentatsversuch am 20. Juli 1944 zu[19].

Bei Joedicke ist eine besondere Affinität zum Nationalsozialismus nicht erkennbar. Seine christliche Einstellung mag ihn gegen eine tiefgreifende Beein-

[18] Vgl. Paul Klee, Auschwitz, die Medizin und ihre Opfer, Frankfurt a.M. 1997, S. 199–204. Zitat S. 199. Die gemäß vorab erstellter Teilnehmerliste Geladenen werden sowohl im Text als auch in den Anm. 38–46 aufgeführt. Kurzfristige Absagen sind nicht erfasst. Gebhardt wurde in Nürnberg zum Tode, Fischer zu lebenslanger Haft verurteilt, aus der er 1954 vorzeitig entlassen wurde.
[19] Klaus Naumann, Generale in der Demokratie. Generationsgeschichtliche Studien zur Bundeswehrelite, Hamburg 2007, S. 31 f. Zitate ebd.

flussung im nationalsozialistischen Sinne abgeschirmt haben. Von den Attentatsplänen gegen Hitler besaß er nach eigenem Bekunden keine Kenntnis. Er hatte mit Generalmajor Henning von Tresckow und Oberst i.G. Eberhard Finckh, Oberquartiermeister der Heeresgruppe Don, später Süd, zwar Protagonisten des militärischen Widerstandes kennengelernt, wurde aber ebenso wenig ins Vertrauen gezogen wie ein anderer Sanitätsoffizier. Den Umstand, dass keine aktiven höheren Sanitätsoffiziere an den Umsturzplänen beteiligt waren, sah Joedicke darin begründet, dass die Truppenoffiziere und insbesondere die Generalstabsoffiziere die Sanitätsoffiziere für unwürdig hielten, an ihrem Vorhaben mitzuwirken. Eine Einschätzung, die selbst nicht frei von Ressentiments gegenüber den Angehörigen des Generalstabes war. Auf die Gesamtzahl der Offiziere eines Millionenheeres bezogen, gehörten die militärischen Verschwörer einer verschwindend geringen Minderheit an, die sich auf die Inhaber einiger für einen Staatsstreich exponierter Dienststellungen und ansonsten auf enge persönliche Verbindungen fokussierte. Abgesehen davon, dass auch die höchsten Sanitätsdienststellen und deren Angehörige nicht staatsstreichtragend waren, scheinen derartige persönliche Verbindungen zwischen den Verschwörern, die überwiegend dem Generalstab angehörten, und Sanitätsoffizieren nicht bestanden zu haben. Obgleich der existenziellen Entscheidung letztlich enthoben, bekundete Joedicke fast 50 Jahre nach den Ereignissen gegenüber einem seiner Amtsnachfolger, dass er sich der Verantwortung sicherlich nicht entzogen hätte[20].

Halb zog man ihn – halb sank er hin

Bereits im September 1945 aus amerikanischer Kriegsgefangenschaft entlassen, fasste Joedicke nach einer Phase der Arbeitslosigkeit als praktischer Arzt und Krankenhausarzt in Lenggries/Bayern erstmals zivilberuflich Fuß. Vom Bürgermeister im März 1946 als einziger Arzt für das 30 Betten umfassende Krankenhaus vorgestellt, traf Joedicke dort auf die Ordensschwestern des ehemaligen Nürnberger Standortlazaretts, von denen er seit neun Jahren nichts mehr gehört hatte[21]. In den darauffolgenden Jahren gelang es Joedicke, sich trotz der »Anwesenheit zahlreicher anderer Ärzte« und mancher Anfeindungen dem Eindringling gegenüber, eine »überaus grosse, ausgedehnte Praxis« aufzubauen, die auf einem hohen Ansehen in der Bevölkerung und dem »ungeteilte[n] Vertrauen seiner zahlreichen Patienten« beruhte[22]. Dieser Erfolg sicherte ihm und seiner Frau einen gewissen Wohlstand, der es aus wirtschaftlichen Erwä-

---

[20] Siehe Schreiben Joedicke an Rebentisch, 25.8.1991, S. 2, BA-MA, MSg 205/v. 3, Teil 1.
[21] Siehe ebd.
[22] Siehe Schreiben General der Gebirgstruppen a.D. Vogel an Oberdiek, 18.6.1956, BA-MA, MSg 205/v. 2.

gungen nicht erforderlich machte, eine Wiedereinstellung bei der Bundeswehr als Sanitätsoffizier in Betracht zu ziehen[23].

Folglich kam es erst im September 1955 zu einer ersten nachweislichen Berührung Joedickes mit dem Aufbau des Sanitätsdienstes in den neuen Streitkräften, als ihm der Vizepräsident der Bayerischen Landesärztekammer, Oberstarzt a.D. Dr. Gustav Sondermann, seinen Aufsatz über »Grundsätzliche Erwägungen zum Aufbau des Sanitätsdienstes« hatte zukommen lassen[24]. Die darin enthaltenen Gedanken waren Joedicke »geradezu aus dem Herzen geschrieben«, wie er dem Verfasser wenig später mitteilte. So bestätigte er dessen Standpunkt, dass die Ärzte der neuen Streitkräfte den Status von Sanitätsoffizieren besitzen müssten und die Ernennung eines gemeinsamen Sanitätsinspekteurs für die drei Teilstreitkräfte unerlässlich sei. Ohne diese Institution »wäre das Sanitätswesen der neuen Wehrmacht zu den gleichen Schwierigkeiten und dann natürlich auch Kritiken verurteilt, wie ich sie in den letzten zwei Jahren des Krieges besonders intensiv gespürt habe«. Die Übernahme in die aktive Sanitätsoffizierlaufbahn sollte erst nach der Approbation und im Anschluss an eine sechsmonatige militärische Ausbildung erfolgen. Im Gegensatz zu Sondermann befürwortete Joedicke jedoch die Wiedererrichtung einer Sanitätsakademie. Vornehmlich im Sinne der Fortbildung der Sanitätsoffiziere und ihrer Verbindung zu einem Forschungsinstitut für wehrmedizinische Probleme hielt er diese bewährte Institution für zweckmäßig, vertrat allerdings die Auffassung, dass eine Debatte darüber zu diesem Zeitpunkt wenig erfolgversprechend und undiplomatisch sei[25].

Kaum hatte Joedicke daraufhin dem Befehlshaber im Wehrbereich VI (München) sein »Interesse an dem Geschehen in den neuen Streitkräften bekundet«, sah er sich infolge des internen Netzwerkes des Sanitätsdienstes einem ersten Anwerbungsversuch von Oberstarzt a.D. Dr. Heinrich Oberdiek ausgesetzt. Joedickes Nachfolger als Gruppenleiter beim Heeresgruppenarzt Süd und nunmehr als Referatsleiter im Bundesministerium für Verteidigung für das Personal des Sanitätswesens verantwortlich, brachte ihm das vielseitige Interesse an seiner Mitarbeit zur Kenntnis, »bezweifelte aber gleichzeitig, ob man es ermöglichen könnte, Sie aus Ihrer schönen Landschaft, an die Sie sich gebun-

---

[23] Siehe Schreiben Oberstarzt a.D. Prof. Dr. Szerreike an BMVg, 18.6.1956, ebd.

[24] Siehe Gustav Sondermann, Grundsätzliche Erwägungen zum Aufbau des Sanitätsdienstes. In: Ärztliche Mitteilungen, 3 (1955), 26, S. 728–730. Sondermann hatte Joedicke angeschrieben und einen Sonderdruck des Aufsatzes für den Fall beigefügt, dass Joedicke ihn in der Standespresse nicht zur Kenntnis genommen habe. Joedicke war der Aufsatz aber bereits bekannt. Siehe Schreiben Sondermann an Joedicke, 1.12.1955, BA-MA, MSg 205/v. 2. Rebentisch nennt in diesem Zusammenhang einen anderen Artikel: Gustav Sondermann, Ärzteschaft und Sanitätsdienst. In: Bayerisches Ärzteblatt, 10 (1955), 12, S. 220 f. Vgl. Ernst Rebentisch, Die Gesundheit des Soldaten. Dokumente zum Sanitäts- und Gesundheitswesen der Bundeswehr, Gräfelfing 1995, S. 212. Im Schriftverkehr wird jedoch immer auf die Ärztlichen Mitteilungen verwiesen.

[25] Schreiben Joedicke an Sondermann, 8.12.1955, BA-MA, MSg 205/v. 2.

den haben, loszulösen«[26]. Folgte diesem Schreiben zunächst keine erkennbare Reaktion Joedickes, unternahm Oberdiek nach einer Sitzung des Bundestagsausschusses für Verteidigung, in deren Verlauf den Ärzten der Status von Sanitätsoffizieren einstimmig zuerkannt worden war, einen weiteren Versuch, Joedicke für den erneuten Eintritt in das Militär zu gewinnen[27]. Diese, vom Ausschuss einstimmig getroffene Entscheidung, war, wie die historische Entwicklung und auch die Debatten infolge des Neuaufbaus des Sanitätsdienstes zeigten, nicht selbstverständlich, stellte für Joedicke aber eine conditio sine qua non für seine eigenen Erwägungen dar[28].

Oblag die sanitätsdienstliche Versorgung der Soldaten lange Zeit akademisch nicht ausgebildeten Feldschern und Wundärzten, die von den Kompanien und Regimentern angeworben wurden, setzten Ende des 18. Jahrhunderts Bestrebungen ein, die oftmals desolaten Verhältnisse in den Lazaretten durch eine obligatorische akademische Ausbildung der Militärärzte zu verbessern. Die Gründung militärärztlicher Bildungsanstalten wie des »Josephinum« (1785) in Wien sowie der »Pépinière« (1795) in Berlin bildeten das Fundament für die Verwirklichung dieses Anliegens[29]. Erste Anerkennung erfuhren die Militärärzte 1808 durch eine Kabinettsorder, in der König Friedrich Wilhelm III. ihnen für ihre Verdienste während des Krieges 1806/07 den Status von Militärbeamten im Offizierrang verlieh. Diesem ersten Schritt auf dem Wege zur Gleichstellung mit den Offizieren der Linie folgte 1868 die Bildung des Sanitätskorps, das fortan neben dem Offizierkorps stehen sollte. Mit dieser Entscheidung in den Stand des Soldaten versetzt, gehörten dem Sanitätskorps alle Militärärzte im Offizier- und Unteroffizierrang an. Als Sanitätsoffiziere wurden die Militär-

---

[26] Schreiben Oberdiek an Joedicke, 13.3.1956, S. 1, ebd., Oberdiek war durch Oberstarzt a.D. Dr. Hans Lottner, Unterabteilung IV H (Gesundheitswesen) der Abteilung Gesamtstreitkräfte, über das Interesse Joedickes in Kenntnis gesetzt worden. Siehe ebd. Zu den Netzwerken der alten Militärelite vgl. u.a. Naumann, Generale in der Demokratie (wie Anm. 19), S. 99 f.

[27] Siehe Schreiben Oberdiek an Joedicke, 21.4.1956, BA-MA, MSg 205/v. 2. Zur Entscheidung des Bundestagsausschusses für Verteidigung siehe Deutscher Bundestag, Parlamentsarchiv (BT ParlA), 2. Wahlperiode (WP), Stenographisches Protokoll des Ausschusses für Verteidigung, (6. Ausschuss) der 89. Sitzung, 11.4.1956, 1. Ausf., S. 9–19.

[28] Siehe Schreiben Joedicke an Sondermann, 8.12.1955, BA-MA, MSg 205/v. 2. Zu Status und Stellung des Sanitätsoffizier vgl. u.a. J. Zinke, Vom Feldscher zum Sanitätsoffizier, Darmstadt 1965 (= Wehrdienst und Gesundheit. Abhandlungen aus Wehrmedizin, Wehrpharmazie und Wehrveterinärwesen, XI); Erhard Grunwald, Die Gliederung der Sanitätstruppe und die personelle Ergänzung der Sanitätsoffiziere im Heer 1918/19 und 1934/36 (1). In: Wehrmedizinische Monatsschrift, 27 (1983), 10, S. 430–434, hier S. 433; Erhard Grunwald und Ralf Vollmuth, Der Sanitätsdienst – Entstehung und Entwicklung. In: Entschieden für Frieden. 50 Jahre Bundeswehr. Im Auftrag des MGFA hrsg. von Klaus-Jürgen Bremm, Hans-Hubertus Mack und Martin Rink, Freiburg i.Br. 2005, S. 183–198, hier S. 184 f.

[29] Vgl. Hubert Fischer, Zum 190. Gründungstag der Pépinière. In: Wehrmedizinische Monatsschrift, 29 (1985), 6, S. 276–280, und 7, S. 318–322; H. Wyklicky, Über die Ausbildung der k.u.k Militärärzte – 200 Jahre Josephinum. In: Wehrmedizinische Monatsschrift, 30 (1986), 5, S. 213–217; Manfred Zimmermann, Zur Geschichte der militärärztlichen Bildungsanstalten in Preußen und Deutschland. In: Wehrmedizinische Monatsschrift, 44 (2000), 1, S. 22–26.

ärzte erstmalig in der »Verordnung über die Organisation des Sanitätsdienstes« vom 6. Februar 1873 bezeichnet. Als militärische Vorgesetzte gegenüber allen Unteroffizieren und Mannschaften, mit denen sie in »unmittelbare dienstliche Beziehung« traten, waren sie zukünftig verpflichtet, vor ihrer Ausbildung oder Verwendung als Militärärzte ein halbes Jahr allgemeinen Militärdienst zu leisten[30]; eine Voraussetzung, die noch in der Wehrmacht Bestand hatte und deren Beibehaltung Joedicke auch für den künftigen Bundeswehrarzt forderte. Ein Vorgesetztenverhältnis gegenüber anderen Offizieren bestand hingegen nicht. 1910 wurde schließlich auch das Veterinärkorps gegründet, dessen Angehörige bis zu diesem Zeitpunkt als Militärbeamte im Offizierrang gedient hatten.

Ihre volle Gleichberechtigung gegenüber dem Offizierkorps erhielten die Sanitätsoffiziere erst in der Reichswehr. Im »Rang- und Vorgesetztenverhältnis der Soldaten des Reichsheeres« von 1920 wurde festgelegt, dass alle Offiziere, zu denen die Truppen-, Sanitäts- und Veterinäroffiziere zählten, die einer höheren Rangklasse angehörten, Vorgesetzte aller Offiziere einer niedrigeren Rangklasse sein sollten. Waren die Sanitäts- und Veterinäroffiziere nunmehr Vorgesetzte aller Offiziere geworden, die im Rang unter ihnen standen, unterstanden sie im Gegenzug nun nicht mehr allein ihren unmittelbaren militärischen Vorgesetzten, sondern allen Offizieren, die im Dienstgrad über ihnen rangierten. Während die Zahnärzte und Apotheker weiterhin im Status eines Militärbeamten im Offizierrang verblieben, wurde den Sanitäts- und Veterinäroffizieren de jure die volle Gleichberechtigung gegenüber den Truppenoffizieren zuerkannt. Wenngleich es den Sanitätsoffizieren auch weiterhin nicht gestattet war, in die Kommandogewalt der Truppenoffiziere einzugreifen oder der Truppe Befehle zu erteilen, verbot die Verordnung den Truppenoffizieren, sich in die fachliche Arbeit des Sanitätsoffiziers einzumischen[31].

Mit Gründung der Bundeswehr sollte die Diskussion um den Status der Sanitätsoffiziere und der Vertreter der anderen Approbationen erneut aufflammen: Die Bandbreite der Kontroverse, an der sich die betroffenen Ministerien, das Amt Blank, die Standesorganisationen, Öffentlichkeit sowie politische Gremien beteiligten, reichte von sachlichen Argumenten des Für und Wider bis hin zu der Forderung, dass Ärzte »nicht Remote reiten und Sporen tragen, sondern heilen und pflegen« sollten[32]. Die Befürworter eines zivilen Status des

---

[30] Siehe Armee-Verordnungs-Blatt, 7 (1873) vom 22.4.1873, S. 104-121, Nr. 11.
[31] Siehe Heeresverordnungsblatt, 2 (1920) vom 17.12.1920, S. 989-991, Nr. 75. Die vier Rangklassen der Offiziere unterteilten sich in: 1. Generale, 2. Stabsoffiziere, 3. Hauptleute und Rittmeister, 4. Leutnants.
[32] Schreiben Meyer an Rebentisch, 2.2.1979, S. 1, BA-MA, BW 24/7796. Diese Forderung stammte von dem bekannten Freiburger, vormals Breslauer, Ordinarius Prof. Dr. Hans Killian (1892-1981). Heusinger erinnerte sich an ein Gespräch mit Killian, in dessen Verlauf dieser seine Auffassung zugunsten eines zivilen Status gegenüber Heusinger dargelegt habe. Siehe Vermerk Meyer über ein Gespräch mit Heusinger, 31.1./1.2.1979, S. 1-4, hier S. 1 f., BA-MA, BW 24/7796. Seine Einstellung zu den aktiven Sanitätsoffizieren hatte Killian auch in seinen Erinnerungen über seine Verwendung als beratender Armeechirurg der 16. Armee zum Ausdruck gebracht. Vgl. Hans Killian, Im Schatten der Siege. Als beratender Armeechirurg an der Ostfront, Klagenfurt 2000, S. 208 f. Anhand von Briefen

Arztes begründeten ihre Forderung damit, dass sich der Arzt vorrangig auf seine medizinische Tätigkeit konzentrieren solle. Dies könne er »im Sinne des Arzt-Patienten-Verhältnisses besser und unabhängiger, wenn er außerhalb der militärischen Hierarchie stehe. Andere präferierten grundsätzlich die zivile Stellung und sahen die Notwendigkeit des Offizierstatus nur für diejenigen Ärzte, die tatsächlich militärische Führungsverantwortung, etwa in der Sanitätstruppe, wahrnahmen. Eine Gegenposition, die vor allem von kriegserfahrenen Ärzten vertreten wurde, bestand im wesentlichen darin, dass sich der Status des Sanitätsoffiziers – also des Arztes, der gleichzeitig auch militärischer Vorgesetzter ist – in der Vergangenheit bewährt habe; der Arzt im Offizierstatus besitze sowohl bei seinen Untergebenen wie auch in der Truppe und gegenüber dem Offizierkorps mehr Autorität und Anerkennung als ein Beamter, darüber hinaus sei der Arzt auch Vorgesetzter und benötige entsprechende Befugnisse und Befehlsgewalt innerhalb der militärischen Hierarchie[33].«

Das einstimmige Votum des Bundestagsausschusses für Verteidigung zugunsten des Sanitätsoffiziers beendete schließlich die langjährige Auseinandersetzung und erfüllte ein entscheidendes Kriterium für den Wiedereintritt Joedickes, sodass er in die fortdauernde Diskussion über den zukünftigen Status der Veterinäre, Zahnärzte und Apotheker bereits aktiv eingreifen konnte. War den Apothekern bis zuletzt der Status eines Sanitätsoffiziers verweigert worden, hatten die Zahnärzte diesen Schritt im Verlauf des Zweiten Weltkrieges zunächst in der Luftwaffe, später auch in Heer und Marine, vollziehen können[34]. Der diesbezüglichen Debatte im Bundestagsausschuss für Verteidigung am 10. Juli 1957 ging ein Gespräch Joedickes mit dessen Vorsitzenden Richard Jaeger (CDU) voraus. In seinen Erinnerungen spricht Joedicke von »einem langen, anfangs frostigen Telefongespräch«, in dem es ihm als Wehrbereichsarzt VI gelang, »den Vorsitzenden des Verteidigungsausschusses Dr. Richard Jaeger davon zu überzeugen, daß auch Apotheker und Veterinäre den Status als Sanitätsoffiziere erhalten müssen, was dann auch bald geschah. Dr. Jäger [sic!] bedankte sich, als ich ihn kurz nach meinem Amtsantritt persönlich kennen lernte, ausdrücklich für meine Aktivität in dieser Sache[35].« Infolge der vom Ausschuss getroffen Entscheidungen, letztlich allen Inhabern von Approbatio-

Killians weist Rebentisch jedoch nach, dass sich der General in seinen Erinnerungen täuschte. Vgl. Rebentisch, Die Gesundheit des Soldaten (wie Anm. 24), S. 65–67.
[33] Grunwald/Vollmuth, Der Sanitätsdienst – Entstehung und Entwicklung (wie Anm. 28), S. 184 f. Zur Entwicklung und Inhalt der Diskussion über den Status der Ärzte, Zahnärzte, Veterinäre und Apotheker vgl. die umfassenden Ausführungen in Rebentisch, Die Gesundheit des Soldaten (wie Anm. 24).
[34] Vgl. Zinke, Vom Feldscher zum Sanitätsoffizier (wie Anm. 28), S. 80–83.
[35] Niederschrift Joedicke, 21.4.1988, S. 8, BA-MA, MSg 2/13753. Zu den diesbezüglichen Beratungen siehe BT ParlA, 2. WP, Stenographisches Protokoll der 162. Sitzung des Ausschusses für Verteidigung (6. Ausschuss), 10.7.1957, 1. Ausf., S. 22–37; 5. Ausf., S. 22–37, BA-MA, BW 1/54933. Während der Status der Zahnärzte und Veterinäre als Sanitätsoffiziere einstimmig beschlossen wurde, enthielten sich bei der Entscheidung zu den Apothekern zwei Abgeordnete, darunter der Vorsitzende Jaeger, der Stimme.

nen den Status von Sanitätsoffizieren zuzuerkennen, war es erstmalig gelungen, ein einheitliches Sanitätsoffizierkorps zu begründen.

Bereits wenige Tage nachdem die Statusfrage der Sanitätsoffiziere endlich zur Zufriedenheit des Umworbenen, des Sanitätsdienstes und der Standesorganisationen beantwortet worden war, hatte Oberdiek Joedicke gemäß der Maxime, dass man Mäuse am besten mit Speck fängt, die Stelle des Wehrbereichsarztes für den Wehrbereich VI in München angeboten. Wohl einkalkulierend, dass für eine positive Entscheidung sowohl Joedickes Landsmannschaft als auch die Nähe zu seiner neuen Heimstätte Lenggries eine wesentliche Rolle spielen würden, war er für diese »wohl begehrteste« Stelle bereits eingeplant worden[36]. Joedicke selbst hatte bereits nach Oberdieks erster Anfrage ein formloses Gesuch an das Bundesministerium für Verteidigung gesandt, sah sich mit der Zusendung der entsprechenden Bewerbungsunterlagen jedoch in einem Dilemma gefangen. Wie zahlreiche andere ehemalige Offiziere, die sich eine zivile Existenz aufgebaut hatten, aber nunmehr den Gedanken hegten, erneut Soldat zu werden, war auch Joedicke zu einem behutsamen Agieren gezwungen. Er könne die ihm zugesandten Fragebogen nicht ausfüllen, wie er Oberdiek gegenüber einräumte, da seine in Erwägung gezogenen Absichten durch die erforderliche Benennung von Gewährsleuten für die nach dem Kriege ausgeübte Tätigkeit bekannt werden könnten. Im Hinblick auf die Mentalität der Bevölkerung müsse dies unbedingt vermieden werden. Sein Wunsch wieder aktiv zu werden sei aber auch durch Gespräche mit Kameraden und Sondermanns »Denkschrift über den gegenwärtigen ›Stand‹ des Sanitätswesens der neuen Bundeswehr« »stark erschüttert worden«. Joedicke war sich für den Fall einer Reaktivierung zwar darüber im Klaren, dass er zu persönlichen Opfern bereit sein müsse, aber »durch die offene Darstellung der Situation in Ihrem Briefe kam mir jedoch die Unsicherheit der endgültigen Einstufung und damit auch die *große* Diskrepanz zwischen dem zukünftigen Gehalt und meinem derzeitigen Einkommen zu Bewußtsein«. Die Liebe zur Sache habe ihn jedoch zu ersten Schritten veranlasst und so bat er trotz dieser Bedenken darum, auch ohne Vorlage der Fragebögen zu einem Gespräch nach Bonn geladen zu werden[37].

Trotz aller konspirativen Vorsichtsmaßnahmen wurde seine Verbindung nach Bonn bald offenkundig und mithin war Joedicke, der als Krankenhausarzt in einem offiziellen Verhältnis zur Gemeinde stand, gezwungen, den Bürgermeister über die bereits getätigten Schritte zu informieren. Weil noch alles im Fluss sei, bekannte er gegenüber Oberdiek, gerate er immer wieder in Bedräng-

---

[36] Siehe Schreiben Oberdiek an Joedicke, 21.4.1956, S. 1, BA-MA, MSg 205/v. 2.
[37] Schreiben Joedicke an Oberdiek, 22.4.1956, BA-MA, MSg 205/v. 2. In seinem ersten Schreiben hatte Oberdiek ihn auch über die geringe Anzahl von Planstellen für Oberstärzte und das Fehlen von Generalarztstellen sowie über die Bewerbungs- und Einstellungsmodalitäten und die Höhe der Dienstbezüge, die zwischen 1000,- und 1100,- DM netto lagen, informiert. Siehe Schreiben Oberdiek an Joedicke, 13.3.1956, S. 1 f., BA-MA, MSg 205/v. 2. Hervorhebungen im Original durch Unterstreichung. Denkschrift Sondermann in: Niederschrift Joedicke, Beilage 3, S. 1–5, BA-MA, MSg 2/13753.

nis. Er könne das Gerücht weder bestätigen noch dementieren und bat um eine schnelle Entscheidung, ob mit seiner Einberufung zu rechnen sei[38]. Gewissheit erhielt Joedicke jedoch erst im November 1956, als mit der positiven Entscheidung des Personalgutachterausschusses schließlich die letzte Hürde des Einstellungsverfahrens überwunden war und er am 11. Januar 1957 der Einberufung zu einer viermonatigen Eignungsübung als Wehrbereichsarzt in München Folge leisten konnte.

Zu diesem Zeitpunkt waren die Weichen für Joedickes weiteres Wirken bereits gestellt. Obschon er die Zusicherung erhalten hatte, dass ohne seine besondere Einwilligung oder eines ausdrücklichen Wunsches seinerseits keine andere Verwendung als die in München vorgesehen war, hatte Oberdiek ihn bereits vor »längerer Zeit« als Kandidaten für die Spitzenstellung eines Sanitätsinspekteurs benannt. An Joedicke richtete er die Aufforderung, sich »nur ruhig mit vorschlagen« zu lassen, und »wenn auch von anderer Seite der Vorschlag unterstützt wird, umso besser.« Sich seines Erfolges sicher, Joedicke am Portepee gefasst zu haben, bat er ihn, nicht allzu sehr auf München zu bestehen, wenn die Frage des endgültigen Verbleibs akut würde. Man werde sich wohl auf jeden Fall einig sein, egal auf wen die Wahl schließlich fallen werde[39]. Joedicke erhob zwar keinen nachhaltigen Einspruch, betonte aber, dass er »kein primäres Interesse« an der Spitzenstellung habe und sie auch »*nicht anstrebe*«. Seine Bewerbung sei unter der persönlichen Prämisse erfolgt, in München Dienst zu tun. Daran halte er auch aus objektiven Gründen fest. Die prekäre Stellung des Sanitätswesens innerhalb der Bundeswehr mache es notwendig, »dass in der Peripherie, d.h. in den Stellen der Wehrbereichsärzte erfahrene und ordentliche Leute arbeiten«. Wäre es nicht »selbstverständlich und im Interesse der Sache das einzig Richtige«, wenn Oberdiek als profunder Kenner der Verhältnisse das »dornige Amt« selber übernehme und sich durch die Wehrbereichsärzte, deren Wert er doch gut kenne, unterstützen lassen würde? Die Bevorzugung eines Außenseiters, der die Verhältnisse an Ort und Stelle nicht kannte, hielt Joedicke für falsch: »Abgesehen von dem Zeitverlust dürfte er auch dann immer noch nicht so im Bilde sein, wie Sie es sind. Denn eins ist mir klar: Aufgabe des Sanitätschefs muss es sein – und ich glaube, dass der neue Minister uns dabei unterstützen wird – *dem Sanitätschef das Gewicht zu verschaffen, das unbedingt* notwendig ist.« Wenn Oberdiek nicht wolle, solle er versuchen, Generalarzt a.D. Dr. Walter Schmidt-Brücken, Joedickes Vorgänger als Chef des Stabes der Heeres-Sanitätsinspektion, zu gewinnen, der ein besonders diplomatisches Verhandlungsgeschick besitze[40].

---

[38] Siehe Schreiben Joedicke an Oberdiek, 12.6.1956, BA-MA, MSg 205/v. 2.
[39] Siehe Schreiben Oberdiek an Joedicke, 25.11.1956, S. 1 f., ebd.
[40] Siehe Schreiben Joedicke an Oberdiek, 29.11.1956, S. 1, ebd. Hervorhebungen im Original durch Unterstreichung.

Inspekteur des Sanitäts- und Gesundheitswesens

Joedicke hatte gerade seinen Dienst angetreten, als Oberdiek den ehemaligen Generaloberstabsarzt Oskar Schröder über ein Gespräch mit dem neuen Bundesminister für Verteidigung, Franz Josef Strauß, in Kenntnis setzte, in dem dieser die große Bedeutung des Sanitätsdienstes hervorgehoben hatte und einen besseren Informationsaustausch als bislang üblich zusicherte. Neben den Teilstreitkräften Heer, Luftwaffe und Marine, an deren Spitze jeweils ein Drei-Sterne-General (Generalleutnant/Vizeadmiral) stehen sollte, beabsichtige Strauß eine »starke Sanitätsinspektion« aufzubauen. In der Funktion einem Generalleutnant gleichgestellt, könne diese Aufgabe aber zunächst von einem Generalmajor (Generalstabsarzt) ausgeübt werden. Als seinen Wunschkandidaten habe Strauß den Generalarzt a.D. Dr. Schmidt-Brücken benannt, der ihm von dem Vorsitzenden der Bundesärztekammer, Prof. Dr. Hans Neuffer und dem Vizepräsidenten der Bayerischen Ärztekammer vorgeschlagen worden war[41]. Dieses Vorhaben vertrat der Minister auch vor dem Deutschen Bundestag, musste aber eingestehen, dass einige der infrage kommenden Kandidaten, darunter Sondermann, Oberdiek und Generalarzt a.D. Dr. Hans Hartleben, von 1940 bis 1943 Chef der Organisationsabteilung der Heeressanitätsinspektion und zu diesem Zeitpunkt Leiter des Sanitätsdienstes des Bundesgrenzschutzes, nicht zur Mitarbeit bereit waren. Die langwierigen Verhandlungen mit Schmidt-Brücken, der ihm als qualifizierteste Persönlichkeit genannt worden war, seien letzten Endes »an dessen Schwerfälligkeit« sowie an dessen Forderung nach drei Sternen als grundsätzliche Bedingung für eine Amtsübernahme gescheitert. So werde der Aufbau einer Sanitätsinspektion nie gelingen. Man hole sich jetzt »einen Herrn zwischen 50 und 55 Jahren, einen Oberstarzt, der bekommt den Stern des Generalarztes dazu und wird eingesetzt. Dann soll er mit seinen Ellenbogen dafür kämpfen, daß das Sanitätswesen innerhalb der Bundeswehr – bei unseren auch nicht sehr machtlüsternen Generälen – den richtigen Platz erhält.« Die Gleichberechtigung des Sanitätsinspekteurs mit den Inspekteuren der Teilstreitkräfte hielt Strauß dabei für »absolut notwendig«, ein Votum, das er nur wenige Augenblicke später dahingehend relativierte, dass der »Inspekteur für das Sanitätswesen im Rang oder in der Funktion gleichberechtigt [...] mit dem Chef von Heer, Luftwaffe und Marine« sein solle[42].

Ausgestattet mit einer großen Erfahrung im Truppen- und Stabsdienst sowohl in Kriegs- als auch in Friedenszeiten, war Joedicke infolge der Absage Schmidt-Brückens letzten Endes die einzig verbliebene Alternative für die

---

[41] Siehe Schreiben Oberdiek an Schröder, 18.1.1957, BA-MA, MSg 205/v. 3. Das Gespräch zwischen Strauß und den Standesvertretern der Ärzteschaft hatte am 10.1.1957 stattgefunden. Vgl. Rebentisch, Die Gesundheit des Soldaten (wie Anm. 24), S. 275, 277.

[42] Siehe Deutscher Bundestag, Stenographische Berichte, Bd 37, 215. Sitzung, 26.6.1957, S. 12678 (D)–12679 (B), Zitate ebd.

Wahrnehmung dieser verantwortungsvollen und wie sich zeigen sollte dornenvollen Aufgabe. Von Oberdiek über die Vorgänge und seine nun in Aussicht stehende Berufung informiert[43], trat Joedicke schließlich am 2. September 1957 sein Amt als erster Inspekteur des Sanitäts- und Gesundheitswesens der Bundeswehr an.

Im Kriege existenziell, in Friedenszeiten eher als kostenintensives Anhängsel eingestuft, erfolgten »Planung und Aufbau der Streitkräfte und des Sanitätsdienstes nicht im zeitlichen und inhaltlichen Gleichklang [...], sondern zeitversetzt, zeitweise sogar dissonant«. 1953 mit drei medizinischen und einem pharmazeutischen Gutachtern ausgestattet – im Vergleich hierzu standen für die Bearbeitung militärischer und administrativer Aufgaben ca. 270 Mitarbeiter zur Verfügung[44] – war der Sanitätsdienst im Amt Blank sowohl »im planerischen Bewusstsein als auch in personeller Hinsicht« stark unterrepräsentiert. In den Planungen zunächst als Hilfsreferate unter das Ressort Logistik fallend[45], wurden 1954 die eigenständigen Referate Sanitätstruppe und Sanitätswesen innerhalb der Gruppe Heer und der Unterabteilung Gesamtstreitkräfte gebildet; letzteres mit der Umwandlung des Amtes Blank in das Bundesministerium für Verteidigung in die Unterabteilung H IV »Gesundheitswesen« mit sechs Referaten aufgewertet. An Versuchen, diese Entwicklung rückgängig zu machen, sollte im Weiteren kein Mangel bestehen. So beabsichtigte Staatssekretär Josef Rust die Reduzierung der Unterabteilung »Gesundheitswesen« auf ein im Ministerium verbleibendes Leitreferat, während die anderen Aufgaben in das 1956 eingerichtete Wehrmedizinalamt überführt werden sollten. Die Erfahrungen des letzten Krieges bewiesen, dass auf ein für alle Teilstreitkräfte einheitliches und gesamtverantwortliches Sanitätswesen keinesfalls verzichtet werden könne, verlautbarten die Vertreter der Unterabteilung. Den Gefahren einer fortschreitenden Technisierung und der Bedrohung durch A-, B- und C-Waffen könne nur durch eine im Ministerium koordinierte Zusammenarbeit mit den anderen Ministerien und Sachgebieten des Hauses erfolgreich begegnet werden. Das Wehrmedizinalamt diene lediglich der Zuarbeit. Dem schriftlichen Einspruch wurde ferner ein konträrer Gliederungsentwurf beigefügt, der einen mit den anderen Abteilungsleitern gleichgestellten »Chef des Gesundheitswe-

---

[43] Vgl. Rebentisch, Die Gesundheit des Soldaten (wie Anm. 24), S. 290.

[44] Vgl. Georg Meyer, Bemerkungen zur Geschichte des Sanitäts- und Gesundheitswesen der Bundeswehr und zur Geschichte des Bundeswehrkrankenhauses Wildbad, Teil 1. In: Wehrmedizinische Monatsschrift, 31 (1987), 1, S. 38–43, hier S. 38, 40, Zitat S. 38. Eine erste Studie über die Anfänge des neuen Sanitätswesens wurde bereits 1957 vom Geschwaderarzt (Fregattenkapitän/Oberstleutnant) a.D. Dr. Erich Bock, bis November 1957 Angestellter in der Dienststelle Blank, dann Flottenarzt (Kapitän z.S./Oberst), angefertigt. Siehe Der Beginn des Sanitätswesens der Bundeswehr, S. 2–18, BA-MA, MSg 205/28. Vgl. auch Hubert Fischer, Planung und Aufbau des Sanitätsdienstes (Teil 1: 1951–1955). In: Wehrmedizinische Monatsschrift, 31 (1987), 10, S. 448–453, und 11, S. 498–505; Kurt Groeschel, Planung und Aufbau des Sanitätsdienstes der Bundeswehr (Teil 2: ab 1956). In: ebd., 32 (1988), 1, S. 41–44, und 2, S. 87–92. Die einzige Monografie zu diesem Thema bietet Rebentisch, Die Gesundheit des Soldaten (wie Anm. 24).

[45] Grunwald/Vollmuth, Der Sanitätsdienst – Entstehung und Entwicklung (wie Anm. 28), S. 183 f.

sens der Bundeswehr« (Generalleutnant/Generaloberstabsarzt) vorsah. Dem Minister direkt unterstellt, sollte ihm ein Arbeitsstab im Ministerium mit zunächst zwei, später drei Unterabteilungen zuarbeiten. In ihrem Widerstand gegen die andauernde Benachteiligung wurde den Befürwortern eines gleichberechtigten und gesamtstreitkräfteübergreifenden Sanitäts- und Gesundheitswesens sogar der Beistand von allerhöchster Stelle zuteil, als Bundeskanzler Konrad Adenauer in einem an die Führung des Verteidigungsministeriums gerichteten Telegramm seine Bedenken gegen die dilatorische Behandlung des Sanitätswesens und die von ihm als dringend notwendig erachtete »Bevorzugung des Sanitäts- und Gesundheitswesens« zum Ausdruck brachte. Löste dieses Machtwort einerseits große Aufregung aus, wurden gleichwohl Versuche unternommen, Rust in seiner Auffassung zu bestärken. Schließlich zeichnete sich eine Wende in der Auseinandersetzung ab, als die Militärische Führungsrat – auch weiterhin ohne Beteiligung eines Vertreters des Sanitätswesens – der Alternative einer Abteilung Gesundheitswesen im Verteidigungsministerium den Vorzug gab[46].

Letzten Endes auf die Beschränkung verzichtend, erfolgte mit der Umgliederung der militärischen Abteilungen in die Führungsstäbe der Streitkräfte, des Heeres, der Luftwaffe und der Marine zum 1. Juni 1957, auch die Aufwertung der Unterabteilung »Gesundheitswesen« zur Inspektion des Sanitäts- und Gesundheitswesens, die bis Dezember 1960 auf die angestrebten drei Unterabteilungen mit 13 Referaten erweitert wurde, nachdem auch ein weiterer Versuch des Führungsstabes der Bundeswehr gescheitert war, die Sanitätsinspektion auf eine Art Leitreferat mit sechs Referaten zu reduzieren[47]. Ein bereits 1955 vom Deutsche Ärztetag angemahnter Chef oder Inspekteur eines teilstreitkraftübergreifenden Gesundheitswesens, »der Kraft seiner Stellung in der Lage gewesen wäre, nachhaltige entscheidende Verbesserungen durchzusetzen« war, trotz entsprechender Forderungen unterschiedlicher Provenienz, bis zu diesem Zeitpunkt nicht berufen worden[48]. Selbst ein Antrag des Abteilungsleiters Streitkräfte, Generalleutnant Hans Speidel, auf Schaffung einer Planstelle Generalmajor (Generalstabsarzt) war unberücksichtigt geblieben[49]. Standesvertreter verglichen die »Vernachlässigung des Sanitätsdienstes bei Planung und Aufbau der Bundeswehr« mit der Behandlung eines Stiefkindes und sahen im »Herauszögern der Entscheidung über die Position des Sanitätsdienstes und dessen künftigen Chef [...] eine Mißachtung der ärztlichen Anliegen zum Wohle der Soldaten«. Ferner wiesen sie »auf die im letzten Jahrhundert gering gewordene Verbindung der Sanitätsoffiziere zur zivilen Ärzteschaft und das Bestreben bestimmter Offiziere im Zweiten Weltkrieg hin, die Sanitätsoffiziere in eine

---

[46] Vgl. Rebentisch, Die Gesundheit des Soldaten (wie Anm. 24), S. 247–249; Groeschel, Planung und Aufbau des Sanitätsdienstes der Bundeswehr (wie Anm. 44), 1, S. 43.
[47] Vgl. ebd., S. 398 f, Gliederungstabelle 1960, S. 408.
[48] Groeschel, Planung und Aufbau des Sanitätsdienstes der Bundeswehr (wie Anm. 44), 1, S. 43.
[49] Vgl. Rebentisch, Die Gesundheit des Soldaten (wie Anm. 24), S. 255.

untergeordnete Stellung mit begrenzter Befugnis zu drängen. Umso notwendiger sei die baldige Berufung eines Chefs des Gesundheitswesens[50].«

Mit der Errichtung der Inspektion und der mit dreimonatiger Verzögerung erfolgenden Berufung Joedickes als deren Leiter wurde den langjährigen Forderungen der ärztlichen Standesvertretungen, zahlreicher Politiker sowie den Bedenken Adenauers vom Bundesministerium für Verteidigung endlich Rechnung getragen. In der Schweiz »als ein bemerkenswertes Novum für eine europäische Armee bezeichnet und als Beweis für die Bedeutung ärztlicher Belange auch in der Landesverteidigung« interpretiert, schlugen die in den Bundeswehrplanungen oftmals als Leitbild dienenden Amerikaner einen gänzlich entgegengesetzten Kurs ein, als Verteidigungsminister Robert McNamara seinem leitenden Arzt das unmittelbare Vortragsrecht mit der Begründung einer Überzahl von Ansprechpartnern entzog[51].

Obgleich die Ernennung Joedickes sowohl in der Tages- als auch der Fachpresse positiv goutiert worden war, zeigte sich die Ärzteschaft über die Dotierung des am 25. August zum Generalarzt (Brigadegeneral) ernannten Inspekteurs enttäuscht. Auch im Folgenden wurde die teilstreitkraftübergreifende Verantwortung des Sanitätsinspekteurs für alle Soldaten der Bundeswehr »lange Zeit nicht gesehen. Die Vertreter des Finanzministeriums und des Bundesrechnungshofes, wie die eigene Haushaltsabteilung, sperrten sich über Jahre gegen die Höherstufung des Sanitätsinspekteurs mit Zahlenargumenten, die sie bei den entsprechenden Einstufungen vergleichbarer Stellen in der militärischen Hierarchie nie angewandt hatten[52].« Strauß selbst hatte sich zwar vor dem Beamtenausschuss und in den ministeriellen Haushaltsberatungen für eine Generaloberstabsarztstelle stark gemacht, ein von Joedicke an die Bundesärztekammer und zivile Kollegen gerichtetes Schreiben, das den erzielten Erfolg und die baldige Gleichstellung auch im Rang ankündigte, stellte sich jedoch als verfrüht heraus, da das Bundesfinanzministerium die Anhebung mit den Argumenten blockierte, der Aufbau des Sanitätsdienstes sei noch nicht abgeschlossen, nur 60 Prozent der genehmigten Sanitätsoffiziersstellen seien besetzt und für das kommende Haushaltsjahr keine Aufgabenerweiterungen geplant. Unterstützung wurde diesen Vorbehalten durch den beratenden Vertreter des Bundesrechnungshofes zuteil, der Umfang und Bedeutung der Sanitätsinspektion für nicht vergleichbar mit den Führungsstäben der anderen Teilstreitkräfte erachtete.

Zum Streitpunkt auf Ministerebene erhoben, wurde die Stelle des Inspekteurs infolge einer Übereinkunft zwischen den Ministern nicht angehoben, stattdessen aber die Generalarztstelle für den Kommandeur der Sanitätsschule bewilligt[53]. Unter Hinweis auf den bedenklichen Eindruck, den das »Versagen der Beförderung des bald Lebensältesten unter den Inspekteuren« in der Ärzte-

---

[50] Ebd., S. 271 f.
[51] Groeschel, Planung und Aufstellung des Sanitätsdienstes der Bundeswehr (wie Anm. 44), 1, S. 44.
[52] Ebd., 2, S. 87.
[53] Vgl. Rebentisch, Die Gesundheit des Soldaten (wie Anm. 24), S. 395 f.

schaft hinterlasse, wandte sich der Präsident der Bundesärztekammer mit einem Schreiben an Adenauer und bat um dessen Intervention[54] – letzten Endes folgenlos. Zwar hatte Strauß im Februar 1961 Joedicke gegenüber versichert, eine Stellenanhebung für den Sanitätsinspekteur und dessen Stellvertreter für das kommende Haushaltsjahr zu beantragen, erklärte sich am Jahresende gegenüber dem Bundesminister der Finanzen jedoch bereit, auf die Stellenanhebung des Inspekteurs und seines Stellvertreters zu verzichten[55]. In der Zwischenzeit hatte der Abteilungsleiter Personal, Ministerialdirektor Karl Gumbel, während einer Haushaltsbesprechung am 3. Oktober verkündet, dass eine Anhebung der Stelle des Inspekteurs auf die eines Generaloberstabsarztes nicht möglich sei, da der derzeitige Inspekteur im September des kommenden Jahres aus dem Dienstverhältnis ausscheide. Als unzweckmäßig und nicht notwendig erachtet, verhallten die selbst von Staatssekretär Volkmar Hopf anerkannten Gegenargumente Joedickes ungehört. Man habe bereits drei neue Generalstellen bewilligt und die Stelle des Generaloberstabsarztes müsse in Anbetracht des baldigen Ausscheidens ungenutzt bleiben[56]. Zum Generalstabsarzt war Joedicke erst am 22. Dezember 1958 ernannt worden.

Angesichts dieser Umstände musste die Ernennung Josef Kammhubers zum General kurz vor dessen Verabschiedung (September 1962) Joedickes Unverständnis und Missfallen erregen. Ob die Ernennung Kammhubers gutem Verhältnis zu Strauß geschuldet war oder als Ausgleich für die Ernennung von General Friedrich Foertsch zum Generalinspekteur diente, wie es gerüchteweise in Bonn hieß[57], mag dahingestellt bleiben. Unstrittig ist jedoch die Tatsache, dass die Luftwaffe mit ihrer Fähigkeit als Trägerkomponente für Atomwaffen »zeitweise ein deutliches Gewicht vor Heer und Marine« innehatte[58]. Eine solche Hintanstellung des Sanitäts- und Gesundheitswesens sowie seines Inspekteurs musste von diesem dennoch als Affront gegenüber dem Sanitätsdienst empfunden werden. Da Joedicke ein persönlicher Vortrag bei Strauß verwehrt blieb, fasste er seine Einwände gegen die fortschreitende Benachteiligung des Sanitäts- und Gesundheitswesens zu guter Letzt in einem Schreiben an den Generalinspekteur, nachrichtlich an die Inspekteure der Teilstreitkräfte, zu-

---

[54] Ebd., S. 418. Zu einem Schriftwechsel gleichen Inhalts zwischen Sondermann und Strauß vgl. ebd., S. 406 f. Originale in: BA-MA, MSg 205/v. 2. Von Rebentisch ebenso wie MSg 2/13753 als Akten Joedicke nachgewiesen.

[55] Siehe hierzu ausführlich die Darstellung der Vorgänge, die sich auf die Bewertung des Sanitäts- und Gesundheitswesen beziehen, 11.1.1962. In: Joedicke Niederschrift Joedicke, 21.4./12.10.1988, Beilage 21, S. 1 – 12, hier S. 10 f., BA-MA, MSg 2/13753.

[56] Vgl. Rebentisch, Die Gesundheit des Soldaten (wie Anm. 24), S. 441. Infolgedessen komme eine Beförderung seines Nachfolgers zum Generalarzt erst zum 1.2.1963 (erfolgt zum 1.10.1962), die Ernennung zum Generaloberstabsarzt erst zum 1.4.1964 in Betracht (erfolgt am 1.4.1965). Siehe Darstellung der Vorgänge, die sich auf die Bewertung des Sanitäts- und Gesundheitswesen beziehen, 11.1.1962. In: Joedicke Niederschrift Joedicke, 21.4./12.10.1988, Beilage 21, S. 11, BA-MA, MSg 2/13753.

[57] Siehe Niederschrift Joedicke, 21.4./12.10.1988, S. 17, BA-MA, MSg 2/13753.

[58] Vgl. Bernd Lemke [u.a.], Die Luftwaffe. Konzeption, Aufbau, Integration, München 2006 (= Sicherheitspolitik und Streitkräfte der Bundesrepublik Deutschland, 2), S. 753.

sammen[59]. Seine abschließende Bitte um Unterstützung blieb jedoch ohne Reaktion der Adressaten. Selbiges widerfuhr auch seiner an Strauß gerichteten »Darstellung der Vorgänge, die sich auf die Bewertung des Sanitäts- und Gesundheitswesens beziehen«[60]. Lediglich Marginalien an den Schriftsätzen weisen auf deren Kenntnisnahme hin: »In Übereinstimmung mit den Herren Abteilungsleitern P[ersonal] und H[aushalt] bin ich grundsätzlich der Auffassung, daß die Stelle des Inspekteurs des Sanitäts- und Gesundheitswesens angehoben werden sollte. Zum gegenwärtigen Zeitpunkt sollte jedoch nicht nur aus den von Abteilung H [her]angezogenen haushaltspolitischen Gründen von einer Höherdotierung abgesehen werden. Die Anhebung sollte erst dann erfolgen, wenn der Aufbau des Sanitäts- und Gesundheitswesens zu einem gewissen Abschluß gelangt ist und die Personallage der Sanitätsoffiziere sich soweit gebessert hat, daß der Inspekteur des Sanitäts- und Gesundheitswesens die Spitze eines gesunden Stellenkegels bildet. U. Foertsch«. Hopf und Strauß schlossen sich der Auffassung des Generalinspekteurs an; eine persönliche Antwort auf seine Gravamina hat Joedicke nie erhalten[61]. Sein bereits 1957 artikulierter Vorschlag, den Leitenden Arzt als Chef des Sanitätswesens der Bundeswehr zu bezeichnen, »hätte dem Minister die Möglichkeit gegeben [,] den Leiter des Sanitäts- und Gesundheitsdienstes anders, vielleicht sogar niedriger als die Inspekteure der Teilstreitkräfte einzustufen«. Sich auf die Gleichheit mit den anderen Inspekteuren beziehend, habe Strauß jedoch auf einen Inspekteur des Sanitäts- und Gesundheitswesens beharrt[62]. Trotz seiner Ressentiments gegenüber dem ehemaligen Minister sprach ihm Joedicke rückblickend eine gewisse Passivität dahingehend zu, dass Strauß zunächst den Gedanken seiner militärischen Ratgeber gefolgt und sich schließlich die Argumente des Finanzministers zu eigen gemacht habe. Er besitze zwar keine eindeutigen »schriftliche[n] Unterlagen darüber, daß die hohen Militärs einen Inspekteur des Sanitäts- und Gesundheitswesens im gleichen Rang ablehnten«, nahm aber an, dass die neue Form eines zentral gesteuerten Sanitäts- und Gesundheitswesens für die Inspekteure und höheren Generalstabsoffiziere nur schwierig zu akzeptieren gewesen sei und ihnen ein gleichrangiger Inspekteur des Sanitäts- und Gesundheitswesens »nicht in das Konzept, um nicht zu sagen, in ihre Weltanschauung« gepasst hätte[63].

Selbst die Teilnahme an den Sitzungen des Militärischen Führungsrates, von Joedicke als das zu diesem Zeitpunkt tatsächlich einzige Zeichen der Gleichbe-

[59] Schreiben Joedicke an Foertsch, 24.10.1961. In: Niederschrift Joedicke, 21.4./12.10.1988, Beilage 20, BA-MA, MSg 2/13753.
[60] Darstellung der Vorgänge, die sich auf die Bewertung des Sanitäts- und Gesundheitswesen beziehen, 11.1.1962. In: Joedicke Niederschrift Joedicke, 21.4./12.10.1988, Beilage 21, ebd.
[61] Siehe Stellungnahme Gen.Insp. zu meiner Denkschrift, 9.3.62, S. 3 f. (Abschrift Joedicke), BA-MA, MSg 205/v. 2; BA-MA, BW 3614; Rebentisch, Die Gesundheit des Soldaten (wie Anm. 24), S. 457 f. Siehe auch Niederschrift Joedicke, 21.4./12.10.1988, S. 15, BA-MA, MSg 2/13753.
[62] Siehe Niederschrift Joedicke, 21.4./12.10.1988, S. 7, BA-MA, MSg 2/13753.
[63] Siehe Ebd., S. 16.

rechtigung des Sanitätsinspekteurs mit den Inspekteuren der Teilstreitkräfte[64] hervorgehoben, war lange umstritten. In einer für den Ministerwechsel von Strauß zu Kai-Uwe von Hassel erstellten Vorlage über die militärische Spitzengliederung mit einem Militärischen Führungsrat an der Spitze rangierte das »Gesundheitswesen« noch als militärische Abteilung unterhalb der Inspektion, infolgedessen seinem Chef auch keine Mitgliedschaft in diesem Führungsgremium zugestanden worden war[65]. Hatte Strauß gegenüber dem Verteidigungsausschuss die Bildung eines Bundeswehr-Führungsstabes mit fünf Inspektionen, jeweils geführt von Drei-Sterne-Generalen (Generalleutnant/Generaloberstabsarzt), die alle dem Führungsrat angehören sollten, in Aussicht gestellt, war diese vor den Abgeordneten abgegebene Absichtserklärung mit dem Ministerentscheid vom Juni 1957 bereits Makulatur. Demzufolge sollte der Sanitätsinspekteur kein ordentliches Mitglied des Militärischen Führungsrates sein, sondern lediglich hinzugezogen werden, wenn Beratungen hinsichtlich des Sanitäts- und Gesundheitswesens anstünden – eine Auffassung, der sich der Generalinspekteur nach Vorlage einer somit erfolglosen Eingabe von Oberdiek anschloss[66]. Ein Dienstanweisungsentwurf für die leitenden Offiziere der Führungsstäbe und den Inspekteur des Sanitäts- und Gesundheitswesens schloss den Sanitätsinspekteur sogar von allen Einflussmöglichkeiten aus, da er weder dem Rat angehören, noch fallweise hinzugezogen werden sollte. Erst in einem von Generalinspekteur Adolf Heusinger zur Mitzeichnung weitergereichten Befehlsentwurf über die Bildung eines Rates der Inspekteure wurde der Sanitätsinspekteur im Oktober 1959 als ständiges Mitglied aufgeführt. Ein Antrag Joedickes zur Umbenennung der Inspektion in »Führungsstab des Sanitäts- und Gesundheitswesens der Bundeswehr« wurde von Heusinger hingegen mit dem Argument abgelehnt, dass der Inspekteur lediglich »oberster Fachvorgesetzter in Wesensangelegenheiten« sei, aber keine Truppen führe[67].

Ungeachtet dieser Auseinandersetzungen nahm der Auf- und Ausbau des Sanitäts- und Gesundheitswesens seinen Fortgang[68]. Probleme bereitete vor allem die Personalsituation bei den Sanitätsoffizieren. Mangelnde Attraktivität, bedingt durch eine im Vergleich mit zivilärztlichen Tätigkeiten schlechten Bezahlung, ungenügende Aufstiegsmöglichkeiten bei sehr hoher Dienstbelastung durch fehlendes Personal sowie nicht ausreichende Angebote zur fachlichen Weiterbildung sorgten für gravierende Vakanzen in der medizinischen Versorgung der Truppe. Zahlreiche ehemalige Sanitätsoffiziere verzichteten auf eine Bewerbung, kündigten während der Probezeit oder suchten um Auflösung Ihrer Verträge nach, was Strauß zu mehreren Mahnungen an die Spitze des Sanitätsdienstes veranlasste. Im Sommer 1961 »waren 61,3 % der Haushaltstel-

---

[64] Siehe Darstellung der Vorgänge, die sich auf die Bewertung des Sanitäts- und Gesundheitswesen beziehen, 11.1.1962. In: ebd., Beilage 21, S. 4.
[65] Vgl. Rebentisch, Die Gesundheit des Soldaten (wie Anm. 24), S. 263.
[66] Vgl. ebd., S. 301 f.
[67] Vgl. ebd., S. 376, Zitat S. 384.
[68] Siehe hierzu W.G. Beyer, Chronik des Sanitätsdienstes der Bundeswehr. In: Wehrmedizinische Monatsschrift, 25 (1981), 4, S. 117–122.

len für Sanitätsoffiziere (Ärzte) nicht besetzt, 57 % der Stellen beim Heer, 67 % bei der Luftwaffe, 59 % bei der Marine«. Noch 1964 musste die 11. Panzergrenadierdivision einräumen, dass von den 18 Planstellen für Truppenärzte lediglich eine besetzt war[69]. Wenig Erfolg, den Personalmangel bei längerdienenden Sanitätsoffizieren abzustellen, hatte 1960 die Einführung einer Studienbeihilfe an Studierende der Medizin, Tiermedizin, Zahnmedizin und Pharmazie sowie der Lebensmittelchemie. Damit verbunden war eine nach dem Studium zu absolvierende achtjährige Dienstzeit, der sich die überwiegende Anzahl der Empfänger jedoch durch Rückzahlung ihrer Stipendien entzog. Weitere Maßnahmen bestanden in der Genehmigung einer privatärztlichen Tätigkeit zunächst außerhalb, seit 1968 gegen Entrichtung eines Entgeldes auch innerhalb militärischer Liegenschaften sowie die Zahlung einer Erschwerniszulage für Berufssanitätsoffiziere.

Ein besonderes Anliegen Joedickes war die 1961 inkraftgetretene Rechtsverordnung zum § 49 des Wehrpflichtgesetzes. Sie schuf die Voraussetzung für die »Erfassung, Musterung und Einplanung von Ärzten, Zahnärzten und Apothekern zu Wehrübungen ohne Jahrgangsaufruf«[70]. Eine Notlösung stellte die truppendienstliche Betreuung durch die Anstellung ziviler Vertragsärzte dar, eine medizinische Versorgung bei Übungen und Manövern konnte mit dieser Alternative jedoch nicht sichergestellt werden. Abhilfe schuf die seit 1964 praktizierte Einberufung grundwehrdienstleistender Ärzte, Zahnärzte und Apotheker. Obwohl eine fehlende militärische Ausbildung und mangelnde Erfahrung deren Einsatzmöglichkeiten einschränkten, leisteten sie wertvolle Arbeit und stellten damit die sanitätsdienstliche Versorgung sicher. Erst mit der Einführung der Laufbahn des Sanitätsoffiziersanwärter, die »seit dem Wintersemester 1973/74 eine Studienplatzzuteilung umfasste«, trat schließlich eine Entspannung der Personalsituation ein[71].

All diesen Umständen zum Trotz bestand der Sanitätsdienst 1960 seine erste Bewährungsprobe im Rahmen des Hilfseinsatzes für die Erdbebenopfer in der marokkanischen Hafenstadt Agadir mit Bravour[72]. Ein Erdbeben der Stärke 5,7 hatte in der Nacht vom 29. Februar auf den 1. März 1960 die historische Stadt fast vollkommen zerstört und etwa 30 Prozent der geschätzten 50 000 Einwohner getötet; ein weiteres Drittel wurde verletzt. Der internationalen Hilfsaktion schloss sich auch die Bundesrepublik durch die Entsendung eines Hauptverbandplatzes an. Am 1. März alarmiert, wurde das Personal des Sanitätsbatail-

---

[69] Meyer, Bemerkungen zur Geschichte des Sanitäts- und Gesundheitswesen der Bundeswehr und zur Geschichte des Bundeswehrkrankenhauses Wildbad (wie Anm. 44) S. 42.

[70] Beyer, Chronik des Sanitätsdienstes der Bundeswehr (wie Anm. 68), S. 118.

[71] Grunwald/Vollmuth, Der Sanitätsdienst – Entstehung und Entwicklung (wie Anm. 28), S. 185 f.

[72] Siehe hierzu BA-MA, BW 24/463; Rebentisch, Die Gesundheit des Soldaten (wie Anm. 24), S. 388 f.; Horst Heise, Erdbebenhilfe Agadir 1960. In: Wehrmedizin und Wehrpharmazie, 41 (2000), 1, S. 56–58; Henrik A. Hartig, Humanitäre Einsätze der Bundeswehr 1960 bis 1976, Universität Mannheim, Philosophische Fakultät, Historisches Institut, Staatsexamensarbeit, 6.2.2009 (unveröffentlicht). Für die Überlassung einer Kopie bin ich meinem Kameraden, Herrn Oberstleutnant Dr. Heiner Möllers, zu Dank verpflichtet.

lons 5 aus Koblenz unter Führung des Bataillonskommandeurs, Oberfeldarzt Dr. Carl Merkle, bereits am darauffolgenden Tag von Joedicke verabschiedet. Nach Herstellung der Arbeitsbereitschaft vor Ort wurden etwa 20 schwere sowie 60 mittelschwere bis leichte Operationen vorgenommen und rund 1000 Patienten ambulant behandelt. 100 Verletzte und Kranke fanden eine stationäre Aufnahme. Darüber hinaus wurden zwei Flüchtlingslager mit etwa 17 000 Menschen hygienisch betreut und mit Medikamenten, Verbandsmaterial, Lebensmittel und Bekleidung versorgt. Da die Bundeswehr hierzu über keinen ausreichenden Ausstattungs- und Materialbestand verfügte, musste auch auf die Bestände öffentlicher Krankenhäuser zurückgegriffen werden. Der Einsatz, an dem etwa 315 Soldaten, darunter 200 Angehörige der Luftwaffe teilgenommen hatten, endete schließlich am 5. April mit der Übergabe des Hauptverbandplatzes an Vertreter der marokkanischen Regierung[73].

In einem Tagesbefehl vom 13. April 1960 begrüßte Strauß die zurückgekehrten Soldaten und sprach ihnen Dank und Anerkennung für die Einsatzbereitschaft und vorzügliche Arbeit aus[74]. Noch im Aufbau begriffen, hatte der Sanitätsdienst der Bundeswehr, unterstützt von der Luftwaffe, seine erste Bewährungsprobe unter extremen Bedingungen erfolgreich bestanden. Eine dankbare Bevölkerung und die Anerkennung des marokkanischen Königshauses zeugten davon. Der Einsatz in Agadir legte den Grundstein für zahlreiche zukünftige humanitäre Hilfseinsätze der Bundeswehr im In- und Ausland[75]. Auch der Kommandeur des Sanitätsbataillons 5 bewertete den Einsatz aus medizinischer und sanitätsdienstlicher Sicht in seinem Bericht als vollen Erfolg. Bei der Durchsicht der Verbesserungsvorschläge dürfte Joedicke besonders ein Hinweis ins Auge gefallen sein. Meckle hatte nämlich die Sprachschwierigkeiten hervorgehoben, die zwischen den ausschließlich arabisch sprechenden Patienten und den behandelnden Ärzten aufgetreten waren. Von den Dolmetschern musste zunächst vom Arabischen ins Französische und daran anschließend ins Deutsche übersetzt werden, was einerseits die Behandlungsdauer extrem verlängerte, andererseits bewirkte, dass »am Ende [häufig] enormer Unsinn« dabei herauskam[76]. Eine Tatsache, an der Joedicke nicht schuldlos war, hatte er doch das Hilfsangebot eines arabisch sprechenden Arztes mit langjähriger Orienterfahrung höflich, aber bestimmt abgelehnt[77].

---

73 Die Überlassung wurde durch den Haushaltsausschuss am 29.9.1960 nachträglich gebilligt. Siehe Schreiben Bundesminister der Finanzen an Bundesminister für Verteidigung, BA-MA, BW 24/463.

74 Siehe Tagesbefehl an die Teilnehmer am Katastropheneinsatz Agadir, 13.4.1960, ebd.

75 Zum Sanitätseinsatz während der Flutkatastrophe 1962 vgl. Rebentisch, Die Gesundheit des Soldaten (wie Anm. 24), S. 461.

76 Siehe Erfahrungsbericht Kommandeur Sanitätsbataillon 5, S. 3, BA-MA, BW 24/463.

77 Es handelte sich hierbei um den Chefarzt der Inneren Abteilung des Caritaskrankenhauses in Bad Mergentheim, Dr. H. Bassalleck. Siehe Schreiben Bassalleck an BMVg, 2.2.1960, BA-MA, BW 24/463. Datumsfehler, denn das Schreiben ging am 3.3.1960 im BMVg und InSan ein. Zur Ablehnung siehe Schreiben Joedicke an Bassalleck, 4.3.1960, ebd. Auf die Mithilfe weiterer Ärzte, die sich spontan zur Verfügung gestellt hatten, war ebenfalls dankend verzichtet worden. Siehe ebd.

Ungeachtet des insgesamt positiven Echos war der Einsatz für den Inspekteur des Sanitäts- und Gesundheitswesens der Bundeswehr aber auch mit einem Wermutstropfen behaftet, denn Strauß hatte ihm den Besuch der Einsatzkräfte vor Ort nicht genehmigt[78]. Auch diese Beschränkung musste bei Joedicke den Eindruck erwecken, dass eine Aufwertung des Inspekteurs verhindert werden sollte.

In einem Antwortschreiben an den ehemaligen Generalinspekteur und damaligen Vorsitzenden des Militärausschusses der NATO, General Heusinger, der in einem persönlichen Schreiben anlässlich der Verabschiedung Joedickes dessen Verdienste um den Sanitätsdienst hervorgehoben hatte[79], hob der scheidende Inspekteur hervor, »daß er einerseits eine gewisse Befriedigung über seine Tätigkeit an der Spitze des Sanitätswesens empfinde, andererseits aber doch enttäuscht ausscheide. Dies stehe nicht im Zusammenhang damit, daß ihm der dritte Stern vorenthalten geblieben sei, sondern vielmehr mit der erneut aufgetauchten Absicht, die Grundkonzeption einer Sanitätsinspektion wieder rückgängig zu machen[80].« Auslöser dieser ambivalenten Beurteilung war die am 7. März 1962 vom Referat IV 2 (Militärische Spitzenorganisation) des Führungsstabes der Bundeswehr an die Unterabteilung II (Führung- und Organisation des Sanitätsdienstes) erfolgte Vorlage eines Organisationsbildes zur Reorganisation der Spitzengliederung. Mit dem Ziel, das Verteidigungsministerium »sowohl im Frieden wie im Kriege, zahlenmäßig begrenzt, arbeitsfähig« zu machen, hätte die Realisierung der Reorganisation auch eine Beschneidung der Sanitätsinspektion zur Folge gehabt. Vorgesehen war ein Generalinspekteur, ein stellvertretender Generalinspekteur, ein Chef des Stabes und eine Adjutantur. Diesen untergeordnet sollten je ein stellvertretender Chef des Stabes für die Generalstabsabteilungen, das Sanitätswesen sowie für Verwaltung und Recht sein. Sollten die Leiter der Generalstabsabteilungen nach B 5 (Brigadegeneral) besoldet werden, waren für die Leiter Sanitätswesen und Verwaltung und Recht Generalstabsarzt- und Generalmajorstellen vorgesehen. Statt der bisherigen 13 Referate sollte die Sanitätsinspektion zukünftig nur noch in fünf Referate gegliedert sein. Der Führungsstab und Abteilung Verwaltung und Recht hatten zugestimmt, der Generalinspekteur noch keine endgültige Entscheidung getroffen; die Sanitätsinspektion wurde »um Zustimmung und allenfalls kleine Änderungsvorschläge gebeten«. Mit der Unterstellung unter den Chef des Stabes, der Dezentralisierung des Sanitätsdienstes sowie den Verlust der Eigenständigkeit als Abteilung und des Vortragsrechts beim Minister, überwogen für den Unterabteilungsleiter, Oberstarzt Dr. Hermann Ammermüller, eindeutig die Nachteile der geplanten Reorganisation. Dotierungen über den Generalarzt seien kaum vorgesehen und die angestrebte Anhebung der Stelle des Inspekteurs mehr als fraglich. Zudem werde die zivil-militärische

---

[78]   Siehe Niederschrift Joedicke, 21.4./12.10.1988, BA-MA, MSg 2/13753, S. 20.
[79]   Siehe Schreiben Heusinger an Joedicke, 9.7.1962, BA-MA, MSg 205/v. 2; Rebentisch, Die Gesundheit des Soldaten (wie Anm. 24), S. 475.
[80]   Rebentisch, Die Gesundheit des Soldaten (wie Anm. 24), S. 475; Schreiben Joedicke an Heusinger, 18. Juli 1962, BA-MA, MSg 205/v. 2.

Zusammenarbeit im Gesundheitswesen erheblich bis völlig erschwert. Angesichts dessen forderte Ammermüller »die direkte Unterstellung der Gruppe San unter den Generalinspekteur, die Erhaltung des Vortragsrechts beim Minister und die Anhebung der Stelle des Insp. San nach B 8«. Eine Alternative mit der Folge der Zersplitterung bestünde in der Eingliederung der »militärischen Referate« beim Führungsstab und die Errichtung einer selbstständigen Sanitätsinspektion bestehend aus den »wissenschaftlichen Referaten«. Gemäß einer weiteren Variante sollte die Inspektion im Frieden aufgrund der Wechselbeziehungen zu den zivilen Abteilungen außerhalb des Führungsstabes verbleiben. Ammermüllers Vorschlag einer Nichtbeteiligung am Mitzeichnungsverfahren wurde von der Sanitätsführung angenommen, Anfragen zur Mitzeichnung mit dem Hinweis begegnet, »daß ohne offizielle Anfrage eine Bearbeitung nicht erfolgen und der Sanitätsinspekteur ohne Kenntnis des Gesamtvorganges keine Beurteilung abgeben könne. Ohne Präjudiz [vorgreifende Entscheidung] sei es unerläßlich, die Gruppe San anders zu gestalten und sie mit einem Sanitätsinspekteur (B 8) unmittelbar dem Generalinspekteur nachzuordnen«[81].

Joedicke nahm erst auf der am 13. Juli stattfindenden Sitzung des Militärischen Führungsrates von diesen Planungen einer beabsichtigten Friedens- und Kriegsstruktur offiziell Kenntnis. In einer an Foertsch gerichteten Stellungnahme »wies er ausführlich und in sehr deutlicher Form auf die, trotz der vom Minister und Parlament festgelegten Bildung der InSan [= Inspektion Sanitäts- und Gesundheitswesen] und Gleichrangigkeit des Sanitätsinspekteurs mit den anderen Inspekteuren, ständig wiederholten Versuche des Führungsstabes Bw [= Bundeswehr] hin, dies rückgängig zu machen. Es sei paradox, daß der Inspekteur des Sanitäts- und Gesundheitswesens, dessen Position als Prototyp einer Gesamtbundeswehraufgabe geschaffen sei, diese Funktion nicht mehr haben solle, und dies in einer Zeit, in der seinem Aufgabenbereich im Verteidigungsfall eine eminente Bedeutung zukomme. Er forderte erneut die völlige Gleichstellung mit den anderen, in dem Plan als Generalinspizienten bezeichneten Inspekteuren der TSK [= Teilstreitkräfte] und einen eigenen Stab. Im übrigen sei er überzeugt, daß weder BMI [= Bundesministerium des Innern] und BMGes [= Bundesministerium für das Gesundheitswesen] [oder] das Parlament einer – wie geplant – derart diffamierenden Einordnung des Sanitäts- und Gesundheitswesens zustimmen werden. Diese Pläne verliefen offensichtlich ganz in dem Sinne, wie er sie in seiner Vorlage vom 11. Januar 1962 aufgezeigt habe[82].«

Dass die zivile Ärzteschaft der Aufgabe des Sanitätsinspekteurs eine wesentlich höhere Bedeutung zuerkenne, werde an der ihm verliehenen Paracel-

---

[81]   Vgl. Rebentisch, Die Gesundheit des Soldaten (wie Anm. 24), S. 463 f, Zitate ebd.

[82]   Vgl. ebd., S. 475 f. Rebentisch weist auf das Fehlen eines für die Organisation des Sanitätsdienstes wesentlichen Dokumentes im BA-MA hin. Von der Stellungnahme Joedickes existiere lediglich ein von Joedicke redigierter Rohentwurf einer persönlichen und entschieden ablehnenden Stellungnahme an General Foertsch in den von Rebentisch so zitierten Akten Joedickes. Vom Verfasser nicht ermittelt.

sus-Medaille offenbar, machte Joedicke gegenüber Heusinger deutlich[83]. Am 13. Dezember 1958 in das Präsidium des Deutschen Ärztetages berufen und infolge seines Amtes als Inspekteur ständiger Gast im Gesamtvorstand der Bundesärztekammer, war Joedicke auf dem 65. Ärztetag mit der höchsten Auszeichnung der deutschen Ärzteschaft ausgezeichnet worden. An Ärzte verliehen, »die sich durch vorbildliche ärztliche Haltung oder durch erfolgreiche berufsständische Arbeit oder hervorragende wissenschaftliche Leistungen besondere Verdienste um das Ansehen des Arztes erworben haben«, wurde diese Ehre bislang nur zwei Sanitätsoffizieren – Joedicke und 2009 dem 6. Inspekteur für das Sanitäts- und Gesundheitswesen, Generaloberstabsarzt a.D. Prof. Dr. Ernst Rebentisch (1976–1980) – zuteil[84].

Im krassen Gegensatz über die empfundene Freude stand die ernsthafte Überlegung Joedickes, die Entgegennahme des Bundesverdienstkreuzes aus der Hand von Minister Strauß anlässlich seiner Verabschiedung abzulehnen. Lediglich die Befürchtung, nach einer langen militärischen Dienstzeit dem Staat gegenüber illoyal zu erscheinen, ließ Joedicke von diesem Gedanken Abstand nehmen. Im September 1962 hatte sich für Joedicke das Verhältnis zu Strauß »praktisch auf Null reduziert«. Dessen Überzeugung, dass Joedicke auch nach seinem Ausscheiden der Bundeswehr verbunden bleiben werde und ihm mit seinem Rat zur Verfügung stehen werde, wenn es das Interesse der Bundeswehr erfordere, musste Joedicke nach all den fehlgeschlagenen Versuchen, dem Sanitätswesen eine gleichberechtigte Stellung zu verschaffen, »geradezu als Hohn empfinden«. Noch 1985 lehnte Joedicke eine Teilnahme an dem gemeinsamen Festakt zum 30-jährigen Bestehen der Bundeswehr sowie dem 190. Stiftungsfest der Pépinière mit der Begründung ab, dass er ein Zusammentreffen mit Strauß unbedingt vermeiden wolle[85].

»Noch einmal stürmt, noch einmal, liebe Freunde!«

Allem vermeintlich erlittenen Unrecht und seiner Enttäuschung über die zurückliegenden Jahre zum Trotz, kam ein Rückzug in den Rosengarten für Joedicke nicht in Betracht. Unmittelbar nach seiner Verabschiedung führte ihn eine viermonatige Kreuzfahrt als Schiffsarzt in ostasiatische Gewässer. Infolge seiner Abwesenheit war es ihm nach eigenen Worten daher nicht vergönnt, den Sturz von Strauß als Konsequenz der »Spiegel-Affäre« unmittelbar mitzuerleben – ein Umstand, den er noch ein Vierteljahrhundert später zutiefst bedauerte: »Seit dem 30. September aus der Bundeswehr ausgeschieden, hätte ich von

[83] Vgl. ebd., S. 475.
[84] Siehe http://www.bundesaeztekammer.de (2.8.2010); Verleihungsurkunde in: Niederschrift Joedicke, 21.4./12.10.1988, Beilage 23, BA-MA, MSg 2/13753.
[85] Siehe Niederschrift Joedicke, 21.4./12.10.1988, S. 18, BA-MA, MSg 2/13753, Zitate ebd.

außen her die Unterbewertung des Sanitäts- und Gesundheitswesens von 1957 bis 1962 und natürlich das mir persönlich zugefügte Unrecht aufgreifen können, unter Umständen in Form einer Klage[86].« Weitere Bemühungen von Seiten der Sanitätsführung, die »persönliche [...] und dienstliche [...] Rehabilitation« Joedickes voranzutreiben, bereiteten dem Amtschef des Sanitätsamtes der Bundeswehr, Generalstabsarzt Dr. Hermann Ammermüller, zwar starke Kopfschmerzen, blieben letzten Endes aber erfolglos. Gemäß den gesetzlichen und haushaltsmäßigen Bestimmungen war die »nachträgliche Einstufung in eine andere Besoldung und eine nachträgliche Beförderung – zumal ausserhalb eines Wehrpflichtverhältnisses – nicht möglich« und eine für das Anliegen Joedickes und seiner Unterstützer positive Änderung der Bestimmungen in absehbarer Zeit auch nicht in Sicht. Von einer Klage mit dem Ziel, die Planstelle des Inspekteurs nachträglich von B 7 auf B 9 anzuheben, versprach sich auch der Präsident der Wehrbereichsverwaltung VI, Heinrich Engl, keinen Erfolg und riet Joedicke davon ab. Schließlich fügte sich Joedicke der Einsicht Ammermüllers, »dass jetzt nachträglich die Möglichkeit, den dritten Stern zu erwirken, einfach nicht gegeben« sei, schloss aber bei der Niederschrift seiner Erinnerungen mit der Überzeugung, dass der angeratene Verzicht auf eine Klage aus Loyalität dem Staate gegenüber falsch gewesen sei[87].

In heimatliche Gefilde zurückgekehrt, nahm Joedicke seine ärztliche Tätigkeit in Lenggries wieder auf; anderweitige Angebote für einen aktiven Ruhestand, die noch während seiner aktiven Dienstzeit an ihn herangetragen worden waren, hatte er abgelehnt. Hierunter fiel auch der Vorstoß des Präsidenten der »Deutschen Zentrale für Volksgesundheit«, Professor Dr. Franz Klose, der Joedicke und Oberdiek für die Stelle des Staatssekretärs im Bundesministerium für Gesundheitswesen vorgeschlagen hatte[88]. Im Vorlauf seiner Gründung hatte Joedicke von Strauß die Anfrage erhalten, ob ein Bundesministerium für Gesundheit für die Erfüllung der Aufgaben des Sanitätsdienstes notwendig oder zweckmäßig sei. Der Inspekteur sprach sich eindeutig gegen die Einrichtung eines solchen Ministeriums aus und begründete seine Ablehnung mit der konstruktiven Zusammenarbeit zwischen der Sanitätsinspektion und der Gesundheitsabteilung im Bundesministerium des Innern, das gleichfalls für die Gesundheitspolitik zuständig zeichnete. Wolle man die gesundheitspolitische Bedeutung als solche aufwerten, täte man besser daran, die Planstelle des Abteilungsleiters zu der eines Staatssekretärs aufzuwerten, die Abteilung an sich aber im »effektiveren, klassischen Ministerium« zu belassen[89].

Obwohl das Bundesministerium für das Gesundheitswesen unter Leitung der ersten Bundesministerin im Kabinett Adenauer, Elisabeth Schwarzhaupt (CDU), im November 1961 dennoch seine Arbeit aufgenommen hatte, gestaltete sich die Berufung eines Staatssekretärs zunächst erfolglos. Der von der FDP

---

86 Siehe Niederschrift Joedicke, 21.4./12.10.1988, S. 20, BA-MA, MSg 2/13753.
87 Siehe ebd., S. 21, und Schreiben Ammermüller an Joedicke, 25.8.1969. In: ebd., Beilage 31.
88 Siehe Schreiben Klose an Globke, 30.4.1942. In: Niederschrift Joedicke, 21,4/12.10.1988, Beilage 22a, S. 2, ebd.
89 Siehe Niederschrift Joedicke, 21.4./12.10.1988, S. 12 f., ebd.

vorgeschlagene Kandidat war von der Ministerin als ungeeignet beurteilt worden, da er als Arzt zwar über die notwendigen medizinischen Kenntnisse, jedoch nicht über die ebenso wichtigen Erfahrungen in der Bundesverwaltung verfügte. Dieser Einschätzung stimmte auch der Staatssekretär im Bundeskanzleramt, Hans Globke, von der Ministerin um Rat gefragt, zu. Dessen Offerte, Ministerialdirektor Walter Bargatzky aus dem Innenministerium mit dieser Aufgabe zu betrauen, führte schließlich zur Beendigung der Personaldebatte[90]. Obwohl Kloses Vorschlag im Bundeskanzleramt und bei dem Abgeordneten Erich Mende (FDP) nach eigener Einschätzung auf fruchtbaren Boden gestoßen war, hatte Joedicke eine diesbezügliche Bewerbung während seines Abschiedsbesuches bei der Ministerin mit den schon gegenüber Strauß angeführten sachlichen Gründen abgelehnt[91]. Gleichfalls negativ beschied Joedicke die Anfrage der Vizepräsidentin des Deutschen Roten Kreuzes, Etta Gräfin Waldersee, nach seinem Interesse, die ehrenamtliche Aufgabe des Bundesarztes wahrzunehmen[92]. Einige seiner Nachfolger sollten sich nach ihrem Ausscheiden weniger zurückhaltend zeigen.

Keineswegs abweisend reagierte Joedicke indes auf die Anfrage seines Nachfolgers, Generalstabsarzt Dr. Wilhelm Albrecht, hinsichtlich seiner Mitarbeit im Wissenschaftlichen Beirat. An die Tradition des »Wissenschaftlichen Senates bei der Kaiser-Wilhelm-Akademie für das militärärztliche Bildungswesen«[93] anknüpfend, hatten die Planungen zu dessen Einrichtung bereits 1956 Gestalt angenommen, scheiterten jedoch zunächst trotz aller Bemühungen Joedickes an der ablehnenden Hinhaltetaktik von Strauß und dessen Staatssekretär Hopf[94]. Im Verlauf der konstituierenden Sitzung des Wissenschaftlichen Beirates für das Sanitäts- und Gesundheitswesen[95] unter Vorsitz des Bundesminis-

---

[90] Vgl. Elisabeth Schwarzhaupt. In: Abgeordnete des Deutschen Bundestages. Aufzeichnungen und Erinnerungen, Bd 2. Hrsg. vom Deutschen Bundestag, Boppard a.Rh. 1983, S. 235-312, hier S. 266-274.
[91] Siehe Niederschrift Joedicke, 21.4./12.10.1988, S. 13, BA-MA, MSg 2/13753.
[92] Siehe ebd., S. 14. Joedicke lehnte eine Bewerbung nach Rücksprache mit dem ehemaligen Bundesarzt Prof. Dr. Freiherr von Redwitz ab. Joedicke hatte unter dem damaligen Direktor der Chirurgischen Universitäts-Poliklinik in München als Volontärassistent gearbeitet.
[93] Zum Wissenschaftlichen Senat bei der Kaiser-Wilhelm-Akademie für das militärärztliche Bildungswesen siehe Festvortrag von Admiralarzt a.D. Dr. Karl Wildhelm Wedel zum 25-jährigen Bestehen des Wehrmedizinischen Beirates. In: Wehrmedizinische Monatsschrift, 32 (1988), 4, S. 160-162, Zitate ebd., und Fischer, der deutsche Sanitätsdienst, Bd 1 (wie Anm. 9), S. 109 f. Siehe auch die Ausarbeitung von Schröder, Der »Wissenschaftliche Senat«, Schreiben Schröder an Joedicke, 21.8.1957, BA-MA, BW 24/1048.
[94] Siehe hierzu BA-MA, BW 24/1048; Niederschrift Joedicke, 21.4./12.10.1988, S. 2 f., BA-MA, MSg 2/13753, sowie die diesbezüglichen Abschnitte in Rebentisch, Die Gesundheit des Soldaten (wie Anm. 24), S. 333, 386 f., S. 433.
[95] Zur konstituierenden Sitzung und zur 1. Vollversammlung des Wissenschaftlichen Beirates für das Sanitäts- und Gesundheitswesen siehe Protokoll an Joedicke BA-MA, BW 24/4020; zu den Protokollen der Vollversammlungen siehe BA-MA, BWD 13/59. Zum Wissenschaftlichen Beirat siehe 25 Jahre Wissenschaftlicher Beirat für das Sanitäts- und Gesundheitswesen beim Bundesminister der Verteidigung (Wehrmedizinischer Beirat). In: Wehrmedizinische Monatsschrift, 32 (1988), 4, S. 149-173.

ters für Verteidigung, Kai-Uwe von Hassel, am 29. Oktober 1963 konnte Joedicke auch die Umbenennung der Sanitätsschule der Bundeswehr in Akademie des Sanitäts- und Gesundheitswesens befriedigt zur Kenntnis nehmen.

Die von Strauß gegenüber einer solchen zentralen Bildungseinrichtung gehegten Vorurteile waren bereits im Verlauf eines ersten Zusammentreffens mit Joedicke im April 1957 offen zutage getreten. Inhalt ihres Gespräches war die heikle Situation der Nachwuchsgewinnung für die Laufbahn des Sanitätsoffizier als Strauß plötzlich anmerkte, dass Joedicke ihm keinen Vorschlag zur (Wieder-)Einrichtung einer Militärärztlichen Akademie unterbreiten solle. Deren Absolventen seien doch nur Schmalspurmediziner gewesen. Selbst kein Student dieser Institution, nannte Joedicke einige herausragende Persönlichkeiten der medizinischen Wissenschaft als deren Absolventen und erläuterte anschließend kurz die Studienbedingungen. Beides wurde von Strauß ohne Reaktion zur Kenntnis genommen.

Erst einige Jahre später war Strauß bereit, sein Urteil über die Akademie zu revidieren. Anlässlich einer weiteren Besprechung zur Nachwuchslage der Sanitätsoffiziere, zu der neben Strauß und Joedicke Staatssekretär Hopf sowie die Abteilungsleiter Haushalt und Personal anwesend waren, ließ sich der Minister erneut zu abwertenden Bemerkungen über die alte Akademie hinreißen, wurde aber von einem gut vorbereiteten Inspekteur zurechtgewiesen. Anhand eines Schreibens und einer Sammlung von nach dem Krieg veröffentlichten Sonderdrucken ehemaliger Absolventen der Militärärztlichen Akademie des Jahrgangs 1939, darunter sieben Professoren sowie »mehr als ein Dutzend Dozenten an den Universitäten und leitende Krankenhausärzte in Ost und West«, konnte Joedicke die Qualität der Ausbildung untermauern[96]. Konsequenzen für eine Wiederbelebung der Akademie sollte die Revision des Urteils bis zur Verabschiedung Joedickes und dem Rücktritt von Strauß jedoch nicht haben.

In seiner Kai-Uwe von Hassel gewidmeten Niederschrift vermutete Joedicke, dass dessen Vorgänger »die Konstitution des wehrmedizinischen Beirates und den Namen ›Akademie des Sanitäts- und Gesundheitswesen‹ nicht vollzog, um nicht das Sanitäts- und Gesundheitswesen und damit den Inspekteur aufzuwerten[97]«.

Fazit

Joedicke war nicht vorrangig einer Karriere oder gar eines nicht zu erwartenden besseren Einkommens wegen ein weiteres Mal Soldat geworden. Er kam zum Sanitätsdienst, wie er es selbst ausdrücklich betont hatte, aus Liebe zur

---

[96] Siehe Niederschrift Joedicke, 21.4./12.10.1988, S. 3 f., BA-MA, MSg 2/13753, und Beilage 2: Schreiben Grill, Remky, Trummert mit Anlage an Joedicke 29.12.1960, ebd.
[97] Niederschrift Joedicke, 21.4./12.10.1988, S. 17, ebd.

Sache und einem tief empfundenen Verantwortungsgefühl dem Sanitätsdienst und seiner Aufgabe der kämpfenden Truppe gegenüber. Den Posten eines Inspekteurs nicht anstrebend, tat er dennoch alles, um sich gegenüber den Teilstreitkräften und anderen Widerständen, die oftmals in der Person des Ministers und seiner unmittelbaren Umgebung selbst festzumachen waren, durchzusetzen, sodass der Sanitätsdienst und seine Angehörigen den ihnen angemessenen Platz in den neuen Streitkräften erhielten. Immer loyal handelnd, musste er gerade an diesem für ihn so elementaren Punkt unterliegen. Trotz dieses Scheiterns blieb Joedicke der Bundeswehr und ihrem Sanitätsdienst als Mitglied des Wissenschaftlichen Beirates erhalten und hielt bis zu seinem Lebensende die Verbindung zu seinen Nachfolgern aufrecht.

Als Generalstabsarzt und Inspekteur gehörte Joedicke zweifellos zur Positions- und Funktionselite innerhalb der Generalität. Ob er trotz seiner Position auch faktisch dem engeren Führungszirkel der Macht- und Herrschaftselite innerhalb des Militärs zuzurechnen ist, darf bezweifelt werden; die endgültige Beantwortung dieser Frage muss jedoch einer ausführlichen Untersuchung zu seiner Person und den Umständen, die sie umgaben, vorbehalten bleiben[98]. Aus seiner Enttäuschung, dem Sanitätsdienst nicht die ihm zugesicherte Gleichstellung in Funktion und Rang erfochten zu haben, machte Joedicke nie einen Hehl. Gleiches gilt auch für die als persönliche Kränkung empfundene Zurückstellung gegenüber den Inspekteuren der Teilstreitkräfte. Seine gescheiterten Erwartungen und Hoffnungen sollten ihn bis zu seinem Lebensende begleiten und einen Schatten über ein erfülltes und erfolgreiches Lebenswerk werfen.

---

[98] Zur Generalität als nicht kohärente Positions- und Funktionselite vgl. Helmut R. Hammerich und Rudolf J. Schlaffer, Einleitung zum vorliegenden Band.

Burkhard Köster

Aus Liebe zur Seefahrt!
Vizeadmiral Karl-Adolf Zenker

»Am 21. März 1926 trat ich, der Tradition meiner Familie und meiner eigenen Liebe zur Seefahrt folgend, in die Reichsmarine als Offizieranwärter ein[1].« Mit wenigen Worten charakterisierte so Karl-Adolf Zenker im Jahr 1946 rückblickend die Beweggründe für seine berufliche Lebensentscheidung, die ihn über Reichs- und Kriegsmarine an die Spitze der Bundesmarine führen sollte. Die maritime Familientradition konnte angesichts der jungen deutschen Marinegeschichte auch kaum beeindruckender sein. Mit Konteradmiral August Adolph Carl Thiele besaß er einen Großvater mütterlicherseits, der seine Karriere bereits am 26. April 1868 in der jungen »Norddeutschen Bundesmarine« begonnen hatte. Die Einverständniserklärung des Vaters für den Eintritt in die Reichsmarine unterschrieb dann 1925 Admiral Hans Paul Volkmar Zenker[2], der Chef der Marineleitung und damit der höchste Marineoffizier in der Weimarer Republik[3]. Mit Elfriede Schultz heiratete Karl-Adolf 1942 die Tochter des am 8. Dezember 1914 im Seegefecht bei den Falkland-Inseln gemeinsam mit seinem Schiff untergegangenen Kommandanten des Großen Kreuzers (Panzerkreuzers) S.M.S. »Scharnhorst«, Kapitän zur See Felix Schultz[4]. Die familiären Marinebande wurden noch dadurch verstärkt, dass Schultz der gleichen »Crew«[5] an-

---

[1] Bundesarchiv-Militärarchiv (BA-MA), Freiburg i.Br., Pers 1/13096, Hauptteil E 2, Lebenslauf vom 22. November 1946.
[2] Hans Zenker, geb. 10. August 1870 in Bielitz, gest. 18. August 1932 in Göttingen, Vater Mathematiklehrer und Physiker, Mutter Fabrikantentochter, 1889 Eintritt in die Kriegsmarine, Kommandantenverwendungen auf Torpedobooten und Kreuzern, Admiralstabsverwendungen, 1916/17 Kommandant Schlachtkreuzer »von der Tann«, Teilnahme Skagerrakschlacht, dabei Versenkung des britischen Schlachtkreuzers »Indefatigable« am 31.5.1916, 1917 Abteilungschef Admiralstab, 1918 Befehlshaber Sicherungsverband Nordsee, 1920–1923 Chef der Marinestation Nordsee, 1.10.1924 Admiral und Chef der Marineleitung, in Folge der »Lohmann-Affäre« Verabschiedung am 30.9.1928. Lohmann-Affäre: Kapitän z.S. Walter Lohmann hatte als Chef der Seetransportabteilung unter Verletzung des Haushaltsrechts und mittels verbotener Finanzgeschäfte geheime Aufrüstungsmaßnahmen finanziert. In Folge der Affäre mussten u.a. Reichminister Otto Geßler zurücktreten und Vizeadmiral Zenker schied aus dem aktiven Dienst.
[3] BA-MA, Pers 1/13096, Hauptteil E 1, Einverständniserklärung vom 6. Oktober 1925.
[4] Ebd., Hauptteil A/1, Lebenslauf vom 8. Mai 1951.
[5] Crew bezeichnet die gemeinsam als Kadetten eingetretenen Offizieranwärter bei der Marine; die Zahl bezieht sich in der Regel auf Einstellungsmonat und -jahr.

gehörte wie Zenkers Vater. Bis zum Beginn des Ersten Weltkrieges stiegen beide Kameraden fast zeitgleich bis zum Dienstgrad Kapitän zur See und Kommandant eines Großkampfschiffs auf, da Schultz in der Rangliste nur knapp
hinter Zenker stand.

In seinen familiären Marinehintergrund fügt sich auch das Hobby des
Schülers Karl-Adolf Zenker nahezu idealtypisch ein. Er beschrieb es selbst mit
»zahlreichen Segelfahrten auf Nord- und Ostsee«[6]. Diese sich offenbar schon in
der Jugendzeit abzeichnende praktische Umsetzung seiner »Liebe zur Seefahrt«
sollte ihn bis zu seiner Verwendung als Inspekteur der Bundeswehr-Marine in
Form des aktiven Regattasegelns begleiten. Ergänzt durch eine umfassende,
auch künstlerische Bildung im Cello-Spiel und in der Malerei[7], stellt sich Karl-
Adolf Zenker nicht nur auf den ersten Blick als der Prototyp des Marineoffiziers dar. Jeder Personalführer, von der Kaiserlichen über Reichs- und Kriegsmarine bis zur Bundeswehr hätte vermutlich einen jungen Mann mit diesem
Hintergrund gefördert, vorausgesetzt Charaktereigenschaften, Berufsverständnis, Leistungen im täglichen Dienst und politischer Hintergrund stimmten.

Einen indirekten Hinweis auf mögliche politische Ansichten Zenkers während seiner Schulzeit gibt seine von 1924 bis 1925 dauernde Mitgliedschaft im
Jungdeutschen Orden[8]. Diesen nach Kriegsende von jungen Weltkriegsoffizie-
ren gegründeten Jugendverband mit »Bruder- und Schwesternschaften« zeichnete neben einem elitären Anspruch zugleich eine Abgrenzung von reaktionären Bewegungen aus. Wehrertüchtigung stand neben politischem Engagement
und insgesamt antisemitischer Grundhaltung. Wiederaufbau des Reiches unter
demokratischem Vorzeichen war genauso ein Ziel wie die Versöhnung mit
Frankreich. Obwohl auch einige NS-Größen ursprünglich Mitglied im Jungdeutschen Orden waren, wurde er ebenso wie die von ihm mitbegründete liberale Deutsche Staatspartei 1933 verboten und seine Aktivisten später von der
Gestapo verfolgt. Dass Zenker diese bündische Gruppierung verließ, dürfte
weniger seiner Überzeugung als vielmehr dem Umstand geschuldet sein, dass
Offiziere der Reichswehr keine Parteimitgliedschaft besitzen und sich politisch
nicht positionieren durften.

So zeigt sich der Schüler Karl-Adolf in den beiden Jahren vor seinem Abitur
am 15. März 1926 in Osterode im Harz als ein politisch vermutlich konservativ
denkender, aber dem demokratischen Deutschland durchaus zugeneigter junger Mann aus bestem Hause mit klarem Berufsziel: Marineoffizier[9]. Ob und
inwieweit seine evangelische Konfession prägend war, lässt sich aus seinem
Nachlass nicht erschließen.

---

[6] BA-MA, Pers 1/13096, Hauptteil E 2, Anlage zum Fragebogen.
[7] Wehrkunde, 10 (1961), 9, S. 495.
[8] BA-MA, Pers 1/13096, Hauptteil A/1, Personal- und Versorgungsblatt, S. 6.
[9] In der Anlage zum Fragebogen des Gouvernement Militaire en Allemagne vom 15.7.1947
     gibt Zenker als angedachte berufliche Alternative an, im Falle einer »Ablehnung durch
     die Reichsmarine« hätte er Architektur studieren wollen. BA-MA, Pers 1/13096, Hauptteil
     E 2.

Man kann sich den Familiennamen Zenker aber auch als Verpflichtung für den jungen Abiturienten vorstellen. Nicht nur, dass der Name in der Öffentlichkeit wegen seines Vaters allgemein bekannt war und Erwartungen an ihn richtete, in die Fußstapfen des Admirals zu treten. Vielmehr verband sich damit in der Reichsmarine noch eine besondere und für die Mythenbildung wichtige Episode. Am 5. November 1918 wurde der nicht mit Karl-Adolf verwandte 20-jährige Leutnant zur See Wolfgang Zenker in Kiel von Meuterern erschossen, als er auf seinem Schiff, dem Großlinienschiff S.M.S.»König« die kaiserliche Kriegsflagge verteidigte. Insbesondere sein überlieferter Abschiedsbrief steht symbolhaft für das tradierte Denken in der damaligen Marine, »dass es nichts Herrlicheres geben kann, als einer großen gerechten Sache bis zum letzten Atemzuge gedient zu haben. [...] ein deutscher Offizier verteidigt seine Ehre, ein deutscher Offizier tut seine Pflicht bis zum Äußersten«[10]. Damit stand Wolfgang Zenker auch als Vorbild eines sich durch die Meutereien der Flotte 1918 gedemütigt fühlenden Seeoffizierkorps. 1937 wurde ihm eine biografische Schrift gewidmet und er avancierte kurz darauf zum Namensgeber des 1940 im Kampf um Narvik verloren gegangenen Zerstörers Z 9 »Wolfgang Zenker«. Zugleich zeigt sich in seinem Abschiedsbrief eine Haltung, die charakteristisch für das Marineoffizierkorps auch des Jahres 1945 sein sollte, mit wehender Fahne dem Staat bis zum »zum letzten Atemzug« zu dienen, gleich ob Diktatur oder Demokratie. Der Name Zenker stand also für eine familiäre Marinetradition, konnte aber auch als Synonym für ein Berufsverständnis der unpolitischen Staatstreue bis in den Tod[11] verstanden werden.

Vom Seekadetten zum Admiralstabsoffizier

Als der junge Seekadett am 1. April 1926 seine Rekrutenausbildung in der 2. Abteilung Schiffstammdivision der Ostsee in Stralsund antrat, wusste er durch seine Familie, auf welchen Beruf er sich einließ. Die Zukunft hieß fordernde Ausbildung, Borddienst rund um die Uhr, ein Familienleben, das immer wieder von Umzügen und langen Abwesenheiten geprägt sein würde, und Dienst in einer kleinen Marine, die der vergangenen Größe nachtrauerte und deren Zukunft ungewiss schien. Auf dem später 1932 untergegangenen Segelschulschiff »Niobe« erhielt Zenker seine seemännische Grundausbildung und auf dem (Leichten) Kreuzer »Emden« die Seekadettenausbildung.
Insbesondere die Zeit auf der »Emden« vom 18. Oktober 1926 bis zum 24. März 1928 dürfte aus zwei Gründen prägend gewesen sein. Zum einen fuhr

[10] Rudolf Hintze, Leutnant zur See Wolfgang Zenker. Ein deutsches Kriegsschicksal, Leipzig 1937, S. 128 f.
[11] Siehe dazu auch z.B. Michael Salewski, Die deutsche Seekriegsleitung 1939–1945, Bd II: 1942–1945, München 1975, S. 434 und S. 439–443.

Zenker auf der am 14. November 1926 beginnenden und am 14. März 1928 endenden, beeindruckenden Weltreise des Schiffes durchgehend mit[12]. Damit erlebte er sowohl praktische Seefahrt auf langer Reise als auch die Weltläufigkeit der Marine. Zum anderen besaß der Name »Emden« seit dem Ersten Weltkrieg eine besondere Bedeutung für die Marine. Schließlich hatte sich der Kleine Kreuzer S.M.S. »Emden« nach Kriegsbeginn während des Handelskrieges im Indischen Ozean den Ruf des erfolgreichsten deutschen Kreuzers in überseeischen Gewässern erworben. Nach seiner Versenkung am 9. November 1914 konnten sich sogar noch 50 Mann vom Landungszug nach einer abenteuerlichen Odyssee über Arabien und Konstantinopel bis zum Juni 1915 nach Deutschland durchschlagen. Die Überlebenden des letzten Gefechts erhielten das Recht, den vererbbaren Namenszusatz »-Emden« anzunehmen. Das Schiff selbst wurde nachträglich für seine erzielten Erfolge mit dem Eisernen Kreuz ausgezeichnet. Seitdem tragen alle vier Nachfolgeschiffe gleichen Namens bis zur Deutschen Marine des Jahres 2010 das Eiserne Kreuz als Bug- bzw. Aufbautenzier.

Auf dem Leichten Kreuzer »Emden« war für den jungen Offizieranwärter all das erlebbar, was Marine in den 1920er-Jahren ausmachte: die vorgeblich ruhmreiche Vergangenheit, die unmittelbare Verbindung zur Kaiserlichen Marine, Seefahrt auf den Weltmeeren und die Verpflichtung, das Erbe – und sei es nur den Namen – künftig weiterzugeben. »Emden« steht symbolhaft für eine Marinegeschichte, die nahezu lückenlos vom Kaiserreich bis in die heutige Marine reicht und in die sich auch der junge Seekadett einreihte.

Der ersten großen Seereise folgte das Ausbildungsjahr an der Marineschule Mürwik, einem zentralen Schritt auf dem Weg zum Offizier. Mit erfolgreichem Abschluss der Seeoffizierhauptprüfung erhielt der Fähnrich zur See zugleich die Zulassung als Steuermann und als Schiffer auf großer Fahrt. Das Abschlusszeugnis vom 22. März 1929 ist beeindruckend. Bei einer Gesamtnote »gut« war keines der zwölf benoteten Fächer schlechter als »ziemlich gut«. Neben guten Leistungen in Seemannschaft, Englisch, Seetaktik und Seekriegsgeschichte[13], Maschinenkunde, Schiffbau, Mathematik und Naturlehre sticht seine »Dienstkenntnis« mit der Note »sehr gut« hervor[14]. Herkunft allein erklärt Zenkers spätere Karriere folglich nicht, vielmehr überzeugte er schon zu Beginn seiner Karriere auch durch gute Leistungen und überragende Dienstkenntnisse. Damit entsprach er ganz den Zielen einer Marineführung, in der bis

---

[12] Reiseroute und Fotoalbum dieser Weltreise der Emden über Afrika, Asien, Nord- und Südamerika unter: http://www.kuhrau.de/weltreise (27.07.10). Eine ausgedehnte Reise auf einem Kreuzer gehörte zur Kadettenausbildung; siehe dazu Douglas C. Peifer, Drei deutsche Marinen. Auflösung, Übergänge und Neuanfänge, Bochum 2007 (= Kleine Schriftenreihe zur Militär- und Marinegeschichte, 14), S. 21.

[13] Diese Fächerkombination in einem Unterrichtsfach kann auch als Indiz für das Verständnis der Marine interpretiert werden, aktuelle Seetaktik aus der Kriegsgeschichte lernen zu können einschließlich des Zieles, »Kriegsgeschichte« zu nutzen, um die Offizieranwärter über dieses Unterrichtsfach in die Marinetradition einzubinden.

[14] BA-MA, Pers 1/13096, Hauptteil E 1, Zeugnis für den Schüler des Hauptlehrganges für Fähnriche zu See 1928/29 Karl-Adolf Zenker vom 22. März 1929.

1945 »Erziehung und Ausbildung der Seeoffiziere auf ihre Dienstfunktion« im Mittelpunkt des Anforderungsprofils stand[15].
Die Folgejahre waren geprägt von einer Vielzahl unterschiedlicher Verwendungen und zügiger Beförderungen[16]. Dabei sind zwei Schwerpunkte augenfällig. Seiner Liebe und offensichtlich auch Begabung zur klassischen Segelschifffahrt trugen drei Bordkommandos Rechnung: als Segeloffizier in der Unteroffizierausbildung, als Wachoffizier auf dem neuen Segelschulschiff »Gorch Fock« von Frühjahr 1933 bis Herbst 1934 und zuletzt im Dienstgrad Kapitänleutnant als Erster Offizier der »Gorch Fock« von Herbst 1936 bis Herbst 1938. Seine Mitgliedschaften im Marineregattaverein von 1928 bis 1945 und im Yachtklub von Deutschland von 1937 bis 1939 runden das Bild eines der Seefahrt und insbesondere dem Segeln zutiefst zugeneigten Offiziers ab.
Für die berufliche Zukunft und Nachkriegszeit aber bedeutsamer dürfte die Verwendung Zenkers in der Minenwaffe gewesen sein. Von Herbst 1934 bis Herbst 1936 fuhr er zunächst als Wachoffizier und dann als Kommandant in der 1. Minensuchflottille, um anschließend nach abgeschlossener Admiralstabsausbildung an der Marineakademie in Kiel von Juli 1939 bis August 1940 als »Spezialist für Minenwerfen, Minensuchen und Geleitdienst« bei den Marinegruppenkommandos West in Wilhelmshaven und Nord in Wilhelmshaven/Kiel Dienst zu leisten. Ausgezeichnet mit dem Eisernen Kreuz I. und II. Klasse[17], fuhr Zenker anschließend von Herbst 1941 bis Oktober 1942 im Dienstgrad Korvettenkapitän als Erster Offizier des Zerstörers Z 10 »Hans Lody« wieder zur See. Nach zwei weiteren Jahren als Kommandant dieses Zerstörers und anschließend des moderneren »Z 28« zwischen Herbst 1942 und Januar 1944 fand seine aktive Seefahrt ein vorläufiges Ende. Die Lebensphase als Zerstörerkommandant brachte auch in Zenkers Privatleben Veränderungen: Karl-Adolf heiratete am 29. Dezember 1942 – in dem im militärisch hergebrachten Sinne richtigen Dienstgrad und Alter von 35 Jahren – die 29-jährige Else Schultz[18]. Aufgrund ihrer Herkunft gehörte sie auch zu den in der Marine erwünschten Kreisen und wusste vermutlich, dass ihre Ehe längere dienstliche Abwesenheiten mit sich bringen würde. Noch während des Krieges, am 28. Juni 1944, wurde ihr erster Sohn geboren.

15 Salewski, Die deutsche Seekriegsleitung, Bd II (wie Anm. 11), S. 435.
16 1.10.1930 Leutnant, 1.10.1933 Oberleutnant, 1.4.1936 Kapitänleutnant, 1.12.1940 Korvettenkapitän, 31.5.1944 Fregattenkapitän.
17 Auszeichnungen gem. Personalbogen vom 21.6.1955 und Truppenstammakte vom 20.12.1957 in BA-MA, Pers 1/13096, Hauptteil A I und A III 3, 2.10.1936 Dienstauszeichnung IV. Klasse, 1.4.1938 Dienstauszeichnung III. Klasse, 19.11.1939 Eisernes Kreuz II. Klasse, 13.4.1940 Eisernes Kreuz I. Klasse, 24.4.1940 Sudetenmedaille, 13.8.1943 Zerstörerkriegsabzeichen, 20.4.1945 Kriegsverdienstkreuz II. Klasse mit Schwertern (an Hitlers Geburtstag durch Dönitz verliehen); 20.2.1962 Commander's Cross Legion of Merit, 21.12.1962 Großes Offizierskreuz des Verdienstordens der Republik Italien, 10.1961 Militärverdienstmedaille I. Klasse der Republik Portugal, 28.3.1966 Großoffizierkreuz des Verdienstordens Frankreichs, 30.6.1967 Großes Verdienstkreuz mit Stern der Bundesrepublik Deutschland.
18 Zu Ihren familiären Wurzeln siehe auch Anm. 4 des vorliegenden Beitrags. Als Beruf wird ausgebildete Fotografin angegeben.

Im Januar des gleichen Jahres erfolgte dann die für einen Admiralstabsoffizier karriereträchtige Kommandierung zur Operationsabteilung im Oberkommando der Kriegsmarine (1. Seekriegsleitung/1. Skl.) nach Berlin. Dort wirkte Zenker bis zum Kriegsende als Minenkriegsreferent. Noch wichtiger sollte jedoch sein, dass sich in der Seekriegsleitung eine Reihe von Marineoffizieren fand, die die militärische Nachkriegsgeschichte entscheidend mitprägen sollten.

Zenker gehörte wie diese zur Kriegsjugendgeneration der Jahrgänge 1900 bis 1913, also zu den Offizieranwärtern, deren Auswahl und Ausbildung noch komplett in der Reichswehr begonnen und abgeschlossen wurde. Bei einem Bewerberaufkommen von 20:1 für die wenigen Stellen als Offizieranwärter ausgewählt worden zu sein[19] und aus den erwünschten Kreisen zu stammen, konnte das Gefühl vermitteln, einer Elite anzugehören. Damit unterschieden sich die Crews der 1920er- und beginnenden 1930er-Jahre von den stark aufwachsenden Offizierjahrgängen kurz vor und während des Zweiten Weltkriegs. 1933 hatte die Crew aus 149 Anwärtern bestanden, vier Jahre später waren es schon über 1000[20]. Das »von der Zahl her kleine Offizierkorps des Reichsheeres und der Reichsmarine« sollte es dann auch sein, das die »Aufstellung und Konsolidierung der westdeutschen Streitkräfte« führend gestaltete[21]. Damit lag die Verantwortung bei Marineoffizieren wie Karl-Adolf Zenker, die nicht nur zeitlich in unmittelbarer Tradition zur Kaiserlichen Marine standen. Admiralstabsoffiziere wie Zenker, während des Krieges Mitte dreißig, »die dem Seekrieg ihren Stempel aufgedrückt hatten«, waren sicher ehrgeizig[22], dabei »außerordentlich selbstbewusst« und letztlich nur der Marineführung gegenüber verantwortlich. Dabei waren sie in einer Marine aufgewachsen, die seit Karl-Adolf Zenkers Vater »immer hinter dem Staat gestanden« hatte, auch wenn er nun nationalsozialistisch war[23]. Sie dienten in einem geschlossenen Marineoffizierkorps, dessen Denken von Michael Salewski als »einfach und schlicht« charakterisiert wurde: »die Welt veränderte sich, die Marine aber blieb politisch das, was sie nach dem Willen [Erich] Raeders und [Karl] Dönitz' immer sein sollte; ein a-politisches, seelenloses Machtinstrument in den Händen der politisch Mächtigen, gleichgültig wer diese immer auch waren«[24]. Der Soldat hatte letztlich Repräsentant eines wie auch immer legitimierten, souveränen Staates zu sein[25].

Nicht überraschend vor diesem Hintergrund, aber letztlich auch nicht sehr aussagekräftig ist daher die Nachkriegsbewertung des »Öffentlichen Klägers

---

[19] Peifer, Drei deutsche Marinen (wie Anm. 12), S. 21. Gleiches gilt für Unteroffiziere und Mannschaften. In Zenkers Eintrittsjahr 1926 kamen dort auf 635 Plätze 44 100 Bewerbungen.

[20] Peifer, Drei deutsche Marinen (wie Anm. 12), S. 21.

[21] Georg Meyer, Zur Situation der Deutschen Militärischen Führungsschicht im Vorfeld des Westdeutschen Verteidigungsbeitrages 1945–1950/51. In: Anfänge westdeutscher Sicherheitspolitik. Hrsg. vom MGFA, Bd 1, München 1982, S. 577–735, hier S. 581.

[22] Salewski, Die deutsche Seekriegsleitung, Bd II (wie Anm. 11), S. 435.

[23] Ebd., S. 443.

[24] Ebd., S. 434.

[25] Ebd., S. 440.

beim Untersuchungsausschuss Koblenz-Stadt« vom 17. Juni 1948, dass Zenker »weder der Partei noch einer ihrer Gliederungen angehört hat und dass gegen ihn keinerlei Verdachtsmomente einer aktivistischen Tätigkeit vorliegen, weshalb er von der Landesverordnung für die politische Säuberung nicht betroffen ist«[26]. Ermittlungen der Polizeigruppe Kiel im August 1947 für die Ausstellung eines politischen Unbedenklichkeitszeugnisses hatten bereits im Vorfeld ergeben, dass »in der näheren Umgebung« seiner ehemaligen Wohnungen »nichts Nachteiliges« bekannt sei. »Politische Unterhaltungen« habe er nicht geführt und sich auch »nie über das Judenproblem oder die KZ-Lager« unterhalten. Bezeichnend erscheint der letzte Satz: »Angeblich hat er sich nur seinem damaligen Beruf als Marineoffizier gewidmet«[27]. Damit entsprach er auch in den Augen seines zivilen Umfelds genau dem Typ des unpolitischen Berufsoffiziers.

Das Kriegsende erlebte Zenker hautnah beim Oberkommando der Kriegsmarine (OKM) in Berlin unter seinem Oberbefehlshaber der Kriegsmarine, Großadmiral Dönitz, der bis zum Untergang gehorsam war und von seinen Offizieren Gehorsam bis zum Letzten forderte. Der am 4. August 1944 befohlene »totale Kriegseinsatz im OKM« traf auf Admiralstabsoffiziere, die schon von ihrem Selbstverständnis her bis zur Erschöpfung arbeiteten. Nach Hitlers Tod führten dann noch Dönitz und letztlich auch seine vertrauten Offiziere im OKM das Reich in die unabwendbare Gesamtkapitulation. Offiziere, auf die sich Dönitz in seiner kurzlebigen Reichsregierung stützte, wie den ehemaligen Admiral Wilhelm Meisel[28], Zenkers Chef des Stabes in der Seekriegsleitung, Konteradmiral Gerhard Wagner[29], Konteradmiral Eberhardt Godt[30] oder Fregattenkapitän Günther Heßler[31] waren nicht nur im Mai 1945 enge Berater des neuen Staatsoberhaupts[32], vielmehr gehörten sie nach dem Krieg auch zu denjenigen Marineoffizieren, die sich unter Meisels Leitung frühzeitig 1948/49 Gedanken über den Ost-West-Konflikt und einen Marinebeitrag im Rahmen künftiger

[26]   BA-MA, Pers 1/13096, Hauptteil E/2, Der öffentliche Kläger beim Untersuchungsausschuss Koblenz-Stadt vom 17. Juni 1948 (mit Ermittlungsberichten der Polizei zu Befragungen an seinen alten Wohnorten).
[27]   BA-MA, Pers 1/13096, Hauptteil E/2, Polizeigruppe Kiel vom 28.8.1947.
[28]   Admiral a.D. Wilhelm Meisel (4.11.1893–7.9.1974), 1913 Eintritt in die Kaiserliche Marine, 21. Februar 1943 Chef des Stabes der Seekriegsleitung im Oberkommando der Kriegsmarine, 1. Mai 1944 Chef der Seekriegsleitung, keine Verwendung in der Bundesmarine, aber Namensgeber des in den 1950er-Jahren einflussreichen »Meiselkreises«.
[29]   Konteradmiral a.D. Gerhard Wagner (23.11.1898–26.6.1987), 1916 Eintritt in die Kaiserliche Marine, 1939–1945 in verschiedenen Verwendungen im Oberkommando der Kriegsmarine, Vertrauter von Raeder und Dönitz, zuletzt vom 1. bis 23.5.1945 als Admiral beim Staatsoberhaupt des Deutschen Reiches, Großadmiral Karl Dönitz, 1949–1952 Naval Historical Team, 1955 Eintritt in die Bundeswehr als Stellvertretender Abteilungsleiter VII (Marine), 1957–1961 Stellvertreter des Inspekteurs der Marine, 1962 als Befehlshaber der Alliierten Seestreitkräfte der Ostseezugänge in den Ruhestand verabschiedet.
[30]   Konteradmiral a.D. Eberhardt Godt (1900–1995), im Krieg Chef der Operationsabteilung des Befehlshabers der U-Boote, keine Verwendung in der Bundesmarine.
[31]   Fregattenkapitän a.D. Günther Heßler war der Schwiegersohn von Dönitz, gem. Protokoll Nürnberger Prozesse, Hauptverhandlungen, Vormittagssitzung vom 14.5.1946. Verfasser des in britischem Auftrag erstellten »The U-boat War in the Atlantic 1939–1945«.
[32]   Salewski, Die deutsche Seekriegsleitung, Bd II (wie Anm. 11), S. 552.

deutscher Streitkräfte machten[33]. Zudem standen sie nachweislich des überlieferten Schriftverkehrs Zenkers auch mit ihm und untereinander nach dem Krieg in ständigem Briefkontakt[34]. In der Seekriegsleitung war eine Kameradschaft entstanden, die noch in Kaiserlicher Marine und Reichsmarine gründete und den Krieg im Zivilen wie Militärischen überdauern sollte. Hierin war Karl-Adolf Zenker fest eingebunden.

Maritimer Übergang

Anders als den Kameraden des Heeres bot sich einigen Marineangehörigen schon im Sommer 1945 ein zwar neues, aber dennoch vertrautes Arbeitsfeld. Nach einer kurzen Kriegsgefangenschaft im Kriegsgefangenlanger Glücksburg ergab sich schon im Juli 1945 für den 38-jährigen Zenker, inzwischen Vater eines einjährigen Sohnes, wenige Wochen nach Kriegsende die Perspektive, seine seemännische Erfahrung im »Deutschen Minenräumdienst« beruflich umzusetzen. Immerhin waren nach sechs Jahren Krieg »sämtliche europäischen Gewässer in erheblichem Ausmaß durch Minen verseucht«[35]. Die alliierten Siegermächte sahen sich nicht in der Lage und wohl »auch nicht willens«, die etwa »581 000 Minen der verschiedenen Typen« selbst zu räumen. Wie nach dem Ersten Weltkrieg sollten daher auch jetzt deutsche Minenräumer mit fachlich qualifizierter, also militärischer Besatzung, die anspruchsvolle Arbeit des Minenräumens übernehmen[36]. Das Oberkommando der Kriegsmarine und die Seekriegsleitung wurden zwar am 20. Juli 1945[37] aufgelöst. Anders als bei Heer und Luftwaffe blieben aber »die Organisation und die Männer, die sie ausfüllten, weiterhin in Funktion«. Aus dem OKM bildete sich der Stamm des deutschen Stabes der »German Mine Sweeping Adminstration« (GM/SA)[38]. Damit bestand für Marine wie nach dem Ersten Weltkrieg die Gelegenheit, »ihre seemännischen, aber auch militärischen Fähigkeiten zu konservieren«[39].

Laut Dienst- und Führungszeugnis vom 30. Oktober 1946 diente Zenker vom 21. Juli 1945 bis zum Juni 1946[40] im »Deutschen Minenräumdienst, einer nichtmilitärischen Einrichtung der Internationalen Minenräumorganisation, deren Aufgabe die Beseitigung der Seeminen« war. Dort arbeitete er als

---

33 Meyer, Zur Situation (wie Anm. 21), S. 726.
34 BA-MA, MSG 2/12700–12712.
35 Salewski, Die deutsche Seekriegsleitung, Bd II (wie Anm. 11), S. 563.
36 Ebd., S. 563.
37 Mit Wirkung vom 21. Juli 1945.
38 Salewski, Die deutsche Seekriegsleitung, Bd II (wie Anm. 11), S. 561; siehe dazu auch Peifer, Drei deutsche Marinen (wie Anm. 12), S. 81–86.
39 Ebd., S. 563.
40 Zenker stellt dieses in der Beurteilung genannte Datum mit Schreiben vom 14. August 1947 an die Wasserstraßendirektion Pfalz als »unrichtig« dar. Er sei »erst am 22. August 1946 aus dem Dienst der DMRL entlassen worden«. BA-MA, Pers 1/13096, Hauptteil E/2.

»Gruppenchef der Seefahrtsabteilung und Verbindungsoffizier für Russland-abgabe«. Seine persönliche Führung wurde als sehr gut, seine fachliche und berufliche Eignung für die Verwendung als gut beurteilt. Insbesondere die hervorragende persönliche Wertung zieht sich durch Zenkers Beurteilungen. Offensichtlich überzeugte er im Dienst immer wieder durch Selbstdisziplin und Gewissenhaftigkeit – Eigenschaften, die für Offiziere auf See mit dem berufstypischen engen persönlichen Spielraum ausgesprochen wichtig sind. Im Dienstzeugnis bescheinigte ihm sein Chef, der ehemalige Konteradmiral Fritz Krauss[41], zugleich die Eignung zum »Leitenden Beamten im Verwaltungsdienst, besonders der Binnenschifffahrt«[42]. Nachweisen lässt es sich nicht, aber denkbar scheint, dass damit nur schriftlich fixiert wurde, was schon im Vorfeld in die Bahnen gelenkt worden war, nämlich die Anschlussverwendung bei der Wasserstraßendirektion Pfalz als »Leiter des Deutschen Dienstes beim Schifffahrtsbüro in Koblenz-Pfaffendorf«.

Zur Frage nach vorhandenen Kontinuitäten bietet die Leitungsbesetzung des deutschen Minenräumdienstes weitere Einblicke[43]. Der fließend Englisch sprechende Krauss[44] leitete in seiner letzten Kriegsverwendung vom 16. August 1944 bis 22. Juli 1945 als Amtsgruppenchef die Abteilung 4 der Seekriegsleitung und damit den Marinenachrichtendienst im Oberkommando der Kriegsmarine. Als sein Vertreter fungierte Kapitän zur See Heinrich Gerlach[45], nur ein Jahr älter als Zenker und im ständigen Briefkontakt mit Zenker in den 1950er-Jahren[46]. Gerlach war, wie nach ihm Zenker, von Juli 1941 bis Dezember 1943 in der Operationsabteilung der Seekriegsleitung. Anschließend fuhr er als Zerstörerkommandant, wie Zenker vor ihm, und beendete den Krieg als Chef der 8. Zerstörerflottille. In weiteren Leitungsfunktionen im Stab befanden sich neben Zenker mit Kapitän z.S. a.D. Heinz Aßmann[47] und dem späteren Inspekteur der Marine Gert Jeschonnek weitere »führende Köpfe der ehemaligen Operationsabteilung« der Seekriegsleitung. Alle standen in den 1950er-Jahren in regelmäßigem Briefkontakt[48].

---

[41] Fritz Krauss (20.3.1898–13.7.1978), Leiter bzw. Chef der D.M./R.L. vom 23.7.1945 bis 19.12.1947.

[42] BA-MA, Pers 1/13096, Hauptteil E/2, D.M./R.L G.M.S.A., Dienst- und Führungszeugnis vom 30.10.1946, Abschrift vom 5.2.1947.

[43] Zum Folgenden siehe auch Salewski, Die deutsche Seekriegsleitung, Bd II (wie Anm. 11), S. 565.

[44] Ebd., S. 565, Fußnote 11.

[45] Heinrich Gerlach (31.8.1906–27.6.1988), 1952 Eintritt in das Amt Blank, bis 1954 beim EVG-Interimsausschuss in Paris, 1955 zum Flottillenadmiral befördert, 1956 Befehlshaber der Seestreitkräfte Ostsee, 1961 Kommandeur der Abteilung Marine an der Führungsakademie der Bundeswehr, 1963 Konteradmiral und Befehlshaber der Flotte, 1966 Ruhestand.

[46] BA-MA, MSG 2/12700.

[47] Kapitän zur See Heinz Assmann war als Angehöriger des Wehrmachtführungsstabes im Oberkommando der Wehrmacht am 20. Juli 1944 beim Attentatsversuch auf Adolf Hitler verwundet worden und hatte anschließend das »Verwundetenabzeichen 20. Juli 1944« verliehen bekommen.

[48] BA-MA, MSG 2/12700–12712.

Doch 1946 schien für den 39-jährigen Familienvater zuerst einmal der Übergang in ein ziviles Betätigungsfeld mit maritimen Bezügen und zugleich die finanzielle Existenz gesichert. Am 14. September 1946 stellte ihn die Wasserstraßendirektion Pfalz als Angestellten ein und berief ihn »auf Befehl des [französischen] Oberst Noel Mayer« mit Schreiben vom 12. Oktober 1946 zum Leiter des Deutschen Dienstes beim Schifffahrtsbüro in Koblenz-Pfaffendorf[49]. Anders als bei Angehörigen des Heeres oder der Luftwaffe musste er keinen wirklich fremden zivilen Beruf ergreifen. Zu seinem Erfahrungshorizont kamen beispielsweise kein Studium, »Türenputzen«, Töpfern (Wolf Graf von Baudissin) oder der Musikalienhandel (Ulrich de Maizière) hinzu. Der radikale Neuanfang war zumindest beruflich bei Zenker und einigen Marinekameraden nur teilweise wahrnehmbar[50]. Schiffe und Wasser blieben ihr Metier.

Schwieriger gestaltete sich für Zenker aber die familiäre Situation. Zwei Jahre nach Kriegsende empfand er die Trennung von seiner Familie zunehmend als belastend, wie er in seinem Antrag auf Zuzugsgenehmigung der Familie vom Juni 1947 ausführte. Noch wohnten seine Frau und der dreijährige Sohn bei seiner Mutter in Osterode im Harz. Während sich also beruflich alles günstig zu entwickeln schien, spiegelt der Schriftverkehr um Zuzug und die Wohnungsfrage auch im Leben Zenkers die schwierige Nachkriegswirklichkeit wider. Glaubhaft erscheint seine Darstellung, dass ein intaktes Familienleben für ihn wichtig war und die Trennungssituation seine »Arbeitsfähigkeit« beeinträchtigte[51]. Mit der Erlaubnis zum Zuzug nach Pfaffendorf vom 30. Oktober 1947 durfte Zenker dann die Familie an seinen Arbeitsort nachholen und sich nun mit aller Kraft der Arbeit in der Schifffahrtsabteilung widmen. Ab Mai 1948 musste er zusätzlich zu seiner Aufgabe bei der vorgesetzten Dienststelle in Mainz auch noch die durch den Weggang seines Kameraden und späteren Nachfolgers als Inspekteur der Marine Gert Jeschonnek[52] vakante Stelle für Erfassung und verwaltungsmäßige Betreuung der Rheinflotte mit betreuen. Nach Auflösung der Dienststelle in Pfaffenhofen wechselte er dann im Sommer 1948 zur Wasserschifffahrtsdirektion in Mainz mit Beförderung zum Abteilungsleiter A (Schifffahrt).

Die zivile Karriere begründete eine Beurteilung seiner Dienststelle vom 31. Oktober 1949 mit »überdurchschnittlicher geistiger Begabung, großer Fä-

---

[49] BA-MA, Pers 1/13096, Hauptteil E/2, Wasserstraßendirektion Pfalz vom 12.10.1946 und Ernennungsantrag vom 27.2.1947.

[50] Siehe dazu auch Peifer, Drei deutsche Marinen (wie Anm. 12), S. 109.

[51] BA-MA, Pers 1/13096, Hauptteil E/2, Zenker vom 10.6.1947 und Straßendirektion Pfalz vom 20. Juni 1947.

[52] Gert Gustav Paul Jeschonnek (30.10.1912–4.1999), Eintritt in die Reichsmarine zum 1.4.1930, Artillerieexperte, bei Kriegsende Korvettenkapitän, 1943/44 an der Marinekriegsakademie, anschließend bis Kriegsende Führungsstabsoffizier in der 1. Skl gemeinsam mit Zenker, bis 1947 bei der Deutschen Minenräumdienstleitung, bis Mai 1948 bei der Wasserstraßendirektion Mainz, anschließend verwendet in der Hauptverwaltung des Seeverkehrs und ab 1949 beim Bundesverkehrsministerium, Abteilung Seeverkehr in Hamburg, 1952 Eintritt in das Amt Blank, Oktober 1967 bis September 1971 Inspekteur der Marine.

higkeit zur Konzentration auf und Erfassung des Wesentlichen«. Gute französische und englische Sprachkenntnisse wurden ihm ebenso bescheinigt wie »große seemännische Erfahrung«. Auch seine »umfassende allgemeine Bildung«, »vielseitige Interessen« und »gute Menschenkenntnis« verbunden mit »stets einwandfreiem und korrektem« dienstlichem und außerdienstlichem Verhalten, »sicherem, taktvollem und zurückhaltendem« Auftreten, lassen ihn als einen Mann erscheinen, der offensichtlich im Zivilen wie Militärischen gleichermaßen seinen Weg machen würde. Sein »voll ausgeprägter Diensteifer, Fleiß und Zuverlässigkeit«[53] waren ja auch notwendige Voraussetzungen für einen Admiralstabsoffizier, wie ihn Zenker als Inspekteur der Marine später selbst mit »Zuverlässigkeit, Fleiß, nie versagendem militärischen Takt bei aller Offenheit, Verschwiegenheit« beschrieb. »Eitle Naturen« seien ungeeignet. Der Admiralstabsoffizier müsse »seine Arbeit um der Sache willen tun und sich mit der inneren Befriedigung und der Anerkennung seines Befehlshabers« begnügen[54]. Zenker lebte auch im zivilen Umfeld eine Dienstauffassung vor, die er später von seinen Untergebenen verlangen sollte und die er als Grundvoraussetzung für einen Marineoffizier sah. Dieses Bild zieht sich durch sein militärisches Leben und darf als gewünschter Typus des Offiziers gewertet werden, den Zenker verkörperte und den er später auch in der Bundesmarine fördern sollte.

Während sich durch die Geburt des zweiten Kindes 1949 die Familie vergrößerte, stand eine gesicherte zivile Zukunft in der Wasserstraßenverwaltung Rheinland-Pfalz in Aussicht. Insbesondere die Verwendung als nebenamtlicher Binnenschifffahrts-Referent im Mainzer Ministerium für Inneres und Wirtschaft von Juni 1950 bis Juli 1951 deutet auf die Möglichkeit einer künftigen zivilen Ministerialkarriere hin.

Das »Zeugnis« des Ministeriums für Wirtschaft und Verkehr Rheinland-Pfalz vom 1. September 1951 bescheinigte Zenker für alle Positionen, die er im Dienste des Landes innehatte; »Charakter, Lebensart und Formen« seien »ohne jeden Einwand«. Er habe sich »in bemerkenswert kurzer Zeit« die für seine Aufgaben in einer zivilen Verwaltung erforderlichen wesentlichen Kenntnisse angeeignet. Betont wurde sein durch Sachlichkeit und Erkenntnis des Erreichbaren geprägtes Verhandlungsgeschick, insbesondere gegenüber schwierigen und unsachlichen »Verhandlungsgegnern«. Das Verhandlungsgeschick habe ihm die in derartiger Lage erforderliche Überlegenheit gesichert[55]. Hier wurde Zenker von ziviler Seite eine Befähigung attestiert, die für die folgende Verwendung im Amt Blank von entscheidender Bedeutung sein musste: Verhandlungsgeschick aus »ungünstiger Verhandlungsposition«[56].

---

[53] BA-MA, Pers 1/13096, Hauptteil E/2, Dienststelle WSV-Abtlg. B-Schiffsinstandsetzung, vom 31.10.1949.

[54] BA-MA, BM 1/1263, Reden Inspekteur Marine, o.D., »Admiral Zenker« über Stellung und Pflichten des Admiralstabsoffiziers«.

[55] BA-MA, Pers 1/13096, Hauptteil A/1, Zeugnis Ministerium für Wirtschaft und Verkehr Rheinland-Pfalz vom 1.9.1951.

[56] Ebd.

Planung der neuen Marine

Die Hauptaufgabe bestand für den Fregattenkapitän a.D. zunächst darin, Marineinteressen im Amt Blank, aber auch in den Verhandlungen zur Europäischen Verteidigungsgemeinschaft (EVG) als »Einzelkämpfer« vertreten zu müssen. Hinzu kam, dass nur sechs Jahre nach Kriegsende Verhandlungen über deutsche Streitkräfte mit den siegreichen Kriegsgegnern aus einer denkbar schlechten Position heraus geführt werden mussten. Nachgewiesenes Verhandlungsgeschick dürfte jedoch nicht allein dafür verantwortlich sein, dass gerade Karl-Adolf Zenker der erste Marinevertreter im Amt Blank werden sollte. Seine marinefachliche Eignung stand außer Frage. Außerdem sprachen Herkunft und Kontinuität über Reichswehr, Kriegsmarine und Minenräumdienst hinweg noch für ihn. Aber über beide Voraussetzungen verfügten auch andere ehemalige Offiziere.

Einen ersten Fingerzeig bietet der bereits von Georg Meyer dargestellte Sachverhalt, dass der mit den »planenden Arbeiten zum westdeutschen Verteidigungsbeitrag« befasste Personenkreis gut miteinander bekannt war. Das gilt nicht nur für die ehemaligen Generalstabsoffiziere des Heeres wie Major a.D. Achim Oster, Oberst a.D. Johann Adolf Graf von Kielmansegg, Oberstleutnant a.D. Ulrich de Maizière und Oberst a.D. Kurt Fett und Major a.D. Wolf Graf von Baudissin, die sich aus Verwendungen in hohen Stäben und Kommandobehörden während des Krieges kannten[57]. Auffällig viele der Offiziere hatten sich während des Krieges im Oberkommando der Wehrmacht, insbesondere in der Operationsabteilung, kennengelernt[58]. Gleiches gilt wie oben beschrieben für die Operationsabteilung des Oberkommandos der Kriegsmarine. Von Januar 1944 bis Mai 1945 dürfte Zenker in Berlin zumindest Graf Kielmansegg, de Maizière und auch den späteren ersten Generalinspekteur der Bundeswehr, General Adolf Heusinger, dienstlich kennengelernt haben. Zenker muss zumindest bei Graf Kielmansegg auch den Eindruck eines fachkompetenten, politisch unverdächtigen und nicht ideologisch fanatisierten Admiralstabsoffiziers hinterlassen haben. So gab es gute Gründe für Heusinger und Graf Kielmansegg, den bereits im öffentlichen Dienst beschäftigten Fregattenkapitän a.D. Zenker 1951 anzusprechen und offiziell für das Amt Blank zu gewinnen. Auf das Anschreiben Kielmanseggs vom 30. April 1951 antwortete Zenker mit der ihm eigenen Zurückhaltung positiv. Hinderungsgründe für eine auch kurzfristige Kündigung seitens seines Landesministeriums sehe er nicht. Nur wenig später folgte das offizielle Schreiben Theodor Blanks vom 6. Juni 1951, in dem er Zenker aufgrund seiner »speziellen« beruflichen Erfahrungen als Mitarbeiter für die »Analyse der Möglichkeiten eines deutschen Verteidigungsbeitrags«

---

57 Meyer, Zur Situation (wie Anm. 21), S. 580.
58 Siehe dazu auch Johannes Berthold Sander-Nagashima, Die Bundesmarine 1950 bis 1972. Konzeption und Aufbau, München 2006 (= Sicherheitspolitik und Streitkräfte der Bundesrepublik Deutschland, 4), S. 29 f.; Peifer, Drei deutsche Marinen (wie Anm. 12), S. 175.

möglichst bald gewinnen wollte. Blank schrieb sofort nach positiver Rückmeldung Zenkers Vorgesetzen, Staatsminister Alois Zimmer, an. Am 1. Juli kam der positive Bescheid aus dem Rheinland-Pfälzischen Ministerium und schon zum 16. Juli 1951 wechselte Zenker dann zügig in das Bundeskanzleramt, in die Dienststelle Blank, als »angestellter Referent«[59].

Ein zweiter Gesichtspunkt dürfte für die Auswahl Zenkers noch ausschlaggebend gewesen sein. Bereits im Mai 1950 hatte Bundeskanzler Konrad Adenauer unter der Leitung des Generals der Panzertruppen a.D. Gerhard Graf von Schwerin die »Zentrale für Heimatdienst« einrichten lassen. Möglichst unbelastete Generale, Admirale und Generalstabsoffiziere sollten ein Gremium deutscher Fachleute für militärische Expertengespräche mit den Alliierten bilden. Verhandlungssicherheit gegenüber alliierten Verhandlungspartnern schien unabdingbar. Kurz nachdem dann im Herbst 1950 die Entscheidung der NATO für einen westdeutschen Verteidigungsbeitrag gefallen war, tagten im Zisterzienserkloster Himmerod in der Eifel ehemalige hohe Offiziere unter Leitung Graf Schwerins, um Voraussetzungen und Möglichkeiten eines deutschen Verteidigungsbeitrags zu durchdenken. Beteiligt waren auch drei Marineangehörige: Generaladmiral[60] a.D. Walter Gladisch[61], Vizeadmiral a.D. Friedrich Ruge[62] und Kapitän zur See a.D. Alfred Schulze-Hinrichs[63]. Ruge hatte dem Oberkommando der Kriegsmarine ebenso angehört wie zum Beispiel Konteradmiral Gerhard Wagner, bis Sommer 1944 Zenkers Chef in der Operationsabteilung, die beide zeitgleich dem »Naval Historical Team« (NHT) in Bremerhaven angehörten und später die beiden höchsten Flaggoffiziere in der jungen Bundeswehr werden sollten[64].

Laut Selbstzeugnis Zenkers erfolgte seine Berufung in das Amt Blank dem »Vorschlag des Bremerhavener Teams« folgend[65]. Zenker besaß letztlich die für die Führungselite der frühen Bundeswehr typische Reichswehrverortung. Er

---

[59] Schriftwechsel in: BA-MA, Pers 1/13096, Hauptteil B/2.

[60] Generaladmiral ist der dem Dienstgrad Generaloberst vergleichbare Dienstgrad in der Marine.

[61] Generaladmiral a.D. Walter Gladisch (1882–1954), 1898 Eintritt in die Kaiserliche Marine, 1931–1933 Flottenchef, 1933 pensioniert, reaktiviert im Zweiten Weltkrieg, zuletzt als Admiral z.V. Vorsitzender des Oberprisengerichts in Berlin.

[62] Vizeadmiral a.D. Friedrich Ruge (1894–1985), 1914 Eintritt in die Marine, 1937 Führer der Minensuchboote, ab 1941 »Befehlshaber Sicherung West«, 1944 bis Kriegsende Chef des »Amtes Kriegsschiffbau«, britische Kriegsgefangenschaft, NHT, 1956 bis 1961 erster Inspekteur der Bundesmarine.

[63] Kapitän z.S. a.D. Alfred Schulze-Hinrichs (6.11.1899–23.6.1972), im Zweiten Weltkrieg Zerstörerkommandant, Zerstörerflottillenchef und zuletzt Kommandeur der Marinekriegsakademie in Berlin, nach 1945 Angehöriger der Organisation Gehlen, auch zur Zeit der Himmeroder Tagung, bis zur Pensionierung beim Bundesnachrichtendienst.

[64] Dazu zählte Zenker auch Generaladmiral a.D. Schniewind, Vizeadmiral a.D. Heye, Oberst i.G. a.D. (Lw) Gaul sowie Konteradmiral a.D. Godt und Kapitän zur See a.D. Hans-Rudolf Rösing. Hans-Adolf Zenker, Aus der Vorgeschichte der Bundesmarine. In: Die deutsche Marine. Historisches Selbstverständnis und Standortbestimmung, Herford 1983 (= Schriftenreihe Deutsches Marine Institut – Deutsche Marine-Akademie, 4), S. 94.

[65] Zenker, Aus der Vorgeschichte (wie Anm. 64), S. 97; Peifer, Drei deutsche Marinen (wie Anm. 12), S. 175.

war ausgebildeter Admiralstabsoffizier[66], mit den wichtigsten Nachkriegsrepräsentanten der Marine sowie Generalstabsoffizieren des Heeres und der Luftwaffe aus seiner Berliner Verwendung 1944/45 vernetzt, und er gehörte wie
fünf der ersten sechs Admirale der Bundeswehr von seinem Verwendungsaufbau her zu den Überwasserstreitkräften[67]. Zenker war den immer noch einflussreichen Flaggoffizieren bestens bekannt und galt als Garant für eine maritime Tradition, verkörperte er in ihren Augen doch auch den »Vater«, ihren
hochgeschätzten ehemaligen Chef der Marineleitung. Es ist naheliegend, dass
man beim Aufbau einer neuen Armee auf Fachleute der alten zurückgreift,
soweit dies politisch vertretbar erscheint[68]. Da er bereits als politisch unbedenklich eingestuft war, erklärt sich die Auswahl Zenkers für den Aufbau der
Marine als nahezu folgerichtig.

Karl-Adolf Zenker sah sich bei den Planungen für einen Marinebeitrag ab
1951 zunächst mit dem gleichen Grundproblem konfrontiert wie sein Vater gut
20 Jahre zuvor. Schon dieser stellte damals in einem Beitrag die Frage, »ob die
deutsche Landesverteidigung und die deutschen Seeinteressen einer Wehrmacht zur See bedürfen, und, falls diese Frage bejaht wird, ob diese Belange
mit einer Flotte, wie sie uns das Versailler Diktat gestattet, zu verteidigen und
zu schützen sind«[69].

Einerseits erwies sich die auch in der Vergangenheit immer wieder diskutierte Existenzfrage nicht als unbegründet, wie der Pleven-Plan, benannt nach
dem damaligen französischen Außenminister, vom Oktober 1950 belegt. Er sah
noch keine deutsche Marine vor[70]. Andererseits war fast zur gleichen Zeit das
maritime Expertenwissen aus dem NHT in die Himmeroder Denkschrift eingeflossen. Obwohl dort der Schwerpunkt eines sowjetischen Angriffs auf dem
Lande erwartet wurde, schienen feindliche Operationen zur See, insbesondere
im Gebiet »Schleswig-Holstein–Dänemark–Südskandinavien«, realistisch. Für
den operativen Schwerpunktauftrag, die Ostseezugänge abzuriegeln, sahen die
deutschen Marinefachleute insbesondere U-Boote, Schnellboote und Landungsverbände geboten. Hinzu traten nach ihrer Ansicht Aufgaben in Nord-
und Ostsee, die verlangten, eigene Seewege minenfrei zu halten, Geleitschutz
für den Seeverkehr zu geben sowie in der Ostsee Heeresverbände von See aus
zu unterstützen. Nicht nur allein See-, sondern auch maritime Luftstreitkräfte
galten schon 1950 als notwendig. Gefordert wurden zunächst kleinere Einheiten wie U-Boote, Torpedoboote, Schnellboote, Minensuchboote, Räumboote,
Geleit- und Landungsboote sowie Kampfflugzeuge zur U-Bootjagd. Zerstörer

[66] Reinhard Stumpf, Die Wiederverwendung von Generalen und die Neubildung militärischer Eliten in Deutschland und Österreich nach 1945. In: Entschieden für Frieden.
50 Jahre Bundeswehr 1955 bis 2005. Im Auftrag des MGFA hrsg. von Klaus-Jürgen
Bremm, Hans-Hubertus Mack und Martin Rink, Freiburg i.Br. 2005, S. 84.
[67] Ebd., S. 85.
[68] Ebd., S. 87.
[69] Admiral a.D. Zenker, Wehrwille und Wehrgedanke in Deutschlands Jugend. In: Deutsch-
akademische Schriften, Heft 26, Berlin 1930, S. 2.
[70] Bruno Thoß, Einführung. In: Sander-Nagashima, Die Bundesmarine (wie Anm. 58), S. 22.

und größere Einheiten traute man sich noch nicht in die Verhandlungen einzubringen – dies sollte erst die NATO ermöglichen –, ihre Notwendigkeit kam jedoch indirekt klar zum Ausdruck[71]. Den Beteiligten war bewusst, dass sie mit einem Pfund wuchern konnten: ihrem Spezialwissen über die besonderen Verhältnisse in Nord- und Ostsee. Die Besonderheiten von Nord- und Ostseeküste hatten bereits 1930 für den pensionierten Vater Zenkers eine wichtige Rolle gespielt[72]. Auch seine Überlegungen mussten von einer durch den Versailler Vertrag stark limitierten deutschen Marine ausgehen. Die frühen Planer der Bundesmarine waren aber alle noch unter dem »alten« Zenker geschult worden. Auch sein Sohn dürfte diese Gedanken in den 1930er-Jahren vermittelt bekommen haben.

Die Himmeroder Überlegungen entwickelte dann 1951 ein Mitstreiter Ruges aus dem NHT weiter, sein künftiger Vorgesetzter als erster Stellvertreter des Inspekteurs der Marine, Konteradmiral a.D. Wagner[73]. Er verwies noch deutlicher auf den Charakter einer künftigen deutschen Marine als Bündnismarine »atlantischer Marinen« und sah als Schwerpunkt der künftigen Operationen die Ostsee. Damit war dem vom NHT empfohlenen Fregattenkapitän a.D. Karl-Adolf Zenker klar, in welche Richtung die Verhandlungen in Paris führen sollten. Im EVG-Vertragswerk bekam die deutsche Marine eine Aufgabe im Rahmen der europäischen Streitkräfte zugewiesen, die als Schwerpunkt »Küstenverteidigung in der Ostsee sowie Minenabwehr und Sicherung von Seewegen in der Deutschen Bucht der Nordsee haben sollte«[74]. Aufgrund möglicher Vorbehalte der Alliierten fehlten Zerstörer und U-Boote, obwohl schon 1950 als sinnvoll angedacht.

Während Zenker als Referent und Gruppenleiter Marine in der Dienststelle Blank noch bis 1952 intensiv in die EVG-Verhandlungen eingebunden war, übernahm 1952 sein enger Vertrauter, Kapitän zur See a.D. Heinrich Gerlach, als »Chef Gruppe See« den deutschen Marine-Anteil beim Interimsausschuss der EVG[75]. Das änderte jedoch nichts daran, dass Zenker in alle Diskussionen intensiv eingebunden blieb. Gerlach arbeitete bei den weiteren Planungen nicht nur über den offiziellen Dienstweg, vielmehr hielt er von Paris aus die alten

---

[71] Siehe dazu Sander-Nagashima, Die Bundesmarine (wie Anm. 58), S. 36–39.

[72] Zenker, Wehrwille (wie Anm. 69), S. 2 f.

[73] Siehe dazu Peter Monte, Die Rolle der Marine der Bundesrepublik Deutschland. In: Deutsche Marinen im Wandel. Vom Symbol nationaler Einheit zum Instrument internationaler Sicherheit. Im Auftrag des MGFA hrsg. von Werner Rahn, München 2005 (= Beiträge zur Militärgeschichte, 63), S. 566–571. Die »Petersberg-Denkschrift« ist abgedruckt in: Jörg Duppler, Germania auf dem Meere, Bilder und Dokumente zur deutschen Marinegeschichte 1848 bis 1998, Dokument 3, S. 190–197.

[74] Das »Militärische Sonderabkommen« vom 5. Mai 1952 ist abgedruckt in: Duppler, Germania (wie Anm. 73), Dokument 4, S. 198 f.; siehe dazu Monte, Die Rolle der Marine (wie Anm. 73), S. 567 f.; dazu auch Sander-Nagashima, Die Bundesmarine (wie Anm. 58), S. 42–46; Karl-Adolf Zenker, Aus der Vorgeschichte (wie Anm. 64), S. 95.

[75] Gerlach war tief in der Marine verankert und zugleich auch ein Offizier, der noch in einer Denkschrift des Jahres 1951 die Demokratie kritisiert und dem Führerstaat nachgetrauert hatte.

Flaggoffiziere[76] über Ruge und Wagner ebenso detailliert informiert[77] wie im privaten Schriftverkehr Zenkers.

Dabei behandelte Zenker die taktischen, operativen und organisatorischen Fragen unemotional, nüchtern und realistisch. Dies zeigte sich besonders, wenn es um die praktische Ausgestaltung von Ausbildung oder Vorschriften ging. Einem Rückgriff auf Wehrmachtsvorschriften stand er skeptisch bis ablehnend gegenüber. Neue technische Entwicklungen ließen beispielsweise die »klassischen Anschauungen von der Torpedobootsfahrerei« als »wirklich antiquiert« erscheinen[78]. Militärfachliche Argumente führte Zenker auch ins Feld, wenn es bei den frühen Überlegungen um die taktisch gebotenen Schiffstypen ging. Er hielt es für besser, »einige Boote weniger zu bauen«, als Typen, von denen die Planer selbst nicht überzeugt seien. Kein einzelner Schiffstyp dürfe dem Gegner unterlegen sein. Typunterlegenheit führe beim Aufbau der Marine sofort zum Vertrauensverlust künftiger Besatzungen in Planung und Durchführung. »In diesem Fall ließe man besser die Finger von der ganzen Wiederaufrüstung.« Auch bei der Frage der Flugzeugbeschaffungen zeigt er seine nüchterne Grundhaltung. Angesichts der schwierigen Haushaltslage hielt er es 1953 beispielsweise für sinnvoller, günstigere US-Flugzeuge zu nehmen, wenn sie »nur einigermaßen [unseren] taktischen Forderungen« entsprächen[79]. Eine rationale Zugangsweise zu Aufbaufragen und die Aufgeschlossenheit gegenüber technischen Fortschritten sollte noch Zenkers Haltung als Inspekteur der Marine bei der Frage der Flugkörperbewaffnung kennzeichnen. Nach dem Scheitern der EVG-Verhandlungen und der Auflösung des Interimsausschusses standen die Marineplaner um Zenker dann 1954 vor der durchaus nicht von allen gewünschten »NATO-Lösung«[80].

Das Beharrungsvermögen und letztlich das Verhandlungsgeschick Zenkers wurden erneut bei seinen Gesprächen im Winter 1954 mit dem »Naval Deputy Saceur«, einem französischen Admiral, und seinem britischen Stabschef deutlich. Zenker schreibt von sich selbst, er habe dort »die deutschen Vorstellungen über die Aufgabenstellung, auf der Grundlage der 1951 in der Bremerhavener Denkschrift niedergelegten Konzeption, einzeln vorgetragen«. Nachdem die Überlegungen dort gutgeheißen worden seien, habe er sie »inoffiziell auch schriftlich hinterlassen«. Dieses Papier bildete die Grundlage der Aufgabenbeschreibung für die künftige Bundesmarine durch den Chef des Stabes SACEUR

---

[76] Flaggoffiziere sind Admirale.
[77] Z.B. BA-MA, MSG 2/12700, Gerlach an Wagner vom 16.7.1952, mit Organisationsplänen und einem Entwurf für einen »Arbeitsplan der Abteilung Marine«. Dass die internen Briefwechsel nicht nur auf Gegenliebe stießen, zeigt ein Verweis Zenkers auf die von Bogislaw von Bonin angewiesene Einhaltung des Dienstwegs, der aber nicht für die Gruppenleiter gelte: ebd., Zenker an Gerlach vom 29.7.1952.
[78] BA-MA, MSG 2/12700, Zenker an Gerlach vom 29.7.1952.
[79] Ebd., Zenker an Gerlach vom 10.11.1953.
[80] Ebd., Gerlach an Wagner vom 23.9.1954, S. 3: »Wenn uns nur die reine NATO-Lösung erspart bleibt, welche ich nächst Neutralisierung zwischen Ost und West, für die schlechteste Lösung halten würde.«

vom 6. Juli 1955[81]. Als wesentliche Aufträge definierte das Papier die Verhinderung eines Durchbruchs der Marinestreitkräfte des Warschauer Pakts in die Nordsee durch die Ostsee und den Nord-Ostsee-Kanal, Unterbindung der sowjetischen Seeverbindungen in der Ostsee, alliierte Verteidigung der deutschen Ostseeküste und der dänischen Inseln sowie einen Beitrag zur Aufrechterhaltung der alliierten Seeverbindungen in den deutschen Küstengewässern und den »benachbarten Gewässern«[82]. Auf dieser Basis begründeten die Alliierten wieder die Ausstattung mit den erhofften Zerstörern und U-Booten. Mit 18 Zerstörern und 30 000 Mann übertraf der Vorschlag des SACEUR die Erwartungen der deutschen Marineplaner sogar deutlich[83]. Gerade auch bei den größeren Einheiten dürften die Gespräche des ehemaligen Zerstörerkommandanten Zenker von besonderem Gewicht gewesen sein. Damit schien die Marine künftig wieder in die Lage versetzt zu werden, auf Augenhöhe mit den Alliierten auch außerhalb der Küsten, transatlantisch operieren zu können. Mit der Umwandlung der Dienststelle Blank in das Bundesministerium für Verteidigung bekam die Marine nicht nur die lang ersehnte eigene Abteilung, auch die maritimen Vorzeichen für die künftigen Seestreitkräfte standen 1955 gut, und das persönliche Verdienst Zenkers daran war unumstritten.

Neben Auftrag, Aufstellung und Gliederung künftiger Seestreitkräfte hatten Personalfragen im Mittelpunkt aller Überlegungen zwischen 1951 und 1955 gestanden. Zenker entwickelte sich als Leiter der Marinegruppe zum ersten Adressaten für Vorschläge zum künftigen Spitzenpersonal ebenso wie für Bewerbungen um Verwendungen in den neuen Streitkräften allgemein[84]. Dabei zeigte er auffällig eine größere Reserviertheit denjenigen Offizieren gegenüber, die nicht unmittelbar zum Kreis der Seekriegsleitungsoffiziere, zur Deutschen Minenräumdienstleitung, zum Naval Historical Team oder zum »Meiselkreis«, einem bis in die 1960er-Jahre bestehenden, einflussreichen Kreis um den ehemaligen Chef der Seekriegsleitung, Wilhelm Meisel[85], zu rechnen waren.

Das folgende Beispiel verdeutlicht dies besonders anschaulich: So nahm Zenker 1953 ausgesprochen reserviert zu dem Vorschlag des Ritterkreuzträgers und Zerstörerkommandanten Kapitän z.S. a.D. Martin Saltzwedel[86] Stellung, den in Marinekreisen wohlbekannten Konteradmiral a.D. Rolf Johannesson[87] für »die Besetzung der Spitze« vorzusehen. Dabei stellte sich Saltzwedel selbst »in altem Vertrauen« als Sachwalter einer Gruppe von Marineoffizieren dar und bat, den Brief auch an den Personalreferenten im Amt Blank, »an Kähler«,

81 Abgedruckt in: Duppler, Germania (wie Anm. 73), Dokument 5, S. 200 f.
82 Siehe dazu auch Zenker, Aus der Vorgeschichte (wie Anm. 64), S. 106.
83 Sander-Nagashima, Die Bundesmarine (wie Anm. 58), S. 47.
84 Vielfältige Bewerbungen in BA-MA, MSG 2/12706–2/12712; z.B. sehr früh: BA-MA, MSG 2/12711, Georg Spalteholtz vom 2.6.1952.
85 Meyer, Zur Situation (wie Anm. 21), S. 725–731.
86 Martin Saltzwedel (16.11.1906–1.4.1987), Ritterkreuz und Deutsches Kreuz in Gold.
87 Rolf Johannesson (22.7.1900–6.12.1989), 1918 Eintritt in die Kaiserliche Marine, im Zweiten Weltkrieg Zerstörerkommandant, 1943–1944 Chef der 4. Zerstörerflottille, 1947–1956 Mitarbeiter des Evangelischen Kirchenamtes, 1957 Eintritt in die Bundeswehr, 1957–1961 Flottenchef, 1965–1983 Bundesbeauftragter beim Seeamt Hamburg.

weiter zu leiten. Saltzwedel legte ihm Johannesson aufgrund »der bitteren Erfahrungen, die wir gesammelt haben«, besonders ans Herz. Man solle »nach
Kräften schauen, die geistig in der Lage sind, sich von traditionellen Vorstellungen zu befreien und den Beweis erbracht haben, dass sie diese Fähigkeiten
besitzen«. Johannesson habe seit Kriegsbeginn ein äußerst klares Urteil besessen, dass »in den entscheidenden Punkten zutreffend« gewesen sei. Aufgrund
seiner Charakterstärke und durch seine Offenheit, »die als Kritik gewertet werden musste«, habe er sich jedoch Gegner verschafft. Gerade in dieser Passage
schwingt die Sorge mit, dass der Aufbau der neuen Marine von Personen ge-
steuert würde, die eben in althergebrachten Vorstellungen verhaftet geblieben
waren. Das Schreiben Saltzwedels ist eines der wenigen Zeugnisse in Zenkers
Nachlass, in dem aus Marinekreisen eine »Befreiung von traditionellen Vorstellungen« gefordert wurde. Als letztes und entscheidendes Argument führte
Saltzwedel dann noch die fachliche Komponente ins Feld, da er als letzter Chef
des Stabes beim Führer der Zerstörer im Vergleich mit den anderen Offizieren
»J[ohannesson] in diesem Verband eindeutig für den Fähigsten gehalten habe«.

Wohlwollend könnte man das Antwortschreiben Zenkers als verhalten bewerten. Johannesson gehöre »zu den Persönlichkeiten, die für eine Wiederverwendung durchaus in Frage« kämen, zumal die genannten Eigenschaften u.a.
aus der gemeinsamen Zeit auf dem Kreuzer »Königsberg« auch ihm bekannt
seien. Man habe »persönlich Verbindung mit ihm und sehe ihn gelegentlich«,
wenn er in Bonn sei. Er werde auf der »Vorschlagsliste« erscheinen.

Diese Passage wird aber stark durch den Schlussabsatz des Schreibens rela-
tiviert. Johannesson habe »naturgemäß auch gewisse Schwächen«. So traue er
ihm in einer »sehr repräsentativen Stellung« nicht die notwendige Ellenbogen-
mentalität und Durchsetzungsfähigkeit zu. Er stimme jedoch zu, dass »ablehnende Urteile aus früherer Zeit, soweit sie nicht in charakterlichen Schwächen
oder einem Versagen im Dienst begründet« seien, die Wiederverwendung eines
»tüchtigen Mannes« nicht verhindern sollten[88]. Die Formulierungen zeigen
große Distanz gegenüber einem Offizier, der bei Dönitz aufgrund kritischer
Bemerkungen in Ungnade gefallen war[89] und der nicht in das Schema der Dö-
nitzschen »Erziehung zur unbedingten Gefolgschaftstreue, zur eisernen Disziplin«[90] passte. Letztlich musste Zenker sich aber auch durch das Schreiben
Saltzwedels persönlich getroffen fühlen, stand der Adressat doch selbst für die
traditionellen Vorstellungen. Eine kritischere Zugangsweise zur eigenen Welt-
kriegsgeschichte hätte zudem sein Engagement für die beiden noch in alliierter
Haft befindlichen Großadmirale der Wehrmacht in Frage stellen müssen. Zenker stand für Marinekontinuität, nicht für schonungslose Aufarbeitung der

[88] BA-MA, MSG 2/12711, Martin Saltzwedel vom 30.5.1953, Antwort Zenkers vom 22.6.1953.
Johannesson datiert dieses Schreiben in seinen Memoiren fälschlich auf das Jahr 1952: Ralf
Johannesson, Offizier in kritischer Zeit. Hrsg. vom Deutschen Marine Institut mit Unterstützung des MGFA, Herford, Bonn 1989, S. 122.
[89] Siehe dazu Johannesson, Offizier (wie Anm. 88), S. 104–111.
[90] Salewski, Die deutsche Seekriegsleitung, Bd II (wie Anm. 11), S. 564.

Vergangenheit oder gar eine andere Marine. Dies schloss jedoch nicht aus, dass er einen Ausgleich zwischen Althergebrachtem und der neuen Zeit suchte.

Seine Art des Herangehens kann auch als pragmatisch bewertet werden, um unter den Kriegsgedienten genügend fähige Marineleute rekrutieren zu können. Immerhin schien für viele Marineoffiziere, nicht nur die ehemaligen U-Boot-Fahrer, Anfang der 1950er-Jahre nichts wichtiger zu sein, als die Freilassung der inhaftierten Großadmirale. In vielen Briefen von und an Zenker aus dieser Zeit steht neben Gedanken zu Auftrag, Organisation und Gliederung der künftigen Seestreitkräfte der Umgang der Alliierten mit den beiden Großadmiralen im Zentrum des Interesses. Die Freilassung wurde durchaus als »*conditio sine qua non*« für den Eintritt in die neuen Streitkräfte betrachtet[91].

Die Frage nach genügend Bewerbern zeigt sich dabei von Anbeginn an eng verknüpft mit der mindestens ebenso wichtigen Suche nach dem richtigen Personal. Richtiges Personal hieß dabei für die ehemaligen Offiziere um Meisel, Ruge, Wagner, Godt oder auch den späteren Abgeordneten des deutschen Bundestages und Wehrbeauftragten, Vizeadmiral a.D. Hellmuth Heye, nicht nur Fachkompetenz zu besitzen, sondern »im Marineinteresse unbedingt loyal« zu sein[92]. Eine Loyalität war gefordert, die über den Krieg und Dienstgradgrenzen hinausreichte. Es ging für jeden Einzelnen darum zu zeigen, »wie sauber die Marine ihren Krieg im Ganzen geführt« habe[93].

Die geforderte marineinterne Loyalität bestand jedoch grundsätzlich, über alle Dienstgradgrenzen hinweg und hörte für Zenker nur auf, wo charakterliche Schwächen oder Versagen im Dienst erkennbar zu sein schienen[94]. Unbedingte Loyalität verband sich existenziell mit der sogenannten Großadmiralsfrage, die sich durch den Schriftverkehr Zenkers mit Angehörigen des Meisel-Kreises und des Naval Historical Teams ebenso zieht wie mit Einzelpersonen. Die Frage blieb, so Vizeadmiral Ruge im Juli 1955, »für weite Kreise ehemaliger Soldaten aller Dienstgrade, insbesondere der Frontgeneration des Zweiten Weltkrieges von besonderer Bedeutung«[95]. Letztlich bedeutete aus Sicht der Marine die Verurteilung der beiden Großadmirale Raeder und Dönitz durch den Internationalen Militärgerichtshof in Nürnberg 1946 eine Entehrung der Besiegten[96]. Dönitz und Raeder saßen nach Ansicht vieler Ehemaliger zu Unrecht gleichsam stellvertretend für die gesamte Kriegsmarine zuerst auf der Anklagebank und

---

[91] Zur Kriegsverbrecherproblematik siehe auch Rudolf Schlaffer, GeRechte Sühen? Das Konzentrationslager Flossenbürg. Möglichkeiten und Grenzen der nationalen und internationalen Strafverfolgung von NS-Verbrechen, Hamburg 2001 (= Studien zur Zeitgeschichte, 21), S. 159–161.

[92] BA-MA, MSG 2/12704, Ruge an Zenker vom 2.8.1955.

[93] Ebd., Ruge an Zenker vom 8.1.1955.

[94] BA-MA, MSG 2/12711, Zenker an Saltzwedel vom 22.6.1953.

[95] BA-MA, MSG 2/12704, Besprechungspunkte Ruge vom 26.7.1955.

[96] BA-MA, MSG 2/12704, Besprechungspunkte Ruge vom 26.7.1955; siehe dazu auch Bert-Oliver Manig, Die Politik der Ehre. Die Rehabilitierung der Berufssoldaten in der frühen Bundesrepublik, Göttingen 2004 (= Veröffentlichungen des Zeitgeschichtlichen Arbeitskreises Niedersachsen, 22), S. 202 f. und 559.

dann als Kriegsverbrecher verurteilt in Haft[97]. Konnte demnach ein loyaler Marineoffizier in Bündnisstreitkräften eines Staates wieder aktiv werden, »ohne dass ernsthafte Bemühungen der Bundesregierung und der Alliierten um Freilassung« erkennbar waren? Mithin war für Zenker und die Marineplaner im Amt Blank die Großadmiralsfrage noch mehr als ein persönliches Loyalitätsproblem. Es ging um die Frage des inneren Zusammenhalts in der Marine und damit letztlich auch die des Rekrutierungsproblems. Der Schriftverkehr Zenkers enthält regelmäßig Hinweise auf sein Engagement für die Inhaftierten. So schrieb er beispielsweise am 17. Juli 1952 an Gerlach, dass er General Hans Speidel angesprochen habe, er möge den Kanzler bitten, beim Abschied John J. McCloys von seiner Tätigkeit als Hoher Kommissar »die Kriegsverbrecherfrage noch einmal« anzusprechen[98]. Dabei ist er sicher nur als ein öffentlicher Exponent der Ehemaligen zu sehen.

Hinter den Kulissen agierte Ruge unablässig. Er entwickelte und übersandte Zenker beispielsweise im Sommer 1955 nachrichtlich »Anhaltspunkte für solche, die sich gemeldet haben oder die jetzt angesprochen werden«. Darin wurde künftigen Marineangehörigen deutlich empfohlen, eine Zusage zur Verwendung in der Bundesmarine von der Aufhebung der »Diffamierung« der Soldaten, der Freilassung von Dönitz und der Aufwertung der Marine im Verteidigungsministerium abhängig zu machen[99]. Diese Anhaltspunkte korrespondierten mit einer »Sprachregelung« zu den »Kriegsverurteilten«, die mit allen führenden ehemaligen Admiralen abgestimmt war und Zenker vorlag. Deutlicher konnte das Ziel der Aktivitäten nicht definiert werden: »Alles zu tun, was Befreiung Kr.Verurteilten [sic!] beschleunigen kann und zugleich alles tun, um erstklassige Marine zu schaffen, umso mehr, als diese dann nicht schweigen wird.« Ohne eine befriedigende Lösung werde sich eine »erhebliche Anzahl guter Offizier und Unteroffiziere« weigern, in die Marine einzutreten[100].

Die mit der Großadmiralsfrage verknüpfte Problematik der Personalgewinnung wurde aus Marinekreisen aktiv in alle Richtungen transportiert. So warnte beispielsweise im Juli 1955 der ehemalige Chef der Operationsabteilung des Befehlshabers der U-Boote, Konteradmiral a.D. Godt, General a.D. Speidel, dass der »freiwillige Eintritt in die Streitkräfte« durch die Frage der »Großadmirale in Spandau aufs schwerste belastet« sei. Nachdem Dönitz nicht nach zehn Jahren Haft am 23. Mai 1955 freigelassen worden sei, habe er »einen Sturm von etwas 125 Ubootsoffizieren über sich ergehen lassen«, verbunden mit »Forderungen bis zur glatten Ablehnung jeder freiwilligen Meldung«[101]. Der Briefwechsel mit Godt aus dem Jahr 1955 veranschaulicht zudem die Position Zen-

97 Sander-Nagashima, Die Bundesmarine (wie Anm. 58), S. 26; siehe dazu auch Jens Scholten, Offiziere: Im Geiste unbesiegt. In: Karrieren im Zwielicht. Hitlers Eliten nach 1945. Hrsg. von Norbert Frei, Frankfurt a.M., New York 2001, S. 145.
98 BA-MA, MSG 2/12700, Zenker an Gerlach vom 17.7.1952.
99 BA-MA, MSG 2/12704, Anhaltspunkte vom 24.7.1955.
100 Ebd., Sprechempfehlung vom 24.7.1955; dazu auch Meyer, Zur Situation (wie Anm. 21), S. 730.
101 BA-MA, MSG 2/12701, Godt an Speidel vom 9. Juli 1955.

kers, der zwischen 1951 und 1955 in internationalen Marinekreisen sowie auf dem politischen Parkett in Bonn darauf hinwirkte,»die letzten unserer Kameraden frei« zu bekommen[102]. Zenker trennte dabei radikal zwischen »der Rolle der Großadmirale als Marinechefs« und ihrer politischen Rolle, zu der er sich nicht äußern wollte[103]. Andererseits war er sich der politischen Dimension dieses Problemfelds durchaus bewusst, indem er beispielsweise versuchte, über Konteradmiral a.D. Godt auf Frau Dönitz einzuwirken, damit sie sich nicht von »rechtsradikalen« Kräften vereinnahmen lasse und so der Freilassung des Großadmirals entgegenwirke[104].

Letztlich befand und fühlte sich Zenker als höchster Vertreter der Marine in einer »Zwangslage«, als er dann am Morgen des 16. Januar 1956 vor die angetretene Marinelehrkompanie in Wilhelmshaven trat. Er sprach nicht nur zu den angetretenen Freiwilligen, die zum größten Teil aus Marinekreisen stammten. Nach Ansicht Vizeadmiral Ruges erwartete »die ganze Marine, dass der älteste Offizier der Marine bei seiner ersten Ansprache sich zu diesem Problem äusserte«. Er (Ruge) hätte das an dessen Stelle ebenfalls getan, da sich die ganze Marine »mit ihnen [Großadmirale] zu Unrecht verurteilt« sehe und um ihren guten Ruf kämpfe, »der eine der Grundlagen des Wiederaufbaus« sei[105].

Dennoch war Zenker und den Angehörigen der jungen Bundesmarine insgesamt offensichtlich die wirkliche politische Brisanz der Großadmiralsfrage nicht bewusst. Getragen von der Erwartungshaltung der Ehemaligen, die Großadmiralsfrage anzusprechen, der Sorge um die damit verknüpfte Verweigerungshaltung geeigneter Bewerber und aus innerer Überzeugung sprach Zenker als unmittelbarer Marinevorgesetzter die Themen an, die ihm »am Herzen« lagen[106]. Er stellte die junge Bundesmarine in eine 100-jährige Marinetradition, derer man sich »nicht zu schämen« brauche, auch wenn der Enderfolg in beiden großen Kriegen versagt geblieben sei[107]. Problematisch erwies sich dann der anschließende, zentrale Abschnitt, der kennzeichnend für das Denken der Marine in den 1950er-Jahren ist und dessen Exponent Zenker war. Die Marine habe unter den Großadmiralen »sauber, anständig und ehrenhaft« Krieg geführt. An beiden Personen hafte »kein Makel«. Sie hätten nur ihre Pflicht getan und trügen ihr Schicksal »stellvertretend für uns alle«. Die »Verteidigung der gemeinsamen Freiheit« verlange angesichts der aus dem Osten drohenden Gefahr allerdings, dass die Marineangehörigen trotz der andauernden Inhaftierung von Dönitz ihre »Arbeit aufnehmen dürften«. Zu dieser Einstellung habe er die

[102] Ebd., Zenker an Godt vom 14.7.1955.
[103] BA-MA, MSG 2/12708, Zenker an Heyn vom 27.2.1956.
[104] BA-MA, MSG 2/12701, Zenker an Godt vom 16.9.1955.
[105] BA-MA, M N 379 v.89: Ruge an Staatssekretär im BMVg Dr. Rust vom 22.3.1956; siehe dazu auch Dieter Krüger, Das schwierige Erbe. Die Traditionsansprache des Kapitäns zur See Karl-Adolf Zenker 1956 und die parlamentarischen Folgen. In: Deutsche Marinen im Wandel (wie Anm. 73), S. 554; Frank Nägler, Baudissin, die Innere Führung und das Beharrungsvermögen der Marine. In: ebd., S. 599‒614, hier S. 603.
[106] BA-MA, Bw 9/728, fol. 44‒49; abgedruckt ist die Rede u.a. in: Duppler, Germania (wie Anm. 73), Dokument 7, S. 203 f.
[107] Ebd., fol. 45.

Billigung Raeders eingeholt. Im letzten Teil der Rede widmete sich Zenker dann noch der Einbindung in das westliche Bündnis, einer Herausforderung, deren positive Bewältigung ihm offensichtlich auch am Herzen lag[108]. Tatsächlich konnte die Rede in der anschließend ausbrechenden öffentlichen Diskussion als ein Versuch interpretiert werden, den neuen westdeutschen Streitkräften Raeder und Dönitz als Vorbild anzudienen und die Marine in die ungebrochene Tradition der Wehrmacht zu stellen.

Schonungslos legte in der Bundestagsdebatte um die Große Anfrage der SPD-Fraktion am 18. April 1956 der SPD-Abgeordnete Franz Böhm den Finger in die Wunde der Argumentation von Makellosigkeit und Stellvertretung. Ihn treibe die Sorge um, durch solche Reden könnte »der standespolitische Milieuzwang« dazu führen, dass künftig Marineangehörige keine andere als diese falsche Position mehr vertreten dürften, ohne sich des Verdachts der Ehrlosigkeit auszusetzen[109]. Er wies damit auf das problematische Innenleben einer Teilstreitkraft hin, die unbedingte Loyalität auf ihre Fahnen schrieb und kritische Geister möglichst fernhalten wollte.

Den nach außen vermittelten Eindruck einer auf die Schnelle am Vorabend niedergeschriebenen Rede verneinte Zenker selbst in einem Schreiben vom 27. Februar 1956. Vielmehr habe er »selbstverständlich [seine] Ausführungen über die beiden Großadmirale mit Vorbedacht und mit Absicht gemacht und [...] vorher wohl überlegt«. Damit widersprach er gegenüber einem Duzfreund der offiziellen Lesart, es handele sich um spontane Äußerungen, da die Rede am Vorabend im Hotelzimmer erarbeitet worden sei[110]. Ein solcher Sachverhalt würde auch dem Bild eines intelligenten, rational und mit Bedacht vorgehenden Marineoffiziers widersprechen, der, zwischen vielfältigen nationalen und internationalen Interessen vermittelnd, die Marineplanungen fünf Jahre vorangetrieben hatte.

Spannend wird es jedoch in der historischen Rückschau, wenn Zenker schrieb, dass er zwar Kameraden nicht beteiligt habe, da ihm klar sei, dass es darüber voraussichtlich einen »Wirbel« geben werde. Andererseits habe er aber »den persönlichen Referenten des Ministers drei Tage und noch einmal einen Tag vor der Abreise nach Wilhelmshaven darauf hingewiesen«, dass er zu dieser Frage Stellung nehmen werde, »allerdings ohne ihm den Wortlaut vorzulegen«. Von dessen Seite seien ihm keinerlei Bedenken übermittelt worden[111]. Es scheint kaum vorstellbar, dass Blank von seinem Referenten nicht informiert war. Vielmehr dürfte Blank tatsächlich mit der Thematisierung der Großadmiralsfrage vor den Freiwilligen in Wilhelmshaven keine Probleme gehabt haben. Hatte er doch noch selbst im Dezember 1955 in einem Schreiben an Admiral a.D. Bernhard Rogge eingeräumt, dass er die »psychologische Belastung« sehe, wenn noch Kriegsverurteilte in Haft säßen, und er sich daher um ihre Freilas-

---

[108] Ebd., fol. 48 f. (Falsche Fondsize bei Zahl).
[109] Protokolle des Deutschen Bundestages, siehe dazu auch Krüger, Das schwierige Erbe (wie Anm. 105), S. 559.
[110] Vgl. Krüger, Das schwierige Erbe (wie Anm. 105), S. 449.
[111] BA-MA, MSG 2/12708, Zenker an Heyn vom 27.2.1956.

sung »soweit möglich« bemühen werde[112]. Daher überrascht es auch kaum, dass Zenkers Verhalten zunächst nicht offiziell von Blank missbilligt wurde und der Minister es ihm »überlassen [habe], die Lehre aus dem Vorfall zu ziehen«[113]. Erst in Reaktion auf die Große Anfrage der SPD-Fraktion vom 10. Februar 1956 fragte Bundeskanzler Adenauer am 10. März 1956 nach, welche Maßnahmen gegen Zenker veranlasst worden seien[114]. Eine Missbilligung durch den Verteidigungsminister und die Ablösung als kommissarischer Leiter der Abteilung Marine folgten. Letzteres war eine Maßnahme, die mit der Besetzung durch einen rangälteren Admiral bereits vorgesehen war.

Während Zenker am Pranger der Öffentlichkeit stand, schlug ihm aus der Marine[115], aber auch aus weiten Kreisen ehemaliger Soldaten[116] eine Welle der Sympathie entgegen. Admiral a.D. Erich Förste resümierte am 2. Februar 1956, dass er »diese Rede hervorragend in jeder Beziehung finde und [diese] genau das [beinhalte], was auch gesagt werden musste«[117]. Die Bundestagsdebatte führte in der Bundesmarine zu einem engen Schulterschluss mit Zenker, auch getragen von dem Gedanken, es habe sich »wieder einmal gezeigt, dass diejenigen, die nicht selbst in der Marine gewesen sind, uns einfach nicht verstehen«[118]. Der Korpsgedanke, die innere Geschlossenheit, aber auch die Exklusivität und das Bewusstsein – bei der Diskussion um die Bewertung des Militärs im Zweiten Weltkrieg –, sogar stellvertretend für die Soldaten der gesamten Wehrmacht am Pranger zu stehen, durchzieht die frühe Gründungsphase der Bundesmarine.

Der Korpsgedanke wurde durch die Auswahl mittels Ehemaliger, aber auch durch die politische Behandlung der Rede noch gefestigt. Der innere Zusammenhalt und die unbedingt erwartete Loyalität als Kriterium einer Einstellungseignung erwiesen sich tatsächlich als ein Kontinuum der Marine über die Jahre hinweg. Dabei spielte die Bedeutung der zentralen Flaggoffiziere in der internen und öffentlichen Diskussion um Bewertung und Freilassung der Großadmirale eine genauso wichtige Rolle[119] wie beim personellen Aufbau der Bundesmarine. Nicht primär im Amt Blank, sondern um die Admirale Wagner und Ruge sowie dem Kreis um Meisel wurde die künftige Personalstruktur

---

[112] BA-MA, MSG 2/12703, Blank an Rogge vom 6.12.1955.
[113] BA-MA, MSG 2/12708, Zenker an Heyn vom 27.2.1956.
[114] BA-MA, Bw 9/728, Adenauer an Blank vom 10.3.1956.
[115] BA-MA, 2/12709, Zenker an Admiral a.D. Lamprecht vom 12.5.1956.
[116] BA-MA, N 379 v.89, General a.D. Hansen als VdS-Vorsitzender an den SPD-Vorsitzenden Erich Ollenhauer vom 17.2.1956, oder auch BA-MA, MSG 2/12711, Oberst a.D. Schellmann an Zenker vom 4.3.1956; siehe auch Manig, Die Politik der Ehre (wie Anm. 96).
[117] BA-MA, MSG 2/12707, Förste an Zenker vom 2.2.1956.
[118] BA-MA, MSG 2/12709, Zenker an Admiral a.D. Lamprecht vom 12.5.1956.
[119] Zur Frage des Umgangs der Marineleitung mit Dönitz und der Beteiligung an möglichen Trauerfeierlichkeiten bei seinem Tod ist sehr aufschlussreich: BA-MA, BM 1/9083, Zenker an den Inspekteur der Marine vom 22.8.1969. Die Akte enthält auch die positiven Stellungnahmen von Prof. Dr. Walter Hubatsch und Vizeadmiral a.D. Ruge sowie die Bewertungen der politischen Leitung über die Jahre bis 1976.

entwickelt und aufgebaut[120]. Offen und ganz gezielt nahmen die ehemaligen
Admirale der Wehrmacht Einfluss auf Zenker und den im Amt Blank für Personal zuständigen späteren Flottillenadmiral Wolfgang Kaehler bei der Auswahl für das künftige Führerkorps[121]. Dessen eingedenk betonte Zenker beispielsweise 1954, er werde sich »hüten, Spitzenbesetzungen allein von uns
[= Amt Blank] aus vorzuschlagen. Andernfalls könne »kein erträgliches Klima
in dem aufzustellenden Korps« geschaffen werden[122]. Er wurde auch explizit
von seinen ehemaligen Vorgesetzen in die Pflicht genommen. Es läge »in seinem Interesse«, wenn die Personalauswahl »mit einem kleinen Kreis allgemein
angesehener älterer Herren mit entsprechender Erfahrung« abgestimmt würde.
Nach Ruges Ansicht werde »jede Kritik verstummen«, wenn »Schniewind[123],
[Otto] Backenköhler und [vermutlich: Wolfgang] Erhardt«, die in Zenkers Nähe
seien, in irgendeiner Form herangezogen würden und die Entscheidungen gut-
hießen[124]. Auch mit Godt, Rogge, Wagner, Meisel und Johannesson[125] wisse er
sich in diesem Punkt einig. Im Gegensatz zu Zenker besaßen Ruge und Wagner
das richtige Alter für höchste Verwendungen, waren führende Köpfe im Hintergrund aller Marineplanungen und hatten die Sprechempfehlungen der
Ehemaligen mit zu verantworten. Spitzenverwendungen in der Marine liefen
nur über ihre Zustimmung.

Aufstieg an die Spitze

Vier Jahre lang hatte Zenker die ausgezeichnete zivile Beurteilung des Jahres
1951 als Referent und Gruppenleiter Marine im Amt Blank sowie seit Juni 1955
als Unterabteilungsleiter Marine bestätigen können. Aus Sicht der Verteidigungsministers war ihm dies überzeugend gelungen. Hohe fachliche Eignung
bescheinigte ihm Blank ebenso wie »vorbildlich menschliche Haltung«, »ausgeprägtes Verantwortungsbewusstsein« und »besonderes Geschick bei Verhandlungen mit Vertretern der übrigen NATO-Mitgliedstaaten in Paris«. Damit erfüllte Zenker die entscheidenden Kriterien für eine Karriere in der Bundesmarine:
Fachkompetenz, Führungskompetenz, rückhaltlose Unterstützung bei den Ehemaligen und einen zielgerichteten Verwendungsaufbau für Spitzenverwendungen bis 1945 und seit 1951. Daher war es aus Sicht der Personalführung
und des Verteidigungsministers nur folgerichtig, für Zenker eine Ausnahme-

---

[120] Der Meiselkreis stellte so etwas wie die »Pflanzschule der späteren Bundesmarine« dar.
      Meyer, Zur Situation (wie Anm. 21), S. 727.
[121] BA-MA, MSG 2/12705, Wagner an Zenker vom 1.11.1951.
[122] BA-MA, MSG 2/12704, Zenker an Ruge vom 11.12.1955.
[123] Generaladmiral a.D. Otto Schniewind (1887–1964), 1938 Chef des Stabes der Seekriegs-
      leitung, 1941 bis 1944 Chef der Flotte, keine Verwendung in der Bundesmarine.
[124] BA-MA, MSG 2/12704, Ruge an Zenker vom 6.12.1954.
[125] Johannesson ist erstmals in Zenkers Nachlass erkennbar im Brief-Verteiler.

genehmigung für die direkte Beförderung zum Flottillenadmiral unter Umge-
hung des Dienstgrads Kapitän zur See zu erwirken.

Begründet mit der besonderen Befähigung Zenkers beantragte Blank am
21. November 1955 beim Bundespersonalausschuss eine Sondergenehmigung,
um den Fregattenkapitän unter Überspringen des Dienstgrads Kapitän zur See
im Alter von nur 48 Jahren unmittelbar zum Flottillenadmiral befördern zu
können[126].

In diesem Lebensalter einen Generals- oder Admiralsrang zu erreichen, war
und ist in der deutschen Militärgeschichte mit Ausnahme von Kriegszeiten eine
besondere Auszeichnung. Damit dokumentierte auch Verteidigungsminister
Blank klar, dass sein Marineexperte zu diesem Zeitpunkt für höchste Verwendungen vorgesehen war. Bei Frühförderungen muss ein Kandidat in offiziellen,
aber auch in informellen Kreisen, zu denen damals sicher die Ehemaligen
zählten, wie die Angehörigen des »Meisel-Kreises«, Förderer besitzen. Dennoch
schien das angedachte Überspringen eines Dienstgrads für Zenker kein einfaches Problem zu sein. Hierzu befragte Zenker seinen alten Mentor Wagner, da
er Sorge hatte, man könne ihm vorwerfen, er habe erst einmal seine »Schäfchen
ins Trockene bringen wollen – was mir wirklich fern lag«. Wagner riet ihm, »im
Interesse der Position der Marine die Höherstufung für sich selbst nicht
ab[zu]lehnen«, wenn sie für die übrigen Unterabteilungsleiter durchgeführt
werde[127]. Nicht die Person, sondern die Stellung der Marine war auch hier ein
entscheidendes Kriterium für Denken und Handeln Wagners und Zenkers.

Vorbehalte irgendeiner Seite gegen eine weitere Förderung sind nicht fest-
stellbar. Vielmehr finden sich sogar Hinweise, dass Zenker bei den Ehemaligen
spätestens 1954 als »Chef der künftigen Küstenstreitkräfte« im Gespräch war[128].
Er konnte dienstlich voll überzeugen. Gleichzeitig standen aber auch die informellen Führer der ehemaligen Kriegsmarine voll hinter ihm. In der frühen
Bundeswehr schien eine glanzvolle Marinekarriere in höchste militärische
Verwendungen ohne Unterstützung der alten Führungselite kaum vorstellbar.
Was sollte schließlich gegen eine Person sprechen, deren fachliche Eignung
weder Marineangehörige aus dem In- und Ausland noch der Bundesminister in
Frage stellten. Auch die »alten Herren« und Crew-Kameraden wussten sowohl
um seine Kenntnisse wie auch um das letztlich höchste Karrieren entscheiden-
de familiäre Umfeld. Die Tradition war überzeugend. Viele hatten noch den
Vater als Chef erlebt, und seiner Ehefrau wurde in einer Beurteilung aus dem
Jahre 1955 besondere Hochachtung ausgedrückt[129].

Am 28. Oktober 1955 bejahte der Personalgutachterausschuss für die Bundeswehr Zenkers »persönliche Eignung für die Einstellung in die Streitkräfte«[130]. Damit endete ein zehnjähriges Intermezzo in ziviler Verwaltung und im

---

126 BA-MA, Pers 1/13096, Hauptteil A/2, Bundesminister der Verteidigung vom 21. November 1955.
127 BA-MA, MSG 2/12705 und N 539/v.9b, Wagner an Zenker vom 8.8.1955, S. 2.
128 BA-MA, MSG 2/1210, Erwin Schmidt an Zenker vom 17.1.1954.
129 BA-MA, Pers 1/13096, Hauptteil B/1, Beurteilung vom 12.9.1955.
130 Ebd., Hauptteil A/1, Personalgutachterausschuss für die Streitkräfte vom 28.10.1955.

Amt Blank. Wenn auch der Bundespersonalausschuss den Antrag auf sofortige Beförderung zum Flottillenadmiral ablehnte[131], bedeutete dies für den danach von Bundespräsident Theodor Heuss mit Datum vom 21. Dezember 1955 »unter Berufung in das Dienstverhältnis eines freiwilligen Soldaten zum Kapitän zur See« beförderten Offizier[132] dennoch nur die notwendige Verschiebung um ein Jahr, bevor er in die seit langem vorgezeichneten Flaggoffizierränge aufsteigen konnte.

Trotz bester Perspektiven stand aber Zenker nur wenige Wochen später mit der sogenannten Zenker-Rede nicht nur in der politischen Öffentlichkeit, sondern vor dem drohenden Ende seiner Karriere. Letztlich stand er dabei aus Sicht vieler Marineangehöriger genauso stellvertretend für die Marine am Pranger wie Raeder und Dönitz zuvor in Nürnberg. Die aus seinem großen Arbeitspensum und der ihn erschütternden öffentlichen Diskussion um die Rede resultierende Anspannung forderte ihren Tribut. Im Frühjahr 1956 musste er eine Auszeit nehmen, einschließlich einer Kur. Dass die Affäre nicht zum Ende der eigentlich vorgezeichneten Karriere führte, lag entscheidend an der Loyalität derer, deren Sprachrohr er letztlich war, der ehemaligen Marineangehörigen. In der Anfangsphase war diese Affäre sicher aus Marinesicht eine Katastrophe, andererseits aber auch mit einem langfristig gesehen positiven Nebeneffekt. Die Marine wusste jetzt um den politischen Sprengstoff der Dönitzfrage und positionierte sich aktiv in der Traditionsfrage. Ruge, inzwischen Inspekteur der Marine, warnte 1957 in einem Kommandeurbrief vor einer unkritischen Traditionspflege und forderte einen Abstand zu Symbolen und Personen[133]. Dies korrespondierte jedoch nicht mit einer kritischen Aufarbeitung der eigenen Geschichte. Bezeichnend für das Denken noch Anfang der 1960er-Jahre ist seine Rede anlässlich der Verabschiedung als Inspekteur der Marine 1961: »Der Soldat, der an der Front war, der in der Truppe stand, konnte nicht anders handeln, als zu seinem Eid zu stehen und zu kämpfen. Zu betonen ist, dass ihm dazu die Kameradschaft, der Zusammenhalt mit den anderen entschlossenen Kämpfern befähigte, tatsächlich bis zum bitteren Ende auszuhalten[134].« Pflichterfüllung hieß das Gebot für die Marine, nicht politische Reflexion[135].

---

[131] Ebd., Hauptteil A/2, Beschluss des Bundespersonalausschusses vom 8. Dezember 1955.
[132] Ebd., Hauptteil A/2, Ernennungsurkunde vom 21.12.1955.
[133] Krüger, Das schwierige Erbe (wie Anm. 105), S. 560 f.
[134] Friedrich Ruge, In vier Marinen. Lebenserinnerungen als Beiträge zur Zeitgeschichte, München 1979, S. 429. Siehe dazu auch John Zimmermann, Das Bild der Generäle – Das Kriegsende 1945 im Spiegel der Memoirenliteratur. In: Der Krieg im Bild – Bilder vom Krieg. Hamburger Beiträge zur Historischen Bildforschung. Hrsg. vom Arbeitskreis Historische Bildforschung, Frankfurt a.M. [u.a.], S. 195.
[135] Damit steht er ganz in der Tradition von Dönitz, der noch am 25. April 1945 erklärte, die Frage einer Kapitulation sei »ausschließlich Sache der durch den Führer verkörperten Staatsführung«; zitiert nach Zimmermann, Das Bild der Generäle (wie Anm. 134), S. 197; siehe dazu auch Herbert Kraus, Karl Dönitz und das Ende des »Dritten Reiches«. In: Deutsche Marinen im Wandel (wie Anm. 73), S. 525–545, hier S. 540.

Trotz Affäre und anschließender gesundheitlicher Krise wurde Zenker am 9. Juni 1956 in das Verhältnis eines Berufssoldaten übernommen[136]. Dies lag sicher auch daran, dass ihn Vorgesetze und Untergebene gleichermaßen schätzten, wie ihm General Heusinger mit kurzen, klaren Worten in der Beurteilung vom 29. März 1956 bescheinigte. Er attestierte ihm Klugheit mit »hohem Bildungsstand« und politisches Interesse, wenn auch angesichts seiner Rede »nicht immer glücklich«. Gelobt wurde zugleich seine »sehr gewissenhafte und gründliche« Arbeit beim Aufbau der Marine. Hier wie in späteren Beurteilungen wurde Zenker ein »bisweilen zu ruhiges« Temperament vorgehalten, jedoch gepaart mit »ernstem Verantwortungsbewusstsein«. Heusinger gab ihm noch nicht die höchste Eignungswertung[137]. Dies blieb ein Jahr später seinem Vorgesetzten schon aus der Seekriegsleitung, Konteradmiral Wagner, vorbehalten. Auch er hob »Hochbegabung«, vielseitige Bildung und musikalische Neigung hervor. Gleichzeitig betonte er, Zenker bejahe den heutigen Staat aus innerer Überzeugung. Die öffentliche Kritik an seinen »unglücklichen Formulierungen« in Wilhelmshaven werde ihm nicht gerecht und ändere »nichts an seiner vorzüglichen Bewährung als Mensch und Soldat«. Da Zenker die Marine »in die großen Zusammenhänge der Gesamtverteidigung« stellen könne und große Erfahrungen in der Zusammenarbeit mit NATO-Stäben habe, schlage er eine Beförderung zum Flottillenadmiral und eine Förderung auf »höhere Kommandeurstellen« innerhalb der Marine und in integrierten Stäben vor. In seiner Stellungnahme bemerkte Vizeadmiral Ruge knapp, Zenker verdiene »besondere Beachtung«[138].

Damit bestätigte die Beurteilung die sicher schon langfristig geplante Versetzung Zenkers auf den Dienstposten des Befehlshabers der Seestreitkräfte der Nordsee zum 1. April 1957 und damit unter den ihm wohlbekannten Befehlshaber der Flotte, Konteradmiral Johannesson. Nun stand ihm also derjenige Flaggoffizier vor, dem gegenüber er sich Anfang der 1950er-Jahre so reserviert geäußert hatte. Hatte er selbst damals die Durchsetzungsfähigkeit Johannessons in Frage gestellt, so bescheinigte ihm nun 1958 sein Befehlshaber »eine gewisse und u.U. zu missbrauchende Gutherzigkeit«, verbunden mit dem Wunsch nach einem »Schuss Rücksichtslosigkeit«. Zenker sei allerdings eine »in sich ruhende Persönlichkeit, die im Kameradenkreis hohes Ansehen« genieße«. Seine »Loyalität und Fairness« seien »sprichwörtlich«. Besonders hob Johannesson noch Zenkers sehr gute Leistungen bei Planspielen und die voll überzeugenden Leistungen bei Manövern in See hervor[139].

Zwei Jahre später legte dann Johannesson angesichts mehrjähriger Erfahrungen mit seiner zweiten Beurteilung die Weichen für die Förderung zu höchsten Verwendungen. Der Befehlshaber der Flotte vermittelte dabei das vielleicht anschaulichste Bild Zenkers als eines Flaggoffiziers, der in sich ru-

---

[136] BA-MA, Pers 1/13096, Hauptteil A/2, Ernennungsurkunde des Bundespräsidenten vom 9.6.1956.
[137] BA-MA, Pers 1/13096, Hauptteil A III 3, Beurteilung vom 29.3.1956.
[138] Ebd., Beurteilung vom 20.2.1957.
[139] Ebd., Hauptteil B/1, Beurteilung vom 6.5.1958.

hend großes Ansehen genieße, zwar »nicht mitreißend, aber verlässlich und wertbeständig« sei. Zurückhaltung, Verbindlichkeit, Takt und würdige Repräsentation zeigten sich als charakterliche Merkmale bei einem Offizier, der »Vertrauen schenkend und Vertrauen genießend« sei. Dabei sei er »mehr Verstandes- als Willensmensch«, der mit seinem Urteil immer schnell zum Kern der Sache komme. Die hier bescheinigte besondere Begabung zu Analyse und konzeptionellem Denken zieht sich durch die Vita Zenkers. Johannesson bedauerte noch, dass Zenker als »guter Seemann« den Zeitumständen geschuldet nicht die Möglichkeit erhalten habe, seine Fähigkeit zur Führung »eines Geschwaders in See« zu beweisen. Angesichts dessen schlug Johannesson als Nächstes eine »praktische Truppenführerverwendung« vor, zum Beispiel als Kommandeur der Marineausbildung und anschließend als »Befehlshaber der Flotte«. Diese Verwendungsvorschläge übersteuerte Vizeadmiral Ruge in seiner Stellungnahme mit dem knappen Schlusssatz: »Zum Inspekteur der Marine voll geeignet[140].« Damit war der Weg 1960 innerhalb der Marine geebnet. Die langjährige Loyalität wurde belohnt. Die folgenden zwei Beurteilungen hielten dann nur noch diese sehr gute Beurteilung aufrecht.

Ab 27. Juli 1960 erfolgte die Kommandierung zum »Kommando der Marineausbildung« und ab 1. August 1960 nahm Zenker die Dienstgeschäfte als Kommandeur wahr. Mit Freiwerden der Planstelle erfolgten die offizielle Versetzung zum 1. Januar 1961 und die Beförderung zum Konteradmiral am 14. Januar 1961. Die mit der neuen Verwendung verbundenen Einblicke in das 1960 noch im Aufbau befindliche Ausbildungswesen rundeten Zenkers Verwendungsaufbau ab.

Mit Wirkung zum 1. August 1961 avancierte Zenker nun zum lange avisierten Inspekteur der Marine, mit anschließender Beförderung zum Vizeadmiral am 29. Januar 1962. Damit erreichte eine rasante Karriere ihren Höhepunkt, die Zenker in rund sechs Jahren Bundeswehr vom Fregattenkapitän a.D. zum Vizeadmiral und Inspekteur der Marine katapultiert hatte. Im Umgang mit der Presse hatte die »Zenker-Affäre« aber offenbar lang nachwirkende Spuren hinterlassen. So beschrieb 1961 ein Journalist der »Neuen Ruhrzeitung« Zenker im Interview als wortkarg, kühl blickend und wenig lächelnd[141]. »Der Spiegel« bewertete Zenker als Inspekteur der Marine 1964 in einem Leitartikel noch als »spröde und unauffällig«, nicht aber ohne ihm zugleich die unbestrittenen Fachkenntnisse zu bescheinigen[142]. Seine allgemein anerkannte und auch von kritischer Seite attestierte Professionalität musste er während seiner Amtszeit als Inspekteur dann voll in die Waagschale werfen. Denn Aufklärungsergebnisse über die neuesten sowjetischen Lenkwaffenkreuzer der »Kynda-Klasse« in der Ostsee hatten 1962 alle bisherigen Planungen zum Wanken gebracht. Deren Flug- und Mittelstreckenraketen gegen Land- und Schiffsziele mit Reichweiten

[140] Ebd., Beurteilung vom 16.6.1960.
[141] Neue Ruhrzeitung 10/1961, vom 11. Februar 1961.
[142] Der Spiegel, 18. Jg., Heft 28 vom 8.7.1964, S. 31.

bis 600 Kilometer hatte die westdeutsche Marine zu diesem Zeitpunkt nichts entgegenzustellen[143].

Angesichts der neuen Herausforderung bewies Zenker nochmals eindrücklich die Fähigkeiten, die ihn während seines beruflichen Werdegangs auszeichneten. Vorausschauendes Denken, konzeptionelle Begabung, unvoreingenommene technologische Aufgeschlossenheit, Zähigkeit beim Erreichen gesteckter Ziele und Verhandlungsgeschick[144]. Sein Vortrag vor dem Verteidigungsausschuss im Jahre 1963[145] schilderte knapp die Aufgaben der Marine: Schutz der Ostsee-Eingänge, Angriff auf feindliche Seeverbindungen und Seekriegsbasen sowie Sicherung des eigenen Seeverkehrs[146]. Unmissverständlich stellte er vor den Parlamentariern fest, es gehe nicht nur darum, »erkannte Erscheinungsformen« zu berücksichtigen. Vielmehr müssten auch »gewisse Unwägbarkeiten künftiger Entwicklungen nach Möglichkeit« eingeschlossen werden[147]. Sein Planungshorizont erstreckte sich dabei in dem Vortrag bis in die »2. Hälfte der 80er Jahre«. Aus seiner Sicht spielte »die Einführung von Fernlenkwaffen auf Schiffen eine entscheidende Rolle«[148], wie auch die Aufstellung eines 4. Marinefliegergeschwaders mit Starfighter F 104 G oder auch der Einführung der Bréguet Atlantic für Fernaufklärung und U-Jagd.

Letztlich konnte Zenker die Marine mit seinen Planungen tatsächlich langfristig neu und modern ausrichten. Denn nur knapp ein Jahr später wurde ein neues Rüstungsprogramm gebilligt, das u.a. Zerstörer, Korvetten und Schnellboote mit Flugkörperbewaffnung vorsah. Der Ankauf der Zerstörer in den USA, der lange deutsche Entwicklungszeiten vermeiden sollte, war dabei zwar eben so umstritten wie die geplante Bewaffnung mit amerikanischen Tartar-Raketen, deren Befähigungsnachweis zur See-See-Bekämpfung noch ausstand. Dennoch wurden Ende der 1960er-Jahre immerhin drei der sechs geforderten Lenkwaffen-Zerstörer der Lütjens-Klasse in den USA ausgeliefert und in Dienst gestellt[149]. Mit der technologischen Neuausrichtung verbunden war u.a. gleichzeitig auch die Aufstellung des Marineamtes zum 1. Oktober 1965, das nun die »Fachkommandos für Marinewaffen, Schiffstechnik und Führungsdienste« ebenso eingliederte wie das »Erziehungs- und Bildungswesen« sowie »die Inspektion der Marineversorgung«[150]. Der neuen Ära des Seekrieges über weite

[143] Siehe dazu Sander-Nagashima, Die Bundesmarine (wie Anm. 58), S. 239 f.
[144] Die Fähigkeit, komplexe Sachverhalte verständlich auszudrücken, belegt sein eigenhändig unterschriebenes Papier »Aufgaben und Einsatzmöglichkeiten der Marine« vom 15.3.1967, das ausdrücklich betont, für einen »marinefachlich nicht orientierten« Personenkreis vorgesehen zu sein. BA-MA, Bw 1/387690.
[145] Siehe dazu ausführlich Sander-Nagashima, Die Bundesmarine (wie Anm. 58), S. 278–285.
[146] BA-MA, BM 1/1263, Vortrag »Konzeption und Aufbau der Marine« vom 16.10.1963, S. 5.
[147] Ebd., S. 2; dazu auch Heinz Kühnle, Die konzeptionelle Entwicklung in der Marine bis in die 70er Jahre. In: Deutsche Marinen im Wandel (wie Anm. 73), S. 112–115.
[148] Ebd., S. 3.
[149] Monte, Die Rolle der Marine (wie Anm. 73), S. 579.
[150] BA-MA, BM 1/1263, »Vortrag des Inspekteurs der Marine bei der Sitzung des Herrn Ministers mit Mitgliedern des Verteidigungsausschusses« am 18.4.1966, S. 6.

Distanzen hatte sich die Marine unter Zenker aktiv gestellt und dafür in Teilen auch die parlamentarische Mehrheit gewonnen.

Am 12. Juli 1967 unterzeichnete Bundespräsident Heinrich Lübke die Versetzung in den Ruhestand. Zenkers Pensionierung steht gleichsam an einer Zeitenwende. Die Diskussionen um die »Schnez-Studie«, die »Leutnante 70«, die »Hauptleute von Unna«, die Neuausrichtung der Offizierausbildung mit Einführung der Bundeswehruniversitäten sollte Zenker nur noch als Pensionär erleben. Gleichwohl nahm er bis ins hohe Alter regen Anteil an der Marine und blieb lange Zeit Teilnehmer der jährlichen Historisch-Taktischen-Tagung der Flotte[151].

Elite über Generationen – Marine im Zentrum

Wofür steht Karl-Adolf Zenker, dessen Bild als Inspekteur der Marine 1964 sogar die Titelseite einer Ausgabe des Nachrichtenmagazins »Der Spiegel« zierte[152]? Michael Salewski formulierte 1975 in seinem großen Standardwerk »Die deutsche Seekriegsleitung 1935 bis 1945« im Rahmen der Nachkriegsbetrachtung die Frage schärfer: »Wie funktionierte der psychologische Mechanismus, der aus den führenden Mitarbeitern in der Seekriegsleitung und im Oberkommando der [Kriegs-]Marine zuerst willige Gehilfen der alliierten Sieger, dann tüchtige Organisatoren einer neuen deutschen Marine werden ließ[153]?« Diese Frage lässt sich auch an Hans-Adolf Zenker richten, ohne dass die Antwort darauf mehr als ein Versuch sein kann.

Zunächst ordnete sich Zenker sozialgeschichtlich betrachtet »in die Kontinuität der deutschen militärischen Führungsschicht ein«. Seit dem Kaiserreich weitgehend unverändert, entstammte sie, so Reinhard Stumpf, »bei hoher Selbstrekrutierungsrate vor allem aus der oberen Mittel- und der Oberschicht«[154]. Das Bewusstsein Zenkers, in einer langen Marinetradition zu stehen, förderte sein tiefes Korps- und Loyalitätsdenken. Die Elite bzw. Spitzenmilitärs der Aufbaugeneration der Bundesmarine hatten zudem in Reichswehr und Wehrmacht gelernt, den Grenzzaun des Politischen möglichst nicht zu überschreiten. Diese Prägung des unpolitischen Dienens wirkte langfristig nach. Das Eintreten für die inhaftierten Großadmirale war daher kein Widerspruch zu Zenkers Engagement im Amt Blank oder der Bundeswehr. Erleich-

---

[151] Historisch-Taktische-Tagung ist eine seit 1957 alljährlich als Informations- und Diskussionsveranstaltung der Flotte stattfindende Tagung, an der neben der Marineführung, aktiven und ehemaligen Admiralen sowie geladenen Gästen auch ausgewählte Offiziere aus der Flotte teilnehmen.
[152] Der Spiegel, 18. Jg., Heft 28 vom 8.7.1964.
[153] Salewski, Die deutsche Seekriegsleitung, Bd II (wie Anm. 11), S. 568; nach seiner Meinung geben Akten ebenso wenig wie Bücher Antworten auf diese Fragen.
[154] Stumpf, Die Wiederverwendung (wie Anm. 66), S. 88.

ternd für einen auch innerlich überzeugten Dienst in der Bundesrepublik kam dann noch hinzu, dass der Staat demokratisch verfasst war und die deutsche Marine nicht mehr Briten und Franzosen als Gegner, sondern (endlich) als Verbündete in der NATO besaß[155].

Marineoffiziere wie Zenker besaßen ein »ungebrochenes Selbstwertgefühl«[156], beruhend auf ihrem erwiesen hohen marinefachlichen Können. Versehen mit ausgeprägtem Loyalitätsdenken waren sie zugleich konservativ und modernen technologischen Entwicklungen gegenüber aufgeschlossen. Sie verstanden sich in den 1950er-Jahren mehr als »Fortsetzung vorangegangener Marinen denn als Teil der gegenwärtigen Bundeswehr«[157]. Zenkers Beweggrund, aus Liebe zur Seefahrt den Beruf ergriffen zu haben, steht dabei als konstante Koordinate für Marineoffiziere über Generationen und letztlich sogar politische Grenzen hinweg.

Insgesamt betrachtet, kann Zenker aber auch als Glücksfall für die jungen Streitkräfte und besonders die Marine bewertet werden. Mit ihm plante ein hoch intelligenter Offizier den Aufbau, der fest im maritimen Umfeld verwurzelt war und höchste Akzeptanz bei Vorgesetzen und Untergebenen besaß. Er wirkte von seiner Persönlichkeitsstruktur her als Versöhner, nicht als Spalter. Dabei besaß er die Begabung, bei Streitfragen alle Seiten einzubinden und die Bundesmarine im demokratischen Deutschland zu verankern, ohne dabei die wirklichen oder vermeintlichen Interessen »seiner« Marine jemals aus den Augen zu verlieren.

---

[155] Dazu z.B. K.A. Zenker, Warum deutsche Marinestreitkräfte? Erhöhung der Verteidigungsmöglichkeiten durch leichte Streitkräfte. In: Bulletin des Presse- und Informationsamtes der Bundesregierung Nr. 212 vom 11.11.1954, S. 1229.
[156] Siehe dazu auch Salewski, Die deutsche Seekriegsleitung, Bd II (wie Anm. 11), S. 568.
[157] Nägler, Baudissin (wie Anm. 105), S. 605.

Wolfgang Schmidt

»Seines Wertes bewusst«!
General Josef Kammhuber

»Es geht bei der Ausrüstung der Luftwaffe mit A-Bomben und A-Raketen darum, ein Verteidigungs-deterrent zu schaffen. Während der Angreifer seine Angriffe auf das militärische Potential richten wird, muss der Verteidigungsdeterrent darauf abgestellt sein, den Feind in seiner Bevölkerung und Wirtschaftskraft dort zu treffen (also ausgemachte Terrorwirkung). Unter diesen Aspekten muss die Ausstattung der Luftwaffe mit A-Bomben erfolgen. Durch entsprechende Dislokation und ein entsprechendes hardening muss sichergestellt sein, dass bei einem feindlichen A-Angriff einige Verteidigungswaffen überleben, um den vernichtenden Schlag gegen den Lebensraum des Feindes zu führen[1].«

Vermutlich hat der erste Inspekteur der Luftwaffe, Josef Kammhuber, mit dieser Äußerung die anwesenden Generale und Stabsoffiziere 1959 nicht überrascht. Die Logik der massiven Vergeltungsstrategie setzte eine umfassende Abstützung auf Nuklearwaffen voraus und beinhaltete die glaubwürdige Zweitschlagfähigkeit. Die Worte werfen aber grundsätzliches auf. Wo liegt der Ursprung einer solchen Gewaltsemantik? In der Biografie des Protagonisten, oder ist von einer kollektiven Streuung auszugehen? Waren es Gedanken von »karriereorientierten, traditionsgebundenen Gewalttechnokraten mit einer durchgängig opportunistischen Grundhaltung«, wie es Martin Kutz für die militärischen Spitzenvertreter der Aufbaugeneration der Bundeswehr formuliert[2]? Ist unter der Perspektive einer formierten Berufs- und Milieusozialisation davon auszugehen, dass die politischen Bedingungen, unter denen die Bundeswehr von altem, kooperationsbereitem Personal inszeniert wurde, allenfalls Etikett und kaum verinnerlicht waren? Wie tief gründete die Verankerung im Vergangenen und wie weit ging die Anpassung an die Bedingungen der neuen Zeit? Ist die Forderung nach Atomwaffen nicht Merkmal eines modernisierungsgeleiteten Denkens, nachgerade das Gegenteil dessen, was man von einer

---

[1] Bundesarchiv-Militärarchiv (BA-MA), Freiburg i.Br., BL 1/14653, Tagebuch InspL, 5.3.1959.
[2] Martin Kutz, Die verspätete Armee. Entstehungsbedingungen, Gefährdungen und Defizite der Bundeswehr. In: Die Bundeswehr 1955 bis 2005. Rückblenden – Einsichten – Perspektiven. Im Auftrag des MGFA hrsg. von Frank Nägler, München 2007 (= Sicherheitspolitik und Streitkräfte der Bundesrepublik Deutschland, 7), S. 63–79, hier S. 69.

konservativ-restaurativen Berufsmentalität erwarten durfte[3]? Kammhuber stand 1959 im 63. Lebensjahr, war 1914 Soldat geworden, bis seine erste Dienstzeit 1945 als General der Flieger geendet hatte. Wie begriff er die Norm des Politischen – eher als Prozess der Teilhabe oder als Gehorsamsgebot? Kammhuber tat kund, der Soldat habe sich den »politischen Entscheidungen unterzuordnen«, das solle »als verbindliches Gedankengut der Luftwaffen-Führung verbreitet werden«[4].

Wenn am Beispiel des ersten Luftwaffeninspekteurs der Wirkungszusammenhang von Erfahrungsraum und Gestaltungsrahmen der an der Spitze der Aufbaugenerationen der Bundeswehr stehenden Elite zu untersuchen ist, so sind wenigstens zwei Perspektiven von Belang. Ausgehend von einem nicht weiter darzulegenden Generationenkonzept, ist eine Verrechnung individual- und kollektivbiografischer Phänomene erforderlich. Aufgrund der Faktizität des Generalsrangs bei Aufrüstungsbeginn Mitte der 1950er-Jahre werden die Alterskohorten der Jahrgänge 1889 bis 1900 als Kollektivkonstruktion gesetzt[5]: Eine von den Frontoffizieren des Ersten Weltkrieges bestimmte Generation, die nahtlos in der Reichswehr Verwendung fanden, wie solche mit Bürgerkriegserfahrungen in Freikorps oder solche aus den paramilitärischen Polizeieinheiten der Weimarer Republik. Im Zuge der NS-Aufrüstung sammelte sich diese Generation sukzessive wieder unter dem Dach der Wehrmacht und erlebte den Zweiten Weltkrieg in unterschiedlichen Akteursebenen. Grobe Eckpunkte eines sozialen Kontextes, innerhalb dessen sich die erste Führungsschicht der Bundeswehr ihre individuelle wie kollektive Milieu- und Gewalterfahrungen aneignete.

Quellen

Zwar trifft zu, dass das hierarchische System der Dienstgradgruppen darüber entscheidet, welche Rolle der einzelne Akteur innerhalb der militärischen Struktur spielt. Doch muss die Überlieferung eines Generals gegenüber derjenigen eines Gefreiten nicht zwangsläufig einen qualitativen biografischen Erkenntnisgewinn mit sich bringen. Kammhubers Personalakte der Königlich-Bayerischen Armee ist erhalten, auch die Personalakte der Bundeswehr mit

---

[3] Detlef Bald, Alte Kameraden. Offizierskader der Bundeswehr. In: Willensmenschen. Über deutsche Offiziere. Hrsg. von Ursula Breymeyer, Bernd Ulrich und Karin Wieland, Frankfurt a.M. 1999, S. 50–64.
[4] BA-MA, BL 1/14653, Tagebuch InspL, 5.3.1959.
[5] Klaus Naumann, Generale in der Demokratie. Generationsgeschichtliche Studien zur Bundeswehrelite, Hamburg 2007; Frank Pauli, Wehrmachtsoffiziere in der Bundeswehr. Das kriegsgediente Offizierkorps der Bundeswehr und die Innere Führung 1955–1970, Paderborn 2009.

Dokumenten aus dem Luftwaffenpersonalamt der Wehrmacht[6]. Die formale Vita kann zwar rekonstruiert werden, auch lassen die Informationen sozialstatistische Vergleiche innerhalb des Offizierkollektivs zu oder geben Hinweise zur kollektivbiografischen Einordnung bestimmter Lebensabschnitte. Was bis auf zwei Ausnahmen (1919 und 1962) fehlt, sind Beurteilungen, die Aufschluss über militärische Fähigkeiten, soziales Verhalten oder Charakter sowie gegebenenfalls politische Orientierungen hätten geben können. Die publizierte Beurteilungsnotiz von 1936, Kammhuber sei »für die höchsten Führungsaufgaben geeignet«[7], lässt sich nicht überprüfen. Das Spektrum kollektiver Vergleichbarkeit des von anderen Gesehenwerdens ist beschränkt. Erschwerend kommt hinzu, dass das vorhandene amtliche Schriftgut zu Kammhubers militärischem Wirken bis 1945 nur bruchstückhaft überliefert ist[8]. Für die Rekonstruktion militärischen Handelns bleiben überwiegend retrospektive Ego-Dokumente, etwa Studien zur Nachtjagd für die Historical Division[9] – wegen der zur Exkulpation ihrer Autoren inhärenten Legenden problematische Texte[10]. Die Quellenlage zur Bundeswehr erscheint hingegen ausreichend. Das »Tagebuch Inspekteur Luftwaffe« zeichnet die Befassung mit dienstlichen Belangen wie ein Itinerar nach[11]. Unbefriedigend bleibt das Fehlen von Ego-Dokumenten als Voraussetzung für die vertiefte Analyse historischer Lebenswelten und sozialen Handelns. Dem Bundesarchiv teilte Kammhuber kurz vor seinem Tod mit, er verfüge über keine Unterlagen. Seine Lebensgefährtin berichtete, er habe alle Korrespondenz vernichtet[12]. Abgesehen von der historiografischen Einschrän-

6   Bayerisches Hauptstaatsarchiv, Abteilung IV. Kriegsarchiv (BayHStA KA), OP 54819; BA-MA, Pers 1/283.
7   Der kleine General. In: Der Spiegel, 11.12.1957, S. 18–32, hier S. 28.
8   Zur Reichswehr bruchstückhafte Überlieferung für das IR 19 in BA-MA, RH 37. Für die Wehrmacht Splitter zum XII. (Nachtjagd)Fliegerkorps in ebd., RL 8 oder zum Luftflottenkommando 5 in ebd., RL 8.
9   Fighting the Bombers. The Luftwaffe's struggle against the Allied Bomber Offensive as seen by its commanders. Ed. by David C. Isby, London 2003; BA-MA, BL 1/1501, General der Flieger a.D. Josef Kammhuber, Die Probleme der Führung eines Verteidigungsluftkrieges bei Tag und Nacht, München 3.6.1953; General der Flieger a.D. Josef Kammhuber, Das Problem des nächtlichen Fernkampfklebeflugzeuges, München 12.12.1953; General der Flieger a.D. Josef Kammhuber, Das Problem des Jaboeinsatzes unter Berücksichtigung der Entwicklung im 2. Weltkrieg, insbesondere bei Unternehmungen im Falle von Unterlegenheit in der Luft, München 3.6.1954; BA-MA, BL 1/1502, General der Flieger a.D. Josef Kammhuber, Einsatz und Führung der bodenständigen Luftverteidigung unter besonderer Berücksichtigung der Bodenabwehr und ihrer Zusammenarbeit mit der Luftabwehr, München 22.3.1955.
10 Bernd Wegner, Erschriebene Siege. Franz Halder, die »Historical Division« und die Rekonstruktion des Zweiten Weltkrieges im Geiste des deutschen Generalstabs. In: Politischer Wandel, organisierte Gewalt und nationale Sicherheit. Beiträge zur neueren Geschichte Deutschlands und Frankreichs. Hrsg. von Ernst Willi Hansen, Gerhard Schreiber, Bernd Wegner, München 1995, S. 287–302.
11 BA-MA, BL 1/14647–14649 und BL 1/14651–14654, Tagebücher InspL, 6.6.1956–31.12.1962.
12 Mitteilung BA-MA, 10.6.2009. Der Name der langjährigen Lebensgefährtin ist dem Verfasser bekannt. Im September 2009 geführte Gespräche dienten dazu, die Persönlichkeit von Josef Kammhuber zu hinterleuchten. Unter Anlegen eines strengen quellenkritischen Maßstabes sind die Erinnerungen z.T. in vorliegende Darstellung eingegangen.

kung wirft das Verhalten Fragen auf. Sollte es so gewesen sein, dass auch Kammhuber trotz seiner herausgehobenen Stellung als »Gründungsinspekteur« kein Gespür für die Historizität der eigenen Diensterfahrung in der Nachkriegsrepublik hatte? Oder hielt er diese für nicht mitteilenswert und nicht sozial relevant, wie andere Angehörige der frühen Bundeswehrelite[13]? Hätte man nicht stolz sein können auf den Aufbau einer neuen Luftwaffe[14]?

Dass Kammhuber um seine Rolle und Bedeutung im Gesamtgefüge deutscher Luftmacht im 20. Jahrhundert nicht Bescheid wusste, ist kaum glaubhaft. Verteidigungsminister Franz Josef Strauß attestierte ihm 1961: »sich seines Wertes bewusst«[15]. Ein Charakterzug, der auf eine komplexe bis schwierige Persönlichkeitsstruktur hindeutet. Wenig schmeichelhaft das Urteil ehemaliger Mitarbeiter, wenn sie den eleganten Stabsoffizier mit guten Umgangsformen und offenkundiger Bescheidenheit während des Krieges zugleich als »kompromisslos«, »unerbittlich« und »rücksichtslos auf Ziele fixiert« qualifizierten. Von »Brutalität, List und Tücke« ist beim Ausbau der Nachtjagd die Rede, bis hin zur Einsatzführung »ohne Rücksicht auf Verluste«[16]. Gründete das offenbar prägnante Selbstwertgefühl in intellektueller Überlegenheit oder in intellektuellem Hochmut? Der nachmalige Luftwaffeninspekteur Johannes Steinhoff sah ihn in den späten 1950er-Jahren so: »Anfänglich galt es vor allem, K[ammhubers] menschlicher Art des alles Könnens, der alles weiß zu überwinden, da er seine M[ilitärischen] A[bteilungs]-Leiter wie Konfirmanden behandelte[17].«

Wie an den Studien zu Luftkriegführung erkennbar, hielt Kammhuber seine Erfahrungen bis 1945 sehr wohl für überlieferungswürdig. Etwa in Befragungen durch das Militärgeschichtliche Forschungsamt[18]. Die fixierten Erlebnisse des Erfahrungsraums Luftkrieg verstand er durchaus als Medium von Generativität. Erfolgreich setzte er sich 1958 ein für die Etatisierung der vom General der Flieger a.D. Paul Deichmann geleiteten Studiengruppe Geschichte des Luftkrieges in der Studien- und Vorschriftengruppe an der Führungsakademie der Bundeswehr in Hamburg[19]. Daran sollten die zukünftigen Generalstabsoffiziere geschult werden. Dies ist ein Beispiel eines bewussten generativen Prozesses, in dem eigene, kollektive und korporative, weitgehend auf Erlebnissen und Erzählungen beruhende Erfahrungen – vordergründig zunächst funktionale Fähigkeiten, Fertigkeiten und Techniken, letztlich Sinnkonstruktionen und

---

13 Naumann, Generale (wie Anm. 5), S. 15.
14 Bernd Lemke [u.a.], Die Luftwaffe 1950 bis 1970. Konzeption, Aufbau, Integration, München 2006 (= Sicherheitspolitik und Streitkräfte der Bundesrepublik Deutschland, 2).
15 BA-MA, Pers 1/283, Beurteilung vom 23.2.1961.
16 Wolfgang Falck, Falkenjahre. Erinnerungen 1910–2003, Moosburg 2003, S. 169, 202, 228, 265, 329.
17 Nachlass Steinhoff, Niederschrift um 1960, Privatbesitz.
18 Befragung am 30.10.1968 durch Oberstleutnant i.G. Karl-Heinz Völker. Horst Boog, Die deutsche Luftwaffenführung 1935–1945. Führungsprobleme, Spitzengliederung, Generalstabsausbildung, Stuttgart 1982 (= Beiträge zur Militär- und Kriegsgeschichte, 21), S. 653.
19 BA-MA, BL 1/14649 Tagebuch InspL, 25.6.1958; Paul Deichmann, Der Chef im Hintergrund. Ein Leben als Soldat von der preußischen Armee bis zur Bundeswehr, Oldenburg 1979.

Deutungen – an die nächste Generation weitergegeben werden[20]. Ginge man interpretatorisch zu weit, darin eine Wertigkeitsskalierung eigenen beruflichen Handelns zu vermuten – Kriegführung als entscheidender Handlungsrahmen für Soldaten? Und nicht nur beschränkt auf die soziale Gruppe der Offiziere, sondern verbunden mit einem gesamtgesellschaftlichen, geschichtspolitischen Anliegen? Mit dem Material der Studiengruppe sollte eine dann nicht realisierte Geschichte der Luftwaffe publiziert werden. Über die Lenkung der Autorenschaft suchte Kammhuber Einfluss auf die Deutungshoheit zu gewinnen. Professor Richard Suchenwirth erteilte er die Erlaubnis, die Studien für ein geplantes Buch zu nutzen. Generalmajor a.D. Walter Grabmann verweigerte er diese jedoch, weil es »bei der Qualität des Verfassers keinen Anspruch darauf erheben kann, als historisch fundiertes Werk anerkannt zu werden«[21]. Gewiss, Grabmann war Luftkriegsakteur und anders als Suchenwirth kein Historiker. Aber war dies tatsächlich der Grund? Oder gab Kammhuber dem Historiker, den er in der Kriegsgefangenschaft kennengelernt und ihm für sein Entnazifizierungsverfahren eine eidesstattliche Erklärung ausgestellt hatte[22], deshalb den Vorzug, weil er um dessen Fähigkeiten geschichtspolitischer Deutungen wusste? Suchenwirth war ab 1923 Herausgeber und Autor nationalsozialistischer Zeitschriften sowie Mitbegründer der österreichischen NSDAP gewesen und mit im NS-Deutungssinn gehaltenen historischen Publikationen an die Öffentlichkeit getreten. Seit 1934 in Deutschland, hatte er – Träger des Goldenen Parteiabzeichens – als Geschäftsführer der Reichsschrifttumskammer amtiert. Suchenwirths Vita belegt zwar keine ähnlich gelagerte politisch-ideologische Affinität Kammhubers. Dass Kammhuber einem ehemaligen NS-Publizisten die Deutungsteilhabe an der Geschichte der Wehrmacht-Luftwaffe ermöglichen wollte, an der er selbst in herausgehobener Funktion Anteil hatte, kann jedoch als Interpretationshinweis auf tieferliegende Beweggründe der eigenen Vernichtung seines Schrifttums dienen. Ob sich darin nicht doch ein zielgerichteter erinnerungspolitischer Akt verbirgt?

Weltkriegserfahrung

Als Josef Kammhuber am 19. August 1896 im oberbayerischen Burgkirchen geboren wurde, ahnte niemand, dass 65 Jahre später über ihn geschrieben werden sollte: »Technisch-organisatorische Kapazität und militärpolitisches Denken mit durchdachter Systematik zeichnen ihn aus – ein moderner Gene-

20 Generation als Erzählung. Neue Perspektiven auf ein kulturelles Deutungsmuster. Hrsg. von Björn Bohnenkamp, Till Manning und Eva-Maria Silies, Göttingen 2009.
21 BA-MA, BL 1/14653, Tagebuch InspL, 30.11.1959.
22 Institut für Zeitgeschichte München, Archiv, Bestand ED 420, Richard Suchenwirth, Bd 8, Entnazifizierung.

ral[23].« Sein kleinbäuerliches soziales Herkommen ließ es kaum zu, überhaupt einmal Offizier werden zu können[24]. Offensichtlich verfügte Josef Kammhuber aber über geistige Begabungen, die es geboten, ihn ab 1907 auf das humanistische Ludwigsgymnasium nach München zu schicken – ein Indiz für sozialen Aufstieg durch Bildung. Angesichts zunehmender gesellschaftlicher Militarisierung in der spätwilhelminischen Zeit auch in Bayern ging die humanistische Bildung am Ludwigsgymnasium vermutlich im zeittypisch patriotischen Tenor vonstatten und war offensichtlich erfolgreich[25]. Wie andere Schüler und Studenten wurde Kammhuber 1914 vom durchaus nicht alle soziale Schichten gleichermaßen befallenden »August-Erlebnis« ergriffen. Am 24. August meldete er sich als Kriegsfreiwilliger beim 3. K[öniglich]-B[ayerischen] Pionierbataillon in Augsburg, nachdem es ihm nicht gelungen sein soll, in München bei der Infanterie unterzukommen. Die erklärtermaßen »aus Begeisterung« getroffene Meldung »zu den Waffen« sollte sich als einschneidend für den Lebensentwurf des 18-Jährigen erweisen, der »beste Aussicht hatte, das Gymnasium mit Auszeichnung zu absolvieren und beste Unterlagen für ein erfolgreiches Hochschulstudium zu schaffen«[26].

Die Realität des Krieges 1915 in den Kämpfen im lothringischen Priesterwald (Pont-à-Mousson, Département Meuthe-et-Moselle) mit Verschüttung durch Minenquetschung, Nervenschock und Behandlung im Nervenkrankenhaus bewirkte offenbar keine Distanzierung vom Soldatsein. Kammhuber (21.5.1915 Gefreiter, 5.9.1915 Unteroffizier) entschied sich vielmehr für die aktive Offizierlaufbahn, endlich bei der Infanterie (K.-B. Infanterieregiment 20). Nach Ausbildungskursen stand Kammhuber erst 1917 wieder an der Westfront, seit dem 10. September als Leutnant. Die Einträge im Personalbogen vom Stellungskampf in Lothringen, von der Doppelschlacht Aisne-Champagne, dem Stellungskampf am Chemin des Dames und der Abwehrschlacht bei Verdun 1917/1918 markieren Zentralorte von Gewalt und Tod für Hunderttausende. Vom Tod blieb Kammhuber verschont, nicht aber von einer bis zum Sommer 1919 andauernden »hochgradigen Nervenreizung« mit anschließendem Lazarettaufenthalt in der Garnison Lindau. In Zahlen umfasste seine Kriegserfahrung im Ersten Weltkrieg 14 Monate als Pionier bzw. Infanteriezug- und Kompanieführer im Truppendienst an der Front und einen Monat in der Etappe. Dort brachte Kammhuber 25 Monate bei der Ausbildung zu, vier Monate war er krank und sieben Monate diente er in sogenannten Schonungsstellen beim Ersatzbataillon. Dafür erhielt er die preußischen Eisernen Kreuze Erster und Zweiter Klasse, übliche Dekorationen für einen Frontoffizier seiner Generation.

23 BA-MA, Pers 1/283, Beurteilung, 23.2.1961.
24 Ebd., Fragebogen zur Nachprüfung der arischen Abstammung der Angehörigen der Fliegerschaft, 16.4.1934.
25 Christoph Schubert-Weller, »Kein schönrer Tod ...«. Die Militarisierung der männlichen Jugend und ihr Einsatz im Ersten Weltkrieg 1890–1918, Weinheim 1998.
26 BayHStA KA, OP 54819, 7.6.1919.

Revolutions- und Umsturzerfahrungen

Die Revolution 1918 erlebte Kammhuber beim Ersatzbataillon in Lindau. Nachdem am 8. November in München die Monarchie gestürzt und unter dem Sozialisten Kurt Eisner der Freistaat Bayern ausgerufen worden war, hatte sich in Lindau ein Arbeiter- und Soldatenrat konstituiert. Kammhubers Teilhabe an den Umwälzungen beschränkte sich zunächst auf die Administration sozialer Belange als Leiter der Hinterbliebenen- und Versorgungsabteilung seines Regiments sowie Vorstand des Küchen- und Kantinenwesens. Blieb seine Funktion als Führer der Gruppe Lindau einer deutsch-österreichischen Bodenseeflottille wohl nur Episode, so wirkte sich die Radikalisierung der Revolution unter der Räteherrschaft nach dem Mord an Eisner am 21. Februar 1919 dahingehend auf das Offizierkorps Lindaus aus, dass dieses vom örtlichen Soldatenrat wegen der Weigerung des Regimentskommandeurs, beim örtlichen Trauerzug für den von einem Leutnant erschossenen Ministerpräsidenten die Regimentsmusik marschieren zu lassen, beurlaubt wurde. Der Mord an Eisner führte zu bürgerkriegsähnlichen Zuständen in München, südlich der Donau und in Bayerisch Schwaben. Im Frühjahr 1919 standen sich Württemberger Truppen und revolutionäre Lindauer Soldaten bewaffnet gegenüber, allein der Konflikt wurde durch Verhandlungen gelöst[27]. Kammhubers Revolutionserfahrung beschränkte sich überwiegend auf eine Beobachterperspektive[28]. Dazu gesellte sich kurzzeitig im Frühjahr 1919 eine Freikorpserfahrung im 400 Mann starken Freikorps Bodensee, begrenzt auf die Überwachung Lindaus ohne Waffeneinsatz[29]. Wollte man über Kammhubers Freikorpsengagement spekulieren, so ist wie in vergleichbaren Fällen von einer heterogenen Motivlage auszugehen. Rahmenbedingung war die aus Sicht der bayerischen Regierung ab April 1919 notwendige Niederwerfung der Räteherrschaft auf Basis eines vorherrschenden antikommunistischen Grundkonsenses zwischen Politik, Militär und weiten Teilen der Bevölkerung. Die Legitimität der Regierung Hoffmann war insofern bei der bayerischen Armeeführung unbestritten, als sie als das kleinere Übel galt. Ruhe und Ordnung stießen im Offizierkorps meist auf ungeteilte Zustimmung. Viele passten sich den Verhältnissen an. Daraus zu folgern, jeder hätte innerlich wirklich auf Seiten der Regierung und der republikanischen Staatsform gestanden, würde hingegen zu kurz führen. Insgesamt dürfte unter den bayerischen Freikorps mehrheitlich die Begeisterungsfähigkeit für Heimat und Vaterland als Gegenentwurf zu einem Geist des Aufruhrs im Vordergrund gestanden haben. Bei aller tendenziellen Übereinstimmung mit den genannten ideellen Motiven – rückschauend skizzierten ihn Angehörige als »vaterlän-

---

[27] Karl Bachmann, Lindau. I. Weltkrieg, Novemberrevolution, Räterepublik, Lindau 1979.
[28] BayHStA KA, OP 54819.
[29] Ingo Korzetz, Die Freikorps in der Weimarer Republik: Freiheitskämpfer oder Landsknechthaufen? Aufstellung, Einsatz und Wesen bayerischer Freikorps 1918–1920, Marburg 2009, S. 93 f.

disch« gesinnt – gaben auch persönliche Gründe mit den Ausschlag dafür, im Heeresdienst verbleiben zu können. Wie andere Kriegsfreiwillige ohne Abitur stand der 22-jährige aktive Offizier vor dem Nichts. Mit dem 1916 zuerkannten Reifezeugnis rechnete er sich keine entsprechende zivile Stellung aus. Die prekäre soziale Lage der Familie tat ein Übriges. Flehentlich schrieb Kammhubers Schwester an den Minister für militärische Angelegenheiten: »Vater und Mutter tot, der jüngste Bruder noch in der Schule [sic!] ich ebenso ohne größeren Verdienst. Stehen wir nun gänzlich blos da. Sollen wir jetzt anfangen, zu verzweifeln, wie waren wir froh, dass unser Bruder für uns sorgen kann, und jetzt sollen wir wieder in die alte Sorge zurückgeschleutert [sic!] werden, o wie soll das so weitergehen? Ich flehe Ew. Hochwohlgeboren an, unsern Ernährer doch in seiner Stelle zu lassen oder ihm einen lebenslänglichen Verdienst zuzuweisen. Mit Mühe und Not schafften wir seine Uniform an, die sehr teuer kam, ja wir machten sogar Schulden deswegen, und nun soll alles umsonst sein? Ich apelliere [sic!] an Ihren Gerechtigkeitssinn und bitte Sie untertänigst, stehen Sie uns bei, Hilfe tut not. Mein Bruder weis [sic!] nicht, dass ich Ew. Hochwohlgeboren schreibe. Er steht da in stummer Verzweiflung und hofft, dass das Militär doch noch bestehen bleibt[30].«

Keinerlei Aussicht auf Weiterverwendung lautete die lapidare Antwort im Hinblick auf die bevorstehende Auflösung der Bayerischen Armee. Zwei Drittel von 30 000 Mann der vorläufigen Reichswehr in Bayern mussten entlassen werden[31]. Die Truppe wertete Kammhubers Perspektiven freilich anders: »Geistige Frische: sehr gut beanlagt; sehr rührig u. regsam. Körperliche Rüstigkeit: gut; war Kunstturner; hat sich von seiner Kriegsbeschädigung (Nervenchoc [sic!] durch Verschüttung) noch nicht ganz erholt; guter Schütze. Persönliches Auftreten: gut, taktvoll u. bescheiden; klar u. deutlich; tapfer u. unerschrocken. Charaktereigenschaften: sehr guter, braver Charakter [sic!]; zielbewusst u. energisch; sehr verlässlich u. gewissenhaft. Dienstliche Tüchtigkeit: sehr tüchtig, verlässlich u. fleißig[32].« Kammhubers Verbleib im Reichsheer wurde von allen Vorgesetzten empfohlen und er gehörte zu den 11 000 bayerischen Soldaten im 100 000-Mann-Heer.

Anfang der 1920er-Jahre befand sich Deutschland in einer kritischen Lage: wirtschaftliche Depression, Besetzungen durch alliierte Truppen, Separationsbestrebungen, Umsturzversuche. Die bayerische Reichswehrführung verhielt sich gegenüber dem Ministerium in Berlin sehr ambivalent, spielte sie doch nach Einstellung des Ruhrkampfes bis zum November 1923 eine betont bayerische Rolle. Bayern geriet zum Sammelbecken antirepublikanischer, völkischnationalistischer Gruppierungen, die mit Billigung der Landesregierung von den bayerischen Truppenteilen bewaffnet und ausgebildet wurden. Als der Befehlshaber im Wehrkreis VII (Bayern) sich weigerte, Druck und Verbreitung des NSDAP-Organs »Völkischer Beobachter« zu unterbinden, wurde er zwar

---

[30] BayHStA KA, OP 54819, 19.3.1919.
[31] Kai Uwe Tapken, Die Reichswehr in Bayern von 1919 bis 1924, Hamburg 2002.
[32] BayHStA KA, OP 54819, Beurteilung, 29.7.1919.

vom Reichswehrminister des Dienstes enthoben, jedoch sofort wieder vom mit diktatorischen Vollmachten ausgestatteten bayerischen Generalstaatskommissar zum Landeskommandanten bestellt. Zugleich wurden die bayerischen Reichswehrsoldaten auf Bayern als »Treuhänderin des Deutschen Volkes bis zur Wiederherstellung des Einverständnisses zwischen Bayern und Reich«[33] verpflichtet. Die Gefahr einer Spaltung der Reichswehr oder eines Bürgerkrieges nahm man billigend in Kauf. Mit Sicherheit wusste Kammhuber als Bataillonsadjutant in München Bescheid, musste selbstverständlich auch er die Verpflichtung ableisten. Zudem war das Bataillon dafür vorgesehen, zusammen mit der radikalen und republikfeindlichen »Arbeitsgemeinschaft vaterländischer Kampfverbände« zwei weitere Bataillone als geheime Verstärkung des deutschen Wehrpotenzials aufzustellen. Kammhuber geriet hinein in die verworrene Situation, die im Hitler-Putsch vom 8./9. November 1923 kulminierte. Auch Münchener Soldaten zählten zu den Putschisten. Aber war Kammhuber tatsächlich ein »Altnazi, der schon am Hitler-Putsch 1923 an der Feldherrnhalle beteiligt war«[34] und sich wie andere Offiziere weigerte, gegen die Putschisten vorzugehen«[35]? Dem Bataillonsführer zufolge hätten drei andere Offiziere erklärt, »sie seien nicht im Stande, auf die Hitlerleute zu schießen«[36]. Im Fall des dann nicht befohlenen Einsatzes[37] war der Bataillonsführer sich seiner Offiziere allerdings sicher. Klar war, dass offensichtlich alle Offiziere des Bataillons die demokratische Regierungsform ablehnten. Wie anders sollte man Formulierungen bewerten, wonach »jeder echt deutsch fühlende Mann – und dazu rechne ich in erster Linie die Offiziere erkannt hat, dass das derzeitige Regierungssystem im Reich unseren völligen Verfall nach sich ziehen muss«. Mehr noch habe die von der Regierung und »von den militärischen Dienststellen geförderte nationale Bewegung die Offiziere des I./IR 19 in so enge, herzliche kameradschaftliche und dem gleichen Ziel zustrebende Arbeitsgemeinschaft mit den Kampfverbänden Münchens gebracht, dass ein plötzlicher Bruch dieses gemeinsamen Bandes, ja sogar die Kampfansage geradezu erschütternd und geistesverwirrend auf die militärischen Ausbilder und Erzieher wirken musste«[38]. Warum sollte Kammhuber angesichts seiner Sozialisation in anderen, als nationalistischen, antidemokratischen Kategorien gedacht haben? Gleichwohl ist der Begriff »Altnazi« wenig hilfreich bei der Bewertung seiner damaligen politischen Orientierung. Jahrzehnte später äußerte er sich so: »Durch einen Telephonanruf erfuhren wir, dass auch General Ludendorff mitmarschierte. Da beschlossen wir, nicht auf Deutsche zu schießen, deren Parole es war,

---

[33] Das Krisenjahr 1923. Militär und Innenpolitik 1922–1924. Bearb. Von Heinz Hürten, Düsseldorf 1980, S. 96.
[34] Detlef Bald, Politik der Verantwortung. Das Beispiel Helmut Schmidt. Der Primat des Politischen über das Militärische 1965–1975, Berlin 2008, S. 144.
[35] Clemens Range, Die Generale und Admirale der Bundeswehr, Bonn 1990, S. 49.
[36] Das Krisenjahr 1923 (wie Anm. 33), S. 125.
[37] Der Hitler-Putsch. Bayerische Dokumente zum 8./9. November 1923. Hrsg. von Ernst Deuerlein, Stuttgart 1962, S. 313.
[38] BA-MA, RH 37/767, fol. 32v-33.

Deutschland vom Versailler Vertrag zu befreien. Für uns war das eine nationale Tat[39].« Wie er 1957 seine damalige Haltung bewertete, wissen wir nicht.

Generalstabserfahrungen in der Reichswehr

Bestimmend für Kammhubers Karriere wurde die infolge des Versailler Vertrages geheime dreijährige Generalstabsausbildung in Stettin und Berlin. Er schloss sie im Herbst 1928 ab und gehörte zu den nur eine Handvoll Offizieren seines Jahrgangs umfassenden 300 Führergehilfen. Als Hauptmann und Referent diente er Anfang der 1930er-Jahre in der Abteilung T 1 im Truppenamt des Reichswehrministeriums, ehemals Aufmarsch- und Operationsabteilung des Großen Generalstabes, das operative Herz der Armee. Die unter dem Gruppenleiter Oberst Erich von Manstein arbeitenden Kammhuber und dessen fast gleichaltriger Zimmergenosse, Oberleutnant Adolf Heusinger, konnten nicht ahnen, dass sie ein Vierteljahrhundert später an führender Stelle erneut Streitkräfte aufbauen sollten. Für Kammhuber war die T 1 aus einem besonderen Grund entscheidend. Unter dem Rubrum der Landesverteidigung wurden dort Maßnahmen gegen äußere und innere Feinde, einschließlich der Perspektive auf Heeresvermehrung mit modernen Waffen geplant[40]. Deshalb suchte die Reichswehr seit 1920 die Rüstungsbeschränkungen zu unterlaufen und leitete eine Zusammenarbeit mit der Sowjetunion ein. Ab 1924 entstand ein geheimes Flugzentrum südwestlich von Moskau in Lipeck (Lipezk) zur Ausbildung von Fliegeroffizieren als wichtigste Voraussetzung für eine künftige Luftrüstung[41]. Dort wurde Kammhuber 1930/31 als Militärflugzeugführer geschult, nachdem er formal aus der Reichswehr ausgeschieden war. Später wurde dies in seinem Wehrpass als Sonderausbildung eingetragen und laufbahnrechtlich relevant. Weil die T 1 jemanden brauchte, um die Fliegerei zu bearbeiten, soll er völlig unverhofft zur Luftfahrt gekommen sein[42]. Nach anderen Informationen habe das »wache Interesse des kleinen ehrgeizigen Offiziers für technische Neuerungen« die Personalabteilung auf ihn aufmerksam werden lassen[43]. Zur Tarnung führten die Kursteilnehmer ein Pseudonym. Kammhuber hieß Kroll und noch nach Jahrzehnten erinnerten sich Kameraden seines virtuosen Klavierspiels[44]. In Lipeck war es ein offenes Geheimnis, dass die Offiziere aus dem Truppenamt später den Aufbau neuer Luftstreitkräfte besorgen und die Flie-

---

[39]   Der kleine General (wie Anm. 7), S. 26.
[40]   Erich von Manstein, Aus einem Soldatenleben 1887–1939, Bonn 1958, S. 105–110.
[41]   Manfred Zeidler, Reichswehr und Rote Armee 1920–1933. Wege und Stationen einer ungewöhnlichen Zusammenarbeit, München 1993 (= Beiträge zur Militärgeschichte, 36).
[42]   Range, Die Generale und Admirale (wie Anm. 35), S. 49.
[43]   Der kleine General (wie Anm. 7), S. 26.
[44]   Karl Boehm-Tettelbach, Als Flieger in der Hexenküche, Mainz 1981, S. 89; Der kleine General (wie Anm. 7), S. 26.

gerverbände führen sollten. Tatsächlich gingen zum Beispiel aus den 43 Schülern von 1928 mindestens 20 Generale der Wehrmacht-Luftwaffe hervor. Einer, Hermann Plocher, wurde 1957 Stellvertreter des 1930er-Kursanten Kammhuber und jetzigen Luftwaffeninspekteurs.

Spuren politischer Positionen

Als jüngerer Generalstabsoffizier und Militärflugzeugführer war Kammhuber für die Aufrüstung nach 1933 besonders wertvoll. Was hielt er von den politischen Umwälzungen der Zeit? War er erleichtert über den Zerfall der Republik? Ging es ihm wie Heusinger, der positive Erwartungen hegte. Sollte Kammhuber so naiv, ahnungslos und nur fixiert auf den Beruf in die nationalsozialistische Zeit hineingestolpert sein wie dieser[45]? Belegbar ist Kammhubers Wissen um die rassepolitische Ordnung der Nationalsozialisten. Auf Grundlage des Gesetzes zur Wiederherstellung des Berufsbeamtentums vom 7. April 1933 und der wenige Tage später erlassenen Ersten Durchführungsverordnung des Gesetzes, die einen Abstammungsbeleg aus der »arischen Volksgemeinschaft« verlangte, füllte er 1934 als Angestellter im Reichsluftfahrtministeriums den »Fragebogen zur Nachprüfung der arischen Abstammung der Angehörigen der Fliegerschaft« gewissenhaft aus[46]. Daraus Rückschlüsse auf eine rassistische Haltung ableiten zu wollen, verbietet sich angesichts der dürftigen Quellenlage. Hinsichtlich der politischen Orientierung in dieser Zeit ließe sich allenfalls mutmaßen, dass Kammhuber tendenziell im Sinne des Erlasses des Reichskriegsministers vom 24. Mai 1934 dachte, der das Verhalten der Reichswehr zum Nationalsozialismus regelte: »Nationales Denken ist die selbstverständliche Grundlage jeder soldatischen Arbeit. Wir wollen aber darüber nicht vergessen, dass die Weltanschauung, die den neuen Staat erfüllt, nicht nur national, sondern nationalsozialistisch ist[47].«

Hinsichtlich der Rüstungspolitik ist unbestritten, dass die Offiziere einig waren, mit Hitler die Fesseln von Versailles zu lösen und den übrigen europäischen Armeen ebenbürtige, moderne Streitkräfte aufzubauen –, wie die entsprechenden Dokumente etwa zur Fliegerrüstung belegen[48]. Sollten Generalstabsoffiziere, die schon während der Weimarer Republik alles getan hatten, um die Rüstungsanstrengungen der Reichswehr ob der außenpolitischen Rückwirkungen

---

[45] Georg Meyer, Adolf Heusinger. Dienst eines deutschen Soldaten 1915 bis 1964, Hamburg, Berlin, Bonn 2001, S. 117.

[46] BA-MA, Pers 1/283, 14.4.1934.

[47] Offiziere im Bild von Dokumenten aus drei Jahrhunderten. Hrsg. von Hans Meier-Welcker, München 1964 (= Beiträge zur Militär- und Kriegsgeschichte, 6), Nr. 97.

[48] Karl-Heinz Völker, Dokumente und Dokumentarfotos zur Geschichte der deutschen Luftwaffe. Aus den Geheimakten des Reichswehrministeriums 1919–1933 und des Reichsluftfahrtministeriums 1933–1939, Stuttgart 1968, S. 103–130.

zu verschleiern, wirklich nur ein »an Leichtfertigkeit grenzendes politisches Desinteresse« an den Tag gelegt haben, wie Heusingers Biograf meint[49]? Selbst unter dem Dispositiv eines demokratiefernen, unpolitischen Selbstverständnisses müssen Angehörige des Truppenamtes im Stande gewesen sein, zumindest ansatzweise militärpolitisch zu denken. Ein solches Denken ist bei Kammhuber nachweisbar – unabhängig vom politischen System, eingespannt in machtpolitische Ordnungsvorstellungen.

Unter den Bedingungen der NS-Kriegspolitik spielte der Angriffsgedanke bei Luftkriegskonzeption und Luftrüstung eine zentrale Rolle. In seiner »Organisationsstudie 1950« schlug der damalige Oberstleutnant i.G. Kammhuber einen bis 1942 aufzustellenden Friedensumfang von zwölf Kampf-, vier Stuka-, sechs schweren und vier leichten Jagdgeschwadern vor, wobei die schweren Jäger ausschließlich für Angriffszwecke gedacht waren. Dies entsprach einem Verhältnis von 5,5 zu 1 zwischen Luftangriffs- und Luftverteidigungsflugzeugen. Im Kriegsfalle sollten die Zahlen verdoppelt werden, wonach der Schwerpunkt mit 44 Kampf- und 8 Jagdgeschwadern eindeutig auf dem Angriff lag[50]. Weil Kammhuber einer von Hitler stattdessen verlangten Verfünffachung der Fliegerkräfte aus technischen und rüstungspolitischen Erwägungen planerisch nicht entsprechen konnte, erbat und erhielt der nunmehrige Chef des Organisationsstabes der Luftwaffe ein Truppenkommando[51]. Damit stand er keineswegs in Opposition zur Angriffspolitik, sondern er bewies lediglich ein gewisses Maß generalstabsmäßigen Realitätssinns: Gehorsam im Widerstreit als ein vor allem im Erfahrungsraum Krieg nicht zu sprengendes Loyalitätsdispositiv, wie eine Anekdote des Magazins »Der Spiegel« 1957 es zu wissen glaubte: »Am 29. März 1945 traf General Kammhuber zum letzten Mal mit seinem Obersten Befehlshaber Hitler zusammen. Es ging um die Frage, ob die Jägerproduktion noch nach Süddeutschland verlegt werden sollte. Kammhuber fand das sinnlos. Er sagte zu Hitler: ›Der Krieg ist sowieso verloren‹. Der Führer nahm bedächtig seine Brille ab: ›Das weiß ich auch, aber ich will bis zum Äußersten kämpfen‹. Soldat Kammhuber gehorchte[52].«

Generationstypisch zeigte sich bei Kammhuber neben Einsatzbereitschaft und trotz rationalem Erkennen der militärischen Lage eine hohe Regimeloyalität, die auf das Trauma 1918 und die Dolchstoß-Legende zurückzuführen ist[53]. Gleichwohl zählte er nicht zu den ideologisierten Fanatikern wie zum Beispiel Oberst Hajo Herrmann oder Generalmajor Dietrich Peltz, als Angehörige der Jahrgänge 1913/14 und der vom Nationalsozialismus besonders stark geprägten Offiziersgeneration. Deren Vorschlag, Jagdflugzeuge mit kaum ausgebildeten

[49] Meyer, Adolf Heusinger (wie Anm. 45), S. 117.
[50] Boog, Die deutsche Luftwaffenführung (wie Anm. 18), S. 137.
[51] Boog, Die deutsche Luftwaffenführung (wie Anm. 18), S. 230 f.
[52] Der kleine General (wie Anm. 7), S. 24.
[53] Naumann, Generale (wie Anm. 5), S. 31.

Piloten die amerikanischen Bomber rammen zu lassen, um sie zum Absturz zu bringen, bewertete er als Himmelfahrtkommandos und »Selbstmordunsinn«[54].

Ein deutlicher Beleg für Kammhubers Denkbefähigung innerhalb machtpolitischer Ordnungen stammt aus seiner Zeit als Luftwaffeninspekteur. Zwar attestierte ihm Verteidigungsminister Franz Josef Strauß »militärpolitisches Denken«[55], gleichwohl ist Skepsis hinsichtlich Kammhubers spezifischen politischen Normengerüsts angebracht. Mitarbeiter im Führungsstab der Luftwaffe qualifizierten Kammhubers Luftwaffenplanung von zwölf Divisionen mit 1300 Flugzeugen auch deshalb als unrealistisch, weil er »keinen Sinn für die Gegebenheiten des Aufbaus einer Waffe in einem demokratischen Staat habe«[56]. Welches Staatsverständnis mochte er haben, wenn er die Kommandeure dazu anhielt, der Soldat habe »in jedem Fall [...] der politischen Führung zu helfen, die gesteckten Ziele zu erreichen. Er hat sich den politischen Entscheidungen unterzuordnen«[57]? Von politischer Partizipation im Sinne der Inneren Führung war nicht die Rede. Zweifellos meinte er die Kriegsverhinderung an der Seite der freien Nationen, so gesprochen anlässlich der Graduation der ersten deutschen Strahlflugzeugführer am 24. September 1956 in Fürstenfeldbruck. An erster Stelle in der Rede stand jedoch nicht der Beginn von etwas Neuem, sondern die Kontinuität betonende Reminiszenz, dass dieser Tag deshalb als historischer Tag in die Geschichte der deutschen Luftwaffe eingehen werde, weil dieser »nicht mehr und nicht weniger [bedeute], als den Tag ihrer *Wiedergeburt*«[58].

Als es um die Atombewaffnung ging, traten seine machtpolitischen Ordnungsvorstellungen besonders zu Tage. Aufgrund der Bündniskonstellationen scheint er begriffen zu haben, dass »die Bundesrepublik zu einem zweitrangigen Partner der NATO degradiert [wird], falls die Bundeswehr nicht mit Atom-Waffen ausgerüstet wird«[59]. Das war Strauß' Linie. Auch bezweifelte er nicht, dass die Ausstattung mit oder der Verzicht auf Nuklearwaffen »von politischer Seite zu treffen« sei[60]. Indem Solches von den Soldaten zu respektieren sei, entsprach dies durchaus dem Primat des Politischen, zugleich aber widersprach es nicht den herkömmlichen und gewohnten militärischen, auf Kontinuität angelegten Ordnungsvorstellungen.

Das politische Normengerüst des Luftwaffeninspekteurs beleuchten noch weitere Indikatoren. Wenn er keinen Sinn für die Gegebenheiten des Armeeaufbaus in der Demokratie gehabt habe, so mag sich dieser Vorwurf auf die Regularien eines parlamentarisch-demokratischen Systems oder auf die ten-

---

54 Horst Boog, Die strategische Bomberoffensive der Alliierten gegen Deutschland und die Reichsluftverteidigung in der Schlußphase des Krieges. In: Das Deutsche Reich und der Zweite Weltkrieg, Bd 10/1: Der Zusammenbruch des Deutschen Reiches 1945. Die militärische Niederwerfung der Wehrmacht. Im Auftrag des MGFA hrsg. von Rolf-Dieter Müller, München 2008, S. 777–884, hier S. 830 f.

55 BA-MA, Pers 1/283, Beurteilung, 23.2.1961.

56 NL Steinhoff, Niederschrift um 1960 (wie Anm. 17).

57 BA-MA, BL 1/14653, Tagebuch InspL, 5.4.1959.

58 BA-MA, BL 1/14647, Tagebuch InspL, 24.9.1956.

59 BA-MA, BL 1/14648, Tagebuch InspL, 19.3.1958.

60 Ebd.

denziell antimilitärische Disposition der Gesellschaft beziehen. In den wenigen Spuren politischer Äußerungen Kammhubers zeigt sich aber auch ein kulturpessimistisches Räsonieren über den als schwach interpretierten gesellschaftspolitischen Zustand der damaligen Gegenwart, ein ebenfalls verbreitetes Phänomen innerhalb der militärischen Altelite: »Die geistige Schwäche und politische Armut des Westens zum Schutze der Freiheit müssen überwunden werden.« Was bedeutete ihm Freiheit? War es nur Floskel, wenn er die Kommandeure einschwor, »*Kampf*-Einheiten zu schaffen, die den Willen zur Verteidigung und zum Schutz der eigenen und der westlichen Freiheit haben und als ihr höchstes Ziel ansehen«[61]? Sollte hier gar das Baudissinsche Konzept des auf die demokratischen Werte bezogenen politischen Soldaten unter den Bedingungen des permanenten Bürgerkrieges im Zeitalter der weltumspannenden ideologischen Konfrontation hervorlugen[62]? Steckte darin auch ein persönlicher demokratischer Wandlungsprozess?

Eine bislang nicht zu findende befriedigende Antwort muss sich daran messen, wie Kammhuber seine loyale Rolle bis 1945 bewertet haben mag. Eine Standortbestimmung über die Wehrmacht im NS-Regime, wie von Heusinger auch zur erinnerungspolitischen Positionsbestimmung verfasst[63], gibt es von ihm nicht. Nähme man die Erinnerung von Hermann Görings Frau für bare Münze, dann gehörte Kammhuber zu denjenigen, die auch in einer positiv-emotionalen Beziehung zum Reichsmarschall standen und ihm sagten, »was sie dachten, und mit jedem Problem zu ihm kommen konnten«[64]. Indizien einer guten Beziehung lassen sich finden. So wurde Kammhuber 1944 zwar als Oberbefehlshaber der Luftflotte 5 wegen »erneuter Differenzen wieder abgelöst mit dem ganzen Stabe und zbV gestellt«[65] – ob wegen Differenzen mit Parteidienststellen oder mit dem Reichskommissar für Norwegen bleibt unklar[66]. Gleichwohl bestellte man ihn im Januar 1945 zum »Sonderbeauftragten des Reichsmarschalls für die Bekämpfung der viermotorigen Feindflugzeuge« und zugleich zum Bevollmächtigten für die Strahlflugzeuge. Damit verbunden waren zumindest auf dem Papier alle Vollmachten, dem Einsatz dieser Flugzeuge zu größtmöglicher Wirkung zu verhelfen. Seine Dienststelle im März 1945 zum »Generalbevollmächtigten für die Strahlflugzeuge« anzuheben, dürften zwei

---

[61] BA-MA, BL 1/14651, Tagebuch InspL, 15.7.1960.

[62] Zu Baudissins Konzept Frank Nägler, Der gewollte Soldat und sein Wandel. Personelle Rüstung und Innere Führung in den Aufbaujahren der Bundeswehr 1956 bis 1964/65, München 2010 (= Sicherheitspolitik und Streitkräfte der Bundesrepublik Deutschland, 9), S. 58–71.

[63] Adolf Heusinger, Befehl im Widerstreit. Schicksalsstunden der deutschen Armee 1923–1945, Stuttgart 1950; Meyer, Adolf Heusinger (wie Anm. 45), passim.

[64] Emmy Göring, An der Seite meines Mannes. Begebenheiten und Bekenntnisse, Göttingen 1967, S. 170.

[65] BA-MA, Pers 1/283, Lebenslauf, 1.3.1956.

[66] Range, Die Generale und Admirale (wie Anm. 35), S. 52. In der Literatur taucht auch ein Hinweis auf Differenzen mit Hitler als Grund für diese Ablösung auf. Henning Gieseke, General Josef Kammhuber (19.8.1896–25.1.1986), erster Inspekteur der Luftwaffe. In: Mars. Jahrbuch für Wehrpolitik und Militärwesen, 1 (1995), S. 111–117.

Motive zugrunde gelegen zu haben. Zum einen handelte er nun selbstständig aufgrund Übertragung der Befugnisse als Oberbefehlshaber der Luftwaffe. Zum anderen ist dies als Versuch Görings zu werten, Hitlers Ernennung des SS-Generals Hans Kammler zum Führerbevollmächtigten für die »Vergeltungswaffen« mit einer Person eigenen Vertrauens zu kontern, um den SS-Einfluss auf die Luftwaffe zu neutralisieren[67]. Kammler war im März 1944 von Göring zum »Beauftragten für Sonderbauten« ernannt worden, der daraufhin mit SS-Bauspezialisten und KZ-Häftlingen die Untertage-Verlegung der Flugzeugproduktion organisierte. Damit hatte die SS in der Luftwaffenrüstung Fuß gefasst. Da Hitler längst das Vertrauen in die Luftwaffe verloren hatte, genehmigte er Kammhubers Dienstanweisung zum »Generalbevollmächtigten für die Strahlflugzeuge« nicht. Vielmehr wurde dieser Kammler unterstellt, das Oberkommando der Luftwaffe von Produktion, Bereitstellung und Führung dieser Luftkriegsmittel praktisch ausgeschlossen[68]. Kammhubers letzte Verwendung im Kriege blieb ohnehin ohne Wirkung. Die Befassung mit organisatorischen Phänomenen im Zusammenhang mit neuester Flugzeugtechnologie mochte aus der Perspektive des Luftwaffenaufbaus ab 1956 aber eine weitere Empfehlung gewesen sein. Vom augenscheinlich guten, intensiven Verhältnis zu Göring hat Kammhuber schließlich im Alter selbst berichtet. Einem Mitarbeiter des Militärgeschichtlichen Forschungsamtes erzählte er 1968 vom Unwohlsein Görings bei dessen Besuchen im Führerhauptquartier angesichts der Klagen Hitlers über mangelnde Erfolge gegenüber der alliierten Luftoffensive. Abfällige Äußerungen über das Führerhauptquartier, weil sie dort »alle verrückt« seien, kulminierten in der Feststellung, »Hitler sei der Verrückteste«[69].

Besonders bedauerlich beim Ausloten politischer Wandlungsprozesse nach 1945 ist das weitgehende Fehlen der Unterlagen des Personalgutachterausschusses für die Streitkräfte. Ein unabhängiger Parlamentsausschuss, der jeden Bewerber für die westdeutschen Streitkräfte ab Oberst prüfte[70]. Kammhubers persönliche Eignung wurde am 19. April 1956 bejaht[71]. Gleichwohl wäre es interessant zu wissen, was er dem Gremium von seiner Einstellung zum 20. Juli 1944 offenbarte – ein wichtiges Thema für die Gutachter. Sie erwarteten von jedem eine klare Stellungnahme, wobei zumindest die Gewissensentscheidung der damals Handelnden anerkannt werden musste. Vermutlich wird es nicht das gewesen sein, woran sich ihm Nahestehende erinnern. Ob der dilettantischen Ausführung habe er Stauffenbergs Tat für eine »Dummheit« gehalten.

---

67 Raymond F. Toliver und Trevor J. Constable, Adolf Galland. General der Jagdflieger. Biographie, München, Berlin 1992, S. 295 f.
68 Boog, Die deutsche Luftwaffenführung (wie Anm. 18), S. 324–327; Boog, Die strategische Bomberoffensive (wie Anm. 54), S. 863.
69 Boog, Die deutsche Luftwaffenführung (wie Anm. 18), S. 526.
70 BA-MA, Einleitung zum Findbuch BW 27, Personalgutachterausschuss für die Streitkräfte, http://startext.net-build.de:8080/BA-MA/MidosaSEARCH/BW27-41699/index.htm (6.8.2010).
71 BA-MA, Pers 1/283.

Steckte dahinter eine tiefere Abneigung gegen den Widerstand oder beschränkten sich die Zweifel nur auf die Befähigung der Attentäter?

Militärfachliche Profession

Ähnlich Heusinger lässt sich Kammhuber als »professionalistischer Typ«[72] beschreiben, dessen Befähigungen besonders im auf die Streitkräfte bezogenen nationalsozialistischen Modernisierungsschub und in den technikbestimmten Anforderungen des Luftkrieges gründeten. Zum 31. August 1933 war er aus der Reichswehr ausgeschieden und als Referent in die Organisationsabteilung des Luftkommandoamts im neuen Reichsluftfahrtministerium (Abteilung LA II), Nukleus des späteren Generalstabs der Luftwaffe, gewechselt. Im Wissen um die Verletzung des Versailler Vertrages sollte alles getan werden, »dass dem Ausland der Nachweis eines Verstoßes gegen die vorliegenden außenpolitischen Bindungen unmöglich gemacht wird«[73]. Deshalb erfolgte die Überleitung der Offiziere in einen zivilen Status, der bis zur »Enttarnung« der Luftwaffe am 1. März 1935 beibehalten wurde. Weil die Mehrzahl der leitenden Beamten (d.h. Offiziere) bis zu den Spitzenstellen des Ministeriums kaum fliegerische oder Erfahrungen im Stabsdienst der geheimen Fliegertruppe der Reichswehr hatten, nahmen die Offiziere niedrigerer Ränge eine entscheidende Rolle ein[74]. Kammhuber gehörte im Sommer 1933 zu jenen 76 Personen[75] der Aufbaugeneration (Oberleutnant bis Oberst) und saß an einer zentralen Stelle der Aufrüstung: »Leitung aller Fl. Rüstungs- und Aufstellungsarbeiten im Reichsministerium f.d. Luftfahrt ist Aufgabe allein der Fl. Organisationsabteilung (A 2) im Luftschutzamt, welche die Grundlagen der Fl. Rüstung und Aufstellung – entsprechend den operativen und taktischen Forderungen der Führungsabteilung (A 1) – aufstellt [...] Alle grundsätzlichen personellen und materiellen Planungen für die Rüstung und Aufstellung sind vor ihrer Ausführung durch A 2 mitzuprüfen; umgekehrt ist A 2 von allen diesbezüglich getroffenen Anordnungen durch Zustellung der einschlägigen Erlasse, Verfügungen usw. über den Gang der Arbeiten fortlaufend zu unterrichten[76].«

Planung und Organisation sowie exaktes Abarbeiten der Agenda waren Kammhubers besondere Fähigkeiten; sie waren Teil seiner Persönlichkeit. Noch im Alter bereitete er Reisen penibel vor und auch bei schlechtem Wetter wur-

---

[72] Naumann, Generale (wie Anm. 5), S. 158.
[73] Völker, Dokumente (wie Anm. 48), S. 183.
[74] Karl-Heinz Völker, Die deutsche Luftwaffe 1933–1939 Aufbau, Führung und Rüstung der Luftwaffe sowie die Entwicklung der deutschen Luftkriegstheorie, Stuttgart 1967 (= Beiträge zur Militär- und Kriegsgeschichte, 8), S. 41; Boog, Die deutsche Luftwaffenführung (wie Anm. 18), S. 352 f.
[75] Boog, Die deutsche Luftwaffenführung (wie Anm. 18), S. 229 f.
[76] Völker, Dokumente (wie Anm. 48), S. 133.

den vorgesehene Bergtouren konsequent durchgeführt. Seine Dienstzeit ab 1933 führte ihn überwiegend zu Verwendungen mit hohem Organisationsanspruch[77]. Er sei eine »technisch-organisatorische Kapazität«, so 1961 der Verteidigungsminister[78]. Dabei zählten Aufbau-, Organisation und Führung der Nachtjagd zweifellos zu dessen wesentlichen Strömungsgrößen im Erfahrungsraum Krieg. Sie bildeten zudem eine zentrale Folie für sein späteres Handeln beim Aufbau der Luftwaffe der Bundesrepublik Deutschland. Die ab 1940 zunehmenden Einflüge britischer Bomber in das Reichsgebiet bei Nacht und das Scheitern der bodengestützten Luftverteidigung zwangen die Luftwaffe, eine Nachtjagdorganisation aufzubauen. Aufgrund der technischen Faktoren, die die großräumige Zusammenarbeit zwischen Flugmelde- und Funkmessdienst, Flak- und Scheinwerferregimentern und den Jagdflugzeugen bestimmten, wurde am 17. Juli 1940 zur einheitlichen Führung der Nachtjagd eine Nachtjagddivision unter dem eben aus französischer Kriegsgefangenschaft zurückgekehrten Oberst Josef Kammhuber aufgestellt. Als Kommodore des Kampfgeschwaders 51 »Edelweiß«, das am 10. Mai 1940 fälschlicherweise Freiburg i.Br. bombardiert hatte, war er im Juni 1940 bei einem Angriff auf Paris abgeschossen worden, hatte aber noch verwundet notlanden können. Dass Hitler ihn persönlich zum Kommandeur der Nachtjagddivision ernannt haben will[79], lässt sich bislang nicht belegen. Ebenso unklar bleibt die Erinnerung eines Mitarbeiters, wonach »seine guten Beziehungen [...] ihm nun zu dem Auftrag verholfen [hätten], die erste Nachtjagddivision der Luftwaffe aufzustellen«[80]. Gleichwohl schien Kammhuber aufgrund seiner Erfahrungen in Organisation und Führung von Luftangriffs- und Luftverteidigungskräften der Richtige zu sein. Mit Verve entwickelte und organisierte sein Nachtjagdstab (1941 wurde die Division ausgeweitet zum XII. Nachtjagd-Fliegerkorps) im holländischen Zeist bei Utrecht das Zusammenspiel aller Horchposten, Scheinwerferbatterien, Funkmesseinheiten und den vom Boden aus geführten Nachtjägern. Augenscheinlich erhielt er, den seit Juli 1941 das Ritterkreuz des Eisernen Kreuzes zierte, zur Durchsetzung seiner Vorstellungen zunächst große Rückendeckung durch Hitler: »Wenn Sie Schwierigkeiten mit [Rüstungsminister Fritz] Todt haben, wenden Sie sich an mich[81]«. Angepasst an die Haupteinflugschneisen der Bomber formierte er eine Kette sich überlappender Luftverteidigungszonen, die von Nordfrankreich bis Dänemark reichten. Innerhalb der als »Himmelbetten« genannten Räume konnten unter zunehmendem Einsatz von Funkmessgeräten mehr oder weniger von Wetter und Licht unabhängig bis zu zwei Nachtjäger an die

---

[77] 1936/37 Kommandeur einer Jagdgruppe, 1937-1939 Chef des Organisationsstabes im Generalstab der Luftwaffe, 1939 Chef des Generalstabes einer Luftflotte, 1940 Kommodore eines Kampfgeschwaders, 1940-1943 Kommandierender General der Nachtjagd, 1943-1944 Oberbefehlshaber einer Luftflotte.
[78] BA-MA, Pers 1/283, Beurteilung, 23.2.1961.
[79] Range, Die Generale und Admirale (wie Anm. 35), S. 51.
[80] Falck, Falkenjahre (wie Anm. 16), S. 167.
[81] Der kleine General (wie Anm. 7), S. 22.

Bomber herangeführt werden[82]. Trotz der bis Herbst 1942 eingerichteten 96 Nachtjagdstellungen und ihren bis zu 260 einsatzbereiten Flugzeugen konnten dem Bomber Command kaum mehr als vier Prozent Verluste zugefügt werden. Selbst mit 405 Nachtjägern war die Abschussrate angesichts der Ende 1943 angreifenden doppelten Zahl von Bombern zu gering, um der alliierten Luftoffensive Einhalt zu gebieten. 1943 war ein höchst belastendes Jahr, da die Nachtjagd den radargeleiteten Bomberströmen bei gleichzeitiger Störung des deutschen Sprechfunks und der Funkmessortung nicht mehr gewachsen war. Durch eine Ausweitung des Nachtjagdriegelsystems in Kombination mit einer Vervierfachung der Kräfte auf bis zu 2160 Jäger glaubte Kammhuber, die Lage in den Griff zu bekommen. Dabei war der Aufwand des XII. Fliegerkorps bereits enorm. Für jedes einsatzbereite Nachtjagdflugzeug benötigte man ohne Flughafenbodenorganisation und Technik 116 Personen beim Flugmeldedienst und der Jägerleitorganisation. Eine Vervierfachung der Jäger hätte zu deren Führung statt bisher 680 dann 2720 Funkmessgeräte bedurft, mit einem Aufwuchs des Luftnachrichtenpersonals von 20 000 auf 80 000 Mann. Kammhubers Forderungen bedeuteten, den »Schwerpunkt der Kriegsführung zum mindesten auf längere Zeit auf die Heimatluftverteidigung« zu legen[83]. Obwohl Göring sich zunächst die Argumente zu eigen machte, lehnte sie Hitler als von irrealen alliierten Luftrüstungsannahmen ausgehend ab. Bei einer Schwerpunktverlagerung zur Nachtjagd sah er den Kampf gegen die Sowjetunion als eigentlichen Zweck des Krieges gefährdet. Nun warf Göring seinem »teuersten General« Kammhuber ebenfalls Größenwahnsinn vor. Seine Vorhaltung, »setzen Sie sich doch gleich auf meinen Stuhl«[84], sollte später gewissermaßen ja eintreffen. Insoweit scheint es wenig überraschend, dass die Kritik an den 1956/57 augenscheinlich voluminösen Planungen mit 1300 Flugzeugen und zwölf Luftwaffendivisionen für die Heimatluftverteidigung der Bundesrepublik in bemerkenswerter Kontinuität auf dem Fuß folgte. Wie sollte man Kammhubers Reaktion auf die Einwände von Mitarbeitern sonst bewerten? »Fragen Sie nicht immer nach dem Geld, das bekomme ich schon[85]!« Dabei hielten die Offiziere im Führungsstab der Bundes-Luftwaffe nicht seine taktischen Gedanken für falsch, sondern kritisierten seine schiefe Perzeption des Finanzrahmens einer innerhalb demokratischer Strukturen politisch eingehegten Streitmacht. Oder steckte mehr die überzogene Einschätzung Kammhubers eigener Bedeutsamkeit dahinter? Die Deutung seiner persönlichkeitsstrukturellen Dispositionen in diesem Kontext durch Steinhoff lässt darauf schließen: »Das *ich*-betonende Auftreten in allen Angelegenheiten (ich kaufe Flugzeuge, ich habe mit dem

---

[82]   Horst Boog, Strategischer Luftkrieg in Europa und Reichsluftverteidigung 1933–1944. In: Das Deutsche Reich und der Zweite Weltkrieg, Bd 7: Horst Boog, Gerhard Krebs und Detlef Vogel, Strategischer Luftkrieg in Europa, Krieg im Westen und in Ostasien 1943–1944/45, Stuttgart, München 2001, S. 3–415, hier S. 163.

[83]   BA-MA, BL 1/1501.

[84]   Boog, Strategischer Luftkrieg (wie Anm. 82), S. 163.

[85]   NL Steinhoff, Niederschrift um 1960 (wie Anm. 17).

Kanzler gesprochen, ich befördere usw.) haben mich stets gereizt[86].« Oder sollten hier Reflexe seiner als ungerecht und falsch empfundenen Ablösung von der Nachtjagd aufgebrochen sein? Wenn ihn der Spiegel 1957 zitierte,»ich wollte die Erkenntnisse, die ich während des Krieges und vor dem Kriege gesammelt hatte, nicht in den Kamin schreiben«[87], so war vordergründig die Studie »Die Probleme der Führung eines Verteidigungsluftkrieges bei Tag und Nacht« von 1953 gemeint[88]. Angelegt als Luftverteidigungsanalyse aus historischer Perspektive, enthält das Papier aber durchaus Rechtfertigungen und unterschwellige Tendenzen: Beim Befolgen seiner Vorstellungen hätten der Luftkrieg und eventuell der Krieg insgesamt eine andere Wendung genommen.

Worin bestand die Kritik an Kammhuber 1943? Unabhängig von dessen Ausbauplanungen der Nachtjagdorganisation, die wahrscheinlich die Elektroindustrie trotz zunehmenden Häftlings- und Zwangsarbeitereinsatzes überbeansprucht hätte[89], gab es angesichts der feindlichen Bombertaktik durchaus militärisch begründete Bedenken gegen eine Erweiterung des geführten Nachtjagdstellungssystems. Weil dieses von den Bomberströmen schnell und konzentriert durchstoßen wurde, kritisierten auch die Piloten ihre zu feste Bindung. Der im Mai 1942 gegen Köln geflogene alliierte 1000-Bomber-Angriff hatte das Problem offenbart. Nachdem die Funkmessortung im Sommer 1943 durch Millionen abgeworfener Staniolstreifen faktisch ausgeschaltet worden war, kamen Zehntausende Hamburger bei der Operation Gomorrha um. Weil Göring Erfolge vorweisen musste, fanden vom Kammhuber-System unabhängige Verfahren zunehmendes Interesse. So die »Wilde Sau«, eine von den »Himmelbetten« unabhängige, mit einmotorigen Jagdflugzeugen durchgeführte Methode, riskant und gefährlich für im Blindflug nichtausgebildeten Piloten. Auch durch Funkfeuer geleitete, mit Bordfunkmessgeräten sich orientierende, den Luftkampf eigenverantwortlich aufnehmende Nachtjagdflugzeuge versprachen größere Erfolge als Kammhubers raumgebundenes System. Dass dieser grundsätzlich an seiner Entwicklung festhielt, hing einerseits mit der skeptischen, zuweilen zutreffenden Beurteilung unausgereifter Technologie zusammen. Andererseits entsprach es seinem Naturell, an Überzeugungen konsequent festzuhalten.»Wegen schwerer Differenzen mit Hitler und Göring am 15.9.43 zunächst als Komand[ierender] General, am 15.11.43 auch als General der Nachtjagd abgelöst«[90], steht im Lebenslauf seiner Bewerbung für die

86 Ebd. Walter Krupinski, ehemaliges Jagdfliegerass im Zweiten Weltkrieg, früher Mitarbeiter bei der Luftwaffenplanung im Amt Blank und späterer Generalleutnant der Bundeswehr bemerkte Anfang Juni 1956 in seinem Tagebuch:»Stimmung [im Führungsstab der Luftwaffe] reichlich auf dem Nullpunkt, weil am 6.6. der Oberboss [Kammhuber] kommt. Er soll schon geäußert haben: ›In meinem Laden bestimme ich‹ und das eigene Vorzimmer bringt er sich auch mit.« Kurt Braatz, Walter Krupinski: Jagdflieger, Geheimagent, General, Moosburg 2010.
87 Der kleine General (wie Anm. 7), S. 26.
88 BA-MA, BL 1/1501.
89 Rüstung, Kriegswirtschaft und Zwangsarbeit im »Dritten Reich«. Hrsg. von Andreas Heusler, Mark Spoerer und Helmuth Trischler, München 2010.
90 BA-MA, Pers 1/283, 1.3.1956.

Bundeswehr. Immerhin beförderte man Kammhuber am 1. Januar 1943 zum
General der Flieger (17. Oktober 1940 Generalmajor; 1. Oktober 1941 Generalleutnant).

Im Nachkrieg auf dem Weg zur Luftwaffe

Dass der Erfahrungsraum Nachtjagd sich als Referenzsystem über Kammhubers Handeln als Luftwaffeninspekteur spannte, kann unter zweifacher,
gleichwohl komplementärer Perspektive dargelegt werden. Sie beinhaltet eine
personale Dimension, die sich in der Vor- und Frühphase der Bundeswehr in
einem informellen System von Empfehlungen zeigte. Generationsbedingte
Verwerfungen aus der Kriegszeit wirkten darin nach und entfalteten ein for-
matierendes Potenzial auch auf die Strukturen der neuen Armee. Die Reaktivierung des 60-jährigen Kammhuber ist ein markantes Beispiel. Eine Rolle
spielten Umstände und Begründung Görings bei der Ablösung von der Nachtjagd: »Das ganze Nachtjagdsystem war in Erstarrung geraten. Es ist den Vor-
schlägen junger Offiziere, die von ihren unmittelbaren Vorgesetzten eigentlich
alle abgelehnt wurden, zu verdanken, wenn diese Erstarrung heute gelöst ist[91].«
Deren Kristallisationskern war der General der Jagdflieger Adolf Galland, Angehöriger der kurz vor 1914 geborenen Generation. Lebensauffassung und berufliches Herkommen Kammhubers und Gallands konnten kaum gegensätzli-
cher sein. Hier der lebensältere, unverheiratete, im Beruf offenbar aufgehende,
in der Streitkräfteorganisation beschlagene und Klavier spielende Generalstabsoffizier, dort ein lebenslustiger Fliegeroffizier mit Charisma und befähigt,
Gefolgschaft unter seinesgleichen zu generieren – von der Propaganda als Held
popularisiert, zum Archetyp des NS-Offiziers formatiert. Die Auffassungsun-
terschiede bei der Reichsluftverteidigung zwischen dem systematisch denkenden Generalstabsoffizier und dem emotionaler handelnden Flieger[92] müssen
enorm gewesen sein. Laut Gallands Biografen sei die »Beziehung zu Kammhuber immer schwierig und unbefriedigend« gewesen[93]. Kammhuber schloss dafür in seine Abneigung dessen Umfeld mit ein. »Der Spiegel« wusste, dass »enge Offiziers-Freundschaften mit Galland im Stab ihm [= Kammhuber] als
unerwünscht« galten[94]. Als Kammhuber 1961 beabsichtigte, drei Geschwadern
Ärmelbänder mit den Namen von Kriegshelden des Ersten Weltkrieges zu
verleihen und engere Beziehungen zwischen der Luftwaffenführung und der
Gemeinschaft der Jagdflieger herzustellen, brach der alte Konflikt erneut auf:
»Insp[ekteur] L[uftwaffe] betont, dass er kein oppositionelles Verhältnis zur

---

[91] Boog, Strategischer Luftkrieg (wie Anm. 82), S. 171.
[92] Adolf Galland, Die Ersten und die Letzten, Darmstadt 1953.
[93] Toliver/Constable, Adolf Galland (wie Anm. 67), S. 236 f.
[94] Der kleine General (wie Anm. 7), S. 24.

Gemeinschaft der Jagdflieger hat, da dies gewissermaßen einer Kollektivverurteilung gleichkäme. Sein Verhältnis zu der Masse der Mitglieder der Gemeinschaft der Jagdflieger sei ausgezeichnet und von Freundschaft getragen. Ohne Zweifel bestehen zu dem einen oder anderen ehemaligen Jagdflieger auf Grund deren Verhaltungsweise in der Vergangenheit gewisse Aversionen, die nicht durch eine schnelle Geste zu beseitigen sind. Insp[ekteur] L[uftwaffe] erwähnt hierbei den Namen des Generals a.D. Galland, zu dem ein individuelles Freundschaftsverhältnis herzustellen er sich z.Zt. nicht in der Lage sieht[95].«

Deutlicher wurde Kammhuber gegenüber dem vermittelnden ehemaligen Generalleutnant Theo Osterkamp. Die galligen Formulierungen im Diensttagebuch bezeugen die tiefe Antipathie und geben Einblick in Kammhubers Naturell, an einmal gefassten Entschlüssen oder Ansichten beharrlich festzuhalten: »Insp[ekteur] L[uftwaffe] führt aus, dass er G[alland] aus folgenden Gründen nicht eingeladen habe:

a) aus politischen Gründen, da G[alland] im In- und Ausland als Schützling Görings und Hitlers erscheint, so daß bei seiner Anwesenheit in Ahlhorn Anlaß zu einer gefährlichen Polemik gegen die Luftwaffe und Bundeswehr gegeben sei. Auch die Tätigkeit von G[alland] in Argentinien unter dem Diktator Peron sei dazu angetan, in der Öffentlichkeit nachdrücklichst Fragen über den politischen Standort zu erwecken.

b) aus sachlichen Erwägungen heraus, da G[alland] als Offizier keineswegs tadelfrei gewesen sei, sogar kriegsgerichtliche Untersuchungen ausgelöst habe. Wenn es in Ahlhorn gilt, der deutschen Luftwaffe untadelige Vorbilder aus dem Kreis der Jagdflieger zu geben, so könne diese Absicht nicht durch die Anwesenheit eines in seiner Offizierhaltung nicht einwandfreien ehem[aligen] Generals getrübt werden.

c) aus persönlichen Gründen, da G[alland] nach Mitteilung des Ministers am 18.3.61 in Neubiberg es bis in die letzte Zeit hinein nicht an massiven Versuchen hat fehlen lassen, den Insp[ekteur] L[uftwaffe] im In- und Ausland zu diskriminieren und seine Stellung zu unterminieren.

Im Übrigen sei er als Insp[ekteur] L[uftwaffe] Hausherr in Ahlhorn und könne darüber befinden, wem Gastrecht gewährt werden soll oder nicht[96].«

Zum nicht verwundenen Umbau seiner Schöpfung Nachtjagd gesellte sich ein generationsbedingter Kompetenz- und Konkurrenzkampf. Als Inspekteur der zukünftigen Luftwaffe hatten Berater im Amt Blank Galland vorgesehen[97]. Zwar lag auch über Kammhuber ein Dossier hinsichtlich seiner Organisationsund straffen Führungsbefähigung vor, allein seine bis zur Starrheit führende Beharrlichkeit und mangelnde Flexibilität bei geänderten Rahmenbedingungen bewertete man kritisch[98]. Es lässt sich bislang nicht eindeutig belegen, warum in dieser Personalfrage die US-Air Force intervenierte. Die Intervention hing

---

[95] BA-MA, BL 1/14651, Tagebuch InspL, 11.8.1961; Falck, Falkenjahre (wie Anm. 16), S. 329 f.
[96] BA-MA, BL 1/14652, Tagebuch InspL, 18.4.1961.
[97] Toliver/Constable, Adolf Galland (wie Anm. 67), S. 323; Der kleine General (wie Anm. 7), S. 24.
[98] MGFA, Nachlass Generalmajor a.D. Dietrich Hrabak, Dossier Amt Blank, 1954/55.

auch mit Gallands Engagement als Luftwaffenberater für den faschistischen
Diktator Juan Peron zusammen. Tiefgründende Rivalität bestimmte das Verhältnis der USA zu Argentinien. Die deutschen Streitkräfteplaner wollten von
den Amerikanern ein Urteil über Galland. Ob es auch damit zusammenhing,
dass die »Generation der älteren Luftwaffengenerale, zu der auch Kammhuber
gehörte, [...] eine heftige Abneigung gegen den erfolgreichen Galland [hegt],
der in Auftreten und Dienstauffassung als unsoldatisch gilt«[99]? Grundsätzlich
zeigte sich das Netzwerk der deutschen Personalplaner um die Kerngruppe der
Generale Hans Speidel und Adolf Heusinger durchaus »fintenreich bis hin zur
Denunziation, um sich gegen Außenseiter und Abweichler durchzusetzen«[100].
Für den Oberbefehlshaber der US-Luftstreitkräfte in Europa verfügte Galland
zwar über Qualitäten für eine Wiederverwendung, war er mit 42 Jahren doch
deutlich jünger als die meisten Offiziere seines ehemaligen Generalsrangs, die
von den Amerikanern ohnehin als zu alt für die Verwendung in Spitzenfunktionen bei einer von moderner Technologie bestimmten Teilstreitkraft bewertet
wurden. Auf dem amerikanischen Negativsaldo stand allerdings, dass Galland
niemals eine Frontverwendung innehatte, die über die Geschwaderebene hinausging, im US-Verständnis lediglich über einen Verband in etwas stärkerer
Gruppengröße. Als General der Jagdflieger hatte er nur bedingt Anteil an der
operativen Führung der Reichsluftverteidigung. Die Amerikaner wussten auch
von Gallands zweifelhaftem Ruf bei den meisten ehemaligen Luftwaffengene-
ralen. Sollte damit der Aufbau belastet werden? Vielleicht hätte man dies in
Kauf genommen, wenn nicht die Vermutung im Raume gestanden hätte, Galland habe seine schnelle Karriere weniger aufgrund eigener Verdienste, sondern vielmehr als »Zögling Hitlers« erlangt[101]. Das hinterließ den Eindruck, er
sei ein Opportunist gewesen. Das Zeug zum Inspekteur hatte Galland aus US-
Sicht nicht. Mehr noch, aufgrund – wie auch immer zustande gekommener –
eindeutiger, nicht widerlegbarer Hinweise auf Gallands »strong Neo-Nazi lea-
nings« und dessen Auffassung, dass Nazismus und Militarismus in Deutschland wiedererstehen würden, instruierte der Oberbefehlshaber der US-Air
Force den Oberbefehlshaber der Europa-Verbände: »Suggest you hint broadly
German planning group that we welcome another choice, while reitering view
that ultimate responsibility must rest with German Government[102].« So wagte
Theodor Blank nicht, die Galland angeblich gegebene Einstellungszusage gegen
politische Widerstände durchzusetzen. Als Galland erfuhr, dass er gegen
Kammhuber verloren hatte, machte sich bei ihm eine tief empfundene Enttäu-
schung breit, die bis heute von der publizistischen Apologetik zur Galland-
Legende benutzt wird. Bezeichnend ist die Reaktion des zur Galland-Entourage

---

[99]   Der kleine General (wie Anm. 7), S. 24.
[100] Naumann, Generale (wie Anm. 5), S. 99.
[101] Der kleine General (wie Anm. 7), S. 24.
[102] Wolfgang Schmidt, Briefing statt Befehlsausgabe. Die Amerikanisierung der Luftwaffe
       1955 bis 1975. In: Bernd Lemke [u.a.], Die Luftwaffe (wie Anm. 14), S. 649–691, hier
       S. 669 f.

gehörenden Walter Krupinski in seinem Tagebuch: »Kammhuber ist wohl nicht mehr zu umgehen[103].«

Wer Kammhuber dazu bewogen hat, sich 1955 um den Eintritt in die zukünftigen Streitkräfte zu bewerben, steht hingegen nicht zweifelsfrei fest. War es Heusinger[104]? Manches spricht dafür. Als der amerikanische Soziologe Hans Speier in den 1950er-Jahren für eine Studie der RAND-Corporation auslotete, welche Wehrmacht-Generale zur Wiederverwendung in Frage kämen, interviewte er auch Heusinger[105]. Befragt nach den personellen Ressourcen, sprach der sich für die Erfahrung der Älteren mit Erster-Weltkriegs- und Reichswehr-Erfahrung aus[106]. Seiner Meinung nach bedurfte es Fachleute für Organisation, inneres Gefüge und Ausbildung. Das Reservoir der Vertreter der älteren Militärelite bewertete er als durchaus heterogen: Nazis, angepasste Opportunisten und jene, die Widerstand geleistet hätten. Unschwer erkannte Speier, dass für Heusinger die Experten aus dem Kreis der Generale mit opportunistischer Haltung kommen würden. Dazu gehörte zweifelsohne Kammhuber. Im Übrigen bewegte sich ein Teil des in Frage kommenden kooperationsbereiten Personenkreises längst innerhalb des Netzwerkes der Historical Division. Auch das unterschied Kammhuber von Galland, der nichts für den von den Amerikanern organisierten deutschen militärischen Brain-Trust beitrug, wiewohl die frühen Luftwaffenplaner informell seine Meinung einholten. Zu Jahresbeginn 1955 erhielt Kammhuber vom Amt Blank einen Sachverständigenvertrag[107], aufgrund dessen er wenig später eine Studie zu »Einsatz und Führung der bodenständigen Luftverteidigung unter besonderer Berücksichtigung der Bodenabwehr und ihrer Zusammenarbeit mit der Luftabwehr« vorlegte. Darin zielte er ab auf eine »Heimatluftverteidigung im einzelnen, wie sie sich als notwendig erweist für die westdeutsche Bundesrepublik in ihrer gegenwärtigen Lage«[108]. Die Studie war ein klassisches Generalstabsprodukt, mit dem darin geübte und darüber sozialisierte Altersgenossen unter den Streitkräfteplaner umzugehen wussten. Zweifellos stellten diese und weitere Studien gewichtige Entrebillets für Kammhubers soldatische Renaissance im fortgeschrittenen Alter dar.

Ohne belastbaren Beleg sollte die soziale Dimension wenigstens erwähnt werden, die mit ein Grund für Kammhubers Bewerbung gewesen sein mag. Als er am 22. Dezember 1947 aus der Gefangenschaft entlassen wurde, stand er ein zweites Mal vor dem Nichts. Bis zur Regelung nach Artikel 131 des Grundgesetzes 1951 erhielten ehemalige Berufsoffiziere keine Pension. Der General, seit Sommer 1948 mit seiner ehemaligen Sekretärin im XII. Fliegerkorps, Erika Benn (1911–1962), verheiratet, verdiente sich den Lebensunterhalt bis 1952 für eine

---

[103] Toliver/Constable, Adolf Galland (wie Anm. 67), S. 325; Braatz, Walter Krupinski (wie Anm. 86).
[104] Range, Die Generale und Admirale (wie Anm. 35), S. 53.
[105] Hans Speier, German rearmament and atomic war. The views of German military and political leaders, New York 1957.
[106] Naumann, Generale (wie Anm. 5), S. 132.
[107] BA-MA, Pers 1/283, 7.1.1955.
[108] BA-MA, BL 1/1502, S. 1.

fränkische Weinkellerei als selbstständiger Handelsvertreter. Mit der Heirat im fortgeschrittenen Alter bestätigt Kammhuber den grundsätzlichen Trend der ehemaligen Militärelite nach bürgerlicher und privater Sicherheit[109]. Obwohl er immer bescheiden gelebt hatte, dürfte für ihn der Beruf als Handelsvertreter kein adäquater Erwerbszweig gewesen sein, zumal der zu 70 Prozent Versehrte keinen Alkohol trank. Seit 1951 erhielt er als »131er« eine Pension, allerdings nicht die eines Generals der Flieger. Wegen der inflationären Beförderungspraxis der Wehrmacht überwies ihm die Regierungshauptkasse München nur die Pension eines Obersten[110]. Immerhin war Kammhuber nun nicht mehr zum Weinhandel gezwungen und konnte sich bei der Historical Division einer der ehemaligen Militärelite adäquateren Beschäftigung hingeben. Auf eine Eignungsübung seit dem 6. Juni folgte am 1. Oktober 1956 die definitive Einstellung als Generalleutnant in die Bundeswehr.

Wesentlicher Antrieb für Kammhuber, an der Spitze der zukünftigen Luftwaffe zu stehen, dürfte auch sein Ehrgeiz gewesen sein. Indem er davon sprach, dass das, was er 1943 erlebt hatte, »nicht wieder passieren« dürfe[111], deutet sich augenscheinlich auch die Suche nach dem ihm während des Krieges versagten Erfolg an[112].

Pläne für die Luftwaffe

Mit dem Ziel der Heimatluftverteidigung trat Kammhuber 1956 in den schon seit Jahren laufenden Planungsprozess der Luftwaffe ein. Einem politischen Kommentator gegenüber erklärte er: »Das war meine Bedingung zum Wiedereintritt in die Luftwaffe. Flieger, Flak und Flugmeldewesen bilden ein Ganzes (Teamwork). Straffe Führung von Divisionsgefechtsständen aus. Das Early Warning System steht an erster Stelle der Dringlichkeitsliste. Sinn der Heimatluftverteidigung ist der Schutz unseres Vaterlandes[113].« Weil die nationale Sicherheit offenbar nur mehr innerhalb eines euro-atlantischen Bündnisses gewährleistet werden konnte und weil keine deutsche Rüstungsindustrie existierte, war den deutschen Planern klar, dass eine Luftwaffe ohne Paten-Mächte nicht realisierbar sei. Aufgrund der technologischen Leistungsfähigkeit kamen fast nur die USA in Frage. Diese beeinflussten das strukturelle und operative Profil der Luftwaffe nachhaltig. Kammhuber erkannte, dass für deutsche Vorstellungen zunächst wenig Spielraum übrig blieb. Weil das Operationsgebiet Deutschland »auf Gedeih und Verderben mit [den] interalliierte[n] Luftverteidigungsmaß-

---

[109] Naumann, Generale (wie Anm. 5), S. 41.
[110] BA-MA, Pers 1/283, Personalbogen, 8.2.1955.
[111] Porträt des Monats: General Josef Kammhuber. In: Wehrkunde, Nr. 6 (1956), S. 314.
[112] Der kleine General (wie Anm. 7), S. 26.
[113] BA-MA, BL 1/14647, Tagebuch InspL, 18.9.1956.

nahmen so eng verknüpft«[114] war, bedeutete das eine weitestgehende Übernahme amerikanischer Technologie, Organisation, Ausbildungs- und Einsatzverfahren. Kammhuber wusste um den zentralen Stellenwert der Technik in der Luftkriegführung. In seiner Wahrnehmung dachten aber scheinbar aber nicht alle Offiziere so, namentlich die Jagdflieger:»Ein weiteres äußerst wichtiges Problem in der Heimatluftverteidigung in personeller Hinsicht ist die anscheinend angeborene Scheu der Jagdflieger vor der Technik. Das erscheint unbegreiflich, trotzdem hat die Erfahrung gelehrt, daß hier ein echtes psychologisches Problem liegt[115].«

Bemerkenswert ist Kammhubers erinnerungskulturelle Begründung dieser psychologischen Barriere:»Vielleicht hat die die Jagdfliegerei verherrlichende Literatur nach dem 1. Weltkrieg viel dazu beigetragen, in ihr gewissermaßen ein Reservat alter ritterlicher Kampfart zu sehen. Das hat aber im 2. Weltkrieg schon zu schweren Erschütterungen geführt und es hat seinen Sinn völlig verloren in einem Zukunftskrieg [...] Ohne Technik geht's eben nicht mehr[116].« Andererseits kritisierten jüngere Luftwaffenoffiziere an Kammhubers Luftverteidigungsstudien, dass er technologisch nicht mehr auf der Höhe der Zeit stehe, wenn er Tag-, Allwetter- und Nachtjäger fordere. Heutzutage übernehme das Mehrrollenflugzeug alle diese Aufgaben:»Auf der anderen Seite zeigen die Studien aber auch, wie sehr man sich verspekuliert, wenn man nicht mehr auf dem laufenden ist[117].«

Als Planungsrahmen stellte sich Kammhuber eine national organisierte, integrierte Heimatluftverteidigung aus Fliegern, Flak und Fernmeldewesen vor[118]. Bei Annahme massiver Angriffe von 3500 sowjetischen Flugzeugen habe der Schwerpunkt bei der Luftverteidigung zu liegen. Im Wissen um Luftverteidigung und Luftangriff als zwei Seiten einer Medaille erachtete er die zweite Dimension keineswegs als gering. Die technologischen Möglichkeiten führten ihn zur Erkenntnis, dass es für die Abwehr ferngelenkter Raketen mit oder ohne Atomsprengkopf als zentrales Verteidigungsproblem bislang kein Mittel gebe und somit der»Schwerpunkt hierbei im Augenblick ganz auf der ›offensiven‹ Seite, d.h. also auf der Inbesitznahme und Zerstörung der Herstellungsanlagen und Abschußbasen sowie der Nachschublager von ferngelenkten Raketen« liege[119]. Erste Planungen legten 1956 im Einklang mit NATO-Beschlüssen eine nahezu paritätische Aufteilung der Luftangriffs- und Luftverteidigungsflugzeuge fest. Zwar wurde auf deutschen Drängen hin eine NATO-integrierte Luftverteidigung angestrebt, deren baldige Realisierung der Luftwaffenführungsstab aber nicht für sicher hielt. Deshalb sollten die deutschen Luftwaffengruppen Nord und Süd ihre Verbände nötigenfalls ohne NATO-

[114] BA-MA, BL 1/2, Rede General Kammhuber vor den Stabsoffizieren des Lehrgangs II Gesamtstreitkräfte in Sonthofen, August 1956.
[115] BA-MA, BL 1/1501, S. 163.
[116] Ebd., S. 163 f.
[117] Braatz, Walter Krupinksi (wie Anm. 86).
[118] BA-MA, BL 1/14647, Tagebuch InspL, 28.9.1956.
[119] BA-MA, BL 1/1501, S. 174.

Beteiligung führen können. Die NATO bewertete die Luftwaffenkonzeption mit ihrer nationalen und die Defensive augenscheinlich zu stark akzentuierenden Dimension zunehmend kritisch. Kammhuber wusste das. Die Frage eines Journalisten, ob bei der NATO Schwierigkeiten wegen der Heimatluftwaffe zu erwarten seien, beantwortete er:»Das ist möglich[120].« Tatsächlich verlangte der US-Air Force General und NATO-Oberbefehlshaber Lauris Norstad schon im Herbst 1956 zur Zielerfassung mehr Aufklärungs- statt Luftverteidigungsgeschwader. Norstad brachte den deutschen Gesprächspartnern auch neue Vorstellungen mit, die ab 1960 den»Einsatz von atomaren Bordwaffen bei Jagdflugzeugen und von ferngelenkten Geschossen zur Luftabwehr« vorsahen[121]. Mit Rücksicht auf zu erwartende innenpolitische Probleme kurz nach der parlamentarischen Billigung des defensiven Luftwaffenkonzepts erklärte sich Kammhuber bei grundsätzlicher Einsicht in die Notwendigkeiten zunächst lediglich zu späteren Modifizierungen bereit. Dem Druck des von den USA eingeleiteten Strategiereviements zu einer im Verteidigungsfall pointierten Luftangriffsoption mit massivem Nukleareinsatz musste er sich aber nicht nur hinsichtlich atomarer Bordwaffen für Jagdflugzeuge schneller als gedacht beugen[122]. Am Ende setzte er jedoch massiver auf die nukleare Karte als andere Vertreter der deutschen militärischen Altelite[123]. 1958 hatten sich die NATO-Verteidigungsminister über die Ausrüstung ihrer Streitkräfte mit taktischen Nuklearwaffen verständigt. Kammhuber bewertete dies so:»Es ist klar, dass unter solchen Aspekten ›Abschreckungs- und Angriffsstrategie der NATO‹ die Luftverteidigung an Wert verloren hat; dennoch kann auf sie nicht verzichtet werden, es gilt nur, ein richtiges Mischungsverhältnis zwischen Interceptoren und Missiles herzustellen und eine erfolgreiche Zusammenarbeit zwischen den beiden zu erzielen[124].«

Zum Mischungsverhältnis kamen eindeutige Hinweise vom stellvertretenden Stabschef der US-Air Force, General Curt LeMay. Als Kammhuber von ihm eine Orientierung über die beste Form der Verteidigung der USA, Europas und Westdeutschlands gegenüber Russland haben wollte, antwortete er:»Ich bin von jeher der Auffassung gewesen, dass auch die beste Verteidigung niemals in Bezug auf ihre Wirksamkeit einem gut geführten Angriff gleichkommen kann. Darüber hinaus bin ich gerade in unserer heutigen Zeit der Auffassung, daß nur die ›offensive Verteidigung‹ zu einem brauchbaren Erfolg führen kann[125].«

Nach LeMay sollte sich der bisherige Schwerpunkt der deutschen Verteidigungsanstrengungen von einem großen, konventionellen Heer im Wesentlichen auf»die Luftwaffe in ihrer offensiven und defensiven Verteidigungsaufgabe« verlagern[126].

[120] BA-MA, BL 1/14647, Tagebuch InspL, 18.9.1956.
[121] Ebd., 16.10.1956.
[122] BA-MA, BL 1/14648, Tagebuch InspL, 23.10. und 11.12.1957.
[123] Naumann, Generale (wie Anm. 5), S. 142 f.
[124] Lemke [u.a.], Die Luftwaffe (wie Anm. 14), S. 165.
[125] BA-MA, BL 1/14648, Tagebuch InspL, 10./11.2.1958.
[126] Ebd.

Die neue NATO-Strategie und die Hinweise der Amerikaner führten zu entscheidenden Veränderungen bei der Luftwaffe. Verzugslos adaptierte Kammhuber die neuen Bedingungen und setzte sich nachdrücklich für die nukleare Bewaffnung der Luftwaffe ein. Apodiktisch schwor er in einem augenscheinlichen Wandel seiner bisherigen Konzeption die Kommandeure darauf ein: »Alle Offiziere der Luftwaffe sind damit vertraut zu machen, dass die Luftwaffe mit dem Ziel aufgestellt wird, einen Atomkrieg zu führen. Ein konventioneller Krieg ist bei der russischen Überlegenheit an konventionellen Waffen nicht denkbar[127].«

Trickreich arbeitete er mit dem einschlägig schriftstellernden Luftkriegs-Theoretiker Georg Feuchter zusammen, der in Absprache mit ihm die Bewaffnung der Luftwaffe mit atomaren Waffen öffentlich forderte[128]. Die Akzentverschiebung der Luftwaffe verlangte nach einer adäquaten Waffenplattform. Das unter Verantwortung von Inspekteur Kammhuber schließlich beschaffte Flugzeug, Lockheed F-104G »Starfighter«[129], führte die Luftwaffe allerdings später in eine schwere Krise mit heftigen sozialen Ausschlägen[130]. Bei den vielfältigen Gründen mochte auch die mentale Prägung Kammhubers eine Rolle gespielt haben. Der glaubte offenbar, dass Luftwaffe und Piloten die Konsequenzen dieses Technologiesprungs sofort beherrschen würden. Vermutlich wirkte hier eine Mentalität der alten deutschen Militärelite nach, wie es in der Reichswehr mit Blick auf den Krieg der Zukunft grundgelegt worden war. Offensichtlich hatte Kammhuber jenes Diktum aus dem Truppenamt internalisiert, wonach man zwar eine starke, gleichwohl nicht arithmetisch gleiche Rüstung wie der Gegner brauche, sondern »durch ein Plus an moralischen Kräften das Gleich- oder Übergewicht anstrebe«[131]. In diesem Denkschema suggerierte er die Beherrschung des Starfighters öffentlich: »Damit ist eines entstanden, was wir in Deutschland schon immer gewesen [sind], daß ein armer Mann, einem praktisch zahlenmäßig überlegenen, etwas entgegensetzen muß, was im Kopf ist und nicht in der Fülle des Materials. Wir haben aus dieser Maschine etwas gemacht[132].«

Bald wusste Kammhuber auch, dass mit ihrer Nuklearisierung die Luftwaffe ein stärkeres Gewicht unter den Teilstreitkräften erhalten und dies Einfluss auf die Stellung der Bundesrepublik im Bündnis haben würde: »Nach Ansicht des Inspekteurs der Luftwaffe wird die Bundesrepublik zu einem zweitrangigen

---

[127] BA-MA, BL 1/14653, Tagebuch InspL, 23.6.1959.
[128] BA-MA, BL 1/14683, Briefwechsel Feuchter-Kammhuber 1958–1962.
[129] BA-MA, BL 1/14648, Tagebuch InspL, 19.3.1958: »Von militärischer Seite wird der Ankauf des Typs F-104 vorgeschlagen, obgleich er nicht alle deutschen Forderungen erfüllt.«
[130] Zu Kammhubers Rolle bei Beschaffung und Einführung des Starfighters Lemke [u.a.], Die Luftwaffe (wie Anm. 14), S. 321–379. Zur Starfighterkrise Wolfgang Schmidt, Starfighter/Lockheed. In: Skandale nach 1945. Hrsg. von der Stiftung Haus der Geschichte der Bundesrepublik Deutschland, Bielefeld 2007, S. 79–87.
[131] Lemke [u.a.], Die Luftwaffe (wie Anm. 14), S. 351.
[132] Ebd.

Partner der NATO degradiert, falls die Bundeswehr nicht mit Atom-Waffen ausgerüstet wird[133].«

Unter grundsätzlicher Akzeptanz der übergeordneten politischen Entschei-
dungskompetenz berichtete der Inspekteur stolz und vielleicht die eigene Bedeutsamkeit etwas zu stark hervorhebend seinen Generalen, dass »der militärische Einsatz von A-Bomben und die Notwendigkeit ihres Besitzes – auch durch
die deutsche Luftwaffe – klar von dem Herrn Minister erkannt seien und dieser
sich bemühe, seine Gedanken darüber in die Politik einzuführen«[134]. Wie hart-
näckig Kammhuber die massive nukleare Ausrüstung durchzusetzen verstand, zeigt sich daran, dass er Vorschläge für eine beschränkte Bevorratung
konventioneller Bomben ablehnte: »Jabos werden als strategische Reserve nur
atomar bevorratet[135].« Vor dem Hintergrund der Feindlageanalyse galt der
konventionelle Einsatz der kostspieligen Starfighter als nicht zu rechtfertigende
Verschwendung von Personal und Material. Innerhalb des nuklearen Settings
wurde der zunehmende Vorrang der Luftwaffe noch durch ein Arsenal boden-
gestützter Raketen unterstrichen. Nach der Bundeswehrkonzeption 1959 sollte
die Luftwaffe als Träger der »offensiven Abwehr« das atomare Schwert führen,
während sich das Heer zu beschränken habe, »reine Schildstreitkräfte zu sein.
Personelle, organisatorische und materielle Folgerungen sind aus dieser Konzeption zu ziehen[136].«

Die keineswegs weniger machtbewusste Heereselite betrachtete diese Entwicklung sorgenvoll. Das frühe und demonstrative Spielen der nuklearen Karte
interpretierten manche als Mittel Kammhubers, um erster Generalinspekteur
der Bundeswehr zu werden[137]. Nur indirekt lässt sich auf eine solche Absicht,
so sie überhaupt bestand, schließen. Unter Verweis auf die komplexe Technik,
die es einem alleine unmöglich mache, alle Aufgaben der verschiedenen Teilstreitkräfte adäquat bewältigen zu können, präferierte Kammhuber ein Kollegi-
alorgan – und zwar unter Betonung der Selbstständigkeit der Teilstreitkräfte,
deren Leiter gemeinsame Entscheidungen im Führungsrat treffen sollten. Einer
»Wehrmachtlösung« mit zentralem Befehlshaber, wie Heusinger sie angeregte,
erteilte er eine klare Absage. Lediglich koordinierende Funktionen wollte er
zugestehen[138]. Hinsichtlich der nuklearen Dimension, die manche Heeresoffi-
ziere angesichts der Aufbaukrise der Bundeswehr als realitätsfern eingeschätzt
hatten, sollten diese sich allerdings täuschen. Auch wenn Heusinger anstelle
des vehementen Opponierens von Kammhuber gegen eine unmittelbar heeres-
unterstützende Luftwaffe ein behutsameres Vorgehen für angemessener gehalten
hatte, durchsetzen konnte er sich nicht. Zwar wurde Heusinger erster Generalinspekteur der Bundeswehr. Gleichwohl erreichte sein ehemaliger Zimmergenosse
im Bendlerblock und jetziger Mitstreiter in der Ermekeilkaserne ebenfalls den

---

[133] BA-MA, BL 1/14648, Tagebuch InspL, 19.3.1958.
[134] BA-MA, BL 1/14649, Tagebuch InspL, 20.6.1958.
[135] BA-MA, BL 1/14653, Tagebuch InspL, 19.1.1961.
[136] Ebd., 16.12.1959.
[137] Meyer, Adolf Heusinger (wie Anm. 45), S. 532.
[138] BA-MA, BL 1/14653, Tagebuch InspL, 28.9.1956.

Rang eines Vier-Sterne-Generals – ein Dienstgrad, der für den Inspekteur einer Teilstreitkraft nicht vorgesehen war. Es kostete Strauß einige Mühe, bis der Bundespräsident am 5. Mai 1961 die Ernennungsurkunde unterzeichnete[139]. Denn die Soldatenlaufbahnverordnung untersagte eine Beförderung innerhalb von zwei Jahren vor Ablauf der aufgrund des Alters nur auf fünf Jahre festgelegten Dienstzeit und nach Vollendung des 62. Lebensjahres. Ob die Rangerhöhung eine Kompensation dafür war, nicht wenigstens Nachfolger Heusingers als Generalinspekteur geworden zu sein, als dieser 1961 als Vorsitzender des Militärausschusses der NATO nach Washington ging, bleibt zunächst Spekulation. Strauß wies den Bundespersonalausschuss außer auf das Fehlen geeigneter Nachfolger auf andere Notwendigkeiten hin. Kammhuber habe der Luftwaffe Konzeption und Richtung gegeben. Auch wegen der mehrere Mrd. DM betragenden Werte sei es notwendig, dass dieser solange die Verantwortung trage, »bis die Luftwaffe mit den Waffensystemen F 104, G 91, Nike und Hawk ausgerüstet und einsatzbereit ist. Ferner erfordert die Planung für die nächste Entwicklung der VERTOL-Flugzeuge, Mace- und Pershing-Raketen die weitere kontinuierliche und konsequente Verbindung modernster technischer Gesichtspunkte mit den operativen Erfordernissen[140].«

Die ministerielle Unabkömmlichkeitserklärung dürfte dem »Wurzelsepp«[141] – sein langjähriger Spitzname – vermutlich gefallen haben, sofern er ihrer ansichtig wurde. Aber auch so – wird er gewusst haben, dass er seinem Minister mit der strikten Ausrichtung der Luftwaffe auf die atomare Kampfführung bündnispolitisch kräftig unter die Arme gegriffen hatte. Hinter der Vier-Sterne-Aktion einen Akt der Dankbarkeit zu vermuten, schießt wohl nicht weit über das Ziel hinaus. Dem Bundespersonalausschuss war das Verlangen nach Rangerhöhung bei gleichbleibender Dienstverrichtung freilich wenig einsichtig. Es liege keine dienstliche Notwendigkeit vor, den Inspekteur einer Teilstreitkraft gegenüber Heer und Marine hervorzuheben, zumal sich durch die Beförderung des dienstjüngeren Generalleutnants Friedrich Foertsch zum General das Problem ergeben könnte, dass rangmäßig der Inspekteur einer Teilstreitkraft dem Generalinspekteur vorgehe. Die Gründe für die Kabinettsentscheidung zur Beförderung Kammhubers sind bislang nicht zu ermitteln.

Tatsächlich konnte Kammhuber die Luftwaffe als Vier-Sterne-General nur mehr in ein aus seiner Sicht ohnehin von dunklen Wolken überschattetes Jahr führen, wenn man die aus den USA kommenden Signale eines Strategiewandels so bewerten möchte. Für die Kennedy-Administration stand die Glaubwürdigkeit der Massiven (nuklearen) Vergeltung auf dem Prüfstand. Fälschlicherweise nahm Kammhuber zunächst an, die Überprüfung der bisherigen Strategie werde »für Deutschland nichts besonderes erbringen«[142]. Doch bald spürte er die gegen die Luftwaffe gerichteten Gewichte. Er suchte nach Ver-

---

[139] BA-MA, Pers 1/283.
[140] Ebd., Antragsentwurf, März 1961.
[141] Raketenabwehr. Vom Schild zum Schwert. In: Der Spiegel, Nr. 46/1957, S. 13.
[142] BA-MA, BL 1/14652, Tagebuch InspL, 10.6.1961.

bündeten, die sich mit ihm dagegen stemmen sollten. Allen voran dachte er an
Heusinger, dem er nach Washington mit auf den Weg gab, dass »die Gedanken, die von jenseits des Ozeans herüberkommen, uns mit großer Sorge erfüllen«. Deshalb sei er »von ganzem Herzen [...] dem Schicksal [dankbar], dass wir
jetzt Dich an entscheidender Stelle drüben haben in Washington, der Du aufpassen kannst, und dafür sorgen [kannst], daß Deutschland nicht überfahren
wird in der Zukunft«[143]. Das Gegenteil sollte Heusinger tun, dem die Überbeto-
nung der nuklearen Option ohnehin ein Gräuel gewesen war. Selbst innerhalb
der Luftwaffe setzte ein Perspektivenwechsel ein. Als deutscher militärischer
Vertreter bei der NATO registrierte Johannes Steinhoff, wie der zivile Apparat
die Militärpolitik den Führungsstäben der US-Streitkräfte zunehmend aus den
Händen nahm. Die bislang extensive Auslegung der Massiven Vergeltung der
US-Air Force geriet durch konventionelle Optionen der Army ins Abseits[144].
Auf die Strategie der Flexiblen Erwiderung, die sich Anfang der 1960er-Jahre
andeutete und 1967 offizielle NATO-Gültigkeit erhielt, musste sich Kammhuber aber nicht mehr einstellen. Ob er aufgrund von Herkommen und Handeln
dazu in der Lage gewesen wäre, bleibt Spekulation. Folgt man Klaus Naumanns Bewertungen zur Haltung der frühen Bundeswehrelite zur Atomfrage,
so deuteten sich allenfalls bei einer Minderheit politische Fragen an, »in denen
es darum ging, das Abschreckungskonzept in eine flexibilisierte und politische
Gesamtstrategie zu überführen, die der Politik mehr außenpolitische Hand-
lungsfähigkeit versprach«[145]. Kammhuber gehörte nicht zu dieser Gruppe.
Seine Zurruhesetzung am 30. September 1962 hatte aber mit Strategiefragen
augenscheinlich nichts zu tun[146]. Wegen »fehlerhafter Menschenführung in
Sachen Barth«, wie der Spiegel wusste[147], musste er vorzeitig in Pension gehen.
In der Affäre um den Kommodore Siegfried Barth ging es um den Irrflug zweier Besatzungen des ihm unterstehenden Geschwaders nach Berlin-Tegel und
seiner daraufhin erfolgten Ablösung. Als Barth sich dagegen vor Gericht zur
Wehr setzte, geriet der Verteidigungsminister in Bedrängnis. Sollte Kammhuber am Ende ein Bauernopfer seines Ministers gewesen sein? Oder spielte der
tragische Absturz des Starfighter-Kunstflugteams am 19. Juni 1962 in Nörvenich auch eine gewisse Rolle, jener Formation, der Kammhuber entgegen dem
Rat erfahrener Piloten eine besondere Bedeutung beigemessen hatte?

Reisen, Opern-, Konzertbesuche und die antroposophische Weltanschauung
von Rudolf Steiner spielten eine große Rolle in seinem Ruhestand. Josef
Kammhuber verstarb am 25. Januar 1986 im neunzigsten Lebensjahr in München.

[143] Meyer, Adolf Heusinger (wie Anm. 45), S. 651.
[144] Lemke [u.a.], Die Luftwaffe (wie Anm. 14), S. 216–218.
[145] Naumann, Generale (wie Anm. 5), S. 164.
[146] BA-MA, Pers 1/283, Urkunde, 23.8.1962.
[147] Strauß-Krise. Nachts um halb eins. In: Der Spiegel, Nr. 30/1962, S. 15.

Fazit

Bei aller Problematik in der Rekonstruktion der Biografie des ersten Inspekteurs der Luftwaffe als Vertreter der militärischen Altelite innerhalb der Aufbaugenerationen der Bundeswehr, die nicht zuletzt in der eigenen Vernichtung seines Schrifttums liegt, lässt sich ein vorläufiges, gleichwohl nicht alle Fragen hinlänglich beantwortendes Fazit ziehen. Generations- und werdegangsbedingt zählte Josef Kammhuber zu jener Gruppe der Bundeswehrgeneralität, die trotz aller Brüche im Grundsätzlichen in der Genese des neuen demokratischen Staates und seiner zeitversetzt aufgestellten Streitkräfte eine höchst problematische Erbschaft mit sich führte, die auf jahrzehntelanger individueller und kollektiver Gewalterfahrung gründete. Als übergreifendes Merkmal ist bei dieser Gruppe eine rücksichtslose Einsatzbereitschaft und große Regimeloyalität trotz des militärfachlichen Erkennens um die Aussichtslosigkeit der Kriegführung bis 1945 festzuhalten. Dabei erlebte diese Generation tiefgehende politische wie militärische Wandlungsprozesse, innerhalb derer sie bei aller Heterogenität in Herkommen und Handeln mit bereitwilliger Flexibilität bis hin zum Opportunismus ihren militärischen Professionalismus zur Geltung brachte. Damit entfiel eine grundsätzliche Selbstüberprüfung der bisherigen Lebensabschnitte weitgehend. Wie Kammhubers Vita exemplarisch zeigt, gehörte er zu jenen Vertretern der mit hoher Professionsbefähigung begabten militärischen Elite, denen militärhandwerkliches Umdenken kaum Schwierigkeiten bereitete, was sicherlich auf den Umstand zurückzuführen ist, dass die technologischen Entwicklungen einen permanenten Anpassungsprozess im Einsatz von Luftkriegsmitteln verlangten. Das bei ihm mehr als bei anderen erkennbare rasche und nachhaltige Umschwenken auf die und das Beharren auf der nuklearen Linie macht dies besonders deutlich. Wenig ausgeprägt war hingegen das Erkennen der politischen Tragweiten des militärischen Handelns – willentlich oder wissentlich –, wenn es außerhalb der Sphären machtpolitischer Ordnungsvorstellungen lag. Hält man sich dagegen das Ideal des politischen Offiziers einer Armee in der Demokratie vor Augen, als dessen namhaftester Förderer Generalleutnant Wolf Graf von Baudissin gilt, so war der militärfachlich hochbegabte Josef Kammhuber in diesem Sinn nur bedingt ein moderner General.

Kerstin von Lingen

Von der Freiheit der Gewissensentscheidung: Inspekteur des Heeres, Generalleutnant Hans Röttiger

Am 8. Dezember 1945 ereignete sich vor dem Internationalen Militärtribunal (IMT) in Nürnberg ein bemerkenswerter Zwischenfall. Im Zeugenstand gab General der Panzertruppen Hans Röttiger eine eidesstattliche Versicherung ab, die sich mit der Partisanenbekämpfung in Russland und den Tätigkeiten des Sicherheitsdienstes (SD) hinter der Front im mittleren Abschnitt befasste und seinen Vorgesetzten aus seiner Zeit als Generalstabschef der 4. Armee in Russland, Generaloberst Gotthard Heinrici, schwer belasteten. Zehn Jahre später trat Röttiger sein Amt als erster Inspekteur des Heeres in der Bundeswehr an. An seinem Beispiel wird deutlich, dass der Frage nach der Kriegserfahrung der Aufbaugeneration der Bundeswehr, die sich aus den Eliterängen der Wehrmacht rekrutierte, besondere Bedeutung zukommt. Zum einen prägte diese Gruppe in der unmittelbaren Nachkriegszeit die Auseinandersetzung mit Krieg und Niederlage als Angeklagte oder Zeugen vor Gericht, in Debattierzirkeln und Denkschriften, zum anderen stellten sie das Personal für die neu zu schaffende Armee[1].

Die Kriegserfahrung des Generals der Panzertruppen Hans Röttiger lässt sich im militärischen Spannungsdreieck aus Armee im Kaiserreich, Reichswehr und Wehrmacht zwar formal verorten, jedoch nicht hinreichend beschreiben. Viel mehr prägten den Offizier Röttiger die Erfahrungen hinter der Ostfront 1941 und 1942, die Umstände der Kapitulation in Italien 1945 und die Erfahrung während des Internationalen Hauptkriegsverbrecher-Prozesses in Nürnberg. Anhand der Kontroversen, die sich 1945 um den Generalstabschef Röttiger entzündeten, lassen sich Hinweise auf die Bruchlinien des Traditionsverständnisses innerhalb der Wehrmacht bei Kriegsende und der Umgang mit Kritikern in der unmittelbaren Nachkriegszeit finden, sowie der Aufbau eines neuen militä-

---

[1] Klaus Naumann, Generale in der Demokratie. Generationsgeschichtliche Studien zur Bundeswehrelite, Hamburg 2007; Georg Meyer, Zur Situation der deutschen militärischen Führungsschicht im Vorfeld des westdeutschen Verteidigungsbeitrages 1945–1950/51. In: Anfänge westdeutscher Sicherheitspolitik 1945 bis 1956. Hrsg. vom MGFA, Bd 1: Roland G. Foerster [u.a.], Von der Kapitulation bis zum Pleven-Plan, München 1982, S. 577–736, sowie Georg Meyer, Soldaten ohne Armee. Berufssoldaten im Kampf um Standesehre und Versorgung. In: Von Stalingrad zur Währungsreform. Hrsg. von Martin Broszat, Klaus-Dietmar Henke und Hans Woller, München 1988, S. 651–682.

rischen Selbstverständnisses im Verlauf der Wiederbewaffnungsdebatte analysieren. Es steht außer Zweifel, dass gerade die Konfrontation mit den eigenen Kameraden in der Endphase und in Nürnberg Röttigers Sicht weit nachdrücklicher geprägt und die Kritik an der Wehrmacht möglicherweise sogar noch verstärkt haben, als die alliierte Behandlung in Kriegsgefangenschaft und vor Gericht allein dies vermocht hätte.

Neben der Erfahrung strafrechtlicher Verfolgung von Soldaten nach der Niederlage war es vor allem der Umgang mit dem Wissen um die Praxis des nationalsozialistischen »Vernichtungskrieges« gegen sowjetische Kriegsgefangene, Kommissare, Juden, Partisanen und Zivilisten an der Ostfront, das auf Röttiger tiefen Eindruck machte. Röttiger war einer der wenigen, der vor dem Nürnberger IMT Kritik an der engen Verflechtung zwischen Wehrmacht und SD äußerte und »Ausschweifungen der SD-Einheiten durch Exekutionen von Juden und anderen Personen« benannte. Die Sprachregelung, dies sei ohne Wissen der Wehrmacht geschehen, konterkarierte er mit der Bemerkung, »obwohl man allgemein über die Sonderaufgaben des SD Bescheid wusste, und das auch anscheinend mit Wissen der obersten Wehrmachtführung geschah, traten wir deren Methoden weitest möglich entgegen, da die Gefährdung der eigenen Truppe bestand«. Auch die ideologischen Ziele des Ostfeldzugs hatte Röttiger durchschaut, indem er mutmaßte, dass durch die Anordnung des Oberkommando des Heeres (OKH) zum schärfsten Durchgreifen im ›Bandenkampf‹ »möglicherweise im Endziel der Zweck verfolgt wurde, den militärischen Bandenkampf des Heeres dazu auszunutzen, die rücksichtslose Liquidierung des Judentums und anderer unerwünschter Elemente zu ermöglichen«[2].

Röttiger stand mit dieser Aussage jedoch im Widerspruch zur allgemeinen Marschrichtung. Für die Wehrmachtführungsschicht bedeutete der Nürnberger IMT-Prozess eine Demütigung, die sie zusätzlich zur militärischen Niederlage und der Kriegsgefangenschaft ertragen mussten[3], und die sie der ungewohnten Situation aussetzten, Rechenschaft über ihre Taten, noch dazu in strafrechtlichem Sinne, ablegen zu müssen[4]. Dieser Schmach plante sich ein kleiner Kreis von Offizieren durch »Vorwärtsverteidigung« zu entziehen. Nur drei Wochen vor Röttigers Aussage, am 19. November 1945, waren kurz nach Prozesseröff-

---

2 BA-MA, N 431/828, Fragen an Röttiger bzgl. Affidavit Nr. 15 und 16. Der Verfasserin ist dieses Dokument anlässlich der Katalogisierungsaufgaben am Nachlass Laternser erstmals 1998 aufgefallen. Vgl. auch Oliver von Wrochem, Erich von Manstein. Vernichtungskrieg und Geschichtspolitik, Schoeningh 2006, S. 113.

3 Das Phänomen der »Viktimisierung« steht noch in den Anfängen. Vgl. Thomas Kühne, Die Viktimisierungsfalle. Wehrmachtverbrechen, Geschichtswissenschaft und symbolische Ordnung des Militärs. In: Der Krieg in der Nachkriegszeit. Der Zweite Weltkrieg in Politik und Gesellschaft der Bundesrepublik. Hrsg. von Michael Greven und Oliver von Wrochem, Opladen 2000, S. 183–196. Gemeint ist damit ein Prozess der Umwandlung von eigener Schuldhaftigkeit in unschuldiges Erleiden, das gegeneinander aufgerechnet werden darf.

4 Der Nationalsozialismus vor Gericht. Die alliierten Prozesse gegen Kriegsverbrecher und Soldaten 1943–1952. Hrsg. von Gerd R. Ueberschär, Frankfurt a.M. 1999; Wolfram Wette, Die Wehrmacht. Feindbilder, Vernichtungskrieg, Legenden, Darmstadt 2002, hier besonders die Analyse der Prozesse, S. 207–225.

nung führende Generäle der Wehrmacht (Franz Halder, Erich von Manstein, Walter Warlimont und Siegfried Westphal unter Führung des ehemaligen Oberbefehlshaber des Heeres, Walther von Brauchitsch) mit ihrer Version vor das Gericht getreten[5]. Ihre Denkschrift geht im Kern auf eine Aufforderung[6] William J. Donovans aus der US-Anklagebehörde zurück, ein entsprechendes Dokument zu verfassen[7].

Dem Inhalt der Denkschrift ist die rechtfertigende Absicht anzumerken: strikte Trennung zwischen Wehrmacht und SS, und Betonung der »inneren Distanz«[8]. Parallel zum schmutzigen Weltanschauungskrieg der Nationalsozialisten habe es, so die Denkschrift, im Osten einen anderen, noch immer militärischen Traditionen und Ehrbegriffen folgenden Kampf an der Front gegeben, wo zwei ebenbürtige Gegner ihre Kräfte maßen. Bedenkliche Aktionen von Heeresdienststellen oder Oberbefehlshabern, vor allem in der Verantwortung der Unterzeichner, wurden in der Denkschrift grundsätzlich nicht thematisiert. Zwar war sie nicht zur Veröffentlichung gedacht und wurde erst in den 1990er-Jahren in der Forschung diskutiert; wichtiger ist jedoch, dass die Denkschrift vor allem in den Führungsrängen der Wehrmachtführung (um nicht den von den Alliierten irrtümlich verwendeten Begriff »Generalstab« zu gebrauchen) Geschlossenheit herstellen sollte.

Die Aussage Röttigers zur arbeitsteiligen Zusammenarbeit zwischen Wehrmacht und Einsatzgruppen wurde zum Testfall für die Macht hinter den Kulissen. Die Verteidigung des Generalstabs im IMT-Verfahren, Rechtsanwalt Hans Laternser und eine militärische Beratergruppe, die aus den Unterzeichnern der Denkschrift bestand, setzte alles daran, den Zeugen Röttiger unglaubwürdig zu

---

[5] Manfred Messerschmidt, Vorwärtsverteidigung. Die Denkschrift der Generäle für den Nürnberger Gerichtshof. In: Manfred Messerschmidt, Militarismus, Vernichtungskrieg, Geschichtspolitik. Zur deutschen Militär- und Rechtsgeschichte, Paderborn 2006, S. 315–330, hier S. 315. Messerschmidt charakterisiert die Denkschrift als eines der »wichtigsten Dokumente für die Geschichte der Verharmlosung der Rolle von OKW und OKH im Zweiten Weltkrieg«, S. 317. Zudem lieferte er einen ersten Hinweis auf die Kritik Röttigers und sein zurückgezogenes Affidavit (S. 316). Meyer, Zur Situation (wie Anm. 1), S. 681, beschreibt die Arbeit an der Denkschrift und die Spannungen der Verfasser, die noch aus der Kriegszeit herrührten; so vermieden Halder und Manstein beispielsweise, direkt miteinander zu sprechen.

[6] Meyer, Zur Situation (wie Anm. 1), S. 680, mit Beruf auf Tagebuchnotizen Wencks und v.d. Lippes.

[7] Donovan war bis Dezember 1945 als Sonderberater des Nürnberger Richters Robert H. Jackson tätig, nahm jedoch in der Frage der Beweissammlung eine gegensätzliche Position zu Jackson ein, was zu seiner Ablösung führte. Vgl. Kerstin von Lingen, SS und Secret Service. »Verschwörung des Schweigens«: Die Akte Karl Wolff, Paderborn 2010, S. 142; Michael Salter, Nazi War Crimes, US Intelligence and Selective Prosecution at Nuremberg. Controversies regarding the role of the Office of Strategic Services, New York 2007, S. 398–401; Donovan argumentierte, allen Beschuldigten solle Gelegenheit zu einer Stellungnahme gegeben werden, die dann als Zeugenbeweis vor Gericht Gültigkeit erlangen sollten, wo schriftliche Dokumente fehlten; Jackson bestand dagegen auf Dokumentenbeweise. Die Verteidiger argumentierten fortan mit den auf diese Weise entstandenen Entlastungsschriften.

[8] Wrochem, Erich von Manstein (wie Anm. 2), S. 107–120.

machen[9]. Im Kreuzverhör hielt Laternser Röttiger vor, er habe wohl »damals als Stabschef mehr gewußt als der Oberbefehlshaber« und zudem offenbar »in späteren Dienststellen Kenntnisse erworben, die er heute glaubt, schon damals besessen zu haben«[10]. Intern bedrängten mehrere Offiziere, darunter Manstein, Röttiger seine Aussage zu widerrufen. Zuletzt streute Westphal im Zeugenflügel unter den Kameraden das Gerücht, Röttiger sei für seine belastende Aussage die baldige Entlassung aus der Kriegsgefangenschaft in Aussicht gestellt worden[11]. Röttiger zog daraufhin seine eidesstattliche Versicherung als »mißverständlich« zurück.

Mit einer biografischen Skizze soll im Folgenden versucht werden, Aufschluss über gruppendynamische Prozesse innerhalb der Wehrmachtelite nach 1945 zu erhalten, die durch das ungleiche Kriegserlebnis einer überwältigenden Kontingenz ausgelöst worden waren und in einem »Gründungskompromiss« mündeten[12], den das konstruierte Kollektiv unter dem Druck politischer Notwendigkeiten einzugehen überein kam. Generell gibt es inzwischen Studien zur Aufbaugeneration der Bundeswehr unter besonderer Berücksichtigung der historischen Umstände von Niederlage und Neuaufstellung[13]. In biografischen Sammelwerken ist Röttiger im Rahmen seiner Funktion als Heeresinspekteur knapp behandelt[14]. Im Besonderen taucht er natürlich in der Forschungsliteratur zur Wiederbewaffnung[15] und zum Aufbau des Heeres auf[16].

Leider ist zu Röttigers Person bisher wenig geforscht worden, es gibt lediglich einen kurzen Aufsatz anlässlich der zwanzigsten Wiederkehr seines Todes-

---

[9]   Schriftwechsel und Notizen dazu in BA-MA, N 431/828 (Nachlass Rechtsanwalt Hans Laternser), Fragen an Röttiger, und 829, Vorbereitung Kreuzverhör Röttiger.
[10] BA-MA, N 431/829, Vorbereitung Kreuzverhör Röttiger.
[11] BA-MA, N 431/828, Fragen an Röttiger, S. 5, Punkt 25 und 26.
[12] Naumann, Generale in der Demokratie (wie Anm. 1), S. 18; Detlef Bald, Alte Kameraden. Offizierskader der Bundeswehr. In: Willensmenschen. Über deutsche Offiziere. Hrsg. von Ursula Breymayer [u.a.], Frankfurt a.M. 1999, S. 50–64, hier S. 59.
[13] Außer den bereits genannten Studien vgl. die Arbeit von Detlef Bald, Militär und Gesellschaft 1945–1990. Die Bundeswehr der Bonner Republik, Baden-Baden 1994.
[14] Dieter E. Kilian, Elite im Halbschatten. Generale und Admirale der Bundeswehr, Bielefeld 2005, zu Röttiger: S. 335–338; Die Generale und Admirale der Bundeswehr. Hrsg. von Dermot Bradley, Bd 1–3, Osnabrück 1998–2005, ist noch unvollständig und endet mit dem Buchstaben »Q«; Clemens Range, Die Generale und Admirale der Bundeswehr, Herford 1990, erwähnt Röttiger nicht.
[15] Die Literatur zur Wiederbewaffnung ist sehr umfangreich, als Auswahl: Norbert Wiggershaus, Die Entscheidung für einen westdeutschen Verteidigungsbeitrag 1950. In: Anfänge westdeutscher Sicherheitspolitik, Bd 1, S. 325–402; Karlheinz Höfner, Die Aufrüstung Westdeutschlands. Willensbildung, Entscheidungsprozesse und Spielräume westdeutscher Politik 1945 bis 1950, München 1990; Adenauer und die Wiederbewaffnung. Hrsg. von Wolfgang Krieger, Bonn 2000 (= Rhöndorfer Gespräche, 18); Klaus von Schubert, Wiederbewaffnung und Westintegration. Die innere Auseinandersetzung um die militärische und außenpolitische Orientierung der Bundesrepublik 1950–1952, Stuttgart 1970; Rolf Steininger, Wiederbewaffnung. Die Entscheidung für einen westdeutschen Verteidigungsbeitrag: Adenauer und die Westmächte 1950, Erlangen 1989.
[16] Helmut R. Hammerich [u.a.], Das Heer 1950 bis 1970, Konzeption, Organisation, Aufstellung, München 2006 (= Sicherheitspolitik und Streitkräfte der Bundesrepublik Deutschland, 3).

tages[17] sowie die Ansprache Adolf Heusingers bei Röttigers Beerdigung, die eine Würdigung seines Soldatenlebens darstellt[18]. An Originaldokumenten erhalten sind seine Personalakte sowie sein dortiger Nachlass im Bundesarchiv-Militärarchiv in Freiburg[19], in dem sich vor allem Papiere aus seiner Bundeswehrtätigkeit, militärhistorische Studien für die Historical Division, aber kaum Briefe befinden[20]. Es ist jedoch auffällig, dass in den wenigen überlieferten Korrespondenzen die Beendigung des Krieges an der Südfront einen zentralen Platz einnimmt. Über Studien zu Weggefährten[21], dabei besonders seines Kameraden und Freundes Adolf Heusinger[22], ergeben sich Querverbindungen zu den mutmaßlichen Kriegserfahrungen Röttigers.

Karriere

Zur Analyse der Führungsgeneration der Bundeswehr hat Klaus Naumann ein Modell entwickelt, das auf die Bedeutung der Kriegserfahrung und besonders auf »die damit verbundenen Umbrüche, Regimewechsel, Schock- und Brucherfahrungen« hinweist[23]. Er erweiterte damit eine Methode Reinhard Stumpfs, die nach Rang, Karriere, Herkunft und politisch-sozialen Verhaltensmustern, vor allem in der Weimarer Zeit, fragt[24]. Um die Alters- und Kohorteneffekte weiter zu differenzieren, bot Bernhard R. Kroener in seinen Analysen zur

---

17 Hermann Büschleb, Hans Röttiger. Baumeister des Heeres. In: Europäische Wehrkunde, 2 (1980), S. 83–88; ein Wiederabdruck dieses Aufsatzes von Büschleb erschien unter dem Titel: Generalleutnant Hans Röttiger (16.4.1896–15.4.1960), erster Inspekteur des Heeres. In: Mars, Jahrbuch für Wehrpolitik und Militärwesen, 1/1995. Es wird vermutet, dass dieser Aufsatz den Grundstock für den Röttiger-Eintrag in Bradleys geplanter biografischer Sammlung hätte bilden sollen. Vgl. Die Generale und Admirale (wie Anm. 14). Im Folgenden wird daher nach Büschleb, Hans Röttiger zitiert.) In der eher populärwissenschaftlich geschriebenen Dokumentation von Franz Kurowski, Verleugnete Vaterschaft. Wehrmachtoffiziere schufen die Bundeswehr, Selent 2000, kommen die Eliteränge nicht vor, dort geht es vor allem um die Truppenoffiziere.

18 Redemanuskript »Abschied von einem wahren Freunde«, abgedruckt in: Adolf Heusinger, Ein deutscher Soldat im 20. Jahrhundert (= Schriftenreihe Innere Führung, Beiheft 3/1987 zur Information für die Truppe, BMVg, FüS I 3, 1987), S. 282–284.

19 BA-MA, Pers 1/103980, Personalakte Hans Röttiger.

20 BA-MA, N 422 (Hans Röttiger).

21 Kerstin von Lingen, Kesselrings letzte Schlacht. Kriegsverbrecherprozesse, Vergangenheitspolitik, Wiederbewaffnung: der Fall Kesselring, Paderborn 2004; Karl Feldmeyer und Georg Meyer, Johann Adolf Graf von Kielmansegg 1906–2006. Deutscher Patriot, Europäer, Atlantiker, Hamburg 2007; Wolf Graf von Baudissin 1907–1993. Modernisierer zwischen totalitärer Herrschaft und freiheitlicher Ordnung. Im Auftrag des MGFA hrsg. von Rudolf J. Schlaffer und Wolfgang Schmidt, München 2007.

22 Georg Meyer, Adolf Heusinger. Dienst eines deutschen Soldaten 1915 bis 1964, Hamburg 2001.

23 Naumann, Generale in der Demokratie (wie Anm. 1), S. 31.

24 Reinhard Stumpf, Die Wehrmacht-Elite. Rang- und Herkunftsstruktur der deutschen Generale und Admirale 1933–1945, Boppard a.Rh. 1982, S. 7.

Wehrmachtgeneralität während des Zweiten Weltkrieges weitere Ansätze[25]. Naumann unterscheidet nicht nur nach Herkunftsprägung, sondern nach Art und Intensität des Kriegserlebnisses. Daraus ergibt sich ein Vier-Phasen-Modell[26]: zunächst die erste Offiziergeneration (Jahrgänge bis 1900), die von den Frontoffizieren des Ersten Weltkrieges gestellt wurde und im Zweiten Weltkrieg, infolge der beschleunigten Beförderung zumeist regimeloyale Divisionskommandeure stellte; zweitens die sogenannte Kriegsjugendgeneration (Jahrgänge 1900–1913) ohne persönliche Fronterfahrung, die im Zweiten Weltkrieg zu Regiments- und Abteilungskommandeuren aufrückte und sich durch hohe Regimeaffinität auszeichnete; drittens die Offizierjahrgänge der jungen Kriegsoffiziere (1919–1927), die den nationalsozialistisch geprägten Typus des »Frontoffiziers« und der »Führerpersönlichkeit« repräsentieren, und viertens die »Flakhelfer-Generation« (1927–1930) bzw. die der »weißen Jahrgänge« (1929–1937), die durch das katastrophale Kriegs- und Nachkriegserlebnis und die Erfahrung des Kalten Krieges geprägt wurden waren.

Hans Röttiger, 1896 geboren, ist demnach ein Prototyp des Frontoffiziers aus dem Ersten Weltkrieg, der, wiewohl in die Reichswehr übernommen, dort nur mäßige Karrierechancen hatte, diese mit einem raschen Aufstieg in einem modernen Truppenteil – der Panzerwaffe – ab 1935 zu kompensieren verstand, bis er 1945 zur Elite aufstieg, und schließlich für eine begrenzte Zeit noch seinen Einfluss beim Aufbau der Bundeswehr geltend machen konnte[27]. Merkmal dieser Generation ist die Sozialisation im Kaiserreich und der Eintritt in das Heer zwischen 1904 und 1918 sowie ein moderner Führungsstil und eine technisch flexiblere Kriegführung, die sich von der patriarchalischen »Führerheer«-Vorstellung der Älteren deutlich unterschied[28]. Bereits im Zweiten Weltkrieg bekleideten die zwischen 1881 und 1900 geborenen Offiziere über die Hälfte der Wehrmacht-Spitzenstellungen[29]. In Reaktion auf das November-Trauma von 1918 sowie durch die in der Reichswehr stark verzögerten Beförderungschancen zeichnete sich diese Generation durch hohe Aufgeschlossenheit gegenüber den Aufrüstungsmaßnahmen des Nationalsozialismus, rücksichtslose Einsatzbereitschaft sowie eine relativ hohe Regimeloyalität bis zum Ende aus[30].

---

[25] Bernhard R. Kroener, Generationserfahrung und Elitenwandel. Strukturveränderungen im deutschen Offizierskorps 1939–1945. In: Eliten in Deutschland und Frankreich im 19. und 20. Jahrhundert. Hrsg. von Rainer Hudemann und George-Henri Soutou, München 1994, S. 219–233; Bernhard R. Kroener, Auf dem Weg zu einer »nationalsozialistischen Volksarmee«. Die soziale Öffnung des Heeresoffizierskorps im Zweiten Weltkrieg. In: Von Stalingrad zur Währungsreform. Hrsg. von Martin Broszat [u.a.], S. 651–681, hier S. 675.

[26] Naumann, Generale in der Demokratie (wie Anm. 1), S. 31 f.

[27] Er steht damit stellvertretend für andere seiner Generation, die ebenfalls in die Bundeswehr übernommen wurden, wie etwa Friedrich Ruge (*1894), Gerhard Matzky (*1894), Smilo Frhr. von Lüttwitz (*1895), Josef Kammhuber (*1896), Joseph von Radowitz (*1899), Hans Speidel (*1897), Max Josef Pemsel (*1897), Dr. Theodor Joedicke (*1899), Oskar Munzel (*1899) und Adolf Heusinger (*1899).

[28] Naumann, Generale in der Demokratie (wie Anm. 1), S. 31.

[29] Stumpf, Die Wehrmacht-Elite (wie Anm. 24), S. 285.

[30] Naumann, Generale in der Demokratie (wie Anm. 1), S. 31.

Kam es, wie bei Röttiger, zu einem Loyalitätsbruch bei Kriegsende, musste dies zwangsläufig auch seine Gruppenbeziehungen belasten.

Röttiger wurde als Sohn eines Gymnasialdirektors in Hamburg geboren[31] und durch das in sich geschlossenen Offizierkorps der preußischen Armee und feste Ehrbegriffen wie »Wahrheit, Offenheit, Tapferkeit und sittliche Untadeligkeit« geprägt[32]. Als Kriegsfreiwilliger trat er kurz vor seinem Abitur zum September 1914 als Fahnenjunker zunächst ins Lauenburgische Feldartillerie-Regiment Nr. 45 in Hamburg-Altona ein[33], nach der Beförderung zum Unteroffizier wechselte er noch im gleichen Jahr zum Lauenburgischen Fußartillerieregiment Nr. 20[34]. In diesem Feldtruppenteil nahm er zunächst im Osten an den Kämpfen um Lemberg, ab Spätsommer 1915 um Verdun, an der Somme-Schlacht und den verschiedenen Flandernschlachten in Belgien teil[35]. Dort wurde er mit dem Eisernen Kreuz Zweiter und Erster Klasse ausgezeichnet. Während eines Heimaturlaubs holte Röttiger 1917 das Abitur nach, eine Voraussetzung für die Offizierlaufbahn[36]. Im Juni 1918 wechselte er als Ordonnanzoffizier in das Oberkommando der Heeresgruppe »Deutscher Kronprinz«. Röttigers Beförderung zum Generalstabsoffizier bei der Fußartillerie ist symptomatisch[37], da der Erste Weltkrieg, wie kaum ein Krieg zuvor, von der Artillerie geprägt war[38]. Stumpf weist darauf hin, dass besonders die bürgerlichen Offiziere der technisch anspruchsvollen Artillerie den modernen Waffengattungen aufgeschlossen gegenüberstanden, und bietet damit eine Erklärung für Röttigers Entwicklung zum späteren Offizier der Panzerwaffe[39].

Nach der Demobilisierungszeit wurde er ab 1921 beim Artillerie-Regiment Nr. 4 als Batteriechef ins 100 000-Mann-Heer übernommen, wo er fast zehn Jahre in verschiedenen Verwendungen diente. Während dieser Zeit ersuchte Röttiger beim Generalstab um eine Dienstzeitangleichung seines Leutnantpa-

---

[31] Büschleb, Hans Röttiger (wie Anm. 17), S. 84. Sein Vater Wilhelm Röttiger war Direktor einer Oberrealschule, was dem heutigen neusprachlichen Gymnasium entspricht, sowie Major der Reserve.
[32] Zu den Prinzipien der Offizier-Auslese durch Wertmaßstäbe und sozialen Segregation vgl. Kroener, Auf dem Weg (wie Anm. 25), S. 672.
[33] Auch im Folgenden: BA-MA, Pers 1/103980, Personalakte Hans Röttiger.
[34] Büschleb, Hans Röttiger (wie Anm. 17), S. 84.
[35] Heusinger und Röttiger bezeichneten beide diese Kämpfe als besonders prägend, vgl. Meyer, Adolf Heusinger (wie Anm. 22), S. 56.
[36] BA-MA, Pers 1/103980, Abiturbescheinigung des Heinrich-Hertz-Realgymnasiums, Hamburg, vom 22.4.1919. Demnach war die Reifeprüfung am 25.9.1917 abgelegt worden.
[37] Viele Offiziere, die ursprünglich der Fußartillerie entstammten, hatten später im Zweiten Weltkrieg Spitzenstellungen inne. Vgl. Stumpf, Die Wehrmacht-Elite (wie Anm. 24), S. 168; vergleichbare Prägung erfuhr auch Röttigers späterer Vorgesetzter Kesselring, vgl. Lingen, Kesselrings letzte Schlacht (wie Anm. 21), S. 33–49.
[38] Deutsche Artillerie 1934–1945. Hrsg. von Joachim Engelmann und Horst Scheibert, Limburg 1974, S. 52 f. Dagegen Stumpf, Die Wehrmacht-Elite (wie Anm. 24), S. 168, Anm. 421.
[39] Ebd., S. 36. Allerdings wurden auch Offiziere, anderer Truppengattungen, wie etwa der Kavallerie, in die Panzerwaffe übernommen, z.B. Kielmansegg und Bonin.

tents[40], was eine wirtschaftliche Besserstellung bedeutete, und 1923 konnte Röttiger sein Heiratsgesuch stellen[41]. In der Reichswehrzeit in den 1920er-Jahren verlief seine Karriere laufbahngemäß, d.h. im Wechsel zwischen Stabsverwendung und Truppenkommando[42]. Die Teilnahme am Führergehilfen-Lehrgang »R« des Reichswehrministeriums, zuletzt 1930/31, sicherte ihm die Übernahme in den Generalstab[43].

Hauptmann Röttiger befand sich zu Beginn der 1930er-Jahre in einer Schlüsselposition: Seit Oktober 1931 war er Chef der 1. Kradschützen-Kompanie der Kraftfahrabteilung 6 in Münster, einem Vorläufer der späteren Panzerwaffe[44]. Die Kradschützen-Kompanien waren auf Wunsch der Inspektion der Kraftfahrttruppen unter Oberst Heinz Guderian seit 1929 zu Aufklärungsabteilungen umgebildet worden[45]. Als die Aufstellung von drei Panzerdivisionen in den Planungsstäben Gestalt annahm, konnte Röttiger später an leitender Stelle ins Oberkommando des Heeres versetzt werden. Nach der Machtübernahme der Nationalsozialisten und mit dem Ausbau der Wehrmacht gewann Röttigers Karriere deutlich an Fahrt, zumal durch den zunächst geheimen Aufbau der neuen Panzertruppe noch keine festen Strukturen geschaffen waren und dieser Truppenteil demnach durchlässiger für Aufsteiger war. Röttiger profitierte damit zum einen von der Technisierung des Militärs, zum anderen vom Prinzip der Leistungsbeförderung, das das Prinzip der Anciennität als Beförderungskriterium ablöste[46].

Umgekehrt hatten die Nationalsozialisten mit der Aufrüstungspolitik einen Schlüssel in der Hand, um sich die Systemloyalität des Militärs zu sichern[47]. Kroener hat herausgestellt, dass sich in der Wehrmacht in der Aufbauphase unter Reichskriegsminister Werner von Blomberg im Bemühen größtmöglicher Systemkonformität eine »Wehrmachtideologie« entwickelte, in der sich der Frontkämpfermythos wirkungsvoll mit der Volksgemeinschaftsideologie verband[48]. Gerade der Typus des »Frontkämpfers« erschien als zeitgemäßer Soldatentypus im Zeitalter der Massenheere, und er versprach die Überwindung des sozial geschlossenen Offizierkorps herkömmlicher Prägung[49]. Durch den

---

[40]   BA-MA, Pers 1/103980, Gesuch Röttiger vom 9.4.1919. Die Kriegsrangliste wie auch seine Bezüge wurden daraufhin entsprechend dem Gesuch angeglichen.
[41]   BA-MA, Pers 1/103980, Heiratsgesuch Röttiger mit Ilse Boldt vom 16.3.1923.
[42]   Er diente beim Artillerie Regiment 4/ Reichswehrbrigade IV, zunächst in Magdeburg, dann in Halberstadt und durchlief dabei die Verwendung als Batterie-Offizier, als Nachrichtenoffizier und als Abteilungs-Adjutant und erhielt gute Beurteilungen; langsam aber stetig wurde er befördert, am 1.4.1925 zum Oberleutnant, am 1.10.1931 zum Hauptmann. BA-MA, Pers 1/103980, Lebenslauf Hans Röttiger, von ihm verfasst, 1.8.1955.
[43]   Büschleb, Hans Röttiger (wie Anm. 17), S. 84.
[44]   BA-MA, Pers 1/103980, Lebenslauf Hans Röttiger, 1.8.1955.
[45]   Büschleb, Hans Röttiger (wie Anm. 17), S. 85.
[46]   Kroener, Auf dem Weg (wie Anm. 25), S. 673.
[47]   Klaus-Jürgen Müller hat auf das Problem der Aufrüstungsfrage und deren Auswirkungen auf die innere Kohärenz der Truppe in seiner Beck-Biographie hingewiesen. Vgl. Klaus-Jürgen Müller, Generaloberst Ludwig Beck: eine Biographie, Paderborn 2007.
[48]   Kroener, Auf dem Weg (wie Anm. 25), S. 651.
[49]   Ebd.

rasanten Ausbau erweiterte sich das Heeresoffizierkorps in den 1930er-Jahren um das Siebenfache, was dazu führte, dass eine innere Geschlossenheit des Korps nicht mehr zu erreichen war und neueingestellte Offiziere nicht mehr »amalgamiert« wurden[50].

Röttiger gehörte ab Sommer 1934 als Generalstabsoffizier dem »Sonderstab bei der Inspektion der Kraftfahrttruppen« an, die ab Herbst die Bezeichnung erste Panzerbrigade führte[51]. In dieser Stellung war Röttiger als Führungsgehilfe maßgeblich an der Aufstellung der ersten drei Panzerdivisionen beteiligt, die im Herbst 1935 abgeschlossen wurde. Danach wechselte er als 1. Referent in die 8. (technische) Abteilung des Generalstabs des Heeres unter General Walter Model und wurde dort zum Januar 1936 zum Major befördert[52]. Während seiner zweijährigen Dienstverwendung im Oberkommando des Heeres wurde Röttiger mit der Fülle technischer Fragen in den Bereichen Rüstung, Ausrüstung, Instandsetzung und Nachschub vertraut.

Nach mehreren Generalstabsverwendungen wechselte er in die Truppe[53], zunächst als Ia bei der 17. Infanteriedivision in Nürnberg. Diese Tätigkeit lag ihm nicht, war aber mit konkreten Einsätzen während des »Anschlusses« Österreichs und dem Einmarsch ins Sudetenland 1938 verbunden. 1938 zum Oberstleutnant befördert, wurde er Chef des Stabes beim »Chef der Schnellen Truppen«, General der Panzertruppen Heinz Guderian. Als dessen engster Mitarbeiter leitete er einen kleinen Stab von acht Offizieren, der sich mit Fragen der Heeresmotorisierung, Ausarbeitung von Vorschriften sowie der technischen und taktischen Ausbildung des Heeres befasste. Röttiger fungierte mit seiner Dienststelle zugleich als Manöverstab für die »Marsch- und Gefechtsübung motorisierte Verbände 1939«[54], einer Übung, die schließlich in der allgemeinen Mobilmachung zu Kriegsbeginn endete. Röttiger hatte damit wie kaum ein anderer Einblick in die Möglichkeiten und Grenzen, die die neue Waffengattung bot[55].

---

50 Ebd., S. 652.
51 Aufgabe des Sonderstabs war die Organisation der geplanten weiteren Motorisierung, was technische Vorarbeit sowie Übungen mit der Versuchstruppe (besonders mit der I. Abteilung des IR 14 in Meiningen) umfasste. BA-MA, Pers 1/103980, Lebenslauf Hans Röttiger, 1.8.1955.
52 In Zusammenarbeit mit den Waffen-Inspektionen und dem Heereswaffenamt entwickelte Röttiger dort Konstruktion und Produktionsreife des neuen Sturmgeschützes, da er »artilleristische Kenntnisse mit Erfahrungen als Panzermann« verband. Vgl. Büschleb, Hans Röttiger (wie Anm. 17), S. 85.
53 Röttiger sollte »die Truppe kennenlernen, wie sie nun in der Wehrmacht ihre neue Identität suchte«. Ebd.
54 Ebd.
55 Heusinger hat in seinen Erinnerungen ein Gespräch mit Röttiger (unter der Bezeichnung »der Chef Manöverleitung«) festgehalten, in dem Röttiger seiner Sorge vor einem baldigen Kriegsausbruch Ausdruck gibt. Aus organisatorisch-taktischer Sicht sei die Panzerwaffe noch nicht effektiv einsatzbereit, da deren Aufrüstung, Training und taktischer Aufbau noch nicht zufriedenstellend seien. Vgl. Adolf Heusinger, Befehl im Widerstreit, Tübingen 1950, S. 51–53.

Der Kriegsbeginn unterbrach Röttigers Arbeit mit Guderian. Nach dem Polenfeldzug kam er als 1. Generalstabsoffizier zum VI. Armeekorps, das am Westwall in der Eifel eingesetzt war, und wurde im Februar 1940 zum Chef des Generalstabs des XXXXI. Armeekorps unter General der Panzertruppen Hans-Georg Reinhardt ernannt. Dieses Korps war im Rahmen der Panzergruppe Kleist am Durchbruch bis zum Ärmelkanal sowie an der Einnahme der Festung Épinal und an der Aisne-Front beteiligt[56]. Als die Wehrmacht 1941 Jugoslawien angriff, hatte die Panzerwaffe, wie zuvor schon im Frankreichfeldzug, maßgeblichen Anteil am schnellen Vordringen[57]. Röttiger, gerade zum Oberst befördert, zeigte dabei »überdurchschnittliche Leistungen«, wie sein Vorgesetzter unterstrich[58].

Am 22. Juni 1941 griff die Wehrmacht die Sowjetunion an. Röttiger stieß mit den Panzertruppen des IV. Armeekorps der Heeresgruppe Mitte auf Hitlers Geheiß ab August 1941 in Richtung Leningrad vor. Die Panzertruppe erzielte dabei in den Kesselschlachten um Wjasma und Brjansk anfänglich große Erfolge[59]. Doch lief sich der Vorstoß wegen des schlechten Herbstwetters fest und das XXXXI. Panzerkorps kam Ende Oktober in den Winterschlachten vor Moskau um Rshew im Raum Kalinin zum Stehen[60]. Dies gab der Roten Armee genügend Zeit, um neue Kräfte zu sammeln und den Angriff auf Moskau schließlich im Februar 1942 mit einer Gegenoffensive zu beantworten.

Röttiger diente von Januar 1942 bis Juli 1943 als Chef des Generalstabs des Panzer-Armeeoberkommandos 4 zunächst unter Generaloberst Richard Ruoff, dann unter seinem Nachfolger, Generaloberst Heinrici an den Verteidigungslinien des Mittelabschnitts, westlich von Moskau, und wurde dort im September 1942 zum Generalmajor befördert[61]. In diese Zeit fällt seine in der Nürnberger Zeugenaussage wiedergegebene Beobachtung der Judenmorde durch die Einsatzgruppe A. Im Juli 1943 wechselte er als Generalstabschef zur Heeresgruppe A unter Generalfeldmarschall Ewald von Kleist, der ihn bereits aus dem Frankreichfeldzug kannte, an die südliche Ostfront und war an den Kämpfen um den Kuban-Brückenkopf und an der Mius-Front sowie auf der Krim beteiligt, wofür er zum 1. September 1943 zum Generalleutnant befördert wurde[62]. Als die Verteidigungsstellungen am unteren Dnepr geräumt werden

---

56 BA-MA, Pers 1/103980, Lebenslauf Hans Röttiger, 1.8.1955.
57 Büschleb, Hans Röttiger (wie Anm. 17), S. 85; zum Balkanfeldzug (Operation Marita) vgl. Das Deutsche Reich und der Zweite Weltkrieg, Bd 3: Gerhard Schreiber, Bernd Stegemann und Detlef Vogel, Der Mittelmeerraum und Südosteuropa. Von der »non belligeranza«
    Italiens bis zum Kriegseintritt der Vereinigten Staaten, Stuttgart 1984, S. 417–511 (Beitrag Vogel).
58 BA-MA, Pers 1/103980, Befehlshaber PzGr 4 an OKH, Heerespersonalamt, 4.7.1941; dabei: Antrag Röttiger auf Erteilung eines Vorpatents vom 29.6.1941, gezeichnet Reinhardt.
59 Zum Verlauf der Offensive sowie der Kesselschlacht/ Doppelschlacht von Wjasma und Brjansk vgl. Das Deutsche Reich und der Zweite Weltkrieg, Bd 4: Horst Boog [u.a.], Der Angriff auf die Sowjetunion, 2. Aufl., Stuttgart 1987.
60 Büschleb, Hans Röttiger (wie Anm. 17), S. 85.
61 BA-MA, Pers 1/103980, Lebenslauf Hans Röttiger, 1.8.1955.
62 Büschleb, Hans Röttiger (wie Anm. 17), S. 86.

mussten, ließ Hitler im März 1944 die Oberbefehlshaber der südlichen Heeresgruppen, Erich von Manstein und Ewald von Kleist, samt ihrer Stäbe ablösen[63]. Kurzzeitig zur Führerreserve versetzt, erhielt Röttiger dann im Juni 1944, zeitgleich mit der Eroberung Roms durch die Alliierten, seine letzte Verwendung als Chef des Generalstabs der Heeresgruppe C in Italien unter Feldmarschall Albert Kesselring und wurde im Januar 1945 zum General der Panzertruppen befördert.

Die schnell aufeinanderfolgenden Beförderungen erklären sich aus dem Kriegsverlauf sowie aus personalpolitischen Absichten der Nationalsozialisten. Bereits mit der Propagierung des Leistungsprinzips als Kriterium der Offizierlaufbahn leitete die Wehrmacht einen tiefgreifenden Modernisierungsprozess ein, der durch die Verluste des Ostkriegs erzwungen und vom Nationalsozialismus sehr begrüßt wurde[64]. Mit der Übernahme des Heerespersonalamts durch Rudolf Schmundt ab Oktober 1942 setzte sich endgültig das Prinzip einer Koppelung von Dienstgrad und Dienststellung durch[65]. Geplant war die Schaffung eines einheitlichen »Führerkorps des Heeres«, und die Generalstabsoffiziere verloren ihre Sonderstellung, indem deren Personalführung aus der Zentralabteilung des Generalstabs des Heeres in das Heeres-Personalamt wechselte. Damit galt auch für die Generalstabsoffiziere das Prinzip der uneingeschränkten Leistungsbeförderung nach den Kriterien der »Bewährung in der Dienststellung«, also im Fronteinsatz. Dadurch war die Politik des Heerespersonalamts der Ära Seeckt aufgegeben, die dem Anspruch sozialer Homogenität gefolgt war[66]. Mit der Zerstörung des Offizierkorps traditioneller Prägung war auch mit der Zerstörung »seines konstitutiven Normengefüges ebenso wie seiner inneren Regelmechanismen« begonnen worden[67].

Kapitulation

Am 29. April 1945 unterzeichneten die deutschen Bevollmächtigten Oberst Viktor von Schweinitz (als Vertreter des Oberbefehlshabers der Heeresgruppe C, Heinrich von Vietinghoff-Scheel) und SS-Sturmbannführer Eugen Wenner (als Vertreter von SS-General Karl Wolff) den ersten Waffenstillstand in Europa, die vorzeitige Kapitulation der Heeresgruppe C in Norditalien[68]. Bei der

---

[63] Ebd.
[64] Kroener, Auf dem Weg (wie Anm. 25), S. 674.
[65] Ebd., S. 673.
[66] Ebd., S. 652.
[67] Ebd.
[68] Vgl. zuletzt Lingen, SS und Secret Service (wie Anm. 7). Als Standardwerk gilt noch immer Bradley F. Smith und Elena Agarossi, Unternehmen »Sonnenaufgang«. Das Kriegsende in Italien, Köln 1981. Die wichtigsten Teilnehmer an den Verhandlungen haben zudem Memoiren hinterlassen. Vgl. Allen Dulles und Gero v. Schulze-Gaevernitz, Unter-

Annahme des Waffenstillstands kam es im deutschen Hauptquartier in Bozen jedoch zu putschartigen Verwicklungen[69]. Kesselring, der Repressalien durch die SS fürchtete, ließ am Morgen des 30. April 1945 die Wehrmachtspitze in Italien, Vietinghoff und dessen Generalstabschef Röttiger, mit sofortiger Wirkung ihrer Posten entheben und in ihren Arbeitsräumen im »Gauleiterstollen« in Bozen einschließen; gleichzeitig bestimmte er General Friedrich Schulz und dessen Generalstabschef Fritz Wentzell zu ihren Nachfolgern. Erst nach langwierigen Verhandlungen der verschiedenen deutschen Stäbe konnten die Vereinbarungen am 2. Mai in Kraft treten; sie beschleunigten zweifellos die Gesamtkapitulation des Reiches am 8. Mai 1945.

Ende der 1940er-Jahre, besonders aber anlässlich der Entstehungsphase der Memoiren Kesselrings 1952/53 entspann sich unter den ehemaligen Offizieren der Heeresgruppe C ein lebhafter Disput um militärische Ehrbegriffe und die Kategorie der Vernunft in militärischen Befehlszusammenhängen[70]. Die weitgehend einheitliche Auffassung über militärische Treuepflichten war augenfällig am 20. Juli 1944 zerbrochen, und die Diskussion zwischen »Eidbrechern« und »Eidhaltern« legte das Fehlen gemeinsamer Maßstäbe bloß[71]. Dabei standen die Vertreter des »Durchhaltens bis zum Schluss« um Generalfeldmarschall Albert Kesselring den Verhandlungsführern Vietinghoff, Röttiger, Wolff und Botschafter Rahn auf der anderen Seite gegenüber. Die Auseinandersetzung um die Darstellung der Kapitulation auf Offizierebene zeigt, wie der Verlauf der Verhandlungen unter den einst in Italien eingesetzten Offizieren zum konstituierenden Faktor für die Nachkriegsbeurteilung wurde und später sogar dem Personalgutachterausschuss für die Bundeswehr als »Entscheidungshilfe« zugeleitet wurde.

---

nehmen »Sunrise«. Die geheime Geschichte des Kriegsendes in Italien, Düsseldorf 1967; Max Waibel, 1945 – Kapitulation in Norditalien. Originalbericht des Vermittlers, Basel 1981. Studien zum Waffenstillstand bieten Georg Kreis, Das Kriegsende in Norditalien 1945. In: Schweizer Monatshefte, 65 (1985), 6, S. 507–521; August Walzl, Kapitulationskonzepte im Alpen-Adria-Raum 1945. In: Militärgeschichtliche Mitteilungen (MGM), 40 (1986), 2, S. 71–84; Kerstin von Lingen, Immunitätsversprechen. Wie Obergruppenführer Karl Wolff der Strafverfolgung entging. In: Militärgeschichtliche Zeitschrift (MGZ), 68 (2009), 2, S. 1–42.

[69] Die Gruppe des Kesselring-Nachfolgers und Oberbefehlshabers der Heeresgruppe C, Heinrich von Vietinghoff-Scheel, und seines Generalstabchefs Röttiger, sowie seiner Armeechefs Lemelsen und Herrlein, stand am 29.4. der Gruppe um General Schulz, dessen Stabschef Wentzell sowie General Transportwesen Albert Schnez gegenüber, die auf Einhaltung des Eides gegenüber dem Oberbefehlshaber pochten und daher von Kesselring mit der Ablösung der zuvor genannten »Eidbrecher« und »Landesverräter« betraut worden waren; sie mussten erst überzeugt werden, bevor der Waffenstillstand am 2.5.1945 in Kraft treten konnte. Vgl. den Erlebnisbericht in BA-MA, MSg 2/8089, Tagebuch Fritz Pfrommer, Kriegstagebuchschreiber beim OB Südwest, über die Verhaftungen und Gegenverhaftungen im HQ des OBSW in Bozen, 29.4.–2.5.1945.

[70] Lingen, SS und Secret Service (wie Anm. 7), S. 178–188.

[71] Höfner, Die Aufrüstung (wie Anm. 15), S. 139–141; Hans-Jürgen Rautenberg, Zur Standortbestimmung für künftige deutsche Streitkräfte. In: Anfänge westdeutscher Sicherheitspolitik, Bd 1 (wie Anm. 1), S. 757–879, hier S. 826.

Kesselring, 1947 als Kriegsverbrecher verurteilt, ließ den Konflikt wieder aufbrechen, indem er aus der Haft heraus die Kapitulationsereignisse in einer Studie für die Historical Division, das Weltkriegswerk der US Army, behandelte[72]. Darin hatte er die Ereignisse zu seinen Gunsten verschwiegen, den Wert der Kapitulationsverhandlungen generell in Frage gestellt und als Grund für die Niederlage das »Zusammenbrechen der rückwärtigen Front« ausgemacht[73]. Röttiger bat seinen ehemaligen Oberbefehlshaber[74] um Verständnis für seine damalige Position; er zeigte viel von seinem militärischen Selbstverständnis, gemäß der eigenen Überzeugungen notfalls auch gegen die Mehrheit zu entscheiden, wenn er formulierte:»Was ist leichter, den Kampf bis zur letzten Patrone zu befehlen, oder an Stelle dessen die gesamte Verantwortung für eine freiwillige Kapitulation auf sich zu nehmen? Ich selbst bin mir aufgrund ureigenster herber Erfahrung über die Art der Beantwortung dieser Frage nicht im Zweifel[75].«

Auch Generaloberst Heinrich von Vietinghoff-Scheel, immerhin von Kesselring seines Postens enthoben[76], bat um Korrektur[77]. Gleichzeitig blieb der Korpsgeist jedoch ungebrochen, um Kesselrings Revisionsverfahren nicht zu gefährden. Vietinghoff zog 1951 sogar seine Memoiren vom Druck zurück, um dem Generalfeldmarschall nicht zu schaden, auch wenn man hinter den Kulissen weiter anderer Meinung war[78]. Röttiger sagte vor dem Münchner Landgericht in Kesselrings Entnazifizierungsverfahren aus, wobei er dessen These[79] vom völkerrechtswidrigen Krieg der italienischen Zivilbevölkerung gegen die

---

[72] Christian Greiner, »Operational History (German) Section« und »Naval Historical Team«. Deutsches militärstrategisches Denken im Dienst der amerikanischen Streitkräfte von 1946 bis 1950. In: Militärgeschichte. Probleme – Thesen – Wege. Im Auftrag des MGFA hrsg. von Manfred Messerschmidt [u.a.], Stuttgart 1982 (= Beiträge zur Militär- und Kriegsgeschichte, 25), S. 409–435; Bernd Wegner, Erschriebene Siege. Franz Halder, die »Historical Division« und die Rekonstruktion des Zweiten Weltkrieges im Geiste des deutschen Generalstabes. In: Politischer Wandel, organisierte Gewalt und nationale Sicherheit. Beiträge zur neueren Geschichte Frankreichs und Deutschlands. Im Auftrag des MGFA ausgewählt und zusammengestellt von Ernst Willi Hansen, Gerhard Schreiber und Bernd Wegner, München 1995 (= Beiträge zur Militärgeschichte, 50), S. 287–302, hier S. 294.

[73] Studienfragment Kesselring »Fortsetzung des Krieges« vom 8.1.1948, enthalten in BA-MA, N 422/4.

[74] BA-MA, N 422/4, Brief Röttiger an Kesselring, 8.1.1948 und Antwortbrief Kesselring an Röttiger, 24.3.1948.

[75] Ebd., S. 12.

[76] Ebd., S. 6:»Damit war diese unwürdige Komödie beendet – unwürdig vor allem, weil der Feldmarschall alles wußte und im Stillen gebilligt hatte, sich aber aus Scheu vor Hofer nicht zu bekennen wagte. Wie ich später von Wentzell hörte, hatte der FM nachts die Absicht gehabt, mich verhaften und standrechtlich aburteilen zu lassen. Nur die schroffe Weigerung insbesondere Wentzells, etwas Derartiges mitzumachen, habe Kesselring zur Umstellung gezwungen.«

[77] BA-MA, N 422/4, Stellungnahme von Vietinghoff zu Kesselring, 8.1.1948, S. 13 f., hier S. 14.

[78] Ebd., S. 4. Die »Hauptpersönlichkeiten« waren in Vietinghoffs Memoiren in der Tat harscher Kritik ausgesetzt.

[79] BA-MA, N 422/15 (Röttiger), Anträge und Einwendungen gegen Art. 33 und 34 des Befreiungsgesetzes, Albert Kesselring, 14 Seiten, 14.12.1951, Pag., S. 19.

deutsche Wehrmacht stützte[80]. Hierbei handelte es sich wohl um eine Gefällig-
keitserklärung (»Persilschein«) für seinen ehemaligen Oberbefehlshaber, zu der
sich Röttiger aus Loyalität (und wider besseres Wissen) entschlossen hatte.
Doch der Einsatz der Kameraden hatte Erfolg: 1952 wurde der Generalfeldmarschall begnadigt[81].

Als 1953, nach Kesselrings Haftentlassung, eine Vorabversion der Kessel-
ring-Memoiren herumgereicht wurde[82], die noch immer die bereits 1948 bean-
standeten Passagen enthielt[83], kam es zu einer neuerlichen Diskussion. Mit einer für ihn ungewöhnlichen Schärfe beklagte Röttiger, er sei über Kesselrings
Illoyalität und Unkameradschaft enttäuscht[84]. Dies sei »wenig fair, da wir alle
uns in den vergangenen Jahren immer wieder dagegen gewehrt haben, uns zu
der ganzen Sache eingehend zu äußern, gerade aus Rücksicht auf K.«, so Röttiger[85]. Zusammen mit Wolff und Rahn kam Röttiger überein, Kesselring ein
Memorandum zukommen zu lassen; er selbst sollte als Wortführer agieren[86].
Röttiger formulierte: »Aus der vorstehend erwähnten Überzeugung heraus
empfinden wir Unterzeichnenden die Art ihrer Ausführungen über den Waffenstillstand in Italien als eine unberechtigte und verletzende Herabsetzung
ihres Handelns, dessen Richtigkeit durch die politische Entwicklung der letzten
Jahre zudem vollauf bestätigt wird[87].«

Kesselring reagierte auf dieses Memorandum nicht, was seine Beziehung
insbesondere zu Röttiger nachhaltig belastete[88] und dadurch möglicherweise
auch eine Karriere Kesselrings als Ratgeber für die Bundeswehr verhinderte.
Intern wurde unter den Italienveteranen der Streit beigelegt, ohne dass es zu
einer einheitlichen Sprachregelung in Bezug auf die verweigerte Zustimmung

---

[80] BA-MA, N 422/15, Eidesstattliche Erklärung Hans Röttiger, 20.12.1951, S. 25–27, hier
      S. 27. Röttiger führte vor Gericht aus, es habe sich »bereits damals herausgestellt, daß die
      gemeldeten Übergriffe der bekanntlich sehr erfinderischen Phantasie der italienischen
      Bevölkerung entsprungen waren.«
[81] Lingen, Kesselrings letzte Schlacht (wie Anm. 21), S. 352.
[82] Kesselring hatte Röttiger im Januar 1953 selbst gebeten, einige ausgewählte Passagen
      seines Manuskripts »im Interesse unserer lieben alten Wehrmacht« Korrektur zu lesen
      (BA-MA, N 422/4, Kesselring an Röttiger, 15.1.1953).
[83] Ein Vergleich mit Kesselrings Memoiren hat ergeben, dass er die zitierte Passage fast
      wörtlich übernommen hat, jedoch gereinigt von weltanschaulichem Vokabular wie »dem
      größten Lebenskampf« und »Versagen der Führung«. Vgl. Albert Kesselring, Soldat bis
      zum letzten Tag, Bonn 1953, S. 409.
[84] »Es ist wirklich bedauerlich, dass acht Jahre nach den Ereignissen diese Fragen von K.
      wieder aufgegriffen werden, und zwar in einer Art und Weise, in der, alle, welche nicht
      derselben Ansicht sind, belastet und vor der Geschichte belastet werden durch Herrn K.«
      (BA-MA, N 422/4, Brief Röttiger an Karl Wolff, 25.3.1953).
[85] BA-MA, N 422/4, Brief Röttiger an Moll, 3.6.1953.
[86] Röttiger sei »nach dem Tode des Generaloberst von Vietinghoff der Vertreter der Heeres-
      gruppe, der über diese Dinge zu sprechen legitimiert ist.« (BA-MA, N 422/4, Moll an Röt-
      tiger, 12.5.1953) Hierin zeigt sich militärischer Korpsgeist und ein Selbstverständnis, sich
      auch acht Jahre nach der Kapitulation noch als Gemeinschaft zu begreifen und »im Na-
      men der Heeresgruppe«, die längst nicht mehr existierte, zu protestieren.
[87] BA-MA, N 422/4, Entwurf Memorandum zum Waffenstillstand für Kesselring, Juli 1953.
      8 S., hier S. 2.
[88] Privatbesitz N Bäumler, Brief Kesselring an Bäumler, 3.1.1958.

zur Kapitulation gekommen wäre[89]. Es ist jedoch erkennbar, dass gezielt auf Medienvertreter beim Radio[90] oder in der Presse zugegangen wurde, um die »richtigen« Informationen zu streuen. Die Gruppe um Röttiger wusste dabei die Mehrheit der Bevölkerung hinter sich: Positiv bewertet wurden ab etwa Mitte der 1950er-Jahre Offiziere, die Verantwortungsgefühl mit eigenem Risiko verbunden und sich sinnlosen Haltebefehlen widersetzt hatten. Diese Tendenz zeigte sich ab 1954 auch in der öffentlichen Resonanz auf die sogenannten Generalprozesse um Verbrechen gegen die eigenen Untergebenen in der Endphase der Kämpfe, besonders um die Erschießungen sogenannter »Defätisten«[91].

Himmerod: Röttigers Bereitschaft und Beitrag zur Heeresreform

In Planungstreffen, am bekanntesten war das Treffen im Kloster Himmerod in der Eifel, konnten die ehemaligen Berufsoffiziere ab 1950 im Auftrag des Bundeskanzlers Konrad Adenauer ihre Erfahrungen und taktisch-strategischen Lehren aus der eigenen Fronterfahrung in die Neuaufstellung der Streitkräfte einfließen lassen[92]. Es zeigte sich dabei, dass die Reformkonzepte, die den Aufbau der Bundeswehr begleiteten, die Gültigkeit des militärischen Erbes der Wehrmacht in Frage stellten. Viele ehemalige Soldaten fühlten sich zwischen 1945 und 1949 als Berufsgruppe insgesamt durch Maßnahmen der Besatzungsmacht und der deutschen Behörden herabgewürdigt[93]. Hinter der Forde-

---

[89] Vgl. hierzu den gesamten Schriftwechsel im Nachlass Friedrich Schulz, BA-MA, N 318/5.

[90] BA Koblenz, N 1245/45 (Lindner). Manuskript zur Sendung »Fünf Minuten vor Zwölf« (NDR), verfasst von Dr. Edgar von Schmidt-Pauli, gesendet 25.4.1955. So sprach der »Erzähler« in dieser Sendung offen Vietinghoffs Verdikt aus dessen unveröffentlichten Memoiren aus: »Der Feldmarschall billigt zwar Wolffs Aktion, will sich aber zu Lebzeiten des Führers nicht exponieren.« Die Kritik an Kesselring war 1955 möglich, weil dessen Popularität durch einige unglückliche Auftritte als Gutachter vor Gericht beträchtlich gelitten hatte und in der Presse ganz offen spekuliert wurde, ob Kesselring vielleicht ein »Nazigeneral« gewesen sei. Vgl. Lingen, Kesselrings letzte Schlacht (wie Anm. 21), S. 330–334.

[91] Dies wurde im Zusammenhang mit den bundesdeutschen ›Generalprozessen‹ besonders deutlich. Vgl. Alaric Searle, Revising the myth of a »clean Wehrmacht«: Generals' trials, public opinion, and the dynamics of Vergangenheitsbewältigung in West Germany, 1948–1960. In: German Historical Institute London, Bulletin, Vol. XXV, No. 2, Nov. 2003, S. 17–48, hier S. 26.

[92] Immer noch grundlegend: Hans-Jürgen Rautenberg und Norbert Wiggershaus, Die »Himmeroder Denkschrift« vom Oktober 1950. Politische und militärische Überlegungen für einen Beitrag der Bundesrepublik Deutschland zur westeuropäischen Verteidigung. Hrsg. vom MGFA, Karlsruhe 1977; Dieter Krüger, Das Amt Blank. Die schwierige Gründung des Bundesministeriums für Verteidigung, Freiburg i.Br. 1993 (= Einzelschriften zur Militärgeschichte, 38).

[93] Vgl. Meyer, Zur Situation (wie Anm. 1), S. 652, sowie Meyer, Soldaten ohne Armee (wie Anm. 1).

rung nach dem Ende der »Diffamierung« verbarg sich im Grunde der unausge-
sprochene Wunsch nach Rehabilitierung und Freispruch von einer Mitschuld
am Krieg der deutschen Wehrmacht[94] – getreu der Überzeugung, dass nicht die
eigene Kriegführung ehrenrührig gewesen sei, sondern allein die Behandlung
durch die Siegermächte die Ehre des deutschen Soldaten untergraben habe[95].

Bereits kurz nach der Gründung der Bundesrepublik 1949 nahmen Überlegungen hinsichtlich einer deutschen Wiederbewaffnung konkret Gestalt an[96].
Adenauer hatte 1950 seinen sicherheitspolitischen Berater, Gerhard Graf von
Schwerin beauftragt, Sondierungsgespräche mit ehemaligen Offizieren zu führen. Schwerin startete seine Expertengespräche unter der Tarnbezeichnung
»Zentrale für Heimatdienst«. Am Ende eines komplizierten Prozesses wurden
15 Personen ausgewählt, darunter zehn ehemalige Generale und Admirale und
fünf Generalstabsoffiziere der Wehrmacht[97]. Die Expertengruppe kam unter
strikter Geheimhaltung – denn es drohte laut Besatzungsstatut Verhaftung bei
»heimlichen militärischen Zusammenkünften« – vom 5. bis 9. Oktober im
Kloster Himmerod in der Eifel zusammen[98]. Aus den Beratungen entstand die
»Denkschrift über die Aufstellung eines deutschen Kontingents im Rahmen
einer übernationalen Streitmacht zur Verteidigung Westeuropas«, Himmeroder
Denkschrift genannt[99]. Die Konzepte der »Inneren Führung« sowie des »Staatsbürgers in Uniform« wurden hier erstmals schriftlich fixiert[100].

Für die Tagung wurden vier Arbeitsgruppen gebildet, die sich mit den Fragen zur militärpolitischen Ausrichtung, allgemeinen Fragen der Neuaufstel-

---

[94] Krafft Freiherr Schenck zu Schweinsberg, Die Soldatenverbände in der Bundesrepublik.
In: Studien zur politischen und gesellschaftlichen Situation der Bundeswehr. Hrsg. von
Georg Picht, Bd 1, Witten 1965, S. 96–177, hier S. 116.

[95] Norbert Frei, Vergangenheitspolitik. Die Anfänge der Bundesrepublik und die NS-Vergangenheit, München 1996, S. 195.

[96] Auch im Folgenden vgl. Wiggershaus, Die Entscheidung (wie Anm. 15), S. 325–402.

[97] Teilnehmer waren Admiral Walter Gladisch, Vizeadmiral Friedrich Runge, Generaloberst
Heinrich von Vietinghoff-Scheel, General d. Inf. Hermann Foertsch, General d. Pz Frido-
lin von Senger und Etterlin, General d. Fl. Robert Knauss, General d. Fl. Rudolf Meister,
General d. Pz Hans Röttiger, Kapitän z.S. Alfred Schulze-Hinrichs, Generalleutnant Adolf
Heusinger, Generalleutnant Hans Speidel, Oberst Johann Adolf Graf von Kielmansegg,
Oberst Eberhard Graf Nostitz, Major Horst Krüger (Luftwaffe) und Major Wolf Graf Bau-
dissin, der als Vertreter des zunächst vorgesehenen Oberst v. Bonin hinzugezogen wurde.
Röttiger war auf Vorschlag Graf Schwerins im Juli 1950 auf die Teilnehmerliste gesetzt
worden. Vgl. Meyer, Adolf Heusinger (wie Anm. 22), S. 401.

[98] Allerdings gab es an seiner Auswahl auch Kritik, besonders um die Person des Generaloberst Hermann Foertsch, der in den 1930er-Jahren die Formel der Vereidigung auf Hitler
geprägt hatte. Vgl. Donald Abenheim, Bundeswehr und Tradition. Die Suche nach dem
gültigen Erbe der deutschen Soldaten, München 1989 (= Beiträge zur Militärgeschichte,
27), S. 37.

[99] Hans-Jürgen Rautenberg und Norbert Wiggershaus, Die »Himmeroder Denkschrift« vom
Oktober 1950. Politische und militärische Überlegungen für einen Beitrag der Bundesrepublik Deutschland zur westeuropäischen Verteidigung. In: MGM, 21 (1977), S. 135–206.

[100] Abenheim, Bundeswehr und Tradition (wie Anm. 98), S. 37. Dabei kam Graf Kielman-
segg, der als Sekretär fungierte und den Text auch abschließend überarbeitete, eine
Schlüsselrolle zu. Vgl. Feldmeyer/Meyer, Johann Adolf Graf von Kielmansegg (wie
Anm. 21), S. 44–46.

lung, organisatorischen Belangen sowie Fragen zur Ausbildung beschäftigen sollten. Röttiger gehörte, zusammen mit Heusinger, dem Ausschuss für Organisationsfragen an, der sich um Fragen der operativen Ausgangslage kümmerte und Vorschläge für Art, Gliederung, Bewaffnung und Größenordnung der Truppenverbände sowie hinsichtlich eines Zeitplans der Aufstellung unterbreitete[101]. Der erste Teil der Denkschrift, in welchem es um die psychologischen Voraussetzungen eines deutschen Wehrbeitrags ging, gilt als der umstrittenste. In ihm machten sich die Generale Positionen der Soldatenverbände um Versorgungsfragen und das Problem der Kriegsverbrecher zu eigen[102]. Die Versorgungsfrage spielte eine bedeutende Rolle, denn nur, wenn der Umgang mit den alten militärischen Eliten geregelt war, konnte an eine Neuaufstellung gedacht werden[103]. Mit dem Kontrollratsgesetz Nr. 34 waren die Versorgungsansprüche der Bediensteten des ehemaligen Deutschen Reiches weggefallen, sodass neben Beamten auch Offiziere in der Nachkriegszeit in wirtschaftliche Not gerieten und teilweise als ungelernte Arbeiter den Lebensunterhalt verdienen mussten[104]. Dieser »Zwang zur Verbürgerlichung« hat zweifellos die Zerschlagung eines alten Elitenverständnisses weiter befördert und die Herausbildung eines »modernen Berufsbildes« in der Bundeswehr begünstigt[105].

Was die Organisation der Streitkräfte betraf, kamen die Planer überein, dass ein einzelner Offizier den Oberbefehl über die drei Truppenteile Heer, Marine und Luftwaffe übernehmen sollte – also anders als in Reichswehr und Wehrmacht –, und dieser »Generalinspekteur der Bundeswehr« würde wiederum dem Oberhaupt der Streitkräfte, dem Bundespräsidenten, unterstellt sein[106]; die Personalführung sollte in den Händen eines Ministers für Sicherheitsfragen liegen. Eine zentrale Forderung der Himmeroder Denkschrift war die Integration der deutschen Verbände in die alliierte Kommandostruktur oberhalb der Ebene Division/Korps, bei gleichzeitiger Vermeidung eines alliierten Oberkommandos über deutsche Truppen, die dann, so die Befürchtung, als »Soldaten 2. Klasse« im Bündnis angesehen werden würden. Dies bedeutete im Grundsatz nichts weniger als die Forderung nach Abschaffung des Besatzungsstatuts und der Wiederherstellung (west-)deutscher Souveränität. Auch auf

---

[101] Meyer, Adolf Heusinger (wie Anm. 22), S. 417.
[102] Rautenberg/Wiggershaus, Die »Himmeroder Denkschrift« (wie Anm. 99), S. 169. Nach einer »Ehrenerklärung für den deutschen Soldaten« von Alliierten, Bundestag und Bundesregierung sollte die »Freilassung der als ›Kriegsverbrecher‹ verurteilten Deutschen« erreicht werden, sofern sie »nur auf Befehl gehandelt und sich keiner nach alten deutschen Gesetzen strafbaren Handlung schuldig gemacht haben«.
[103] Nur dann werde es gelingen, die »wirklich wertvollen, für den Aufbau einer zuverlässigen und hochstehenden Truppe unentbehrlichen Elemente« zu gewinnen. Rautenberg/Wiggershaus, Die »Himmeroder Denkschrift« (wie Anm. 99), S. 189.
[104] Meyer, Soldaten ohne Armee (wie Anm. 1), S. 685. Auch Röttiger hatte in den Jahren zwischen Juni 1948 und April 1950 als Großagent bei einer Versicherung gearbeitet und war im Mai 1950 bis 1954 zunächst als kaufmännischer Angestellter, dann als Geschäftsführer in eine Frankfurter Import/Export-Firma gewechselt, vgl. BA-MA, Pers 1/103980, Lebenslauf Hans Röttiger.
[105] Kroener, Auf dem Weg (wie Anm. 25), S. 662 und 678.
[106] Abenheim, Bundeswehr und Tradition (wie Anm. 98), S. 38.

operativem Gebiet standen die deutschen Offiziere mit ihrer Meinung im Widerspruch zu den westlichen Partnern[107]. Die Himmeroder Planungen sahen vor, zwölf deutsche Panzerdivisionen »als mobile Umfassungskräfte« nahe der innerdeutschen Grenze aufzustellen, die einen möglichen Angriff der Sowjetunion abfangen sollten, bevor Deutschland zum Kampfgebiet werden konnte; die NATO-Planungen sahen dagegen einen Rückzug alliierter Kräfte hinter den Rhein vor[108]. Die Himmeroder Pläne zur »Vorneverteidigung Mitteleuropas« durch die Alliierten konnten sich jedoch in diesem Punkt durchsetzen und wurden als einer der Grundsätze späterer NATO-Taktik festgeschrieben[109].

Röttigers Arbeit im Organisationsausschuss drückte dem entsprechenden Passus in der Himmeroder Denkschrift seine Handschrift auf: Mit der Neuaufstellung solle nicht an alte Traditionen angeknüpft, sondern »grundlegend Neues geschaffen« werden, jedoch unter Wahrung der »soldatischen Erfahrung und Gefühlen des deutschen Volkes«[110]. Demokratische Strukturen und strikte parlamentarische Kontrolle müssten von vornherein im neuen Heer implementiert werden, die Ausbildung der Soldaten in Zusammenarbeit mit den Partnern, insbesondere den USA, geleistet und hoher Qualitätsstandard durch ständige Lehrgänge bei den alliierten Streitkräften sichergestellt werden. Die Soldaten wurden so von Vertretern einer Elite zu »Staatsbürgern in Uniform«; Strukturen wie Beschwerderecht, Gewissensverweigerung und eine neue Militärgerichtsbarkeit sollten das Militär von Innen heraus erneuern. Daraus ergab sich der Gedanke der »Inneren Führung«, den vor allem Wolf Graf von Baudissin, Ulrich de Maizière, Hans Speidel, Heusinger und Graf Kielmansegg propagierten und der die Erziehung und charakterliche Bildung der Soldaten im Sinne eines staatsbürgerlich bewussten Handelns beinhaltete[111]. Der »Geist von Himmerod« wurde über die personelle Kontinuität zwar in der Bundeswehr implementiert[112], die Denkschrift selbst blieb jedoch bis 1977 unveröffentlicht

---

[107] Auch später kam es zwischen 1952 und 1955 wiederholt während der Petersberger Gespräche mit den Hohen Kommissaren der Besatzungsmächte zu Verstimmungen in dieser Frage. Vgl. Martin Rink, »Strukturen brausen um die Wette«. Zur Organisation des deutschen Heeres. In: Helmut R. Hammerich [u.a.], Das Heer (wie Anm. 16), S. 353–484, hier S. 413.

[108] Abenheim, Bundeswehr und Tradition (wie Anm. 98), S. 37.

[109] Ebd., S. 38.

[110] Rautenberg/Wiggershaus, Die »Himmeroder Denkschrift« (wie Anm. 99), S. 185.

[111] Eckardt Opitz, Geschichte der Inneren Führung. Vom »Inneren Gefüge« zur Führungsphilosophie der Bundeswehr. In: 50 Jahre Innere Führung. Von Himmerod (Eifel) nach Pristina (Kosovo). Geschichte, Probleme und Perspektiven einer Führungsphilosophie, Bremen 2001 (= Schriftenreihe des Wissenschaftlichen Forums für Internationale Sicherheit, 17), S. 11–25, hier S. 12.

[112] Sieben Offiziere des Himmeroder Treffens, die altersmäßig überhaupt noch für eine Wiedereinstellung in Frage kamen, wurden später in die Bundeswehr übernommen und bekleideten Spitzenstellungen, einige wenige wie Heusinger, Graf Baudissin sogar innerhalb der NATO oder als Kommandeure der alliierten Landstreitkräfte Mitte (Graf Kielmansegg und Speidel). Zwei Offiziere (Eberhard Graf Nostitz und Alfred Schulze-Hinrichs) machten Karriere im Bundesnachrichtendienst, drei (Heinrich von Vietinghoff-Scheel, R. Knauss und Walter Gladisch) verstarben vor Aufstellung der Bundeswehr, und zwei (Hermann Foertsch, Rudolf Meister) fanden keine neue Verwendung. Senger-

und war nur wenigen bekannt. Die Durchsetzbarkeit der neuen Prinzipien in den unteren Rängen blieb daher in den Anfangsjahren der Bundeswehr umstritten bzw. unverständlich[113]. Der Grund für diese Ablehnung ist darin zu suchen, dass »viele alte Soldaten den sozialen, politischen und technischen Umbruch nicht begriffen haben«[114]. Neuerungen wie die Forderung nach einem »Staatsbürger in Uniform« wurden von den ehemaligen Wehrmachtoffizieren als stiller Vorwurf an die Vergangenheit verstanden und von Soldatenvertretern entschieden zurückgewiesen[115].

Für eine Neuausrichtung soldatischen Traditionsverständnisses zentral war die Arbeit des Personalgutachterausschusses (PGA), der über die Wiederverwendung von Spitzenmilitärs in der neuen Armee (ab Oberst/Kapitän z.S.) mitzuentscheiden hatte, alle Neueinstellungswilligen auf ihre Eignung und Verhalten im Krieg überprüfte und damit das geforderte »Selbstreinigungsinstrument« der Truppe darstellte[116]. Zwar versuchten auch andere Gruppierungen, dabei besonders von Manstein, Einfluss auf die Personalentscheidungen zu nehmen, sie blieben jedoch meist erfolglos[117]. Röttiger hatte starke Fürsprecher im Personalgutachterausschuss und war anlässlich eines Besuchs in Bonn direkt zur Kandidatur aufgefordert worden[118]. Zudem war er als Panzergeneral wie kein anderer auch fachlich bestens ausgewiesen, da das neuaufzustellende Kontingent vornehmlich aus Panzerdivisionen bestehen sollte. Generaloberst Hans-Georg Reinhardt verwandte sich im März 1956 bei Verteidigungsminister Franz Josef Strauß für Röttiger[119], indem er dessen charakterliche Eignung für die neue

---

Etterlin trat als Mitglied in den Personalgutachterausschuss ein, bemühte sich jedoch nicht selbst um eine Wiedereinstellung.

[113] Tätigkeitsbericht des Personalgutachterausschusses für die Streitkräfte, Deutscher Bundestag, 3. Wahlperiode, Drucksache 109, 6.12.1957, S. 12 f. In: Verhandlungen des Deutschen Bundestages, 3. Wahlperiode, Darmstadt 1958, Anlagen, Bd 55.

[114] Schenck zu Schweinsberg, Soldatenverbände, S. 141.

[115] Der Stahlhelm, Informationsbrief Nr. 77/Nov. 1957. Ausschlaggebend, so Kesselring, sei allein der »Kampfwert eines Soldaten«.

[116] Im Bemühen um heterogene Zusammensetzung war das Verhältnis zwischen Angehörigen der Widerstandsbewegung und Wehrmachtoffizieren im Personalgutachterausschuss zwar gering – von 38 Mitgliedern waren 22 Offiziere, davon zwei aus dem Widerstand, die freilich die Arbeit dort prägten; insbesondere der Einfluss Boeselagers kann nicht genug hervorgehoben werden, Wrochem, Erich von Manstein (wie Anm. 2), S. 334.

[117] Erich von Manstein ließ sich beispielsweise von den Generalen Kurt Brennecke, Adolf Kuntzen und Friedrich Herrlein privat über anstehende Entscheidungen informieren und machte Vorschläge für Stellenbesetzungen, etwa seinen ehemaligen Generalstabschef Theodor Busse als Ersten Heeresinspekteur. Doch Busse konnte im PGA keine Mehrheit hinter sich vereinen, da auch er als einer der »Durchhalter« bis zum Schluss angesehen wurde. Vgl. Ebd., S. 335.

[118] Aus der Personalakte, BA-MA, Pers 1/103980, ergibt sich, dass Röttiger zum 6.2.1956 zu einem Besuch in Bonn war und erfahren hatte, dass Siegfried Westphals Bewerbung keine Mehrheit gefunden hatte und General Reinhard sich für ihn ausgesprochen hatte. Danach reichte er am 14.2.1956 seine Bewerbungsunterlagen ein. Bald tauchten erste Zweifel an Röttigers gesundheitlicher Eignung auf (vgl. Brief Röttigers an OTL v. Kleist, 25.5.1956), und er musste sich mehreren Nachuntersuchungen unterziehen, die jedoch positiv ausfielen, so dass er zum 6.6.1956 schließlich die Einstellungsbefürwortung erhielt.

[119] Büschleb, Hans Röttiger (wie Anm. 17), S. 87.

Armee hervor hob: »ein in jeder Hinsicht hervorragender Offizier«[120]. Reinhardt betonte, dass Röttiger ein besonders ausgeprägtes Verständnis mitbringe für »alle Fragen technischer und taktischer Art, die die Panzertruppe und motorisierte Truppe berühren« und neben der Erfahrung in seinem eigenen Armeekorps vor allem bei Guderian gelernt habe »und das zu einer Zeit, da die deutsche Panzerwaffe sich noch Leistungen zumuten konnte, die auch heute noch Geltung haben«[121].

Manstein dagegen bemängelte Röttigers Kandidatur und verwies, neben der seiner Meinung nach mangelnden militärischen Eignung des Bewerbers, auch dezidiert auf dessen militärisch non-konformes Verhalten bei der Kapitulation sowie auf dessen Auftreten als Zeuge in Nürnberg. Röttiger, so Manstein, komme als Heeresinspekteur nicht einmal in Frage, »da er – von der italienischen Sache und Nürnberg einmal abgesehen – auch nicht die Eignung habe, und weil er nie ein Kommando geführt und nicht mal ein Ritterkreuz habe, der Truppe gegenüber eben als ›Bürogeneral‹ erscheinen würde«[122]. Manstein ließ keinen Zweifel daran, dass er Röttigers Eigenmächtigkeit zu Kriegsende als »Meuterei« ablehnte und auf Seiten von Schulz stand[123].

Die Kontrahenten Schulz und Röttiger wurden vom Personalgutachterausschuss aufgefordert, ihre Differenzen beizulegen. Im Herbst 1956 willigten beide ein, sich zunächst schriftlich um eine gemeinsam getragene Erklärung zur Kapitulation in Italien zu bemühen. Darüber kam es schon zum Jahreswechsel zum brieflich ausgetragenen Dissens. Hauptstreitpunkt der beiden Kontrahenten war der Vorwurf, die Kapitulation in Jugoslawien habe zur Erschießung vieler Truppenführer geführt[124]. Röttiger betonte, dass eine Einigung auf Grundlage derartig konträrer Standpunkte wohl nicht möglich sei, denn »schließlich muss man ja zu seinen Überzeugungen stehen«[125]. Schulz brach daraufhin den Kontakt zu Röttiger ab[126]. Letztlich ging es in diesem Streit we-

---

[120] BA-MA, Pers 1/103980, Personalakte Hans Röttiger, Brief Reinhardt an OTL v. Kleist, 16.3.1956. Reinhardt erwähnte, dass er beim Führergehilfenlehrgang 1929/30, und später im Kriege als Chef des Stabes des von ihm geführten XXXXI. Panzerkorps Röttigers direkter Vorgesetzter gewesen sei und dessen »ruhige Führungsqualitäten« beim Panzerdurchbruch auf Dünkirchen, bei der Einnahme von Belgrad sowie im Vormarsch auf Leningrad und in der Wjasmaschlacht schätzen gelernt habe.

[121] BA-MA, Pers 1/103980, Brief Reinhardt an Kleist, 16.3.1956.

[122] Manstein an Busse, 11.7.1956, zitiert nach Wrochem, Erich von Manstein (wie Anm. 2), S. 336. Diese Kritik ließ er auch Adenauer überbringen, vgl. BA-MA, Pers 1/103980, Brief Adenauer an Blank, 21.9.1956.

[123] Ebd., S. 337.

[124] Schulz beharrte darauf, die Heeresgruppe E, die zum Zeitpunkt der Kapitulation tief im jugoslawischen Gebiet stand, habe nur noch ein paar Tage gebraucht, um sich ebenfalls nach Westen abzusetzen. Röttiger betonte, dass einzig die Kapitulationsverhandlungen die Engländer und Amerikaner überhaupt zu einem schnellen Vormarsch in den Raum Triest und Oberösterreich befähigt hätten, die Kapitulation der Heeresgruppe C also unabdingbare Voraussetzung war und sogar noch früher hätte erfolgen müssen, damit die Heeresgruppe E sich hätte anschließen können.

[125] BA-MA, N 318/5, Brief Röttiger an Schulz, 30.1.1957.

[126] In der Rückschau bedauerte er, dass Röttiger »nur seine Gründe für die damalige Handlungsweise« habe gelten lassen wollen, und dies, obwohl er, Schulz, »sogar soweit ging,

niger um sachliche Argumente als um die Kränkung der Absetzung und die mit der Befehlsverweigerung durch Röttiger verbundene Ehrverletzung bei Schulz. Doch blieb er nicht ohne Wirkung auf den Personalgutachterausschuss, der danach eindeutig die modernere Position bezog und auf Seiten Röttigers stand; das Wiedereinstellungsgesuch von General Friedrich Schulz wurde abgelehnt, was dieser zu Unrecht Röttiger persönlich anlastete[127]. Zwar hatte die Schlichtung des Streits Manstein und andere einflussreiche Offiziere viel Mühe gekostet[128], die Differenzen innerhalb der Generalität, und mit ihnen die Bruchlinien militärischer Tradition, ließen sich jedoch nicht mit Geheimdiplomatie ausbalancieren. Röttiger personifizierte zweifellos den Soldatentypus der Zukunft[129].

Atomstreit und Brigadegliederung

Am 22. September 1956 konnte Röttiger seinen Dienst als Heeresinspekteur antreten[130] und stand damit an der Spitze eines kleinen Heeres, das damals gerade 40 000 Mann stark war. Konkrete Befehlsbefugnis kraft eigenen Rechts war mit dem Amt jedoch nicht verbunden, der Heeresinspekteur war faktisch einer der Abteilungsleiter des Verteidigungsministeriums[131]. Der neuen Armee standen mehr Kaderverbände, Prüf- und Ausbildungsstätten als fertige Truppenteile und Schulen zur Verfügung, und der ihm vorgesetzte Staatssekretär ließ Röttiger spüren, dass er allem, was aus der Wehrmacht kam, mit großem Misstrauen gegenüber stand.

---

die Behandlung, die ich von Seiten Röttigers damals erfuhr und die ja nach alten Begriffen nur als Meuterei zu bezeichnen war, schamhaft zu verschweigen«, BA-MA, N 318/5, Brief Schulz an Schuster, 8.9.1957.

[127] Es lässt sich jedoch umgekehrt nachweisen, dass Schulz anlässlich seiner Befragung in Bonn darauf hingewiesen hatte, dass ihm »eine Zusammenarbeit mit Röttiger sowohl im persönlichen wie auch im Interesse der neuen Wehrmacht nicht möglich sei«. Nach erfolgter Berufung Röttigers bedauerte er, dass er »als alter Soldat dem neuen Heer einen anderen Führer und Inspekteur gewünscht habe«. BA-MA, N 318/5, Brief Schulz an Schuster, 8.9.1957.

[128] Wrochem, Erich von Manstein (wie Anm. 2), S. 338.

[129] An dieser Stelle sei die Überlegung eingeschoben, die gleichwohl erst noch durch weiterführende Studien erhärtet werden müsste, ob an der Italienfront zumindest mehrere Offiziere dieses zukunftsfähigen Typus' anzutreffen waren, da es dort möglicherweise mehr Freiraum für Gewissensentscheidungen gegeben hat als an anderen Fronten. Es ist auffällig, dass mehrere ehemals in Italien eingesetzten Wehrmachtoffizieren in Spitzenstellungen der Bundeswehr übernommen wurden, z.B. Smilo v. Lüttwitz, Otto Moll, Achim Oster, Max Pemsel, Albert Schnez, Heinz Trettner.

[130] Röttiger hatte es im kleinen Kreis als »Opfer« bezeichnet, sich wieder zur Verfügung gestellt zu haben. Vgl. Büschleb, Hans Röttiger (wie Anm. 17), S. 87.

[131] Ebd.

Röttigers Haltung im sogenannten Atomstreit war bestimmend für den erfolgreich bestandenen Eignungstest und zeigt viel von der Kriegserfahrung im operativen Sinn, die er in sein neues Amt einfließen ließ[132]. Er konnte seine Position deutlich machen, als es kurz nach seinem Dienstantritt um die Frage einer zusätzlichen Bewaffnung deutscher Kontingente mit Trägerwaffen für atomare Sprengkörper ging[133]. Dafür war im Oktober 1956 von Verteidigungsminister Strauß ein »Atomausschuss« eingerichtet worden[134]. Wie Heusinger[135] sah Röttiger eine solche Bewaffnung nur als Zusatz an, sie sei nicht kriegsentscheidend. Auch Röttiger bestand auf seinen konventionellen Vorstellungen einer konventionellen Bewaffnung des geplanten Berufsheers unter Vermeidung einer atomaren Aufrüstung, die einen »fatalen Automatismus hin zu einem Verteidigungsschlag mit Atomwaffen« darstelle[136].

In Röttigers Argumentation zeigt sich deutlich sein »italienisches Trauma« aus dem Gewissenskonflikt: Der Angreifer, so Röttiger, sei seit jeher völkerrechtlich im Unrecht, und er wolle es als Inspekteur keinem seiner Soldaten zumuten, derartige Massenvernichtung befehlen zu müssen, zumal ihm die neue Armee ja auch die Möglichkeit gebe, Befehle aus Gewissensgründen als »unsittlich« abzulehnen[137].

Im März 1958 billigte der Bundestag die Ausrüstung der Bundeswehr mit nuklearfähigen Trägerwaffen[138]. Röttiger sah eine der Schwierigkeiten einer Ausrüstung mit Atomwaffen darin, dass sie sich sehr schnell auch gegen deutsches Gebiet richten lassen würden, bzw. der Angreifer selbst davon Gebrauch machen könnte, Deutschland somit Gefahr lief, zum atomaren Gefechtsfeld zu werden, wenn die Verteidigungslinie nicht so weit ostwärts wie möglich läge:

---

[132] Nach Ablauf der Eignungsübung wurde ihm die Ernennungsurkunde zum Heeresinspekteur durch Bundespräsident Theodor Heuss überreicht, vgl. BA-MA, Pers 1/103980, Ernennungsurkunde vom 8.3.1957, mit Ernennung zum Generalleutnant.

[133] Vgl. hierzu grundlegend Bruno Thoß, NATO-Strategie und nationale Verteidigungsplanung. Planung und Aufbau der Bundeswehr unter den Bedingungen einer massiven atomaren Vergeltungsstrategie 1952 bis 1960, München 2006 (= Sicherheitspolitik und Streitkräfte der Bundesrepublik Deutschland, 1).

[134] Meyer, Adolf Heusinger (wie Anm. 22), S. 497.

[135] Ebd., S. 461 f.

[136] Diese Position vertrat Röttiger in einem Leserbrief in der Wehrkunde 10/1956, S. 517. Dort nahm er unter dem Titel »Umrüstung und Atomdienstverweigerung« zur Aufstellung von Atomwaffen auf deutschem Boden kritisch Stellung.

[137] Leserbrief Röttigers in Wehrkunde, 10/1956, S. 517. Röttigers Prägung durch die Nachkriegszeit wird ganz deutlich, wenn er schreibt:»Nach den Erfahrungen in dieser Richtung insbesondere in der Folgezeit des Zweiten Weltkriegs, dürfte es immerhin fraglich sein, ob ein seiner Verantwortung bewußter Soldat, gleich welchen Dienstgrads, sich stets bereit finden wird, den Einsatz von Massenvernichtungswaffen zu decken oder auch nur ›mitzudecken‹«.

[138] Die Entscheidung stellte einen Kompromiss dar, da ein Angriff mit konventionellen Waffen durch das vergleichsweise kleine deutsche Kontingent sich nicht lange abwehren lassen würde, man andererseits aber auch nicht die Aufstellungspläne mit weiterer Truppenneuaufstellung belasten wollte. Vgl. Helmut R. Hammerich, Komiss kommt von Kompromiss. Das Heer der Bundeswehr zwischen Wehrmacht und US Army (1950 bis 1970). In: Hammerich [u.a.], Das Heer (wie Anm. 16), S. 17–351, hier S. 179.

»Der Feind muss wissen, dass er bei Überschreiten der Grenze keine Zone findet, der von Seiten der westlichen Verteidigung nur untergeordnete Bedeutung zugemessen wird, dass vielmehr sofort bei Überschreiten der Grenzen mit aller Macht zugeschlagen wird. Geschieht das nicht, besteht die Gefahr, dass der Westen Positionen verschenkt, die dem Angreifer später, auch unter dem Einsatz nuklearer Mittel, nicht wieder abgenommen werden können[139].«

Röttiger bestand zur Erreichung dieses Ziels, ganz im Sinne der Himmeroder Planungen, auf einer starken und beweglichen Gliederung von Panzerverbänden mit anderen Waffengattungen[140]. Ihm schwebte ein Einheitsverband vor, der für alle Kampfarten geeignet sein sollte[141]. Allerdings zeigte sich, dass unter der realpolitischen Notwendigkeit eines möglichst raschen Truppenaufbaus zur Schließung einer strategischen Lücke im Mittelabschnitt der NATO in Europa Organisationsfragen grundsätzlich Vorrang vor Ausbildungsinhalten bekamen. Röttiger bemühte sich, für den Aufstellungsplan von zwölf Panzerdivisionen an die technische und organisatorische Erfüllung der Ziele zu halten, die finanziell vorgegeben und politisch gesteckt worden waren[142]. Nach und nach nahmen so die 3. und 5. Panzerdivision Gestalt an.

Dennoch verlor Röttiger nicht seine Vision aus dem Blick, sich Gedanken über eine Heeresorganisation zu machen, die den Anforderungen eines »modernen« Bewegungskrieges gewachsen sein würden[143]. Röttiger hatte dem Führungsstab des Heeres vorgeschlagen, eine Organisationsform zu schaffen, die für alle Kampfarten geeignet sein würde, die Vorteile der Grenadier- und Panzerdivisionen in sich vereinigte und unter Berücksichtigung der »Atomkriegsverhältnisse« den Prinzipien »Einfachheit und Beweglichkeit« genügte[144]. Dies wird allgemein als die Geburtsstunde der »Brigade-Gliederung« des Heeres bezeichnet, die bis heute zum Muster der meisten NATO-Verbände in Europa geworden ist.

Die Aufstellung von mobilen Kampftruppen, die die Vorteile von motorisierten und gepanzerten Kräften in sich vereinigten, stellte im dritten Jahr ihres Bestehens ein Wagnis für die Bundeswehr dar. Sie war auch ein Zeichen an die westlichen Verbündeten, von deren »offener« Kampfgliederungsformation sie sich klar unterschied[145] und die zunächst, wohl aus Opportunitätsgründen, in den ersten Aufstellungsplanungen übernommen worden war. Mit der »Lehr- und Versuchsübung 1958« (LV 58), in der die Brigade zum Kernelement des Heeres avancierte, wurde die Neuerung eines engen taktischen Zusammenwirkens von Kampfpanzern und Panzergrenadieren umgesetzt, die im Zweiten Weltkrieg bereits zu Erfolgen geführt hatte, und sodann unter der Bezeichnung

---

139 Vorwärts-Strategie Röttiger, 27.2.1958, BA-MA, NHP-Dok Nr. 019.
140 BA-MA, Bw 2/1943, Gedanken zur Gliederung eines Einheitsverbands, Röttiger, 28.1.1958.
141 Rink, Strukturen (wie Anm. 107), S. 436.
142 Büschleb, Hans Röttiger (wie Anm. 17), S. 87.
143 Ebd.
144 Rink, Strukturen (wie Anm. 107), S. 437.
145 Martin Rink, Die Lehr- und Versuchsübung (LV) 58. Die zweite Heeresstruktur der Bundeswehr. In: Strategie und Technik, 10/2008, S. 35 f.

»Heeresstruktur 2« verabschiedet[146]. Es liegt auf der Hand, dass ein Panzeroffizier, der als Generalstabsoffizier bereits erste Erfahrungen mit beweglichen Panzerverbänden gesammelt hatte und im Zweiten Weltkrieg operative Entscheidungen mit ausgearbeitet hatte, auch 1958 wichtige Impulse gab, zumal er an verantwortlicher Stelle den Planungen vorstand[147].

Anstatt der bisher üblichen Kampfgruppen, die taktische Führungsaufgaben wahrzunehmen hatten, sollte das Heer nach Röttigers Vorstellung »organisch« gegliedert werden[148]: Taktische Kernelemente bildeten Panzer- und Panzergrenadierbrigaden, und Truppenteile konnten nach Bedarf (»organisch«) angepasst werden[149]. Die Panzerdivisionen umfassten jeweils zwei Panzer- und eine Panzergrenadierbrigade, bei den Panzergrenadierdivisionen waren umgekehrt zwei Panzergrenadier- und nur eine Panzerbrigade vorgesehen[150]. Eine Brigade trat als kleinstes operatives Element an die Stelle einer Division, die nun über drei dieser neuen Großverbände verfügte[151]. Bereits 1959 empfahl das Kommando der Alliierten Landstreitkräfte-Mitte den Verbündeten eine Übernahme seines Modells der Divisionsgliederung und machte somit deutlich, dass die Bundeswehr als Partner mit Sachverstand geschätzt wurde[152].

Am prägnantesten kommt Röttigers Kriegserfahrung aber wohl in einer Rede zum Ausdruck, die er anlässlich des Gelöbnisses von Rekruten am 26. Mai 1957 über die Eidbindung und die soldatische Gewissenentscheidung hielt, als deren Voraussetzung Röttiger Verantwortungsgefühl ausmachte[153]. Röttiger lud hier, getreu den Sprachregelungen, die in Himmerod gefunden worden waren, überlieferte Begriffe wie Eid und soldatische Tapferkeit in ethischem Sinn neu auf. Der Eid, so Röttiger, mahne zur »tapferen Verteidigung von Recht und Freiheit«, auch gegen Staatsverbrechen und Barbarei, und er schloss seine Rede mit dem persönlichen Appell, aus der seine eigene Erfahrung und

---

[146] Ebd.; ausführlich zum Übungsverlauf vgl. Rink, Strukturen (wie Anm. 107), S. 446 f.

[147] Rink, Die Lehr- und Versuchsübung (LV) 58 (wie Anm. 145), zieht direkte Parallelen zur LV 35, an der auch Röttiger mitwirkte. Schon damals hatten Kritiker mit großen Zweifeln die Neuerungsversuche einer umfassenden Motorisierung der Heeresverbände begleitet. Auch 1958 fehle es nicht an Kritikern, die lieber das »erfolgreiche Modell aus den bisherigen Kriegserfahrungen«, also der Massierung von Panzern unter gleichzeitiger Hinzuziehung der Infanterie im Verhältnis 1:1 weiter entwickelt sehen wollten, wie etwa Oberst Albert Schindler aus dem Führungsstab der Bundeswehr. Vgl. Rink, Strukturen (wie Anm. 107), S. 448.

[148] Ebd., S. 417.

[149] Martin Rink, Das Heer der Bundeswehr im Wandel 1950–2005: Von Himmerod zum Heer der Zukunft. In: Entschieden für Frieden – 50 Jahre Bundeswehr 1955 bis 2005. Im Auftrag des MGFA hrsg. von Klaus-Jürgen Bremm, Hans-Hubertus Mack und Martin Rink, Berlin 2005, S. 137–154, hier S. 142.

[150] Rink, Das Heer der Bundeswehr (wie Anm. 149), S. 143. Die Gebirgsdivision unterstellte man der Gebirgsbrigade einer Panzerdivision, und nur die Luftlandedivisionen waren nicht diesem Muster angeschlossen.

[151] Rink, Die Lehr- und Versuchsübung (LV) 58 (wie Anm. 145), S. 38.

[152] Rink, Das Heer der Bundeswehr (wie Anm. 149), S. 143; Rink, Strukturen (wie Anm. 107), S. 461 f.

[153] BA-MA, N 422/33, Ansprache Röttiger zum Gelöbnis in Hamburg, 26.5.1957.

die Verunglimpfung als »Eidbrecher« spricht: »Darum seien Sie tapfer, Kameraden, seien sie täglich tapfer![154].«

Fazit

Die Freiheit der Gewissensentscheidung war der Kern von Röttigers Kriegserfahrung, und nach den eigenen bitteren Erfahrungen mit Kameraden in Italien, in Nürnberg und anlässlich seiner Ernennung wollte er diese auf alle Zeit festgeschrieben wissen. Die Analyse der Laufbahn Röttigers hat dessen Prägung deutlich gemacht: Er war ein typischer Vertreter der Gründungsgeneration der Bundeswehr, die aus der Frontoffizierstellung des Ersten Weltkriegs im Zweiten Weltkrieg in Eliteränge aufrücken konnte. Die Analyse von Röttigers Verwendungen hat die Kriegserfahrungen während seiner Dienstzeit aufgezeigt, im operativen wie im erinnerungskulturellen Sinne, jedoch auch die Dynamik einbezogen, denen ein Offizier der Wehrmacht in den Kriegsjahren unterworfen war; schließlich hat sie diejenigen Ereignisse aufgezeigt, die einen Wandel seines militärischen Selbstverständnisses weg von starren Traditionen einleiteten. Röttiger gilt als Modernisierer des deutschen Heeres, legte er doch die operativen und strukturellen Grundlagen für eine moderne Form der Organisation, Bewaffnung und Taktik.

In der Zeit nach der Niederlage, zwischen 1945 und 1949, festigte sich Röttigers Einstellung, dass eine neue Armee die Fehler der alten vermeiden müsse und gerade nicht da wieder ansetzen durfte, wo man mit blindem Gehorsam und falsch verstandener Loyalität am 8. Mai 1945 hatte stehenbleiben müssen. Als er die Gelegenheit zur Mitarbeit an den Planungen zur Neuaufstellung erhielt – und dafür war wahrscheinlich die Kombination aus Sachverstand als Panzerfachmann und der Freundschaft zu Heusinger ausschlaggebend – erhob er die Freiheit der Gewissensentscheidung zum Ideal der soldatischen Bildung. Er hatte durch seine fortschreitende Krankheit jedoch keine Gelegenheit mehr, seine Pläne umzusetzen. Röttiger starb nach drei Jahren im Dienst am 15. April 1960, und man mag spekulieren, ob sich beispielsweise das Konzept der »Inneren Führung« stärker durchgesetzt hätte, wäre ihm nach erfolgreichem Abschluss der operativen Planung in der Aufstellungsphase der Streitkräfte die Zeit geblieben, mehr auf den strukturellen Umbau der Streitkräfte und den Standard der Ausbildung Einfluss nehmen zu können.

---

[154] Ebd.

John Zimmermann

Der Prototyp: General Ulrich de Maizière

»Für die Öffentlichkeit verbindet sich mit dem Namen de Maizière das Bild des musizierenden Generals, des Intellektuellen, dessen Äußeres so wenig in Einklang zu bringen war mit dem, was man sich landläufig unter einem General vorstellte.« So beschrieb Hans-Anton Papendieck in der »Hannoverschen Allgemeinen Zeitung« vom 21. März 1972 den gerade in den Ruhestand tretenden Generalinspekteur der Bundeswehr, Ulrich de Maizière[1]. Seit 1930 war dieser Soldat gewesen, zunächst freilich in Reichswehr und Wehrmacht. Unterbrochen durch einen dreijährigen »Ausflug« in die zivile Wirtschaft in der Nachkriegszeit und eine fünfjährige Phase als Angestellter im Amt Blank, trat de Maizière 1955 als Oberst in die Bundeswehr ein. Das entspricht keiner unüblichen Vita für einen 1912 Geborenen, sofern er sich nach dem Ende des Zweiten Weltkrieges entschloss, wieder Soldat zu werden. Ihn zeichnete jedoch aus, dass er als erster Soldat der Bundeswehr, der sich von Anfang an rückhaltlos zum Konzept der Inneren Führung bekannt hatte, in eine militärische Spitzenstellung der Bundesrepublik gelangte. Weder dem Denker Wolf Graf von Baudissin noch dem Praktiker Johann Adolf Graf von Kielmansegg, obwohl ihre Lebensläufe ähnlich waren, gelang dies. Sie hatten mit, allerdings höchsten, internationalen Verwendungen Vorlieb nehmen müssen[2]. Möglicherweise bahnten sie dem einige Jahre Jüngeren den Weg, und vielleicht ist die berufliche Erfolgsgeschichte Ulrich de Maizières mit all ihren Brüchen letzten Endes die Geschichte der Inneren Führung, die lange brauchte, ehe sie in den Streitkräften Westdeutschlands ankam. Nach de Maizières Tod sprach der damalige Generalinspekteur Wolfgang Schneiderhan in seiner Trauerrede am 1. Septem-

---

[1] Hans-Anton Papendieck, Hinter dem Büchertisch eine neue Welt entdeckt. Generalinspekteur de Maizière war nicht nur Soldat/Öffentliche Abschiedsparade in Wunstorf. In: Hannoversche Allgemeine Zeitung vom 21.3.1972, Bundesarchiv-Militärarchiv (BA-MA), Freiburg i.Br., BH 28-2/557.

[2] Baudissin wurde Generalleutnant, Kielmansegg erreichte als CINCENT noch den »vierten Stern«. Wolf Graf von Baudissin 1907–1993. Modernisierer zwischen totalitärer Herrschaft und freiheitlicher Ordnung. Im Auftrag des MGFA hrsg. von Rudolf J. Schlaffer und Wolfgang Schmidt München 2007; Karl Feldmeyer und Georg Meyer, Johann Adolf Graf von Kielmansegg 1906–2006. Deutscher Patriot, Europäer, Atlantiker, Hamburg 2007.

ber 2006 jedenfalls von »seinem Konzept«[3]. Interpretierbar blieb dabei, ob er de Maizière damit als den eigentlichen Begründer der Inneren Führung oder ihn als Vertreter einer besonders verstandenen Inneren Führung betrachtete. War de Maizière wirklich schon aufgrund seiner äußeren Erscheinung Beweis für das Gelingen des Experimentes, den »Staatsbürger in Uniform« zu schaffen?

Folgt man der generationenspezifischen Einteilung Klaus Naumanns gehört Ulrich de Maizière zur Kriegsjugendgeneration, zu den Jahrgängen 1900–1913. Gleichwohl erreichte er in der Wehrmacht keine Spitzenposition, sondern reihte sich ein in die Gruppe der Stabsoffiziere beziehungsweise Führergehilfen[4]. Bei Kriegsende gerade 33 Jahre alt, war de Maizière sich des notwendigen Neuanfangs bewusst. Bereits bei seinem Heiratsantrag im Herbst 1944(!) will er seiner Braut Eva Werner erklärt haben, »sie heirate keinen Oberstleutnant im Generalstab, sondern einen ungelernten Arbeiter«[5]. Gerade unter den ehemaligen Soldaten konnten sich nach 1945 bestenfalls die besiegten Befehlshaber und Heerführer vorstellen, wieder eine Waffe in die Hand zu nehmen[6]. Die Besatzungsmächte hatten die Wehrmacht komplett aufgelöst, während sie in anderen Bereichen durchaus glaubten, auf die Funktionseliten beim Aufbau einer funktionierenden Demokratie nicht verzichten zu können[7]. Da eine Wiederbewaffnung der Deutschen zunächst außer Frage stand, profitierten vom wirtschaftlichen Aufschwung im Gefolge des »Korea-Booms« nach dem »Korea-Schock« vor allem die jüngeren Berufsoffiziere: Erstaunlich viele gerieten in leitende Funktionen der Industrie und entwickelten dort Prägekraft »als Beispiele eines typischen Managertyps: des Generalstäblers«[8]. Viele andere, darunter etliche spätere

[3] Rede General Schneiderhans anlässlich der Trauerfeier für General a.D. Ulrich de Maizière, http://www.bmvg.de/portal/a/bmvg/kcxml/04_Sj9SPykssy0xPLMnMz0vM0Y_QjzKLd4k3 8TIHSYGZbkAmTCwoJVXf1yM_N1XfWz9AvyA3otzRUVERAEQ5aL0!/delta/base64xml/ L2dJQSEvUUt3QS80SVVFLzZfRF80OSjc!?yw_contentURL=%2FC1256F1200608B1B%2FW2 6TCFMA217INFODE%2Fcontent.jsp (29.12.2009).
[4] Klaus Naumann, Generale in der Demokratie. Generationsgeschichtliche Studien zur Bundeswehrelite, Hamburg 2007, S. 30–34. Zu einer binnenorganisatorischen Alters- und Ranggruppengliederung siehe Rudolf J. Schlaffer, Schleifer a.D.? Zur Menschenführung im Heer der Aufbauphase. In: Helmut R. Hammerich [u.a.], Das Heer 1950 bis 1970. Konzeption, Organisation, Aufstellung, München 2006 (= Sicherheitspolitik und Streitkräfte der Bundesrepublik Deutschland, 3), S. 615–649, hier S. 635–642.
[5] Ulrich de Maizière, In der Pflicht. Lebensbericht eines deutschen Soldaten im 20. Jahrhundert, Herford, Bonn 1989, S. 96.
[6] John Zimmermann, Pflicht zum Untergang – Die deutsche Kriegführung im Westen des Reiches 1944/45. Paderborn 2009 (= Zeitalter der Weltkriege, 4); Georg Meyer, Zur Situation der deutschen militärischen Führungsschicht im Vorfeld des westdeutschen Verteidigungsbeitrags. In: Anfänge westdeutscher Sicherheitspolitik 1945 bis 1956. Hrsg. vom MGFA, 4 Bde, München 1982–1997, hier Bd 1, S. 577–735.
[7] Bert-Oliver Manig, Die Politik der Ehre: Die Rehabilitierung der Berufssoldaten in der frühen Bundesrepublik, Göttingen 2004, S. 10 f.; Hans-Jürgen Döscher, Verschworene Gesellschaft. Das Auswärtige Amt unter Adenauer zwischen Neubeginn und Kontinuität, Berlin 1995.
[8] Manig, Die Politik (wie Anm. 7), S. 83 f., nennt Manager wie Kurt Lotz (BBC) oder Egon Overbeck (Mannesmann) als prominente Beispiele: Kurt Lotz, Lebenserinnerungen, Düsseldorf, Wien 1978; Egon Overbeck, Mut zur Verantwortung. Vom Generalstabsoffizier zum Generaldirektor, Düsseldorf 1995.

Bundeswehrgenerale, mussten sich jedoch mit untergeordneten Tätigkeiten begnügen, weil sie nicht auf etwaiges Vermögen zugreifen durften und für ein Studium nicht zugelassen wurden[9]. Das galt auch für Ulrich de Maizière, der sich nach eigener Aussage »stoisch in den zunächst unvermeidlich erscheinenden sozialen Abstieg« gefügt haben will[10]. Nach der Entlassung aus der Kriegsgefangenschaft am 27. Juni 1947, auf die noch einzugehen sein wird, zog er wie Millionen anderer Kriegsrückkehrer zunächst zu seiner Familie in eine Behelfsunterkunft in Ilten bei Hannover[11]. Wie er künftig seinen Lebensunterhalt verdienen wollte, darüber hatte er sich in der Gefangenschaft mit seiner Frau brieflich ausgetauscht. Diese hatte bereits mit Fritz Schmorl Verbindung aufgenommen, dem Bruder einer Schulfreundin und Inhaber der größten Buchhandlung in Hannover, sodass de Maizière am 1. September 1947 mit 35 Jahren seine Lehrstelle als Buchhändler bei der Firma Schmorl & von Seefeld Nachf. antreten konnte[12]. Dort baute er durch eigene Initiative erfolgreich eine Musikalienabteilung auf, für deren Organisation er weitgehend freie Hand erhielt, und legte 1949 die Gehilfenprüfungen im Musikalien- und Buchhandel ab[13].

Scheinbar aus heiterem Himmel erreichte ihn zu Heiligabend 1950 ein Schreiben von Johann Adolf Graf von Kielmansegg, dem de Maizière nach eigener Schilderung »1942/43 gelegentlich im Generalstab des Heeres begegnet«[14] war und der inzwischen Mitarbeiter im Amt Blank geworden war. Darin fragte Kielmansegg nach, wie es um de Maizières Bereitschaft stünde, in das Amt Blank ebenfalls als Referent für Fragen der militärischen Organisation einzutreten. Nach kurzer Bedenkzeit sagte de Maizière zu. Bereits am 9. Januar 1951 stellte er sich bei Theodor Blank, Adolf Heusinger, Hans Speidel und dem Verwaltungsleiter der Dienststelle, Ernst Wirmer, vor und trat am 23. Januar seinen Dienst an. Drei Wochen später betraute man ihn mit einer ersten Aufgabe: Er wurde militärischer Berater der westdeutschen Delegation in Paris unter Walter Hallstein. Diese stand vor dem Vertragsabschluss zur Europäischen Gemeinschaft für Kohle und Stahl und sollte nun die Verhandlungen zu einer Europaarmee angehen[15]. Nicht zu Unrecht führte de Maizière seine rasche Ent-

---

[9] Werner Baur, Deutsche Generale. Die militärischen Führungsgruppen in der Bundesrepublik und der DDR. In: Beiträge zur Analyse der deutschen Oberschicht. Hrsg. von Wolfgang Zapf, 2. Aufl., München 1965, S. 114–135, hier S. 133 f. Studieren durften nur Dienstgrade bis einschließlich Oberleutnant bzw. Hauptmann in der Britischen Besatzungszone. Waldemar Krönig und Klaus-Dieter Müller, Nachkriegs-Semester, Stuttgart 1990. Die Beschränkung der finanziellen Mittel ging auf die Gesetze Nr. 52 und 53 der US-Militärregierung zurück, deren Regularien von den Briten übernommen wurden. Manig, Die Politik (wie Anm. 7), S. 51, Anm. 13 und S. 59, 79, 87–109.

[10] De Maizière, In der Pflicht (wie Anm. 5), S. 96.

[11] Personalbogen Ulrich de Maizières anlässlich seiner Einstellung in die Bundeswehr, 20.6.1955, Personalakte Ulrich de Maizière, BA-MA, Pers 1/27800.

[12] De Maizière, In der Pflicht (wie Anm. 5), S. 132 f.

[13] Ebd., S. 133–140, sowie Personalakte Ulrich de Maizière, BA-MA, Pers 1/27800.

[14] De Maizière, In der Pflicht (wie Anm. 5), S. 142.

[15] Dieter Krüger, Sicherheit durch Integration? Die wirtschaftliche und politische Zusammenarbeit Westeuropas 1947 bis 1957/58, München 2003 (= Entstehung und Probleme des Atlantischen Bündnisses bis 1956, 6).

sendung nach Paris auf seinen ehemals relativ niedrigen Dienstgrad in der Wehrmacht, verbunden mit seinem französischen Nachnamen inklusive der entsprechenden Sprachkenntnisse zurück[16].

Vom Ladentisch einer Hannoverschen Buchhandlung in die erste Reihe einer hochbrisanten diplomatischen Konferenz quasi aus dem Stand – das war eine selbst für die damalige Zeit einmalige Chance und de Maizière nutzte sie. Mit Fleiß und unter Rückgriff auf seine Erfahrung als ehemaliger Generalstabsoffizier machte er sich rasch einen guten Namen, überstrapazierte dabei allerdings auch seine Gesundheit. »Vegetative Herzstörungen« zwangen ihn nach wenigen Wochen zunächst ins Krankenhaus, anschließend zu einer mehrwöchigen Kur in Bad Königstein im Taunus. Die etwas schwächliche körperliche Konstitution, die ihm schon zu Beginn seiner Reichswehrzeit attestiert worden war, sollte ihn in der Folge wiederholt zu solchen Auszeiten zwingen[17]. Gleichwohl wurde ihm noch vor Ablauf seiner Probezeit ein unbefristeter Anstellungsvertrag angeboten. Damit war der nun dreifache Familienvater fortan Angestellter im Öffentlichen Dienst, zuerst als Referent, später als Unterabteilungsleiter des Amtes Blank und im daraus hervorgehenden Verteidigungsministerium[18]. Die Familie zog im September 1951 nach Bonn um, das nach dem Zweiten Weltkrieg, besonders nachdem es am 29. November 1949 Hauptstadt geworden war, einen rasanten Aufschwung erlebte[19]. Seine Zeit in der freien Wirtschaft schloss er damit endgültig ab, bezeichnete sie jedoch als »wichtige, ernst genommene und lehrreiche Lebensphase«[20]. Dass er seine neue Stellung der Protektion zu verdanken hatte, war ihm durchaus bewusst. Er hielt die Entscheidung nicht ganz uneitel für richtig[21]. Wer also kannte Ulrich de Maizière und woher?

Karl Ernst Ulrich, Rufname Ulrich, de Maizière entstammte einer Juristenfamilie mit hugenottischen Wurzeln und wurde am 24. Februar 1912 im niedersächsischen Stade geboren. Die Familie war wohl im 17. Jahrhundert aus dem lothringischen Dorf Maizières-lès-Metz im Département Moselle, nördlich von Metz gelegen, ins Kurfürstentum Brandenburg eingewandert. Sein Vater Walther, promovierter Jurist, folgte 1912 als Regierungsrat seinem väterlichen Freund Kurd Graf von Berg-Schönfeld zur Regierung nach Hannover, damals schon eine Großstadt mit über 300 000 Einwohnern[22]. Dort besuchte Ulrich de Maizière von 1918 bis 1921 die Volksschule und anschließend das Humanistische Ratsgym-

---

[16] De Maizière, In der Pflicht (wie Anm. 5), S. 142 f. De Maizière hatte sich schon in den 1930er-Jahren zum Militärischen Hilfsdolmetscher weiterbilden lassen. Personalakte Ulrich de Maizière, BA-MA, Pers 1/27800.
[17] Personalakte Ulrich de Maizière, BA-MA, Pers 1/27800; de Maizière, In der Pflicht (wie Anm. 5), S. 151.
[18] Den Töchtern Barbara (20. Oktober 1945) und Cornelia (21. März 1948) folgten die Söhne Andreas (8. Juni 1950) und Thomas (21. Januar 1954). Personalakte Ulrich de Maizière, BA-MA, Pers 1/27800.
[19] Ebd.
[20] De Maizière, In der Pflicht (wie Anm. 5), S. 151.
[21] Ebd., S. 193.
[22] Ebd., S. 11.

nasium[23]. Seinen Vater kannte er nur von einem einzigen Bild, das ihn in seiner Hauptmannsuniform zeigte[24]. 1914 in den Ersten Weltkrieg gezogen, war dieser im Oktober 1915 beim serbischen Palanca als Hauptmann der Reserve und Kompaniechef im 4. Brandenburgischen Infanterieregiment Nr. 24 gefallen.

Zusammen mit seinem sechs Jahre älteren Bruder Clement[25] und zwei jüngeren Schwestern wuchs Ulrich de Maizière in einem für die Zwischenkriegszeit nicht untypischen Frauen-Haushalt in Hannover-Bothfeld auf[26]. Seine Mutter Elsbeth und seine Großmutter, die aufgrund eines Herzleidens ans Haus gefesselt war, aber mit ihrer Pension die Familie mit ernährte, entstammten ebenfalls einem preußischen Beamtenhaushalt. Beide Großväter waren lange vor Ulrich de Maizières Geburt gestorben[27]. »Eine Art Vaterersatz« stellte während der Schulzeit nach eigener Aussage sein Latein- und Griechisch-Lehrer, Studienrat Karl Meyer, dar – ein schwer verwundeter Kriegsteilnehmer mit einem für die Zeit ausgenommen partnerschaftlichen Lehrstil, der de Maizière sehr beeindruckte[28]. Im »evangelischen Glauben erzogen«, prägte ihn in Kindheit und Jugend vor allem die Musik. Sowohl seine Mutter als auch Großmutter spielten Klavier und förderten ihren Sohn/Enkel entsprechend. Ab seinem 12. Lebensjahr ließen sie ihn über die privaten Stunden hinaus im städtischen Konservatorium im Klavierspiel und der Musiktheorie ausbilden[29]. Folgerichtig trug Ulrich de Maizière sich gegen Ende seiner Schulzeit mit dem Gedanken, Musiker zu werden, und vermochte später selbst nicht zu sagen, warum er stattdessen eine militärische Karriere anstrebte. Für eine Laufbahn als Solist am Flügel hielt er sich für nicht talentiert genug, »andere Möglichkeiten einer beruflichen Betätigung in dem weiten Gebiet der Musik, z.B. als Musikwissenschaftler, waren mir nicht bekannt; es hat mich auch niemand darüber informiert«[30]. Er selbst zweifelte noch lange an der Richtigkeit seiner Entscheidung, Soldat zu werden. Zum Vorbild entwickelte sich dabei sein »Fähnrichsvater« Oberleutnant Dietrich Beelitz, dessen »Beispiel eines engagierten Offiziers mit geistigem und musischem Hintergrund« de Maizière »über manche Stunde des Zweifels hinweggeholfen« hatte[31]. Letztlich entscheidend war dann, dass er am 6. August 1932 durch den damaligen Reichswehrminister General Kurt von Schleicher als einer der besten Absolventen seines Offizierlehrganges

23 Personalakte Ulrich de Maizière, BA-MA, Pers 1/27800.
24 De Maizière, In der Pflicht (wie Anm. 5), S. 21, sowie zu Walther de Maizière Günther Voigt, Deutschlands Heere bis 1918, Bd 2, Osnabrück 1981, S. 190 f.
25 Personalakte Ulrich de Maizière, BA-MA, Pers 1/27800. Clement wurde Jurist, Synodaler der Berlin-Brandenburgischen Kirche und Mitglied der DDR-CDU. Er war der Vater des letzten Ministerpräsidenten der DDR, Lothar de Maizière.
26 De Maizière, In der Pflicht (wie Anm. 5), S. 43.
27 De Maizières Mutter starb 1966 im Alter von 85 Jahren. Ebd., S. 12 f.
28 Ebd., S. 15.
29 Personalakte Ulrich de Maizière, BA-MA, Pers 1/27800.
30 De Maizière, In der Pflicht (wie Anm. 5), S. 21.
31 Ebd., S. 25.

ausgezeichnet wurde. Von da an verspürt man in de Maizières Memoiren sogar eine gewisse Koketterie hinsichtlich seiner betonten Intellektualität[32].

Was den Eintritt in die Reichswehr angeht, wurde de Maizière hingegen nachdrücklich »informiert«: Martin Gareis, ein Regimentskamerad seines Vaters und damals als Hauptmann Regimentsadjutant beim 5. (Preußischen) Infanterieregiment in Stettin, ebnete ihm den Weg. De Maizière bewarb sich bei diesem Infanterieregiment und wurde als einer von drei Bewerbern unter 60 ausgewählt[33]. Hilfreich dürfte zudem der Oberleutnant, dann Hauptmann Max Ulich im Stab des Ausbildungsbataillons gewesen sein, der unter de Maizières Vater im Ersten Weltkrieg als Leutnant gedient hatte. In einer späteren Veröffentlichung schilderte Ulich nämlich nicht nur die Situation, in der es zum Tod Walther de Maizières kam, sondern er schloss diese auch mit den Worten: »Fünfzehn Jahre später habe ich als Kompaniechef die große Freude gehabt, den Sohn dieses Mannes als Zugführer unter meinen Kommando zu haben, und es war mir möglich, viel von meiner Dankesschuld an seinen Sohn abtragen zu können[34].« Immerhin verbrachte dieser Sohn dann mit Ulichs Familie seine spärliche Freizeit während der Ausbildung[35].

Inwieweit de Maizières Berufswunsch durch den familiären Kontakt mit pommerschen Gutsbesitzern unterstützt wurde, muss offen bleiben. Jedenfalls verlebte er zusammen mit seiner Familie regelmäßig einen Großteil der Sommerferien auf dem Gut Barkow im Kreis Greifenwald an der Rega. Gutsherr Rittmeister a.D. Philipp von Normann war ein ehemaliger Studienfreund des Vaters aus altem pommersch-rügischen Adelsgeschlecht. Die kürzeren Ferien verbrachte die Familie dagegen meist auf dem Katharinenhof in der Nähe des holsteinischen Neumünster, der einem der Schwiegersöhne seiner Großmutter, Ferdinand von Schwartz, gehörte. Ein weitaus beliebteres Ferienziel bildete der Haushalt der Cousine Agnes Girmes, genannt Nissa, in Oedt am Niederrhein, der Heimat seiner Großeltern. »Tante Nissa« war die Witwe des 1912 verstorbenen Patenonkels de Maizières, des Kommerzienrates Johannes Girmes, der seinerzeit das heute noch bestehende Textilunternehmen Girmes gegründet hatte. Wie de Maizière seinen Memoiren anvertraute, erhielt er durch diese Kontakte »Zugang zu sehr verschiedenen Gruppen der damaligen Gesellschaft: die protestantischen konservativen, traditionsbewussten, den preußischen Tugenden verpflichteten ostelbischen Gutsbesitzer, die großzügigen, fleißigen und doch lebensfrohen Aufsteigerfamilien der niederrheinischen Industrie in

---

[32]   In seinen Memoiren berichtet er, Generalleutnant August Schmidt, unter dem er als Erster Generalstabsoffizier (Ia) der 10. Panzergrenadierdivision diente, habe ihn gelegentlich »scherzhaft seinen ›feinen Ia‹« genannt. De Maizière, In der Pflicht (wie Anm. 5), S. 85.
[33]   Ebd., S. 22.
[34]   Max Ulich, Untergebene, Vorgesetzte, Kameraden. Ein Streifzug durch 24 Dienstjahre eines Soldaten von Oberstleutnant Ulich, Berlin 1939, S. 34 f., Zitat S. 35.
[35]   Anschließend wurde Ulich sogar erster Kompaniechef des frisch zum Leutnant beförderten de Maizière in Landsberg/Warthe. De Maizière, In der Pflicht (wie Anm. 5), S. 24, 34.

einer katholisch geprägten Umwelt und schließlich das urwüchsige, bescheidene bäuerliche Leben in der kargen holsteinischen Geest«[36].

Ob seine Berufswahl also tatsächlich der »wohl mehr unbewusste Wunsch [war], als Angehöriger einer respektierten staatlichen Institution Führungsaufgaben wahrnehmen zu können«, oder er doch seiner Sozialisierung folgte, muss vorerst dahingestellt bleiben[37]. Generationstypisch will ihn die politische Entwicklung nur insoweit interessiert haben, als »wir [...] auf eine Belebung des nationalen Denkens und auf eine Überwindung der diskriminierenden Kriegsfolgen [hofften]«. Wie so vielen lehrten de Maizière erst die späteren Kriegserfahrungen, »dass jedes militärische Handeln auch politische Komponenten enthält und dass der militärische Führer daher sein Tun und Handeln in einen gesamtpolitischen Zusammenhang einordnen muss«[38]. So trat er am 1. April 1930, vier Tage nach seiner offiziellen Schulentlassung, als Offizieranwärter in das 5. (Preußische) Infanterieregiment in Stettin ein. In dessen Ausbildungsbataillon in Greifswald und an der Infanterieschule in Dresden durchlief er seine Grund-, respektive Offizierausbildung, ehe er am 1. August 1933 zum Leutnant ernannt wurde[39]. Die Angehörigen seines Jahrgangs 1930 aus Dresden hielten untereinander zeitlebens engen Kontakt. Etwas mehr als ein Drittel der rund 180 Angehörigen fiel zwar im Zweiten Weltkrieg, doch 49 der Überlebenden traten später in die Bundeswehr ein, 20 von ihnen erreichten Generalsdienstgrade, darunter befanden sich zwei Generale und vier Generalleutnante[40]. Vor dem Krieg absolvierte de Maizière als Zugführer seine einzigen Verwendungen als Truppenführer in der Reichswehr/Wehrmacht im Infanterieregiment (IR) 5 in Neuruppin, dann im IR 50 in Landsberg/Warthe[41]. Dort avancierte er 1935 zum Bataillons-, dann zum Regimentsadjutanten und nahm 1939 am Überfall auf Polen teil. Während des Feldzuges selbst beeindruckten ihn zwar die ersten Erfahrungen mit Tod und Verwundung tief. Dennoch empfand er nach dessen Ende ebenso ein »Gefühl der Dankbarkeit und des Stolzes auf unseren Anteil am Feldzug« wie nach dem Feldzug gegen Frankreich 1940 »Stolz auf die militärischen Leistungen der eigenen Führung und der Truppe«, an dem er allerdings wegen seines zehnwöchigen Generalstabslehrgangs an der Kriegsakademie gar nicht teilgenommen hatte[42]. Seinen Dresdener Hörsaalleiter, Oberstleutnant i.G. Paul Herrmann, sollte er noch während des Krieges, vor allem aber später in der Kriegsgefangenschaft und in der Bundeswehr wieder tref-

---

36 De Maizière, In der Pflicht (wie Anm. 5), S. 13 f.
37 Ebd., S. 21. De Maizière selbst war sein Vater immer »mehr als Offizier denn als Regierungsrat« erschienen.
38 Ebd., S. 26, 31 f.
39 Alle Beförderungen finden sich in der Eidesstattlichen Versicherung Ulrich de Maizières, 3.11.1955. Personalakte Ulrich de Maizière, BA-MA, Pers 1/27800.
40 Zum Jahrgang 1930 siehe 10. Offizier-Ergänzungsjahrgang des Reichsheeres (»Der Jahrgang 30«) in: Friedrich Doepner, Der Jahrgang 30 – 10. Offizier-Ergänzungslehrgang des Reichsheeres, Privatdruck 1980, S. 110–129.
41 Heute: Gorzów Wielkopolski/Westpolen.
42 De Maizière, In der Pflicht (wie Anm. 5), S. 54, 58.

fen[43]; ihn gab er bei der Einstellung in die Bundeswehr als eine seiner Referenzpersonen an[44].

Nach kurzzeitigem Dienst als 1. Ordonnanz-Offizier bei der Heeresgruppe C unter Generalfeldmarschall Wilhelm Ritter von Leeb in Dijon[45] wurde de Maizière am 7. Januar 1941 als Ib zur 18. Infanteriedivision (mot.) nach Liegnitz versetzt, mit der er wenige Monate später am Überfall auf die Sowjetunion teilnahm[46]. Erst seine Versetzung in die Organisationsabteilung des Generalstabes des Heeres am 24. Oktober 1941 brachten dem darauf stolzen de Maizière die ersehnten äußeren Insignien des Generalstabsoffiziers[47]. Als Referent für Gliederung, Aufstellung und Auffrischung der Feldheerdivisionen traf er dort zunächst als Major (1. April 1942), dann Oberstleutnant (1. Juni 1943) auf Oberstleutnant i.G. Albrecht Ritter Mertz von Quirnheim, später bekanntlich einer der militärischen Köpfe des Putschversuches vom 20. Juli 1944, und Oberstleutnant i.G. Burkhart Müller-Hillebrand, den er in der Bundeswehr als seinen Divisionskommandeur wiedersehen sollte. Hier kam de Maizière auch zum ersten Mal in Kontakt mit dem Chef der Operationsabteilung, Generalmajor Adolf Heusinger, sowie dessen Gehilfen Major Johann Adolf Graf von Kielmansegg, sowie Major, dann Oberstleutnant i.G. Claus Schenk Graf von Stauffenberg. Die personellen Umbesetzungen im Zuge der Ersetzung Generaloberst Franz Halders durch Generalmajor Kurt Zeitzler erlebte er als Entmachtung der klassischen Generalstabsarbeit, als »Systemwechsel«: »Der Typ des intellektuellen, abwägenden, auch die unbequemen Realitäten in Rechnung stellenden ›Stäblers‹ lagen ihm [= Hitler] weniger«, resümierte de Maizière in seinen Memoiren, »wir liefen Gefahr, in der Hektik die Sorgfalt zu vernachlässigen«[48]. Einerseits stellte er damit nicht nur seine eigene Sichtweise des Generalstabsoffiziers vor, sondern schloss sich andererseits auch einem Verdikt der Wehrmachtserinnerungsliteratur an, nämlich dass der »Führer« der militärischen Führung zu oft in den Arm gefallen sei[49].

Es war also nicht Kielmansegg allein, der de Maizière seit den gemeinsamen Tagen im Generalstab des Heeres kannte, wenngleich diese Bekanntschaft aus zwei Gründen nicht unterschätzt werden darf: Zum einen entwickelte sich zwi-

---

[43] Ebd., S. 58, 60.

[44] Personalakte Ulrich de Maizière, BA-MA, Pers 1/27800. Weitere Personen waren die Generale der Panzertruppen a.D. Adolf-Friedrich Kuntzen und Ludwig Crüwell sowie Vize-Admiral a.D. Hellmuth Heye und Oberstleutnant i.G. a.D. Detlev von Plato.

[45] Sein Ia dort war Oberst i.G. Vincenz Müller, der nach Kriegsende eine entscheidende Rolle beim Aufbau der ostdeutschen Streitkräfte spielen sollte, sein Chef des Generalstabes ab November 1940 Generalleutnant Kurt Brennecke, der in den 1950er-Jahren zum Wehrexperten der FDP avancierte. De Maizière, In der Pflicht (wie Anm. 5), S. 60 f.

[46] Ebd., S. 63, 67 f.; Personalakte Ulrich de Maizière, BA-MA, Pers 1/27800. Siehe ergänzend Joachim Engelmann, Die 18. Infanterie- und Panzergrenadier-Division 1934–1945 (Bildband), Friedberg 1984.

[47] De Maizière, In der Pflicht (wie Anm. 5), S. 71.

[48] Ebd., S. 75–79.

[49] Wie wenig sich seine Bewertung der Generalstabsarbeit in der Folge änderte, belegt 20 Jahre später seine Schlussansprache als Kommandeur der Führungsakademie der Bundeswehr am 5.9.1964. BA-MA, N 673/65.

schen diesen beiden Männern eine enge und lebenslange Freundschaft[50]. Zum anderen war Kielmansegg wegen seiner Nähe zu den Männern und Frauen des 20. Juli 1944 von Bedeutung. Zur für die erste Generation westdeutscher Soldaten wesentlichen Frage, ob der 20. Juli zu befürworten oder abzulehnen sei, hatte de Maizière nämlich kaum etwas beizutragen. Wohl hatte er Stauffenberg während seiner Zeit im Oberkommando des Heeres (OKH) kennen- und nach eigener Aussage schätzen, sogar bewundern gelernt[51]. Durch ihn will er 1942 zum ersten Mal von den Verbrechen im Osten erfahren haben, auch dass daran Teile der Armee beteiligt waren. Allerdings gab er dies in seinen Memoiren so wieder, wie es die Erinnerungsliteratur der alten Soldaten vorgegeben hatte. Demnach seien »rückwärtige Einheiten der Wehrmacht in derartige Vorfälle hineingezogen worden«. Erst in der Kriegsgefangenschaft will de Maizière Kenntnis von den Vernichtungslagern erlangt haben. Gerade seine engen persönlichen Beziehungen zu einigen ostelbischen Familien, seine Verwendung im OKH und die dort von ihm selbst so gelobte »Offenheit in den Gesprächen, die zuweilen bis an die Grenze des Hochverrats führten«, dürften den in der Forschung wiederholt herausgearbeiteten Zusammenhang zwischen *Nicht wissen* und *Nicht wissen wollen* illustrieren. Jedenfalls reagierte de Maizière »erleichtert«, als seiner »dringenden Bitte« um eine Frontverwendung entsprochen wurde, und bewertete dies selbstkritisch als »eine Flucht nach vorne«[52].

Seine gewünschte Truppenverwendung trat de Maizière zum 1. Mai 1943 nach einem vierwöchigen Heimaturlaub – währenddessen er seine spätere Frau Eva Werner lieben gelernt hatte und mit der fortan brieflich korrespondierte[53] – als Ia bei der 10. Panzergrenadierdivision unter Generalleutnant August Schmidt an[54]. In dieser Verwendung nahm er am »Unternehmen Zitadelle« bei Kursk teil, danach an den Abwehrkämpfen um Brjansk und schließlich ab September 1943 in der Ukraine an den Rückzugsgefechten hinter den Dnepr im Rahmen der 8. Armee. Der Chef des Generalstabes dieser 8. Armee, mit dem de Maizière in fast täglicher telefonischer Verbindung stand, war übrigens der »verständnisvolle und immer zugängliche« Generalmajor Dr. Hans Speidel[55]. De Maizière selbst wurde am 29. August 1944 in Rumänien bei einem Gefecht am Ortsrand von Pogoanele, etwa 80 Kilometer ostwärts Ploeşti von den Splittern einer Panzerabwehrgranate so schwer am rechten Bein verletzt, dass er sich letztlich in einem Lazarett in Göttingen wiederfand. Nach seiner Genesung und Entlassung heiratete er dort am 18. November 1944 die drei Jahre jüngere Landwirtschafts- und Hauswirtschaftslehrerin Eva Werner[56].

---

50 De Maizière, In der Pflicht (wie Anm. 5), S. 156, meint, er habe »selten [...] mit einem Vorgesetzten auf der Grundlage übereinstimmender Auffassungen so eng und so offen zusammengearbeitet. Er [= Kielmansegg] bezeichnete mich gern als sein ›alter ego‹«.
51 Ebd., S. 76.
52 Alle Zitate ebd., S. 81–83.
53 Ebd., S. 83 f., 87.
54 August Schmidt, Geschichte der 10. Division, 10. Infanterie-Division (mot), 10. Panzergrenadier-Division 1935–1945, Bad Nauheim 1963.
55 De Maizière, In der Pflicht (wie Anm. 5), S. 86–88, Zitate S. 88.
56 Ebd., S. 91–96, und Personalakte Ulrich de Maizière, BA-MA, Pers 1/27800.

Wieder felddienstfähig kümmerte sich de Maizière ab Ende November 1944 in der Führerreserve des OKH beim Oberbefehlshaber West im Kontext der Ardennenoffensive um die Verkehrsüberwachung. Diese Verwendung als »Oberfeldgendarm« empfand er als »Leidenszeit«[57]. Anstatt wie so viele dort relativ sicher dem Kriegsende entgegen zu sehen, brachte sich de Maizière selbst beim Heerespersonalamt derart nachdrücklich in Erinnerung, dass man ihm am 4. Februar 1945 im Hauptquartier des OKH in Zossen den Posten des Ia der Operationsabteilung anbot. Angesichts seines Wissens um die tatsächliche Kriegslage wollte er ihn nicht, mochte ihn aber auch nicht einfach ablehnen. Obwohl ihm nach mehreren persönlichen Vorträgen vor Hitler klar war, dass er einem zunehmend unzurechnungsfähigen Diktator diente, zeichnete er Befehle »für die Richtigkeit« mit, die inhaltlich an Deutlichkeit hinsichtlich der drakonischen Folgen der eigenen Kriegführung bis hin zum Terror gegen die eigenen Soldaten nichts vermissen ließen[58]. De Maizières Lösung dieses offensichtlichen Dilemmas mag typisch für seine Generation sein: »Ich habe mich zu der mir anerzogenen und überlieferten Pflichterfüllung entschieden [...] Geprägt von Begriffen der Vaterlandsliebe und des Dienstes am Gemeinwohl, glaubten wir, inmitten des Krieges, auch wenn er sich dem Ende zuneigte, nicht ›aussteigen‹ zu dürfen, uns der Pflichterfüllung nicht entziehen zu können[59].« Doch die »Pflichterfüllung« führte zu keiner grundsätzlichen Hinterfragung eines problematischen Pflichtbegriffes. Noch in seinen späteren Verantwortungsbereichen in der Bundeswehr artikulierte de Maizière die »Pflichterfüllung« als Wert an sich und forderte sie für sich selbst wie für andere stets ein. So behielt er den Dienstposten bis über das Kriegsende hinaus, denn er gehörte nach der Kapitulation noch dem militärischen Stab der Reichsregierung unter Großadmiral Karl Dönitz an und ging mit ihr am 23. Mai 1945 schließlich in britische Gefangenschaft[60]. Bezeichnenderweise empfand de Maizière seinen letzten Auftrag, nämlich der zwischenzeitlich eingeschlossenen Heeresgruppe Kurland unter Generaloberst Carl Hilpert und dessen Generalstabschef Generalleutnant Friedrich Foertsch – von 1961 bis 1963 zweiter Generalinspekteur der Bundeswehr – den Befehl zur Kapitulation zu überbringen, »als den menschlich schwersten [...] meines Lebens«[61].

Nach seiner Verhaftung transportierte die britische Gewahrsamsmacht de Maizière am 4. Juni 1945 nach Munsterlager und nach Separierung der Generalstabsoffiziere Mitte Juli weiter ins Kriegsgefangenenlager 2226 bei Zegeldem in Belgien, acht Kilometer südwestlich von Brügge, ehe es am 7. September 1946 wieder zurück nach Munsterlager in der Lüneburger Heide ging. Im dortigen Teil-Lager C versammelte die britische Militäradministration alle in ihrem

---

[57] De Maizière, In der Pflicht (wie Anm. 5), S. 97 f.
[58] Ebd., S. 102–106. Beispiele finden sich im Bestand BA-MA, RH 2/1914.
[59] De Maizière, In der Pflicht (wie Anm. 5), S. 98–101, Zitate S. 101.
[60] Personalakte Ulrich de Maizière, BA-MA, Pers 1/27800.
[61] De Maizière, In der Pflicht (wie Anm. 5), S. 107–110, Zitat S. 109. Siehe dazu auch OKW/WFSt/Op. (H)/B: FRR-Funkspruch an Heeresgruppe Kurland vom 7.5.1945, BA-MA, RW 44 I/34.

Gewahrsam befindlichen Admirale, Generale und Generalstabsoffiziere[62]. So gestaltete sich bei de Maizière wie bei Hunderttausenden Deutscher die Zeit der Kriegsgefangenschaft als Übergangsphase vom Ende des Krieges bis zum Neuanfang. Gleich anderen stellte sich für ihn in diesem Zusammenhang die Frage nach der eigenen Verantwortung. Seiner Autobiografie nach will de Maizière gründlich Bilanz gezogen haben: »Wer es ehrlich mit sich meinte, fand zu Besinnung und Selbstkritik; und wer sich nicht verschloss, empfand Scham, den wahren Kern der Ideologie und des Regimes nicht rechtzeitig durchschaut zu haben[63].« Im Ergebnis gelangte er zu Bewertungen, die mit den neuen Regularien der westdeutschen Demokratie erstaunlich übereinstimmten und ihn folgerichtig »dann auch in meinem späteren Dienst für die neukonstituierte Bundesrepublik Deutschland geleitet haben«[64]. Gleichwohl entstanden unter den Härten und Entbehrungen über die lange Zeit in der Kriegsgefangenschaft viele Kontakte, die weiterhalfen, als »die wirtschaftliche Konjunktur und die demographische Katastrophe des Krieges [...] nun zugunsten der Überlebenden ausschlug«[65].

De Maizières deutsche Lager-Ältesten, zu denen er als gewählter »Block-Ältester« täglichen Kontakt hatte, waren jedenfalls beide Ritterkreuzträger und spielten beim Aufbau westdeutscher Streitkräfte wesentliche Rollen: General der Infanterie a.D. Gerhard Matzky hatte ab 1951 als Ministerialdirigent, ein Jahr später als Kommandeur Grenzschutz West entscheidenden Anteil am Aufbau des Bundesgrenzschutzes. 1956 wechselte er als Generalleutnant in die Bundeswehr und wurde nach seiner Pensionierung 1962 als Nachfolger des Generalobersten a.D. Hans von Salmuth zum Vorsitzenden des Verbandes Deutscher Soldaten gewählt[66]. Vizeadmiral a.D. Hellmuth Heye machte sich nach seiner Entlassung als Gutachter für militärpolitische Fragen beim Aufbau der Bundeswehr einen Namen. Von 1953 bis 1961 als CDU-Abgeordneter im Bundestag, wählte ihn das Parlament 1961 als Nachfolger Helmuth von Grolmanns zu seinem zweiten Wehrbeauftragten. Sowohl Grolmann als auch Heye waren später Mitglieder des Personalgutachterausschusses, Heye zudem eine der Referenzpersonen de Maizières anlässlich dessen Einstellung in die Bundeswehr. Von den 15 Teilnehmern der »Himmeroder Tagung« war de Maizière

---

[62] Zur detaillierten Schilderung der Kriegsgefangenschaft siehe de Maizière, In der Pflicht (wie Anm. 5), S. 120–130, Zitat S. 123. Zu den Hintergründen Sönke Neitzel, Abgehört. Deutsche Generale in britischer Kriegsgefangenschaft 1942–1945, 2. Aufl., Berlin 2006.

[63] De Maizière, In der Pflicht (wie Anm. 5), S. 117; Peter Steinbach, »Die Brücke ist geschlagen«. Die Konfrontation deutscher Kriegsgefangener mit der Demokratie in amerikanischer und britischer Kriegsgefangenschaft. In: Die Wehrmacht. Mythos und Realität. Im Auftrag des MGFA hrsg. von Rolf-Dieter Müller und Hans-Erich Volkmann, München 1999, S. 980–1011.

[64] De Maizière, In der Pflicht (wie Anm. 5), S. 118. Dort auch im Folgenden zu seinen »Lehren« im Einzelnen.

[65] Manig, Die Politik (wie Anm. 7), S. 83; Alaric Searle, Wehrmacht Generals, West German Society, and the Debate on Rearmament 1949–1959, London 2004, S. 30.

[66] Chronik des Verbandes deutscher Soldaten (VDS). Hrsg. von Hans Körber, Wiesbaden 1989.

also mindestens der Hälfte bekannt. Zwei der entscheidenden Protagonisten schätzten ihn persönlich – Hans Speidel im Militärpolitischen Ausschuss, Adolf Heusinger im Organisationsausschuss[67]. Dazu kommen die Bekanntschaften mit Johann Adolf Graf von Kielmansegg als Sekretär der Tagung und dem maßgeblichen Verfasser der dazugehörenden Denkschrift, Wolf Graf Baudissin, den er schon in den 1930er-Jahren – beide waren Regimentsadjutanten im selben Korps[68] – kennengelernt und in der Kriegsgefangenschaft in Munsterlager wieder getroffen hatte. Ihnen allen hatte sich de Maizière als fähiger Generalstabsoffizier erwiesen, galt ihnen nicht nur wegen seiner musischen Begabung als intellektuell, dem Nationalsozialismus zumindest nicht als nahe stehend. Bekanntlich profitierte auch in anderen Fällen die personelle Zusammensetzung des Amtes Blank nicht unerheblich von den persönlichen Beziehungen der ehemaligen deutschen Offiziere aus der gemeinsamen Kriegsgefangenschaft in alliierten Lagern[69].

Dieses Amt Blank befand sich damals mit seinen ungefähr 30 Mitarbeitern in der Bonner Ermekeilstraße in einem recht bescheidenen Rahmen[70]. Obwohl de Maizière schon bei seinem ersten Auftrag in Paris eine Maxime des Amtes kennenlernte, die ihm selbst zupass kam, nämlich, dass in der Politik im Gegensatz zur Truppenführung Entscheidungen nur selten zu treffen seien, soll es nie sein Ziel gewesen sein, »»Politischer Soldat‹ zu sein oder zu werden«[71]. Doch zunächst kehrte de Maizière am 4. Juni 1951 in das zwischenzeitlich deutlich erweiterte Amt Blank zurück und setzte seine Tätigkeit im Kontext der EVG-Verhandlungen fort, jetzt aber als Betreuer und Beobachter von Bonn aus. Was den künftigen westdeutschen Soldaten anging, war de Maizière grundsätzlich einig mit den führenden Vertretern im Amt Blank, wie Heusinger und Speidel, und der Bundesregierung[72]. So verlief auch seine weitere Karriere rasant. Inzwischen zum Leiter des Leitreferats für die internationalen Verhandlungen und zum ständigen Vertreter des Unterabteilungsleiters Kielmansegg

[67] Hans-Jürgen Rautenberg und Norbert Wiggershaus, Die »Himmeroder Denkschrift« vom Oktober 1950. Politische und militärische Überlegungen für einen Beitrag der Bundesrepublik Deutschland zur westeuropäischen Verteidigung, Karlsruhe 1985. Die Dokumente finden sich in BA-MA, BW 9/3119. Mit dem Sohn von Fridolin von Senger und Etterlin, Ferdinand, später selbst General in der Bundeswehr, hatte de Maizière 1944 zusammen in Rumänien gekämpft. Wie er selbst war auch dieser dort verwundet und anschließend im Oberkommando des Heeres verwendet worden.
[68] De Maizière, In der Pflicht (wie Anm. 5), S. 174, und den ausführlichen Briefwechsel zwischen den beiden im Nachlass de Maizière in BA-MA, N 673.
[69] Searle, Wehrmacht Generals (wie Anm. 65), S. 25 f., Manig, Die Politik (wie Anm. 7), S. 52 f.
[70] Dieter Krüger, Das Amt Blank. Die schwierige Gründung des Bundesministeriums für Verteidigung, Freiburg i.Br. 1993 (= Einzelschriften zur Militärgeschichte, 38), S. 51-69.
[71] Ebd., S. 147, 157. Bei dieser Ansicht blieb er bis zum Ende seiner Dienstzeit: »Ich selbst habe mich immer als militärischer Berater der Politiker und zugleich als militärischer Führer gesehen. Nur insofern trifft das Wort vom politischen General zu«. Ulrich de Maizière im Interview mit Heiko Wegener vom Weser-Kurier Bremen am 23.3.1972, BA-MA, BH 28-2/557.
[72] Ebd., S. 153.

avanciert, begleitete er abwechselnd mit diesem zunächst Theodor Blank zu den Pariser Verhandlungen und nach der Unterzeichnung des EVG-Vertrages Bundeskanzler Konrad Adenauer auf dessen erster USA-Reise im April 1953 als militärischer Berater.

Obwohl sich die politischen Ergebnisse eher bescheiden ausnahmen, bestätigte die Reise de Maizière in seiner neuen Weltsicht. Die USA, von denen er allerdings nur Washington und New York rudimentär kennenlernte, hatten ihn »tief beeindruckt« und davon überzeugt, »dass Europa gegenüber der Sowjetunion ohne die USA schutzlos sei«[73]. Folglich erschütterte ihn das Scheitern des EVG-Vertrages nicht derart nachhaltig wie andere. Als deutscher Sprecher der NATO-Working-Group war er auf der Botschafterkonferenz in Paris ab dem 5. Oktober 1954 an der Ausarbeitung der Präliminarien für den bundesrepublikanischen NATO-Beitritt beteiligt[74]. Dem Nachteil, dass nun die westeuropäische Einigung auf unbestimmte Zeit verschoben war, gewann er den Vorteil ab, westdeutsche Streitkräfte weitgehend unter nationalem Kommando aufbauen zu können[75]. Im Gegensatz zu vielen anderen war er »überzeugt, dass unsere Mitwirkung die Lösung der uns und die Kameraden bewegenden Fragen eher erleichtern und beschleunigen würde als missmutiges Beiseitestehen«[76]. Im weiteren Gegensatz zu vielen anderen hatte er sich längst als Verfechter des von Baudissin entwickelten und maßgeblich vorangetriebenen Konzeptes der Inneren Führung mit seinem Kern, dem »Staatsbürger in Uniform«, positioniert[77]. Wohl will er selbst die Trennlinie zwischen den sogenannten Reformern und Traditionalisten nicht als derart scharf empfunden haben, karrierefördernd war diese eindeutige Parteinahme zunächst unbedingt; Blank hatte sich bereits 1952 persönlich auf das Konzept der Inneren Führung fest- und es für seine Mitarbeiterauswahl zugrundegelegt[78]. Am 1. Juni 1955 betraute Blank de Maizière endgültig mit der bereits kommissarisch geführten Unterabteilung »Allgemeine Verteidigungsfragen« (ab Ende 1955 »Führung«), der im Laufe der Jahre eine zentrale Rolle zugewachsen war[79]. In dieser Funktion nahm de

---

[73] Ebd., S. 162. Später fasste er die Erfahrungen seiner diversen USA-Reisen zwischen 1953 und 1969 auf 20 Seiten maschinenschriftlich zusammen. BA-MA, N 673/242.

[74] Zum Scheitern der EVG, dem NATO-Beitritt der Bundesrepublik und den Anfängen des Verteidigungsministeriums siehe Krüger, Das Amt Blank (wie Anm. 70), S. 79–97, 131–148.

[75] Ebd., S. 178.

[76] Ebd., S. 173.

[77] Angelika Dörfler-Dierken, Ethische Fundamente der inneren Führung, Sozialwissenschaftliches Institut der Bundeswehr, Strausberg 2005; Frank Nägler, Der gewollte Soldat und sein Wandel. Personelle Rüstung und Innere Führung in den Aufbaujahren der Bundeswehr 1956 bis 1964/65, München 2010 (= Sicherheitspolitik und Streitkräfte der Bundesrepublik Deutschland, 9).

[78] Ulrich de Maizière, Persönliche Gedanken zu der Auseinandersetzung zwischen »Reformern« und »Reaktionären«, 8.11.1952, BA-MA, N 673/75. Zur Auseinandersetzung in dieser Phase insgesamt aus seiner Sicht de Maizière, In der Pflicht (wie Anm. 5), S. 174–179.

[79] Zur Struktur des Bundesministeriums nach seiner Gründung am 7.10.1955 siehe Matthias Molt, Von der Wehrmacht zur Bundeswehr. Personelle Kontinuität und Diskontinuität beim Aufbau der deutschen Streitkräfte 1955–1966, Diss. Phil. Universität Heidelberg 2007, S. 653–656 und S. 667.

Maizière an über zwei Dutzend Sitzungen des Parlamentarischen Ausschusses für Fragen der europäischen Sicherheit (ab 1956 Verteidigungsausschuss) teil, dem das Hauptgewicht bei der parlamentarischen Beratung der Wehrgesetze zufiel. In diesem Gremium aus namhaften Vertreterinnen und Vertretern aller Bundestagsfraktionen traf er auch zum ersten Mal offiziell auf den SPD-Politiker Helmut Schmidt, nach dessen Ernennung zum Verteidigungsminister 1969 de Maizière Generalinspekteur der Bundeswehr bleiben sollte[80].

Den neuerlichen Weg als Soldat betrat de Maizière kurz vor Weihnachten 1955, indem er als Oberst in die westdeutschen Streitkräfte aufgenommen und bereits ein Jahr später zum Brigadegeneral befördert wurde[81]. Im Unterschied zu anderen, auch langjährigen Mitarbeitern des Amtes Blank wie Kurt Fett oder Eberhard Kaulbach, beides gute Freunde de Maizières, hatte der Personalgutachterausschuss gegen ihn keine Einwände[82]. Zunächst arbeitete de Maizière, nun freilich als Offizier, in seiner bisherigen Funktion weiter. Innerhalb der insgesamt unglücklich agierenden Doppelspitze der Bundeswehr mit den Generalen Heusinger und Speidel tendierten die Sympathien de Maizières eindeutig zu Heusinger[83]. Angesichts der Ähnlichkeit der beiden Charaktere mag die Sympathie gegenseitig gewesen sein, jedenfalls förderte Heusinger den Jüngeren. Zum Jahreswechsel 1958 wurde de Maizière Kommandeur der Kampfgruppe 1 in Hannover. Seine sieben Bonner Jahre bewertete er retrospektiv »als die interessanteste und fruchtbarste Periode meines Lebens«[84]. Jetzt aber wollte er nach eigener Aussage »mir und meinen Kameraden [...] beweisen, dass ich nicht nur [...] der ›musische Militärdiplomat Adenauers‹ [als solchen hatte ihn »Der Spiegel« bezeichnet] war, sondern dass ich auch eine Truppe ausbilden und führen konnte und die von mir mitentwickelten Grundsätze der Inneren Führung im Truppenalltag anzuwenden verstand«[85].

In diesem Alltag hatte de Maizière mit all den Unzulänglichkeiten zu kämpfen, welche die Aufbauphase der Bundeswehr kennzeichneten: Die Truppe an sich übernahm er von seinem Vorgänger Oberst Christian Schaeder zwar »in gutem Zustand«, aber »fest und straff am kurzen Zügel geführt«, ohne eine Spur von den Prinzipien der Inneren Führung[86]. Das rasche Aufstellungstempo hatte allzu große Lücken hinsichtlich Ausbildung und Ausrüstung, Infra-

---

[80]   De Maizière, In der Pflicht (wie Anm. 5), S. 189.
[81]   Die Ernennung zum Oberst erfolgte am 21.12.1955, zum Berufssoldaten zum 9.6. und zum Brigadegeneral am 20.12.1956. Personalakte Ulrich de Maizière, BA-MA, Pers 1/27800.
[82]   Das Gesetz zur Einrichtung des Personalgutachterausschusses sowie eine Liste seiner Mitglieder bietet Molt, Von der Wehrmacht zur Bundeswehr (wie Anm. 79), S. 657–659. Dem Ausschuss gehörten u.a. die de Maizière persönlich verbundenen Fridolin von Senger und Etterlin, Helmut von Grolmann und Adolf Kuntzen an. Zu seinen Richtlinien siehe Nägler, Der gewollte Soldat (wie Anm. 77), S. 71–74.
[83]   De Maizière, In der Pflicht (wie Anm. 5), S. 196 f.
[84]   Ebd., S. 210.
[85]   Ebd., S. 212.
[86]   Ebd., S. 213.

struktur, vor allem aber der Menschenführung verursacht[87]. Hier setzte de Maizière an, fühlte sich dabei in vielem an die Zeit der Aufstellung der Wehrmacht erinnert und mochte in mancherlei Hinsicht »an alte Erfahrungen anknüpfen«. Sehr genau erkannte er jedoch, dass insbesondere die »Menschenführung neue methodische und erzieherische Ansätze [verlangte]«[88]. Allzu viel Zeit für diese Kernerarbeit blieb ihm freilich nicht. Die Umstellung auf die Brigadestruktur erforderte bereits im Sommer 1958 eine Lehr- und Versuchsübung mit je einer Panzer- und Grenadier-Brigade. De Maizière führte die Grenadiere und traf hierbei in Brigadegeneral Burkhart Müller-Hillebrand, der den Leitungsstab führte, seinen alten Vorgesetzten aus dem OKH wieder. Zwei Übungen wurden anschließend für Persönlichkeiten des öffentlichen Lebens, nationale wie internationale Gäste aus Politik und NATO im Beisein von Bundeskanzler Adenauer wiederholt. Zum ersten Mal stellte sich die neue Bundeswehr der Öffentlichkeit in einem größeren Manöver vor und errang nach den Worten ihres Ministers einen »politischen Erfolg«. De Maizière hingegen zeigte sich ob dieser Chance im Nachhinein »dankbar« und empfand sie als »Erfrischung«[89].

Bereits im Frühjahr 1959 übergab er den Kommandeursposten und wartete auf eine neue Verwendung. Zwar konnte eine zunächst in Aussicht gestellte Verwendung in den USA angeblich aufgrund der US-Zurückhaltung wegen seiner Verwandten in der DDR nicht realisiert werden, doch der Inspekteur des Heeres, Generalleutnant Hans Röttiger, hatte signalisiert, ihm die Ausbildung des Generalstabsnachwuchses des Heeres in Hamburg anzuvertrauen[90]. Seine zum 1. Juni 1959 erfolgende Ernennung zum stellvertretenden Kommandeur der 1. Panzergrenadierdivision betrachte de Maizière folglich als Zwischenlösung und hoffte »im stillen auf eine Division«[91]. Stattdessen eröffnete ihm der damalige Unterabteilungsleiter Heer in der Personalabteilung, Brigadegeneral Werner Haag, Mitte November 1959, der Minister wolle de Maizière zum Kommandeur der Schule für Innere Führung in Koblenz berufen. Möglicherweise waren ihm jetzt sein dezidiertes Eintreten für die Innere Führung und sein damit verbundener Ruf, zu den »Reformern« zu gehören, zum Verhängnis geworden; beides stand unter der Regie des neuen Verteidigungsministers Franz Josef Strauß nicht eben hoch im Kurs. Den neuen Dienstposten in Koblenz trat de Maizière zum 1. Juni 1960 schwer enttäuscht an, der Knick in der Karriere war ihm wohl bewusst[92]. Nach zweieinhalb Jahren Truppendienst sah

---

[87]   Die Bundeswehr 1955 bis 2005. Rückblenden – Einsichten – Perspektiven. Im Auftrag des MGFA hrsg. von Frank Nägler, München 2007 (= Sicherheitspolitik und Streitkräfte der Bundesrepublik Deutschland, 7).
[88]   De Maizière, In der Pflicht (wie Anm. 5), S. 215.
[89]   Ebd., S. 218, 224.
[90]   Seine Einschätzung, internationale Verwendungen seien stets am US-amerikanischen Einspruch wegen seiner DDR-Verwandtschaft gescheitert, lässt sich bislang nicht stützen. Er selbst will jedenfalls später als Inspekteur des Heeres die Aufgabe der entsprechenden Zurückhaltung ihm gegenüber empfunden haben. De Maizière, In der Pflicht (wie Anm. 5), S. 221, 274.
[91]   Ebd., S. 224.
[92]   Ebd., S. 236 f.

er selbst eine solche Verwendung als conditio sine qua non: »Das Klima in der Truppe musste man persönlich ›erlebt‹ haben, wenn man die im Aufbau begriffene Bundeswehr in ihrem Wesen verstehen wollte[93].« Zumindest konnte er jetzt die in ihm in Hannover gereifte Überzeugung, dass sich »die Bundeswehr [...] von der Wehrmacht am auffallendsten durch die Menschen [unterschied], die in ihr dienten, gleich ob Wehrpflichtige oder Berufssoldaten«, nachhaltig in der Lehre umsetzen.

Die Schule für Innere Führung, bereits am 1. Oktober 1956 in Köln gegründet, 1957 dann nach Koblenz verlegt, war in deutschen wie ausländischen Armeen ohne Beispiel. Konzipiert als Lehr- und Forschungsstätte der Bundeswehr, sollte sie den soldatischen Führern gesicherte geistige und praktische Grundlagen für deren erzieherische Arbeit vermitteln. Ihr erster Kommandeur, Brigadegeneral Artur Weber, hatte ihr in den ersten Jahren Struktur und Aussehen gegeben; jetzt galt es, sie inhaltlich auf eine streitkräftegemeinsame Ausrichtung zu trimmen. So jedenfalls beurteilte de Maizière seine neue Aufgabe, nachdem ihm aufgefallen war, dass in der Bewertung und Anwendung der Inneren Führung durchaus erhebliche Unterschiede zwischen den Teilstreitkräften bestanden. Ganz der Generalstabsoffizier, der er war und den es deswegen stets zur klaren Begrifflichkeit zog, unternahm de Maizière außerdem keine geringe Anstrengung, um »eine griffige, allgemeinverständliche Antwort auf die immer wieder von Soldaten und der Öffentlichkeit gestellte Frage vorzulegen«, was denn eigentlich die Innere Führung sei[94]. Dabei geriet er mit seinem zivilen »Annex«, dem »Wissenschaftlichen Forschungs- und Lehrstab«, aneinander. Wie sehr es dem Generalstäbler de Maizière ein Dorn im Auge sein musste, dass sich nicht alle in unbedingter Loyalität unter demselben Banner scharen wollten, liegt auf der Hand[95]. Jedenfalls sorgte er in seiner Koblenzer Verwendung für einige Publicity um seine Person. Schon anlässlich seiner Amtsübernahme hatte ihn Heinz Michaels in der Wochenzeitung »Die Zeit« unter der Überschrift »Nachkriegsgeneräle rücken vor« zum »Hüter und Künder der Ideen des Grafen von Baudissin« ernannt. Zwar würden »alte Troupiers« über die Innere Führung »gern mit einem geringschätzigen Achselzucken oder einem mokanten Lächeln sprechen«. Gleichwohl liege »gerade auf diesem Gebiet, auf der Überwindung des alten Kommißgeistes, die Bewährungsprobe der Bundeswehr«[96]. Auch in Bonn hatte man de Maizière keinesfalls vergessen: Die Generalinspekteure Adolf Heusinger und Friedrich Foertsch besuchten die Schule gleich viermal; ebenso gute Beziehungen pflegte de Maizière zum Leiter der Unterabteilung Innere Führung im Führungsstab der Bundeswehr, Brigadegeneral Werner Drews, den er bereits aus gemeinsamen Tagen im Amt Blank kannte. Mit dessen für die Schule zuständigen Refe-

---

[93] Ebd., S. 224.
[94] Gerade bei den ehemaligen Kameraden aus der Wehrmacht will de Maizière durchaus erfolgreich gewesen sein. Ebd., S. 224–227, zu entsprechenden Beispielen S. 234 f.
[95] Ebd., S. 232 f.
[96] Heinz Michaels, Nachkriegsgeneräle rücken vor. Eine neue Generation in der Führung der Bundeswehr. In: Die Zeit, 20.5.1960, Nr. 21.

ratsleiter Oberst Heinz Karst gestaltete sich die Zusammenarbeit ungleich schwieriger, weil beide hinsichtlich der Rolle der soldatischen Ordnung und der formalen Disziplin unterschiedlicher Auffassung waren. Nicht ohne Grund sollte de Maizière später als Generalinspekteur seine Zustimmung verweigern, als man ihm diesen Mann als Leiter der Unterabteilung Innere Führung anbot[97]. Doch eine solche Spitzenverwendung stand für de Maizière zunächst nicht zur Debatte. Immerhin war ihm bereits im Spätherbst 1961 seine Versetzung zur Führungsakademie nach Hamburg angekündigt worden, und er gehörte zu dem Kreis der Kommandeure der drei Teilstreitkräfte, die im Februar 1962 auf Einladung von Generalinspekteur Foertsch an der Führungsakademie in Hamburg an einem operativen Planspiel im Gesamtstreitkräfterahmen teilnahmen. Schon die Versetzungsankündigung zum Kommandeur dieser Akademie in der Tasche, erlebte de Maizière im Zuge seiner Übernahmegespräche vor Ort die verheerende Sturmflut in Norddeutschland, aber auch »die souveräne Führung des Hamburger Innensenators Helmut Schmidt«. Besonders bewunderte er dessen »Mut, trotz unzureichender Gesetzesgrundlagen Verantwortung zu übernehmen und zu handeln«[98] – aus de Maizières Sicht der Beweis geradezu klassischer Führungsfähigkeit. Als Schmidt am 22. Oktober 1969 Verteidigungsminister wurde, übernahm er den amtierenden Generalinspekteur. Das mag zuvorderst freilich an politische Überlegungen geknüpft gewesen sein, doch verband die beiden Männer einiges. Der sechs Jahre jüngere Schmidt galt ebenfalls als persönlich bescheiden, diszipliniert, fleißig und schätzte die sogenannten preußischen Tugenden. Wie de Maizière war er als junger Soldat an der Ostfront, dann Referent in Berlin gewesen, 1942–1944 als Oberleutnant und Referent im Reichsluftfahrtministerium nämlich, und am Ende gleichfalls in britischer Gefangenschaft geraten. Schmidt war zudem einer der ersten Sozialdemokraten, die nach der Gründung der Bundeswehr Reserveoffizier wurden, obwohl er dafür wegen des Vorwurfs, ein Militarist zu sein, in Abwesenheit aus dem SPD-Bundestagsfraktionsvorstand gewählt wurde. Wie de Maizière lernte Schmidt in den 1950er-Jahren auf einer Reise die USA kennen und schätzen, blieb Zeit seines Lebens Atlantiker und liebte die Musik[99]. Schmidt spielte selbst Orgel und Klavier, nahm sogar mehrere Platten auf, de Maizière immerhin eine[100]. Es dürfte kein Zufall gewesen sein, dass gerade unter Schmidt und de Maizière am 29. März 1971 die Big-Band der Bundeswehr geschaffen wurde – freilich als Medium der Öffentlichkeitsarbeit[101].

---

[97] De Maizière, In der Pflicht (wie Anm. 5), S. 236.
[98] Ebd., S. 238.
[99] Hartmut Soell, Helmut Schmidt, 2 Bde, München 2003/2008, sowie Detlef Bald, Politik der Verantwortung. Das Beispiel Helmut Schmidt: Das Primat des Politischen über das Militärische 1965–1975, München 2008.
[100] Die Aufnahme wurde für den öffentlichen Verkauf nie freigegeben. De Maizière, In der Pflicht (wie Anm. 5), S. 252.
[101] Von de Maizière gesammeltes Material zur Militärmusik findet sich in BA-MA, N 673/136–140.

Doch zunächst erforderte de Maizières neuer Dienstposten in Hamburg, den er am 1. April 1962 antrat, seine volle Aufmerksamkeit und vor allem viel Takt-gefühl, denn alle seine drei Abteilungskommandeure waren mehrere Jahre älter und im Rang gleich; erst am 20. Juli 1962 folgte seine Beförderung zum General-major[102]. Zu seinem Schwerpunkt und ureigenen Domäne wählte er die bundes-wehrgemeinsame Ausbildung »einer geistig offene[n], in großen Zusammen-hängen und in gleichen Kategorien denkende[n] Gruppe von Führergehilfen, die unabhängig von ihrer jeweiligen Waffengattung in allen Führungsgebieten, in den verschiedenen Führungsebenen, national und international eingesetzt werden kann«[103]. Weil die Abteilungskommandeure schon damals ihre Ausbil-dungsweisungen allein von ihren jeweiligen Inspekteuren erhielten, musste de Maizière sein Wirken auf regelmäßige Anlässe wie Verabschiedungen, Begrü-ßungen und die Jahresbilanz beschränken sowie sich in den Dienstbesprechun-gen und informellen Gesprächen Gehör verschaffen. Seine daraus entstehenden Freiräume nutzte er zu häufigen Besuchen im Ministerium, zur Teilnahme an den regelmäßigen Besprechungen des Generalinspekteurs mit den Komman-dierenden Generalen sowie an Planspielen der Inspekteure und an Truppen-manövern[104].

Dass dies seinem Fortkommen nicht schadete, bewies die 8. Kommandeur-tagung im Juni 1963 in Dortmund. Wegen der vortragenden Generale, neben Generalmajor Graf Kielmansegg, Generalleutnant Heinz Trettner und Flottil-lenadmiral Heinrich Gerlach, die alle für höchste Verwendungen im Gespräch waren, vom Auditorium als »Kronprinzenschau« bezeichnet, hielt de Maizière dort als letzter seinen Vortrag. Und obwohl er sich selbst »damals noch nicht« in dieser Reihe gesehen haben will, durfte er sich von dem beim Essen neben ihm sitzenden Leiter der Personalabteilung, Ministerialdirektor Karl Gumbel, eines Besseren belehren lassen[105]. Tatsächlich avancierte Gumbel 1964 unter dem neuen Verteidigungsminister Kai-Uwe von Hassel zum Beamteten Staats-sekretär und de Maizière wurde zur Überraschung vieler mit der Beförderung zum Generalleutnant neuer Inspekteur des Heeres (1. Oktober 1964)[106]. Dass de Maizière dabei die teilweise seit Jahren amtierenden, deutlich lebensälteren Kommandierenden Generale aller drei Heeres-Korps übersprang, war brisant,

102 Personalakte Ulrich de Maizière, BA-MA, Pers 1/27800.
103 De Maizière, In der Pflicht (wie Anm. 5), S. 246. Aus de Maizières Zeit sind daraus z.B. die späteren Generalinspekteure Harald Wust, Jürgen Brandt und Wolfgang Altenburg, die Generale Leopold Chalupa, Dr. Günther Kießling, Hans Joachim Mack und Eberhard Eimler sowie die Inspekteure des Heeres, Generalleutnant Meinhard Glanz, und der Ma-rine, Vizeadmiral Ansgar Bethge, hervorgegangen. Ebd., S. 242.
104 Wegweiser durch die Privat-dienstlichen Tagebücher Ulrich de Maizière (1.1.–31.12.1965), BA-MA, N 673/63.
105 De Maizière, In der Pflicht (wie Anm. 5), S. 247–249.
106 Siehe dazu »Bundeswehr-Personalchef: Auch ganz anständig«. In: Der Spiegel, Nr. 29 vom 15.7.1964, http://www.spiegel.de/spiegel/print/d-46174762.html (27.12.2009), sowie »Gumbel: Alle gefördert«. In: Der Spiegel, Nr. 38 vom 12.9.1966, http://www.spiegel.de/spiegel/print/d-46414258.html (27.12.2009), und Personalakte Ulrich de Maizière, BA-MA, Pers 1/27800.

aber nicht unerklärlich. Faktisch gehörte der neue Heeresinspekteur zusammen mit Werner Drews, Werner Panitzki und Alfred Zerbel zu einer »neuen Generation« von Offizieren in Führungspositionen der Bundeswehr, »die das Kriegsende vor fünfzehn Jahren als junge Oberstleutnante und Oberste erlebten und sich in den letzten Jahren beim Aufbau der Bundeswehr ihre Sporen verdienten«[107]. Zerbel wurde Inspekteur des Heeres (1960–1964), ihm folgten de Maizière (1964–1966) sowie Schnez (1968–1971), Panitzki avancierte zum Inspekteur der Luftwaffe (1962–1966) und Werner Drews immerhin noch zum Generalmajor und Befehlshaber des Territorialkommandos Süd (1969–1972). Dass es gerade für Drews, der nicht wenigen seiner Zeitgenossen als gleichbedeutend mit Baudissin galt, zu den absoluten Spitzenpositionen nicht reichte, ist vielleicht ein Hinweis auf die Hintergründe für die Wahl de Maizières[108]. Dieser hatte sich zwar kaum in seiner Laufbahn noch einmal derartig exponiert wie in seiner Unterstützung für das Konzept der Inneren Führung. Gleichwohl war er nie als Hardliner in dieser Frage aufgetreten, sondern immer konsensorientiert im Hinblick auf das augenblicklich Realisierbare. In der sich gerade für die Akzeptanz der Bundeswehr immer schwieriger gestaltenden innenpolitischen Lage Mitte der 1960er-Jahre könnte dies für de Maizières Avancement entscheidend gewesen sein. Unter einer CDU-Regierung zum Inspekteur des Heeres, unter einer Großen Koalition zum Generalinspekteur berufen und in dieser Position auch unter sozialliberaler Regie geblieben zu sein, mag als Beleg dafür gelten, dass er im politischen Kontext allseits für den richtigen Mann zur rechten Zeit gehalten wurde. Immerhin war de Maizière der einzige der drei am 10. Februar 1965 an der Universität Hamburg mit dem Freiherrn vom Stein-Preis Ausgezeichneten – neben ihm Baudissin und Kielmansegg –, der es in die nationale militärische Spitzenposition schaffen sollte.

Die Rückkehr de Maizières nach Bonn als neuer Inspekteur des Heeres wurde von der Presse jedenfalls positiv begleitet. Das stellte ihn unter nicht unerheblichen öffentlichen Druck, stärkte indes seine Position im Ministerium. Es gelang ihm, gegen den scheinbar allmächtigen Gumbel wichtige Entscheidungen durchzusetzen, und er ging das aus seiner Sicht größte Problem der Bundeswehr an: den Mangel an Offizieren und Unteroffizieren. Die Phase der Aufstellung der Streitkräfte war abgeschlossen, ein weiteres Wachstum weder finanzierbar noch notwendig. Lediglich was die Mobilität der Truppe betraf, rückte de Maizière von dieser selbst ausgegebenen Losung ab, als er für den Aufbau der Heeresfliegertruppe eine Neuaufstellung forderte und auch durch-

---

[107] Michaels, Nachkriegsgeneräle (wie Anm. 96).
[108] Auch de Maizière, In der Pflicht (wie Anm. 5), S. 235, bestätigte die »gemeinsamen Auffassungen über Theorie und Praxis der Inneren Führung«. Siehe zum Gesamtkontext auch Torsten Loch, Das Gesicht der Bundeswehr. Kommunikationsstrategien in der Freiwilligenwerbung der Bundeswehr 1956 bis 1989, München 2007 (= Sicherheitspolitik und Streitkräfte der Bundesrepublik Deutschland, 8), S. 135 f.

setzte: Im Juni 1966 genehmigte der Minister die Beschaffung der ersten 135 mittleren Transporthubschrauber für das Heer[109].

Wie schon in früheren Verwendungen erwiesen sich jedoch Ausbildung und Erziehung als de Maizières Steckenpferd. Von den 22 Monaten seiner Amtszeit widmete er fast ein Drittel Truppenbesuchen, mehr als 150 Arbeitstage verbrachte er auf diese Weise außerhalb Bonns[110]. Dabei machte er sich vor allem für die Umsetzung einer zeitgemäßen Menschenführung stark. In vielen Fällen kam es dadurch zu großzügigeren Umsetzungen, von der Truppe ebenso viel kritisiert wie in der Öffentlichkeit beachtet. Wie ernst ihm sein Anliegen war, führte de Maizière allen schon zu Beginn seiner Amtszeit vor Augen: Als sich im Fallschirmjägerbataillon 313 in Wildeshausen Ausbildungsmethoden bestätigten, die an die »Nagold-Affäre« knapp zwei Jahre zuvor erinnerten, schaltete er sich persönlich ein. Er flog nach Wildeshausen, prüfte die Vorwürfe vor Ort, missbilligte die Vorgänge vor dem Führerkorps des Bataillons, leitete erste Maßnahmen ein und stellte sich noch am selben Tag einer Pressekonferenz im benachbarten Oldenburg. Zusammen mit einem öffentlichen Auftritt in der vollbesetzten Aula der Göttinger Universität, wo er auf Einladung des dortigen Pädagogen Professor Hartmut von Hentig zum Thema »Erziehung zum Staatsbürger in Uniform« vortrug, und einem einstündigen Interview in der Fernsehreihe »Zur Person« von Günter Gaus im Mai 1965 untermauerte er seinen Ruf als herausragender Vertreter der Inneren Führung[111]. Dieses Image unterstrich er in der Folge mit seiner dezidierten Unterstützung bei der Einführung der Truppenfahnen zum Jahresbeginn 1965 und der Implementierung des ersten »Traditionserlasses« durch Minister Kai-Uwe von Hassel am 1. Juli 1965[112]. Insofern war de Maizière in einer hervorragenden Position, als sich 1966 angesichts des zumindest vom Zeitpunkt überraschenden Rücktritts des Generalinspekteurs Heinz Trettner am 23. August die Frage nach dessen Nachfolge stellte. Hassel holte de Maizière aus dem Urlaub zurück und bot ihm schon tags darauf den Posten an. Am 25. August wurde de Maizière unter Ernennung zum General neuer Generalinspekteur der Bundeswehr[113].

Damit war Ulrich de Maizière der ranghöchste Soldat der Bundesrepublik Deutschland und hatte die Spitze seiner Karriere erreicht – allerdings in einer Zeit, in welcher der Staat vor seiner bis dahin größten innenpolitischen Veränderung stand. Die politische Rechte hatte sich unter dem Dach der NPD neu gesammelt, und die Diskussion um die sogenannten Notstandsgesetze spaltete

---

[109] De Maizière, In der Pflicht (wie Anm. 5), S. 262 f. Zu seiner Sicht der Dinge siehe den maschinengeschriebenen Abzug seines Vortrages »Konzeption des Heeres« auf der Arbeitstagung der Arbeitsgemeinschaft für Wehrtechnik e.V. und des Arbeitskreises für Wehrforschung am 30.4.1965 in Bad Godesberg. BA-MA, N 673/273.

[110] Wegweiser durch die Privat-dienstlichen Tagebücher Ulrich de Maizière, BA-MA, N 673/63.

[111] De Maizière, In der Pflicht (wie Anm. 5), S. 261, 264–267, 279.

[112] Ebd., S. 267–269.

[113] Ebd., S. 278 f., sowie Eintrag 24.8. im privat-dienstlichen Tagebuch 1966, Wegweiser durch die Privat-dienstlichen Tagebücher Ulrich de Maizière, BA-MA, N 673/63, und Personalakte Ulrich de Maizière, BA-MA, Pers 1/27800.

die veröffentlichte Meinung über Parteigrenzen hinweg[114]. Die Reformbewegung, später unter der Sammelbezeichnung »68er« nicht nur positiv zusammengefasst, rieb sich unter Führung der »Außerparlamentarischen Opposition« (APO) an der politischen wie sozialen Kultur der »Wirtschaftswunderzeit« der 1950er- und 1960er-Jahre, die aus ihrer Sicht nicht nur erstarrte, sondern sogar restaurative politische Tendenzen aufwies[115]. In diesem Kontext folgte der CDU-Alleinregierung unter Ludwig Erhard nach der Bundestagswahl 1966 zunächst eine Große Koalition unter Kurt-Georg Kiesinger und nach deren Scheitern 1969 eine sozialliberale Koalition unter Willy Brandt, die durch eine Kehrtwende in der Außenpolitik mit der sogenannten Neuen Ostpolitik sowie der Bildungsreform in der Innenpolitik neue Maßstäbe setzte.

De Maizière hatte es also in seinen sechs Jahren als Generalinspekteur nicht nur mit einer gesellschaftlich und politisch bewegten Phase der bundesrepublikanischen Geschichte, sondern daraus folgend auch mit gleich drei Ministern zu tun. Kai-Uwe von Hassel, seit dem Rücktritt von Strauß 1963 als Konsequenz aus dem »Spiegel-Affäre« im Amt, hatte ihn zum Heeres- und zum Generalinspekteur ernannt. An dem ein Jahr jüngeren Minister schätzte de Maizière besonders dessen persönliche Integrität und »Verständnis [...] für die Soldaten und ihr Denken«[116]. Ihm folgte am 1. Dezember 1966 der wiederum in etwa gleich alte Gerhard Schröder. Dieser hatte sich als Innenminister (1953–1961) einen Ruf als Law-and-Order-Mann erworben und sich anschließend als Außenminister im 4. Kabinett Adenauers als »Atlantiker« erwiesen, mit dem Wechsel ins Verteidigungsressort jedoch den Zenit seiner politischen Karriere bereits überschritten[117]. Weil Schröder wichtige Entscheidungen hinsichtlich der Personalstrukturproblematik sowie der Ausrüstung mit modernen Waffensystemen traf und »die Bundeswehr aus den Schlagzeilen herauszuhalten« vermochte, ordnete ihn de Maizière »in die Reihe der erfolgreichen Verteidigungsminister unserer Republik« ein[118].

Darüber hinaus musste sich der neue Generalinspekteur in der ersten Hälfte seiner Amtszeit mit internationalen Veränderungen auseinandersetzen. Die NATO befand sich im Umbruch, der sich im Rückzug Frankreichs aus der militärischen Organisation des Nordatlantikpaktes 1966 und in der Umstellung

[114] Bernd Stöver, Die Bundesrepublik Deutschland, Darmstadt 2002, S. 79 f., 82–85.
[115] Stöver, Die Bundesrepublik Deutschland (wie Anm. 114), S. 88–102, im Überblick Manfred Görtemaker, Geschichte der Bundesrepublik Deutschland. Von der Gründung bis zur Gegenwart, München 1999, S. 475–524.
[116] De Maizière, In der Pflicht (wie Anm. 5), S. 285. Zu von Hassel siehe Mark Speich, Kai-Uwe von Hassel. Eine politische Biographie, Diss., Bonn 2001, sowie Volker Koop, Kai-Uwe von Hassel. Eine politische Biographie, Köln 2007.
[117] Zu Schröder siehe Torsten Oppelland, Gerhard Schröder (1910–1989). Politik zwischen Staat, Partei und Konfession, Düsseldorf 2002, S. 253–684, sowie ergänzend Franz Eibl, Politik der Bewegung. Gerhard Schröder als Außenminister 1961–1966, München 2001 (= Studien zur Zeitgeschichte, 60).
[118] De Maizière, In der Pflicht (wie Anm. 5), S. 311.

von der Massive Retaliation zur Flexible Response 1967 manifestierte[119]. Beides stärkte ungewollt die Position des westdeutschen Generalinspekteurs innerhalb des NATO-Militärausschusses, die de Maizière in vielen bilateralen Gesprächen zu nutzen verstand. Auch aufgrund seines Werdeganges gelang es ihm, in eine Art Mittlerrolle zwischen den Amerikanern und den Franzosen einerseits sowie den angloamerikanischen Atommächten und den kleineren nicht-atomaren europäischen Staaten andererseits zu schlüpfen. Seine Haltung zur Frage des Nuklearwaffeneinsatzes war dabei eine grundsätzliche. Die Option eines Ersteinsatzes von Atomwaffen bildete für ihn zwar eine unverzichtbare Komponente des NATO-Abschreckungsszenarios, doch er kritisierte die seiner Ansicht nach zu großzügige Verwendungsbereitschaft der NATO-Kommando-behörden, vornehmlich der US-Generalität angesichts der konventionellen Überlegenheit des Warschauer Paktes. Einen auf Europa begrenzten militärischen Konflikt unter Einsatz von Atomwaffen durfte es für ihn nicht geben. Entsprechend erleichtert zeigte er sich, als die von der Nuclear Planning Group (NPG) bis zum Herbst 1970 entwickelten und beschlossenen Richtlinien den westdeutschen Anliegen weitgehend Rechnung trugen[120].

Deutlich weniger erfolgreich war de Maizière hingegen bei der Vermittlung dieser wichtigen Aufgabe gegenüber der politischen Leitung[121]. Von der wiederum erhielt er Unterstützung bei der Bewältigung zweier ebenso wesentlicher wie grundsätzlicher Probleme. Das erste bestand in der erstmaligen Kürzung des Verteidigungshaushalts 1967 im Zuge der Mitte der 1960er-Jahre durchschlagenden wirtschaftlichen Rezession. Weil darüber hinaus auch für die Zukunft drastische Reduzierungen zu erwarten waren, ermahnte de Maizière die Teilstreitkräfte stets zur Mäßigung ihrer Wunschvorstellungen und wollte vor allem alternative Streitkräftemodelle untersucht wissen[122]. Im Ergebnis der kurzzeitigen Auseinandersetzung zwischen Verteidigungsminister und Bundeskanzler um die Frage, ob die nun 460 000 Mann umfassende Bundeswehr nicht mehr im Hinblick auf das ursprüngliche Aufstellungsziel von 508 000 Mann erweitert werden sollte, fühlte sich de Maizière einmal mehr in seiner Weitsicht bestätigt[123].

Der zweite Problemkreis betraf die Stellung des Generalinspekteurs bzw. dessen durch sein Weisungsrecht übergeordnete Stellung gegenüber den Inspekteuren der Teilstreitkräfte. Vor allem der 1966 ernannte Luftwaffeninspekteur Generalleutnant Johannes Steinhoff plädierte für die Einführung des US-Systems der Joint Chiefs of Staff als neue militärische Spitzengliederung der

---

[119] Von Truman bis Harmel. Die Bundesrepublik Deutschland im Spannungsfeld von NATO und europäischer Integration. Im Auftrag des MGFA hrsg. von Hans-Joachim Harder, München 2000 (= Militärgeschichte seit 1945, 11).
[120] De Maizière, In der Pflicht (wie Anm. 5), S. 276 f., 323 f.
[121] Ebd., S. 288–292, 296 f.; Hermann Renner, Neues NATO-Konzept – was nun? In: Die Welt vom 10.5.1967, Abdruck in BA-MA, BW 2/10304.
[122] Siehe z.B. die Schlussbemerkungen des Generalinspekteurs der Bundeswehr, General de Maizière, zum Bundeswehr-Planspiel 1967 (Marine) am 3.11.1967, BA-MA, BM 1/110a.
[123] De Maizière, In der Pflicht (wie Anm. 5), S. 292–294.

Bundeswehr. Zwar entschied sich Schröder im Mai 1968 für die Beibehaltung des Weisungsrechtes in Fragen der Gesamtstreitkräfte und stärkte damit die Position des Generalinspekteurs. Geklärt war damit indes nur der akute Konflikt, das Problem jedoch nicht. Es bestand weiter und wurde letzten Endes erst durch den »Blankeneser Erlass« vom 21. März 1970 gelöst. Mit ihm definierte Helmut Schmidt zum ersten Mal die Befugnisse des Generalinspekteurs als »Gesamtverantwortlichen der Bundeswehrplanung im Verteidigungsministerium« eindeutig[124]. Darauf ausgerichtet hatte de Maizière sein Handeln freilich von Anbeginn seiner Amtszeit. Regelmäßig wandte er sich mit schriftlichen Grundsatzerlassen und Informationsbriefen an die Truppenkommandeure, in denen er den strategisch-operativen Rahmen und die Schwerpunkte für die Ausbildung, manchmal gar verbindliche Grundsätze für Einzelfragen festlegte. Außerdem führte er die von seinen Vorgängern implementierten jährlichen Kommandeurtagungen fort und lud mehrmals im Jahr die Kommandierenden Generale, Amtschefs und Territorialbefehlshaber, gerne auch die Divisionskommandeure und Wehrbereichsbefehlshaber ein, um persönlich auf sie einwirken zu können[125]. Gerade in diesem Zusammenhang wollte er seine Vorstellungen vermitteln, wie in der Truppe mit den gesellschaftlichen und innenpolitischen Spannungen umgegangen werden sollte[126].

Im Verteidigungsausschuss mit seinem Vorstoß gescheitert, die gesetzlichen Bestimmungen für die politische Betätigung von Soldaten überprüfen zu lassen, musste de Maizière im Rahmen der bestehenden Regelungen handeln. Dazu forderte er seine Inspekteure auf, »zu prüfen, ob und welche Änderungen von Vorschriften und bestehenden Gesetzen sie für notwendig hielten, um der veränderten politischen Lage gerecht zu werden, ohne die Grundsätze der Inneren Führung in Frage zu stellen«[127]. Denn im Kontext der politischen und gesellschaftlichen Auseinandersetzungen der Zeit erwuchs rasch eine grundsätzliche Diskussion um die Stellung des Soldaten innerhalb der Gesellschaft. Eine Anti-Reform-Bewegung vor allem innerhalb der Heeresführung um Brigadegeneral Heinz Karst, den General des Erziehungs- und Ausbildungswesens im Heer, versuchte die Situation, in der das demokratische System der Bundesrepublik von rechts und links bedroht schien, zu nutzen, um nicht nur wider den sich ausbreitenden Zeitgeist vorzugehen, sondern auch zugleich den ungeliebten Reformen Baudissins und dessen Innerer Führung den Garaus zu machen. Als sogar der damalige Bundeskanzler Kurt Georg Kiesinger auf der Hauptversammlung des Bundeswehrverbandes am 18. Juni 1969 in Bad Godesberg den »Staatsbürger in Uniform« grundsätzlich in Frage stellte, fiel der Startschuss für eine beinahe anderthalbjährige Diskussion um die weitere Gültigkeit der Inneren Führung. Diese ist bis heute mit den Schlagworten »Schnez-

---

[124] Ebd., S. 294 f.
[125] Ebd., S. 304 f.
[126] Siehe hierzu beispielhaft Der Generalinspekteur der Bundeswehr/FüS I 6 vom 30.3.1969: Information für die Kommandeure, Nr. 1/69, BA-MA, BW 1/160924.
[127] De Maizière, In der Pflicht (wie Anm. 5), S. 307, und Nachlass Ulrich de Maizière, BA-MA, N 673/71.

Studie«, »Leutnante 70« und »Hauptleute von Unna« verbunden[128]. Erst allmählich gelang es de Maizière und dem seit 22. Oktober 1969 amtierenden
Verteidigungsminister Helmut Schmidt, die Wogen wieder zu glätten[129]. Abge-
stützt auf eine Reihe von Verbesserungen in Organisation, Personalwesen und
Ausbildung zu Beginn der 1970er-Jahre, vollzog sich dann die allmähliche Akzeptanz der Inneren Führung in der Bundeswehr[130]. Die gesellschaftliche Bildungsreform hielt auch in der Armee Einzug – am signifikantesten mit der
Gründung der Bundeswehrhochschulen 1973 –, und für die Truppe wurden die
grundlegenden Regeln und Aussagen der Inneren Führung in Form einer Zentralen Dienstvorschrift, der ZDv 10/1 »Hilfen für die Innere Führung«, unter der
Leitung de Maizières und des Staatssekretärs Karl Berkhan zum ersten Mal
verbindlich fixiert[131]. Dass in den nächsten Jahren viele der Mängel im Truppenalltag abgestellt werden konnten und gleichzeitig die Generation der
»Gründerväter« in den Ruhestand trat, unterstützte diese Entwicklung freilich
nachhaltig.

Es ist vielleicht das größte Verdienst Ulrich de Maizières um die Bundeswehr, in der Stunde des offensichtlichen Generalangriffs auf das Konzept der
Inneren Führung standhaft geblieben zu sein. Freilich hätte er bei jeder anderen
Positionierung unter dem sozialdemokratischen Minister Helmut Schmidt seinen Rücktritt anbieten müssen. Dass er sich seit seinem Eintritt in das Amt
Blank unentwegt zur Inneren Führung bekannte, macht sein Verhalten indes
glaubwürdig. Dabei muss aber klargestellt werden, dass de Maizière selbst
sowohl den Inhalten der Schnez-Studie – laut dem Nachrichtenmagazin »Der
Spiegel« immerhin »der bis dahin massivste Angriff auf das ›Staatsbürger in
Uniform‹«[132] – wie denen der Forderungen der »Hauptleute von Unna« näher
stand als den Thesen der »Leutnante 70«[133]. In letzteren sah er »einige junge
unreife Leutnante [...] noch ohne Erfahrung als Offizier im praktischen Trup-

---

[128]   Siehe hierzu auch Kurt-Georg Kiesinger, Die Aufgaben der Bundeswehr in unserem
        demokratischen Staat. In: Die Bundeswehr, 7 (1969), S. 296–301; John Zimmermann, Vom
        Umgang mit der Vergangenheit – Zur historischen Bildung und Traditionspflege in der
        Bundeswehr. In: Die Bundeswehr 1955 bis 2005 (wie Anm. 87), S. 115–129, und Thomas
        Marschner, Die Schnez-Studie. Eine Momentaufnahme zur inneren Lage der Bundeswehr
        um 1969. In: Mitteilungen aus dem Bundesarchiv, 2/2008, S. 63–68.
[129]   Siehe z.B. die Rede de Maizières vor der Staatspolitischen Gesellschaft in Hamburg am
        10.3.1969 zum Thema »Die Bundeswehr heute und in den 70er Jahren«, BA-MA,
        BW 1/160924, oder sein Grußwort anlässlich der Feierstunde zum 20-jährigen Bestehen
        des Verbandes Deutscher Soldaten am 29.5.1970 in Bonn-Bad Godesberg, BA-MA,
        BW 1/25376. Schmidt musste sich demgegenüber unter anderem der Fragestunde des
        Deutschen Bundestages vom 15.1.1970 stellen. BA-MA, N 673/71.
[130]   Detlef Bald, Die Militärreform in der »Ära Brandt« – zur Integration von Militär und
        Gesellschaft. In: Entschieden für Frieden: 50 Jahre Bundeswehr. Im Auftrag des MGFA
        hrsg. von Klaus-Jürgen Bremm, Hans-Hubertus Mack und Martin Rink, Freiburg i.Br.
        2005, S. 341–354.
[131]   Winfried Vogel, Karl Wilhelm Berkhan. Ein Pionier deutscher Sicherheitspolitik nach
        1945, Bremen 2003.
[132]   »Bundeswehr/Hauptleute: Rechtsum und kehrt«. In: Der Spiegel, Nr. 15 vom 5.4.1971.
[133]   Siehe dazu die Materialien im Nachlass Ulrich de Maizière zu »Leutnante 70«, »Schnez-
        Studie« und »Hauptleute von Unna 1971«, BA-MA, N 673/71–73.

pendienst [...] auf der Suche nach gesellschaftlichem Neuland«[134]. Vor allem dürfte ihn gestört haben, dass die jungen Offiziere ihren Beruf nicht länger als Berufung betrachten wollten, sondern als einen wie andere auch. Auf die Passage: »Ich arbeite, um leben zu können, um genießen und Freude haben zu können«, reagierte er in seinem Memoiren mit: »Die Fürsorgepflicht des Vorgesetzten, die bei Dienstschluss nicht endet, schienen sie vergessen zu haben.« Mit der Berufsauffassung der Leutnante vermochte der bis zur Knauserigkeit sparsame, der protestantischen Arbeitsethik anhängende, preußisch sozialisierte Purist Ulrich de Maizière kaum etwas anzufangen[135]. Im Gegensatz zu den Hauptleuten traf er sich mit den Leutnanten folglich nie zu einem Gespräch[136]. Den gestandenen Einheitsführern billigte er dieses zu, weil er durchaus »Verständnis für viele ihrer Klagen aufbringen« konnte. Was ihn störte, war die »zuweilen unqualifizierte Kritik an der politischen und militärischen Führung« und die Form, die »Zurückhaltung, Disziplin und militärischen Takt vermissen ließ«. Tatsächlich will diese Besprechung für ihn »die wohl schwierigste in meiner Amtszeit als Generalinspekteur« gewesen sein, »weil sie zuweilen die Grenzen des noch Hinnehmbaren streifte«[137]. Dass de Maizière sich in beiden Angelegenheiten persönlich einschaltete, dürfte also eher seinem ausgeprägten Gespür für die öffentliche Reaktion geschuldet gewesen sein. Intern rügte er jedenfalls sowohl den Kommandeur der Heeresoffizierschule II in Hamburg, Brigadegeneral Dr. Hermann Wulf, als auch den Kommandeur der 7. Panzerdivision, Generalmajor Eike Middeldorf, schwer. Schmidt und die politische Leitung zeigten sich nachsichtiger als der Generalinspekteur, was dazu führte, dass de Maizière von Ernst Wirmer, inzwischen Hauptabteilungsleiter III im Verteidigungsministerium, »schon als neuer Seeckt« gesehen worden sein soll. Immerhin erreichte er bei seinem Minister über die folgenden Monate hinweg eine teilweise Umkehrung des kurzfristig eingeschlagenen Weges[138].

Doch nicht nur in diesem Fall arbeitete der Generalinspekteur loyal für seinen Minister, obgleich er mitunter anderer Auffassung war. Zwar veränderte Schmidt den kompletten Arbeitsstil des Ministeriums und brachte ein eigenes Führungsteam mit, bezog jedoch seinen Generalinspekteur eng mit ein und steigerte damit dessen Gewicht[139]. So entwickelte sich eine letztlich erfolgreiche

---

[134] De Maizière, In der Pflicht (wie Anm. 5), S. 326, wie auch zum folgenden Zitat.
[135] Zu seinen persönlichen Überzeugungen und der entsprechenden Selbstdarstellung siehe z.B. »Recht und Freiheit des deutschen Volkes tapfer zu verteidigen ...«. Ein Interview mit dem Generalinspekteur der Bundeswehr. In: Hamburger Sonntagsblatt Nr. 17 vom 23.4.1967, S. 13 f., sowie Marianne Usko, »Was ist geblieben vom Leben im ›Ersten Stand‹? Die deutsche Offiziersfrau – Zum Beispiel Eva de Maizière. In: Die Zeit, Nr. 39 vom 29.9.1967, beide im Nachlass Ulrich de Maizière, BA-MA, N 673/67.
[136] Stattdessen regelte dies der Amtschef des Truppenamtes, der jedoch seinen Generalinspekteur auf dem Laufenden hielt. Die Schriftwechsel befinden sich im Nachlass Ulrich de Maizière, BA-MA, N 673/72.
[137] De Maizière, In der Pflicht (wie Anm. 5), S. 327.
[138] Ebd., S. 328–330, Zitat S. 329.
[139] Ebd., S. 314–316.

Zusammenarbeit, auf deren Basis die Bundeswehr grundlegend reformiert werden konnte. Das im Mai des Jahres veröffentlichte Weißbuch 1970 wurde dabei zur Arbeitsgrundlage für die laufende Legislaturperiode[140]. Sein Schwerpunkt lag auf der Personalstruktur, der Neuordnung der Ausbildung und der Anpassung der sozialen Lage der Soldaten an den gestiegenen Lebens- und Bildungsstandard der bundesrepublikanischen Gesellschaft – durchweg Aufgaben also, denen sich de Maizière bereits seit geraumer Zeit widmete[141]; noch nach seiner Dienstzeit wurde er in vielen Fällen als Berater hinzugezogen[142].

In seinen letzten Vorträgen vor den zuständigen politischen Gremien im März 1972 zog de Maizière eine alles in allem überwiegend positive Bilanz, verschwieg allerdings nicht seine Sorgen um die Personallage, vor allem aber um »Disziplin und innere Kampfkraft«[143] – eine Einschätzung, welche die Presse im Übrigen teilte und ihm eine Mitschuld anlastete[144]. In seiner letzten Rede als aktiver Soldat anlässlich eines Empfangs vor dem Großen Zapfenstreich, mit dem er zusammen mit weiteren elf in den Ruhestand tretenden Generalen und Admiralen am 23. März 1972 auf der Bonner Hardthöhe verabschiedet wurde, schloss er mit den Worten: »Ich danke der Bundeswehr, dass ich ihr so lange habe dienen dürfen. Ich danke diesem Staat, dass ich ihm so lange habe dienen dürfen.« De Maizière berichtet in seinen Memoiren davon, dass Schmidt diese Sätze Bundeskanzler Willy Brandt bei seinem Eintreffen zum Großen Zapfenstreich übermittelt habe. Brandt überraschte den scheidenden Generalinspekteur damit, dass er ihn darauf ansprach: »Das, was Sie da vorhin in Ihrer Rede gesagt haben, Herr General, ist im besten Sinne des Wortes preußisch.« Und de Maizière schloss mit der bezeichnenden Bemerkung dazu seine Memoiren: »Genauso hatte ich meine Worte gemeint [...]«. Tags zuvor hatte er sich allerdings auf dem Fliegerhorst Wunstorf von der Truppe mit der bis dahin größten Feld- und Luftparade der Bundeswehr prätentiös verabschieden lassen, inklusive Spielmannszug und Überflug sämtlicher Luftfahrzeugmuster der Streitkräfte[145].

In der Gesamtschau ähnelt Ulrich de Maizières Lebenslauf in weiten Teilen denen Millionen anderer Deutscher seiner Zeit und vor allem seiner Generation. Den Vater im Ersten Weltkrieg verloren, wuchs er in einem bürgerlichen Haushalt auf, zog in wirtschaftlich ungewissen Zeiten den sicheren Soldatenberuf einer möglichen musischen oder akademischen Ausbildung vor, reüssierte in der Reichswehr/Wehrmacht bis auf die mittlere Führungsebene und musste

---

[140] Bald, Die Militärreform (wie Anm. 130).
[141] Entsprechende Beispiele finden sich im Bestand BA-MA, BW 1/25376.
[142] Siehe hierzu das Schlusskapitel seiner Memoiren mit der bezeichnenden Überschrift »Im tätigen Ruhestand«; de Maizière, In der Pflicht (wie Anm. 5), S. 334–356.
[143] Ebd., S. 330–332, hier S. 332.
[144] Siehe hierzu die mediale Berichterstattung anlässlich der Übergabe seiner Amtsgeschäfte an seinen Nachfolger im Bestand BA-MA, BH 28-2/557.
[145] Zur Parade samt der dazugehörigen Presseauswertung: BA-MA, BH 28-2/557. Bei der Verabschiedung Graf Baudissins am 19.12.1967, der sich statt Feierlichkeiten ein gemeinsames Essen mit Freunden und Weggefährten ausbedungen hatte, hatte er dessen Bescheidenheit noch gelobt. BA-MA, N 717/458.

nach seiner Kriegsgefangenschaft eine völlig neue, diesmal zivile Existenz aufbauen. Den großen Einschnitt in seinem Leben bedeutete das Angebot, zum
Aufbau westdeutscher Streitkräfte in den Staatsdienst zurückzukehren, sogar
erneut Soldat zu werden. Hier absolvierte er eine steile Karriere vom subalter-
nen Referenten im Amt Blank 1951 bis zum höchsten Soldaten der Bundesrepublik 1966. In nur 15 Jahren hatte er damit nicht nur sein ökonomisches, sondern auch sein soziales Kapital vervielfacht, und war zu einem national wie
international geachteten und weit über die Dienstzeit hinaus geschätzten militärischen Fachmann avanciert.

Dennoch verlief seine zweite militärische Karriere nicht so bruchlos, wie es
auf den ersten Blick scheint. Bis zum Generalmajor und Kommandeur der Führungsakademie war sein Aufstieg zwar rasant, aber durchaus nicht beispiellos.
Als entscheidend für seine nachmalige Bedeutsamkeit muss seine Ernennung
zum Inspekteur des Heeres 1964 gewertet werden. Diese kam selbst für viele
Kenner der Materie überraschend und hob de Maizière erst auf die herausragende Position, die er anschließend als Generalinspekteur zu untermauern
verstand. Es scheint, als sei er tatsächlich der berühmte »richtige Mann zur
richtigen Zeit am rechten Ort« gewesen.

Von Typ und Charakter her bot de Maizière die Eigenschaften auf, die in
der Umbruchsphase der Bundesrepublik, den langen 1960er-Jahren, für einen
der und dann den höchsten Soldaten der bewaffneten Macht dieses Staates
höchst gefragt, weil öffentlich präsentabel waren. Durch den vergangenen
Krieg nicht in besonderer Weise vorbelastet, intellektuell gewandt, musisch
begabt, mehrsprachig, persönlich bescheiden, zurückhaltend gegenüber der
Öffentlichkeit, auf internationalem Parkett nicht unerfahren und nicht zuletzt
als fleißiger Arbeiter von absoluter Loyalität gegenüber seinen Vorgesetzten
wie der politischen Leitung, mag er unter den möglichen Kandidaten inmitten
einer äußerst systemkritischen Zeit, die jegliche Obrigkeit in Frage stellte, vielen als ideale Besetzung gegolten haben. Tatsächlich vertrat er konsequent die
Meinung seines Dienstherrn, verwies unermüdlich auf seine ausschließlich
beratende Funktion und trat selbst im binnenmilitärischen Bereich ebenso kon-
ziliant wie diskussionsbereit auf. Gleichwohl setzte er die ministeriellen Direk-
tiven innerhalb der Armee stringent um und personalisierte damit nahezu perfekt die Schnittstelle zwischen ziviler und militärischer Führung der
Streitkräfte. So erwies er sich als wesentlicher Stützpfeiler der Bundeswehr-
Reform im Gesamtreformkonzept der sozialliberalen Regierung an der vermutlich entscheidenden Scharnierstelle der bundesrepublikanischen Geschichte
bis zum Ende der deutschen Teilung.

Inwieweit der Mensch Ulrich de Maizière wirklich absolut hinter dem stand,
was er nach außen vertrat, muss indes einer detaillierten Untersuchung vorbehalten bleiben. Ungeachtet, vielleicht sogar gerade wegen dieser Feststellung
lässt er sich als Prototyp des bundesrepublikanischen Generalstabsoffiziers
bezeichnen, dessen Bild die Bundeswehr bis heute idealiter prägt: Der akademisch gebildete, eloquente, konzessionsbereite, professionelle Fachmann, persönlich bescheiden und zurückhaltend im Auftreten, gleichwohl ein überaus

fleißiger wie loyaler und bestens vernetzter Zuarbeiter seiner jeweiligen Vorgesetzten. Selbst im Aussehen war de Maizière stilbildend, denn sein wenigstens im Vergleich eher unmilitärisches Auftreten hat zwischenzeitlich Schule gemacht. Der »Staatsbürger in Uniform« sollte sich von seinem zivilen Pendant bis auf wenige grundlegende Besonderheiten nicht mehr unterscheiden lassen und seinen Anspruch auf Gehorsam mehr auf gegenseitigem Respekt als auf den Dienstgrad bezogene Autorität begründen.

Wenn sich die westdeutsche Gesellschaft, selbst die Wirtschaft, scheinbar partnerschaftlich entwickelte, musste sich auch ihre Armee diesem neuen Umgang öffnen. Für den Beginn dieser Entwicklung mag man Ulrich de Maizière aus guten Gründen als Beispiel betrachten. Allerdings darf dabei nicht außer Acht bleiben, dass es nicht die Streitkräfte waren, erst recht nicht deren damalige Führungspersönlichkeiten, die diese Modernisierung anschoben. Der Antrieb kam von außen, von den bis heute gerne gescholtenen, sogenannten 68ern, deren Aufbegehren in jeder Hinsicht nach Änderungen verlangte. Wenn auch, zumal in ihren extremen Auswüchsen nicht unumstritten, bahnten sie doch einer Reformpolitik den Weg, der sich die Bundeswehr nicht verschließen konnte.

Für die sich daraus ergebenden Aufgaben an der Spitze der Bundeswehr scheint Ulrich de Maizière der richtige Mann gewesen zu sein. Aus dieser teleologischen Perspektive heraus wird er so zweifellos zu einer herausragenden Persönlichkeit der Bundeswehrgeschichte. Hinterfragt man gründlicher, tauchen Zweifel auf. Gestalterisch trat er selbst nämlich selten auf, vielmehr meist als Vermittler der Einfälle, die andere hatten. Insofern durchdrang er die Ideen der Inneren Führung, die er nach außen stets vehement vertrat, für seine eigene Person nicht bis zu Ende. Dafür mag ein Satz stellvertretend stehen, den de Maizière Graf Baudissin zu dessen Verabschiedung 1967 in Koblenz mitgab: »Aber es ist nicht Stil des Soldaten, die ihm gestellte Aufgabe zu kritisieren, sondern sie nach Kräften zu erfüllen[146].«

---

[146] Ansprache des Generalinspekteurs anlässlich der Verabschiedung Generalleutnants Wolf Graf von Baudissin am 19.12.1967 an der Schule für Innere Führung der Bundeswehr in Koblenz, BA-MA, N 717/458.

Versuch einer psychohistorischen Problematisierung

Elke Horn

Die militärischen Aufbaugenerationen der Bundeswehr: Versuch einer psychohistorischen Problematisierung

Einführung

Zunächst war ich überrascht, als ich von den Herausgebern gefragt wurde, ob ich mir vorstellen könne, die vorliegenden Biografien psychoanalytisch zu interpretieren und psychohistorisch einzuordnen. Ich bin Psychoanalytikerin mit großem Interesse an Geschichte, insbesondere der deutschen Geschichte des letzten Jahrhunderts, aber ich bin keine Historikerin und verstehe nichts vom Kriegshandwerk. Im Gespräch wurde deutlich, dass genau dies erwünscht ist: ein Standpunkt außerhalb des Militärischen, eine neue, andere Perspektive. Dabei überließen die Herausgeber die Konzeptualisierung dieses Unterfangens ganz mir. Ich empfand dies als schwierig, aber auch reizvoll, ist doch die Bundeswehr eine Organisation, die auf ein Grundproblem des Menschseins reagiert: der Angst vor Bedrohung von außen, letztendlich vor dem Getötet-Werden. Zumindest beim jetzigen Entwicklungsstand der westlichen Kulturen gehören Armeen zur Grundausstattung von Staaten. Sie haben die Aufgabe, deren Souveränität zu schützen und den Bürgern ein Gefühl von Sicherheit zu vermitteln. Dafür erhalten sie besondere Rechte, so das Recht, im Kriegsfall straffrei töten zu dürfen. Darin liegt auch eine Gefährdung: Der Krieg wirkt auf die daran Beteiligten zurück. Kriege entgleisen, sie haben eine Tendenz zur Radikalisierung, sie schaffen Möglichkeiten für Verbrechen, das Töten kann zum Morden werden. Der Krieg trägt eine Paradoxie in sich: Er soll unsere Kultur schützen, aber er zerstört sie auch.

Die Geschichte der Bundeswehr beginnt 1955 mit einem schwierigen Erbe: Ihre Vorgängerin, die Wehrmacht, hatte einen ideologisierten Vernichtungskrieg geführt und Verbrechen gegen die Menschlichkeit begangen. Das Morden von Kriegsgefangenen und der Zivilbevölkerung im Osten war zur Norm geworden. Millionen von als unwert klassifizierten Menschen waren in den Vernichtungslagern der Nationalsozialisten umgebracht worden. Woran sollte die neue Armee anknüpfen? Die Identitätssuche der Bundeswehr machte sich u.a. fest an der Traditionsfrage: Was sollte für sie traditionsbildend sein, die Wehrmacht oder der Widerstand des 20. Juli? Der sogenannte Gründungskompromiss macht mit seinem »sowohl als auch« die gebrochene Identität der Organisation Bundeswehr deutlich: die Eliten, die selbst in der Wehrmacht gedient hatten, waren zum großen Teil nicht bereit, die Rolle der Wehrmacht im »Dritten Reich« kritisch zu reflektieren. Ihnen ging es, ähnlich wie den Eliten der zivilen deutschen Nachkriegsgesellschaft, vorwiegend darum, ihre NS-Involvierung zu verschweigen und Geschichtsschreibung im eigenen Interesse zu betreiben, um in der neuen bundesrepublikanischen Gesellschaft Anschluss an Vorkriegs- und Kriegskarrieren zu finden[1]. Gleichzeitig gab es eine engagierte Gruppe von Demokraten um Wolf Graf von Baudissin, die versuchten, das Konzept einer reformierten, in die demokratische Gesellschaft integrierten Armee zu verwirklichen. Ihr Selbstverständnis und ihre Strukturen sollten demokratischen Grundsätzen verpflichtet sein[2]. Die Idee der »Inneren Führung« sah den Soldaten als »Staatsbürger in Uniform« vor, der auch während seiner Militärzeit zivile Rechte für sich beanspruchen durfte. Strukturell fanden diese neuen Ideen ihren Ausdruck im Primat der Politik vor dem Militär (oberster Dienstherr der Armee ist in Friedenszeiten der Verteidigungsminister, in Kriegszeiten der Bundeskanzler), in der Einrichtung der Institution des Wehrbeauftragten (1956) und in der Gründung der Bundeswehr-Hochschulen (1973)[3]. Die neuen Institutionen dienten der Eingrenzung der Macht des Militärs in der Gesellschaft und dem Schutz der Soldaten. Sie schufen eine »dritte«, reflexive Position, die die Möglichkeit eröffnet, sich selbst und die Organisation, der man dient, in Frage zu stellen. Sie ermöglichen dadurch Differenzierung und Entwicklung. Sie schützen im Idealfall vor Gewaltexzessen, da jedem Gewaltexzess Formen der Entdifferenzierung und Regression auf ein paranoides Niveau, d.h. gerade der Ausschluss der dritten Position, vorausgehen. Dies war im Nationalsozialismus geschehen. Entdifferenzierung und Regression waren durch »Gleichschaltung« der Organisationen institutionell verankert worden. Die Ideologie des »Herrenmenschentums« und im Bereich des Militärs die Ersetzung des Ideals vom Soldaten durch das des rücksichtslosen Kämpfers hatte bestimmte Persönlichkeitstypen hervorgebracht und gefördert, deren persönli-

---

[1] Hitlers Eliten nach 1945: Das Buch zur ARD-Fernsehserie. Hrsg. von Norbert Frei, München 2003.

[2] Hilmar Linnenkamp und Dieter S. Lutz, Innere Führung. Zum Gedenken an Wolf Graf von Baudissin, Baden-Baden 1995; Dieter S. Lutz, Im Dienst von Frieden und Sicherheit. Festschrift für Wolf Graf von Baudissin, Baden-Baden 1985; Wolf Graf von Baudissin 1907–1993. Modernisierer zwischen totalitärer Herrschaft und freiheitlicher Ordnung. Hrsg. im Auftrag des MGFA von Rudolf J. Schlaffer und Wolfgang Schmidt, München 2007.

[3] Zur kritischen Reflexion des Gründungskompromisses und der Frage, »wie es gelingen konnte, mit Offizieren der Wehrmacht, deren antidemokratische Grundhaltung und deren enge Verquickung mit dem NS-Regime evident war, eine Armee aufzubauen, die nie eine Gefahr für die demokratische Ordnung unseres Landes wurde«, siehe Martin Kutz, Die verspätete Armee. Entstehungsbedingungen, Gefährdungen und Defizite der Bundeswehr. In: Die Bundeswehr 1955 bis 2005. Rückblenden – Einsichten – Perspektiven. Im Auftrag des MGFA hrsg. von Frank Nägler, München 2007 (= Sicherheitspolitik und Streitkräfte der Bundesrepublik Deutschland, 7), S. 63–79.

che Dynamik bestens mit der Dynamik des NS-Systems zusammenspielte[4]. Eine Mehrheit der nationalsozialistisch identifizierten Deutschen lebte im paranoiden Modus, der von Spaltung in »gut« und »böse«, Verleugnung der eigenen aggressiven Anteile und Projektion derselben in das Gegenüber bestimmt ist. Der Wunsch nach Sicherheit und Zugehörigkeit war im NS-System pervertiert zum Ideal einer sich als überlegen und grandios empfindenden Gemeinschaft, die ihre erlittene Kränkung an den angeblich Minderwertigen aggressiv und exzessiv ausgelebt hatte.

Nach dem Zusammenbruch des NS-Systems wurden demokratische Prinzipien, auch in der Bundeswehr, von »außen« implementiert. Psychologisch waren die Wurzeln der neuen Armee (sowie die aller Deutschen) allerdings vergiftet. Wie kann eine Gesellschaft nach einer solchen Entgleisung wieder zur Menschlichkeit, wie eine Armee zu ihrem »normalen Kriegshandwerk« zurückfinden? Die Verwerfungen dieses Prozesses auf individueller und kollektiver Ebene beobachten wir hier am Beispiel der Aufbaugenerationen der Bundeswehr. Dabei wird es im Besonderen um die Verlaufsgestalt des Aggressiven und des Narzistischen, von Gewalt und Größenwahn, aber auch um das Aufscheinen eines dritten, differenzierenden und entwicklungsfördernden Elements gehen.

Psychoanalyse und Geschichtswissenschaft

Psychoanalyse und Geschichtswissenschaft ringen seit der Begründung der Psychoanalyse um die Frage ihres Verhältnisses zueinander[5]. Trotz der zentralen Bedeutung der Psychoanalyse, z.B. für die Autoren der Frankfurter Schule, wurde ihr vielfach nur ein sehr begrenzter Wert für die Geschichtswissenschaft zugesprochen, weil sie verkürzt als rein individualistische Theorie missverstanden wurde[6]. Diese Bestandsaufnahme kann nach Jürgen Straub heute als überholt gelten[7]. In seiner »Einführung in systematischer Absicht« definiert er

---

[4] Zur Veränderung des Bildes vom Soldaten zum »blinden Streiter« siehe Manfred Messerschmidt, Die Wehrmacht im NS-Staat. Zeit der Indoktrination, Hamburg 1969, S. 21; zur These von der »systemkonformen Persönlichkeitsstörung« siehe Nele Reuleaux, Nationalsozialistische Täter. Die intergenerative Wirkungsmacht des malignen Narzismus, Gießen 2006.

[5] Für einen Überblick auch über aktuelle Entwicklungen siehe Alfred Krovoza, Psychoanalyse und Geschichtswissenschaft. Anmerkungen zu Stationen eines Projekts. In: Psyche, 57 (2003), 9/10, S. 904–937.

[6] So z.B. Geschichte und Psychoanalyse. Hrsg. von Hans-Ulrich Wehler, Frankfurt a.M. 1971.

[7] Zur Kritik Wehlers siehe Jürgen Straub, Psychoanalyse, Geschichte und Geschichtswissenschaft. Eine Einführung in systematischer Absicht. In: Die dunkle Spur der Vergangenheit: Psychoanalytische Zugänge zum Geschichtsbewußtsein. Erinnerung, Geschichte, Identität. Hrsg. von Jörn Rüsen und Jürgen Straub, Frankfurt a.M. 1998, S. 13 ff.

das Verhältnis neu und eröffnet gemeinsame Forschungsperspektiven. Grundlage einer gemeinsamen Arbeit sind demnach das Denken in einer zeitlichen Perspektive, die narrative Grundstruktur und das Prinzip der Nachträglichkeit bei der Konstruktion von Wirklichkeit. Das Ureigene der Psychoanalyse ist dabei die Beobachtung der Welt entlang der Unterscheidung von bewusst und unbewusst, d.h. der spezifische Blick auf das Verhältnis von manifestem Geschehen und dessen latentem Sinn- und Bedeutungsgehalt.

Psychoanalyse erforscht zunächst die Niederschläge biografischer Erfahrungen in der Psyche des Individuums, und natürlich ist die Wahrnehmung von Vergangenem immer auch durch den Kontext der Gegenwart geprägt. Sie ist ein Resultat bewusster Intentionen, die sich im Zusammenhang mit gesellschaftlichen Selbstverständigungsprozessen – Diskursen, Tradierungen, Leitbildern usw. – bilden, und unbewusster Verarbeitungsmechanismen, derer sich die Psyche bedient, um z.b. unerträgliche oder mit dem Selbstbild nicht kompatible äußere (z.B. historische) Realitäten in halbwegs erträgliche innere zu verwandeln.

Darüber hinaus beschäftigt sich Psychoanalyse als Kulturtheorie seit Freud auch mit der Psychologie von Großgruppen. Nach der Niederlage des Nationalsozialismus haben Alexander und Margarete Mitscherlich mit »Die Unfähigkeit zu trauern« eine psychoanalytische Zeit- und Großgruppendiagnose für die Bundesrepublik der Nachkriegsjahre vorgelegt[8]. Neuere Konzepte beschäftigen sich vor allem mit Großgruppenidentitäten und ihrer Bedeutung für politische Prozesse[9]. Sie suchen Antworten auf Fragen, wie es zu Feindseligkeiten bis zum Völkermord kommen kann, wie sich solche geteilten historischen Erfahrungen sowohl auf Seiten der Opfer als auch der Täter auf die nächsten Generationen auswirken können oder auch wie Erinnerung und historisches Bewusstsein entstehen[10]. Auch hierbei liegt der Fokus der Psychoanalyse auf dem Verhältnis von Bewusstem und Unbewusstem in der Kultur. Sie fragt, was in einer Gruppe oder Gesellschaft wahrgenommen werden darf, wo Tabus liegen, was mehrheitlich verdrängt werden muss und wie sich dies wiederum auf politisches Geschehen auswirkt. Gerade dort, wo sich Irrationales abspielt, hat Psychoanalyse ihre Bedeutung.

Psychoanalyse befasst sich mit der Gegenwart der Vergangenheit, genauer mit dem Vergangenen, das aus der bewussten Wahrnehmung in der Gegenwart ausgeschlossen wurde und deshalb im Unbewussten fortwirkt. Sie fokussiert dabei auf die Differenz von individual- und kollektivpsychologischer Betrachtungsweise und ihre wechselseitigen Verschränkungen. Gerade darin sieht der Sozialpsychologe Alfred Krovoza ihr kritisches Potenzial für die Ge-

---

[8] Alexander und Margarete Mitscherlich, Die Unfähigkeit zu trauern. Grundlagen kollektiven Verhaltens, München 1967.
[9] Z.B. Vamik D. Volkan, Das Versagen der Diplomatie. Zur Psychoanalyse nationaler, ethnischer und religiöser Konflikte, Gießen 1999.
[10] Z.B. Mario Erdheim, Zur psychoanalytischen Konstruktion des historischen Bewußtseins. In: Die dunkle Spur der Vergangenheit (wie Anm. 7), S. 174–193.

schichtswissenschaft[11]. Mit der zentralen Vorstellung vom Vergangenen im Gegenwärtigen stellt Psychoanalyse die in der Regel lineare Zeitkonzeption von Historikern in Frage. Die Geschichtswissenschaft sei dadurch, dass sie traumatisierende Ereignisse durch Einordnung in den Zeitverlauf nivelliere, eine subtile Form der Legitimationswissenschaft, denn: »Im Falle einer katastrophischen oder traumatischen Krise wird die grundlegende Zeitverlaufsvorstellung, die sinnträchtige Einheit von Vergangenheit, Gegenwart und Zukunft, in ihrem Kern zerstört und die Wunden der historischen Identität bleiben offen[12].« Die »Wunden der historischen Identität« sind aber gerade das Thema psychoanalytischer Forschung.

Das Verhältnis von Psychoanalyse und Geschichtsschreibung könnte als ein sich wechselseitig zur Selbstreflexion ermutigendes und ergänzendes definiert werden, wobei die Psychoanalyse der Geschichtsschreibung Türen zur (sowohl im Individuellen als auch im Kollektiven) immer mit existierenden »Schattenwelt« öffnet, während die Geschichtsschreibung der Psychoanalyse die Berücksichtigung der von ihr lange vernachlässigten Faktenmacht der äußeren Realität nahelegt.

Untersuchungsgegenstand und Methode

Es handelt sich bei den für die Studien des vorliegenden Bandes ausgewerteten Quellen um Material – großenteils Personalakten der Bundeswehr, teils Interviews – das bereits aufbereitet und in diesem Zusammenhang selbstverständlich von den Autoren in Kontexte gestellt und interpretiert wurde. Es geht um eine Interpretation der Interpretation, die immer auch die Aufgabe hat, die Kontingenz der vorausgegangenen Interpretationen zu thematisieren, sie sozusagen »gegen den Strich« zu lesen. Das ursprüngliche Material ist, wo es sich um Akten handelt, ebenfalls kontextgeprägt: Der übliche Gegenstand der Psychoanalyse, nämlich das Innenleben von Personen, scheint in den vorliegenden Personalakten kaum eine Rolle zu spielen. Die Akten enthalten offenbar kaum Hinweise auf die Mikrogeschichten des Kriegserlebens sowie auf Motivationen und innere Einstellungen der Soldaten. Verfügbar sind den Autoren vor allem die Beurteilungen der Soldaten, gefasst in zeitbedingter Perspektive und Autorenschaft. Ergiebiger im Hinblick auf das Innenleben, aber als erinnerte Geschichte mit einer eigenen Problematik behaftet, sind hier die Interviews (Beiträge Thießen, Stambolis) und die teilweise in Briefen und anderen schriftlichen Dokumenten getätigten Selbstaussagen der Protagonisten.

---

[11]   Krovoza, Psychoanalyse und Geschichtswissenschaft (wie Anm. 5), S. 908.
[12]   So der Historiker Jörn Rüsen angesichts des Holocausts, zitiert nach Krovoza, Psychoanalyse und Geschichtswissenschaft (wie Anm. 5), S. 163.

Die Herausgeber entschieden sich für die Untersuchung des Mainstream durch alle Hierarchieebenen und Teilstreitkräfte und nicht die der Extreme. Die großen Skandalkarrieren sind deshalb ebenso wenig vertreten wie die der großen Reformer. Es finden sich keine Militärs mit aktiver Freikorps-Karriere, die als Angehörige der »Schwarzen Reichswehr« oder assoziierter »Wehrverbände« zu den Nationalsozialisten der ersten Stunde gehörten und später in die Wehrmacht aufgenommen wurden (Kammhuber kann trotz kurzer Mitgliedschaft nicht zu diesem Typus gerechnet werden). Die Jahrgangslücke 1923–1935 (Ausnahme: Ragel *1930) spart eine Gruppe aus, die im »Dritten Reich« sozialisiert wurde. Es bleibt offen, was sie mit in die Bundeswehr brachten. Es finden sich Biografien einflussreicher Persönlichkeiten, die, im Kaiserreich und in der NS-Zeit sozialisiert, unter Hitler erfolgreich waren und den Aufbau der Bundeswehr aufgrund ihrer Position aktiv mitgestalteten, meist in deutlicher Distanz zu den neuen institutionellen Gegebenheiten. Daneben stehen Biografien von Soldaten, die mit den Bundeswehrstrukturen im Übergang nicht gut zurechtkamen, erkrankten oder in irgendeiner Form scheiterten. Die Kollektivbiografien der unteren Dienstgrade ergänzen das Bild um die Perspektive derjenigen, die am Zweiten Weltkrieg nicht teilgenommen hatten, sondern als Kinder den Belastungen des Krieges ausgesetzt waren. Einige der vorliegenden Biografien wurden, sofern es sich nicht eindeutig um Personen der Zeitgeschichte handelte, zum Schutz der Persönlichkeit von den Herausgebern anonymisiert.

Methodisch werden die vorliegenden Biografien vor dem Hintergrund psychoanalytischer Theorie gelesen und interpretiert. Bei diesem qualitativen Vorgehen werden in einem Prozess zunehmender Verdichtung typische Aspekte von Situationen oder Biografien herausgearbeitet.[13] Wir begeben uns dabei auf eine Spurensuche, da die »Schattenwelt« sich in der Regel nicht direkt, sondern eher in ihren Auswirkungen zeigt. Die so gefundenen Ergebnisse haben hypothetischen Charakter und sollen, ganz im Sinne einer »dritten« Position, eine Außenperspektive einführen und zum interdisziplinären Dialog beitragen.

Im Folgenden wird zunächst kurz in die Großgruppentheorie eingeführt, um kollektive Phänomene im Nachkriegsdeutschland verständlich zu machen. Vor diesem Hintergrund werden dann individuelle und Gruppenbiografien interpretiert. Dabei bilden die »Eliten« und die »Mannschaftsdienstgrade« zwei aufgrund ihrer unterschiedlichen Jahrgänge und historischen Prägungen auch in ihrer Psychodynamik verschiedene Gruppen. Die »Gescheiterten« (durch alle Jahrgänge hindurch) geben Hinweise auf Bruchstellen und Latenzen. Abschließend werden zusammenfassend transgenerationale Aspekte im Übergang von der Wehrmacht zur Bundeswehr diskutiert.

---

[13] Siehe Jörg Frommer und David L. Rennie, Methodologie, Methodik und Qualität qualitativer Forschung. In: Psychotherapie, Psychosomatik, medizinische Psychologie, 56 (2006), S. 210–217.

Geteilte kollektive Phänomene:
ein gruppenanalytischer Exkurs

Der Schock von 1945 war in erster Linie der Zusammenbruch einer Größenphantasie, die mit der Person Adolf Hitlers verbunden war[14]. Er war nicht nur Realperson, sondern auch ein »inneres Objekt«, das die Stelle eines Omnipotenz verheißenden Ich-Ideals (individuell und kollektiv) eingenommen hatte. »Sein Tod und seine Entwertung durch die Sieger bedeutete auch den Verlust eines narzistischen Objekts und damit eine Ich- oder Selbstverarmung und Entwertung[15].« Hitler hatte das »Verlangen nach Verschmelzung (Oneness) mit einer allmächtigen und errettenden Kraft« zunächst befriedigt und dann enttäuscht[16]. Eine solche Enttäuschung, die sämtliche Grundüberzeugungen erschüttern muss, kann zu Verwirrtheit bei den Großgruppenmitgliedern und zum Zerfall von Bindungsstrukturen der Großgruppe führen und einer traumatischen Erfahrung gleichkommen[17]. Sie setzt deshalb Abwehrbewegungen in Gang, die die angeschlagene individuelle und kollektive Identität stabilisieren sollen.

Nach Vamik D. Volkan haben Großgruppen, deren Mitglieder die mentale Repräsentation eines traumatischen Ereignisses teilen, ein bestimmtes psychisches Erleben[18]. Es betrifft den Umgang mit Scham, Schuld und Ohnmacht, das gehäufte Auftreten von Projektionen, die narzistische Aufladung der Großgruppenidentität, das Verhältnis zum Angreifer/Sieger und die Problematik des Nicht-Trauern-Könnens. Solche geteilten mentalen Repräsentationen (»shared mental phenomena«) werden dadurch beobachtbar, dass sie soziale, kulturelle und politische Prozesse initiieren, die wiederum auf die Identitätsbildung der Großgruppe rückwirken.

---

[14] Angesichts dieses Schock-Erlebens war es den Deutschen nach Mitscherlich zunächst nicht möglich, die »Opfer unserer ideologischen Zielrichtung mit zu betrauern«. Siehe Mitscherlich, Die Unfähigkeit zu trauern (wie Anm. 8); zur Kritik an Mitscherlichs moralischer Forderung nach »Trauerarbeit« und der bundesrepublikanischen Kultur des Gedenkens vgl. Christian Schneider, Besichtigung eines ideologisierten Affekts: Trauer als zentrale Metapher deutscher Erinnerungspolitik. In: Ulrike Jureit und Christian Schneider, Gefühlte Opfer. Illusionen der Vergangenheitsbewältigung, Stuttgart 2010, S. 128 ff.

[15] Mitscherlich, Die Unfähigkeit zu trauern (wie Anm. 8), S. 34 ff.

[16] Pierre Turquet, Bedrohung der Identität in der großen Gruppe. In: Die Großgruppe. Hrsg. von Lionel Kreeger, Stuttgart 1977, S. 81–139, zitiert nach Angela Moré, Transgenerationale Übertragungen im Gruppenprozess. In: Die Kunst der Mehrstimmigkeit. Gruppenanalyse als Modell für die Zivilisierung von Konflikten. Hrsg. von Renate Maschwitz, Christoph F. Müller und Hans-Peter Waldhoff, Gießen 2009, S. 151–160.

[17] Dieter Nitzgen, Traumatische Prozesse in Gruppen und Organisationen: Eine gruppenanalytische Perspektive. In: Gruppenanalyse, 16 (2006), 1, S. 63–77, zitiert nach Moré, Transgenerationale Übertragungen (wie Anm. 16).

[18] Vamik D. Volkan, Culture, International Relations and Psychoanalysis, Vortrag beim American Psychoanalytic 99th Meeting, Washington DC, 11. Juni 2010, S. 20 ff.

Die deutsche Nachkriegsgesellschaft
aus gruppenanalytischer Sicht

Wenden wir die Kategorien Volkans und die Beobachtungen und Hypothesen der Mitscherlichs auf die deutsche Nachkriegsgesellschaft an, so ergibt sich folgende Skizze: Schuld- und Schamgefühle aufgrund eigener Täter- oder Mitläuferschaft wurden weitgehend verleugnet, die Verantwortung für die Verbrechen einer kleinen Gruppe von Akteuren zugeschoben[19]. Der Aktivismus des Wiederaufbaus und das sogenannte Wirtschaftswunder wurden zu äußeren Zeichen des »Ungeschehen-Machens« des Zusammenbruchs des »Dritten Reiches« und der damit verbundenen Größenideen. Der Preis für diese Abwehrhaltung war eine seelische Entwirklichung, d.h. eine Atmosphäre des Unlebendigen, des seelenlosen Funktionierens und der Bedrückung, in der die Untaten der Vergangenheit unterschwellig präsent waren, ohne psychisch weiter prozessiert werden zu können. Den Kern des kollektiven Schweigens, in dem Mitläufer und Täter sich solidarisierten, bildete das »narzistische Berührungstabu«, das Tabu, das das Selbstwertgefühl existentiell in Gefahr bringende Thema der Täterschaft anzusprechen[20]. Es wurde der folgenden Generation unter subtiler Androhung von Ausstoßung und Verfolgung vermittelt. Als die »68er« – ausgelöst durch den Frankfurter Auschwitz-Prozess und den Eichmannprozess in Jerusalem Anfang der 1960er-Jahre – es wagten, das Tabu zu brechen, kamen Gewalt und Projektionen offen zwischen die Generationen. Das psychische Nacharbeiten der ungelösten schwierigen Aufgaben blieb den Folgegenerationen überlassen[21].

---

[19] Die erste, noch während des Krieges (Ende 1944) im besiegten Aachen erhobene Studie stammt von Saul K. Padover, einem amerikanischen Offizier, der den Auftrag hatte, die Mentalität der Deutschen zu untersuchen. Dabei »haben [wir] keinen einzigen Nazi gefunden. Jeder ist ein Nazigegner. Alle Leute sind gegen Hitler. Sie sind schon immer gegen Hitler gewesen. Was heißt das? Es heißt, dass Hitler die Sache ganz allein, ohne Hilfe und Unterstützung irgendeines Deutschen durchgezogen hat.« Und: »Psychologisch gesehen wollen sich die Deutschen Strafe und moralischer Verantwortung entziehen, indem sie der Welt einen Schuldigen präsentieren, den sie noch vor kurzer Zeit als Halbgott angehimmelt haben.« Saul K. Padover, Lügendetektor. Vernehmungen im besiegten Deutschland 1944/45, München 2001, S. 46, zitiert nach Hannes Heer, »Hitler war's«. Die Befreiung der Deutschen von ihrer Vergangenheit, Berlin 2008, S. 5 ff.; siehe auch Norbert Frei, Vergangenheitspolitik. Die Anfänge der Bundesrepublik und die NS-Vergangenheit, München 1996, S. 405.

[20] Janpeter Lohl, Gefühlserbschaft und aggressiver Nationalismus. Eine sozialpsychologische Studie zur Generationengeschichte des Nationalsozialismus, Diss. Universität Hannover 2008, S. 174–189.

[21] Zu den psychischen Folgen des Nationalsozialismus für die Kinder und Enkel der Täter und Mitläufer siehe u.a. Angela Moré, Grenzenlosigkeit, Wut, Resignation. Reinszenierung und Abwehr bei den Nachkommen von Tätern. Vortrag bei der 35. Jahrestagung des Arbeitskreises für Politische Psychologie (DVPW) am 9. und 10. Mai 2009 am SFI (im Druck); Dan Bar-On, Die Last des Schweigens. Gespräche mit Kindern von NS-Tätern. Hamburg 2004; Der Holocaust im Leben von drei Generationen. Familien von Überlebenden der Shoa und von Nazi-Tätern. Hrsg. von Gabriele Rosenthal, Gießen 1999; Annema-

Auf der außenpolitischen Ebene bildeten der Koreakrieg, der Kalte Krieg mit seinen Overkill-Kapazitäten und wechselseitiger nuklearer Bedrohung sowie die Politik der Westintegration und Wiederaufrüstung Westdeutschlands den Rahmen. Diese Form der Neuorganisation, die die Teilung Deutschlands und die mehr als 40 Jahre währende Spaltung der Welt im Ost-West-Konflikt zur Folge hatte, war ein struktureller Faktor, der der Verdrängung entgegenkam. Im Interessenkonflikt der Westalliierten, die deutsche Bevölkerung einerseits zur Demokratie erziehen und ihre Aufarbeitung der Vergangenheit in Gang setzen zu wollen, das Land aber andererseits als Bollwerk gegen den Kommunismus zu benötigen, siegte das militärisch-politische über das erzieherisch-moralische Ziel[22]. Das deutsche Militär hat diese Situation für sich nutzen können: Das Wissen von Angehörigen der Wehrmacht, besonders derjenigen mit sogenannter Osterfahrung, wurde im Rahmen der Historical Division wertvoll und sozusagen teuer verkauft[23]. Psychologisch hat diese Win-Win-Situation möglicherweise das Größenselbst ehemaliger Wehrmachtsangehöriger weiter bedient. Es war darüber hinaus auch ein »Angebot«, das Feindbild lediglich etwas zu korrigieren, statt sich dem mühsamen Prozess der Vergangenheitsaufarbeitung zu stellen. Das Bündnis mit den Alliierten machte die Verlierer, Täter und Mitläufer in der Schwarz-Weiß-Optik des Kalten Krieges zu Kämpfern auf der Seite der »Guten«. Die Projektionen eigener Aggressivität und Minderwertigkeit, die zuvor »Juden« und »Bolschewiken« galten, mussten nicht zurückgenommen, sie konnten auf den Sowjetkommunismus und dessen »Fünfte Kolonne« im eigenen Land verschoben werden. Gruppenanalytisch kann dies als die paranoide Reorganisation einer durch die Zurückweisung ihrer Größen- und Omnipotenz-Phantasien narzistisch verletzten und regredierten Großgruppe betrachtet werden.

Vielleicht erklärt sich aus dieser psychohistorischen Lage der Verlust der Fähigkeit zur kritischen Realitätseinschätzung, den Militär und Politik bei der

---

rie Jokl, Zwei Fälle zum Thema »Bewältigung der Vergangenheit«. In: LBI Bulletin, 81 (1988), S. 81–102; Kinder der Opfer, Kinder der Täter. Hrsg. von Martin S. Bergmann, Milton E. Jucovy und Judith S. Kestenberg, Frankfurt a.M. 1982; aus soziologischer Perspektive Harald Welzer, Sabine Moller und Karoline Tschuggnall, Opa war kein Nazi. Nationalsozialismus und Holocaust im Familiengedächtnis, Frankfurt a.M. 2002.

[22] Siehe dazu die Ehrenerklärung für den deutschen Soldaten durch den NATO-Oberkommandierenden in Europa, General Dwight D. Eisenhower, der sich dafür gewinnen ließ, »seine frühere Einschätzung der Wehrmacht als Irrtum zu bezeichnen und einen von Speidel und Heusinger vorbereiteten Text zu unterschreiben«, sowie die Ehrenerklärung durch Bundeskanzler Konrad Adenauer vor dem Deutschen Bundestag, zitiert nach Wolfram Wette, Die Wehrmacht. Feindbilder, Vernichtungskrieg, Legenden, Frankfurt a.M. 2004, S. 233; siehe auch Hitlers Eliten (wie Anm. 1), S. 131; zum Interessenkonflikt der Westalliierten Rudolf J. Schlaffer, Der Wehrbeauftragte 1951 bis 1985, München 2006 (= Sicherheitspolitik und Streitkräfte der Bundesrepublik Deutschland, 5), S. 30.

[23] Siehe dazu Bernd Wegner, Erschriebene Siege. Franz Halder, die ›Historical Division‹ und die Rekonstruktion des Zweiten Weltkrieges im Geiste des deutschen Generalstabes. In: Politischer Wandel, organisierte Gewalt und nationale Sicherheit. Beiträge zur neueren Geschichte Deutschlands und Frankreichs. Festschrift für Klaus-Jürgen Müller. Hrsg. von Ernst Willi Hansen, Gerhard Schreiber und Bernd Wegner, München 1995.

Frage der atomaren Aufrüstung und der Strategie der »Massiven Vergeltung« erkennen ließen[24]. Die politischen Zwänge und Gestaltungsspielräume mögen Historiker beurteilen – psychologisch bleibt jedoch auffallend, mit welcher Kälte und fast vorauseilendem Gehorsam gegenüber den USA atomare Planspiele und Übungen durchgeführt und Bevölkerung in der Phantasie geopfert wurde; in welcher Verkennung der Tatsachen von einer weiteren Nutzung atomar verseuchten Gebietes ausgegangen wurde; wie wenig Raum es für ethische Fragen und die Entwicklung von Alternativen gab; dass Bedenken eher aus einer Konkurrenz der Teilstreitkräfte heraus erfolgten als aus realitätskritischer Einschätzung der Situation – und dass schließlich die Wandlung hin zur Strategie der »Flexiblen Antwort« von der Kennedy-Administration ausging und bei den deutschen Verantwortlichen eher auf Widerstand stieß[25].

Der paranoide Wahrnehmungsmodus kann als Folge der Angst vor der Rache des früheren Gegners, dem man so viel Leid zugefügt hatte, verstanden werden. Die mit der Angst einhergehenden Gefühle der Ohnmacht werden durch neue Grandiositätsvorstellungen abgewehrt, indem man sich mit dem Sieger (USA) identifiziert und sich jetzt dem atomaren Größenrausch hingibt. Die darunter verborgene Form der Unterwerfung, sei sie nun politisch aufgezwungen oder psychisch gesucht, setzt im neuen demokratischen Rahmen doch auch Altbekanntes fort: Das Begreifen des Politischen als Gehorsamsgebot und nicht im Prozess der Teilhabe (Beitrag Zimmermann), eingeübte Hörigkeitsverhältnisse gegenüber Vorgesetzten sowie weiterhin nicht hinterfragte Vorstellungen von Pflicht, Opferbereitschaft und Kameradschaft.

Die Eliten: Legitimationsdiskurse und Abwehrstrategien

Keiner der hier untersuchten Protagonisten benannte in aller Klarheit die von der Wehrmacht begangenen Kriegsverbrechen und Verbrechen gegen die Menschlichkeit. Immerhin: Der Inspekteur des Heeres, Hans Röttiger, sagte als Zeuge im Hauptkriegsverbrecher-Prozess in Nürnberg aus, belastete seinen Vorgesetzten schwer und stellte sich damit zunächst gegen die in der »Denkschrift der Generäle« vorgegebene Richtung der militärischen Kriegserinne-

---

[24] Vgl. Beitrag von Helmut R. Hammerich, im vorliegenden Band: »Das neue Kriegsbild des totalen Atomkriegs wurde vom Einzelnen so angepasst, dass die jeweiligen Kriegserfahrungen weiterhin gültig schienen. [...] Über Details, wie zum Beispiel das Gefecht der verbundenen Waffen nach einem massiven Einsatz von taktischen Nuklearwaffen [...], wollte man in den Aufbaujahren lieber nicht nachdenken.« Siehe auch Helmut R. Hammerich, Der Fall MORGENGRUSS. Die 2. Panzergrenadier-Division und die Abwehr eines überraschenden Feindangriffs westlich der Fulda 1963. In: Die Bundeswehr 1955 bis 2005 (wie Anm. 3), S. 297–312.
[25] Detlef Bald, Die Bundeswehr. Eine kritische Geschichte 1955–2005, München 2005, S. 52–60.

rung. Allerdings hielt er dem internen Druck nicht stand und zog seine eidesstattliche Aussage als missverständlich zurück (Beitrag von Lingen). In den Folgejahren deckte er Albert Kesselrings Auslassungen und Beschönigungen zur Rolle der Wehrmacht, bot sich sogar an, in dessen Entnazifizierungsverfahren auszusagen und trug durch eine eidesstattliche Erklärung zum Partisanenthema aktiv zur Verbreitung eines verzerrten Geschichtsbildes bei[26]. Wir lesen von der öffentlichen Loyalität zu Kriegsverbrechern[27], und hören die üblichen Unschuldsformeln der Zeit: Vom NS-Staat »verraten und verkauft«, »missbraucht«, »in gutem Glauben« hatten die Soldaten einer schlechten Sache gedient (Beitrag Naumann). Auch General Ulrich de Maizières Selbstdarstellung entspricht in vielen Punkten »einem Verdikt der Wehrmachtserinnerungsliteratur« (Beitrag Zimmermann); sein Einsatz für die »Innere Führung« steht unverbunden neben der Forderung nach der Lösung des Problems »der wegen vermeintlicher Kriegsverbrechen Verurteilten«[28]. Was spätestens seit der Wehrmachtausstellung bekannt ist, belegen die hier vorliegenden Biografien erneut: dass es Konsens der militärischen Nachkriegs-Elite war, die geschehenen Verbrechen zu verschweigen und das Bild der Wehrmacht »sauber« zu halten[29].

Kollektives Verschweigen, bewusste Geschichtsfälschung und aktives Herstellen von Kontinuität von der Wehrmacht zur Bundeswehr waren politische Handlungen, die dem Täterschutz in der Gesellschaft dienten. Es waren aber auch Handlungen, die als Ausdruck einer kollektiven Abwehrbewegung des als Katastrophe erlebten narzistischen Zusammenbruchs gelesen werden können. Die kollektive Verleugnung schafft eine neue Gemeinschaft, die eher eine Komplizenschaft ist und der man, wie oben skizziert, das Verleugnete anmerkt. Sie schafft Atmosphären, die kalt, bedrückend, letztendlich menschenunfreundlich sind. Was haben die im Buch vorgestellten Protagonisten als Individuen oder auch als Repräsentanten einer Gruppe dazu beigetragen, wie sind sie damit zurechtgekommen, wie haben sie das angerichtete Grauen des Krieges und der Verbrechen vor sich selbst erträglich gemacht, vor allem, wenn sie aufgrund des Wissens um oder der Teilhabe an Verbrechen mitverantwortlich waren? Welche seelischen Abwehrmechanismen sind dabei zu beobachten? Die Frage nach dem Abgewehrten ist deshalb interessant, weil wir in der psychoanalytischen Theorie davon ausgehen, dass das, was verdrängt, nicht wahrgenommen und nicht gelebt wird, ein Eigenleben führen und in anderer Form wieder auftauchen kann. Psychische Abwehrmechanismen sind dem Bewusst-

---

26   Das Narrativ vom »sauberen Kriegsschauplatz Italien« (Beitrag von Lingen).
27   So in den Reden des Vizeadmirals Karl-Adolf Zenker und des Generalstabsarztes Dr. Theodor Joedicke. Siehe Beiträge Köster und Bormann.
28   Siehe dagegen den ehrlichen und verstörenden Bericht von Luis Raffeiner, Wir waren keine Menschen mehr. Erinnerungen eines Wehrmachtssoldaten an die Ostfront, Bozen 2010, der sich jeder Rechtfertigung enthält und die zunehmende Barbarisierung durch den Krieg als Chronist beschreibt.
29   Zur »Wehrmachtsausstellung« siehe Vernichtungskrieg. Verbrechen der Wehrmacht 1941-1944. Hrsg. von Hannes Heer [u.a.], Hamburg 1996, sowie Verbrechen der Wehrmacht, Dimensionen des Vernichtungskrieges 1941-1944, Hamburg 2002.

sein nicht zugänglich, sie dienen gerade dazu, bestimmte Inhalte dem Bewusstsein fern zu halten. In der hier vorliegenden Untersuchung ist die Unterscheidung von unbewusst ablaufenden Vorgängen und bewussten Legitimationsdiskursen aufgrund der Beschaffenheit des Materials in der Regel nicht zu leisten; es sind auch Übergangsformen denkbar. Ich spreche deshalb im Folgenden von Abwehrstrategien, damit die Frage der (Un-)Bewusstheit offen lassend. Dabei greife ich beispielhaft Aspekte aus einigen Biografien heraus, um Varianten der Abwehr zu verdeutlichen.

Opportunismus und Aufrechterhaltung des Größenselbst

Es ist bekannt, dass bedeutende Persönlichkeiten sich in der Nachkriegszeit zwar den Gegebenheiten anpassten, letztlich aber weiter der NS-Ideologie anhingen[30]. Die Tatsache, dass sie sich auch in der Bundesrepublik weiter gebraucht fühlen konnten, stärkte offenbar ihr Selbstwertgefühl und ließ eventuell aufkeimende Zweifel verstummen. Besonders in Bereichen, wo es um Macht und Gewalt geht, also in Politik und Militär, ist es verführerisch, Situationen der Ohnmacht und des Unwert-Gefühls, wie das Ende des »Dritten Reiches« sie darstellte, mit Machtphantasien, Machtansprüchen oder Machtausübung zu kompensieren. Beispielhaft sei hier General Josef Kammhuber (1896–1986) betrachtet, der bereits im Ersten Weltkrieg Frontoffizier war, im Reichsluftfahrtministerium an zentraler Stelle für Aufrüstungsvorhaben saß, im Zweiten Weltkrieg unter Hitler die Nachtjagd aufbaute, nach dem Krieg in der Historical Division der Alliierten einen Sachverständigenvertrag erhielt, schließlich in der Bundeswehr zum Inspekteur der Luftwaffe avancierte und außerplanmäßig Vier-Sterne-General wurde (Beitrag Schmidt).

In Kammhubers Biografie fehlen einige Unterlagen: Die Akten der Luftwaffe wurden Anfang 1945, die Unterlagen des Personalgutachterausschusses nach Abschluss der Eignungsprüfungen vernichtet. Auch vernichtete Kammhuber persönliche Zeugnisse, und für seinen Biografen stellt sich die Frage, ob es sich dabei um einen gezielten erinnerungspolitischen Akt gehandelt haben könnte. Kammhuber pflegte offen Beziehungen zu ehemaligen Nationalsozialisten und versuchte, sie in die Geschichtsschreibung der Luftkriegsgeschichte einzubinden. Er wird als ein Hardliner beschrieben, der kompromisslos, unerbittlich und rücksichtslos auf Ziele fixiert sei. Gar »›von Brutalität, List und Tücke‹ ist [...] die Rede, bis hin zur Einsatzführung ›ohne Rücksicht auf Verluste‹«. Er sei einer, der glaubte, alles zu können und alles zu wissen, und habe seine Abteilungsleiter »wie Konfirmanden« behandelt[31]. Den eher negativen persönlichen

---

30 Norbert Frei, Karrieren im Zwielicht. Hitlers Eliten nach 1945, Frankfurt a.M. 2001.
31 Sämtliche Zitate in diesem Kapitel sind dem Beitrag von Wolfgang Schmidt im vorliegenden Band entnommen.

Beurteilungen durch sein Umfeld stehen allerdings höchst positive dienstliche Beurteilungen gegenüber. Ihm werden auch ein besonderes Interesse für Technik und großes Organisationstalent attestiert.

Die Persönlichkeitsbeschreibungen deuten bei Kammhuber auf einen äußerlich angepassten, in der Verfolgung mancher Ziele aber rücksichtslosen Egomanen mit deutlich spürbarer aggressiver Energie. Diese stieß allerdings in seinem Umfeld kaum auf Widerstand und konnte sich ungebremst in Alltagskommunikationen ausleben. Sein Sprachduktus spiegelt die Kontinuität des totalen Kriegsdenkens, wenn er (1959) von »ausgemachte[r] Terrorwirkung« spricht, davon, »den vernichtenden Schlag gegen den Lebensraum des Feindes zu führen«, und davon, dass dafür sichergestellt sein müsse, »dass bei einem feindlichen A-Angriff einige Verteidigungswaffen [nicht etwa Menschen, Anm. der Verf.] überleben«. Er ist in seiner Funktionalität gewalttätig, zynisch und menschenverachtend. Dabei scheint Kammhuber nicht »im Affekt« zu sein, vielmehr macht er sich durch eine kalte Sachlichkeit unangreifbar.

Vieles in dieser Biografie weist auf ein durchgängig funktionierendes Größenselbst hin. So waren z.B. Kammhubers Forderungen nach einer Ausweitung »seines« Luftverteidigungssystems mit einem derart unrealistischen Einsatz von Menschen und Material verbunden, dass selbst Göring seinem »teuersten General« Größenwahnsinn vorwarf und Kammhuber 1943 als Führer der Nachtjagd abgelöst wurde. Dies führte jedoch nicht zur Einsicht, vielmehr hielt er seine Ablösung für ungerecht und falsch und hielt wohl an der Überzeugung fest, beim »Befolgen seiner Vorstellungen hätten der Luftkrieg und damit evtl. der Krieg insgesamt eine andere Wendung genommen«. Auch beim Aufbau der Luftwaffe der Bundeswehr jonglierte er mit großen Zahlen, überschätzte die finanziellen Möglichkeiten und war weder bereit noch in der Lage, das Prinzip demokratisch legitimierter Rechtsstaatlichkeit letztlich im Inneren zu akzeptieren. Er unterschätzte die Schwierigkeiten von Piloten im Umgang mit neuen Technologien, was zu zahlreichen Abstürzen und letztendlich mit zur »Starfighterkrise« führte. Gegenüber den USA hatte er sich »verzugslos« angepasst und war für das Prinzip der »Massiven (nuklearen) Vergeltung« eingetreten, mit klarem Bekenntnis zur Verteidigung.

Kammhubers großer Ehrgeiz und Gestaltungswille sowie seine Fähigkeit, sich nach oben hin anzupassen, haben sicher zu seinem Aufstieg beigetragen. Diese Anpassungsfähigkeit hat aber ihre Grenzen, ihm werden auch »bis zur Starrheit führende Beharrlichkeit und mangelnde Flexibilität bei geänderten Rahmenbedingungen« attestiert. Dies scheint vor allem dann der Fall zu sein, wenn sein Größenselbst begrenzt werden soll. Im Umgang mit Konkurrenten wirkt er gnadenlos und verfolgend. Wer sein Größenselbst angreift oder in Frage stellt, muss mit kalter, institutionell ausgelebter Aggression rechnen.

Kammhubers Persönlichkeit entspricht damit aufgrund der vorliegenden Materialbasis und Interpretationen in zentralen Aspekten dem Bild des malignen Narzismus, wie es von Nele Reuleaux beschrieben wurde[32]. Dieses ist gekenn-

---

[32] Reuleaux, Nationalsozialistische Täter (wie Anm. 4).

zeichnet durch die Ausbildung eines grandiosen Selbst mit Überlegenheits-
gefühl, paranoide Tendenzen, Rücksichtslosigkeit und übersteigerten Ehrgeiz
sowie ich-syntone Aggression. Es ist im Kern antisozial. Wenn eine solche Person in Führungspositionen ist und nicht begrenzt wird, kann dies schwerwiegende Folgen haben. Da sämtliche Aktionen sich in erster Linie um die
Stabilisierung des Größenselbst drehen, gehen die Fähigkeit zur kritischen Einschätzung der Realität, menschliches Augenmaß und die Anerkennung von
Regeln der Gemeinschaft verloren. Die abgewehrte Seite der Grandiosität,
nämlich das Gefühl der Ohnmacht und des Unwertes, wird in vielen Interaktionen jeweils im (meist untergebenen) Gegenüber deponiert. So beschreibt
Kammhubers Abteilungsleiter Johannes Steinhoff, wie sehr ihn Kammhubers
Ich-Bezogenheit und die Behandlung von oben herab gereizt habe – wobei dieses Gereizt-Sein eine typische Abwehr von Ohnmachtsgefühlen darstellt. Der
maligne Narzissmus wirkt also nicht nur nach außen, sondern auch intern
zerstörerisch.

Man kann fragen, wie Kammhuber zu dem geworden ist, als der er sich hier
zeigt. Wir wissen, dass er im Ersten Weltkrieg an »Zentralorte[n] von Gewalt
und Tod für Hunderttausende« war, dass er verschüttet wurde und an einer
»hochgradigen Nervenreizung« litt, die auch 1923 noch nicht ganz überwunden war. Dennoch habe die Realität des Krieges in ihm kein Grauen ausgelöst.
Kammhubers Schwester schildert in einem Bittbrief an den Minister für Militärische Angelegenheiten (1919) soziale Not, spricht vom Tod von Vater und
Mutter und schreibt über ihren Bruder: »Er steht da in stummer Verzweiflung
und hofft, dass das Militär doch noch bestehen bleibt.« Im Zweiten Weltkrieg
wurde Kammhuber über Frankreich abgeschossen, war nach dem Krieg bis
1947 in 13 Lagern in Kriegsgefangenschaft und wurde später als 70 Prozent
kriegsversehrt eingestuft.

Es wird nicht deutlich, ob Kammhubers emotionale Kälte und sein Empa-
thiemangel schon vor den möglicherweise traumatischen Kriegserfahrungen
vorlagen. Offensichtlich ist, dass ihm nicht nur der einfühlsame Zugang zu
anderen, sondern auch der zu seinem eigenen Leid versperrt war. Seine seelische Verwundung spürte er vielleicht kurz in der Zwischenkriegszeit, als ihm
äußere Anerkennung und Sicherheit vorübergehend fehlten. Danach konnte er
sich vermutlich durch seine militärische Karriere stabilisieren. Dabei bestand
seine Bewältigungsstrategie in der Umkehr von Ohnmacht in Macht und in
einer aggressiven Vermeidung von Unterlegenheit unter Betonung seiner
Grandiosität. Diese Charakterstruktur konnte sich unter den Bedingungen des
Nationalsozialismus, der in der Ideologie des Herrenmenschentums Gewaltbe-
reitschaft und Größenideen idealisierte, zum zeittypischen Profil eines Gewalt-
akteurs weiterentwickeln. Damit konnte Kammhuber in der jungen Bundesrepublik immerhin bis 1962 bestehen.

Idealisierung und Mystifizierung des Kampfes
als Aufputschmittel und Nebelwerfer

Einer der Protagonisten in diesem Band (Generalleutnant Anton Detlef von Plato, *1910) begründete seinen Wiedereintritt in die militärische Laufbahn 1951 mit dem »Standpunkt – vielleicht veraltet – ›Und setzet ihr nicht das Leben ein, Nie wird euch das Leben gewonnen sein‹« (Beitrag Naumann). Das Zitat stammt aus Schillers Wallenstein, es ist die letzte Zeile eines Soldatenlieds, in dem der Soldat als mutiger Abenteurer und Held seinem Schicksal keck entgegen reitet. Die Frauen gewinnt er im Handumdrehen, aber nur, um sie sogleich eines höheren Ziels wegen wieder zu verlassen: Auf der Spitze seines Degens ruht jetzt die Welt. Der Soldat ist frei von der Bindung an Formen des Zusammenlebens, der Tod im Kampf wird mit Freiheit assoziiert und religiös überhöht. Das Gedicht endet im Opfermut der zitierten letzten Zeilen.

Die fast euphorische libidinöse Besetzung des Kampfes vernebelt den Blick für die Grundtatsache des Krieges: dass dort getötet und gestorben wird. Zwar wird der Tod angesprochen, doch ist ihm seine bedrohliche affektive Besetzung entzogen. Sterben wird in sein Gegenteil verkehrt: Es ist Leben. Dieses Paradoxon wird auch in der NS-Erziehungsliteratur vermittelt und aufgelöst über das Verhältnis des Individuums zum Volk und die Verwandlung des Sterbens zum Opfer: Der gefallene Krieger wird zum Samenkorn, das sterben und vergehen muss, damit neue Ähren wachsen können[33]. Die Differenzierung von individueller und kollektiver Identität ist nicht mehr möglich, in der Regression gehen die Ich-Grenzen verloren. Das Aufgehen des Einzelnen im Ganzen wird zur Droge. Sollte es sich bei der deklarierten Opferbereitschaft für das Ganze nicht um pathetische Leerformeln, sondern um ein empfundenes Erleben handeln, so knüpft dies an eine höchst problematische Tradition der Überhöhung der Gemeinschaft über den Einzelnen an. »Gemeinschaft« hat nach der NS-Zeit nicht mehr denselben Klang wie vorher. Der Begriff ist mit der Grandiositätsidee kontaminiert. Sein ungebrochener Gebrauch dient ebenso wie die Mystifizierung des Kampfes der Stabilisierung eines grandiosen Selbst und dem Ausblenden der aggressiven Aspekte. Vielleicht ist dies, als Notfallreaktion sozusagen, psychisch vorübergehend notwendig. Es trägt aber keine Entwicklungsperspektive in sich.

---

[33] Sigrid Chamberlain, Adolf Hitler, die deutsche Mutter und ihr erstes Kind. Über zwei NS-Erziehungsbücher, Gießen 1997, S. 167. Interessanter Weise wird »das unsterbliche Freiheitslied Schillers« auch bei Johanna Haarer, Die deutsche Mutter und ihr erstes Kind, München, Berlin 1938, S. 5, zitiert, hier, um die Mutterschaft »den höchsten Tugenden des Mannes« gleichzustellen und die Mütter dazu zu animieren, ihre Söhne zu opfern.

Verabsolutierung von Pflicht und Gehorsam
als Beruhigungspille und Denkhemmung

Eine weniger euphorisch anmutende Variante des Verhältnisses zum Vernichtungskrieg findet sich bei Major Karl-Christian Trentzsch (*1919). Er sah die
Aufgabe der Wehrmacht darin, »gehorsam auf dem ihnen vom Schicksal zugewiesenen Posten auszuharren« und den »Kelch bis zur Neige« zu leeren
(Beitrag de Libero). Auch hier ist im »Kelch« eine religiöse Anspielung auf den
am Kreuz sich opfernden Jesus Christus enthalten. Allerdings ist sie auch hier
pervertiert: Der Einsatz des eigenen Lebens steht nicht im Zeichen der »Erlö-
sung«, sondern der »Endlösung«, der Rechtfertigung des Mordens im Auftrag
einer verabsolutierten, quasi gottgleichen Autorität[34]. Entsprechend kam
Trentzsch in seiner Auseinandersetzung mit der Schuldfrage zu dem Ergebnis:
nicht schuldig. Etwas pathetischer drückte es von Plato aus, der seine Haltung
als Verbindung zwischen einer »adligen Auffassung vom Dienen, einer reichswehrgeprägten Überzeugung vom ›unpolitischen‹, aber sittlich verpflichteten
Soldatentum und einer militärischen Loyalitätsauffassung, die sich festmacht
an überpositiven Werten wie Gemeinwohl, Vaterland und Menschenwürde«,
beschrieb (Beitrag Naumann). Die Begriffe »sittlich verpflichtend« und »Menschenwürde« erscheinen allerdings nach dem »totalen Krieg« und den verübten Kriegsverbrechen völlig sinnentleert. Sie haben sich »bei nüchterner Betrachtung als eine kollektive Selbsttäuschung, wenn nicht Selbstberuhigung
erwiesen«. Auch die Selbstdarstellung als unpolitisch erscheint hoch fragwür-
dig, wird doch hinter dem Unpolitischen der Versuch der Selbstexkulpation
und eine restaurative, demokratischen Vorstellungen abgeneigte, also letztlich
klar politische Haltung erkennbar.
Dass dieses Selbstverständnis auch in die neue Bundesrepublik hineinwirk-
te, wird an der Haltung von Platos zur nuklearen Aufrüstung deutlich. Von
Plato arbeitete 1963 als Leiter der Abteilung »Führung« im Hauptquartier der
NORTHAG an einer Schnittstelle von Militär und Politik. Im Konzept der
»Massiven Vergeltung« standen Bündnisinteressen und nationale Interessen
deutlich im Konflikt. Für den Generalstabsoffizier Groscurth war es Anlass zu
großer Sorge, dass »Vorschriften für die obere Führung, insbesondere für den
Einsatz atomarer Waffen oberhalb der taktischen Ebene [...] im deutschen Be-
reich nicht« bestünden. Von Plato löste das Problem mit der lapidaren Feststellung, die Einsatzpläne seien »von der oberen nationalen Führung gebilligt«.
Statt die operativen Überlegungen in ein politisch abgestimmtes strategisches

---

[34] Zum Zusammenhang von totalitärem Denken und Religion siehe Hermann Beland, Religion und Gewalt. Der Zusammenbruch der Ambivalenztoleranz in der konzeptuellen
Gewalt theologisch/politischer Begriffsbildungen. In: Psyche, 63 (2009), 9/10, S. 877–906.

Gesamtkonzept einzuordnen, wie sein Mitarbeiter es forderte, oder gar ethische Überlegungen anzustellen, verwies von Plato lediglich auf die Obrigkeit. General Ullrich de Maizières (*1912) Autobiografie trägt den Titel »In der Pflicht«. Der »musische Militärdiplomat Adenauers« (Beitrag Zimmermann) war einer derjenigen, die sowohl die Klaviatur der alten Formeln als auch die der neuen politischen Linie bedienen konnten. Diese Haltungen standen bei ihm jedoch, ähnlich wie im sogenannten Gründungskompromiss, unverbunden nebeneinander, es kam nicht zu einer Integration. Neben seinem Bekenntnis zum Konzept der »Inneren Führung« verstand er »›Pflichterfüllung‹ als Wert an sich«, es kam »zu keiner grundsätzlichen Hinterfragung eines problematischen Pflichtbegriffs«. Für ihn war es »nicht Stil des Soldaten, die ihm gestellte Aufgabe zu kritisieren, sondern sie nach Kräften zu erfüllen«. Der zentrale Konflikt um die Gewissensfrage durfte nicht auftauchen. Wäre de Maizière dem nachgegangen, so hätte er sich wohl ganz neu mit seiner eigenen Kriegsbegeisterung und ganz persönlicher Schuld auseinandersetzen müssen.

In den hier skizzierten Biografien wird über die Verabsolutierung von Pflicht und Gehorsam ebenfalls an eine problematische Vergangenheit angeknüpft, sind doch Pflicht und Gehorsam preußische Tugenden, die vom Nationalsozialismus vereinnahmt wurden. »Ehr- und Pflichtgefühl, Einsatz und Opferbereitschaft, Verantwortungsgefühl, Treue und Kameradschaft [...] damit sind wir gute Nationalsozialisten[35].« Das gesamte preußische Vokabular wurde mit der nationalsozialistischen Ideologie verschmolzen und dadurch einer substanziellen Veränderung unterzogen. Waren im Preußentum die Tugenden über ein Verhältnis auf Gegenseitigkeit an den aufgeklärten absoluten Herrscher gebunden, so war dieses Verhältnis durch Hitler aufgekündigt, der Kontext dadurch radikal verändert worden. Die Einhaltung preußischer Tugenden diente in den eigenen sozialen Bezügen der Selbstbestätigung von Überlegenheit. Außerhalb dieser fühlten sich die deutschen Kriegsteilnehmer jedoch »als Herrenmenschen mit moralischem Freibrief«[36]. Der ungebrochene, verabsolutierende und starre Gebrauch dieser Begrifflichkeiten in der Nachkriegszeit verweist auf ihre Abwehrfunktion, die Verleugnung der aggressiven Entwertung und Vernichtung der als minderwertig klassifizierten Bevölkerung im Osten.

---

[35] Messerschmidt, Die Wehrmacht (wie Anm. 4), S. 107; vgl. auch Ulrich Bröckling, Disziplin. Soziologie und Geschichte militärischer Gehorsamsproduktion, München 1967.
[36] Moré, Grenzenlosigkeit, Wut, Resignation (wie Anm. 21), S. 5; Moré beschreibt »das Oszillieren zwischen militärischem Gehorsam und eigenmächtigem, selbstentgrenzendem Agieren von Willkür und Gewalt« als einen den Selbstwert stabilisierenden Faktor bei den nationalsozialistisch identifizierten Deutschen.

Innere Kälte und Unberührtheit durch Leid:
Folge nationalsozialistischer Erziehung und
Ausdruck einer Täteridentifikation ?

Bei einigen im Band vorgestellten Protagonisten wird ein deutlicher Mangel an Empathie erkennbar. Dazu gehören General Josef Kammhuber (*1896) und auch Oberst Heinz-Joachim Jahnel (*1916), der als »ausgesprochen leistungsfähiger Technokrat« mit »wenig hervortretender menschlicher Wärme« beschrieben wird (Beitrag Heinz). Beide wurden vor der Zeit des »Dritten Reiches« sozialisiert, allerdings hat die Pädagogik dieser Zeit durchaus ihre Vorläufer in der von Drill, Härte und Gehorsam geprägten Erziehung seit dem Kaiserreich. Ursachen ihres Mangels an Mitgefühl sind aber aus den vorliegenden Biografien nicht eindeutig erkennbar. Bei Korvettenkapitän Gerhard Hübner (*1922)[37], dem »Gefühlskälte« gegenüber »Untergebenen« (Beitrag Deinhardt) attestiert wird, liegt aus den Beurteilungen der Bundeswehr das ausführlichste Persönlichkeitsprofil vor – beispielhaft, und natürlich als Hypothese, sei das Problem des Empathiemangels deshalb an ihm untersucht.

Der ab dem 11. Lebensjahr in der Hitlerjugend sozialisierte kriegsfreiwillige Marineflieger meldete sich nach seinem Abschuss vor der norwegischen Küste im August 1944 freiwillig zur Fallschirmjägertruppe und machte eine beachtliche Nachkriegskarriere. Er wird als Verdränger und Pragmatiker beschrieben. In den Zeugnissen der Bundeswehr heißt es zunächst, er sei ein »durchschnittlicher Soldat«, »leicht zu leiten« und »nicht immer zuverlässig«, er müsse manchmal »kräftig aufgemuntert« werden. Er wolle »nur Gutes« leisten und fühle sich »bei Tadel ungerecht behandelt«. Später erhielt er die Attribute »schneidig« und angriffsfreudig, »schlagfertig«, »überlegen, nüchtern« mit »Neigung zu Intoleranz und Härte«. Er neige zu »Empfindsamkeit gegen sich und menschliche Kälte gegen andere«. Durch »zu scharfes Urteil« könne er »verletzend wirken«.

Aus den vorliegenden Daten sind gravierende »Bruch- und Unsicherheitserfahrungen«, wie sein Biograf sie rückblickend vermutet, nicht sehr wahrscheinlich. Vielmehr scheint Hübner zumindest zu einem späteren Zeitpunkt die Fähigkeit gehabt zu haben, sich ohne wahrnehmbare Gewissensreaktion oder Selbstreflexion an die jeweiligen Verhältnisse anzupassen. Das beschriebene Persönlichkeitsprofil zeigt ähnliche Züge wie die Kammhubers, so z.B. die Tendenz zur Überschätzung der eigenen Möglichkeiten[38]. Bei Hübner wird aber die Abhängigkeitsstruktur deutlicher: Die Attribute »leicht zu leiten« und »nicht immer zuverlässig« deuten auf eine Außenorientierung und Abhängigkeit von Anerkennung und Bewunderung hin. Je mächtiger solche Abhängig-

---

[37] Trotz der späteren Bedeutung dieser Person musste diese Biografie bedauerlicherweise aus Gründen des Persönlichkeitsschutzes anonymisiert werden.

[38] »Er muss etwas kurz gehalten werden, da er vorerst im Übereifer leicht die Grenzen der ihm zur Verfügung stehenden Waffe übersieht« (Beitrag Deinhardt).

keiten andrängen, umso deutlicher müssen sie mit Überlegenheit kompensiert werden. Hübners vermutete Selbsteinschätzung als »unverwundbar und außergewöhnlich schneidig« verweist auf eine Größenidee als Kompensation von Abhängigkeits- und Ohnmachtserfahrungen. Diese führte dann möglicherweise auch zu seiner freiwilligen Meldung zur Fallschirmjägertruppe, die hohe Verluste zu verzeichnen hatte.

Hübners Biograf begründet die gezeigte »Gefühlskälte« gegenüber »Untergebenen« mit den »Kriegserfahrungen« und hält es für wahrscheinlich, dass Hübner durch seine Kriegserlebnisse mehrfach traumatisiert wurde. Aus dem Material lässt sich allerdings der Nachweis einer Traumatisierung vermutlich nicht führen. Der moderne Traumabegriff stand in der Nachkriegszeit nicht zur Verfügung, er wurde erst in den 1970er-Jahren des letzten Jahrhunderts in Zusammenhang mit den Veteranen des Vietnamkrieges entwickelt[39]. Die typischen Symptome eines Posttraumatischen Belastungssyndroms (PTBS), wie z.B. Albträume, Flash backs und Dissoziationen oder andere Traumafolgestörungen, werden in der Biografie nicht beschrieben.

Es stellt sich deshalb die Frage, inwieweit sich Gefühlskälte und Härte durch nationalsozialistische Erziehung und Täteridentifikation erklären lassen. Extreme Beispiele für eine Erziehung im Nationalsozialismus, bei der die Identifikation mit Täterschaft gerade den Ausweg aus einer drohenden Traumatisierung darstellte, finden sich in der Untersuchung über »Das Erbe der Napola« von Christian Schneider, Cordelia Stillke und Bernd Leineweber, die die Erziehung auf den Eliteschulen des Nationalsozialismus als sogenanntes Spitzenphänomen dieser Epoche bezeichnet haben. Die Autoren beschreiben den Weg zum späteren Herrenmenschen und Täter als einen, der über das Opfer-Sein führt. Es ging darum, »Situationen zu schaffen, in denen die ohnmächtige Wut über die demütigende Strafe dazu führte, dass man außer sich war«. Die Zöglinge sollten an ihren »Totpunkt« geführt werden, aus dem nur die Identifikation mit der Gruppe sie retten konnte. »Der erwünschte Weg zur Überwindung der Opferrolle, die nie vollständig sein durfte, war die Täterschaft [...] Terror wurde nicht durch gegenseitige Hilfe erträglich gemacht, sondern durch selbst praktizierten Terror[40].«

Über Hübners Erziehung liegen uns keine Angaben vor, auf einer Napola war er nicht. Hinter dem Kürzel, Hübner müsse »kräftigt aufgemuntert« werden, vermutet sein Biograf allerdings Tätlichkeiten gegen ihn. Auch seine Sozialisation in der Hitlerjugend während seiner Pubertätsjahre dürfte einschneidend gewesen sein, zielte diese doch grundsätzlich darauf ab, junge Menschen ihrem Umfeld zu entfremden und ihnen Empathie systematisch abzutrainie-

---

[39] Zur Instrumentalisierung des Trauma-Begriffs durch Politik und Militär siehe Franziska Lamott, Das Trauma als symbolisches Kapital. Zu Risiken und Nebenwirkungen des Trauma-Diskurses. In: Psychosozial, 91 (2003), 1, S. 53–62.

[40] Christian Schneider, Cordelia Stillke und Bernd Leineweber, Das Erbe der Napola. Eine Generationengeschichte des Nationalsozialismus, Hamburg 1996, S. 55 ff.

ren[41]. Hübners Kriegserfahrungen – die leider aus dem vorliegenden Material nicht zu erschließen sind – mögen darüber hinaus zu einer Brutalisierung und zu seiner verächtlichen und entwertenden Haltung gegenüber Untergebenen, die in der Regel nicht kriegsgedient waren, beigetragen haben. Der Psychoanalytiker Horst-Eberhard Richter schreibt über seine Erfahrung in Hitlers Armee: »Hirnlose Automaten sollten wir werden – willenlos biegsam nach jeder Richtung. Abgestumpft, total kritikunfähig, verdummt, blind hörig, wie die Graugänse auf den Verhaltensforscher geprägt – welchen Unsinn die auch immer befahlen[42].« Heinrich Böll schrieb 1939 während seiner Grundausbildung an seine Eltern: »Man legt den Zivilisten ab, er wird wirklich kaputt gemacht. Man wird – nicht gerade stumpfsinnig – aber 300 % kalt und gleichgültig, und völlig interesselos[43].« Die Schikanen zielten darauf, die Identifikation mit der Gruppe zu erzwingen. Die erlittene Demütigung konnte dann durch das Gefühl der Herrschaft über andere kompensiert werden. Nehmen wir diesen Hintergrund als im Nationalsozialismus allgemein gültig an, so hat Hübner sehr wahrscheinlich das an seine Untergebenen weitergegeben, was er selbst erfahren hatte: Kälte und Mangel an Empathie[44].

Mannschaftsdienstgrade und Grundwehrdienstleistende: Identifikation mit den »Vätern« und Verleugnung des Leids

Die Jahrgänge der Kriegskinder sowie die Nachkriegsjahrgänge stellten die Basis in der neuen Bundeswehr. Viele, besonders bei Heer und Marine, hatten eine militärische Familientradition, die im Sinne von Geschichten des Überlebens und des Heldentums positiv besetzt war. Deutlich wird in dieser Gruppe eine Romantisierung des Krieges; die Marine wird mit einem »Amalgam aus Abenteuer, Freiheit und Weite« (Beitrag Thießen) in Verbindung gebracht. Die-

---

[41] Chamberlain, Adolf Hitler, die deutsche Mutter und ihr erstes Kind (wie Anm. 33), darin: Inneres Totsein und Todesbereitschaft, S. 158 – 168, sowie über den nationalsozialistischen Typus, S. 177 – 186.

[42] Horst-Eberhard Richter, In der Werkstatt der Entmündigung. In: Richter, Die Chance des Gewissens. Erinnerungen und Assoziationen, Hamburg 1987, S. 26 – 29, zitiert nach: Ulrich Herrmann, »Wir wurden zu Soldaten ›verarbeitet‹« – oder: wie man Soldaten für Hitlers Krieg machte. In: Junge Soldaten im Zweiten Weltkrieg. Kriegserfahrungen als Lebenserfahrungen. Hrsg. von Ulrich Herrmann und Rolf-Dieter Müller, Weinheim, München 2010, S. 48.

[43] Heinrich Böll, Briefe aus dem Krieg 1939 – 1945. Hrsg. und kommentiert von Jochen Schubert, Köln 2001, zitiert nach Herrmann, »Wir wurden zu Soldaten ›verarbeitet‹« (wie Anm. 42), S. 48.

[44] Siehe dazu Jürgen Müller-Hohagen, Übermittlung von Täterhaftigkeit an die nachfolgenden Generationen. In: Transgenerationale Weitergabe kriegsbelasteter Kindheiten. Interdisziplinäre Studien zur Nachhaltigkeit historischer Erfahrungen über vier Generationen. Hrsg. von Hartmut Radebold, Werner Bohleber und Jürgen Zinnecker, 2. Aufl., Weinheim, München 2009, S. 155 – 164.

se Romantisierung erscheint als eine direkte Übernahme aus persönlichen Erzählungen sowie Kriegsromanen und Landserheften. Sie hat in allen Teilstreitkräften Soldaten den Krieg verharmlosen lassen. So berichtet Hammerich von
dem »mitreißend« geschriebenen und 1941 erschienenen Bericht Johann Adolf
Graf von Kielmanseggs über den Vorstoß der 1. Panzerdivision in Frankreich
mit dem Titel »Der Durchbruch« (Beitrag Hammerich). Auch Hammerichs
Protagonisten Josef Rettemeier und Gerd Ruge bewegen sich in der Weite der
Wüste Afrikas und »in den russischen Weiten« um »Wälder und Höhen«.
»Auch Rettemeier erlebte diese erfolgreiche Zeit und schrieb aus dem Raum
Dünkirchen stolz an seine Familie: ›Meine Lieben! In bester Stimmung an einem glänzenden Verfolgungstag die herzlichsten Grüße Josef‹.« Und auch diese Männer waren schon ähnlich geworben worden: indem ein Kommandierender General des deutschen Afrikakorps »dem damals 17-Jährigen [Ruge] vom
bunten Soldatenleben und den stolzen Kavalleristen« erzählt hatte.

Auffallend ist das krasse Nebeneinander dieser Romantisierung und der teilweise sehr negativen realen Erfahrungen in Zusammenhang mit dem Erleben der
Kriegskindheit. Geschildert werden Flucht und Vertreibung, die Zerstörung
von Breisach und Würzburg (»das schlimmste Erlebnis in meinem Leben«)
sowie das »Schock-Erlebnis« der Russland-Heimkehrer (Beitrag Thießen). Trotz
der omnipräsenten Sichtbarkeit der materiellen und seelischen Zerstörungen
durch den Krieg haben diese Erfahrungen offenbar bis heute keinen fühlbaren
emotionalen Gehalt und stehen völlig unverbunden neben der Kriegsromantik.

Auch das Leben auf dem Zerstörer »Bayern« wird heute im Nachhinein ro-
mantisiert. Aufschlussreich ist hier vor allem die Kontrastierung der Erfahrungsberichte der Zeitzeugen mit Aufzeichnungen in den Personalakten. In diesen ist
»von schweren Alkoholproblemen, von Depressionen, aber auch von Schlägerei-
en und Ausgrenzung durch die Kameraden« die Rede (Beitrag Thießen), die die
Zeitzeugen nicht erwähnen. Hier und dort taucht allerdings in den Interviews ein
kritischer Satz zu dem offenbar nicht immer guten Verhältnis zu Vorgesetzten
auf: »Wir waren den Launen dieser Leute ausgesetzt«; man war »Befehlsempfänger und man hat das auch sehr schnell begriffen«; »schon am ersten Tag fing die
Umerziehung vom mündigen Bürger zum unmündigen Trottel an«; »der erste
Eindruck war verheerend«. In der Gruppe der 1943er-Jahrgänge (Beitrag Stambolis) werden ähnlich ernüchternde Erfahrungen berichtet: vom »Angebrüllt-
werden« und »unsinnige Sachen machen« ist die Rede, von »sehr heftigen Erlebnissen« und »Schikanen«. »Das war so für uns Alltag. Schleiferei. Wie damals
diese Nagold-Affäre – das hat es bei uns dauernd gegeben. Das ist bloß nicht an
die Öffentlichkeit gekommen, weil sich es niemand zu sagen getraut hat; um eben
irgendwelche Sanktionen zu vermeiden. Und da hab ich dann so die Ungerechtigkeit der Welt voll kennengelernt. Bei der Bundeswehr.« Da ging es weiter »mit
den Schleifereien, die die Unteroffiziere und Offiziere aus der Zeit des Dritten
Reiches kannten«. »Ich hatte mir das in der Tat nicht so vorgestellt, aufgrund
der Überlegung der sogenannten inneren Führung der Bundeswehr und zum
Bürger in Uniform, da fielen Wirklichkeit und Theorie weit auseinander«.
Durch solche Aussagen werden der viel beschworene Kameradschaftsgeist und

die Kriegsromantik letztlich als Mythos entlarvt, der im Nachhinein einen idealisierten Erinnerungsort herstellen soll, den es so wohl nie gegeben hat.

Die schlechten Erfahrungen mit ihren in Nationalsozialismus und Wehrmacht sozialisierten Vorgesetzten hatten allerdings keinen Einfluss auf das Verhältnis zu diesen. Vielmehr blieb es trotz allem von großer Loyalität und Idealisierung geprägt: »Unser Fregattenkapitän Heinz Harre war für mich persönlich mehr wie eine Vaterfigur, den ich sehr geschätzt habe«, alle »wären für ihn durch die Hölle gegangen« (Beitrag Thießen).

Einem Probanden missfiel auch »die noch vom Dritten Reich angehauchte politische Einstellung« des Kommandanten. Dennoch bewundert er die Professionalität der Vorgesetzten uneingeschränkt: »Das waren tatsächlich hervorragende Seeleute und Persönlichkeiten«. Hier wird der große Wunsch nach einer guten Vaterfigur sichtbar bei einer Gruppe von jungen Männern, deren Väter in ihrer Kindheit vielfach abwesend waren, die früh selbstständig sein mussten und eher wenig Selbstvertrauen hatten[45].

Die Identifikation mit einem Vorgesetzten/»Vater« ist hier aber gleichzeitig auch die Identifikation mit einem Aggressor. Die Gefreiten der Marine und die Grundwehrdienstleistenden wurden direkte Opfer der ausgelebten Aggression der ehemaligen Wehrmachtangehörigen. Um (vor allem innerpsychisch) die positive Beziehung zu diesen zu erhalten, mussten sie ihr Leid verleugnen oder sogar positiv bewerten. Um den Preis dieses (unbewussten) Selbstverrats, der auf ein tiefes psychisches Dilemma verweist, durften sie sich dann auch in Identifikation mit ihren Vorgesetzten den romantischen Heldengeschichten hingeben und die alten Lieder der Legion Condor singen[46].

Die Auswirkungen dieser Lebenspraxis auf das eigene Verhalten gegenüber Untergebenen beschreibt ein Soldat so: »und wo ich an mir gesehen habe, dass ich aufpassen muss, dass ich das, was ich eigentlich als Untergebener ganz schlecht gefunden habe, dass ich das jetzt nicht einfach so perpetuiere. Das war sehr, sehr schwierig, und ich habe mich oft ertappt, dass ich das mache«. (Beitrag Stambolis). Trotz innerer Suche nach dem Menschlichen setzt sich immer wieder das gewalttätige Vater-Introjekt (der Niederschlag des gewalttätigen »Vaters« in der Psyche) durch[47]. Es drängt danach, sich zu entäußern und wird dadurch an nachfolgende Generationen weitergegeben. Das hohe Aggressionspotenzial des Nationalsozialismus wirkte so auch in die eigenen Familien und in Organisationen wie die Bundeswehr hinein[48].

---

[45] Siehe dazu Hartmut Radebold, Abwesende Väter und Kriegskindheit. Fortbestehende Folgen in Psychoanalysen, 3. Aufl., Göttingen 2004.

[46] »Wir haben also kräftig ›Auf Kreta bei Sturm und im Regen, da steht ein Fallschirmjäger auf der Wacht‹, also diese ganzen Lieder gesungen, ›Legion Condor‹« (Beitrag Stambolis).

[47] Bei der Entäußerung eines gewalttätigen Introjekts handelt es sich um ein Grundphänomen des Seelischen, das wir bei Patienten, die seelische oder körperliche Gewalt erfahren haben, beobachten können. Ein ausführliches Fallbeispiel findet sich bei Elke Horn, Momente der Berührung und ihre Zerstörung: Täter- und Opfer-Introjekte bei der Tochter einer überzeugten Nationalsozialistin, Tagungsband der DPG Jahrestagung 2009 (im Druck).

[48] Zur Phänomenologie des Weiterwirkens der Gewalt in den Familien siehe auch Hannes Heer, ›Es trägt sich weiter durch die Generationen‹. Krieg und Nazizeit in den Erzählun-

Die »Gescheiterten« – das Durchbrechen von Latenzen

In den bisher beschriebenen Einzel- und Gruppenbiografien dominierte das Gelingen eines Lebensentwurfs im Umfeld des Militärs der Nachkriegszeit. Wie wir gesehen haben, hatte dies einen Preis. Wir konnten das teils offene, teils unterschwellige Fortwirken des grandiosen Selbst und des Aggressiven sowie den Mangel an Mitgefühl mit anderen und mit sich selbst in den Interaktionen beobachten. Den Preis hierfür bezahlten dabei meist »die anderen« – seien es die Opfer des Nationalsozialismus, gegenüber denen das Militär nicht die Verantwortung übernehmen wollte, seien es die Bevölkerung und die Landschaft der Bundesrepublik, die in wahnwitzigen Planspielen zumindest in der Phantasie der atomaren Vernichtung preisgegeben werden sollten, oder seien es die eigenen Untergebenen. Bei den Mannschaftsdienstgraden wurde bereits deutlich, dass auch ein innerpsychischer Preis bezahlt wurde. Sie mussten, um im System funktionieren zu können, Teile ihrer Selbst ausblenden und sich mit dem aggressiven und grandiosen Selbst der »Väter« identifizieren, wurden dadurch in einem gewissen Sinn Täter an sich selbst, freilich um sich zu retten. In einigen Biografien wird jedoch deutlich, dass dies nicht beliebig möglich ist. Das Ausgeblendete, Abgewehrte kann durchbrechen und sich massiv gegen das eigene Selbst oder andere richten, sodass es zu (selbst)zerstörerischen Handlungen kommt.

Das Aufrechterhalten der Abwehr hängt von individuellen Faktoren und von Umgebungsbedingungen ab. Risse in der Abwehr tauchen eher, aber nicht nur, in den unteren Hierarchieebenen auf – Karriere ist sicher ein stabilisierender Faktor. Sie betreffen eher Soldaten, die als »kritisch«, »ideenreich«, »schöpferisch« oder »manchmal etwas zu feinfühlig« beschrieben und denen diese Eigenschaften immer wieder als Schwächen und Mängel angekreidet wurden (Beitrag Schlaffer). Zwei der »Gescheiterten« sind Kriegsteilnehmer mit einschneidenden Kriegserlebnissen, (Major Hans-Markwart Christiansen *1919, Oberfeldwebel Wilhelm Kupfer *1912), drei haben ihre Kindheit in NS-Zeit und Zweitem Weltkrieg erlebt (Obergefreiter Gerhard Ragel *1930, Hauptmann Wolfgang Grünwald *1936, Stabsunteroffizier Braun *1937). An Vorerfahrungen werden Evakuation und Flucht, Vaterlosigkeit oder früher Tod von Vater/Mutter sowie Kriegsgefangenschaft berichtet. Symptome des Scheiterns sind Alkoholmissbrauch bzw. Abhängigkeitserkrankungen, ein Suizidversuch, zunehmende Dienstuntauglichkeit durch möglicherweise psychosomatisch mit verursachte Erkrankungen sowie Verwicklung in aggressive Handlungen, in einem Fall mit Todesfolge. Die Akten zum Zerstörer »Bayern« weisen mit

gen der Besucher der Wehrmachtsausstellung 1995. In: Heer, Vom Verschwinden der Täter. Der Vernichtungskrieg fand statt, aber keiner war dabei, 2. Aufl., Berlin 2006, S. 198–248, und Heer, Tote Zonen. Die deutsche Wehrmacht an der Ostfront, Hamburg 1999, S. 209 ff.

schweren Alkoholproblemen, Depressionen und Schlägereien auf ein ähnliches Symptom-Spektrum hin.

Ein Motiv für den Eintritt in die Bundeswehr war bei den Genannten auch die Suche nach Sicherheit und einer Art »Ersatzfamilie«. Das »Militär als Familie« sollte möglicherweise für die im Krieg oder der Kriegskindheit erlittenen Entbehrungen entschädigen und die Verluste durch Vermittlung eines Zugehörigkeitsgefühls kompensieren. Dabei entpuppte sich die Bundeswehr als »versagende Mutter« oder »allzu strenger Vater«: Standort- und Verwendungswünsche wurden vielfach nicht berücksichtigt, die sowieso schon durch frühe Verluste belasteten Männer wurden aufgrund der Wohnungsnot erneut langen Trennungen von ihren Familien ausgesetzt; aufgrund von Neuregelungen kam es zu Gehaltsrückstufungen; eine rigide Verwaltung agierte eher zurückweisend; der medizinische Dienst zeigte wenig Einfühlung und Interesse für die Lebenssituation und die belastenden Vorerfahrungen der Soldaten und bot Hilfen nicht oder deutlich zu spät an[49]. Ein hohes Maß an Enttäuschungen und Kränkungen musste hingenommen werden und unterminierte das Gefühl der eigenen Wirkmächtigkeit. Möglicherweise wurden dadurch alte Ohnmachtserfahrungen aktiviert, die aktuelle Situation deshalb als besonders einschneidend und belastend erlebt.

Beispielhaft für den zähen Kampf mit der Bundeswehrverwaltung sei die Biografie von Wilhelm Kupfer (Beitrag Kollmer) genannt, dessen starke seelische Belastungen vor und während seiner Zeit bei der Bundeswehr auf keinerlei Empathie stießen. Major Christiansen gehört zu denjenigen, die sich jahrelang mit Alkohol betäubten – vermutlich ist er daran gestorben. Er sprach am deutlichsten das Angegriffen-Sein seines Selbstgefühls an, wenn er davon berichtete, er sei »beeindruckt durch die Verhältnisse in Deutschland, besonders das bedrückende Gefühl, keinerlei berufliche Fähigkeiten und Möglichkeiten zu besitzen« (Beitrag Heinz). Ob er im Alkohol seine seelischen Vorverletzungen oder auch eine Gewissensreaktion zu ertränken suchte, bleibt offen.

Wolfgang Grünwald beging einen Suizidversuch, es fand sich »keine letztlich überzeugende Antwort auf diese Verzweiflungstat« (Beitrag Schlaffer). Die privaten Probleme (»Leistungsdruck« und »Bindungsangst«) reichen allein nicht aus, um diese Handlung zu erklären. Es entsteht der Eindruck, dass der »kritische sowie diensteifrige Soldat«, der einer der Wenigen war, die zunächst ein distanziertes Verhältnis zur westdeutschen Aufrüstung hatten, wenig Anerkennung erhielt, sich eher zunehmend durch seine Vorgesetzten aus der Wehrmacht ausgebremst und zurückgesetzt fühlte. Man kann vermuten, dass die Schwierigkeiten sowohl im privaten als auch im dienstlichen Bereich sein Selbstwertgefühl zunehmend unterminierten, das möglicherweise durch belastende Ereignisse der Kriegskindheit bereits angeschlagen war. Lange habe er versucht, seine Enttäuschungen zu überspielen und durch Engagement zu kompensieren – offenbar gingen ihm die Kräfte aus. Der Suizidversuch mit Alkohol und Tabletten wirkt wie fremd, als sei es gar nicht er selbst, bei ihm sei

---

[49] Vgl. dazu auch Schlaffer, Der Wehrbeauftragte (wie Anm. 22), S. 213 ff.

»gar kein Gefühl für die besondere Tragweite dieser Handlung« aufgetaucht. Es bleibt offen, was sich hier aus dem Reich der Schatten, des Verdrängten, entäußert und gegen ihn selbst gerichtet hat.

Am Beispiel des an Stabsunteroffizier Braun verübten Totschlages wird die nach außen gewandte Seite des Aggressiven sichtbar, und zwar in Zusammenhang mit dem Verhältnis von Untergebenen zur Autorität (Beitrag Rink). Wie der Vorgesetzte sich im Vorfeld verhalten hat, ist den Unterlagen nicht zu entnehmen. Jedenfalls hat Braun, zunächst unbeteiligt, sich offenbar schützend vor den angegriffenen Vorgesetzten gestellt und ist sozusagen stellvertretend zu Tode gekommen, Opfer eines »Vatermords« geworden[50]. Die Totschläger aus den Reihen der Luftwaffenpioniere agierten wie eine »Ur-Horde«, die kein Gesetz mehr anerkennt und sich nicht begrenzen lässt. Dass gerade Braun sich an die Stelle der ordnenden (und gefährdeten) Macht gesetzt hat, ist interessant. Er galt in seinen Beurteilungen als wenig durchsetzungsfähig, drängend, ansprüchlich, mit wenig »militärischer Haltung«. Der unbändige Wunsch zu fliegen, bei sehr geringer Eignung dafür, mag einer (Größen-)Phantasie des 1937 geborenen Jungen entsprochen haben, vielleicht auch dem Wunsch, den Verhältnissen ohne Anstrengung entkommen zu können. Diese hat er überwinden können: Er konnte sich mit einer Bodenkarriere abfinden und erzielte dort gute Noten. Er arbeitete daran, seine Bildungslücken zu schließen und arrangierte sich mit schwierigen Lebensumständen (Trennung von der Familie). Er rang also um ein realistisches Verhältnis zu sich selbst und den Autoritäten. Auch er war wohl auf der Suche nach einem guten Vater, für den er sich einsetzen wollte. Wie er bei seinem tödlichen Einsatz für die Autorität agiert hat, wissen wir nicht – aber er hat sicher die Macht des Hasses gegen die »Väter« unter- und sich selbst überschätzt.

Einen faden Nachgeschmack hinterlässt die »Abwicklung« dieses Totschlags: dass die Staatsanwaltschaft keine juristische Handhabe zur Erwirkung eines richterlichen Haftbefehls gegen die mutmaßlichen Täter sah und drei Wochen nach Brauns Tod »der Soldat, der [seinen] Tod verursachte, [...] noch nicht eindeutig ermittelt« war (der Ausgang des Verfahrens wird nicht mitgeteilt). Das, was Braun vermutlich versucht hatte, nämlich die Autorität zu stärken und das Gesetz wiederherzustellen, wurde so von den Institutionen zunächst unterlaufen. Das Lob für »vorbildliche Haltung und Pflichterfüllung in Kameradschaft« und den »persönlichen Einsatz ohne Rücksicht auf Person und Gesundheit«, das Braun bei seiner Beerdigung zuteil wurde, hat einen schalen und falschen Klang. Es erinnert allzu sehr an die Verherrlichung eines Opfermutes, der menschliches Leben nicht wirklich respektiert.

---

[50] In Freuds Kulturtheorie wird der gemeinschaftliche Tötungsakt der Söhne am Urvater dadurch kulturbildend, dass die Söhne sich in der Folge mit dessen Werten und Normen identifizieren. Siehe Sigmund Freud, Totem und Tabu, Frankfurt a.M. 1999 (Erstausgabe 1913).

Transgenerationales

Die vorliegenden Fallbeispiele führen vor Augen, wie stark sich das Bewusste und das, was wir als unbewusst vermuten, unterscheiden. Fokussieren wir nur auf das Bewusste und direkt Wahrnehmbare, können wir die Verbindungen zwischen den Generationen nicht erfassen. Die Nachwirkungen des Nationalsozialismus lassen sich allein aus dem Außen nicht erschließen. Gehen wir also den »unterirdischen Strömen« in diesem Text noch einmal nach.

Wir waren davon ausgegangen, dass jedem Gewaltexzess Formen der Entdifferenzierung und der Regression auf ein paranoides Niveau vorausgehen, und zwar individuell und kollektiv, wobei kollektive Gewalt über Institutionen ermöglicht und gefordert oder aber eingegrenzt und verhindert werden kann. Grundlage der paranoiden Position sind Spaltungsmechanismen, wobei die Welt in »gut« und »böse« aufgeteilt wird. Das »Gute« wird dann für die eigene Seite beansprucht, das »Böse« im Gegenüber vermutet und bekämpft. Im Nationalsozialismus wurden solche Spaltungen durch Gleichschaltung und Propaganda forciert, wodurch sich ein Raum für Gruppenzugehörigkeit öffnete, der zur freiwilligen Partizipation und Selbstlegitimation verführte.

Spalten heißt auf individueller Ebene immer auch verleugnen und projizieren. Verleugnet wird, was mit dem eigenen Selbstbild nicht kompatibel ist: das Aggressive, Schwache, Schuldige, das, was man selbst verachtet. Stärken und Schwächen einer Person können dann nicht nebeneinander stehen, es besteht keine Toleranz mehr für die kleinste Schwäche oder Schuld etc. Wir nennen das den Zusammenbruch oder das Fehlen der Ambivalenztoleranz. Wir konnten dies bei Kammhuber beobachten, der immer überlegen sein musste, aber auch bei Hübner, der »nur Gutes« leisten wollte und Tadel als ungerecht empfand. Bei beiden war ein herrisches und hartes Auftreten gegenüber Untergebenen beschrieben worden, eine Folge der Projektion: Die verachtete (eigene) Schwäche und Empfindsamkeit wird am Gegenüber wahrgenommen und dort stellvertretend und mit besonderer Härte abgestraft. Spaltungen können so zu fehlerhafter Selbstwahrnehmung, zum Verlust der Einfühlung und inadäquatem aggressivem Verhalten führen. Sie wirken spürbar in Interaktionen hinein, z.B. zwischen Eltern und Kindern oder Vorgesetzten und Untergebenen. Hier findet transgenerationale Weitergabe statt. Je abhängiger ein Kind oder ein Untergebener ist, umso massiver wird es/er gezwungen sein, das Verleugnete und Verachtete des mächtigeren Gegenübers in sich selbst aufzunehmen und sich die Sichtweise des Anderen zu Eigen zu machen. Das haben wir bei den Mannschaftsdienstgraden und beim 1943er-Sample gesehen. Aufgrund der Vorgeschichte dieser Soldaten, die durch Kriegs- und Nachkriegszeit geprägt war, trugen diese jungen Männer bei äußerlich früher Selbstständigkeit doch starke Abhängigkeitswünsche in sich, vor allem den Wunsch nach einem »guten« Vater, der ihnen vielfach gefehlt hatte. Dieser Wunsch muss so stark gewesen sein, dass sie selbst heftigste Alltagserfahrungen mit den Vorgesetzten aus der ehemaligen Wehrmacht ausblendeten. Dass diese Erfahrungen damit nicht verschwunden, sondern lediglich im Unbewussten deponiert waren, zeigen die Symptombildungen (aggressive Durchbrüche gegen sich selbst und andere, Alkohol, Depressionen) sowie die Erfahrungen, die ein Soldat als späterer Vorgesetzter schilderte: wie er, trotz besseren Wollens, sich immer wieder dabei ertappte, Untergebene schlecht zu behandeln. So pflanzt sich Gewalt weiter fort, wenn die Kette nicht unterbrochen und ein Prozess der Selbstreflexion eingeleitet wird[51].

Eine zweite Unterströmung, die wir verfolgen konnten, war die des Größenselbst, das zur Grundausstattung des von Hitler gewünschten »Herrenmenschen« gehörte. Es zeigte sich ganz unverblümt in fortgesetzten Größenvorstellungen, verdeckter in dem Wunsch der Soldaten nach dem Aufgehen in der Gemeinschaft und der Verabsolutierung der preußischen Tugenden. Auch das Größenselbst kann sich der nächsten Generation weiter vermitteln: Die offene oder heimliche Faszination am Nationalsozialismus wird gespürt und lädt, weil sie mit Macht- und Zugehörigkeitsgefühlen verbunden ist, zur Identifikation ein[52]. Gleichzeitig lauert dahinter das unbewusste Wissen um die Schattenseite: das hungrige, entwertete, ohnmächtige Selbst. Auch wenn es nach dem Zusammenbruch des Nationalsozialismus abgekapselt wurde, so war es doch da. Wir können vermuten, dass es sich bei den »Gescheiterten« einen Weg nach außen bahnte. Alkoholismus, Depression und Suizidalität sind immer auch Ausdruck eines Unwert-Gefühls, von Auto-Aggression und Selbsthass. Die Selbstwert-Regulation bricht, manchmal aufgrund kleiner äußerer Anlässe, zusammen, wenn die fragile Balance zwischen den abgewehrten Kleinheitsgefühlen und ihren Kompensationen sich zugunsten der »Unterströme« verschiebt.

Als Kollektiv können wir die vorliegenden Biografien in zwei »Generationen« einteilen: die der kriegsgedienten Frontoffiziere und die der Kriegskinder[53]. Die Kriegsgedienten sind eine »Väter«-Generation, die durch den Nationalsozialismus und den Zweiten, manchmal auch noch den Ersten Weltkrieg geprägt war. Sie alle waren mehr oder weniger in das NS-System verstrickt und teilweise an Verbrechen beteiligt. Erfolgreich waren die hier Untersuchten in der neuen Armee, wenn sie das begangene Unrecht abspalten und die »alten Werte« trotz ihrer Pervertierung im Nationalsozialismus ungebrochen aufrechterhalten konnten. Die Generation der Kriegskinder stieß damit bei ihrer Suche nach Sicherheit, Zugehörigkeit und Orientierung auf beschädigte, kontami-

51 Dazu Kutz: »Die Verfassungsprinzipien waren bis ins Soldatengesetz und die Wehrbeschwerdeordnung durchgesetzt, die politische Kontrolle sogar weitergehend gelungen als heute. Schwerwiegend negative Folgen hatte aber die Tatsache, dass den alten Militärs der Betrieb, die innere Ordnung, der ›Geist der Truppe‹ überlassen worden war.« Kutz, Die verspätete Armee (wie Anm. 3), S. 78 ff.
52 Moré, Grenzenlosigkeit, Wut Resignation (wie Anm. 21).
53 »Generation« hier im Sinne einer Selbstthematisierung dieser Gruppen, die jeweils einen gemeinsamen Erfahrungshintergrund teilen. Zur ausführlichen Diskussion des Generationenbegriffs siehe Generationen. Zur Relevanz eines wissenschaftlichen Grundbegriffs. Hrsg. von Ulrike Jureit und Michael Wildt, Hamburg 2005, bes. S. 9 ff.

nierte »Väter«, die teils offen, teils unterschwellig mit dem Nationalsozialismus sympathisierten. Die Kriegskinder-Generation der Wehrdienstleistenden und Mannschaftsdienstgrade war damit in einer schwierigen psychologischen Situation: in ihrer Suche nach einem »guten Vater«, den sie vielfach nicht gehabt hatten, identifizierten sie sich mit dem vergifteten nationalsozialistischen Erbe; gleichzeitig blieb ihnen aber die gesuchte Anerkennung durch die Ersatzväter versagt. Vielmehr wurden sie zu Objekten von Entwertung und Aggression.

In der bundesrepublikanischen Gesellschaft führten das Schweigen der »Väter«, ihre starre Abwehr und die misstrauische, teils feindselige Haltung ihren Kindern gegenüber, deren mögliche Fragen sie in Angst versetzten, zu einem Generationenkonflikt, der als 68er-Bewegung in die Geschichte eingegangen ist. Der offene Generationenkonflikt blieb in der Bundeswehr ein Randphänomen (Hauptleute von Unna, Leutnante 70). Latent zeigte er sich in Form einer unausgesprochenen Verachtung der ehemaligen Frontoffiziere der Wehrmacht gegenüber den Kriegskindern. Diese waren es aufgrund der Tatsache, dass sie nicht kriegsgedient waren, gar nicht wert, überhaupt wahrgenommen zu werden. Die Zeitzeugen können sich das allerdings nicht eingestehen.

Vor diesem Hintergrund ist der Totschlag an Braun bemerkenswert, stellt er doch eine aggressive Inszenierung zwischen den Generationen dar, wobei Braun in seinem Wunsch nach Anerkennung und danach, eine Vaterfigur zu schützen, zu Tode kam. Man kann die Situation als eine »Wiederkehr des Verdrängten«[54] verstehen: die vom Größenselbst und der destruktiven Aggression des Nationalsozialismus geprägten Väter haben ihre Kontamination in Form eines gewalttätigen Introjektes an ihre Söhne weitergegeben, das sich nun gegen sie wendete. Das lasche Vorgehen der Staatsanwaltschaft ist insofern über den Fall hinaus von Bedeutung, als an dieser Stelle die Frage der Kultur einer Gesellschaft/Organisation entschieden wird. Sie wird sichtbar am Umgang mit dem Unrecht. Kultur beginnt damit, dass Mord und Totschlag nicht ungesühnt bleiben, dass die Kette des Unrechts sich nicht einfach fortsetzt, sondern unterbrochen wird.

Hier kommen wir wieder zurück zur Bedeutung von Institutionen. Die hochstehenden psychischen menschlichen Errungenschaften wie z.B. das Entwickeln von Ambivalenztoleranz und damit der Verzicht auf gefährliche Projektionen haben sich, nicht zuletzt im Nationalsozialismus, als höchst anfällig und gefährdet erwiesen. Sie brauchen deshalb Unterstützung von außen[55]. Die eingangs genannten Institutionen sind solche Stützen. Gerade weil das Militär mit einem menschlichen Grundproblem, der Angst von dem Getötet-Werden, umgeht und sich dafür der Gewalt bedienen darf, ist es besonders gefährdet. Die Politik, der Wehrbeauftragte und die Hochschulen haben die Aufgabe, das

---

[54] Freud, Totem und Tabu (wie Anm. 50).
[55] Siehe dazu den erhellenden Beitrag von Erika Krejci, Innere Objekte. Über Generationenfolge und Subjektwerdung. Ein psychoanalytischer Beitrag. In: Generationen (wie Anm. 53), S. 80–107.

Militär zu begrenzen, zu kontrollieren und Selbst-Reflexion anzubieten. Im hier zur Debatte stehenden Zeitraum ist dies nur ansatzweise gelungen, waren doch die neuen Institutionen von einer Mehrheit der einflussreichen Militärs und teilweise auch der Politiker ungewünscht. Selbstbegrenzung ist immer schmerzhaft. Differenzierung und Entwicklung sind im Vergleich zu Gewaltausübung hoch voraussetzungsvoll[56].

Es ist ein ungelöstes Problem, wie nach einer Zeit des Abgleitens in organisierte verbrecherische Gewalt, der paranoiden Spaltungen und des Größenwahns Menschliches wiederhergestellt werden kann. Natürlich wäre es vermessen, diese Frage abschließend beantworten zu wollen. Die hier vorliegenden Biografien geben aber Hinweise. Sie zeigen, dass die beteiligten Generationen zumindest unter den Außenbedingungen des Kalten Krieges nicht in der Lage waren, Veränderungen durchgreifend zu etablieren. Sie waren mehrheitlich erfolgreich durch Festhalten am Alten, und wer das nicht konnte, zog sich zurück oder scheiterte. In der nächsten Generation kam es dann zu gravierenden zunächst inneren Konflikten, die aber zu Inszenierungen führten, die das Verdrängte sichtbar machten. Im vorliegenden Band ist Braun ein Beispiel dafür, auf gesellschaftlicher Ebene waren es die 68er oder in radikalisierter Form K-Gruppen und schließlich die RAF. Gerade letztere hat in ihrer Art, den Kampf zu mystifizieren, Gruppendruck aufzubauen und abweichende Meinungen als »Verrat« zu brandmarken, Aspekte des Nationalsozialismus aufgegriffen, wenn auch in der bewussten Zielrichtung gegen ihn[57]. In der dritten Generation trat dann verstärkt das Problem des Rechtsextremismus auf, wobei rechtsextreme Jugendliche sich mit einer »Idealvorstellung vom Großvater als ›NS-Held im nationalen Abwehrkampf‹ identifizieren«[58].

In der Bundeswehr von 1955 bis 1970 dominierte zunächst, wie wir gesehen haben, die fortgesetzte Gewalt der »Väter«. Erst mit dem Ausscheiden der älteren Generation aus der Bundeswehr um 1970 und der zunehmenden Etablierung des Wehrbeauftragten konnten dann deutliche Veränderungen innerhalb der Streitkräfte erzielt werden. Sie stehen in Zusammenhang mit der Verbesserung der Lebensumstände der Soldaten und der Kontrolle der Vorgesetzten.

Damit sind die psychischen Aufgaben, die den nachfolgenden Generationen überlassen wurden, noch nicht erledigt: das Durcharbeiten von Aggression und Hilflosigkeit, die Neufassung des eigenen moralischen Selbst, die Wiederher-

---

[56] Siehe dazu aus systemtheoretischer Perspektive Tobias Kohl, Zum Militär der Politik, Soziale Systeme, 15 (2009), 1, S. 160–188.
[57] Vgl. Stefan Aust, Der Baader-Meinhof-Komplex, Hamburg 1985, völlig überarb. und erg. Neuaufl. 2008, sowie Angelika Holderberg, Nach dem bewaffneten Kampf. Ehemalige Mitglieder der RAF und Bewegung 2. Juni sprechen mit Therapeuten über ihre Vergangenheit, Gießen 2007.
[58] Janpeter Lohl, Hitlers Enkel? Zum Verhältnis von NS-Gefühlserbschaft und Rechtsextremismus bei Angehörigen der dritten Generation. In: Lohl, Gefühlserbschaft (wie Anm. 20), S. 436–511, Zitat S. 502; die Wiederkehr nationalsozialistischen Denkens und Fühlens in der dritten Generation scheint dabei mit dem Grad der Verarbeitung in der zweiten Generation in Zusammenhang zu stehen.

stellung von Vertrauen in sich selbst und andere, das Betrauern der Toten[59]. Diese Aufgaben sind nur zu bewältigen, wenn Ambivalenztoleranz wiederhergestellt wird. Nur, wer sich selbst als zwiespältig erleben kann und darf, als stark und schwach, nur, wer seine eigenen Verletzungen wahrnehmen darf, kann sich weiterentwickeln. Für Soldaten dürfte das eine große Herausforderung sein, setzt doch das Kriegshandwerk nicht nur Professionalität, sondern auch Stärke, unbedingte Einsatzbereitschaft und oft auch schnelles, durch Reflexion nicht gestörtes Handeln voraus. Die Grundangst des Menschen vor dem Getötet-Werden ist notwendigerweise tabuisiert[60].

Psychoanalyse ist an dieser Stelle eine Aufforderung, in der Nachbearbeitung kriegerischer Aktionen die Angst vor der Anerkennung der eigenen Verletzlichkeit zu überwinden und sie sich bewusst zu machen. Dazu bedarf es einer Kultur im Militär selbst, die es ermöglicht, die Paradoxie des Krieges auszuhalten und die Wunden der individuellen und kollektiven historischen Identität wahrzunehmen, um wieder zur Menschlichkeit zurückfinden zu können.

---

[59] Bar-On, Die Last des Schweigens (wie Anm. 21), S. 20.
[60] Dies wird auch deutlich am Umgang mit seelisch verletzten Soldaten, die im Ersten Weltkrieg als ›Kriegshysterien‹ mit ›Verweiblichung‹ assoziiert und entwertet, im Zweiten Weltkrieg als ›wehrkraftzersetzend‹ psychiatrisiert oder strafverfolgt wurden. Heute werden die seelischen Folgen militärischer Gewalt anerkannt und behandelt; dabei kommt es jedoch zur Medikalisierung und damit Externalisierung des Problems. Lamott, Das Trauma (wie Anm. 39), S. 54 f.

Die Autoren

Dipl.-Päd. Kai Uwe Bormann M.A., Oberstleutnant, Militärgeschichtliches Forschungsamt, Potsdam

Dr. André Deinhardt, Werder/Havel

Dr. Helmut R. Hammerich, Oberstleutnant, Militärgeschichtliches Forschungsamt, Potsdam

Dr. Falko Heinz, Staatliches Koblenz-Kolleg

Dr. Elke Horn, Düsseldorf

Dr. Burkhard Köster, Oberst, Militärgeschichtliches Forschungsamt, Potsdam

Dr. Dieter H. Kollmer, Oberstleutnant, Militärgeschichtliches Forschungsamt, Potsdam

Prof. Dr. Loretana de Libero, Militärgeschichtliches Forschungsamt, Potsdam

Dr. Kerstin von Lingen, Universität Heidelberg

Dr. Klaus Naumann, Hamburger Institut für Sozialforschung, Hamburg

Dr. Martin Rink, Militärgeschichtliches Forschungsamt, Potsdam

Dr. Rudolf J. Schlaffer, Oberstleutnant, Militärgeschichtliches Forschungsamt, Potsdam

Dr. Wolfgang Schmidt, Oberst, Führungsakademie der Bundeswehr, Hamburg

Prof. Dr. Barbara Stambolis, Universität Paderborn

Dr. Malte Thießen, Jun.-Prof. am Institut für Geschichte der Universität Oldenburg

Dr. Aleksandar-Saša Vuletić, Militärgeschichtliches Forschungsamt, Potsdam

Dr. John Zimmermann, Oberstleutnant, Militärgeschichtliches Forschungsamt, Potsdam